Franz Kurowski
Balkenkreuz und Roter Stern

Franz Kurowski

Balkenkreuz und Roter Stern

Der Luftkrieg über Russland 1941–1944

DÖRFLER
ZEITGESCHICHTE

Genehmigte Lizenzausgabe für Edition DÖRFLER
im NEBEL VERLAG GmbH, Eggolsheim

Verantwortlich für den Inhalt ist der Autor.

Im Internet finden Sie unser Verlagsprogramm unter:
www.edition-doerfler.de

INHALT

DER AUFBAU DER LUFTWAFFEN

Gemeinsamer sowjetisch-deutscher Anfang

In jenen Monaten da von der großen Juristenkommission des Völkerbundes der Entwurf der Haager Luftkriegsregeln ausgearbeitet wurde, mit denen man den zum Ende des Ersten Weltkrieges ausufernden Luftkrieg in geregelte Bahnen lenken wollte, wurde im Februar 1923 in Fili bei Moskau ein Zweigwerk der deutschen Flugzeugfirma Junkers errichtet.

Man schrieb das Jahr 1923 und keiner der an dieser Juristenkommission beteiligten Staaten nahm den vorgeschlagenen Entwurf, in welchem die vorsätzliche Bombardierung unverteidigter Städte, systematischer Terror und Quälerei der Zivilbevölkerung als Kriegsverbrechen gebrandmarkt wurden, an.

Auch die vorbereitende Abrüstungskonferenz des Völkerbundes lehnte im April 1929 den deutschen Antrag, »den Kampfmittelabwurf aus Flugzeugen zu verbieten« und »die Vorbereitungen zum Luftkrieg zu untersagen«, schroff ab. (Siehe: Documents de la Commission préparatoire de Désarmament; Völkerbund).

Erst 1930 wurde in Genf das in einjähriger Gutachtertätigkeit erstellte Papier mit dem Titel »La protection des populations civiles contre les bombardements« veröffentlicht. Einer der acht Autoren dieses Dokumentes war Dag Hammerskjöld aus Schweden. In diesem einzigartigen Werk wurde der Entfesselung eines jeden Angriffskrieges ein entschiedenes Halt entgegengesetzt. Luftangriffe, so hieß es dort, seien ausschließlich auf militärische Ziele erlaubt.

Doch keiner jener Staaten, aus deren Mitte jene acht Wissenschaftler gekommen waren, hielt sich an diese Manifestation für Frieden und Humanität. Trotz dieses eindeutigen Votums ging zu dieser Zeit bereits die Lehre vom »totalen Krieg«, die von Veale als großangelegte »Angriffe auf das Leben und Besitz der Zivilbevölkerung« bezeichnet wurde, aus der Phase der Beratungen in jene der ersten Verwirklichung über. Es kam zu Luftkriegseinsätzen zwischen den beiden Weltkriegen, die an Brutalität nichts zu wünschen übrig ließen und fast ausschließlich die Zivilbevölkerung trafen. Dies sowohl während der Kämpfe in Marokko von 1925 bis 1926 gegen die Rif-Kabylen, als auch im italienischen Kolonialkrieg in Abessinien 1935 - 1936 und schließlich im Spanischen Bürgerkrieg, wo zum erstenmal deutsche und sowjetische Flieger gegeneinander anzutreten hatten.

Dabei hatte es im Jahre 1923 so ausgesehen, als sei die deutsch-sowjetische Freundschaft fest zementiert. In diesem Jahr wurden die in der Deutschen Reichswehr verbliebenen Fliegeroffiziere zu sowjetischen Fliegerschulen abkommandiert. Das Geheimabkommen dazu wurde mit Wissen und Billigung der damaligen deutschen Reichsregierung geschlossen, um Deutschland in Bezug auf die Luftstreitkräfte nicht hoffnungslos ins Hintertreffen geraten zu lassen.

Deutschland war durch den Versailler Vertrag j e d e Militärfliegerei verboten worden. Allerdings erlaubte der Versailler Vertrag, daß sich Reichswehrangehörige auf eigene Kosten zu Sportfliegern ausbilden ließen. Dies jedoch nur in einer Größenordnung von 36 Soldaten in sechs Jahren.

Nach dem deutsch-russischen Geheimabkommen von 1923 wurden jedoch jeweils 120 deutsche Flugschüler in Halbjahres-Lehrgängen auf den Fliegerschulen in der Sowjetunion geschult. Hauptstützpunkt war der sowjetische Flugplatz Lipezk. Hier entstand die erste deutsche Jagdfliegerschule. Unter den ersten deutschen Weltkrieg-I-Fliegern, die nach Rußland gingen, waren Theo Osterkamp, Schönebeck, Blumensaat und Cramon.

Parallel dazu machten sich russische Ingenieure und Konstrukteure mit den Fertigungsabläufen der Junkers-Flugzeuge vertraut, die hier gebaut wurden. Bereits im Jahre 1925 konnten die Russen diese Maschinen mit der gleichen Schnelligkeit nachbauen und gingen nun dazu über, die Konstruktionen zu vereinfachen und die Fertigungsverfahren zu optimieren.

Als dann jene neun Punkte des Versailler Vertrages aufgehoben wurden, nach denen der Flugzeugbau in Deutschland verboten war, konnten in Deutschland die neuesten Flugzeuge gebaut werden.

Am 1. Januar 1924 war bereits die Firma Focke-Wulf-Flugzeugbau gegründet worden. Aus ihr entwickelten sich die Arado-Flugzeugwerke in denen die ersten deutschen Jagdflugzeuge gebaut wurden.

1926 entstanden die Messerschmitt-Werke, die wenige Jahre nach ihrer Gründung ebenfalls den Bau von Jagd- und Kampfflugzeugen eröffneten.

In diesem entscheidenden Jahr 1926 wurde auch die Deutsche Lufthansa gegründet. Ihr Direktor war Erhard Milch, Flieger des Ersten Weltkrieges und persönlicher Freund Hermann Görings. Er sollte im Jahre 1933 - das sei vorgetragen - Staatssekretär im Reichsluftfahrtministerium werden.

In Rußland übernahmen die Russen 1927 das von Junkers aufgebaute Werk und führten im Eigenbau die Ju 22, einen Junkers-Hochdecker, aus, der mit den robusten Jumo-Motoren und in Ganzmetall-Bauweise erstellt wurde. Wenig später wurde hier mit dem Bau des ersten russischen Bombers begonnen, dem dreimotorigen K 30.

Die sowjetische Luftwaffe, im Jahre 1923 aus der Taufe gehoben, wuchs sehr rasch an. Sie verfügte 1928 bereits über 1000 Flugzeuge in 100 Staffeln, wovon sich die deutschen Luftwaffenschüler überzeugen konnten.

Bei ihren deutschen Kameraden in die Schule gehend, erfuhren die Russen zunächst alles über die im Ersten Weltkrieg entwickelten und inzwischen weiter ausgefeilten Angriffsmethoden, die eine bestimmte fliegerische Ausbildung voraussetzten. Sie erhielten ersten Unterricht in Taktik und Organisation der deutschen Fliegertruppe.

Nicht die deutschen Flieger lernten in Rußland, sondern die russischen Flieger lernten von den deutschen Fliegeroffizieren und partizipierten an deutschen Flugzeugkonstruktionen.

Dies dauerte zehn Jahre. Als das deutsch-russische Geheimabkommen im Jahre 1933 auslief, verfügte die Rote Armee über eine Luftwaffen-Organisation nach deutschem Muster. Allerdings war sie schwerfälliger als die deutsche und ihre Flugzeuge waren relativ veraltet, weil die neuesten deutschen Typen ab 1926 in Deutschland frei gebaut werden konnten.

Diese sowjetischen Schwächen wurden während des Spanischen Bürgerkrieges deutlich, in den die Russen auf Seiten der Rotspanier eingriffen.

Daß die sowjetischen Experten hieraus eine Umkehr einleiteten, ist bekannt, doch bis zum Jahre 1941 war diese noch nicht wirksam geworden. Dies aus vielerlei Gründen.

Die sowjetische Luftwaffenstärke betrug 1933 etwa 1500 Flugzeuge und die Jahresproduktion an Flugzeugen belief sich nach deutschen Schätzungen auf 2000 Maschinen. In diesem Jahr der selbständigen Weiterarbeit sagte Stalin:

»Was die Sowjetunion für den Schutz der wirtschaftlichen Entwicklung und für die Verfolgung ihrer außenpolitischen Ziele benötigt, ist eine Luftwaffe, die jederzeit zum Einsatz bereit ist.«

Er stellte in dieser Rede die Forderung auf, daß man 100.000 Piloten ausbilden müsse, um allen Eventualitäten gewachsen zu sein. Die Ossaviachim - ein Fliegerclub mit vormilitärischer Ausbildung von Piloten, Fallschirmspringern und Segelfliegern - wurde gegründet.

Aus der ersten gemeinsamen Ausbildung und dem zögerlichen Aufbau der beiden Luftstreitkräfte wurde ab 1933 ein getrenntes Weiterbauen und Weiterentwickeln.

Folgen wir zunächst den russischen Bemühungen.

Sowjetischer Aufbau bis 1941

Während der Jahre von 1933 bis 1936 war das Wachstum der sowjetischen Luftfahrtindustrie relativ ausgeglichen. Organisation, technischer Standard, Arbeitsverfahren und verfügbare Produktionskapazität bedurften noch einer entscheidenden Verbesserung, um zu verhindern, daß die russische Luftwaffe im technologischen Rennen mit Deutschland und den übrigen westlichen Nationen noch weiter zurückfiel.

Während der folgenden Jahre gelang es jedoch nicht, eine Verbesserung zu erzielen. Dies hatte seinen Hauptgrund in der russischen Säuberungsaktion, mit dem Absetzen eines Teiles der Führungsspitze und ihrer Liquidation. Diese Unsicherheiten in der Roten Armee trugen nicht dazu bei, die industrielle Unzulänglichkeit zu entschärfen.

Die Steigerungsrate der Flugzeugindustrie schnellte erst nach der großen Neuorganisation des Jahres 1939 empor, als das Volkskommissariat für die Verteidigungsindustrie, das im Jahre 1936 gleichzeitig mit der Flugzeugindustrie als Hauptabteilung eingerichtet worden war, aufgelöst wurde. Das eigenständige Volkskommissariat für die Luftfahrtindustrie trat an seine Stelle. Die Führungsgremien und Direktoren der Flugzeugfabriken und Forschungsinstitute wurden umbesetzt.

Von da an nahmen die Russen sowohl die administrativen als auch die technischen Probleme realistischer in Angriff: vom vorbereitenden Flugzeugentwurf bis hin zur endgültigen Montage. Ab 1940 wurde die Koordination mit anderen Rüstungsindustrien durch die Bildung des Rates für die Verteidigungs-Industrie verbessert. Dieser Rat wurde vom Rat der Volkskommissare der UdSSR geführt.

Als Resultat dieser Neuorganisationen rollten nun Flugzeuge mit besseren Leistungen als vorher von den Montagebändern. Die gesamte Industrie war nunmehr genau auf eine rasche Expansion und eine Massenproduktion von Flugzeugen eingestimmt.

Ab 1937 hatte auch der Bau neuer Flugzeuge in neuen Fabriken begonnen. Neue Fertigungsbetriebe für die Kriegswirtschaft schossen wie Pilze aus dem Boden. Ab 1939 erfuhr diese Entwicklung eine weitere rasante Beschleunigung.

Unter der Führung eines zentralen Büros in Moskau wurden Werksanlagen errichtet, in denen das Ziel der Standardisierung von Waffen und Geräten getestet und durchgeführt wurde. Diese Anlagen waren kleiner als die Riesenfabriken und dementsprechend leichter zu leiten. Insbesondere wurden davon die Fertigungsbetriebe der Flugzeugindustrie betroffen, in denen Flugzeugteile hergestellt wurden. Andere Zubehörteile wurden mehr und mehr in anderen Industrien hergestellt.

Alles dies steigerte zwar den Ausstoß, war jedoch immer noch nicht ausreichend, um den Produktionsfluß der Flugzeugindustrie in Gang zu halten. Die Luftfahrtindustrie war zu schnell gewachsen.

Ende 1933 verfügte sie über etwa 54 Fabriken und Reparaturanlagen. Zu Ende des Zweiten sowjetischen Fünfjahresplanes waren 20 große Flugzeugfirmen und 10 Flugmotorenfabriken in Betrieb. Drei Jahre später gab es 28 Flugzeugfirmen und 14 Motorenfabriken. 32 Fabriken kamen hinzu, die ausschließlich Flugzeugteile herstellten. Unter ihnen vier Propellerwerke.

Ein großer Teil dieser gigantischen Ausdehnung fand bereits in den geschützteren Räumen jenseits des Ural statt. In der Erwartung von Feindseligkeiten, die sowohl vom Westen, als auch aus dem Osten kommen konnten, hatte die Sowjetunion ihre früheren Bemühungen, eine relativ unabhänige, sichere Flugzeugbasis in Ostsibirien zu schaffen, erneut aufgenommen und durch die Steigerung der

Kriegsproduktion in Gebieten weit außerhalb der Reichweite eines möglichen westlichen Angriffs hatten sie außerdem nach der Lösung der damit auftauchenden Transportprobleme gesucht.

Es ist unrichtig, daß die Sowjetunion erst ab Kriegsbeginn im Jahre 1941 ihre Flugzeugproduktion nach dem Osten verlegt und wenige Monate später von dort neue Luftwaffengeschwader hätte ausrüsten können. Bereits in der Mitte des Jahres 1941 v o r dem deutschen Angriff, gab es eine Reihe von Flugzeugfabriken in Taschkent, in Turkestan, Irkutsk, Omsk und Semenowka ebenso, wie in Nowosibirsk und Komsomolsk im Fernen Osten.

Die Kapazität der Flugzeugproduktion des Jahres 1941 in diesen östlichen Flugzeugfabriken betrug mehr als die Hälfte von jener Produktion in den westlichen Fabriken. Dies obgleich die produktivsten Flugzeugfabriken immer noch im Westen Rußlands angesiedelt waren.

Die bereits erwähnte neue große Anstrengung des Jahres 1939 zur Verbesserung der Technologie der Kriegsindustrie, mit der Betonung auf der treibenden Kraft des Wettbewerbes, hatte die Aktivitäten bestimmter Organisationen beachtlich erweitert. Eine dieser Organisationen war die Orgoboronprom, die den Firmen technische Hilfe für ihre Werksanlagen gewährte und die weitergehende Mechanisierung vorantrieb.

Die 1937 geschaffene Propagandagesellschaften jedoch waren nichts anderes als Spitzelorganisationen zur Überwachung der Arbeiter. Diese Gesellschaft war es, welche die Stachanowitsch-Bewegung in der Luftfahrtindustrie einführte und den Gewerkschaften ebenso wie der Partei half, die höchstmögliche Produktionsquote zu erreichen.

Das 1938 ins Leben gerufene Luftfahrtinstitut »zur Verbesserung der technischen Fertigkeiten des Maschinen-Personals« galt ebenfalls einer Optimierung der Leistungskraft der Arbeiter. Es wurde dem Verteidigungs-Kommissariat angegliedert.

Daß die Verfügbarkeit der Rohstoffe ganz besonders für den Flugzeugbau in Quantität und Qualität eine besondere Rolle spielte, braucht nicht betont zu werden. Eine verstärkte eigene Produktion grundlegender Rohmaterialien ging einher mit verbesserten Arbeitseinrichtungen. Die Entwicklung von besseren Nichteisenmetallen, von Legierungen und Stählen, selbst von Holz und anderen Hilfsmaterialien für den Flugzeugbau, ließ die Abhängigkeit von fremden Rohstoffen und Importen rasch sinken.

Die qualifizierte Dezentralisation von Flugzeugkonstruktion, Entwicklung und Bau erleichterte nicht nur die Integration von ausländischen aeronautischem Können und Wissen in die sowjetischen Arbeiten, sondern brachte auch eine Verkürzung der Zeitspanne, die benötigt wurde, um neue Flugzeugtypen in größerer Anzahl herzustellen, nachdem die Entwürfe akzeptiert und die Prototypen gebaut waren. Sie ermutigte darüber hinaus auch zu mehr Originalität in den Typenentwürfen nach 1937.

Die Expansion der Produktion und der Forschungs- und Versuchseinrichtungen konnte aber nur durch eine beträchtliche Steigerung der Arbeitskräfte und durch die Hinzuziehung von mehr Wissenschaftlern, Ingenieuren und Technikern ermöglicht werden.

Während 1936 200.000 bis 250.000 Arbeiter in der sowjetischen Flugzeugindustrie tätig waren, wuchs diese Zahl bis zum Jahre 1939 auf 350.000 Arbeiter an und in der Mitte des Jahres 1941 belief sich die Belegschaft aller Flugzeugwerke in der UdSSR auf 500.000 von der etwa 35 Prozent Frauen waren.

Diese Arbeiter arbeiteten in drei Achtstunden-Schichten rund um die Uhr. Daß dennoch die Produktivität der industriellen Arbeit in der UdSSR nur etwa einem Drittel der amerikanischen entsprach, lag darin begründet, daß noch immer zu einem großen Teil Handarbeit geleistet wurde.

Daß trotz dieser Hindernisse der Ausstoß an Flugzeugen zwischen 1933 und 1936 um 72% gesteigert wurde, ist auf die genannten Ausweitungen zurückzuführen. Die Steigerungsrate wurde lediglich in den Jahren 1937 und 1938 nicht eingehalten. Dies als Ergebnis der gravierenden Säuberungsaktionen und der Umstellung der Produktion auf neue Flugzeugtypen. Im Jahre 1939 soll die Jahresproduktion bereits 9.000 Flugzeuge betragen haben, von denen 4.500 Jagdflugzeuge waren.

Im Jahre 1941 soll die Flugzeugproduktion in der UdSSR zwischen 12.000 und 15.000 Maschinen gelegen haben. Allein unter diesen Gesichtspunkten ist es erklärlich, daß die Rote Luftwaffe nicht bereits nach den ersten gewaltigen Schlägen der Deutschen Luftwaffe zusammenbrach. Die hohe Zahl der Flugzeuge u n d die dazu auch vorhandenen Piloten machte dieses Wunder im Osten möglich.

Offizielle Schätzungen jedoch haben die Flugzeugproduktion auf die Hälfte reduziert und dementsprechend wurde auch die Kampfstärke der sowjetischen Luftwaffe am 22. Juni 1941 weit unterschätzt: dies nicht von den Insidern, sondern auch von der deutschen Luftwaffenführung, nach deren Vorstellungen nicht sein konnte, was nicht sein durfte.

Die relative Stärke oder Schwäche der sowjetischen Luftwaffe kann jedoch erst dann voll eingeschätzt werden, wenn man die verschiedenen bekannten sowjetischen Flugzeugtypen von 1933 bis 1941 untersucht.

Von 1933 bis 1938 wurden von der russischen Flugzeugindustrie mindestens 94 verschiedene Flugzeuge gebaut, von denen allerdings eine große Anzahl niemals über das Stadium der Prototypen hinausgelangte. In den Jahren 1939 bis 1941 wurden jedoch nur noch 24 neue Typen erkannt. Daraus ergibt sich die Erkenntnis, daß die militärische Flugzeugfabrikation in Zusammenarbeit mit der Regierung, der Partei und den Vertretern der Industrie den Wettbewerb untereinander reduzierten und sich jenen Projekten zuwandten, die mit bestmöglichen ökonomischen Ergebnissen von Arbeitsleistung und Material ein Optimum an Ausstoß und Wirksamkeit der Maschinen zu verbinden wußten.

So wurden beispielsweise Maschinen von gleicher Leistungsstärke ausgesondert, deren Fertigung schwieriger oder nur mit mehr Rohstoffen durchzuführen war.

Etwa 20 neuere Jägertypen aus der Zeit von 1933 bis 1938 wurden bekannt. Die meisten von ihnen waren einmotorige Doppeldecker des Konstrukteurs Polikarpow, der allerdings mit der I 16 als Eindecker 1937-38 einen guten Griff tat. Dieses Flugzeug wurde als I 16 Rata »Ratte« im spanischen Bürgerkrieg ein Begriff. Die I 16C war ein sehr schnelles Flugzeug (Siehe Anlage: Die wichtigsten Flugzeugtypen der sowjetischen Luftstreitkräfte).

Allerdings waren die Flugzeuge der neuen Generation, der Yak, LaGG und MiG-Jagdflugzeuge, wiederum bedeutend besser. Sie erreichten bereits zwischen 540 und 580 km/h Höchstgeschwindigkeit und Höhen um 12.000 Meter, bei einer Reichweite von 640 bis 1.200 km.

Diese Flugzeuge waren relativ manövrierfähig. Die sieben verschiedenen Jagdflugzeugtypen, die von den Russen zwischen 1939 und 1941 herausgebracht wurden, erfüllten alle den internationalen Standard.

Im Bereich der leichten und mittleren Bomber waren Petlikows PE 2 und Iljuschins DB 3 mit größerer Reichweite, die einzigen Flugzeuge die in größeren Stückzahlen produziert wurden. Auch die Russen entwarfen keinen neuen schweren Langstreckenbomber, der den Platz der viermotorigen TB 7 einnehmen konnte, die 1936 als Nachfolgetyp der TB 3 zur Truppe gelangte.

Im Jahre 1938 wurde die Produktion von viermotorigen Bombern fast gestoppt, obwohl verschiedene Motorversionen in die TB 7 eingebaut wurden, um ihre Leistungsfähigkeit zu steigern.

Die Russen, das wird aus ihren vielen Anforderungen an die USA deutlich, spekulierten darauf, von den Amerikanern die B 17 zu erhalten. Als dann schließlich dieser Wunsch kategorisch abgeschlagen wurde, hatten sie keine entsprechende eigene Entwicklung serienreif.

Die PE 2, die 1940 gebaut wurde, war allerdings ein recht vielseitiges Flugzeug und wurde im Kriege zu den unterschiedlichsten Einsätzen verwandt. Die DB 3F und die IL 4, die daraus weiterentwickelt wurden, spielten während des Krieges eine wichtige Rolle als Bomber- und Torpedoflugzeug. Sie waren den westlichen Gegenstücken durchaus ebenbürtig.

Aus der Bauphase des zweiten Fünfjahresplanes wurden etwa 20 verschiedene Bomberversionen erkannt. Viele von ihnen wurden später als Transportflugzeuge eingesetzt. Sieben dieser Typen waren ungefüge Gebilde mit fünf oder mehr im einzelnen zu schwachen Motoren. Unter ihnen auch ein Seeflugzeug.

Bei den Schlachtflugzeugen, zur Unterstützung der eigenen Truppen im Erdkampf und zum Angriff gegen fremde Truppenstellungen und Nachschubstraßen, erzielten die Russen ab etwa 1938 einen außerordentlichen Fortschritt mit dem gepanzerten Erdkampfflugzeug der IL 2. Der Konstrukteur, Segej Wladimirowitsch Iljuschin, in der zaristischen Armee 1917 als Pilot ausgebildet, wurde nach seinem Eintritt in die Rote Armee zum Moskauer Ingenieur-Institut der Roten Luftflotte abkommandiert. Hier entwickelte er zunächst zwei Gleitflugzeuge und ein Segelflugzeug, ehe er sich 1931 nach dem Ausscheiden aus dem Wissenschaftlich-technischen Komitee der Luftstreitkräfte als Flugzeugkonstrukteur und Leiter eines eigenen Konstruktionsbüros einen besonderen Namen machte.

Mit der IL 2 hatte er sein Meisterstück abgeliefert. Dieser einmotorige Tiefdecker wurde ab 1940 in Serie in Woronesch und Moskau produziert. Er konnte 1320 Pfund Raketenbomben tragen und war mit zwei Kanonen und vier MG bewaffnet. Neben der DI 8, die übri-

gens nicht erfolgreich war, war die IL 2 das einzige Schlachtflugzeug, das nach 1938 konstruiert wurde. Es übertraf an Wirksamkeit nicht nur alle bekannten russischen Jäger oder Kampfflugzeuge, sondern auch den Sturzbomber VIT 2.
Die IL 2 war schneller, besser bewaffnet und aufgerüstet als die Ju 87, ihr deutsches Gegenstück.

Beim Bau von Transportflugzeugen griffen die Russen auf die amerikanische DC 3 zurück, deren Lizenzrechte sie im Frühjahr 1940 bekommen hatten. Die russischen Nachbauten wurden P 84 und LI 2 genannt. Alle eigenen Bemühungen wurden ab diesem Zeitpunkt eingestellt.

Während des Zweiten Fünfjahresplanes hatten die Russen allerdings etwa 30 verschiedene Baumuster von Transportern entwickelt. Hinzu kamen eine große Anzahl von Sportflugzeugen.

Auch für einen neuen Seeaufklärer gaben die Russen keine Mittel mehr aus, als sie die Lizenz zum Bau des amerikanischen Catalina-Flugbootes erhielten. Sie bauten diesen robusten Typ nach und nannten ihn PBY 1. Dennoch konnten ein Dutzend verschiedener Seeflugzeugtypen, die zwischen 1933 und 1938 gebaut wurden, immer wieder in der Seeluftwaffe erkannt werden.

Auch der Bau von Landaufklärern und Schulflugzeugen wurde nach 1938 gestoppt, nachdem während des zweiten Fünfjahresplanes mindestens zehn neue Typen für eine begrenzte Produktion freigegeben worden waren.

An Großraumtransportern war die von Kalinin entwickelte sechsmotorige K 7 vorhanden, die etwa 120 Personen befördern konnte. Als sie Ende 1933 abstürzte - was übrigens auch dem früheren Großtransporter ANT 14 passiert war - wurde die Entwicklung von großen Flugzeugen in Ganzmetallbauweise nur noch unter der Leitung des Konstrukteurs Tupolew ausgeführt.

Es folgten die ANT 20 mit acht Motoren, die ANT 16 mit sechs Motoren und die als Seeflugzeug ausgelegte ANT 22 mit ebenfalls sechs Motoren. Die ANT 41 mit fünf Motoren wurde später zur TB 6 weiterentwickelt. Ihr folgte die ANT 44, ein fünfmotoriges Seeflugzeug, und ein sechsmotoriger Transporter der als ANT 20 gebaut und schließlich als L 760 registriert wurde.

Das berühmteste Flugzeug der ganzen Gruppe war die ANT 20, die eine Flügelspannweite von 61,8 m hatte und 42 Tonnen wog. Sie wurde übrigens erstmalig im Jahre 1942 geflogen und unternahm einen Propagandaflug durch die gesamte Sowjetunion. Bei einem Zusammenstoß mit einem PO 2-Doppeldecker mußte sie notlanden. Die Russen entschlossen sich, weitere 16 Maschinen dieses Typs zu bauen. Das Geld dazu wurde durch eine Anleihe von der Öffentlichkeit beschafft. Ein sehr ungewöhnlicher Weg, ein Großraumflugzeug zu bauen. Es konnte denn auch nur ein Flugzeug des Typs L 760 gebaut werden, das kurze Zeit auf den zivilen russischen Flugrouten eingesetzt wurde.

Da auch der berühmte Flugzeugkonstrukteur Tupolew in die Säuberungsaktionen in der Mitte der Dreißiger Jahre verstrickt war und für fünf Jahre in Ungnade fiel, beraubten sich die Russen selber eines ihrer »besten« Konstrukteure.

Ausländische Hilfe für Rußlands Flugzeugindustrie

Es kann gesagt werden, daß alle sowjetischen Flugzeuge der Jahre 1933 bis 1941 überwiegend Verbesserungen der früheren Typen waren. Und die meisten, die in Massenserien hergestellt waren, erwiesen sich als ausländische Lizenzmuster.

Aus dieser Zeit des Zweiten russischen Fünfjahresplanes stammten 31 neue Flugzeugmotoren mit Leistungen zwischen 110 und 1.100 PS. Hinzu kamen einige Typen mit Leistungen bis zu 1.500 PS. Die meisten der schwersten Motoren wurden sehr bald wieder aus dem Dienst gezogen.

Die von 1939 bis 1941 gebauten acht neuen Kolbenmotoren für den Flugzeugbau, waren aus aller Herren Länder geholt, wie dies auch für die vorher genannten Motoren zutraf. Der Motor M 38 basierte auf dem deutschen BMW-Motor IV. Der M 107 war dem spanisch-französischen Motor 12 Z abgesehen. Beide hatten Startleistungen von jeweils 1.600 PS.

Diese Anleihen bei ausländischen Produktionen wurden unter Mithilfe dieser ausländischen Ingenieure erstellt. Als diese ab 1940 in ihre Heimatländer zurückgerufen wurden, waren die Russen auf sich selber angewiesen. Die sowjetischen Ingenieure und Konstrukteure, die in den Dreißiger Jahren für die Umentwicklung und Verbesserung ausländischer Typen in Frage kamen, waren A.D. Schwezow, ein gelernter Triebwerksingeineur und A. Mikulin, der bereits 1931 den 12-Zylinder-V-Motor AM 34 mit einer Leistung von 1.250 PS baute.

Sie brachten einige der Flugzeuge zur Serienreife und konnten die Motorenleistungen fremder Typen bedeutend steigern. Es wurden jedoch nicht alle ihrer Typen in großen Serien gebaut, da die Produktion auf einige wenige stärkste Typen begrenzt werden sollte.

Aus dem gesagten geht bereits hervor, daß das Ausland bei vielen russischen Flugzeugen Pate stand und daß Rußland sich ganz auf solche ausländische Hilfe verlassen durfte. In der Zeit von 1933 bis zum Beginn des Dritten Fünfjahresplanes, der im Jahre 1938 einsetzte, waren die USA die Hauptquelle ausländischer wissenschaftlich-technischer Hilfe im Flugzeugbau. Ihnen folgten Frankreich, Großbritannien und Italien, die Tschechoslowakei, Polen und Belgien. Deutscher Hilfe konnte sich Rußland vor allem in dem Jahrzehnt gemeinsamer Fliegerausbildung sicher sein.

Das differenzierte Verfahren Rußlands, sich alle Fortschritte auf dem Gebiet der Luftfahrt in Amerika und den westeuropäischen Ländern anzueignen und für sich auszuwerten, setzte bereits gegen Ende des Ersten Fünfjahresplanes im Jahre 1933 ein und erreichte den Höhepunkt in den Jahren 1937 bis 1939 vor und während der großen Umorganisation der sowjetischen Flugzeugproduktion. Deutsche Hilfe wurde vor allem zu Anfang des Zweiten Fünfjahresplanes in Anspruch genommen. Danach wieder nach Unterzeichnung des deutsch-sowjetischen Nichtangriffspaktes vom August 1939. Allerdings war zu dieser Zeit hektischer deutscher Luftrüstung keine Hilfe mehr zu erlangen.

Sowjetische Repräsentanten der TsAGI und aus anderen russischen Forschungsinstituten unternahmen ausgedehnte Auslandsreisen und besuchten dabei Fabriken, Flugfelder, Forschungszentren und Erprobungsgelände. Alle ausländischen wissenschaftlichen, technischen und militärischen Veröffentlichungen über Luftfahrt, Luftwaffen, Flugzeuge und Flugzeugmotoren wurden in der UdSSR auf einer Großhandelsbasis erworben und in den Instituten ebenso wie in den Konstruktionsbüros aufmerksam studiert.

Sowjetische Spionagenetze wurden in den westlichen Staaten ausgeworfen, um neueste technische geheime Informationen zu erhalten. Alle diese Bemühungen, die von sowjetischen Komitees getroffen wurden, waren von den Sicherheitsorganen der UdSSR zentral gesteuert. In den Komitees saßen neben Repräsentanten der Flugzeugindustrie, Kommandierte der Roten Armee und von den Geheimdiensten mit den Männern der Handelsagenturen zusammen, die derlei Dinge im Ausland erwarben.

Die größten Aktivitäten wurden in den USA entfaltet. Dies besonders, als nach 1933 die offiziellen Beziehungen zwischen diesen beiden Staaten sich verbesserten. Ab 1934 gingen etwa 20 Prozent der amerikanischen Flugzeugproduktion in die UdSSR. Dies aber spiegelte nur e i n e n und zwar den kleineren Teil der tatsächlichen Hilfe wider, welche die USA der UdSSR angedeihen ließen.

Mehr als 20 US-Firmen, die Flugzeuge, Motoren und Zubehör herstellten, betrieben mit der UdSSR Geschäfte. Sie beschafften für Rußland neue Flugzeuge, darunter Consolidated- und Martin-Bomber, Flugboote und Hubschrauber, Seversky-Jäger und Douglas-Transporter, sowie viele andere Typen militärischer Flugzeuge. In Rußland wurden mit Hilfe amerikanischer Ingenieure und Techniker mehrere Versionen von Wright-Motoren gebaut.

An vielen sowjetischen Flugzeugen konnte der direkte Einfluß amerikanischer Flugzeugkonstruktionen festgestellt werden. Vor allem an Maschinen, die zwischen 1933 und 1936 gebaut wurden. So bei der sowjetischen SB 2, einem leichten Bomber der Roten Luftwaffe. Aus den Martin-Bombern wurden die B 10 und B 12-Serien entwickelt. Auch Polikarpows I 15 und I 16, die das Rückgrat der sowjetischen Jägerwaffe bildeten, waren amerikanischen Baumustern nachempfunden. Der mittlere DB 3F-Bomber von Iljuschin der späten Dreißiger Jahre ist weitgehend der Douglas DC 2 nachempfunden.

Darüber hinaus wurden auch amerikanische Lieferungen von Metallen und vor allem Metall-Legierungen für die russische Luftfahrtindustrie geleistet. Die Beschaffung des amerikanischen Materials wurde durch die liberalen amerikanischen Export- und Sicherheitsgesetze leicht gemacht. Neue Motoren und neue Ausrüstung, bis hin zu kompletten Flugzeugen konnten aus den USA in jedes Land der Erde geliefert werden. Und zwar ein Jahr nachdem die Serienproduktion für die amerikanische Regierung begonnen hatte.

Diese Beschränkung wurde später auf ein halbes Jahr reduziert. Und kurze Zeit nachdem die Exporte erlaubt waren, konnten die amerikanischen Firmen Lizenzen an ausländische Firmen vergeben.

Auch die britischen Firmen verkauften Flugzeuge, Motoren und Flugzeugausrüstung in die UdSSR. Dies trotz des aufsehenerregenden Metro-Vickers-Verrats des Jahres 1933, aufgrund dessen in der

UdSSR britische national gesinnte Männer von russischen Gerichten zu langjährigen Freiheitsstrafen verurteilt wurden.

Fairey-Jäger wurden 1935 in die UdSSR verkauft und in der sowjetischen I 19 tauchten Entwurfsideen der Fairey-Aviation Company auf.Auch britische Flugboote sollten nach dem Willen der sowjetischen Experten in England aufgekauft werden. Diese Verhandlungen gelangten jedoch nicht mehr zum Abschluß.

Französische Hilfe für die sowjetische Flugzeugindustrie erfolgte in vermehrtem Umfang erst, als im Jahre 1935 zwischen diesen beiden Ländern der Vertrag für gegenseitigen Beistand unterzeichnet worden war, und der französische Außenminister Pierre Laval die Sowjetunion besuchte. Es wurden Luftfahrt-Missionen ausgetauscht und französische Motoren nach Rußland exportiert.

Die sowjetische Regierung versuchte über diesen Rahmen hinaus die Lizenz zum Bau von Potez-Jägern zu erhalten.

Nachdem im Jahre 1935 sowjetische Ingenieure tschechische Flugzeugwerke besichtigten und im Gegenzug tschechische Luftwaffenoffiziere in die UdSSR reisten, um die Details für einen gegenseitigen Beistandspakt auszuhandeln, der dann im Mai 1935 von beiden Seiten unterzeichnet wurde, hatten die Russen eine besondere Bedingung mit diesem Vertrag verknüpft. Und zwar wurde den Sowjets für die Zeit der Dauer dieses Paktes das Recht gewährt, tschechische Luftbasen zu benutzen. Im Gegenzuge leisteten die UdSSR der Tschechoslowakei bis zum Jahre 1938 keinerlei Hilfe oder Beistand. Erst ab 1938 schickten sie der Tschechoslowakei 80 veraltete SB-Bomber und einige Jäger. Diese sollten Verteidigungszwecken dienen, falls Deutschland die Tschechoslowakei überfallen würde. Ein begrenzter Austausch von Luftwaffen-Delegationen und von Luftfahrt- und Lufttechnischen Informationen wurde ebenfalls vereinbart und durchgeführt.

Noch im Jahre 1937 arbeiteten etwa 900 ausländische Ingenieure und Techniker in der sowjetischen Flugzeugindustrie und in Panzerwerkstätten. In diesem Jahr forderte die Sowjetunion diese Ingenieure auf, die russische Staatsbürgerschaft anzunehmen. Dies veranlaßte in den folgenden Jahren den Exodus der Ausländer aus der UdSSR.

Wie bereits angedeutet hofften die UdSSR nach der Unterzeichnung des deutsch-sowjetischen Nichtangriffspaktes noch einmal die Tür zu einer erweiterten deutschen Luftfahrthilfe aufzustoßen.

Doch dies Ereignis fand nicht statt, so daß später anstelle einer militärischen Zusammenarbeit die Spionage und jene Informationsgelegenheiten ausgenutzt werden mußten, die im Spanischen Bürgerkrieg gegeben waren, an dem auf den beiden einander feindlichen Seiten russische und deutsche Luftwaffenkräfte mitmischten.

Als im Jahre 1939 der russische Außenminister Molotow nach Berlin reiste, schien dies noch einmal eine neue Aera in der gegenseitigen deutsch-sowjetischen Hilfe anzuzeigen. Molotow wurde - dies war besonders vermerkt worden - von zwei bedeutenden Repräsentanten des Kommissars der Luftfahrt-Industrie begleitet.

Die geheimen Verhandlungen, die folgten, brachten jedoch nur geringe Luftfahrttechnische Hilfe für die UdSSR. So wurde die Ausfuhr von einigen Dutzend deutscher Motoren und einer geringen Anzahl Ju 52 und einiger ausgemusterter Heinkel 112-Jäger vereinbart.

Noch im März 1940 wurden mehr als 100 sowjetische Luftfahrt-Ingenieure nach Deutschland geschickt, um die deutschen Produktionsmethoden zu studieren. Der direkte zivile Flugdienst zwischen Berlin und Moskau wurde wieder aufgenommen.

Die Stärke der russischen Fliegerkräfte

Die Verbände der Roten Luftwaffe wuchsen von 1933 bis Mitte 1941 beständig an. Ihr Zusammenhalt verbesserte sich. Die Zahl der produzierten Flugzeuge stieg ständig. Die jährliche Steigerungsrate wurde nur durch die Liquidierungen in der letzten großen Säuberungswelle und durch die in den Kriegen gegen Finnland erlittenen Verluste zweimal unterbrochen.

Die genaue Anzahl der sowjetischen Flugzeuge, die in den Verbänden standen und einsatzbereit waren, konnte nur schwer geschätzt werden. Die sowjetischen Sicherheitsbestimmungen und die irreführende rote Propaganda stapelte tief. Selbst in authentischen Statistiken war kein klares Bild über die Kampfstärken der Luftwaffe zu erhalten.

Die sowjetische Politik, das war allerdings bekannt, verlangte die Erhaltung aktiver Einsatzstärken auf dem höchstmöglichen Standard. Die Notwendigkeit, innerhalb der Luftwaffe Reserven zu schaffen, wurde bereits lange vor dem Duell gegen Deutschland erkannt und praktiziert.

Während des Zweiten Fünfjahresplanes stieg die Anzahl der gebauten Flugzeuge von etwa 2000 auf mehr als 5400 im Jahr 1938. Von ihnen wurden beispielsweise 1937 annähernd 4200 als Flugzeuge der »vordersten Linie« bezeichnet. Über 750 Schlachtflugzeuge waren für den Fernen Osten bestimmt.

Die Zahl der Flugzeuge für die Marinefliegerei stieg von 400 im Jahre 1934 auf etwa 800 im Jahre 1938 an. Nachdem die Marine ein eigenes Kommissariat gebildet hatte, wurde ihren Forderungen nach mehr Flugzeugen auch größere Aufmerksamkeit geschenkt.

Die Bomberflotte jedoch wurde - ebenso wie in Deutschland - auch in der UdSSR vernachlässigt; wenigstens was die schweren Fernbomber anbelangte. Auch wenn sie um etwa 35 Prozent des Bestandes von 1935 anstieg, war eine Schwächung dieses Typs vor dem Jahre 1937 offensichtlich.

Im Jahre 1933 war der Sowjetunion sehr an großen und in der Reichweite für operative Einsätze konstruierten viermotorigen Bombern gelegen. Dies also bereits zu jener Zeit, da die Experten in den USA in Bezug auf schwere Bomber nur an zweimotorige Maschinen der Typen B 9 und B 10 dachten, die 2.400 Pfund Bomben tragen konnten und eine Eindringtiefe von 620 km hatten.

Trotz dieser Betonung der Wichtigkeit der strategischen schweren Bomberflotte verloren die Russen nicht den Blick für die Notwendigkeit des Ausbaues der Jagd- und Schlachtfliegerwaffe.

Ende 1938 bestanden etwa 30 Prozent der sowjetischen Luftwaffe aus diesen Typen. Verschiedene Typen von Schlachtflugzeugen wurden speziell für die Erdunterstützung modifiziert. Damit sollte dem Heer rasche und durchschlagende Hilfe gegeben werden.

Von 1933 bis 1939 vervielfältigte sich die Zahl der sowjetischen Luftgeschwader und -Brigaden. So stieg die Zahl der Flieger-Brigaden von 1933 bis 1935 von 22 auf 50, jene der Geschwader auf 200 an. 1938 existierten 60 Luftbrigaden und weitere acht Luftbrigaden der Marineflieger. 1939 sollen nach Berichten verschiedener Art 80 Brigaden verfügbar sein.

Die Rote Luftwaffe durchlief in dieser Zeit eine Reihe von Neuausrüstungs-Programmen. Vor allem während des Zweiten Fünfjahresplanes von 1933 bis 1937. Davon betroffen war vor allem die Jägerwaffe. Als diese Umrüstungsprogramme abgeschlossen waren, verfügten die Luftwaffenverbände über jene Basistypen, die das Gros der sowjetischen Luftwaffe bei Ausbruch des Zweiten

Weltkrieges bildeten. Die Leistungen vieler neuer sowjetischer Flugzeuge dieser Basistypen des Jahres 1939 entsprachen der Stärke, welche die Flugzeuge der »ersten Linie« der übrigen großen Mächte bereits im Jahre 1936 hatten. Welche Flugzeuge waren dies und wie waren ihre Leistungen?

Die sowjetischen Flugzeuge

Die sowjetische Jägerwaffe wurde von 1937 an überwiegend von der I 15, I 16 und I 17 gestellt. Sie ersetzten die früheren Typen I 5, I 7, I 11, I 12, I 13 und I 14. Die Höchstgeschwindigkeit der neueren Flugzeuge betrug zwischen 384 und 496 km/h. Damit entsprachen sie in etwa dem Curtiss Hawk IV-Jäger oder der Seversky P 35.

Die bedeutendsten russischen zweisitzigen Kampfflugzeuge waren die DI 4 und DI 6 mit vier bis sechs MG und einer Bombenzuladung von 220 Pfund.

Die mittleren Bomber der Typen SB 2 und SB 3 hatten eine Einsatz-Reichweite von etwa 1.440 km und waren 416 bis 448 km/h schnell. Ihre Bombenzuladung betrug bis zu 1.700 Pfund.

Der Verband der schweren Bomber rekrutierte sich in der Hauptsache aus den schwerfälligen viermotorigen TB 3. Sie flogen etwa 300 km/h. Ihre Zuladung betrug 2 Tonnen. Sie waren für den Bodenbeschuß und für Angriffe von Jagdflugzeugen eine leichte Beute.

Am 1. Januar 1938 begann die Umrüstung der Bomberflotte mit den Tupolew TB 5 und TB 6; die TB 7 kam später hinzu. Ihre Leistungen waren jedoch nicht besser als jene der TB 3.

Die sowjetischen Aufklärerverbände flogen in der Hauptsache die R 5 und R 6, die bereits 1935 veraltet waren und einige verbesserte R 7, R 8 und R 10, die über eine höhere Geschwindigkeit und größere Reichweite verfügten. Taktische Luftaufklärung wurde denn auch weitgehend von der Jägerwaffe und von den Bombern betrieben. Viele der Aufklärer der R-Serien wurden durch Einbauten entsprechender Waffen zur direkten Unterstützung der Bodentruppen und auch als Kampfflugzeuge benutzt.

Bis zum Jahre 1938 stellten die ausländischen Flugzeuge noch immer einen großen Prozentsatz der Roten Luftwaffe dar. In Bezug auf Seeflugzeuge war dies noch gravierender und hielt auch während des ganzen Krieges an. Selbst Seeflugzeuge der Typen Savoya

S 55 und S 62 waren in der russischen Seefliegerwaffe anzutreffen. Eine Vielzahl weiterer Typen kam hinzu. Die Kampfeinheiten der Seeluftwaffe wurden jedoch mit den gleichen Flugzeugtypen ausgerüstet wie sie für die Rote Luftwaffe bereitstanden. Eine Reihe von Landflugzeugen wurden einfach mit Schwimmern ausgerüstet. Allerdings war die gesamte Ausrüstung der Seeluftwaffe für die oberste sowjetische Führung von zweitrangiger Bedeutung.

Von 1939 bis zum 22. Juni 1941 stieg die Zahl der russischen Frontfliegerkräfte rapide an. 1940 verfügte die Luftwaffe über 6.200 bis 6.500 Flugzeuge von denen etwa 5.000 Maschinen der ersten Linie waren. Diese Zahl überstieg die Stärke der deutschen Luftwaffe um diese Zeit leicht.

Es war der bis Mai 1940 amtierende Volkskommissar für Verteidigung, Marschall Kliment Jefremowitsch Woroschilow, einer der engsten Mitarbeiter Stalins, der die Forderung aufstellte, daß die Rote Luftwaffe zwischen 1934 und 1939 ihre Einsatzstärke um 130 Prozent gesteigert haben müsse. Dies wurde auch erreicht und Mitte 1941 befanden sich etwa 8.000 Flugzeuge in der Roten Luftwaffe, von denen 6.000 bei den Fronteinheiten standen. Etwa 1.500 einsatzbereite Flugzeuge waren an der fernöstlichen Grenze stationiert. Zu diesem Zeitpunkt waren über 40 Prozent der sowjetischen Luftwaffe Jäger, von denen 1.000 zu Luftverteidigungszwecken bestimmt waren und auch im Objektschutz zum Einsatz gelangen sollten. Etwa 5 Prozent der Roten Luftwaffe war für die Aufklärungsaufgaben vorgesehen.

Die Anzahl der einsatzbereiten Verbände war von 1939 bis 1941 bedeutend gesteigert worden. Die Anzahl der reorganisierten Luft-Divisionen beispielsweise stiegen von 50 auf mehr als 100 im Juni 1941 an.

Zur Zeit des deutschen Angriffs am 22. Juni 1941 befand sich die sowjetische Luftwaffe in einer Phase der Neuausrüstung, die eingeleitet worden war, um wenigstens eine gewisse Anzahl von Flugzeugen zur Verfügung zu haben, die von ihrer Qualität her zur deutschen Luftwaffe aufschließen sollten. Einige Neukonstruktionen waren sogar den deutschen Gegentypen vergleichbar, wenn nicht kampfstärker.

Das sowjetische Schlachtflugzeug IL 2 Sturmowik löste gerade die weniger schlagkräftigen Yak 4 und SU 2 Schlachtflieger ab. Dieses Flugzeug sollte einen legendären Ruf erwerben. Es war erst 1939 mit den ersten Prototypen aufgetaucht und wurde 1941 eben zur

Front überführt. Die Schlachtflieger-Versionen der I 16 wurden aus der Front herausgezogen.

Der erfolgreiche PE 2-Aufklärer und Sturzbomber, eine Nachfolgemaschine für die SB 2 und SB 3, erschien ebenfalls 1940 wenn auch noch in begrenzter Stückzahl. Dieses Flugzeug wurde als Nachtjäger und auch als taktischer Bomber eingesetzt.

Die mittelschweren Bomberverbände erhielten modifizierte Versionen des DE 3-Bombers, mit einer enormen Tragfähigkeit von 4.400 Pfund Bomben. Die PS 84 oder LI 2, sowjetische Entwicklungen, wurden seit 1940 in russischen Flugzeugwerken produziert. Sie waren aus den amerikanischen Douglas C 47 und DC 3 entwickelt worden, für die Rußland eine Lizenz zum Nachbau erhalten hatte.

In dem wichtigen Bereich der Jagdfliegerei kamen gerade die MiG 1 und MiG 3 zur Front. Daneben noch die LaGG 3 und 1941 die sehr gute Jak 1, die 540 km/h schnell war, eine Gipfelhöhe von 10.500 m erreichte und eine Reichweite von 1.100 km hatte, womit sie bedeutend leistungsstärker war als die Maschinen der I-Serien.

Die Personalstärken der Roten Luftwaffe spiegeln die enormen Bemühungen der sowjetischen Verantwortlichen wider, die Luftstreitkräfte auf dem Höchststand zu haben.

Im Jahre 1937 verfügte die Rote Luftwaffe über 100.000 Mann. Von ihnen waren etwa 7.000 Piloten. Die personelle Stärke stieg in den beiden folgenden Jahren auf etwa 150.000 Mann an. In ihren Reihen standen etwa 10.000 Piloten. Nach den Veröffentlichungen des Volkskommissars für Verteidigung, Marschall Woroschilow, war der Bestand der Roten Luftwaffe von 1934 bis 1939 um 138 Prozent gestiegen. Im Jahre 1940 erreichte sie eine Gesamtstärke von 200.000 Mann.

Nach der Niederlage Frankreichs gegen die deutsche Wehrmacht im Sommer 1940 wurden mehr und mehr sowjetische Soldaten in allen Bereichen einberufen und Ende 1940 standen in Rußland 5 Millionen Soldaten unter Waffen. Die Stärkemeldung der Roten Luftwaffe vom Juni 1941 spricht von 500.000 Mann. Diese hohe Zahl war für das russische Oberkommando entscheidend, weil man nur zu genau wußte, daß vorerst nur die eigene hohe Quantität der Qualität der deutschen Luftwaffe Paroli bieten konnte.

Qualifiziertes Personal zu bekommen, war trotz der Ossawiachim für die sowjetische Luftwaffe schwierig. So hatte man - eingedenk der Tatsache, daß Flugzeuge sehr schnell und in großen Mengen ersetzt werden konnten, die Pilotenausbildung aber Jahre, zumindestens Monate dauerte - 1936 Pläne geschmiedet, nach welchen 8.000 Piloten des Offiziers- und Mannschaftsstandes ausgebildet werden sollten.

Von den vielen Ossawiachim-Absolventen qualifizierten sich jedoch nur 3.500. Die verstärkten Bemühungen, diese Zahl zu erhöhen und vor allem auch die Qualität des technischen Personals zu verbessern, führte dann zur Schaffung eines eigenen Lufttechnischen Dienstes.

Nicht zuletzt hatte auch der gewaltige Aderlaß der Säuberungsaktionen über die Hälfte des ranghohen Personals der Roten Luftwaffe geschluckt. Dies veranlaßte Woroschilow die Defizite durch die Verkürzung der Ausbildungszeiten auszugleichen.Die sich daraus ergebende Verschlechterung des Leistungsstandards konnte jedoch - das sah man selber ein, nicht lange hingenommen werden.

Im Januar 1941 wurde die Dienstzeit in der Fliegertruppe von drei auf vier Jahre erhöht. Ganz besonderer Wert aber wurde auf die Verbreitung und Vertiefung der paramilitärischen Ausbildung gelegt. So erhielten während des Jahres 1940 etwa 100.000 Männer und Frauen in der UdSSR ein vorbereitendes Flugtraining in Aeroclubs und Luftfahrtschulen. Das 1937 von Stalin gesteckte Ziel von 150.000 werdenden Fliegerinnen und Fliegern wurde zwar nicht erreicht, dennoch aber halfen diese Vorbereitungsschulen und die Verbände der Ossawiachim mit, die Zahl der benötigten Piloten auch auszubilden.

Tausende ehemalige Offiziere der russischen Fliegertruppe, darunter sogar solche, die während der Säuberungswellen entlassen worden waren, wurden als Reservisten neu eingezogen. Diese Reservisten erhielten eine umfassende technische und fliegerische Neuausbildung. Besondere Bedeutung wurde dabei der Pilotenreserve geschenkt. Dies wird dadurch belegt, daß im Jahre 1939 von der Luftwaffenführung die Forderung aufgestellt wurde, für jeden Piloten im aktiven Dienst fünf (!) Reservepiloten zur Verfügung zu haben, die einspringen konnten, wenn der Hauptpilot ausfiel.

Luftwaffenoffiziere erlangten bald in der Roten Armee einen besonderen Status. Ihre Beförderungen wurden rascher vollzogen, als beim Heer. Im Jahre 1940 wurden dann auch Generalsränge in die Rote Luftwaffe eingeführt und bis Ende dieses Jahres hatten 13 Luftwaffenoffiziere den Rang eines Generalleutnants erreicht.

Da die taktische Verfeinerung der modernen Kriegführung und der Fortschritt der Luftwaffenentwicklung im Ausland sich ständig erhöhten, übte dies auf die Sowjetunion einen steigenden Leistungsdruck aus. Trotz der Kampferfahrungen, welche die Sowjetunion in der Luftkriegführung während des Spanienkrieges, in China und in der Mandschurei, und dann auch noch im Krieg gegen Finnland gesammelt hatten und trotz der radikalen Korrekturmaßnahmen in der Luftwaffenausbildung durch General Timoschenko, der seit dem 8. Mai 1940 Volkskommissar für Verteidigung wurde, schien die russische Fliegerwaffe trotz großer zahlenmäßiger Übermacht nicht in der Lage zu sein, einem befürchteten deutschen Angriff erfolgreich entgegentreten zu können. Ausbildungsmängel im Nachteinsatz und bei Schlechtwetterflügen, in der Kampftechnik und im Formationsflug waren ebenso gravierend, wie jene in der Flugzeugkontrolle, im Luftkampf und in der Aufklärung.

Besser bestellt war es mit den Fluginstruktionen des Personals und der Leistungssteigerung bei den technischen Diensten, sowie bei der Ausbildung guter Feldkommandeure, die sich als qualifiziert erwiesen, eine Führungsposition einzunehmen, die als Resultat der Säuberungswellen und Kampfverluste unbesetzt waren.

Die Fliegenden Verbände hatten gelernt, mit begrenzten Unterstützungsmöglichkeiten zu operieren. Die Disziplin war - abgesehen von der Zeit der Säuberungswellen - auf einem hohen Stand. Die Flexibilität der sowjetischen Ausbildungssysteme war einer der großen Vorteile der Roten Luftwaffe. Sie ermöglichte rasches Umdenken und Umlernen.

Wenden wir uns nach dieser knappen Übersicht, die nicht vollständig sein konnte, weil dies jeden erträglichen Rahmen gesprengt hätte, den deutschen Entwicklungen nach 1933 zu.

DER AUFBAU DER DEUTSCHEN LUFTWAFFE

Der geheime Aufbau

Der 30. Januar 1933 leitete in der deutschen Luftfahrt eine Entwicklung ein, wie sie schneller nicht hätte sein können. Dies übertrug sich sofort auch auf die zu dieser Zeit bereits in den Anfängen stehende deutsche Luftwaffe. Zunächst wurde die geheime Reichswehr-Fliegerei weiter ausgebaut.

Reichsminister der Luftfahrt, Hermann Göring, war im März 1933 durch Generalfeldmarschall von Hindenburg zum General der Infanterie ernannt worden. In der Danatbank in Berlin, dem ersten provisorischen Sitz des Reichsluftfahrtministeriums, gab Göring seine Ernennung bekannt und beauftragte seinen Pressereferenten, dies in allen Berliner Zeitungen und im Reichspropagandaministerium bekannt zu geben.

In einer noch geheimen Rangliste der Deutschen Luftwaffe eröffnete er den Reigen der Offiziere als General der Flieger.

Göring trug dem Direktor der Deutschen Lufthansa Erhard Milch den Posten eines Staatssekretärs an. Diesem Staatssekretär unterstanden zunächst die Chefs folgender Ministerialämter:

Chef des Luftkommandoamtes (Organisation, Ausbildung und Führung)

LA: Oberst Wever

Chef des allgemeinen Luftamtes (Luftverkehr und Luftüberwachung)

Ministerialrat Fisch

Chef des technischen Amtes (Industrie, Entwicklung, Nachschub und Erprobung)

LC: Oberst Wimmer

Chef des Luftwaffen-Verwaltungsamtes (Bauwesen der Luftwaffe)

D: Oberst Kesselring

Chef des Luftwaffen- Personalamtes

LP: Oberst Stumpf

Inspekteur der Schulen der Luftwaffe:

Oberst Christiansen

Chef der Zentralabteilung:

Kpt.z.S. Wenninger

(später kamen hinzu):

Chef des Nachschubamtes: E-Amt: Oberst Kitzinger.

Von diesen Offizieren kamen Kesselring, Stumpff, Wever und Wimmer aus der Reichswehr. Nur Wimmer war alter Kriegsflieger des Ersten Weltkrieges.

Als quasi-Oberbefehlshaber der Luftwaffe war Göring im Jahre 1933 noch dem Oberbefehlshaber der Wehrmacht in der Gestalt des Reichswehrministers Generaloberst von Blomberg unterstellt.

Oberst Wever, der im Ersten Weltkrieg als Generalstabsoffizier bei Ludendorff gedient hatte, plädierte als Anhänger der Luftkriegslehre Douhets für Luftangriffe in geschlossenen Verbänden als Hochangriffe. Nur in Ausnahmefällen sollte zum Tiefangriff übergegangen werden. Sein erklärtes Ziel war es, in einem entbrennenden Luftkrieg den Kampf gegen die wirtschaftlichen Zentren des Gegners zu führen. Zu diesem Zweck mußten allerdings bei einem Gegner, der ebenfalls über starke Luftwaffenverbände verfügte, dessen Kräfte mit einem überraschenden und äußerst kraftvollen Luftüberfall ausgeschaltet werden. Dies durch Angriffe gegen alle feindlichen Flugplätze und die feindliche Luftwaffe am Boden.

Nur mit einem solchen Überraschungsschlag war auch einem überlegenen Gegner beizukommen und die eigene Luftwaffe anschließend in der Lage, ihre zweite Aufgabe: die feindliche Kriegsindustrie zu zerstören und die Versorgungsindustrie weitgehend auszuschalten, zu erfüllen.

Damit wäre dann die Verteidigungskraft des Gegners entscheidend geschwächt und dem deutschen Heer die Möglichkeit geboten, den Gegner leichter zu überwinden, zumal bei voller Durchführung dieses genannten Doppelschlages die Luftwaffe auch zur taktischen Unterstützung des Heeres eingesetzt werden konnte. Diese strategische Konzeption war allerdings nur dann gültig, wenn der

Gegner eine benachbarte Landmacht war. Gegenüber England lagen die Dinge anders.

Da mit der Machtübernahme durch Hitler die Ausbildungsmöglichkeiten für die deutschen Flieger in Rußland entfielen, wurde nach geheimen Auswegen gesucht. Göring wandte sich zunächst an den italienischen Luftmarschall Balbo und, als dieser den Weg geebnet hatte, auch an Mussolini. Seine Verhandlungen in Rom führten zum Erfolg, allerdings waren die Bedingungen unter denen deutsche Flugschüler auf italienischen Schulen lernen konnten, bedeutend schlechter als in Rußland. Vor allem der »Mummenschanz« behagte weder Göring noch den Flugschülern, die als »Südtiroler Rekruten« eingekleidet wurden und eine dementsprechende Behandlung erfuhren.

Das äußerliche dieser Zweckgemeinschaft war schlecht und was den Wert der Ausbildung anlangte, so war sie noch schlechter. Die italienische Luftwaffe, dominiert von einigen Kunstflug- und Rennstaffeln und mit viel Propagandarummel bedacht, war in einem trostlosen inneren Zustand. Von hier wurde keinerlei Hilfe erwartet. Um diesem Übelstand abzuhelfen wurde der Deutsche Luftsportverband gegründet, dessen Führung der Weltkriegs-I-Offizier Bruno Loerzer übernahm. Ende 1933 erhielten dessen Mitglieder eine einheitliche Uniform.

Oberst Wever, der Chef des wichtigsten Luftwaffenamtes, hatte die Aufgabe erhalten, die Luftwaffe als dritten Wehrmachtsteil zu organisieren. Er vertrat ebenso wie sein Oberbefehlshaber, Göring, die Ansicht, daß dies ein völlig selbständiger Teil der Wehrmacht sein müsse und kein Anhängsel des Heeres.

Die von Hitler an die Luftwaffe gestellten personellen Forderungen sicherten keine kontinuierliche gesunde Entwicklung. Sprunghaft mußten die einzelnen Keimzellen geteilt und dann mühselig aufgefüllt werden. Zu dieser Zeit begann jenes böse Spiel der Täuschung nach außen, die später auch von innen her die Übersicht und realistische Einschätzungen versperrten.

Wevers operativen Gedanken über die Führung eines zukünftigen Luftkrieges, die den Kriegsspielen und Übungen zu Grunde gelegt wurden, kamen bei den »alten Hasen der Luftfahrt« nicht an. Dennoch zeigte sich später, daß allein er genau das richtige traf, als er das Prinzip einer starken Schwerpunktbildung vertrat, mit welcher zunächst die feindliche Luftwaffe ausgeschaltet werden sollte, um im zweiten Schlag die »Kraftquellen des feindlichen Landes, vor allem seine Kriegswirtschaft, zu zerschlagen.«

Was Wever in Bezug auf die Deutsche Luftwaffe als Ausbildungsprinzip herausgab, was weder von Hitler, noch von Göring und ebenfalls nicht von der Masse der Luftwaffenstäbe als richtig erkannt und begriffen wurde, das wurde acht Jahre nach Wevers Tod im Jahre 1936 durch einen Flugzeugabsturz von den angloamerikanischen Luftstreitkräften im Bombenkrieg über Deutschland praktiziert.

Die deutsche Verkehrsfliegerschule unter Kpt.z.S Christiansen reihte sich in die Ausbildungsstätten ein. Hier wurde die erste Ausbildung fortgesetzt. Aus den Absolventen dieser beiden Schulen und den Piloten der Deutschen Lufthansa, die für militärische Kurzausbildungs-Lehrgänge freigegeben werden mußten, bildete sich die erste geheime Reservetruppe der Luftwaffe und nannte sich »Behelfs-Kampfgeschwader 1.«

Was aber stand diesen Fliegern an Flugzeugen zur Verfügung?

Die Flugzeuge - Die Luftwaffenverbände

Es waren bis Ende 1934 fünf Bomberstaffeln, drei Jagdstaffeln, eine Sturzbomberstaffel, drei Fernaufklärerstaffeln und zwei Nahaufklärerstaffeln geworden. Und so bewegte sich auch der Generalstabschef der Luftwaffe Wever mit seiner neuen Theorie im leeren Raum, denn dort, wo er mit Geschwadern an Bombern und Fernbombern experimentierte, dort war nichts; allenfalls ein paar Staffeln mit Maschinen, die alles in allem ebenso veraltet waren, wie die russischen Flugzeuge auch.

Da war einmal die DO XI, mit dem die Kampfverbände ausgerüstet werden sollten. Der Serienbau dieses gefährlichen Flugzeuges musste schließlich eingestellt werden, weil die Opfer an Flugunfällen zu groß wurden.

Die Ju 52, ein Verkehrsflugzeug, wurde zum Bomber umfunktioniert. Zwar konnte die Ju 52 1.000 kg Bomben laden, aber mit ihrer Geschwindigkeit von 220 km/h war sie zu lahm. Die Reichweiten dieser ersten Flugzeugmuster waren so, daß nicht einmal Flüge von Deutschland nach England möglich gewesen wären.

Neben den modernen Flugzeugen, die erst noch auf den Reißbrettern der Konstrukteure standen, oder als erste Prototypen flogen, fehlte es an Führungsmitteln und Stäben. Die Ausbildung von Generalstabsoffizieren für die Luftwaffe setzte erst im Jahre 1935 ein.

Als am Morgen des 2. August 1934 der deutsche Reichspräsident Paul von Hindenburg starb wurden die Offiziere der noch getarnten Luftwaffe in das Reichsluftfahrtministerium gerufen. Im Sitzungssaal dieser ehemaligen Großbank machte Oberst Wever Göring Meldung. Dieser trug bereits die Uniform eines Generals der Flieger.

Nachdem Göring des verstorbenen Generalfeldmarschalls gedacht hatte, fuhr er mit erhobener Stimme fort:

»Aufgrund der Reichsverfassung geht die Staatsgewalt bis zur Wahl des Nachfolgers für das Amt des Reichspräsidenten auf den Reichskanzler über.

Damit übernimmt Adolf Hitler den Oberbefehl über die Wehrmacht.

Der Führer hat befohlen, daß die Wehrmacht, einschließlich der Luftwaffe auf ihn zu vereidigen ist.«

Göring zog seinen »Balmung«. Staatssekretär Milch, der mit einigen Offizieren Göring begleitet hatte, trat vor und legte seine Schwurhand auf die Klinge. Der Adjutant verlas die Eidesformel und alle versammelten Luftwaffenoffiziere schwuren, daß sie Adolf Hitler, dem Führer und Reichskanzler und Obersten Befehlshaber der Wehrmacht, Treue und unbedingten Gehorsam leisten würden.

Am selben Tage und am Morgen des 3. August 1934 leistete die gesamte Wehrmacht, leistete auch die Beamtenschaft Deutschlands den Treueeid auf Adolf Hitler.

Daß es Oberst Stumpff, dem Personalchef der neuen Luftwaffe gelang, binnen dreier Jahre aus 50 Offizieren der Anfangszeit ein Luftwaffen-Offizierskorps von 10.000 Mann zu schaffen und daß ab 1936 die ersten jungen Fliegeroffiziere aus der Luftkriegsschule zur Truppe gelangten, das grenzte bereits an Zauberei, doch die Waffen, die der jungen Fliegertruppe zur Verfügung standen: die Flugzeuge, waren alles andere eher als fortschrittlich und modern.

Am 26. Februar 1935 ließ General Göring alle in Berlin anwesenden Luftwaffenoffiziere ins Ministerium befehlen. Als Göring erschien, hatte sich die Spannung bereits verdichtet. Und in diese Spannung hinein fielen seine Worte:

»Der Führer hat sich entschlossen, die Tatsache der Luftwaffenrüstung offiziell dem Ausland zu verkünden. Es ist ein Entschluß von größter Tragweite, der weitgehende Konsequenzen nach sich ziehen kann. Ich verlasse mich auf Sie, meine Offiziere!«

Oberst Wever brachte ein Hurra aus, in das alle einfielen. Die Tarnung war zu Ende! Die deutsche Luftwaffe war auch offiziell geboren. Hermann Göring wurde Oberbefehlshaber der deutschen Luftwaffe, Staatssekretär Milch als Stellvertreter Görings zum Generalinspekteur der Luftwaffe ernannt. Er übernahm auch noch andere Ämter, beispielsweise auch das eines Generalluftzeugmeisters, das wenig später von Ernst Udet übernommen wurde.

Die Luftwaffe wurde in Luftkreiskommandos unterteilt. Es waren nach dem Stand vom 1. Okt. 1935 folgende:

Luftkreiskommando I	— Königsberg/Ostpreußen
Luftkreiskommando II	— Berlin
Luftkreiskommando III	— Dresden
Luftkreiskommando IV	— Münster
Luftkreiskommando V	— München
Luftkreiskommando VI (See)	— Kiel

Alle Fliegerwaffenschulen und Fliegerschulen wurden in Jagd- oder Kampfverbände umgewandelt. Sie wurden zum Teil mit dreistelligen Nummern bedacht, so daß es aussah, als stünden bereits Dutzende, ja Hunderte Verbände zur Verfügung. Alte Stammverbände wurden immer wieder geteilt, um daraus neue Verbände mit frischen Rekruten zu schaffen. Manöver und Luftparaden täuschten eine Schlagkraft vor, die nicht vorhanden war.

Die Flugzeugindustrie war zunächst nicht in der Lage, mit diesem personellen Ausbau Schritt zu halten. Die Vielzahl der Flugzeugtypen und die Konkurrenz der Firmen wie Junkers, Dornier, Heinkel, Arado, Messerschmitt und andere taten ein übriges.

Jede dieser Firmen war mit der Entwicklung und dem Bau mehrerer Flugzeugmuster befaßt. Dies führte zur Verzettelung. Die Fliegerschulen waren größtenteils nicht in der Lage, den Strom der Rekruten und der Chargen aufzunehmen. Darüber hinaus fehlte es an Ausbildern, die qualifiziert genug waren, schlagkräftige Verbände auszubilden.

Die ersten Geschwader wurden aufgestellt. Major Keller wurde Kommodore des ersten Bombengeschwaders. Das erste Jagdgeschwader wurde aufgestellt. Mit Major Raitl als Kommandeur der II. Gruppe, die in Jüterbog-Damme lag. Die Staffelkapitäne waren: Major Osterkamp, Hauptmann von Schönebeck und Oberleutnant Kornatzki.

Sie flogen die He 51, die zunächst noch ohne Waffen zum Geschwader kamen. Kommandeur dieses Jagdgeschwaders war Oberstleutnant von Döring.

Nach den He 51 kamen schließlich Arado 68 mit einem MG als Bewaffnung. Einer der Männer der ersten Stunde war der Hauptmann Woldenga, der als Kommodore des JG 77 in den ersten Wochen des Rußlandfeldzuges von sich reden machen sollte.

Als die III./KG »Hindenburg« im Herbst 1936 aufgestellt wurde, war sie mit Ju 52 ausgerüstet. Sie wurde im März 1937 in zwei Gruppen aufgeteilt und gleichzeitig damit auf Ju 86 umgerüstet. Es dauerte jedoch bis zum August, bevor die beiden neuen Gruppen auch nur annähernd aufgefüllt waren.

Wever, nun Generalmajor, wurde neuer Generalstabschef der Luftwaffe. Seiner unermüdlichen Arbeit war es zu verdanken, daß nicht alle Verbände der Luftwaffe nur auf dem Papier standen. Seine Versuche, neue Flugzeugtypen zu bekommen, waren von Erfolg gekrönt. Der Flugzeugkonstrukteur Prof. Dr. Claude Dornier baute die Do 17, die in ihren Prototypen bereits 1935 am Erntedanktag auf dem Bückeberg vorgeführt wurde. Zwei Jahre später war dieser Bomber schneller als sämtliche am Internationalen Alpenflug teilnehmenden Jäger und siegte in einer phantastischen Zeit. Allerdings waren die erzielten Höchstgeschwindigkeiten von 335 km/h gemessen an den später zur Truppe kommenden Jagdflugzeugen nicht so prächtig. Dafür konnte dieses Flugzeug eine Bombenzuladung von 1.940 kg mitnehmen. Seine Reichweite betrug in Dauerleistung 1.950 km.

Dagegen erzielte die Ju 86, die etwa zur gleichen Zeit zur Truppe kam nur 290 km/h. Dennoch wurden die ersten Bomberverbände nicht ausschließlich mit Do 17, sondern auch mit Ju 86 ausgerüstet.

Erst das ab 1937 zur Front tretende Bombenflugzeug des Typs He 111 - ursprünglich als zweimotoriges Schnellverkehrsflugzeug entwickelt - ließ die alten Ju 86 verschwinden.

Bereits im Jahre 1936 war in Berlin-Staaken eine Aufklärungsgruppe unter Major Theodor Rowehl aufgestellt worden, die mit He 111-Flugzeugen in Sonderausstattung Langstrecken-Aufklärungsflüge über dem Ausland durchführte. Von dieser Gruppe wird noch die Rede sein.

Die erste He 111 K hatte ein Fluggewicht von 8.000 kg. Ihre Höchstgeschwindigkeit betrug 400 km/h. Die Maschine trug eine Bombenlast von 1.000 kg 500 km tief in Feindesland hinein.

Bis zum 31. August 1939 waren 800 He 111 K für die Luftwaffe ausgeliefert worden.

Beide neuen Maschinen, die Do 17 ebenso wie die He 111, hatten eine Bewaffnung von zwei MG 15. Die Zahl der zur Truppe gelangenden Flugzeuge des Typs Do 17 E, M, F und P betrug bis zum 31. Aug. 1939 479 Stück.

Im Jahre 1935 hatte Generalmajor Wever es durchgesetzt, daß der Auftrag zur Entwicklung eines Sturzkampfflugzeuges an die Flugzeugindustrie ging. Junkers hatte zu der Zeit bereits ihre Ju 87 auf dem Reißbrett fertig, weil deren Chefingenieur Pohlmann schon seit 1933 auf einen Wink von Udet hin, dieses Problem durchleuchtet hatte.

Wenige Wochen nach der Ausschreibung flog die erste Ju 87 V-1 und zeigte erstaunliche Leistungen. Als dann Ernst Udet als Oberst 1936 in die Luftwaffe eintrat und am 10. Juni als Nachfolger von Generalmajor Wimmer das Technische Amt übernahm, befahl er, den eingestellten Bau der Ju 87 sofort wieder aufzunehmen.

Der Stuka wurde gebaut und stand am 31. Aug. 1939 mit den neuen Baumustern Ju 87 B und den stärkeren Jumo-Motoren 211 mit 1.150 PS zur Verfügung. Mit einer Bombenzuladung von 500 kg konnte die Ju 87 eine Marschgeschwindigkeit von 310 km/h erreichen und hatte eine Eindringtiefe von 200 km.

Selbst das schwere Stukaunglück das sich im August 1939 ereignete und bei dem 13 Ju 87 bei einem Probeangriff wegen Bodennebels vernichtet wurden und 26 junge Flieger den Tod fanden, verhinderte den Einsatz des Stukas nicht.

Generalmajor von Richthofen, der gegen den Bau des Stukas gewesen war, sollte dennoch diese Maschinen im Polenfeldzug führen. Die I./StG 76 unter Hptm. Walter nahm jedoch nicht in der alten Besetzung teil. Sie wurde binnen weniger Tage durch Abgaben anderer Stukaverbände neu aufgefüllt.

Doch noch eine Anmerkung zur Flugzeugentwicklung. Die Ju 88, der schwere Horizontal- und Sturzkampfbomber, kam erst im Jahre 1938 als Prototyp zur Truppe. Die erste Erprobungsstaffel wurde noch im selben Jahr aufgestellt. Am 3. Sept. 1938 schickte Göring in seiner Eigenschaft als Oberbefehlshaber der Luftwaffe dem Leiter der Junkerswerke, Koppenberg, jene Vollmacht, die diesen zur Hergabe aller Kräfte zwang:

»Geben Sie nunmehr den Start frei und schaffen Sie mir in kürzester Zeit eine gewaltige Bomberflotte Ju 88.«

Anfang 1939 begann die Serienproduktion. Dieses Flugzeug kam aber erst nach Kriegsbeginn zur Truppe.

Die Entwicklungen für den Bau eines schnellen Jagdflugzeuges waren ebenfalls sehr früh befohlen worden, denn weder die Arado 65, ein Doppeldecker, noch die Arado 68 und die He 51 konnten an die Leistungen der Jagdflugzeuge der anderen Luftwaffen heranreichen. Erst mit der Me 109, die in einer späteren Standardversion mit zwei Bordkanonen von 2 cm-Kaliber und zwei MG 7,9 mm ausgerüstet war und in 3.700 m Höhe 547 km/h flog, war ein Jagdflugzeug, das der Jägerwaffe des Gegners überlegen war. Ihre technische Entwicklungsgeschichte begann 1934, gemeinsam mit der He 112 von Heinkel. Der Generalluftzeugmeister entschied sich für die Me 109.

Am 26. April 1939 flog eine Me 109 unter Flugkapitän Wendel 755 Stundenkilometer. Aber der »fliegende Sauzahn« hatte bei diesem Flug keinerlei Waffen und Geräte an Bord. Später war sie trotz der stärkeren Motoren um runde 100 km langsamer.

Nach Generalleutnant Wevers Tod 1936 übernahm Generalmajor Kesselring dessen Nachfolge. Er forderte ebenso wie sein späterer Nachfolger einen leichten, schwach bewaffneten Schnellbomber, der den angreifenden Jägern dank seiner Schnelligkeit entkommen konnte u n d sturzflugfähig sein mußte. Dies hatte dann zur Ju 88 und vorher bereits zur Ju 87 geführt.

Für diese Konzeption waren jedoch nicht allein strategische oder taktische Erwägungen ausschlaggebend, sondern vor allem rüstungstechnische. Deutschland war einfach nicht in der Lage eine Armada schwerer Bomber zu bauen und damit einen strategischen Luftkrieg zu führen. Aus Gründen der Industriekapazität u n d der Rohstofflage konnte man sich eine solche Bomberflotte einfach nicht leisten.

In der Fliegertruppe war es General Felmy, der OB der Luftflotte 2 (die den Krieg gegen England führen sollte), der sich gegen jeden Luftangriff auf englische Städte aussprach. Er hatte im September 1938 Göring eine Denkschrift zur Führung des Luftkrieges gegen Großbritannien vorgelegt, in welcher er in nüchterner Beurteilung der Lage und des Wirtschafts- und Kriegspotentials Großbritanniens eine solche Städtebombardierung entschieden ablehnte. Der Kernsatz seiner Ausführungen zu diesem Punkt lautete:

»Ich beurteile die Gefährdung Deutschlands durch britische Gegenschläge stärker als unsere eigenen Erfolgsaussichten.«

Zwar wurden diese Gesichtspunkte beraten, doch nicht akzeptiert. Felmy und sein Chef des Stabes, Oberst i.G. Wühlisch fielen in Ungnade. Es war der spätere Chef des Generalstabes der Luftwaffe, Joschonnek, der Felmy im Auftrage von Göring antworten mußte:

»Der Generalfeldmarschall (zu diesem Rang hatte sich Göring inzwischen selbst ernannt) läßt Ihnen sagen, daß sich der Himmel über London verdunkeln wird, wenn er die Luftwaffe über England einsetzt.«

Göring schien tatsächlich bereits Opfer seiner eigenen Propaganda geworden zu sein.

Diese Propaganda spielte auch in den Notenwechsel zwischen Daladier und Chamberlain hinein, in den auch Churchill eingriff, als er am 6. Juni 1938 an den französischen Ministerpräsidenten schrieb:

»Vermutlich wird die deutsche Luftwaffe bis zum 1. April 1939 aus 300 Geschwadern bestehen und am 1. April 1940 eine Zahl von 400 Geschwadern erreicht haben.«

Was nun Churchill recht war, das sollte Hitler an und für sich nicht billig sein. Dennoch überschätzte auch er die Luftwaffe um ein Vielfaches.

General Felmys Behauptungen, daß es für einen Angriff gegen England beispielsweise an Zielunterlagen fehle, stellten sich als richtig heraus. Der Chef des Nachrichtendienstes der Luftwaffe, Oberst Beppo Schmidt, versuchte diese Lücken in der vorhandenen Zielkartei zu schließen. Als dies geschehen war, mußte auch er - der alle Welt, einschließlich Hitler mit unzutreffenden Stärkeverhältnissen bedient hatte - erkennen, daß alle vorhandenen Flugzeuge nicht ausreichten, auch nur die allerwichtigsten Ziele in England wirkungsvoll bekämpfen zu können.

Schmidts Meldungen an Göring waren im Grunde genommen die Ursache für dessen grandiose Fehlbeurteilung der fremden Mächte und ihrer Luftwaffen. Schmidt, ein Blutordensträger, war reiner Theoretiker, dem jede Frontpraxis und Truppenkenntnisse fehlten. Das es ihm dennoch gelang, Göring von der unschlagbaren Stärke der deutschen Luftwaffe zu überzeugen und daß diese beiden, mit dem Chef der Operationsabteilung Generalmajor Jeschonnek als dritten im Bunde, auch Hitler zu der Überzeugung brachten, daß nichts in der Welt der deutschen Luftwaffe gewachsen sei, war mit ein Grund, daß der Angriff gegen Polen beschlossene Sache war.

Auch der Abschluß des englisch-polnischen Beistandpaktes brachte Hitler nicht von seiner Absicht ab, Polen in einem schnellen Schlag niederzuzwingen.

Die deutsche Luftwaffe am Vortag des Kriegsausbruches

Am 31. August 1939 bestand die deutsche Luftwaffe aus vier Luftflotten:

Luftflotte 1: General der Flieger Kesselring
Luftflotte 2: (nicht besetzt)
Luftflotte 3: General der Flieger Sperrle
Luftflotte 4: General der Flieger Löhr.

Hinzu kamen:
Luftwaffenkommando Ostpreußen: Generalleutnant Wimmer
General der Luftwaffe beim OKH: Generalmajor Bogatsch
General der Luftwaffe beim OKM: Generalmajor Ritter
Kommandeur der 7. Flieger-Division: Generalmajor Student
Kommandeur der Luftwaffen-Lehr-Division: Generalleutnant Foerster

Die sechs vorhandenen Fliegerdivisionen waren:

1. Flieger-Division: Generalleutnant Grauert
2. Flieger-Division: Generalmajor Loerzer
3. Flieger-Division: Generalmajor Putzier
4. Flieger-Division: General der Flieger Keller
5. Flieger-Division: Generalmajor Ritter von Greim
6. Flieger-Division: Generalmajor Deßloch

Als territoriale Dienststellen fungierten die Luftgaukommandos:

Luftgaukommando I	— Königsberg
Luftgaukommando III	— Berlin
Luftgaukommando IV	— Dresden
Luftgaukommando VI	— Münster/Westf.
Luftgaukommando VII	— München
Luftgaukommando VIII	— Breslau
Luftgaukommando XI	— Hannover
Luftgaukommando XII	— Wiesbaden
Luftgaukommando XIII	— Nürnberg
Luftgaukommando XVII	— Wien

Den Luftflotten standen an Flugzeugen zur Verfügung:

771 Jagdflugzeuge, 1.176 Bomber, 408 Zerstörer, 366 Sturzkampfflugzeuge, 356 Nahaufklärer, 257 Fernaufklärer, 40 Schlachtflugzeuge, 167 Seeflugzeuge.

Von diesen Grundzahlen waren rund 90 Prozent einsatzbereit. Die Jagdgeschwader verfügten am 1. 9. 1939 überwiegend über die schnelle Me 109 E.

Von dieser Zahl von insgesamt 3.641 Flugzeugen wurden in den Luftflotten 1 und 4, die im Polenfeldzug zum Einsatz kamen, 1.302 Flugzeuge eingesetzt. Weitere 627 Flugzeuge wurden direkt dem Heer unterstellt. Von diesen insgesamt 1.929 Flugzeugen waren 897 Bomber.

Damit waren Zweidrittel der Deutschen Luftwaffe zum Angriff gegen Polen angetreten.

KURZE ÜBERSICHT ÜBER DIE FELDZÜGE BIS ZUM 22.06.1941

Im Polenfeldzug, in Frankreich, Jugoslawien und Griechenland, ebenso wie im Afrika-Feldzug war noch vor Beginn des Rußlandfeldzuges scheinbar unter Beweis gestellt worden, daß die »Luftwaffen-Blitze« genügen würden, jeden Gegner vom Himmel zu fegen, der sich der deutschen Luftwaffe entgegenstellte.

An einen Waffengang gegen Rußland dachte mit Kriegsausbruch am 1. Sept. 1939 noch niemand. Rußland stand zu dieser Zeit noch außerhalb aller Erwägungen. Man war in Bezug auf Rußland nur auf Abwehr eingestellt und vertrat die Auffassung, daß im Falle eines russischen Angriffs auf Deutschland die Luftwaffe den Abwehrkampf des Heeres unterstützen müsse. Die Reichweiten der deutschen Kampfverbände genügten 1939 nicht, um auch nur eines der russischen Industriegebiete zu erreichen.

An dieser Auffassung änderte sich auch nach den Blitzfeldzügen nichts. Dies bewirkte, daß in den Augen des OKW die Luftwaffe nach Beginn des Rußland-Feldzuges in die Rolle einer Art von Artillerie aus der Luft gedrängt wurde.

Im Polenfeldzug stand der deutschen Luftwaffe ein Gegner gegenüber, der über 277 Jäger, 203 Mehrzweckflugzeuge, 66 Bomber und 199 Nahaufklärer verfügte. Das waren insgesamt 745 Maschinen gegen 1.929.

Der Blitzfeldzug in Polen wurde dank des Einsatzes der Luftwaffe bei der direkten und indirekten Heeresunterstützung entschieden. Dieses Vorgehen wurde auch im Frankreich-Feldzug geplant, weil der Erfolg der kombinierten Einsätze von Heer und Luftwaffe auf der Hand zu liegen schien.

Dennoch zeigte der Polenfeldzug a u c h , daß die deutsche Luftwaffe nicht stark genug war, um an mehr als einer Front - und sei es auch nur zeitlich begrenzt - Erfolge zu erzielen.

Die Verluste der deutschen Luftwaffe im Polenfeldzug beliefen sich auf 285 Flugzeuge, darunter 109 Bomber und Stukas.

Nach der Kriegserklärung Englands und Frankreichs an Deutschland am 3. September 1939 sollte nach dem Befehl von Reichsmarschall Göring »die Luftflotte 2 unverzüglich den Luftkrieg gegen England eröffnen. Hierzu greift sie mit einer Kette (das sind drei Flugzeuge) Ju 88 den britischen Flugzeugträger »Hermes« an.«

Daß diese drei Flugzeuge nicht den Himmel über England verdunkeln konnten, sei am Rande vermerkt. Den Luftkrieg gegen England führte das neuaufgestellte X. Fliegerkorps unter Gen.Lt. Geisler. Das KG 26, das vom X. Fliegerkorps für den Polenfeldzug abgezogen war, kehrte Mitte September aus Polen zurück, um unter Führung von Oberst Siburg Angriffe gegen die englische Schiffahrt im Kanal zu fliegen. Erste Fernaufklärer-Einsätze wurden von Do 18 geflogen. Angriffe der Kampfgeschwader 26 und 30 richteten sich auf Seeziele.

Die deutsche Jägerwaffe erzielte im Westen bei Stör- und Aufklärungsflügen die ersten Abschußerfolge. Die Me 109 zeigte sich den gegnerischen Flugzeugen überlegen.

Das Jagdgeschwader 77 unter Oberstleutnant Schumacher erzielte in der »Luftschlacht über der Deutschen Bucht« am 14. Dezember 1939 einen durchschlagenden Erfolg. 27 gesicherte Abschüsse feindlicher Bomber wurden gemeldet.

Im Norwegenfeldzug standen wiederum die KG 26 und 30 im Einsatz gegen britische Kriegsschiffsverbände. Ein Ergebnis dieses Kampfes im Hohen Norden war die Schaffung der Luftflotte 5. Der Sprung nach Norwegen und die Abwehr der englischen Landungsunternehmen bei Andalsnes, Namsos und Narvik waren mit ein Erfolg der Luftwaffe.

Der Kampf gegen die Royal Air Force begann mit dem ersten Abschuß einer Me 109 am 20. September 1939 durch Sergeant F. Letchford, Heckschütze in der Battle K 9243 der 88. Staffel der BAASE. Es war das erste deutsche Flugzeug, das von britischen Fliegern im Zweiten Weltkrieg abgeschossen wurde.

In Schlag und Gegenschlag entwickelte sich der Luftkrieg über der Nordsee und England zu einem dramatischen Ringen, das in der Luftschlacht über England seinen Höhepunkt fand.

Vor Beginn dieser nur in ihren Umrissen darzustellenden Luftschlacht, mit der zur Operation »Seelöwe« die Luftherrschaft errungen werden sollte, erfolgte der Einsatz der Luftwaffe und der Fallschirmtruppe im Westfeldzug, der am 10. Mai begann. Wieder waren einige KG im Einsatz, die einmal zur Unterstützung der deutschen Fallschirmjäger, oder aber zu Angriffen gegen feindliche Truppenbereitstellungen eingesetzt wurden. Die Hauptlast dieser Kämpfe trugen die Luftflotten 2 und 3. Auch hier waren am Abend des ersten Einsatztages Zweidrittel der alliierten Luftstreitkräfte vernichtet. Von den 200 Flugzeugen des Britischen Expeditionskorps in Frankreich fielen am ersten Tage 150 aus. Dies waren erste Vernichtungsschläge, von denen sich der Gegner zur Luft nicht mehr erholen sollte.

Von den Flugzeugen der Royal Air Force in Frankreich, die in den ersten Angriffstagen auf 474 erhöht wurden, wovon insgesamt 135 Bomber waren, verfügten die Engländer am Abend des 12. Mai 1940 noch über 206, davon waren 72 Bomber.

Das JG 27 unter Oberstleutnant Ibel errang am 12. Mai 28 Luftsiege, vier eigene Flugzeuge gingen verloren.

Die I./JG 53 unter Major von Cramon-Taubadel konnte an diesem Tage 39 Gegner abschießen. Auch das JG 2 errang hohe Abschußerfolge.

Die Hauptleute Mölders, Bertram und Galland, Leutnant Wick und andere, errangen eine Reihe von Luftsiegen. Als erster deutscher Jagdflieger erhielt Mölders nach 20 Luftsiegen das Ritterkreuz des Eisernen Kreuzes.

Die Luftschlacht über Dünkirchen, bei der es darum ging, die Rückführung der britischen Streitkräfte von der Küste des Festlandes auf die Insel zu verhindern, sah Geschwader beider Luftflotten im Einsatz.

Die Luftschlacht begann am 25. Mai und endete am 2. Juni 1940. Am 26. Mai bestätigte der Chef des Generalstabes der Luftwaffe, Gen. Maj. Jeschonnek bei einem Lagevortrag im FHQ noch einmal die Ausführungen Görings. Als Hitler Jeschonnek fragte, ob die Luftwaffe das gesteckte Ziel, den Gegner an der Rückführung seiner Truppen zu hindern, erreichen könne, antwortete dieser:

»Die Luftwaffe ist in der Lage, die von Generalfeldmarschall Göring in Aussicht gestellte Vernichtung des Gegners durchzuführen.«

General der Flieger Kesselring war anderer Ansicht. Er berichtete dazu:

»Der Oberbefehlshaber der Luftwaffe mußte die Auswirkungen der fast dreiwöchigen Feindeinsätze meiner Flieger so gut kennen, um nicht Einsätze zu befehlen, die kaum mit frischen Kräften zu erfüllen waren. Ich brachte dies Göring gegenüber auch sehr deutlich zum Ausdruck und bezeichnete diese Aufgabe, selbst mit der Unterstützung durch das VIII. Fliegerkorps, als undurchführbar.«

Nach drei Wochen des Einsatzes in Frankreich war also die Kraft der Fliegertruppe erschöpft. Dies bleibt als wichtige Erkenntnis festzuhalten und sich diese Erkenntnis in die Erinnerung zurückzurufen, nachdem der Rußlandfeldzug begonnen hatte, der ein monatelanges Kämpfen ohne jede Pause bedeutete.

Die Rückführung des größten Teiles des englischen Heeres auf die Insel gelang. Zwar hatte der Gegner schwere Verluste an Menschen und Schiffen und Flugzeugen hinnehmen müssen, aber weit über 350.000 englische Soldaten entgingen der Gefangenschaft. Sie sollten vier Jahre später nach Europa zurückkehren und die Invasion in Gang bringen.

Mit dieser Truppe in deutscher Gefangenschaft, wäre England dem Ansturm der deutschen Wehrmacht beinahe hilflos preisgegeben gewesen.

Mit der Eskalation des Bombenkrieges, die begann, als das britische Kabinett auf Weisung von Churchill den Bombenkrieg im deutschen Hinterland freigab, begannen auch die Einflüge nach Deutschland, mit dem Ziel, zunächst militärische Objekte auch im Bereich deutscher Großstädte zu bombardieren. Der Angriff auf deutsche Bahnanlagen am 11. Mai 1940 kennzeichnet die erste Verletzung der Grundregeln der »zivilisierten Kriegführung«, nach denen sich Feindseligkeiten ausschließlich gegen die Truppen des Gegners richten durften. Der Übergang vom Sicht- zum Blindflug bei Nacht führte in letzter Konsequenz zum unterschiedslosen Luftkrieg. Kampfmittel wie Brandbomben, Phosphorkanister und, in der höchsten Potenz, von Atombomben wurden mit der Absicht eingesetzt, die Zivilbevölkerung umzubringen und ihre Häuser zu zerstören.

Hitlers Appell an Großbritannien in seiner Reichstagsrede vom 19. Juli 1940 Frieden zu schließen, wurde am 22. Juli vom britischen Außenmininister Lord Halifax beantwortet:

»Hitlers einzige Argumente waren Drohungen, aber in Großbritannien herrscht ein Geist unerbittlicher Entschlossenheit. Wir werden nicht aufhören zu kämpfen.«

Ende Juli 1940 eröffnete Hitler dem Oberbefehlshaber des Heeres, GFM von Brauchitsch, daß er die Absicht habe, einen Feldzug gegen Rußland zu führen. Er kommentierte diese Mitteilung mit den Worten:

»Je schneller dies geschieht, umso besser wird es sein. Am liebsten noch in diesem Jahr. Ist Rußland erst zerschlagen, dann ist auch Englands letzte Hoffnung dahin.«

Damit waren in Deutschland die Weichen für jene dramatischen Ereignisse gestellt, die zunächst am 1. August 1940 durch die Führerweisung Nr. 17 umrissen wurden, in welcher der verschärfte Luftkrieg und auch der Seekrieg gegen England am 5. August freigegeben wurde.

Dies führte zur Luftschlacht über England. Hitler, der sich bereits in seiner Weisung Nr. 16 vom 6. Juli 1940 dazu entschlossen hatte, »mit der Vorbereitung der Invasion Englands zu beginnen«, ließ nach der Ablehnung seines Friedensangebotes vom 19. Juli die Luftwaffe von der Kette.

Die Luftflotten 2 und 3 verfügten am Kanal und an der Atlantikküste über 860 Bomber, 250 Stukas, 650 einmotorige und 200 zweimotorige Jäger, sowie 80 Aufklärer. Dieser Gesamtzahl von 2.040 Flugzeugen standen etwa 750 englische Jagdflugzeuge gegenüber, davon waren Zweidrittel Hurricane und ein Drittel Spitfire.

In dramatischen Luftschlachten schien es zunächst so, als ob die erstrebte Luftherrschaft errungen werden könnte. Der britische Luftmarschall Dowding schrieb über die englischen Verluste:

»Anfang September waren unsere Ausfälle so hoch, daß die frischen Staffeln rascher abgekämpft waren, als eine Ruhestaffel im Stande gewesen wäre, ihren Platz einzunehmen.«

Und Churchill schrieb: »Fast ein Viertel der insgesamt 1.000 ausgebildeten Piloten ging in den 14 Tagen vom 24. August bis zum 6. September verloren.«

Aber die deutsche Luftwaffe hatte allein im August 1940 über England 254 Jäger und 215 Kampfflugzeuge verloren. Vom 7. bis 30. September lag London im Fadenkreuz deutscher Kampfflugzeuge. Insgesamt 4.405 Einsätze waren zu verzeichnen. 5.361 Tonnen Sprengbomben und 7.489 Brandschüttkästen wurden abgeworfen.

Am Sonntag, dem 15. September, erlebte England einen großen Abwehrtag. Zwar waren von der ersten Welle der an diesem Tage angreifenden deutschen Kampfverbände nur 56 der angegebenen 184 Maschinen abgeschossen worden, aber auch dieser Verlust war schwer und untragbar. Dieser Tag ging in die Geschichte des Luftkrieges als »Battle of Britain-Day« ein. Er wird in England noch heute gefeiert.

Auch die zweite Welle, die zwei Stunden später angriff, erlitt herbe Verluste.

Eine Ende Oktober 1940 aufgemachte Zwischenbilanz zeigte, daß in der Luftschlacht über England bisher 1.733 deutsche Flugzeuge abgeschossen worden waren. Dieser Zahl standen 915 abgeschossene britische Flugzeuge gegenüber.

Bei 783 Luftangriffen gegen England lag London 33 mal im Fadenkreuz der Angreifer. In der gleichen Zeit erfolgten 601 britische Angriffe auf das deutsche Reichsgebiet und die besetzten Gebiete.

Niemand anderer als Adolf Galland, der als Major und Kommodore des JG 26 am 31. Oktober 1940 über England seinen 50. Abschuß erzielte, legte dar, warum England aus der Luft nicht besiegt werden konnte.

»Die Schlacht, die uns die britischen Jäger geliefert haben, verdient höchste Bewunderung. Sie waren es, die zahlenmäßig oft unterlegen, unermüdlich und tapfer kämpfend, in diesem höchst kritischen Abschnitt des Krieges zweifellos zum Retter ihres Vaterlandes wurden.«

Nach einem letzten Zielwechsel, der am 1. November 1940 von der Luftwaffe vorgenommen wurde, sollten nunmehr sämtliche größeren und wichtigen Industrie- und Hafenstädte Englands Schwerpunkte der Bomber-Nachtangriffe werden. Als der Monat Januar 1941 zu Ende ging, waren in diesem Monat 2.400 Einsätze geflogen worden. Der Winter ließ die Angriffskraft beider Seiten erlahmen. Als dann auch die Luftschlacht über England zu Ende ging, wurde das Unternehmen »Seelöwe« sang und klanglos abgeschlossen. Die Luftherrschaft war nicht zu erringen gewesen. Dazu war die deutsche Luftwaffe noch nicht stark genug.

Hitlers Plan, die Sowjetunion in einem neuen Waffengang niederzuringen basierte auf seiner vorgefaßten Meinung, daß nämlich das sowjetische Staatssystem zusammenbrechen werde, und daß der Kampfwert der Roten Armee gering sei.

Letzteres schloß er aus den Einsätzen russischer Verbände in Spanien und besonders in Finnland. »Niemand von der deutschen Führungselite kam auch nur auf die Idee, daß Rußland im Finnischen Winterkrieg mit Vorbedacht die Demaskierung seiner militärischen Rüstung auf Kosten des Blutes seiner Soldaten vermieden hatte, um die Welt über seine effektive Kraft zu täuschen.« (Siehe H.J. Rieckhoff: Trumpf oder Bluff).

Die in Deutschland ventilierte Möglichkeit des Zusammenbruchs des gesamten sowjetischen Systems war ein zweiter Punkt, über den die Deutsche Führung nicht hätte im Zweifel sein dürfen. Schließlich hatten Hunderte deutscher Offiziere von 1923 bis 1933 und auch noch später als Militär-Attachés in diesem Land genügend Material gesammelt, das vom Gegenteil sprach.

Der Nachrichtendienst der deutschen Luftwaffe, der sich bereits in der Beurteilung der Einsatzstärken der westlichen Luftverbände gründlich geirrt hatte, meldete von Rußland nicht nur politische Labilität, sondern ging so weit, zu behaupten, daß die Russen im Kriegsfalle binnen weniger Monate zusammenbrechen würden. Gegen diese kolportierten Meldungen, die sämtlich über den Chef der V. Abteilung des Generalstabes, Oberst Schmidt, liefen, kamen jene des Luftattachés der deutschen Botschaft in Moskau Oberst Heinrich Aschenbrenner nicht an. Dieser wurde nach seiner Rückkehr aus Moskau nicht einmal gehört. Oberstleutnant i.G. Pasewaldt, der annähernd exakte Zahlen über die Stärke der sowjetischen Luftwaffe meldete, wurde von Göring ausgelacht.

So wurde der Mythos vom Koloß auf tönernen Füßen mit Namen Rußland genährt. Nicht nur die politischen Stellen, sondern auch die militärische Führung ließ sich von der Überzeugung leiten, daß es der deutschen Wehrmacht gelingen werde, Rußland in wenigen Wochen militärisch niederzuwerfen und politisch zu revolutionieren.

Am 18. Dezember 1940 legte Hitler in der Führerweisung Nr. 21, genannt »Barbarossa«, die wichtigsten Details zu dem unter diesem Decknamen geplanten Feldzug gegen Rußland nieder: Der Angriff sollte so vonstatten gehen, daß zunächst große feindliche Truppenmassen eingekesselt und gefangen genommen werden sollten. Danach würde die Linie Wolga-Archangelsk zu erreichen sein. Von dieser Linie aus wäre die deutsche Luftwaffe in der Lage auch die sowjetische Waffenindustrie jenseits des Urals zu zerschlagen. Drei Heeresgruppen sollten diese Aufgabe erfüllen. Bis zum 15. Mai sollten alle Vorbereitungen getroffen sein.

Der Balkanfeldzug verhinderte den Beginn des Rußlandfeldzuges zum vorgesehenen Zeitpunkt.

Die zu treffenden Vorbereitenden Maßnahmen für das Unternehmen »Barbarossa« wurden in der Führerbesprechung vom 3. Februar 1941 festgelegt. Der Aufmarsch konnte beginnen. Würde er den Russen verborgen bleiben?

Es steht einwandfrei fest, daß die Sowjets vorgewarnt waren. Dies zeichnete sich in aller Deutlichkeit ab, als im April 1941 eine Reihe deutscher Luftfahrt-Spezialisten und Luftwaffen-Ingenieure über den deutschen Luftwaffen-Attaché in Moskau, Oberstleutnant Aschenbrenner, die Einladung zu einer Besichtigungsreise erhielten. Sie konnten die ganze sowjetische Flugzeugindustrie besichtigen.

Es war für die Kenner der Materie nach Ende der Luftschlacht über England faszinierend, diese gigantischen Fabriken mit bis zu 30.000 Beschäftigten zu sehen und die Unendlichkeit dieses Landes zu begreifen, die ihnen - falls sie dies verstanden - einen Einblick in die Schwierigkeiten gegeben hätte, die jeder Angreifer hier vor sich sehen würde.

Bei dieser Besichtigungsreise, die gestattet wurde, weil die Russen damit den Deutschen die Gefährlichkeit eines Angriffs auf die UdSSR drastisch vor Augen führen wollten, sahen die Besucher den gewaltigen Aufschwung, den die sowjetische Flugzeugindustrie genommen hatte. In einer Fabrik arbeiteten 30.000 Menschen in drei Schichten rund um die Uhr.

Am Ende dieser Informationsreise sagte der sowjetische MiG-Konstrukteur, Artem Mikojan, ein Bruder des Politikers Anastas Mikojan, den Gästen:

»Wir haben Ihnen nun alles gezeigt, was wir haben und was wir leisten können. - Wir können j e d e n Angreifer vernichten.«

Dies war eine deutliche Warnung.

Die russische Flugzeugproduktion, die zu dieser Zeit bereits mehr als das Doppelte der deutschen betrug, steigerte sich ab Frühjahr 1942 mit dem Anlaufen der weiteren hinter den Ural verlegten Fabrikationsstätten auf 2.000 Flugzeuge im Monat. Dafür waren auch - und das ist das entscheidende - Piloten vorhanden.

Das deutsche Beispiel aber zeigt es anders. Als nach dem Freitod von Generalluftzeugmeister Ernst Udet der neue Generalluftzeugmeister GFM Milch beim Chef des Luftwaffengeneralstabes Genlt. Jeschonnek Ende 1941 eine Produktion von 1.000 Jägern im Monat verlangte, erklärte ihm Jeschonnek:

»360 Flugzeuge pro Monat genügen. Ich habe nur 370 Besatzungen, um diese Maschinen überhaupt fliegen zu lassen. Sie würden nur nutzlos herumstehen.«

D i e s war das entscheidende Faktum!

Doch zurück zu den Vorbereitungen auf den Rußlandfeldzug. Im engeren Kreis der Luftwaffe war es vor allem General Korten, Chef des Stabes der Luftflotte 4 unter Generaloberst Löhr, der als Reichswehroffizier ein Fliegerkommando in Rußland absolviert hatte, und das Land auch kannte. Er lehnte einen Feldzug gegen Rußland ab. Aus seiner Überzeugung heraus wollte Korten Hitlers Pläne bezüglich Rußland dadurch durchkreuzen, daß er nach dem Abbruch der Luftschlacht über England den Kampf gegen den Hauptgegner, England, durch dessen Verdrängung aus dem Mittelmeerraum, aus dem gesamten Nahen Osten und aus Ägypten forderte. Mit Rußland sollte man um jeden Preis Frieden halten. Bei Gewinnung einer Flankenstellung vom Balkan aus über die Türkei bis hinein in den Iran hoffte er Rußlands Ambitionen bändigen zu könnten.

Als der Balkanfeldzug begann, sah Korten bereits einen wenn auch kleinen Schritt in dieser Richtung getan. Er sann darauf, wie es möglich sein könne, durch die Verlängerung des Südostfeldzuges Hitler am Beginn des Rußlandfeldzuges zu hindern. Wenn ein Teil der deutschen Wehrmacht bis über den 15. Juni hinaus auf dem Balkan gebunden blieb, dann konnte Hitler, nach Kortens Meinung, nicht mehr im selben Jahr gegen Rußland antreten, wenn er einen Winterfeldzug vermeiden wollte.

Wörtlich sagte Korten dazu: »Wenn es mir gelingt, diesen Krieg zunächst für dieses Jahr und vielleicht für immer zu verhindern, dann erweise ich dem deutschen Volk den größten Dienst. (Siehe H.J. Rieckhoff: a.a.O.)

Der Jugoslawienfeldzug und der anschließende Feldzug gegen Griechenland sah Teile der deutschen Luftwaffe, repräsentiert vor allem durch das VIII. Fliegerkorps unter General von Richthofen, auf dem Balkan im Einsatz. Richthofens Taktik als Nahkampfführer feierte hier einen weiteren Triumph.

Hitler genehmigte am 21. April auf dem Brenner den Einsatz der Fallschirmjäger und Luftlandetruppen (letztere durch die 5. Gebirgs-Division dargestellt) gegen die Insel Kreta. Damit war ein weiterer Mosaikstein zum Südostfeldzug in den Nahen Osten gesetzt worden.

Hitler aber ließ sich nicht von seinem einmal gefaßten Plan abbringen. Der Angriff auf Vorderasien fand nicht statt. Die Niederwerfung Rußlands in einem weiteren Blitzfeldzug sollte nunmehr anlaufen.

Vom Kanal und von der französischen Atlantikküste wurden die deutschen Kampf- und Jagdverbände abgezogen und nach dem Osten in Marsch gesetzt.

Der Zweifrontenkrieg - für die Luftwaffe ebenso vernichtend wie für das Heer - konnte beginnen.

DER AUFMARSCH

Die Aufgaben der Luftwaffe

Die Aufgaben der deutschen Luftwaffe im Ostfeldzug lauteten: »Vernichtung der sowjetischen Luftwaffe auf dem Boden und in der Luft. Unterstützung der Heerestruppen direkter und indirekter Art.« Dafür wurde der Aufmarsch der Luftwaffe jenem des Heeres angeschlossen und stand damit in Übereinstimmung mit den strategischen Zielen des Heeres.

Das deutsche Heer, zum Rußlandfeldzug in die drei Heeresgruppen Nord, Mitte und Süd und in das Armeeoberkommando Norwegen gegliedert, erhielt von der Obersten Führung für jede seiner Heeresgruppen eine Luftflotte.

Der Heeresgruppe Nord wurde die Luftflotte 1 zugeführt und später die Luftflotte 5 für den Norwegenraum beigegeben.

In der Heeresgruppe Mitte stand die Luftflotte 2, während die Luftflotte 4 der Heeresgruppe Süd zugeteilt wurde.

Das Aufmarschgebiet zum Angriff der Luftwaffe im Osten dehnte sich hinter der deutschen und deren Alliierten Front in einer Breite von annähernd 1.600 km aus und lag der sowjetischen Front gegenüber, die von Leningrad bis hinunter nach Sewastopol reichte und eine Ausdehnung von 2.400 km hatte. Hinzu kam die Karelienfront im Hohen Norden.

Die Aufgaben für die Luftflotte 1 lauteten: »Unterstützung der Heeresgruppe Nord von Ostpreußen in Richtung zur Dwina und nach Leningrad.

I. Fliegerkorps arbeitet mit der 16. und 18. Armee zusammen und unterstützt das Vorankommen der Panzergruppe 4.«

Die Angriffsbreite der HGr. Nord zum ersten Vorstoß am Morgen des 22. 6. 1941 betrug etwa 200 km. Die Distanz von Königsberg nach Leningrad betrug rund 845 km.

Die Küstenflanke der HGr. Nord sollte durch den Fliegerführer Ostsee gesichert werden. Dieser war auch angewiesen worden, die

Rote Flotte anzugreifen und Tiefangriffe gegen sowjetische Bodenorganisationen zu fliegen und den geplanten Angriff gegen die Ostseeinseln Saaremaa, Muhu und Hiiumaa zu unterstützen.

Alle Bodenorganisationen, einschließlich der Nachschubtruppen im Raume der HGr. Nord, unterstanden dem Befehl des Luftgaukommandos Königsberg. Die Luftgaukommandos I und X wurden für den Spezialeinsatz in der HGr. Nord vorgesehen.

Die Verbände die der HGr. Nord unterstanden waren:

Luftflotte 1:	Generaloberst Keller
Gefechtsstand:	Norkitten bei Insterburg
direkt unterstellt:	2.(F)/Ob.d.L mit Do 215 B
	KGr.zbV 100 mit Ju 52 3M GE

I. Fliegerkorps: General der Flieger Förster

KG 1 mit Ju 88 A5	in Ostpreußen
KG 76 mit Ju 88 A5	in Ostpreußen
KG 77 mit Ju 88 A5	in Ostpreußen
II./JG 54 mit Bf 109 E	in Trakehnen
I./JG 54 mit Bf 109 E	in Blumenfeld
III./JG 54 mit Bf 109 E	in Lindenthal
ErgGr. JG 54 mit Bf 109 E	in Neukuhren
II./JG 53 mit Bf 109 E	in Neusiedel
AufklGr. (F) 122 mit Ju 88 D-2	in Ostpreußen

VIII. Fliegerkorps: General der Flieger von Richthofen

KG 2 mit Do 17 Z2	
StG. 1 mit Ju 87 D	
StG 2 mit Ju 87 D	
JG 27 mit Bf 109 F	in Sobolewo (Stab)
II./JG 27 mit Bf 109 F	in Berznicki
III./JG 27 mit Bf 109 F	in Sobolewo
II./JG 52 mit Bf 109 F	in Sobolewo
III./JG 53 mit Bf 109 F	in Sobolewo
Stab ZG 26 mit Bf 110 E	in Suwalki
I./ZG 26 mit Bf 110 E	in Suwalki
II./ZG 26 mit Bf 110 E	in Suwalki
KGr. zbV. 1 mit Ju 52-3 M GE	in Suwalki
Fernaufkl.Gr.11 mit Do 17 P2	in Suwalki

Luftflotte 5 Generaloberst Stumpff
Gefechtsstand in Oslo
direkt unterstellt:

KGr. zbV 108 mit Ju 52 3M GE7	in Oslo
Fliegerführer Kirkens	Oberst Holle
5./KG 30 mit Ju 88 A5	in Kirkenes
IV./LG 1 (Stuka) mit Ju 87 D	in Kirkenes
13./JG 77 mit Bf 109 T	in Kirkenes
14./JG 77 mit Bf 109 E	in Kirkenes
2./ZG 76 mit Bf 110 D	in Kirkenes
1 Schwarm ZG 76 mit Bf 110 D	in Kirkenes
1./AufklGr. (F) 120 mit Ju 88 D-2	in Kirkenes

Fliegerführer Ostsee - Oberst Wild
KFlGr. 806 mit Ju 88 A5
AufklGr. 125 (See)

Den Heeresverbänden der HGr. Nord direkt unterstellte Aufklärungsstaffeln (F und H):
1.(F) 22 mit Ju 88 D-2
AufklSt. 3 (F)-Nacht mit Do 17 P
Der 18. Armee direkt unterstellt:
3.(F)/10 mit Do 17 P und Bf 110 C-5
Der 16. Armee direkt unterstellt:
3. (F)/22 mit Ju 88 D-2
Weitere unterstellte Einheiten:

PzGr. 4:	4. (F) / 33 mit Bf 110 F
AOK 20:	1. (H) / 32 mit Hs 126
V. AK:	4. (H) / 10 mit Hs 126
XXXVIII.AK:	2. (H) / 21 mit Hs 126
XXVI. AK:	4. (H) / 21 mit Hs 126
I. AK:	7. (H) / 21 mit Hs 126
XXXXI. PzK:	4. (H) / 31 mit Hs 126
8. PD:	3. (H) / 41 mit Hs 126
XXVIII. AK:	1. (H) / 12 mit Hs 126
LVI. PzK:	8. (H) / 32 mit Hs 126
II. AK:	2. (H) / 13 mit Hs 126
1. PD:	2. (H) / 23 mit Hs 126
6. PD:	3. (H) / 23 P mit Hs 126
X. AK:	4. (H) / 23 mit Hs 126

Innerhalb des Versammlungsraumes der HGr. Mitte befand sich auch jener der Luftflotte 2 unter GFM Kesselring mit dem HQ in der Sportschule von Warschau-Bielany. Der rechte Flügel der Luftflotte 2, das II. Fliegerkorps unter General Loerzer, mit dem HQ in Brest-Deblin, befand sich ostwärts von Warschau, und der linke Flügel, das VIII. FlK unter General der Flieger von Richthofen, hatte seinen Versammlungsraum Suwalki mit dem Gefechtsstand am Nordufer des Wigry-Sees ostwärts Suwalki bezogen.

Die Luftflotte 2 sollte mit der HGr. Mitte angreifen und zunächst die feindlichen Luftwaffen-Stützpunkte ausschalten. Sodann sollte das II. FlK. auf der rechten Flanke die 4. Armee und zeitweise die Panzergruppe 2 unterstützen.

Das VIII. FlK auf dem linken Flügel sollte mit der 9. Armee zusammenwirken und auch den Vorwärtsschwung der Panzergruppe 3 forcieren. Da der Mittelabschnitt der entscheidende Punkt der Ostfront war und die HGr. Mitte in diesem Abschnitt die Aufgabe erhalten hatte, die sowjetische Hauptstadt zu erreichen, wurde diese Luftflotte besonders stark mit Fliegenden Verbänden ausgestattet.

Die Angriffsbreite des Stoßkeiles betrug 297 km. Die Distanz nach Moskau 1.088 km.

Der Durchbruch durch die Grenzbefestigungen sollte vom I. Flak-Korps mit seinen Schnellfeuerwaffen unterstützt werden. Von seinem Hauptquartier in Posen aus war das zuständige Luftgaukommando damit befaßt, die Organisationsfragen, die Vorbereitung und Schaffung der Luftwaffen-Bodenorganisationen in den eroberten Gebieten der HGr. Mitte vorzubereiten. Dazu standen die Stäbe der Luftgaukommandos 2 und 20 zur Verfügung.

Die Verbände der HGr. Mitte waren also:

Luftflotte 2: Generalfeldmarschall Kesselring
Gefechtsstand: Warschau-Bielany
direkt unterstellt:

AufklGr. (F) 122 mit Ju 88 D-2	
JG 53 (I.Gruppe und Stab) mit Bf 109 F	in Krczewicz
IV./JG 51 mit Bf 109 F	in Krczewicz

II. Fliegerkorps: General der Flieger Loerzer

KG 3 mit Ju 88 A-5	in Polen
KG 53 mit He 111 H-6	in Warschau
StG 77 mit Ju 87 D	in Polen

JG 51 mit Bf 109 F	in Siedlce, Halasy
SKG 210 mit Bf 110 C	in Radzyn

VIII. Fliegerkorps General der Flieger von Richthofen
StG 1 mit Ju 87 D
StG 2 mit Ju 87 D
ZG 26 mit Bf 110 E
IV./KG zbV 1

Den Heeresverbänden der HGr. Mitte direkt unterstellt:
4. (F) / 14 mit Ju 88 D-2
AufklStaffel 2 (F)/Nacht mit Do 17 P
Weitere unterstellte Einheiten:

4. Armee:	4.(F)/11 mit Ju 88 D-2
9. Armee:	1.(F)/33 mit Ju 88 D-2
PzGr. 2:	3.(F)/31 mit Bf 110 C-5
PzGr. 3:	2. (F) / 33 mit Bf 110 C-5
VII. AK:	1. (H) / 10 mit Hs 126
XXXXII. AK:	2. (H) / 10 mit Hs 126
7. PD:	1. (H) / 11 mit Hs 126
XII. AK:	1. (H) / 21 mit Hs 126
VIII. AK:	1. (H) / 31 mit Hs 126
XXXXVI.PzK:	6. (H) / 31 mit Hs 126
IX. AK:	2. (H) / 41 mit Hs 126
XX. AK:	5. (H) / 41 mit Hs 126
4. PD:	3. (H) / 41 mit Hs 126
VI. AK:	2. (H) / 12 mit Hs 126
12. PD:	3. (H) / 12 mit Hs 126
XXXIX. AK:	5. (H) / 12 mit Hs 126
XIII. AK:	5. (H) / 12 mit Hs 126
XXXXIII. AK:	7. (H) / 12 mit Hs 126
19. PD:	2. (H) / 32 mit Hs 126
17. PD:	6. (H) / 32 mit Hs 126
XXIV PzK:	7. (H) / 13 mit Hs 126
XXXXVII. PzK:	5. (H) / 23 mit Hs 126
10. PD:	3. (H) / 14 mit Hs 126
3. PD:	9. (H) / LG 2 mit Hs 126

Der HGr. Süd wurde die Luftflotte 4 unter Generaloberst Löhr zugeführt. Sie stand damit von Rumänien und Südpolen bis hinunter zur Krim zum Angriff bereit. Das IV. Fliegerkorps sollte dabei nicht nur der 11. deutschen Armee, sondern auch der 3. und 4. rumänischen Armee Hilfe leisten. Die Front dieses einzelnen Fliegerkorps war 592 km breit und bis zum ersten erklärten Ziel im Raume Rostow waren es von seiner Basis in Foscani in Rumänien etwa 950 km.

Das V. Fliegerkorps wiederum war zur Unterstützung der Angriffe der 6. und 17. deutschen Armee vorgesehen. Es sollte aus Südpolen mit Stoßrichtung Kiew der PzGr. 1 Unterstützung zuteil werden lassen.

Die Ausgangsfront dieses Korps war 344 km breit und von seiner Basis im Raume Krakau bis Rostow am Don waren es 1.490 km. Die Bodenorganisationen wurden vom Luftgaukommando XVII. in Wien und vom Luftgaukommando VIII in Breslau gesteuert. Beide Luftgaukommandos verlegten bald ihren Sitz nach Krakau. Sie hatten gemeinsam mit dem Luftgaukommandostab 4 und 40 eine Bodenorganisation in den eroberten Gebieten aufzubauen.

Hinzu kam die Luftwaffen-Mission Rumänien. Ihre Aufgaben lauteten:

1. Organisation und Führung der Verteidigungsmaßnahmen für die Ölindustrie. Sicherung der Bohr - und Pumpenanlagen, der Raffinerien, der Vorratslager und der Transportwege. Diese Aufgabe war für die deutsche Kriegführung entscheidend wichtig.

2. Reorganisation und Schulung der rumänischen Luftwaffe, des fliegenden Personals ebenso wie der Flak, nach den neuesten deutschen Konzeptionen der Kriegführung.

3. Aufbau einer Luftwaffen-Bodenorganisation auf rumänischem Boden zur Aufnahme deutscher Einheiten für den Aufmarsch zu »Barbarossa.«

4. Aufbau eines Luftgaukommandos in Rumänien für die bevorstehenden Operationen und Erweiterung des Befehlsbereiches innerhalb des Rahmens des deutschen Angriffs im Osten.

5. Vorbereitung einer freundschaftlichen Beziehung zwischen den Luftwaffen der beiden Länder, in der Hoffnung der Errichtung einer Allianz.

Der Heeresgruppe Stüd stand zur Verfügung:

Luftflotte 4 - Generaloberst Löhr
Gefechtsstand: Rzeszow
direkt unterstellt waren:
AufklGr. (F) 122 mit Ju 88 D-2

KGr. zbV 50 mit Ju 52 - 3M GE7
JG 52 (Stab und III. Gruppe) mit Bf 109 F in Pipera

V. Fliegerkorps - General der Flieger Ritter von Greim

KG 51 mit Ju 88 A-4	in Krosno
KG 54 mit Ju 88 A-5	in Krosno
KG 55 mit He 111 H-6	in Lublin
JG 3 mit Bf 109 F	in Hostynne (Stab) und Moderowka (I.und III.Gr.)
4./AufklGr. 121 mit Ju 88 D-2	in Moderowka

IV. Fliegerkorps - General der Flieger Pflugbeil

KG 27 mit He 111 H-6	in Rumänien
JG 77 mit Bf 109 F	in Bacau und Roman
AufklGr. (F) 121 mit Ju 88 D-2	in Rumänien

Der HGr. Süd direkt unterstellte Aufklärungs-Staffeln:

11. Armee:	2. (F) / 22 mit Ju 88 D-2-
17.Armee:	3. (F) / 33 mit Ju 88 D-2
6. Armee:	3. (F) / 11 mit Bf 110 D-2
PzGr. 1:	7. (F) LG 2 mit Bf 110 F
11. PD:	5. (H) / 11 mit Hs 126
13. PD:	3. (H) / 21 mit Hs 126
XIX. AK:	5. (H) / 21 mit Hs 126
XVII. AK:	6. (H) / 21 mit Hs 126
5. PD:	2. (H) / 31 mit Hs 126
XXIV. AK:	5. (H) / 31 mit Hs 126
IV. AK:	1. (H) / 41 mit Hs 126
XXXXIV. AK:	4. (H) / 41 mit Hs 126
XI. AK:	6. (H) / 12 mit Hs 126
III. Pzk.:	4. (H) / 22 mit Hs 126
LI. AK:	3. (H) / 32 mit Hs 126
LII. AK:	4. (H) / 32 mit Hs 126
XXXXVIII. PzK.	5. (H) / 32 mit Hs 126
LIV. AK:	3. (H) / 13 mit Hs 126
14. PD:	4. (H) / 13 mit Hs 126
XXX. AK:	5. (H) / 13 mit Hs 126
9. PD:	1. (H) / 23 mit Hs 126
2. PD:	1. (H) / 14 mit Hs 126
16. PD:	5. (H) / 14 mit Hs 126

ZERSCHLAGUNG DER SOWJETISCHEN LUFTWAFFE

Fernaufklärung vor Kriegsbeginn

Bereits Ende Oktober 1940 hatte Hitler den Befehl zur Höhenaufklärung über Rußland erteilt. Der Kommandeur der Aufklärungsgruppe des Ob.d.L., Oberstleutnant Theodor Rowehl, wurde vor Hitler befohlen und dieser erklärte dem Fliegeroffizier:

»Sie werden über Rußland Aufklärung fliegen. Die Höhe muß so außergewöhnlich sein, daß die Russen nichts merken.«

Mit Ende des Winters 1940-41 begann ab Februar 1941 die Erkundung des sowjetischen Hinterlandes. Es waren vier Sonderstaffeln, die diese Einsätze flogen.

Die 1. und 2. Staffel der Sondergruppe Rowehl flogen von Seerappen und Insterburg in Ostpreußen aus ihre Einsätze, mit dem Ziel, den gesamten russischen Raum zu fotografieren, der für den Angriff vorgesehen war. Darüber hinaus sollten die Beobachter jeden Flugplatz genau in die Karte eintragen und nach einem eventuellen Aufmarsch der Roten Armee Ausschau halten.

Diese beiden Staffeln flogen umgebaute und mit Höhenmotoren versehene He 111 und einige Exemplare der Do 215 B-2, die Höhen weit über 9.000 m erreichten und schließlich auf 12.000 m getrimmt wurden.

Die 3. Staffel operierte vom Einsatzhafen Bukarest aus und observierte das Gebiet der HGr. Süd.

Die Einsatzhäfen der 3. und 4. Staffel, die zunächst als Versuchsstelle für Höhenflüge eingesetzt waren, lagen in Krakau und Budapest. Zunächst experimentierten sie mit Flugzeugen der Typen Ju 88 B und Ju 86 in Sonderausstattung. In über 12.000 m Höhe fliegend fotografierten sie den gesamten Raum zwischen Minsk und Kiew.

Ab dem 28. April starteten Maschinen dieses Sonderverbandes auch von dem nordnorwegischen Flugplatz Bardufoss, um von hier aus in Richtung Murmansk - Archangelsk aufzuklären. Ab dem 27.

März 1941 war bereits die Aufklärung des Jugoslawischen Raumes von Wiener-Neustadt aus in Angriff genommen worden.

Deutscherseits war man der Auffassung, daß diese Flüge vom späteren Gegner nicht bemerkt werden würden, doch dem war nicht so. Die Einsatzschilderungen der Roten Luftwaffe an späterer Stelle werden unter Beweis stellen, daß die russischen Abfangjäger bereitstanden, aber keine Startgenehmigung erhielten.

Diese Sondergruppe Rowehl leistete für die ganze Luftwaffe entscheidende Vorarbeiten, indem sie alle Flugplätze auf russischem Territorium in die Karten einzeichnete und damit die späteren Ziele der Überraschungsschläge der deutschen Luftwaffe kenntlich machten.

Der Erstschlag

Um gleichzeitig zur Eröffnung des Rußlandfeldzuges durch das deutsche Trommelfeuer über dem Feind zu sein und die feindliche Luftwaffe in ihren Horsten zu vernichten, mußten die Kampfflugzeuge an den drei Frontabschnitten, vor allem aber im Bereich der HGr. Mitte, etwa 40 Minuten vor der Eröffnung starten. Hierzu wurden ausgesuchte und im Nachtflug geschulte Besatzungen ausgewählt. Jeweils sechs Kampfflugzeuge der KG 2, 3 und 53 starteten von ihren Einsatzhäfen in Polen. In großer Höhe überflogen sie die Grenze und befanden sich zu Beginn des Artilleriefeuers über den wichtigsten sowjetischen Flugplätzen. Um 03.15 Uhr fielen gleichzeitig mit dem Aufbrüllen des Artillerie-Feuerschlages die ersten Bomben.

Neben diesen genannten Flugzeugen waren auch Maschinen des ZG 26 bereits um 02.50 Uhr jenseits der Grenze. Der russische Jägerplatz Alytus war Ziel der 5. / ZG 26. Bomben fielen auf das Flugfeld und vernichteten die hier aufgestellten Flugzeuge.

Neben den Kampf- und Zerstörerverbänden waren auch die Jagdverbände gestartet. Das JG 3 flitzte über die Flugplätze hinweg und zerschlug die unter ihnen wie zur Parade aufgestellten Flugzeuge. Hptm. Hans Hahn berichtete darüber:

»Wir trauten unseren Augen kaum. Alle Rollfelder waren dick voller Aufklärer, Bomber und Jäger, wie zur Parade in langen ausgerichteten Bahnen aufgestellt« Die sowjetischen Plätze Sambor, Strij und Dobromil wurden gebombt und mit Bordwaffen beschossen. Bei den Bomben handelte es sich um 2 kg-Splitterbomben, die zu jeweils 96 in den Abwurfrosten eines Abwurfgerätes steckten. Bei diesen Bomben die sich dicht über dem Boden in je 300 Splittern zerlegten und die Flugzeuge des Gegners völlig durchsiebten, handelte es sich um eine tückische Waffe. Es kam zu einigen eigenen Verlusten, weil die beiden vordersten Reihen oftmals durch den Luftdruck in den Rosten verklemmten und erst fielen, wenn die Flugzeuge langsamer wurden und zur Landung einschwebten. Dann gab es meistenteils Trümmer.

Die 10-kg-Bomben waren noch einige Grade gefährlicher. Sie klemmten in den Bombenschächten und explodierten nach dem Scharfmachen bei der leisesten Erschütterung.

Auf diese Art und Weise gingen am 22. Juni einige Ju 88 und Do 17 Z-2 verloren.

GFM Kesselring, der OB der Luftflotte 2, verbot daraufhin den Einsatz dieser Bomben.

Es war der Ofw. Oljenik vom JG 53, der den ersten Abschuß im Rußlandfeldzug erzielte, als er um 03.40 Uhr eine I 16 abschoß.

Gleich bei einem der ersten Luftduelle rammte der sowjetische Unterleutnant D.V. Kokorew seinen deutschen Gegner, als seine Maschinenwaffen versagten. Beide Flugzeuge stürzten ab. Erfolgreichster deutscher Flieger des ersten Einsatzes war Hptm. Wilcke von der III./JG 3 der binnen 20 Minuten drei I 15 im Luftkampf abschoß. Diese Jagdgruppe erzielte am 22. Juni 1941 allein 36 Abschüsse und vernichtete 28 Feindflugzeuge am Boden.

Bei einem der ersten Luftkämpfe über Grodno schoß Major Schellmann, Kommodore des JG 2 »Richthofen«, eine Rata ab. Ein Teil der explodierenden Maschine traf die Bf 109 des Kommodore, die ins Trudeln geriet. Major Schellmann mußte mit dem Fallschirm abspringen. Er wurde von einer sowjetischen Streife gefangen genommen, in Ketten gelegt und abgeführt. Wahrscheinlich wurde er von den Sowjets erschossen. Uffz. Pfeiffer von der III./JG 53 fand man nach seinem Absprung mit dem Fallschirm, später ermordet auf.

Am ersten Kampftag griffen deutsche Kampf- und Sturzkampfflugzeuge die Räume Kowno, Kiew, Schitomir, Sewastopol, Murmansk und Odessa an.

Die I./ Schnellkampf-Geschwader 210 unter Major Storp brachte es am ersten Tage auf 100 Feindflüge. Einige Besatzungen flogen sechs Angriffe am Eröffnungstag. Insgesamt flog das Geschwader 13 Angriffe auf 14 Flugplätze und zerstörte dabei nach eigenen Meldungen 344 feindliche Flugzeuge am Boden. Acht Gegner wurden abgeschossen.

Das JG 51 meldete am Ende des ersten Angriffstages 69 Abschüsse und 129 am Boden zerstörte Flugzeuge.

Geben wir an dieser Stelle den Chronisten verschiedener Geschwader der Luftwaffe das Wort zu den Geschehnissen des ersten Tages, deren Ergebnisse selbst beim Oberkommando der Luftwaffe ungläubiges Staunen hervorriefen.

Der 22. Juni 1941 beim KG 53

Die eingesetzten Staffeln und Gruppen dieses Geschwaders starteten an diesem Morgen von ihren Einsatzhäfen Radom, Radzyn und Grojek zu ihren Einsätzen im Mittelabschnitt.

Nach dem Start, der um 03.30 Uhr erfolgte, sammelten sich die Gruppen in der Luft und flogen im geschlossenen Verband in Richtung zum deutschen Jäger-Flugplatz Sielce, wo der Jagdschutz aufgenommen werden sollte. Da der Jagdschutz nicht vorhanden war, wurde der Weiterflug zum Zielgebiet, dem russischen Flugplatz Wysocki-Mazowiecki, angetreten. Um 04.15 Uhr wurde der Bug, der hier die Grenze der deutsch-russischen Demarkationslinie bildete, überflogen. Unmittelbar darauf kam der genannte Flugplatz in Sicht. Die Bomber waren rasch über dem Ziel und lösten ihre Bomben aus. Das Rollfeld wurde aufgerissen. Die Startbahn erhielt zwei schwere Treffer. Von den abgestellten Jagdflugzeugen der Roten Luftwaffe brannten 15. Einige der Unterkünfte gingen ebenfalls in Flammen auf.

Ohne jeden Verlust wurde der Rückflug angetreten. Am Abend starteten die Staffeln zu ihrem zweiten Einsatz. Diesmal war der große Flugplatz Bialystok Ziel der Bomber, die ihre Bomben gut plaziert warfen.

Erst am nächsten Morgen, als Truppenansammlungen und Panzer sowie Fahrzeugkolonnen auf den russischen Nachschubstraßen das Ziel der nächsten Angriffe waren, konnten auch die Jäger des JG 51 unter Oberstleutnant Mölders mit dabei sein, die am Vortage anderweitig im Einsatz gewesen waren.

Auf der Straße Brest-Litowsk-Kobryn stauten sich die russischen Wagenkolonnen, die teilweise auch neben der Straße herfuhren, um rechtzeitig zurückzukommen. Motorisierte Kolonnen wechselten mit Panzern ab. Bespannte Kolonnen fuhren dazwischen und bestimmten das Tempo auf diesen Straßen so lange, bis sie hinuntergeworfen wurden. Alles befand sich in rascher Flucht nach Osten, denn zwei km hinter ihnen stießen deutsche Panzer nach.

Die Staffeln stießen auf diesen Gegner hinunter und bombten die Panzer und Geschütze. Die bespannten Fahzeuge wurden mit MG-Feuer belegt. Alles fuhr nun wild durcheinander und in dieses Chaos hinein fielen die Sprengbomben und zeigten eine verheerende Wirkung. Panzer stürzten um und brannten aus, Geschütze mit Zugmaschinen blieben - die Räder nach oben - liegen. Pferde rissen sich von ihren Gespannen los und galoppierten in wilder Flucht davon.

Der Überraschungserfolg und jener des nächsten Tages waren überwältigend.

Beim Kampfgeschwader 51

Das KG 51, das erst bis zum 20. Juni 1941 von Wiener-Neustadt her mit seinen letzten Staffeln in Lezany bei Krosno eingetroffen war, flog überwiegend die Ju 88 A-4. Am Abend des 21. Juni wurden die Flugzeuge des Geschwaders mit Bomben beladen. Ab 22.00 Uhr war »erhöhte Alarmbereitschaft« befohlen und die Fliegenden Besatzungen warteten nun auf den Einsatzbefehl.

Um Mitternacht des 22. Juni, einem Sonntag, erfolgte die Einsatzbesprechung und nach dem Wecken um 02.00 Uhr verlas Hptm. Bauer von der 7. FBK den Aufruf Hitlers an die Soldaten der Ostfront.

Von den insgesamt 105 Flugzeugen des Geschwaders waren 91 einsatzbereit. Um 03.00 Uhr liefen die Motoren warm. Die Besatzungen gingen an die Maschinen und überprüften die Geräte und Anzeiger, die Bombenschächte und die Bordwaffen.

Es war genau 03.30 Uhr als die Maschinen in dichter Abfolge starteten. Seit einer Viertelstunde war das deutsche Artilleriefeuer zu vernehmen.

Dieser erste Einsatz des KG 51 galt den voll belegten Flugplätzen der Roten Luftwaffe in Stryj Stryjski, in Buschow II, Tremblowa, Buczacz, Chodorow und Lisietztsche. 80 Maschinen waren aufgeboten, elf wurden für besondere Einsätze noch zurückgehalten.

Auf den genannten Flugplätzen wurden im ersten Angriff dieses Geschwaders etwa 100 russische Flugzeuge vernichtet. Auch hier standen die Feindflugzeuge wie zur Parade aufgestellt am Boden. Drei weitere Großangriffe des Geschwaders folgten am ersten Tage nach. Von der ersten Welle kehrten sieben Flugzeuge nicht vom Feindflug zurück. Es waren Maschinen der III. Gruppe. Davon gehörten fünf der 9. Staffel an.

Als Oberstleutnant Schulz-Heyn am Abend des ersten Tages im Gefechtsstand des Geschwaders auf Schloß Polanka in Krosno die Bilanz zog, mußte er 15 Besatzungen mit insgesamt 60 erfahrenen Fliegern abschreiben. Von der III. Gruppe waren insgesamt 14 Maschinen ausgefallen; neben Feindeinwirkung vor allem durch Absturz oder Bruchlandungen. Dies entsprach in etwa einem Verlust von 50 Prozent der Kampfkraft dieser Gruppe.

Oblt. Wenchowski, Chef der 5. Staffel fiel.

Die Werkstattzüge der Flug-Betriebs-Kompanie (FBK) arbeiteten ununterbrochen an den angeschlagenen Maschinen, bis gegen Mitternacht die letzte mögliche klar gemeldet werden konnte.

Das Waffenpersonal war fieberhaft damit beschäftigt, Munition zu gurten und zu trommeln um die Maschinen für den nächsten Tag einsatzbereit zu haben.

Der Kampf ging mit unerhörtem Einsatz weiter.

»Haudegen an Ostmark!«

Um 03.00 Uhr des 22. Juni 1941 saßen die Besatzungen des KG 55 startbereit in ihren Flugzeugen. Am Vorabend hatte der Kommodore, Oberstleutnant Koschwies, seine Kommandeure und die Gruppe Ia in die zu erwartenden Einsatzbefehle eingewiesen und die ersten Zielunterlagen und Einsatzkarten verteilt. Am späten Nachmittag war Gruppen-Appell und die Kommandeure gaben die Einsatzbefehle für den 22. Juni aus.

Alle Maschinen waren aufgetankt und aufmunitioniert. Von den 104 Flugzeugen des Geschwaders - He 111 H-4 und H-6, waren an diesem Angriffsmorgen 88 einsatzbereit.

Als dann »Haudegen« - die Funkstelle des VIII. FIK. den Start für »Ostmark« - den Geschwaderstab des KG 55 - freigab, starteten die Gruppen »Tirol« (I./KG 55), »Steiermark« (II./KG 55) und »Kärnten« (III./KG 55) ab 03.05 Uhr zum Flug nach den feindlichen Plätzen Lemberg und Kiew. Kiew sollte geschlossen im Geschwaderverband angegriffen werden, weil dort das HQ der Armee Budjonny vermutet wurde.

Beide Plätze wurden mit Bomben belegt. Auch hier fielen Flugzeuge aus, wurden Hallen in Brand geworfen und Unterkünfte zerstört.

Als im Zuge der Schlacht um Lemberg russische Panzer aus dem Wald von Brody-Leszniow hervorbrachen und dem deutschen Vorstoß in die Flanke rollten, griffen Teile des KG 55 auch hier ein und zerschlugen diesen russischen Kampfverband durch rollende Tiefangriffe.

Am Morgen des 22. Juni 1941 hatte Generaloberst Kirponow über Funk die Warnmeldungen an die Armeen, Korps und Divisionen herausgehen lassen: »Einem Überraschungsangriff der Deutschen ist mit allen zur Verfügung stehenden Kräften zu begegnen.«

Doch dazu war es bereits zu spät, denn bevor dieser Befehl bis zu den Divisionen durchgegeben war, hatte der Angriff bereits mit großer Wucht begonnen, war ein Großteil der angeflogenen 60 erkannten sowjetischen Flugplätze bereits in Rauch und Flammen gehüllt, waren die Flugzeuge und Hangars zerstört und die Verbindungswege unbefahrbar gemacht worden.

Nach den Bombern und Zerstörern kamen die Jäger. So das I./JG 3 unter Hptm. von Hahn, der den Flugplatz von Lemberg angriff und 21 Feindflugzeuge vernichtete. In Stanislau verlor der Gegner 36 Kampf-und Jagdflugzeuge. Die sowjetische Luftwaffe verlor im Bereich der HGr. Süd 277 Flugzeuge.

Unter den insgesamt 440 Jägern, die diesen Erstschlag mitflogen, befanden sich auch die Maschinen des JG 54. Als gegen Mittag sowjetische Bomber die deutschen Flugplätze anzugreifen versuchten, wurden sie größtenteils abgeschossen. Uffz. Tegtmeier von der I./JG 54 schoß seinen ersten Gegner ab. Major Trautloft führte sein Geschwader am ersten und zweiten Tag zu großen Erfolgen.

Von allen Geschwadern hagelte es Erfolgsmeldungen. Die Zahlen waren derart hoch, daß selbst Göring Bedenken kamen.

Erste russische Gegenwehr

Um 07.15 Uhr des 22. Juni erteilte das sowjetische AOK 8 seinen Luftstreitkräften folgenden Befehl:

»Mit mächtigen Angriffen der Bomber- und Schlachtfliegerverbände ist die deutsche Luftwaffe auf den Flugplätzen des Gegners zu zerstören, sind die Hauptgruppierungen seiner Landtruppen durch Bomben zu vernichten. Die Luftangriffe sind in die Tiefe des deutschen Territoriums bis 150 km weit zu richten. Königsberg und Memel sind durch Bomben zu zerstören.«

Daß die Armeeführung diesen Befehl geben konnte war auf die Tatsache zurückzuführen, daß in der russischen Armee die Luftwaffe keine eigenständige Truppe war, sondern den Armeen unterstellt wurde und gewissermaßen als Anhängsel der jeweiligen Armeen wirkte, bevor ab Januar 1942 die ersten selbständigen Luftarmeen aufgestellt wurden.

So wie der Befehlshaber der 8. sowjetischen Armee hatten auch andere den Angriff ihrer Flugzeuge befohlen. Als am Vormittag des 22. Juni sechs sowjetische Bomber versuchten, den Flugplatz Biala Podlaska anzugreifen, stiegen von dort im Alarmstart Jäger des Typs Bf 109 auf und schossen alle sechs Gegner ab. Dadurch verhinderten sie Verluste des ebenfalls hier liegenden Stuka-Geschwaders 77.

Eine andere Staffel von 12 sowjetischen Bombern griff am Nachmittag des 22. Juni eine Fahrzeugkolonne an, in der sich auch der Befehlswagen von Generaloberst Guderian befand.

Hier griffen Jäger des JG 51 in den Kampf ein und schossen alle zwölf Flugzeuge ab.

An einer dritten Stelle blieben die Russen erfolgreich. Über Grodno erzielten sie im Luftduell ihre ersten Erfolge. Über alle russischen Abwehrmaßnahmen mehr im Abschnitt über die sowjetischen Luftstreitkräfte.

Am zweiten Tag des Rußlandfeldzuges hatte die sowjetische Regierung den Befehl zur Bildung eines Oberkommandos der Streitkräfte der Roten Armee - STAVKA - befohlen. Chef des Stabes wurde Marschall Timoschenko. Sein Stellvertreter Armeegeneral Schukow.

Allgemeine Übersicht über die erste Woche

Am ersten Tag waren nur wenige Flugzeuge der Roten Luftwaffe in deutsches Gebiet eingedrungen. Einigen sowjetischen Bombern aber gelang, aus den Räumen Bialystock-Pultusek und Brest-Litowsk-Cholm startend, der erste Bombenwurf.

Die deutsche Luftaufklärung bestätigte alle Berichte der ersten Angriffe, nach welchen die russischen Luftstreitkräfte offen auf ihren Plätzen aufgestellt waren. »Wie in Friedenszeit und ohne jede Tarnung waren sie in Reihen auf den Flugfeldern oder an deren Rändern abgestellt. Offensichtlich hatte der Gegner keinen Überraschungsangriff erwartet.« (Siehe Hermann Plocher: The German Air Force versus Russia 1941).

Die Meldungen von den Kampf - und Jagdverbänden über außerordentlich große Zahlen an vernichteten Feindflugzeugen wurden zwar von allen Stellen bejubelt, insgeheim aber doch angezweifelt.

Nach den Meldungen hatten die deutschen Verbände, wie vorausgeplant, alle wichtigen Ziele in Grenznähe bombardiert. Darunter auch 31 Flugplätze, drei Unterkünfte von Spezialpersonal, zwei Kasernen, zwei Artilleriestellungen, ein Bunkersystem und ein Kraftstoff-Depot. Darüber hinaus wurde ein Sonderunternehmen gegen den sowjetischen Schwarzmeerhafen Sewastopol durchgeführt.

In der ersten deutschen Welle waren 637 Stukas und Kampfflugzeuge und 231 Jagdflugzeuge gestartet. Von ihnen kamen nur zwei vom Feindflug nicht zurück. Die russische Jägerwaffe hatte sich in der Abwehr dieses Erstschlages als harmlos herausgestellt. Sie drehte ab sobald aus großer Entfernung geschossen wurde.

Die frontnahen Städte, beispielsweise Brest-Litowsk, waren noch voll erleuchtet gewesen.

Während der ersten beiden Kriegstage konnte die deutsche Luftwaffe beinahe ungefährdet ihre Angriffe auf sowjetische Bodeneinrichtungen der Luftwaffe richten, Fotoaufklärung betreiben und russische Flugfelder zerbomben, die von Fliegereinheiten belegt waren. Die Angriffe auf solche Flugplätze waren so erfolgreich, daß die Luftwaffe dem OKW am 29. Juni melden konnte, daß sie insgesamt 4.017 sowjetische Flugzeuge am Boden und in der Luft zerstört haben. Dies bei einem Verlust von nur 15 Maschinen. Reichsmarschall Göring gab bekannt, daß die Luftwaffe in der ersten Woche des Feldzuges 4.990 russische Flugzeuge vernichtet habe, bei einem Eigenverlust von 179 Maschinen. (Siehe Plocher, Hermann: a.a.O.). General Halder, Chef des OKH, kommentierte die Erfolge der ersten beiden Tage, indem er in sein Tagebuch niederschrieb, daß »unter den abgeschossenen russischen Flugzeugen ganze Bombergeschwader waren, die ohne Jagdschutz flogen.«

Diese Meldung bezog sich auf ein Ereignis, das erst am 9. Juli stattfand, als das JG 3 unter Major Günther Lützow im Alarmstart gegen einen Bomberverband startete, der das Flugfeld dieses Geschwaders angriff. Noch bevor der Bomberverband herangekommen war, befanden sich 12 Bf 109 in der Luft und eröffneten den Luftkampf. Alle 27 Feindbomber wurden in dem 15 Minuten dauernden Luftkampf abgeschossen, ohne daß das JG 3 auch nur eine Maschine verloren hätte.

Am Abend des 22. Juni schrieb Generalmajor Hoffmann von Waldau, Chef des Generalstabes der Luftwaffe, in sein Tagebuch: »Das Timing dieses Luftangriffes gegen die russischen Flugfelder am ersten Tage des Feldzuges war ein totaler Erfolg. Diese Angriffe öffnen den Weg für Operationen gegen die gesamte sowjetische Luftwaffe.«

Natürlich prüfte auch General Halder die am ersten Tage eingehenden Meldungen, die auswiesen, daß mehr als 800 Flugzeuge zerstört worden seien. Dennoch war er davon überzeugt, daß ein entscheidender Sieg errungen worden sei, auch wenn sich diese Berichte als überzogen herausgestellt hätten.

Allerdings war eines bereits nach dem ersten Kampftag klar: daß die Gesamtzahl der sowjetischen Flugzeuge, die vorher - trotz entgegenstehender Meldungen jener, die es wissen mußten - mit 6000 angegeben worden war, nicht stimmen konnte. Nunmehr war mit einer Zahl von 8.000 Flugzeugen zu rechnen, die allein in den westlichen Einsatzgebieten den Russen zur Verfügung standen. Damit war also der Gegner trotz der gigantischen Verluste der ersten Woche immer noch doppelt so stark wie die deutschen Luftstreitkräfte in Rußland.

GFM Kesselring schrieb nach dem Kriege in seinen Erinnerungen, daß das erste Ziel der deutschen Luftwaffe, die völlige Luftüberlegenheit zu erreichen, »dank der taktischen Luftplanung und der unermüdlichen Kampfbereitschaft aller Verbände und auch durch die ausgezeichneten Ergebnisse der Luftaufklärung, erreicht worden sei.« (Siehe Albert Kesselring: Soldat bis zum letzten Tag).

Auch Göring hatte nach Kesselrings Bericht die Erfolge der Eröffnungstage in Rußland nicht geglaubt, die von mehr als 2.500 auf dem Boden und in der Luft zerstörten Flugzeugen sprachen. Der Reichsmarschall ließ die Zahlen überprüfen, als das gebombte Gebiet sich in deutscher Hand befand. Er mußte erkennen, daß Kesselrings Bericht noch um 200 bis 300 Flugzeuge niedriger lag, als dies effektiv gezählt worden war.

Die Operationen des deutschen Heeres wären auf keinen Fall so glatt und rasch vorangeschritten, wenn die Luftwaffe nicht für diesen furiosen Auftakt gesorgt hätte.

Die russischen mittleren Bomber, die am zweiten Tag des Kampfes angriffen, die ohne Jagdschutz und in schwachen taktischen Formationen zum Bombenwurf zu kommen trachteten, wurden zur Beute der deutschen Jäger. Darüber hinaus war es der deutschen Luftwaffe gelungen, die Basis für die Steigerung der russischen Bombenangriffe zu zerstören, so daß während der folgenden Angriffe ebenfalls keine russischen Luftangriffe auf die vorwärts stürmenden deutschen Truppen zu erwarten waren. Diese besondere Leistung der deutschen Luftwaffe wurde später nicht voll anerkannt, obgleich sie nicht hoch genug zu bewerten war. Es war Winston Churchill, der nach dem Kriege erklärte, daß das Desaster der russischen Luftwaffe an den beiden ersten Tagen des Feldzuges, jenem der polnischen Luftwaffe sehr ähnlich war, nur um eine ganze Dimension größer.

Nach diesen Schlägen und den folgenden blieb die russische Luftwaffe während der ersten Monate des Rußlandfeldzuges erfolglos, da sie teilweise vernichtet wurde und nicht mehr in voller Stärke angreifen konnte. Dennoch muß hier betont werden, daß die völlige Vernichtung oder die weitgehende Neutralisierung der verbleibenden sowjetischen Fliegerkräfte nicht gelang. Der Grund dazu war, daß der größte Teil der deutschen Luftwaffe im Osten nach den ersten Siegen über die Luftmacht des Gegners damit beauftragt wurde, ihre zweite Mission - die zukünftig zur Hauptaufgabe werden sollte - durchzuführen: die direkte und indirekte Unterstützung des Heeres.

Für die Luftwaffe wäre es richtiger gewesen mit allen verfügbaren Verbänden den Kampf gegen die sowjetische Luftwaffe fortzusetzen und es ihr nicht mehr zu ermöglichen, sich nach ihrer anfänglichen Ausschaltung wieder zu regenerieren. Dies allerdings hätte nicht nur den Vernichtungskampf gegen die feindlichen Luftstreitkräfte und ihre Basen bedeutet, sondern außerdem noch ununterbrochene Angriffe gegen die russische Flugzeugindustrie. Letzteres aber war, wegen der zu geringen Reichweiten der deutschen zweimotorigen Bomber und dem Mangel an Fernbombern (die übrigens ja Wever gefordert hatte) unmöglich. Deutschland hatte keine Fernbomberverbände, die in der Lage gewesen wären, laufende Angriffe auf weit entfernte sowjetische Flugzeugfabriken und andere Waffenschmieden Rußlands zu übernehmen.

Zumindest hätten jene Flugzeug- und Panzerfabriken bombardiert werden müssen, die noch im Großraum Moskau und Woronesch lagen, und zu dieser Zeit noch nicht nach dem Osten evakuiert waren. Lediglich im September-Oktober 1941, nach der Eroberung des Raumes Smolensk und Kiew, stand ein Absprunggebiet zur Verfügung, von dem aus einige Angriffe auf die sowjetische Flugzeugindustrie durch die Luftflotten 2 und 4 geflogen wurden. Dies waren jedoch Unternehmungen, die von den genannten Luftflotten initiiert worden waren und keine befohlenen strategischen Bombereinsätze.

Eine großangelegte und geplante Operation, wie sie in der Denkschrift »Die Leitung der Luftwaffenkriegführung« angekündigt worden war und später vom OKL befohlen werden sollte, fand nicht statt.

Sogar nach dem Gewinnen der wegen der geringen Einsatzreichweiten der deutschen Kampfflugzeuge benötigten Startbahnen konnten keine entscheidenden strategischen Tagesangriffe geflogen werden. Dies aus folgenden Gründen:

1. Zu diesem Zeitpunkt waren keine ausreichenden Kräfte mehr für solche Operationen verfügbar.

2. Die zur Sicherung der Bomberverbände bei Tagesangriffen notwendigen Langstrecken-Jäger zum Geleitschutz waren ebenfalls nicht verfügbar.

3. Die sowjetische Luftfahrt-Industrie hatte zu diesem Zeitpunkt bereits weitgehend in den Osten verlegt. Insbesondere jene Fabriken, die wichtige optische Instrumente und Geräte herstellten.

Dieses deutsche Unvermögen, die Zentren der russischen Flugzeugproduktion anzugreifen, erlaubte es den nicht gestörten russischen Fabriken, die enormen Verluste der ersten Kriegswochen wieder auszugleichen und sogar zu übertreffen. Zusätzlich stieg nun die feindliche Luftaktivität in bestimmten Einsatzräumen allmählich an und forderte beträchtliche Verluste der deutschen Luftwaffe, deren Nachschub an Maschinen und Personal in den Osten die Verluste bei weitem nicht mehr wettmachen konnten.

Es war bereits zu dieser Zeit der großen Siege klar, daß die deutsche Luftwaffe die beiden ihr zugeteilten Hauptaufgaben nicht mehr gleichzeitig erfüllen konnte. Weder die Erzwingung der Luftherrschaft noch die hundertprozentige Unterstützung der Bodentruppen war zu erreichen, da die Verbände im Osten zahlenmäßig viel zu schwach waren, um in diesem wahrhaft gigantischen Luftraum auch nur annähernd präsent zu sein.

Zu Beginn des Rußlandfeldzuges hatte die deutsche Luftwaffe ihre erste Aufgabe - die sowjetische Luftwaffe im frontnahen Bereich zu vernichten und die Luftüberlegenheit, ja Luftherrschaft zu sichern, fast erreicht. Dies war aber nur dank der höherwertigen Ausrüstung und Waffen und dank der optimalen Ausbildung, dem Angriffsgeist der deutschen Luftstreitkräfte und ihrem Willen, den Sieg zu erringen, möglich gewesen. Möglich auch nur dank des unermüdlichen Einsatzes aller Bodendienste, die jedes Opfer brachten, um alle Maschinen an den Feind zu bringen.

Die zweite Aufgabe der Luftwaffe - Unterstützung des kämpfenden Heeres auf dessen Weg nach Osten - begann bereits am 25. Juni. Einsätze gegen sowjetische Luftstreitkräfte und deren Bodendienste wurden von diesem Tage an nur noch gelegentlich und »fast zufällig« geflogen. Wegen der wesentlichen Aufgabe, das Heer mit allen Kräften zu unterstützen, wurden die Operationen der deutschen Luftwaffe in steigendem Maße in die Kämpfe des Heeres einbezogen und schließlich waren sie völlig von diesen Kämpfen abhängig. Dies aber bedeutete, daß man auch die Angriffsoperationen des Heeres studieren muß, um die Einsätze der Luftwaffe verstehen und beurteilen zu können. Dazu ist es notwendig, zu den einzelnen, den Heeresgruppen zugeteilten Luftflotten zu gehen und deren Einsätze zu rekapitulieren.

Die Einsätze der Luftflotte 4

Die Aufgabenstellung dieser von Generaloberst Löhr geführten Luftflotte war zur Unterstützung der Heeresgruppe Süd folgende:

1. Angriff gegen die sowjetischen Luftstreitkräfte. Erreichen der Luftüberlegenheit und dadurch Verhinderung von Gegenmaßnahmen der Roten Luftwaffe gegen die Verbände der HGr. Süd.
2. Leistung von direkter und indirekter Hilfe für die HGr. Süd mit Konzentrierung auf der linken Flanke, an welcher die 6. Armee und die Panzergruppe 1 in Richtung Kiew zum Dnjepr vorrücken sollte, um das Zurückweichen starker sowjetischer Kräfte über den Fluß zu verhindern.
3. Angriffe im Schwarzen Meer zur Vernichtung der sowjetischen Schwarzmeer-Flotte und ihrer Häfen.
4. Die Verdrängung sowjetischer Handels- und Transportschiffe aus dem Schwarzen und dem Asowschen Meer.

Das IV. Fliegerkorps unter General der Flieger Pflugbeil war mit den Operationen der rumänischen Fliegerwaffe koordiniert worden, um die lebenswichtigen Erdölfelder Rumäniens vor russischen Luftangriffen zu schützen. Es unterstützte darüber hinaus die Operationen der 11. Armee und der 3. und 4. rum. Armee. Außerdem griff dieses Korps die russischen Marinebasen rund um das Schwarze Meer an.

Das V. Fliegerkorps unter General der Flieger Ritter von Greim hatte den Auftrag erhalten, aus dem Raume Zamosc-Lublin gegen sowjetische Luftstreitkräfte, besonders Jäger, zu operieren und darüber hinaus bereits während der ersten Tage des Feldzuges die Luftüberlegenheit herzustellen und zu sichern. Nach dem dritten oder vierten Angriffstag sollten die Panzergruppe 1 und die 6. Armee der HGr. Süd in ihrem schnellen Vorstoß in Richtung Kiew unterstützt werden. Beide Fliegerkorps sollten dabei für die Sicherung der rückwärtigen Flanken sorgen und für die Luftunterstützung verantwortlich sein. Falls erforderlich sollte auch die 17. Armee noch Luftunterstützung erhalten, sobald diese bei ihrem Vorstoß nach Süden auf Kiew von Feindkräften gestoppt werden würde.

Wie verliefen nun die Einsätze der beiden genannten Fliegerkorps der Luftflotte 4 ?

Während der ersten Stunden des 22. Juni griffen Verbände des IV. Fliegerkorps jene sowjetischen Einsatzhäfen an, die sich nach Aufklärermeldungen im frontnahen Raum befanden und besetzt waren. Die Geheimmeldungen und die Fern-Luftaufklärung hatte in dem vorgesehenen Angriffssektor der HGr. Süd und vor allem vor dem IV. Fliegerkorps eine starke Konzentration sowjetischer Luftstreitkräfte erkannt. Diese lag mit Schwerpunkten in den Räumen Brody-Sutsk-Dubno, Lwow, Stanislaw-Tarnopol und bei Belaja Tscherkow-Kiew-Shitomir-Berditschew. Der Ic des IV. Fliegerkorps gelangte zu folgender Beurteilung der Lage, »daß der erste Feindwiderstand aus der Luft durch 448 einmotorige sowjetische Jagd- und Schlachtflugzeuge und 282 zweimotorige Bomber geleistet werden würde, wobei die meisten Jäger auf Flugfeldern nahe der Grenze stationiert waren.«

In Bezug auf den Nachschub an Waffen, Munition, Flugbenzin und Verpflegung hingen die sowjetischen Luftstreitkräfte dieses Abschnittes von den großen Ausrüstungsdepots in Lwow und Kiew-Postwolynskij ab. Vor dem IV. Fliegerkorps konzentrierte sich der Luftkriegsgegner um Balti und Odessa.

Am ersten Angriffstag flogen alle Bombereinheiten der Luftflotte 4 bis zu drei, in einigen Fällen auch vier Einsätze. Die Jägereinheiten brachten es auf sechs bis sieben Einsätze. Den sowjetischen Fliegerkräften wurde auch hier ein entscheidender Schlag versetzt. So berichtete am 9. August 1941 das in deutsche Gefangenschaft geratene Generalkommando der sowjetischen 6. Armee über diesen ersten Schlag:

»Unsere Verluste in der Luft in den ersten Tagen waren schrecklich. Davon wird sich unsere Luftwaffe niemals erholen.«

Vom 22. bis 25. Juni griffen Verbände des V. Fliegerkorps Nikolajew an. Die Aufklärung entdeckte in diesen Tagen insgesamt 62 Flugfelder vor der HGr. Süd und meldete, daß 51 davon mit etwa 1270 Flugzeugen belegt seien. Diese Plätze konzentrierten sich hauptsächlich in und um Kiew, bei Stanislaw und Odessa.

Für einige Tage flogen beide Korps der Luftflotte 4 den größten Teil ihrer Einsätze gegen die russischen Luftstreitkräfte. Ihre Angriffe waren so vernichtend, daß sie bereits nach dem dritten Tag des Feldzuges zu anderen Aufgaben abgezogen werden konnten. Diese bestanden in direkter und indirekter Unterstützung der Heerestruppen. Der OB der Luftwaffe gab am 6. Juli folgende Meldung über die Erfolge des auf der linken Flanke der HGr. Süd eingesetzten V. Fliegerkorps:

»Im Kampf gegen die Sowjetunion zerstörte das V. Fliegerkorps in der Zeit vom 22. Juni bis zum 3. Juli mehr als 1000 Flugzeuge am Boden.«

Generaloberst Halder, Chef des Generalstabes des Heeres, trug am 30. Juni in sein KTB ein, daß »die Luftwaffe dabei ist, ihre Streitkräfte vor der Heeresgruppe Süd und in Rumänien zu verstärken« und daß »vor der HGr. Süd große Luftsiege gegen die sowjetischen Fliegerkräfte und die sich zurückziehenden feindlichen Bodentruppen erreicht« und »an diesem Tage« (30. Juni 1941) »mehr als 200 feindliche Flugzeuge abgeschossen« worden seien. Er schloß seine Eintragung dieses Tages mit den Worten: »Berichten zu Folge benutzt der Feind bereits antiquierte viermotorige Modelle.«

In einem weiteren Situationsbericht des OKL wurde dargelegt, »daß die Luftflotte 4 vom 22. bis zum 30. Juni während ihrer Unterstützungsflüge für die Heerestruppen 201 Panzer, 27 Bunker und zwei schwer bewaffnete Festungsanlagen zerstörte.«

Das V. Fliegerkorps gegen die Stalin-Linie

Nach dem 23. Juni bereits wurde dem linken Flügel der HGr. Süd der volle Anteil der Unterstützung durch die Verbände des V. Fliegerkorps zuteil. Feindliche Streitkräfte die sich um Lwow gesammelt hatten, wurden pausenlos gebombt und auf Kristinopol und Sokal zurückgeschlagen. Der Styr wurde von der Panzergruppe 1 erreicht. Am 26. Juni starteten die Russen einen Angriff mit überschweren Panzern gegen die offene Flanke der Panzergruppe 1. Auch er wurde mit Hilfe der Luftwaffe abgewiesen.

Wie aber sah es beim Gegner aus?

Russische Luftoperationen bis Mitte Juli 1941

Jene Verbände der Roten Luftwaffe, die der Zerstörungswelle der ersten Kriegstage entgingen, griffen nach dem ersten Schock in der Hauptsache die Angriffsspitzen und die Nachschubkolonnen an. Dadurch wollten sie den Vorstoß der HGr. Süd verlangsamen.

Sowohl in Hochangriffen mit Bombern, als auch in Tiefangriffen mit Schlachtfliegern versuchten sie Knotenpunkte und Brücken auf der Vormarschlinie zu vernichten. Die Straßen von Lutsk, Dubno, Ostrow, Miropol und vor allen die Rollbahn Nowograd-Wolynsk-Shitomir wurden immer wieder angegriffen. Hartnäckig und stur griffen die russischen Flieger immer wieder auch deutsche vordere Stellungen an. Deutsche Jäger und Flak fügten ihnen schwere Verluste zu.

Das IV. und V. Fliegerkorps im weiteren Angriff

Während der ersten Tage des Rußlandfeldzuges befanden sich die im rumänischen Raum liegenden Fliegerverbände zunächst in der Lage von Beobachtern. Die einzige Ausnahme war der Angriff einer deutschen Infanterie-Division über den Pruth bei Sculeni nördlich von Jassy am ersten Kampftag. Diese Division errichtete auf dem jenseitigen Ufer einen Brückenkopf.

Hier kam es zu einigen Einsätzen von Jägern und Kampfflugzeugen.

Im Hauptkampfgebiet der Luftflotte 4 auf der linken Flanke führte das IV. Fliegerkorps jedoch im Morgengrauen des 22. Juni einige erfolgreiche Einsätze durch. Außerdem flog es Angriffe auf russische Flugfelder im Raume Balti und gegen andere die als belegt erkannt worden waren.

Auf der Krim und im Raume Odessa-Nikolajew wurden besonders viele russische Flugplätze durch die Aufklärung entdeckt.

Russische Jäger lagen im Raume Balti-Jassy-Kischinew konzentriert und wurden mehrfach von deutschen Jagdverbänden in Luftkämpfe verwickelt. Allein am 25. Juni wurden 44 sowjetische Jäger im Luftkampf abgeschossen. Der deutsche Verband verlor eine (!) Maschine.

Laufende Luftaufklärung über dem Schwarzen Meer brachte die Lokalisierung der russischen Schwarzmeerflotte. Die meisten der Großkampfschiffe befanden sich noch in Sewastopol. Im Hafen von Odessa wurden starke Ansammlungen von Handelsschiffen entdeckt. In einer Sonderoperation verminte das IV. Fliegerkorps wiederholt die Häfen Odessa, Sewastopol und Nikolajew.

Trotz der extrem schwierigen Nachschubprobleme gelang es der deutschen Seite, Jagdflugzeuge so weit nach vorn zu bringen und Kampfflugzeuge nachzubringen, daß sie von diesen vorgeschobenen Flugfeldern aus gegen die sowjetischen Marinekräfte im Schwarzen Meer angesetzt werden konnten. Ebenso erreichten Kampfverbände den Großraum Uman, wo sich ein neuer Kessel bildete.

Über dem Kesselgebiet schossen die Jäger 157 russische Flugzeuge ab. Während der Kesselschlacht verhinderten sie an mehreren Stellen den Ausbruch der eingeschlossenen sowjetischen Verbände und vernichteten 420 Motorfahrzeuge und 58 Panzer. 22 Artillerie-Batterien wurden außer Gefecht gesetzt. Diese Erfolge demonstrierten eindeutig die entscheidende Rolle der Luftwaffe in Kesselschlachten. Bei Uman waren es die Bomber, Stukas und Jäger des V. Fliegerkorps die diesen Erfolg erringen halfen. Doch diese erste Kesselschlacht im Südabschnitt der Ostfront war nur der Auftakt. Bei Kiew sollte die Luftwaffe abermals hart zuschlagen, als sich dort der größte Kessel des gesamten Rußlandfeldzuges bildete.

Unterstützungsflüge am Dnjepr

Ab dem 17. August 1941 wurden Bomberverbände der Luftflotte 4 in Tag- und Nachteinsätzen gegen das Verkehrszentrum Dnjepropetrowsk angesetzt. Es galt, den dortigen riesigen Bahnhof, die Durchgangsstraßen und Brücken zu vernichten, um den Rückzug starker feindlicher Kräfte zu vereiteln und damit zu verhindern, daß sie sich hinter dem Dnjepr erneut festsetzen und den Flußübergang deutscher Truppen unmöglich machten.

Obwohl die andauernden Kämpfe der vergangenen Wochen die Luftwaffenverbände der Luftflotte 4 stark dezimiert hatten, und beispielsweise die Gesamtzahl der Jäger aller Verbände auf 44 Maschinen abgesunken waren, kämpften die übrigen hier mit letztem Einsatz. Am 17. August standen beispielsweise die I. und II./JG 3 mit der III./JG 52 in einem dramatischen Einsatz gegen sowjetische Bomberverbände. In erbitterten Luftkämpfen wurden 33 Feindbomber abgeschossen. Es waren überwiegend DB 3 und SB 3.

Am 30. August schossen »Lützows verwegene Jagd« (die Jäger des JG 3 unter Major Lützow) das 1.000. feindliche Flugzeug im Rußlandfeldzug ab.

Diese Operationen wurden sowohl durch die Treibstoff und Munitionsknappheit, als auch durch die immer größer werdenden Entfernungen erschwert. Das letztere Problem zwang das V. Fliegerkorps dazu, später einige seiner Einheiten auf dem Flugfeld von Kriwoy Rog zu stationieren. Hier war aber die Versorgungslage besonders schlecht. Treibstoff und Munition konnten nur auf dem Luftwege herangeschafft werden. Die logistischen Probleme drohten den Nachschub ganz zum Erliegen zu bringen. In den meisten Fällen konnten die deutschen Nachschubkolonnen wegen der extrem schlechten Straßen mit dem Vorankommen der taktischen Einheiten nicht Schritt halten. Zeitweise waren in dem klebrigen Matsch nach Regenfällen, die sich nun häuften, alle Bewegungen unmöglich. Ein paar Stunden Regen machten aus dem berühmten schwarzen Boden der Ukraine die reinsten Schweinesuhlen.

Die Endbahnhöfe lagen zu weit westlich zurück. Trotz fieberhafter Bemühungen, die zerstörten Gleisanlagen bis zur Front zu reparieren gab es nach jedem weiteren Vorstoß neue Arbeit. Immer mehr wurde dieses Bemühen zu einem Kampf gegen Windmühlenflügel. Es dauerte einfach zu lange, ehe die Endbahnhöfe in die Nähe der Front vorverlegt werden konnten.

Auf der Nordflanke der Heeresgruppe Süd wurde bei der 6. Armee der Nahkampfführer Nord eingerichtet. Seine Aufgabe war es, den Rückzug der sowjetischen 5. Armee über den Dnjepr aus dem Raume nördlich von Kiew durch Angriffe auf die Verkehrslinien der Truppen und auf die Kolonnen auf den Straßen, die nach Osten führten, zu stoppen. Diese Bewegung der sowjetischen Streitkräfte wurde zuerst am 19. August durch die Nachtluftaufklärung bestätigt. Diese Möglichkeit war zwar seit Tagen erwartet worden, kam nun aber doch noch zu früh.

Neben den Einheiten des Nahkampfführers Nord wurden weitere Bomberverbände des V. Fliegerkorps auf diese Straßen angesetzt.

Die Angriffe waren erfolgreich. Sie forderten hohe blutige Verluste des Gegners, obgleich dieser immer wieder versuchte, nur bei Nacht zu marschieren und die Kolonnen auch auf Nebenstraßen ausweichen ließ und sie weit auseinandergezogen staffelte, was den Angriff erschwerte.

Als es der 11. I.D. mit Hilfe der Sturmgeschütz-Abteilung 191 gelang, die Holzbrücke über den Dnjepr bei Gornostaipol in Besitz zu bringen und ihre Truppen auf das ostwärtige Flußufer zu bringen, kam es hier zu dramatischen Ereignissen.

Das sowjetische Armeekommando befahl sofort den massierten Einsatz aller Bomber und Jäger gegen diese Brücke.

Von nun an flogen sowjetische Bomber in niedriger Höhe an und versuchten, die Brücke durch gezielten Bombenwurf zu vernichten. Jäger flogen über den Bombern, um sich den deutschen Jägern zu stellen.

Trotz der geringen Einsatzzahlen an Jägern gelang es dem V. Fliegerkorps, deren Jagdgeschwader nur noch mit etwa acht Flugzeugen je Gruppe einsatzbereit waren, diesen pausenlosen Angriffen Paroli zu bieten.

Am 24. August erzielten die wenigen Jäger 35 Abschüsse. Als wenig später dichter Bodennebel die auf dem Flugfeld Belaja Tscherkow liegenden deutschen Jäger am Start hinderte, gelang es den russischen Verbänden dank guten Wetters auf ihren Basen einen starken Jagdverband I 16 »Ratas« zum Ansatz zu bringen. In nur neun bis zehn Metern Höhe fliegend, gelang es den Jägern die Brücke mit Brandsätzen und Molotow-Cocktails in Brand zu werfen. Die Flak an der Brücke war zu schwach, um diesen riesigen Pulk abwehren zu können, obgleich wegen der geringen Höhe der Angreifer eine erfolgreiche Verteidigung möglich gewesen wäre, wenn massiertes Flakfeuer hätte einsetzen können.

Die Brücke war nun nicht mehr zu passsieren. Ihr Verlust war der Auftakt zu weiteren Kämpfen um den Flußübergang, der von der 6. Armee erzwungen werden sollte.

Am 1. September errichtete die 17. Armee auf der Südflanke, wirkungsvoll unterstützt durch den auch hier eingerichteten Nahkampfführer Süd, bei Krementschug einen Brückenkopf auf dem Ostufer des Dnjepr. Jagdflieger verteidigten erfolgreich diesen Flußübergang und schossen 12 der angreifenden sowjetischen Bomber ab, bevor diese ihre Bomben hätten werfen könnn. Daneben griffen diese fliegenden Verbände, die von einigen Kampfflugzeugen unterstützt wurden, auch die sowjetischen Schiffe auf dem Dnjepr an. Monitore, die die deutschen Übersetzbemühungen zu vereiteln versuchten, wurden mit Bomben belegt und mit Bordwaffen beschossen. Die sowjetischen Batterien im ostwärts des Flusses gelegenen Hinterland, die den Brückenkopf unter Beschuß hielten, wurden in Sturzangriffen ausgeschaltet.

Der OB der 17. Armee sprach in einem Tagesbefehl dem wirkungsvollen Einsatz der Luftwaffe den größten Teil am Gelingen des Flußüberganges zu.

Sowjetische Fliegerverbände, die diesen Krementschug-Brückenkopf angriffen, wurden bereits auf ihren Flugfeldern rund um Charkow, Poltawa und Kiew von deutschen Bomberverbänden des V. Fliegerkorps angegriffen.

Während der nächsten Tage folgte der rollende Einsatz aller verfügbaren Luftstreitkräfte gegen die Truppenbewegungen des Feindes und gegen Feindansammlungen, die gegenüber dem Brückenkopf entdeckt wurden. Damit trugen die Fliegerverbände mit dazu bei, den Brückenkopf zu verteidigen und seine weitere Ausdehnung sicherzustellen, damit er als südlicher Ausgangspunkt der nächsten großen Aktionen der HGr. Süd dienen konnte. Das erklärte Ziel dieser nächsten Operationen war die Einkesselung der Armeen der Südwestfront unter Marschall Budjonny.

Während dieser Zeit der Kämpfe des V. Fliegerkorps am Dnjepr unterstützte das IV. Fliegerkorps den Vorstoß der 11. Armee über den Dnjestr und später auch durch die Sumpfgebiete des Dnjepr bei Borislaw. Als dann die 4. rum. Armee im Raume Odessa eingesetzt wurde, richteten sich die Angriffe des IV. Fliegerkorps auch gegen die Evakuierungen der russischen Truppen und ihrer Waffen aus Nikolajew und Odessa nach Osten. Am 18. August griffen Kampfflugzeuge Odessa und andere Häfen an und versenkten oder beschädigten eine Reihe von Schiffen. Die Hafeneinrichtungen von Sewastopol wurden an diesem Tage ebenfalls bombardiert und mit Minen belegt. Der Hafen von Noworossijsk wurde vermint.

Zu Anfang September hatte die HGr. Süd, unterstützt von der Luftflotte 4, das Territorium westlich des Dnjepr den zahlenmäßig überlegenen sowjetischen Land- und Luftstreitkräften entrissen und in Borislaw und Dnjepropetrowsk ebenso wie in Krementschug Brückenköpfe errichtet.

Diese sollten als Ausgangspunkte für die große Kesselschlacht von Kiew dienen. Durch geschickte Führung und engste Zusammenarbeit mit den verschiedenen Armee-Gefechtsständen hatte die Luftflotte 4 mit ihren beiden Fliegerkorps die Heerestruppen kraftvoll und erfolgreich unterstützt. In vielen kritischen Situationen war die schnell agierende und flexible Luftwaffe die einzige rasche Hilfe, wenn deutsche Angriffe zum Erliegen zu kommen drohten. Dank ihres Einsatzes wurde feindlicher Widerstand zerschlagen. Mit ihrer Hilfe gelang es, kampfstarke Angriffskeile an den Schlüsselpunkten der Front zum Ansatz zu bringen und diesen gegen den stärksten Widerstand des Feindes zum Durchbruch zu verhelfen.

Die Führung der Luftflotte 4 erlaubte keine Zersplitterung ihrer ohnehin zusammengeschmolzenen Kräfte. Darüber weiß Generalleutnant Plocher, der Chronist des Kampfes der Luftwaffe in Rußland, ein Ereignis zu berichten:

»Als zum Beispiel der General der Schnellen Truppen Breith« (derzeit noch Generalmajor und Kommandeur der 3. P.D.) »bei der Rückkehr von einem Besuch bei der HGr. Süd berichtete, daß die Verbindung und Koordination zwischen dem Heer und der Luftwaffe« (gemeint war das V. Fliegerkorps und sein Kommandierender General, General der Flieger Ritter von Greim) nicht immer übereinstimmten, scheint er einen einseitigen Bericht gemacht zu haben. Dem hier schreibenden Autor (Plocher) ist die Situation zu der Zeit sehr wohl vertraut. Es stimmt nicht, daß die Verbindung und Ergänzung im Kampf zwischen der kämpfenden Truppe und der Luftwaffe disharmonisch waren; es ist vielmehr richtig, daß alle Luftwaffenverbände die im Gebiet der HGr. Süd eingesetzt waren, einfach zahlenmäßig zu schwach waren, um allen an sie gerichteten Anforderungen gerecht werden zu können. Hinzu kam, daß die Einsatzbereitschaft der Luftwaffe - was ihre Waffen und die Flugzeuge anlangte - infolge ihres ununterbrochenen Kampfeinsatzes über Monate hinweg stark verringert war. Nicht infolge der verminderten Einsatzbereitschaft der Soldaten dieser Waffe, wie noch einmal betont werden muß, sondern wegen der stark abgesunkenen Zahl der Flugzeuge.« (Siehe Hermann Plocher: a.a.O.).

Der erfolgreiche Einsatz der Luftwaffe an Punkten von strategischer Bedeutung war der entscheidende Faktor im Sommerfeldzug von 1941 gewesen. General Hoffmann von Waldau notierte am 14. August, daß die Luftflotte 4 ihre Operationen geschickt geführt habe und daß ihre Praxis, täglich die zu fliegenden Einsätze zu bestimmen sich als richtig herausgestellt habe, weil dann wirklich nur optimal geflogen werden könne. Die Anzahl der Forderungen vom Heer machten es nach den Worten von Waldaus der Führung nicht leicht, die wichtigsten Aufgaben auszuwählen.

Die sowjetischen Angriffe im Südabschnitt

Wenn auch in den ersten Tagen des Rußlandfeldzuges im Südabschnitt der Ostfront russische Fliegerangriffe zu den Seltenheiten zählten, so war doch bereits aus den Frontmeldungen des 26. Juni zu erkennen, daß sowjetische Bombereinheiten insgesamt 50 Einsätze auf Konstanza geflogen hatten. Am 25. Juni wurde Konstanza selbst angegriffen und im Morgengrauen der Angriff wiederholt. Es wurde nur leichter Schaden gemeldet.

Ein russischer Verband von etwa 30 Bombern, der im Morgengrauen des 25. Juni bereits einen Angriff gegen Ploesti unternommen hatte, flog fälschlicherweise gegen Konstanza. Im Luftraum über der Stadt wurde er von deutschen Jägern angegriffen. In dem turbulenten Luftkampf der sich entwickelte verloren die Russen 17 Flugzeuge. Am selben Tag warfen andere Bombereinheiten aus 6.900 m Höhe Bomben auf Bukarest. Einige Häuser wurden beschädigt und ein Dutzend Einwohner der Stadt verletzt.

Erst am 13. Juli gelang den Russen nach einer Reihe verlustreicher und erfolgloser Angriffe ein besonderer Erfolg. Sie griffen am Nachmittag dieses Tages in knapp 2.000 m Höhe fliegend und bei klarem Wetter in den südlichen Vororten von Ploesti fünf große und sechs kleine Schmieröl-Vorratstanks und 12 beladene Tankwagen an. Die Erdölraffinerien der Orion-, Astra- und Roamna-Gesellschaft wurden ebenfalls getroffen. Eine davon so schwer, daß sie für kurze Zeit außer Betrieb war.

Deutsche Jäger starteten mit dem ersten Alarmzeichen und schossen vier der sechs Bomber ab.

In der Nähe von Tulcea wurden während dieses Nachmittags drei Feindflugzeuge gesichtet, sie konnten nicht mehr gestellt werden.

In der kommenden Nacht drangen feindliche Flugzeuge, die bei klarem Wetter etwa 3 bis 4.000 m hoch flogen, bis Galatz, Jassy, Tulcea und in den Luftraum südlich Konstanza vor, ohne daß es zu Bombenwürfen auf Erdölanlagen gekommen wäre.

Am 10. August griffen sowjetische Flugzeuge Cernavoda dreimal an. Einige Bomben fielen auf die Stadt. Die Donaubrücke aber, das erklärte Ziel dieses Angriffs, wurde nicht getroffen. Sie sollte endgültig zerbombt werden, nachdem ein vorhergegangener Angriff erfolgreicher verlaufen war und zwei Bomben die Träger und einen Pfeiler der Brücke leicht beschädigt hatten.

Dabei wurde auch eine Ölpipeline in Brand geworfen. Der Verkehr über die Brücke wurde jedoch nur durch das Feuer für kurze Zeit unterbrochen. Eine Schraubenfabrik erlitt leichte Schäden.

Am selben Morgen kurz vor 6.00 Uhr griffen sieben sowjetische Bomber des Typs SB 2 den Hafen von Konstanza an. Sie flogen sehr niedrig, lösten jedoch ihre 25 schweren Bomben zu früh, so daß sie in die See fielen. Das heftige Flakfeuer hatte sie am gezielten Bombenwurf gehindert.

Eine Formation von zehn Langstreckenbombern des Typs DB 3 wurde etwa 40 km weiter ostwärts von Konstanza gesichtet. Auch sie warfen ihre Bomben vorzeitig ins Wasser und drehten ab, als ein deutscher Jägerpulk auftauchte. Dieser stieß mit Höchstgeschwindigkeit hinterher und brachte noch drei dieser Bomber zum Absturz und beschädigte einige weitere schwer.

Während dieser Angriffe zeigten die russischen Flieger eine ausgezeichnete Ausnutzung der Wetter- und Lichtverhältnisse und waren sehr geschickt in den schnellen Wechseln der Höhen.

General Hoffmann von Waldau notierte in seinem KTB über diese Versuche, daß »in der rumänischen Kampfzone alle Bemühungen des Gegners mit seinen Fliegerkräften die Treibstofflager und Raffinerien von Konstanza und Ploesti zu vernichten fehlgeschlagen seien«. Die Mehrzahl der in diesen Kampfraum eingedrungenen Feindflugzeuge sei abgeschossen worden.

So verteidigten die in Rumänien stehenden Luftwaffenverbände Schulter an Schulter mit den rumänischen Kameraden alle wichtigen Ziele in diesem Lande. Als Konsequenz dazu konnte die gesamte rumänische Erdölproduktion wie geplant und ohne irgendwelche Einschränkungen weiterlaufen. Die Erhaltung regelmäßiger Treibstofflieferungen nach Deutschland für die deutsche Kriegführung war der Lohn für diesen Einsatz, der glücklicherweise keine hohen Opfer kostete.

Einzelberichte aus dem Südabschnitt
Das Kampfgeschwader 51

Nach der allgemeinen Übersicht über die Kämpfe der Luftflotte 4 im Einsatzraum der HGr. Süd hier einige Einblendungen, wie die in knappen Zügen umrissenen Einsätze aus der Sicht der Geschwader gesehen wurden.

Das JG 51, das am 4. Juli mit der I. und II. Gruppe nach Lück verlegte und mit der III. Gruppe auf dem Feldflugplatz von Wlodzimiersk unterzog, hatte von dort aus die von der Luftflotte bezeichneten Ziele Tarnopol, Shitomir, Kiew und Blejazerkow anzugreifen. Bei Berditschew wurden sowjetische Panzeransammlungen entscheidend bekämpft und dem deutschen Panzervorstoß über Winniza auf Uman der Weg bereitet.

Diese Einsätze forderten die ersten schweren Opfer von diesem Geschwader. So kehrte am 6. Juli Hptm. Serschen, Staffelkapitän der 9./JG 51 vom Feindflug nicht zurück. Die Staffel wurde von Oblt. Henne übernommen.

Am 12. Juli griff das Geschwader in mehreren Wellen die Dnjeprbrücke bei Kanew an, um dem Gegner diesen einzigen Fluchtweg zu verlegen. Die Brücke wurde zerstört.

Ein Lichtblick im Leben der einzelnen Gruppen war die Rückkehr einiger Besatzungen, die hinter der Front hatten notlanden müssen und die sich zum Geschwader durchgeschlagen hatten.

Mit der Verlegung der I./JG 51 nach Zilistea bei Bucau in Rumänien, wo sie dem IV. Fliegerkorps unterstellt wurde, griffen die einzelnen Staffeln zur Unterstützung der Infanterie in den Erdkampf ein und ermöglichten dieser den Übergang bei Berislaw über den Dnjepr.

Unter dem Luftschirm verschiedenster Einheiten der Luftflotte 4 gelang es den Pionieren eine Pontonbrücke zu errichten, über welche die 11. Armee den Weg auf die Krim erkämpfte.

Hptm. Stemmler, der weit über der russischen Front abgeschossen worden war, tauchte plötzlich in Balti beim Geschwader auf. Er war von deutschen Gebirgsjägern gefunden und zurückgebracht worden. Ganz besonders freuten sich die Angehörigen der 4./KG 51 darüber, die der Hptm. geführt hatte. Welche weitere besonderen Ereignisse stattfanden, das hat General der Flieger Pflugbeil in seinen Tagesbefehl vom 5. August dargestellt, in dem er unter anderem schrieb:

»Bei der bewaffneten Aufklärung über Rußland im Raume Ananiew vor Odessa fiel am 30.7. 1941 der Flugzeugführer Oblt. Höhl im Luftkampf durch Kopfschuß. Der gefallene Flugzeugführer konnte infolge der Enge des Raumes in der Ju 88 nicht von seinem Sitz gehoben werden. Das Seitenruder blieb daher von ihm voll ausgetreten. Außerdem lief ein Motor wegen Treffers unregelmäßig. Die Kurssteuerung war durch Beschuß ausgefallen.

Der Beobachter, Obgefr. Bernhardt, von der 4./KG 51 übernahm die Führung des Flugzeuges und steuerte es, zum Teil durch starke Wolkenbänke fliegend und trotz der Fortsetzung des Luftkampfes mit mehreren Ratas, sicher hinter die eigenen Linien und führte bei Racsani eine glatte Bauchlandung durch. Er rettete damit die übrigen Besatzungsmitglieder und das Flugzeug.

Ich spreche dem Obgefr. Bernhardt meine höchste Anerkennung aus. - gez. Pflugbeil.« (Siehe: Wolfgang Dierich: Kampfgeschwader 51 »Edelweiß«).

Als die III./KG 51, die zur Wiederauffrischung nach Wiener-Neustadt verlegt hatte, am 29. August in Balti eintraf, war die Geschwaderführung eine große Sorge los. Nun konnte das KG 51 wieder seine großangelegten Unterstützungsangriffe fliegen. Es galt der 11. Armee den Weg durch die Landenge von Perekop auf die Krim freizubomben. So lagen denn auch die Angriffsziele des Geschwaders in den Räumen Kachowka-Melitopol vor der Landenge. Straßenkreuzungen, Bahnlinien, Feindkolonnen, Flugplätze und feindliche Flak-Stützpunkte wurden pausenlos angegriffen; bei schweren eigenen Verlusten, die überwiegend durch die gut schießende russische Flak verursacht wurden.

In den ersten Septembertagen wurde auch die II./KG 51 nach Wiener Neustadt zurückverlegt, um neu aufzufrischen. Der Kampf in Rußland kostete hohe Opfer und die galt es auszugleichen, wenn das Geschwader voll einsatzbereit bleiben wollte. In Wiener Neustadt wurde nunmehr voll auf die neue Ju 88 A-4 umgerüstet. Dies dauerte für die II./KG 51 bis Ende November.

In der Zwischenzeit hatte die 9./KG 51 nach Wosnessensk verlegt, von wo aus in schnellen Starts und kurzen Flügen die sowjetischen Panzerzügen bei Perekop und am Tatarengraben besser bekämpft werden konnten, die bei der Infanterie hohe Verluste verursacht hatten.

Der Angriff von 11 Ju 88 A-4 am 13. September von Zilistea aus gegen den Hafen von Odessa war erfolgreich. Sowohl Schiffe, als auch Hafenanlagen und eine Kriegsmole wurden schwer getroffen. Die dichte Flakabwehr stellte die Flugzeugführer vor harte Bewährungsproben, daß trotzdem alle Maschinen von diesem Einsatz zurückkehrten, stellte der Ausbildung der Besatzungen das beste Zeugnis aus.

Als die Kesselschlacht von Kiew in ihre Endphase ging, schaffte die Rote Armee die durchgebrochenen Teile auf die Halbinsel Krim. Von Odessa aus liefen die Transportschiffe nach Sewastopol, Ak-Metsched und Eupatoria. Für das KG 51 galt es, diese Schiffe und die genannten Häfen zu bomben. Auch hierbei war das Geschwader erfolgreich.

Mit Unterstützung dieses Geschwaders gelang den Verbänden der 11. Armee am 27. Oktober 1941 der Sturm durch die Landenge von Perekop auf die Krim. Der direkte Handstreich auf Sewastopol aber mißlang. Diese gewaltige Festung hielt sich.

Die III./KG 51 verlegte am 23. Oktober 1941 nach Nikolajew. Hierhin zog auch der Geschwaderstab unter Führung des Kommodore, Oberst Koester. Der einbrechende Winter ließ alle Bewegungen erstarren. Sewastopol, das hörten die Flieger, sollte im nächsten Frühjahr angegriffen und mit ihrer Hilfe erobert werden.

Kampfszenen beim Jagdgeschwader 52

Ebenfalls im Südabschnitt der Ostfront eingesetzt, kämpfte das JG 52, das Anfang August 1941 bei Geleitschutzaufgaben für Ju 87-Verbände in einem schweren Einsatz stand. Jene sowjetischen Flugplätze, die angegriffen wurden, waren mit dichten Flakriegeln bestückt, deren Feuer unangenehm genau lag.

Während die Stukas über die Flügel abkippten, um mit eingeschalteten Jerichosirenen ihre Ziele im Sturz zu finden, sahen die

Begleitjäger unten auf dem Platz die Staubfahnen der im Alarmstart anrollenden Feindjäger.

Am 4. August hatte Oblt. Graf mit zehn Maschinen seiner Staffel diese Aufgabe übernommen. Die 9./JG 52 flog hoch über den Stukas und als Oblt. Graf die ersten Gegner sah, es waren I 16, stürzte er sich mit seinem Rottenflieger, dem Gefreiten Leopold Steinbatz, auf diesen Gegner. Es waren insgesamt zehn, die vom Boden abgehoben hatten und nun Höhe zu gewinnen trachteten. Graf schoß eine Rata ab und drehte dann im Tiefflug nach Westen. Steinbatz folgte nach. Alle Maschinen landeten sicher auf dem Jägerplatz Biala Zerkow.

Am nächsten Tag war es die 8./JG 52 unter Oblt. Rall, die im Großraum Kiew zur freien Jagd unterwegs war. Die 9./JG 52 folgte kurze Zeit darauf nach. Als sie das Gebiet des Luftkampfes zwischen der 8. Staffel und etwa 20 sowjetischen Jägern erreichte, sahen sie wie gerade eine Rata mit den fünfzackigen roten Sternen am Rumpf und auf den Tragflächen brennend abstürzte.

Die Neunte stieß auf den Feind hinunter. Als Oblt. Graf einen der Gegner angriff, erhielt er plötzlich Feuer eines anderen Feindjägers, dem es gelungen war, sich hinter den Staffelkapitän zu hängen. Graf hörte die Einschläge der Geschosse in seiner Maschine, dreht hart weg und entkam. Ein zweiter Jäger stürzte sich auf ihn. Als er über Graf hinwegfliegend hochzog, wurde er von einer Kanonengarbe Grafs erfaßt. Die I 16 stieß steil der Erde entgegen und wurde mit dem Aufschlagbrand auf einer Wiese südlich von Kiew vernichtet.

Graf erhielt noch einmal Feuer und abermalsTreffer in die Me 109 F-4. Aber er erreichte sicher den Landeplatz.

Am 7. August flog die 9./JG 52 abermals Stuka-Geleitschutz zu einem Ziel das runde 100 km hinter der Front lag. Als die Stukas die befohlenen Ziele: Infanterie-Kolonnen und Panzer jenseits des Dnjepr erkannten, stürzten sie sich auf sie und griffen an. Die Jäger flitzten hinterher. Eine Ju 87 wurde von russischer Flak abgeschossen. Mit ihren Bordwaffen schossen die Maschinen der 9. Staffel eine weitere Lastwagenkolonne zusammen. Als sie über Kiew am nächsten Tag in freier Jagd operierten, wurde Oblt. Graf durch seinen aufmerksamen Katschmarek Steinbatz gerettet, der die hinter seinem Staffelkapitän hängende Rata abschoß.

Beim nächsten Einsatz auf die Bahnanlagen der Linie Fastow-Kiew warfen die Stukas neue »Flambos«, die einige Meter über der Erde detonierten. Die vorzeitige Zündung dieser Bomben wurde durch lange Stangen bewirkt. Der Angriff erfolgte gegen die Eisenbahnbrücke von Kanew. Über der Brücke, die bereits einige Treffer erhalten hatte, hingen dicke schwarze Rauchschwaden. In dem russischen Brückenkopf herrschte ein wildes Durcheinander.

Von den Stukas, die abermals angriffen und die Brücke wiederum trafen, erhielten zwei Flaktreffer. Steinbatz und Graf erhielten Weisung, die angeschlagenen Ju 87 zurückzugeleiten.

Als sich über dem Dnjepr eine Rata auf die Maschine des Staffelkapitäns stürzte, drehte dieser seitlich weg. In dem Moment, da der Gegner an ihm vorbeiflitzte, kurvte Graf ein, hängte sich hinter diesen Gegner und schoß ihn aus nur 50 m Distanz ab. Eine Stichflamme stieß aus der MiG 3 heraus. Die Maschine bäumte sich nach vorn auf und stürzte dann beinahe senkrecht in den unter ihnen liegenden Wald.

Nach der Verlegung des Geschwaders in den Raum Uman, flogen die Jäger überwiegend Geleitschutz für die Stukas, die Ziele im sich bildenden Uman-Kessel bombten. Auch diese Aufgabe wurde erfolgreich durchgeführt.

Am Nachmittag des 6. September erreichte ein Alarmruf das Geschwader. Die bei Krementschug von deutschen Pionieren errichtete Dnjeprbrücke wurde von russischen DB 3-Bombern angegriffen.

Im Alarmstart flog die 9./JG 52 dorthin. Als sie die ersten Bomber in Sicht bekamen, bemerkten sie auch darüber eine Gruppe Ratas als Geleitschutz.

Die acht Flugzeuge der Staffel griffen sofort an. Major Handrick, der Geschwaderkommodore, der mitgeflogen war, teilte die Staffel. Während einige die Jäger angriffen, stießen die restlichen auf die Bomber herunter. Graf gelang es eine Rata abzuschießen. Eine Reihe Bomber wurden ebenfalls abgeschossen. Der Angriff auf die Dnjeprbrücke war vereitelt worden.

Als bei einem Stukaangriff gegen Charkow mit seinen drei russischen Großflugplätzen die 9. Staffel abermals Geleitschutz flog und dieser Flug für die Jäger bereits als unbefriedigend abgeschrieben worden war, stießen sie beim Rückflug auf einen russischen Bomberverband.

Dieser Verband hatte sich geschickt unter die deutschen He 111 gemischt und hoffte so, unerkannt über die Front hinweg zu den deutschen Linien zu gelangen und dann seine Bombenlast auf den Flugplatz mitten in die landenden He 111 hinein werfen zu können.

Als die Feindmaschinen erkannt wurden, befahl Graf den Angriff der Staffel. Fünf Bomber wurden binnen kurzer Zeit durch Grafs Staffelkameraden abgeschossen. Der Staffelkapitän selbst hängte sich hinter einen Bomber. Als er fast in Schußposition gekommen war, erhielt er von einem anderen Bomber einen Treffer in den Motor. Öl spritzte heraus, die Leistung des Triebwerkes verringerte sich rasch. Dennoch erreichte Graf deutsches Gebiet und den eigenen Platz und landete sicher.

Der Start am Mittag des 3. Oktober 1941 sah die 7./JG 52 unter Oblt. Ratzlaff und die 9./JG 52 unter Graf im Einsatz. An Grafs Seite flogen Fw. Grislawski und Leopold Steinbatz. Ziel des Angriffes waren wieder einmal die drei Charkower Flugplätze des Gegners. Sie gerieten in einen startenden Jägerverband und die Kurbelei über dem Platz des Gegner begann. Graf schoß eine I 16 ab und im Weiterflug über dem nächsten Platz eine Rata. Seine Kameraden waren ebenfalls erfolgreich.

Am 11. Oktober konnte Graf bei Losowaja zwei Feindflugzeuge abschießen. Steinbatz erzielte einen Luftsieg über eine SB 2.

Das war der 59. Abschuß der 9. Staffel, die sich damit an die Spitze der III./JG 52 setzte. Von diesem Platz würde sie sich nicht wieder wegbringen lassen. Dafür sorgten Männer wie Grislawski, Steinbatz und Graf. Vom Flugplatz Tschaplinka aus wurden Flüge auf die Krim unternommen und am 23. Oktober, es war der Geburtstag von Hermann Graf, schoß dieser über Boisowka zwei Gegner ab. Am 1. November erzielte er seinen 21. Luftsieg und am 26. Dezember hatte er 37 Abschußerfolge zu verzeichnen. Lt. Dickfeld vom Gruppenstab hatte es ebenfalls auf 37 Abschüsse gebracht und Fw. Köppen von der 7. Staffel hatte bereits einen großen Vorsprung vor ihnen und erhielt am 18. Dezember 1941 das Ritterkreuz.

Die Luftwaffe bei der Kesselschlacht um Kiew

Die Kesselschlacht um Kiew, die »größte Kesselschlacht der Geschichte« wäre nach den Worten von Oberst i.G. a.D. Carl Wagener vermeidbar gewesen, »wenn Ende August die Operationsabsicht des Oberkommandos des Heeres durchgeführt und der ganze Schwerpunkt der Ostfront auf die Heeresgruppe Mitte zur Eroberung

Moskaus gelegt worden wäre, unter Verzicht auf alle Randgebiet und Nebenziele, wie die Krim, das Donezgebiet, der Kaukasus und Leningrad, und wenn die HGr. Süd allein mit der Abdeckung der Südflanke der Ostfront betraut worden wäre.« (Siehe: Carl Wagener: Heeresgruppe Süd - Der Kampf im Süden der Ostfront 1941-1945).

In der Führerweisung vom 21. August aber mit der Nr. 35 heißt es dazu: Die operativ selten günstige Lage, die durch das Erreichen der Linie Gomel-Potshep entstanden ist, muß zu einer konzentrischen Operation mit den inneren Flügeln der HGr. Süd und Mitte unverzüglich ausgenutzt werden.«

Diese Weisung mit den folgenden Ausführungsbestimmungen wurden die Initialzündung zur Schlacht bei Kiew. Zu diesem Zweck gab die HGr. Mitte am 22. August an die 2. Armee und die Panzergruppe 2 den Befehl, ihren Angriff nach Süden fortzusetzen, damit größtmögliche Kräfte der Sowjetarmee unter General Potapow zu vernichten und der HGr. Süd den Dnjeprübergang zu öffnen. Die HGr. Süd aber beantragte die Unterstellung der 2. Armee und der Panzergruppe 2, um mit den vereinten Kräften eine Vernichtungsschlacht zu schlagen.

Die HGr. Süd hatte Ende August die Bereitstellung zur Schlacht um Kiew eingenommen und am 2. September gab das OKH sein Einverständnis. Der Kampf um Kiew konnte beginnen und mit dem Sturm der daran beteiligten Verbände der HGr. Mitte von der Desna aus nach Süden auf Romny zielend, sowie mit dem Angriff der Panzergruppe 1 aus Süden, aus dem Raume Krementschug heraus nach Norden und ebenfalls auf Romny und Lochwiza, den Kessel um die sowjetische Südwestfront zu schließen.

Die Oberste deutsche Führung forderte von allen Verbänden der Luftflotte 4 die Unterstützung der Angriffe der HGr. Mitte ebenso wie der HGr. Süd. Ziel der Angriffe war die sowjetische Südwestfront unter Marschall Budjonny: eine Million russischer Soldaten mit allen Waffen, die in einem Gebiet von etwa 25.000 Quadratkilometern eingeschlossen werden sollten, wenn die beiden genannten Angriffe der deutschen Heeresgruppen gelingen würden und sich die sowjetischen Truppen nicht rechtzeitig aus dieser großen Falle zurückziehen konnten.

Zunächst wurden ununterbrochene Luftaufklärungsflüge unternommen, um von den Kräftemassierungen in diesem riesigen Gebiet Neues zu erfahren. Danach fegte die Jagdwaffe mit dem JG 52 unter Oberstleutnant Handrick und dem JG 3 unter Major Lützow den Luftraum über der Front von Feindjägern frei. Direkte Angriffe der Kampfgeschwader 51, 54 und 55 trafen Truppenmassierungen und Batteriestellungen, Straßenknotenpunkte und Brücken, um die Falle sicher zu machen.

Sowjetische Luftangriffe gegen deutsche Panzerspitzen wurden durch die weitverzweigte Aufklärung rechtzeitig erkannt und mit allen Jagdfliegern bekämpft. So wurde jeder ernsthafte Lufteinsatz verhindert, den die Russen gegen die deutschen Heerestruppen richteten.

Deutscherseits wurden vernichtende Angriffe gegen russische Truppenverbände und Waffen in diesem Raum geflogen. Die rollenden Bombenangriffe gegen Bahnlinien und Straßen, die aus Südosten, Osten und Nordosten in den Kessel hineinführten, verhinderten jede Zufuhr weiterer Verstärkungen oder Nachschubgüter in diesem riesigen Raum. Durch diese Einsätze und durch die damit erzielten Zerstörungen zahlreicher Nachschubzüge und Brücken, verhinderten die deutschen Bomber-Geschwader sowohl den Vorstoß sowjetischer Reserven, welche die STAVKA in diese Schlacht warf, um möglichst starke deutsche Kräfte bei Kiew zu binden und dadurch den Sturm der Wehrmacht auf Moskau zu verhindern, als auch den Durchbruch jener Kräfte, die versuchten, die Einkesselung zu durchbrechen.

Die Bomberverbände des IV. Fliegerkorps, aus dem Raume Kirowograd im Süden angreifend, und jene des II. Fliegerkorps der Luftflotte 2, die sich aus den Räumen Gomel-Orscha diesem Vernichtungsschlag anschlossen, isolierten das gesamte Gebiet um Kiew so vollständig, daß kaum Truppen die Chance hatten zu entkommen, wenn auch noch immer Durchschlupfe vorhanden waren.

Wenn man bedenkt, daß sich die Zahl der deutschen Flugzeuge der Luftflotte 4 am 29. August dem Vortage des Beginns dieser großen Schlacht auf 21 deutsche Jäger und 324 Bomber belief, und daß nur 35 Aufklärer vorhanden waren, dann wird deutlich erkennbar, daß damit kein Staat zu machen war. Vor allem aus dem Grunde nicht, weil der Gegner in diesem Bereich 473 Jagdflugzeuge, 493 Bomber, 20 Aufklärer und 263 Transportmaschinen zur Verfügung hatte.

Die Luftflotte 4 hatten an den vorangegangenen Abwehrleistungen seit dem 10. Juli 1941 gegen die sowjetische Luftwaffe einen schweren Stand gehabt. Die Russen hatten allein gegen die Panzergruppe 1 von Malin und Fastow aus alles in den Skat geworfen, was sie an Flugzeugen hatten. Es waren die Flieger-Divisionen 16, 18, 19 und 62, die in den Julitagen allerdings nur etwas mehr als 500 Einsätze geflogen hatten, was für die Anzahl der Maschinen viel zu wenig war.

Dennoch waren die deutschen Verbände durch diese Einsätze in eine schwierige Lage geraten. Die HGr. Süd hatte am 9. August die Einstellung des Angriffes von Kiew bis Korosten befehlen müssen und damit hatte die 6. Armee das Operationsziel Kiew nicht erreicht.

In seinem Sonderbericht vom 6. August hatte das OKW die Abwehrleistungen der Luftflotte 4 mit folgenden Worten bestätigt: »Die Luftflotte 4 ist an dem erfolgreichen Verlauf der Operationen hervorragend beteiligt. Sie hat rund 980 Flugzeuge abgeschossen oder am Boden zerstört.«

Dann war in der Kesselschlacht von Uman eine weitere Belastungsprobe für die Luftflotte 4 entstanden. Stalin hatte die Weisung ausgegeben, daß das »faschistische Heer den Dnjepr nicht überschreiten« dürfe. »Die Dnjepr-Linie« hatte er gesagt, »ist das wahre Unterpfand für unsere Erfolge und künftigen Siege.«

Um den Dnjepr zu sichern hatte die Rote Armee die Masse ihrer in der Südfront eingesetzten Fliegerverbände in den Raum Krementschug - Dnjepropetrowsk verlegt. Lediglich die Marineflieger-Verbände blieben zur Verteidigung der Halbinsel Krim und von Odessa zurück.

Allein im August hatten die sowjetischen Bomberverbände insgesamt 12.500 Feindflüge mit dem Abwurf von 1000 Tonnen Bomben gemeldet. Die Jagdfliegerverbände der Südwestfront, vor allem das Jagdflieger-Regiment 12, wurden öffentlich belobigt. Letzteres sollte bei 90 Luftkämpfen über der Front 50 deutsche Flugzeuge abgeschossen haben.

Diese vorhergehenden Kämpfe waren es, die den Tiefstand der Fliegerkräfte der Luftflotte 4 verursacht hatten. Nunmehr hieß es, mit den geringen Kräften weiterzukämpfen und der HGr. Süd den Sieg erringen zu helfen.

Das Jagdgeschwader 3 unter der Führung von Major Lützow hatte bis zum 1. September 1941 in ununterbrochenen Einsätzen an der Ostfront 1.016 Feindflugzeuge abgeschossen, von denen 727 Bomber waren. Am Boden vernichtet wurden im selben Zeitraum 243 Flugzeuge. Bis zum 1. September hatte Major Lützow seinen 56. Luftsieg errungen und am 11. November 1941 erhielt er - dies sei vorgetragen - als 4. deutscher Soldat die Schwerter zum Ritterkreuz mit Eichenlaub nach Abschuß seines 89. Gegners.

Beim II. Fliegerkorps unter General der Flieger Loerzer herrschte zu Anfang September starker Regen, der die Startbahnen aufweichte und die Kampfstaffeln ebenso wie die Schlachtflieger und die Jäger behinderte. Sobald die Plätze wieder startklar waren, flogen alle verfügbaren Verbände Erdkampfeinsätze zur Unterstützung des Heeres. Als es der 260. I.D. gelang, die Desna zu überwinden und einen Brückenkopf auf dem Südufer einzurichten, der südostwärts von Tschernigow lag, griffen hier starke Feindkräfte in mehreren Wellen an. Stukas und Kampfflieger griffen diese Feindverbände mit durchschlagendem Erfolg an und verschafften so den Pionieren die Zeit, eine Brücke über die Desna zu errichten.

Am 6. September gab dann die 2. Armee den Befehl: »Angriff auf der ganzen Front!«

Kampfflugzeuge und Artillerie eröffneten diesen Angriff am frühen Morgen nach Süden. Bis zum Abend hatte die 2. Armee einen großen Erfolg erzielt.

Die Kampfgruppe Model, mit der 3. P.D., die auf Romny vorstieß, erhielt am 10. September starkes Feuer. Am Nachmittag griffen auch hier sowjetische Luftstreitkräfte an. Schlachtflieger flogen im Tiefflug über die Marschgruppe Oberst Kleemann hinweg. Bomber belegten die von den Deutschen besetzten Häuser mit Bomben. Schlachtflieger schossen aus allen Bordwaffen. Am Abend dieses ereignisreichen 10. September brannte Romny an allen Enden. Bis zum Einbruch der Nacht mußte diese Stadt und auch die 3. P.D. nicht weniger als 25 Panzerangriffe über sich ergehen lassen. Deutsche Flieger konnten nicht eingreifen, weil keine zur Verfügung standen und sich alle anderwärts im Einsatz befanden.

Dies war nicht verwunderlich, denn zur gleichen Zeit hatte auch die 17. Armee Befehl erhalten, Poltawa anzugreifen und erhielt durch Kampfverbände des V. Fliegerkorps Luftunterstützung. Diese Verbände griffen die sich in diesem Gebiet zusammenziehenden sowjetischen Truppen immer wieder an. Dies verwehrte dem zerfledderten Gegner die Neuordnung seiner Verbände und die Neueinrichtung einer Verteidigungsfront. Diese Divisionen der Roten Armee wurden dadurch gezwungen, sich in völliger Auflösung in den Raum Charkow-Achtyrka zurückzuziehen. Um Poltawa ließ sie einige Teile stehen.

Am 12. September besserte sich die Wetterlage und die Luftaufklärung stellte sichere Anzeichen für einen Abzug starker Feindkräfte aus dem Raume Priluki gegen die Linie Lubny-Lochwiza-Romny fest.

Noch am selben Tage ordnete GFM von Rundstedt die »rücksichtslose Verfolgung auf der ganzen Front« an.

Gleichzeitig flogen die Luftwaffenverbände rollende Angriffe vor allem gegen die Bahnlinie Konotop-Rylsk im Norden und Lubny-Poltawa im Süden der sich abzeichnenden Kesselfront.

Am 14. September schossen die wenigen deutschen Jäger über der Kesselfront 44 russische Flugzeuge ab. Darüber hinaus vernichteten Kampfeinheiten des V. Fliegerkorps bis zu diesem Zeitpunkt 560 Lastwagen und 3 Panzer und beschädigten 267 Lastwagen. 17 Züge wurden beschädigt, teilweise vernichtet, der Verkehr auf fünf Bahnlinien zum Erliegen gebracht, die Luftbasen des Gegners in Charkow und Poltawa unbrauchbar gebombt und eine Reihe Flugzeuge am Boden zerstört.

Marschall Budjonny erbat von Stalin die Erlaubnis, sich zurückziehen zu dürfen. Diese wurde glatt verweigert und Budjonny abgelöst. An seine Stelle trat nun Marschall Semjon Timoschenko.

Trotz drakonischer Strenge war auch er nicht mehr in der Lage, die Truppen der Südwestfront zum weiteren entscheidenden Widerstand zu motivieren. Die immer engere Einschließung ermöglichte es den deutschen Kampf- und Sturzkampfverbänden, feindliche Truppenkonzentrationen und Fahrzeugkolonnen anzugreifen und diesen hohe Verluste zuzufügen.

In dieser Situation litten alle fliegenden Verbände der Luftflotte 4 unter dauerndem Treibstoffmangel. Dieser wuchs sich derart extrem aus, daß am 16. und 17. September nur wenige Bomber eingesetzt werden konnten. Davon wurde das V. Fliegerkorps besonders schwer betroffen, das immer wieder nach rechtzeitiger Treibstoffversorgung rief.

Am 18. September begann die 6. Armee ihre Offensive nach Osten. Ihr XXIX. AK sollte Kiew und die dortige Zitadelle erobern. Dazu mußte es vorher den Durchbruch durch ein tiefgestaffeltes festes Verteidigungssystem erzwingen. Luftangriffe sollten die Zitadelle für den Angriff der Infanterie reifbomben. General der Artillerie Fritz Brand, der die Heeresartillerie-Einsätze koordinieren sollte, erklärte, daß er Kiew in Schutt und Asche legen wolle, wenn die Luftwaffe die Hälfte dieser Aufgabe übernehmen werde.

Das V. Fliegerkorps verlegte dazu die III./StG 77 und die III./KG 52 nach Belaja Tscherkow. Beide Gruppen griffen von diesem Tage an ununterbrochen Kiew an. Die Festungswerke und die erkannten Artilleriestellungen wurden zerbombt. Dadurch gelang es den Heerestruppen, in die Stadt selbst einzudringen und diese am 19. September in Besitz zu nehmen. Nur die Zitadelle hielt sich noch. Sturzkampfbomber versuchten diesen letzten Widerstand zu brechen. Nach langen und heftigen Angriffen war der Gegner am Ende seiner Kraft. Am späten Abend des 25. September erlosch der letzte feindliche Widerstand. Die Dnjeprbrücken aber waren gesprengt und nicht mehr passierbar.

Der Abschlußbericht des OKW meldete am 27. September 1941: »Im Verlauf der in engstem Zusammenwirken von Heer und Luftwaffe durchgeführten Operationen wurden insgesamt 665.000 Gefangene eingebracht, 884 Panzer, 3.718 Geschütze und ungezählte Mengen an sonstigem Kriegsmaterial erbeutet oder vernichtet.«

Dieser Sieg war für die HGr. Süd ein bedeutender taktischer Erfolg. In der russischen Südfront war eine Bresche von 400 km Breite aufgerissen. Eine operative Entscheidung aber wurde dadurch nicht errungen. Genau das Gegenteil war der Fall. Die Wochen des Kampfes um Kiew hatten den letzten Angriff mit dem Codenamen Operation »Taifun« - den Sturm auf die russische Hauptstadt - um d i e entscheidenden Wochen verzögert, die schnelle Feldzugentscheidung noch im Jahre 1941 in Frage gestellt und letztlich verhindert.

Jene Truppenteile der Roten Armee, denen es gelungen war in den letzten Nächten vor dem Ende im Kessel zu entkommen und sich nun auf dem Marsch nach Osten befanden, wurden am 29. September entscheidend getroffen. Allein an diesem Tage wurden von den Verbänden der Luftflotte 4.920 Fahrzeuge des Gegners vernichtet.

In seiner Zusammenfassung über die Erfolge der Luftflotte 4 im Süden von Kiew griff Generalleutnant Plocher sechs Punkte heraus, die hier die Bedeutung des Luftwaffeneinsatzes unterstreichen sollen:

»1. Bevor die eigentliche Vernichtungsschlacht um Kiew begann, verzögerten Verbände des V. Fliegerkorps in pausenlosen Tag- und Nachtangriffen gegen die Eisenbahnlinien in Richtung Osten das rechtzeitige Zusammenziehen starker sowjetischer Streitkräfte aus der Gegend von Kiew und schwächten den Feind durch ständige Störung und Zerstörung seiner Versorgung.

2. Das V. Fliegerkorps versetzte die 17. Armee in die Lage, in Krementschug einen Brückenkopf einzurichten, der für die Einkesselungsbewegung entscheidend war und zum raschen Vorstoß der Panzergruppe 1 nach Norden und damit zur Vereinigung mit der Panzergruppe 2 beitrug.

3. Bevor der Ring zwischen Lubny und Lochwitza geschlossen wurde, verhinderte die Luftwaffe das Zusammenziehen von kampfentscheidenden russischen Streitkräften nach Charkow.

4. Eine sich entwickelnde russische Bedrohung in Hinblick auf die Flanken und den rückwärtigen Raum im Gebiet von Morgorod-Gadjach wurde im Keime erstickt.

5. Die Einkesselung der Feindtruppen und die schnelle Eroberung der Festung Kiew gelang hauptsächlich dank des Einsatzes der Unterstützungsverbände des V. Fliegerkorps.

6. Die Vernichtung der eingeschlossenen sowjetischen Truppen in der Gegend südostwärts Kiew demonstrierten einen Höhepunkt der vernichtenden Effektivität, die von den Bombern und Sturzkampfbombern erreicht worden war.« (Siehe Hermann Plocher: a.a.O.).

Während der heißen Phase der Schlacht um Kiew vom 12. bis 21. September 1941 flog das V. Fliegerkorps 1.422 Einsätze und warf 625 Tonnen Bomben. Hinzu kamen 96 Brandschüttkästen mit Brandbomben und 1 1/2 Gestelle mit Propagandaflugblättern, mit denen die Russen zur Kapitulation und zum Überlaufen aufgefordert wurden.

Die hauptsächlich erzielten Erfolge:

65 sowjetische Flugzeuge abgeschossen, 42 am Boden zerstört. 23 Panzer und 2171 Motorfahrzeuge vernichtet. Sechs Flak-Batterien ausgeschaltet, 52 Eisenbahnzüge, 28 Lokomotiven und eine Brücke zerstört und 18 Streckenabschnitte lahmgelegt. Die Zahl der beschädigten Ziele betrug ein mehrfaches dieser Aufzählung.

Die Personalverluste des V. Fliegerkorps betrugen in dieser Zeit: vier Offiziere und fünf Unteroffiziere und Mannschaften gefallen, drei Offiziere und 15 Unteroffiziere und Mannschaften vermißt.

Die Flugzeugverluste: 17 Flugzeuge Totalverlust, neun Flugzeuge zu mehr als 30 Prozent und fünf zu weniger als 30 Prozent beschädigt.

Im Bericht des OKW vom 2. Oktober 1941 wurden die herausragenden Leistungen der Luftwaffen-Verbände besonders erwähnt. Im selben Bericht wurde bekannt gegeben, daß das JG 3 ebenso wie das Schlachtgeschwader 210 großen Anteil an der Vernichtung der sowjetischen Kräfte gehabt hatten. Die Leistungen des JG 51 des II. Fliegerkorps aber wurden in einer Meldung des OKW vom 8. September bereits besonders genannt. Dieses Jagdgeschwader konnte am 8. September seinen 2.001. Abschuß feiern. Am 10.September hatte es allein in Rußland 1.357 Flugzeuge abgeschossen und 298 weitere am Boden zerstört. In 354 Angriffen hatte das Geschwader mit Bordwaffen sowjetische Flugfelder, Kolonnen, Batterien, Truppenkonzentrationen, Eisenbahneinrichtungen und andere Ziele erfolgreich angegriffen und dabei insgesamt 142 Panzer und gepanzerte Fahrzeuge, 16 Geschütze, 34 Lokomotiven, 432 Lastwagen, 75 andere Fahrzeuge und einen Panzerzug vernichtet.

Wenden wir uns nun den Einsätzen der Luftflotte 2 zu.

Die Kämpfe bei der Luftflotte 2

Mit dem II. Fliegerkorps unter General der Flieger Loerzer und dem VIII. Fliegerkorps unter General der Flieger von Richthofen, standen dem Oberbefehlshaber der Luftflotte 2, Generalfeldmarschall Kesselring zwei erfolgreiche Korps zur Verfügung, deren Verbände bereits in den vorangegangenen Blitzkriegen ihre Schlagkraft unter Beweis gestellt hatten.

Alle Operationen dieser Luftflotte sollten eng mit den Einsätzen der Heeresgruppe Mitte koordiniert werden. Entsprechend der Truppenkonzentration am Schlüsselpunkt des Ostfeldzuges bei der HGr. Mitte war die Luftflotte 2 auch die stärkste Luftflotte des östlichen Kriegsschauplatzes.

Ihr Auftrag lautete: Eliminierung der sowjetischen Luftverbände und Erringen der Luftüberlegenheit oder der Luftherrschaft. Danach Unterstützungsoperationen für die Heerestruppen der HGr. Mitte. Insbesondere sollten die Bewegungen der Panzergruppen 2 und 3 unterstützt werden.

Der Gegner gegenüber der Luftflotte 2 verfügte nach den Aufklärerergebnissen über zwei sowjetische Luft-Divisionen im Grenzbereich. Sieben weitere Luft-Divisionen befanden sich weiter zurückgestaf-

Reichsmarschall Hermann Göring

Generalfeldmarschall Albert Kesselring

Generaloberst Günther Korten

Generalfeldmarschall
Robert Ritter v. Greim

Do 17 Z des VIII. Fliegerkorps auf Feindflug.

Lt. Erwin-Peter Diekwisch, 9./StG 1.

Oblt. Anton Hackl, Staffelkapitän 5./JG 77, nach dem 100. Abschuß.

felt in Reserve. Von ihnen waren einige identifiziert, andere wurden lediglich vermutet. Der deutsche Feindnachrichtendienst vermutete, daß sich besonders starke Konzentrationen russischer Luftwaffenverbände im Raume Kobrin-Slonim-Grodno-Bialystok befinden müßten.

Trotz der enormen Kampfkraft konnte die Luftflotte 2 ihre beiden großen Aufgaben in den ersten Tagen des Feldzuges nicht hundertprozentig erfüllen. Allein die erste und wichtigste Aufgabe, die Luftüberlegenheit und - wenn möglich - die Luftherrschaft zu erringen, war trotz des Einsatzes aller Kräfte nicht durchführbar. GFM Kesselring kommentierte diese Aufgabe später mit den Worten, daß es für ihn klar gewesen sei, »daß sogar die erste Aufgabe nicht völlig erfüllt werden konnte. Daß also beide Aufgaben nicht gleichzeitig, sondern nur eine nach der anderen hätte in Angriff genommen werden können.«

Der hier stattfindende vorzeitige Angriff weniger Besatzungen wie er im Anfang kurz dargestellt wurde, basierte auf der Tatsache, daß bei gleichzeitigem Antreten mit dem Heer dem Gegner gegenüber der deutschen Luftwaffe eine Vorwarnzeit von zirka 40 Minuten gegeben worden wäre. Dies würde dem Gegner unter Umständen die Möglichkeit verschafft haben, den deutschen Angriffen entweder durch raschen Rückzug zu entkommen, oder sich im Alarmstart den deutschen Luftwaffenverbänden zu stellen. Dies mußte verhindert werden. Daraus erwuchs für das II. und VIII. Fliegerkorps der Plan für den Sondereinsatz noch v o r Beginn des Rußlandfeldzuges.

Auf einem Flugfeld stießen denn auch die deutschen Jäger auf einen russischen Jagdverband, der eben im Begriff stand, zu starten. Die kleinen Bomben fielen in die Mitte der startenden Einheiten und ließen eine Reihe unklarer Maschinen zurück.

Die präzise vorbereiteten Operationspläne für die ersten Tage mit der ersten Zielbestimmung, der Bombardierung und die Fortführung der Angriffe gegen jeden erkannten Feindflugplatz machten es möglich, binnen der ersten drei Tage im Einsatzgebiet der HGr. Mitte die Luftüberlegenheit zu erreichen.

Die einfach unglaublichen Berichte, daß im Bereich der HGr. Mitte etwa 2500 Flugzeuge zerstört worden seien, führten zu den bereits genannten Überprüfungen durch Reichsmarschall Göring.

Der Feind war im Einsatzraum der HGr. Mitte bereits am ersten Tag handstreichartig überwältigt worden. Seine Grenzpositionen waren an allen Stellen durchbrochen, sämtliche Brücken über den Bug waren unversehrt in deutsche Hände gelangt.

Auf dem rechten Flügel der HGr. Mitte wurde ein Angriff der 4. Armee und der Panzergruppe 2 durchgestartet. Der Hauptübergang über den Bug lag jedoch noch immer im Feuerbereich der Festungsanlagen von Brest-Litowsk. Obwohl die Festungswerke dieser Anlage veraltet waren, boten ihre dicken Mauern genügend Schutz für jene Artillerie-Batterien die eine beachtliche Feuerwirkung auf die übersetzenden deutschen Truppen hatten.

Die Besatzung der Festung stellte eine ernste Bedrohung für die Übersetzbemühungen dar, wenn die deutschen Truppen die Festung nicht eroberten, sondern nach dem Flußübergang direkt weiter vorstießen.

Aus diesem Grunde erhielt das II. Fliegerkorps Weisung, im Zusammenwirken mit der 4. Armee und der Panzergruppe 2 die feindlichen Batterien im gesamten Festungsnahbereich zu vernichten. Insbesondere natürlich die Geschütze in der Festung.

Für die vorstoßenden Truppenteile der Nordflanke bestand noch eine Gefahr. Nördlich von Brest-Litowsk, in dem ansonsten brettebenen Gelände beherrschte eine Reihe kleiner Hügel von Westen nach Osten, parallel zu den deutschen Vorstößen verlaufend, die Gegend. Diese Hügel wurden von der Luftaufklärung als stark befestigt erkannt. Zahlreiche Batterien waren dort in Stellung gegangen. Wenn dies zutraf, dann waren sie eine potentielle Gefahr für den Vorstoß der Nordgruppe der Panzergruppe 2. Die zur Verfügung gestellten Nebelwerfer-Batterien konnten die westliche Seite der Hügel nicht erreichen. Aus diesem Grunde forderte Generaloberst Guderian eine Anzahl von Sturzkampfbombern an, die ständig über der Gefahrenzone patrouillieren sollten, um im Falle einer Feuereröffnung direkt auf die betreffende Batterien niederzustoßen und sie zum Schweigen zu bringen. Dieses System war in Frankreich beim Übergang über die Maas angewandt worden.

Obgleich diese Taktik den bestehenden Operationsvorschriften für Sturzkampfbomber widersprach (normalerweise wurden Stukas in vorher genau bestimmten Angriffen zur Vernichtung eines Gegners eingesetzt) entschied sich das II. Fliegerkorps, diesen Vorschlag aufzugreifen und seine Stukas entsprechend einzusetzen. Die Stukas sollten alle feindlichen Batterien niederhalten, weil dies wichtiger und effektiver war als die Zerstörung eines Teiles der Stellungen.

Zum anderen waren die Angriffe der Stukas auf jedes lokalisierte feindliche Ziel, besonders auf die feindliche Artillerie so organisiert, daß die Stukas, wenn sie von ihren Aktionen gegen andere Ziele zurückkehrten, also bereits einen Auftrag hinter sich hatten, die erkannten feuernden Artilleriestellungen im Zweitschlag entweder mit Bomben oder - wenn diese geworfen waren - mit den Bordwaffen auszuschalten.

Diese außergewöhnliche Aktion war hundertprozentig erfolgreich, dergestalt, als sämtliche Feind-Batterien, die tatsächlich das Feuer eröffneten, erkannt und auf die vorher genannte Weise ausgeschaltet wurden.

Die Panzergruppe 2 am nördlichen Flügel des Angriffs stieß rasch vor, dicht gefolgt von den Infanterie-Divisionen der 4. und 9. Armee.

Lediglich um Brest-Litowsk dauerte der russische Widerstand an. Die wichtige Zitadelle hielt sich noch mehrere Tage, ehe auch ihre Besatzung nach einem letzten vernichtenden Bombenschlag aufgab. Dieser Schlag wurde von sieben Ju 88 des KG 3 geführt, die zweimal angriffen und das Ostfort mit eigens dazu herangeschafften 1.800-kg-Bomben belegten und zerschmetterten. Dies war am 29. Juni 1941 das Ende für Brest-Litowsk. Am 30. Juni erlosch auch im Ostfort der letzte Widerstand.

Aus seinem Eisenbahn-Befehlszug, den er bis Brest-Litowsk vorrollen ließ, befehligte GFM Kesselring die Operationen der Luftflotte 2. Seine beiden Fliegerkorps waren dabei, den zweiten Teil ihrer Aufgaben zu erfüllen: »Freischlagen des Weges der deutschen Panzer- und mot.-Verbände auf ihrem Sturm nach Osten.«

Von den speziellen Angriffen auf die Kommissarschule der Roten Armee in Brest-Litowsk, die sich ebenfalls bis zum 29. Juni gehalten hatte, berichtete das OKL in einer Sondermeldung. Danach erzielten zunächst fünf Bomber, die jeweils zwei 500-kg-Bomben trugen, sechs Treffer auf der nördlichen Seite der Zitadelle. Der Widerstand blieb jedoch in der dort untergebrachten Kommissarschule ungebrochen.

»Am späten Nachmittag des 28. Juni unternahmen weitere sieben Sturzbomber ihre Sturzangriffe auf das Fort, wobei einer von ihnen eine SC-1800-Bombe mit einem Gewicht von fast zwei Tonnen, und die übrigen zwölf 500-kg-Bomben abwarfen, von denen alle ihr Ziel trafen. Dies zwang die Kommissarschule zur Kapitulation.« (Siehe: Oberbefehlshaber der Luftwaffe, Abt. Ic, GehKdos, Lagebericht Nr. 660, 30. Juni 1941, Seite 18, Karlsruhe Document Collection).

Die Fernaufklärungsgruppen der Luftflotte 2 und ihrer beiden Korps führten gemeinsam mit den Aufklärungseinheiten der Heeresgruppe Mitte und jenen der Armeen die ununterbrochene Luftaufklärung durch. Dabei erfaßten sie die gesamte Operationszone der HGr. Mitte und der Luftflotte 2.

Die meisten wichtigen Zielgebiete waren durch einander überschneidene Luftaufnahmen völlig abgedeckt. Eine Luftaufnahme des Gebietes um Orscha zeigte unter anderem eine große Anzahl fahrzeugähnlicher Gefährte, die in dichten Reihen nahe einem hangarähnlichen Gebäude aufgestellt waren. Wegen der Stärke dieser Fahrzeuge, bei denen es sich laut den Ergebnissen der Aufklärung nur um Panzer und Panzerfahrzeuge handeln konnte, erhielt die Bomberarmada des II. Fliegerkorps einen persönlichen Befehl des Reichsmarschalls, sofort anzugreifen und diese Panzer zu vernichten.

Obgleich man beim II. Fliegerkorps der Überzeugung war, daß es sich bei diesen Fahrzeugen nicht um Panzer handelte, denn wer ließ schon etwa 2000 Panzer auf einem Haufen herumstehen, mußte dieser Befehl ausgeführt werden. Das vermutliche Panzer Depot - möglicherweise auch eine riesige Panzer-Reparaturwerkstatt - wurde am 27. Juni mit allen Bombern angegriffen, die frei waren. Es waren 20 Maschinen, die alle vier großen Gebäude vernichteten und ihre Bomben mitten in die dicht bei dicht aufgefahrenen »Panzer« warfen.

Als Orscha später eingenommen wurde, stellte sich heraus, daß dies ein Sammelplatz für -Pferdegespanne war und daß man alte Panjewagen zerbombt hatte.

Dieser Einsatz ist deshalb so bemerkenswert, weil er zeigt, in welcher Weise die Oberste Führung in die Operationsbefehle der Luftflotten und der Fliegerkorps hineinbefahl. In zweiter Linie zeigt dieses Vorkommnis, wie eine unzureichende Auswertung von Aufklärungsergebnissen eine Alarmmeldung auslösen und einen falschen Einsatz einleiten konnte.

Am 30. Juni berichtete das OKL von der Teilnahme an der Kesselschlacht von Minsk. Sowjetische Kampf- und Jagdverbände, Schlachtflieger und alles was flog versuchten am 30. Juni ihre noch westlich Minsk stehenden eingeschlossenen Truppen zu unterstützen und ihnen den Rückzugsweg nach Osten freizuschlagen. Gegen diesen Verband startete das JG 51 unter Werner Mölders. Es kam hier zu einem großen Schlagabtausch Balkenkreuz gegen roter

Stern. Die Luftschlacht über Minsk wurde zu einem dramatischen Duell der beiden Gegner. An diesem Tage waren es die Jagdflieger Lt. Bär und Hptm. Joppien, die jeweils fünf Gegner abschossen. Oberst Mölders brachte es auf zwei Abschüsse. Insgesamt wurden 114 Feindflugzeuge durch das JG 51 abgeschossen.

Starke Stuka- und Bomberverbände der Luftwaffe griffen den fliehenden Feind nördlich von Ruzhany, südostwärts von Wolkowijsk und Nowogrudok an. Ihre Ziele waren Kolonnen, Flußübergänge, die rückwärtigen sowjetischen Bahnlinien, wobei die verstärkten Bemühungen den Bahnanschlüssen von Smolensk und Polotzk galten.

Die Rote Luftwaffe der Heeresgruppe Nordwestfront unter Oberst Naumenko griff in dieser Phase des Kampfes mit starken Verbänden an, um das Überqueren der Beresina in Bobruisk und später des Dnjepr zu verhindern. Über Bobruisk fand am 30. Juni eine Luftschlacht statt. Hier waren russische Bomber, Schlachtflieger und Jäger über dem Fluß in der Luft und versuchten, den Übergang zu verhindern. Generaloberst Guderian beobachtete diese Luftkämpfe persönlich. Er war des Lobes voll über die Jagdflieger, monierte aber gegenüber dem II. Fliegerkorps, daß die Nahkampfflieger unter Generalmajor Fiebig nicht reibungslos funktioniert hätten. Guderian erhielt Meldungen der Aufklärungsstaffeln, daß der Feind starke Kräfte im Raume Smolensk-Orscha-Mogilew versammelte.

Während dieser Situation, in der alles darauf ankam, die Luftflotte 2 so stark wie möglich zu erhalten, erging vom Ob.d.L. ein Befehl an die Luftflotte 2, ihr VIII. Fliegerkorps in den Nordabschnitt der Ostfront zu verlegen.

General von Richthofen versammelte die Geschwader im Raume um Witebsk, um sie für die folgenden Aufgaben aufzustocken und ließ nur schwache Kräfte unter Oberstleutnant Hagen zurück. In der kritischen Situation, die im Bereich der HGr. Mitte entstanden war, stellten die Verbände des VIII. Fliegerkorps jedoch die einzigen Kräfte dar, die sofort zur Abwehr des befürchteten Gegenangriffs des Feindes aus dem Raum um Smolensk zur Verfügung standen.

In dieser Ausnahme-Situation wurde das VIII. Fliegerkorps wieder unter Befehl der Luftflotte 2 gestellt. Es griff mit allen verfügbaren Maschinen den Gegner an und fügte ihm schwere Verluste zu. Damit wurde der Feindangriff gestoppt und dem Heer der notwendige Zeitgewinn zur Neugruppierung verschafft, mit welcher der Angriff der neu herangeführten Feindtruppen abgewehrt werden konnte. Dadurch wurde der sowjetische Versuch den nördlichen Abschnitt des

Smolensker Gebietes aufzureißen verhindert. Dennoch war der Gegner in der Lage, westlich des Wop-Flusses einen kleinen Brückenkopf zu errichten, den er in den folgenden Tagen hielt und weiter verstärkte. Im Zuge des weiteren Vorstoßes wurde dieser Brückenkopf schließlich beseitigt.

Nach Ende dieses Kampfes wurde das VIII. Fliegerkorps dann endgültig in den Kampfraum der Luftflotte 1 verlegt und dieser unterstellt. Am 3. August erließ GFM Kesselring einen Tagesbefehl, in dem er feststellte, daß das VIII. Fliegerkorps seine Luftflotte »für einen zeitlich begrenzten Einsatz« verlasse. Kesselring erwähnte, daß sechs Wochen des Krieges hinter ihnen lägen und daß das VIII. Fliegerkorps eine entscheidende Rolle bei den Kämpfen der 9. Armee gespielt habe und auch der Panzergruppe 3 wichtige Dienste leisten konnte. Er sprach dem Korps und seinem Kommandierenden General, von Richthofen, seine besondere Anerkennung aus und gab seiner Hoffnung Ausdruck, daß dieser »erstklassig ausgebildete und angriffsfreudige Fliegerverband ohne große Verluste aber mit großen neuen Erfolgen wieder zur Luftflotte 2 zurückkehren« möge.

Die Angriffe gegen Moskau

Am 8. Juli bereits hatte Hitler befohlen, Moskau und Leningrad nicht zu erobern, sondern beide Städte durch die Luftwaffe dem Boden gleichzumachen.

Die Luftflotte 2 sollte alle verfügbaren Kräfte zusammenfassen und diese Angriffe fliegen. Dies obgleich alle Bomberverbände im Großraum Smolensk in schweren und erbitterten Einsätzen standen. Hier verteidigte Oberst Naumenko den Luftraum mit 339 Kampf- und Jagdflugzeugen, wie eine russische Quelle schrieb.

Es wurden Staffeln der Kampfgeschwader 3, 53, 54 und 55, die KGr. 100 und die III./KG 26 zusammengefaßt, die nun den Großangriff fliegen sollten.

Hätten nun alle Geschwader vollzählig zu diesem Angriff antreten können, würde dies eine gewaltige Wirkung gehabt haben. Doch aus allen genannten Verbänden, die teilweise bereits arg dezimiert waren, kamen insgesamt 127 Flugzeuge zusammen, die am Abend des 21. Juli 1941 zum erstenmal die russische Hauptstadt angriffen.

Die Kampfgruppe 100, aus Chartres kommend, von wo aus sie Bombenangriffe gegen England geflogen hatte, war erst am 19. Juli über Terespol zur Ostfront gelangt und dem II. Fliegerkorps unter General Loerzer zugeführt worden. Ihr standen am 19. Juli nur 13 He 111 H-3 zur Verfügung, von denen nur drei Maschinen der Stabskette klar waren. Sie kamen nach Meinung des Korps für den ersten Angriff gegen Moskau nicht in Frage und flogen am 21. Juli einen Tagesangriff gegen die Feindstellungen bei Jelnja. Allerdings wurden sie dann doch für den Angriff der kommenden Nacht zur Verfügung gestellt, weil jede Maschine mehr auch mehr Erfolg bringen mußte. Neben diesem Verband waren noch die III./KG 26 und die beiden Pfadfindergruppen des KG 27 aus dem Westen nach dem Osten verlegt worden.

Durch die Fernaufklärung war festgestellt worden, daß auf der direkten Route nach Moskau über Bobruisk-Smolensk in Höhe von Dorogobusch schwere russische Flak in dichter Massierung stehe. Aus diesem Grunde wurde der Angriff auf Moskau mit einem rechtzeitigen Knick vor Dorogobusch nach Süden, zur Umgehung dieser Flakstellungen befohlen.

Die Rote Armee war nicht untätig gewesen und hatte die Abwehr rings um Moskau beträchtlich verstärkt. Dort standen nunmehr 500 Scheinwerfer im Umkreis von 30 bis 40 km um die Stadt gruppiert. Die Moskauer Flak schoß infolge ihrer dichten Massierung ein sehr gut liegendes Planfeuer aus allen Kalibern.

Als die deutschen Verbände Moskau in der Nacht zum 22. Juli anflogen, wurden sie bereits 30 km vor der russischen Hauptstadt durch die ersten Scheinwerfer erfaßt. Die Flak eröffnete das Feuer. Die meisten Gruppen erreichten jedoch unangefochten den Stadtrand. Hier griffen 300 Scheinwerfer nach ihnen, schossen hunderte Flak im Dauerfeuer und schickten einen Vorhang aus Stahl in den Himmel.

Hier die kurzen Einsatzberichte der beteiligten Verbände:
Die II./KG 55 begann um 19.47 Uhr des 21. Juli das, was in der Führerweisung Nr. 33 befohlen worden war:

»Der Angriff auf Moskau mit Kampfkräften der Luftflotte 2, vorübergehend verstärkt durch Kampfkräfte aus dem Westen, ist als Vergeltung für die sowjetrussischen Angriffe gegen Bukarest und Helsinki so bald wie möglich zu führen.«

Es waren 35 Flugzeuge des KG 55, die um die angegebene Uhrzeit in schneller Reihenfolge starteten. Oberstleutnant Kühl, der Kommodore, flog an der Spitze des Verbandes mit. Er und seine Flieger hatten den Kreml als Ziel erhalten. Die Bomber gelangten über das Ziel und warfen ihre Bomben auf das Regierungsviertel. In der Hauptsache wurden Brandbomben geworfen.

Oberstleutnant Kühl kreiste 30 Minuten lang über Moskau, um die Zielwirkung nach dem Angriff beobachten zu können. Er meldete: »Alle Bomben lagen im Ziel!«

Ein russisches Vierlings-MG schoß direkt aus dem Kreml auf die Maschine des Geschwaderkommodore.

Nach der Landung machte Oberstleutnant Kühl Meldung beim Kommandierenden General des II. Fliegerkorps, daß das Regierungsviertel und der Kreml getroffen worden seien. Doch beim Korps stellte man fest, daß dies nicht der Fall gewesen sein konnte. Oberst von Cramon, Ia des II. Fliegerkorps, der als Luft-Attaché in Moskau gewesen war, erklärte, daß der Kreml mit so dicken Dachziegeln bedeckt sei, daß dort keine Brandbombe durchgehen würde. Niemand glaubte dies, auch Oberstleutnant Kühl nicht. Später mußten sie doch anhand der Aufklärerfotos feststellen, daß sie ein Sportstadion in der Stadt gebombt hatten, das in seinen Umrissen genau so aussah wie der Kreml.

Auch das KG 53, das am 14. Juli in einem Dämmerungsangriff die Brücke bei Shlobin zerstört und damit dem weichenden Gegner den Rückweg abgeschnitten hatte, flog von Minsk-Dubinskaja aus den Angriff auf Moskau mit. Dieser erste Angriff auf die russische Hauptstadt wurde durch den Gruppen-Kommandeur der I./KG 53, Oberstleutnant Kaufmann, bekanntgegeben. Mit dem Befehl des UvD zur Bereitschaft III machten sich die Besatzungen zum Feindflug fertig und sahen ihre Fallschirme und die Fliegerkombinationen nach. Alles andere wurde ebenfalls gründlich kontrolliert, weil von jedem Einzelteil, ob Kopfhaube, Höhenatmungsgerät oder dem Notproviant das Leben abhängen konnte.

Zehn Minuten darauf wurde Bereitschaft II gegeben. Die Staffelkapitäne, die zur Einsatzbesprechung gegangen waren, kamen vom Gefechtsstand zurück und riefen die Piloten der Staffeln zur Flugbesprechung zusammen. Dann erfolgte die Bekanntgabe des Einsatzbefehls:

»Nachtangriff auf Moskau mit starken Kräften!«

Die Maschinen waren inzwischen durchgesehen und wurden von den ersten Warten klargemeldet. Dann erfolgte der Start.

Die He 111 der Gruppe überflogen das leichte Funkfeuer am Platzrand und flogen dann, als sie gesammelt hatten, entlang der Rollbahn nach Moskau. Ziel dieses Einzelverbandes war der Großflugplatz von Moskau und ein in der Nähe desselben liegendes Flugzeugwerk.

Auch hier: 30 km vor dem Ziel das Einfliegen in die Strahlenfinger der Scheinwerfer. Es waren etwa 100, die bereits hier ihre gleißenden Fühler ausstreckten und die Nacht mit ihren Strahlen durchbohrten.

Aus der Marschhöhe von 1.200 m stiegen die Maschinen nunmehr im Steigflug mit 2 m/sec höher in den Himmel empor. Eine Maschine wurde von zwei Scheinwerfern erfaßt. Weitere bündelten sich auf dieses hell gleißende Ziel ein. Die Flak eröffnete das Feuer auf dieses Ziel. Dann wurde ein zweites und drittes Flugzeug erfaßt.

Die ersten Granaten platzten über und neben den Maschinen auseinander. Die Maschine von Ofw. Haug wurde durch die Splitter einer Nahdetonation getroffen. Der Beobachter machte die Bomben scharf und zog den Notzug, um die Bomben loszuwerden. Im Sturzflug versuchte die He 111 den Scheinwerfern und dem Flakfeuer zu entkommen. Bis auf 300 m stieß sie hinunter, ehe sie die verfolgenden Lichtbündel der Scheinwerfer hinter sich zurückgelassen hatte. Die Maschine mußte abdrehen und erreichte nach fünfstündiger Gesamtflugzeit den Platz in Smolensk.

Die übrigen erreichten die Stadt und warfen ihre Bomben über den angegebenen Zielen. Es wurde einige Wirkung erzielt, der genaue Umfang der Zerstörungen konnte jedoch nicht erkannt werden.

Mit ihren wenigen Maschinen nahm auch die Kampfgruppe 100 unter Major Küster an diesem Angriff teil und erhielt den gleichen Eindruck wie die übrigen Flugzeuge auch: daß die russische Hauptstadt gut gesichert war und daß man eine ungleich größere Menge an Bomben werfen mußte, als dies in dieser Nacht geschah, wo nur 200 Tonnen Spreng- und Brandbomben geworfen wurden. Dies auf weit auseinanderliegende Ziele, so daß eine geschlossene Wirkung nicht erzielt werden konnte.

Generalmajor Gromadin, der Kommandeur der Moskauer Luftverteidigung ließ noch am 22. Juli die Verteidigungskräfte verstärken. Flieger-Regimenter tauchten im Blitzmarsch auf den Plätzen um Moskau auf. Hinzu kamen Flak-Batterien, die in Eiltransporten herbeigeschafft wurden.

Daß er gut daran getan hatte, zeigte der 23. Juli als ein zweitesmal, diesmal jedoch nur noch 115 Flugzeuge, Moskau angriffen und Verluste verursachten.

Die gleiche Nacht sah auch Angriffe gegen die Rüstungszentren Woronesch, Tula und Briansk. Es wurden einige Brände beobachtet und Explosionen erkannt, doch die Zahl der eingesetzten Maschinen reichte einfach nicht aus, um die erhoffte strategische Wirkung zu erzielen. Diese Angriffe des Juli wurden verlustreich, weil die Kampfflugzeuge auf der gesamten Strecke keinen Jagdschutz erhalten konnten, da die Distanzen dies nicht zuließen. Anstelle der Geleitflüge für die Fernkampf-Verbände mußten sich die deutschen Jagdstaffeln den sowjetischen Schlachtfliegern entgegenwerfen, die mit ungeheurer Wirksamkeit über die Front hinwegflitzten und alles unter Feuer nahmen, was sich zeigte.

Am 25. Juli erfolgte der dritte Angriff auf Moskau, allerdings nur mit drei Flugzeugen, während am 26. Juli wieder 65 Maschinen zu diesem Ziel unterwegs waren.

Inzwischen hatte die Rote Armee die Abwehr um Moskau verstärkt. Russische Nachtjäger griffen an und schossen einige He 111 ab.

Einer jener Männer, die jeden Angriff auf Moskau mitflogen, war Oberstleutnant Kühl vom KG 55. Während der Tagesangriffe, die daneben geflogen werden mußten, warf er Bomben auf feindliche Stellungen, Fahrzeugkolonnen und Bahnanlagen. Vom Flugfeld Bojary aus, wo der Verband in Zelten lebte, wurde gegen Moskau gestartet. Daneben aber gab es andere Aufträge. So jenen, bei dem am 4. August 1941 der Bahnhof Toropejetz gebombt werden sollte. Dort wurden die Maschinen von einem Wald von Scheinwerfern empfangen. Mittlere und schwere Flakbatterien schossen aus allen Rohren. Mitten hindurchfliegend wurde der Bahnhof angepeilt. Dann fielen die Bomben. Zuerst die schweren Sprengbomben, danach die Schüttkästen mit den Brandbomben. Der Bahnhof Toropejetz stand nach diesem nächtlichen Bombardement nicht mehr.

Von dem neuen Platz in Orscha flog das KG 53 am 4. und 7. August Sondereinsätze gegen Ziele im Großraum Moskau. Am 9. und 10. August wurde Moskau selbst gebombt, dann schwenkte der Angriff auf den Bahnhof von Briansk, den Bahnhof von Wjasma, auf Shlobin und Gomel, auf Jelnja und Bachmatsch ein.

Am Abend des 6. August war auch wieder Major Kühl dabei. Er

führte seine Gruppe von Bojary aus nach Osten. Wieder war der Kreml das Ziel, außerdem noch die Rüstungsschmieden am Rande der Stadt. Hier ein Augenzeugenbericht zu diesem Einsatz:

»Gerade fliegen wir den noch etwas wolkenverschwommenen Rand des dunklen Kessels Moskau an da flammt es da drunten aus Dutzenden millionenkerzigen Lichtquellen auf. Scheinwerfer spinnen die rote Zentrale in ein riesiggroßes Netz, in das sich unsere He 111 verfangen soll. Für Sekunden beleckt das weiße Licht nach unruhigem Suchen den Bauch des Bombers, kann ihn aber nicht festhalten.

Aus unzähligen Flakrohren schießen die roten Kanoniere einen eisernen Sperrvorhang. Egal! Wir durchstoßen ihn!

Jetzt sind wir über dem Weichbild der Stadt. Moskau hat bereits heftige Schläge abbekommen. Drei große Brandbombenfelder sind die Wirkung eines ersten Teiles der Spreng- und Brandbomben die noch im Laufe dieser Nacht zu Zehntausenden fallen sollen.

In einem dieser Felder wüten acht Großbrände. Dort haben die ersten schweren Kaliber gesessen. Volltreffer im Mittelpunkt der Flugzeugindustrie und in den Versorgungsbetrieben.

An den beiden großen Schlingen der Moskwa, die aus Südwesten kommend bis an den Stadtrand heranreicht, können wir uns gut orientieren. Wir wissen jetzt, wo der Kreml liegt.

So kreisen wir, sehen Sperrballone wie große schwarze Spukgestalten blitzschnell an uns vorüberhuschen, beobachten Brand- und Sprengbomben-Einschläge anderer Kampfflugzeuge, die sich im Luftraum über Moskau befinden, bis Oberleutnant Mylius sein Ziel genau im Visier hat. Jetzt fällt auch unsere schwere Bombe und gleich hinterher folgen die Brandbomben, die neue Zerstörungen verursachen.

Wir drehen ab, fliegen auf Heimatkurs, müssen aber noch einmal die starke Flaksperre durchbrechen, die uns, vielleicht aber auch schon der nachfolgenden Bomberwelle gilt.« (Siehe: Wolfgang Dierich: Kampfgeschwader 55 »Greif«).

Die Kampfgruppe 100 war auch bei diesen Angriffen gegen Moskau dabei und kämpfte nunmehr mit 10 bis 12 Maschinen im Rahmen der strategischen Luftangriffe gegen feindliche Rüstungsziele und gegen die Hauptstadt Rußlands mit.

Auf dem Rückflug von einem dieser Einsätze erhielt die He 111 von Major Küster einen Treffer in den Motor. Ein russischer Nachtjäger hatte das Flugzeug erfaßt und es angegriffen.

Der Flugzeugführer drückte die He 111 bis auf 50 m hinunter. Alles überflüssige Zeug mußte hinausgeworfen werden. Alles war zur Notlandung bereit. Doch dann stieg die Maschine wieder auf 400 m und Major Küster beschloß, den Heimflug zu wagen. Dies war mit nur einem Motor ein schwieriges, beinahe unmögliches Unterfangen. Doch der eigene Horst in Terespol wurde erreicht und Major Küster setzte noch das Tüpfelchen aufs »i«, indem er nach Deblin weiterflog, um auf dem dortigen Stützpunkt der Gruppe den ausgefallenen Motor sofort reparieren zu lassen. Die He 111 landete sicher und wurde sofort in der Werft repariert. Das Flugzeug war insgesamt zehn Stunden in der Luft gewesen.

Nach vier operativen Einsätzen gegen Moskau erhielt die Gruppe Küster dann in der Nacht zum 11. August eine neue Zielzuweisung: eine Flugzeugfabrik nahe der Stadt. Beim Durchstoßen des Flakfeuers wurden zwei eigene Flugzeuge abgeschossen. Die Besatzung Fw. Currle fiel. Von der zweiten Maschine, die schwer getroffen wurde, fielen beide Bordschützen diesem Treffer zum Opfer.

Vom 13. bis 18. August flog die Kampfgruppe 100 im Verein mit Teilen der genannten übrigen Gruppen weitere Nachtangriffe gegen sowjetische Rüstungswerke und am 15. August noch einen Störangriff auf Moskau. Der sowjetische Flugplatz von Wjasma folgte am 20. August als Ziel. Dann war auch für diese Einheit der operative Einsatz zu Ende. Die KGr. 100 flog bis Ende August bewaffnete Aufklärung im Raume Tschernigow zur Unterstützung der deutschen Truppen beim Vorstoß aus Gomel heraus nach Osten. Am 27. August wurde das Industrieviertel von Tschernigow mit Brandbomben belegt. Dieser Angriff wurde am 29. und 30. August wiederholt.

Das KG 55 war bereits am 15. August aus dem Befehlsbereich der Luftflotte 2 entlassen worden. GFM Kesselring schrieb dem scheidenden Geschwader:

»An Kampfgeschwader 55 über Generalkommando II. Fliegerkorps: Ich spreche dem KG 55 für die in vorbildlicher Einsatzbereitschaft gezeigten hervorragenden Leistungen im nächtlichen Einsatz gegen Moskau und auch am Tage gegen die Tiefe der russischen Front meine ganz besondere Anerkennung aus und wünsche dem Geschwader auch weiterhin in diesem Kriege einen glückhaften und ruhmvollen Erfolg.«

Auch General der Flieger Loerzer erschien am 16. August im Horst der Gruppe von Oberstleutnant Kühl und begrüßte jeden Mann dieses Verbandes persönlich. Danach sprach er der Gruppe den besonderen Dank von Generaloberst Guderian aus, dessen Panzergruppe 2 bei Gomel die wertvolle Hilfe der Kampfflieger erfahren hatte. Während dieser Einsätze waren vier Besatzungen verlorengegangen.

Doch zurück zur allgemeinen Lageschilderung.

Unterstützungsangriffe für das Heer

Während des Juli und Anfang August flogen die letzten Kräfte der Luftflotte 2 ihre Angriffe, die sich vor allem gegen die feindlichen Truppen im Gebiet von Smolensk richteten.

Alle Straßenknotenpunkte und Eisenbahnlinien, die von Osten her in den Raum Briansk-Wjasma-Welikije Luki führten, wurden zerbombt. Am 14. Juli 1941 traf es zum erstenmal die Schnellstraße Smolensk-Moskau. Alle diese Einsätze zielten darauf ab, die sowjetischen Gegenangriffe zur Befreiung des Raumes Smolensk zu vereiteln. In der Nacht zum 31. Juli wurden die Bahneinrichtungen und der große Bahnhof von Orel durch Einheiten des II. Fliegerkorps angegriffen. Sprengbomben und 3600 Brandbomben verursachten dort großen Schaden.

Südostwärts Smolensk versuchten sowjetische Verbände die deutsche Front durch starke Gegenangriffe aufzubrechen. Auch hiergegen wurde das II. Fliegerkorps mit Erfolg angesetzt. Das OKL berichtete am 31. Juli, daß Kampf- und Sturzkampfflieger-Verbände die Bodentruppen unterstützten, indem sie sowjetische Truppenkolonnen und Artilleriestellungen im Raume Smolensk-Rosslawl bis zur Straße nach Wjasma angegriffen und dort einen sowjetischen Panzervorstoß zerschlagen hätten. Dabei seien 17 Panzer, 67 Lkw zwei Flak-Batterien und 6 Geschütze, sowie ein Munitions- und ein Treibstoff-Depot vernichtet worden. Weitere russische Bahnhöfe, auf denen Truppentransporte erkannt wurden, konnten rechtzeitig gebombt werden.

Einer Meldung des OKL zufolge hatte das KG 26 »Horst Wessel« vom 22. Juni bis zum 31. Juli 620 sowjetische Flugzeuge im Luftkampf und am Boden zerstört.

In diesen Wochen härtester Einsätze hatte sich die Bekämpfung der sowjetischen Schlachtflieger als äußerst schwierig erwiesen, weil sich diese aus der Ferne, in sehr geringer Höhe und einzeln fliegend, höchstens in Gruppen zu zweien, den deutschen Infanteriestellungen ungesehen nähern konnten. Sie warfen ihre Bomben, schossen aus den Maschinenwaffen auf die Frontlinie und die erkannten Ziele darin und drehten sofort wieder auf eigenes Gebiet zurück.

Die alarmierten deutschen Jäger kamen in der Regel zu spät, um diese Angriffe abblocken zu können. Die Verfolgung der Schlachtflugzeuge aufzunehmen war ebenfalls nicht mehr möglich. Dies weil die Schlachtflieger in ebenso geringer Höhe zurückflogen und jeder deutsche Jäger, der so tief herunterstieß, von der Feindflak oder gar von MG-Salven abgeschossen werden konnte, weil er nicht gepanzert war.

Der Plan einer Luftpatrouille wurde erwogen, weil sie die günstigste Abwehrmaßnahme gewesen wäre, besonders deshalb, weil die Russen in altbekannter Sturheit immer die gleichen Wege flogen und dieselben Sektoren zur selben Zeit angriffen. Eine solche wirksame Abwehrmaßnahme war jedoch nicht möglich, weil sie eine völlig unangemessene numerische Stärke der dadurch gebundenen Jagdflugzeuge bedeutet hätte. Darüber hinaus entsprach eine solche Vorgehensweise nicht den Operationsprinzipien der Jagdwaffe.

Deutsche Heerestruppen, ständig unterstützt durch die Verbände des II. Fliegerkorps, konnten in der Kesselschlacht von Gomel-Klintzy einen Großteil der Feindkräfte vernichten, die den Ausbruch nach Osten suchten. Nur geringen Teilen dieser Feindtruppen gelang es nach Süden zu entkommen.

Während dieser Operationen zwischen dem 9. und 24. August griffen Bombereinheiten des II. Fliegerkorps erfolgreich Truppenkonzentrationen und -bewegungen im Raume Tschernigow-Konotop-Gomel an. Ständige Angriffe auf alle Bahnlinien, die sich dem südlichen Flügel der HGr. Mitte von Osten und Südosten näherten, wurden mit dem Ziel geführt, sowohl den Rückzug der Feindtruppen nach Osten, als auch das Vorbringen frischer Truppen aus Osten an die Front zu unterbinden.

Seit dem 22. August waren schwächere feindliche Kräfte auf dem nördlichen Flügel der HGr. Mitte im Raume Welikije Luki vernichtet worden. Hieran hatte das VIII. Fliegerkorps unterstützend eingegriffen. Zur gleichen Zeit griffen Bomber des II. Fliegerkorps wiederholt jene sowjetischen Flugstützpunkte an, die durch die Luftaufklärung und durch die Funkhorch-Dienste erkannt und lokalisiert worden waren. Diese Angriffe bewirkten eine Abnahme der sowjetischen Luftangriffe, was wiederum auch dem Heer half.

Am 9. September berichtete das OKL in einer Zusammenfassung über die Aktionen gegen den Feind, daß allein das II. Fliegerkorps inzwischen seit dem 22. Juni 1941 2660 Flugzeuge vernichtet habe. Darunter 1380 im Luftkampf abgeschossen, der Rest am Boden zerstört.

Während der Kämpfe auf beiden Flügeln der HGr. Mitte stießen jene Teile, die im Zentrum am weitesten vorgeprellt waren, auf einen starken Feind und mußten zur Defensive übergehen. Hier, im Jelnja-Frontbogen, griffen die Truppen der Roten Armee mit starker Artillerie-Unterstützung an. Die deutschen Kräfte wiesen alle Angriffe ab und hielten ihre Stellungen trotz schwerer Verluste. Es wurde immer wieder Luftunterstützung angefordert, um die keilförmig nach vorn geprellten Heeresverbände in der Abwehr der Roten Sturmtruppen zu unterstützen. Die Fliegenden Verbände waren zu schwach, um alle Forderungen erfüllen zu können. Die Kampf- und Jagdgeschwader, seit dem 22. Juni im dauernden Einsatz, konnten nicht an allen Stellen gleichzeitig sein. Aus diesem Grunde entschied die Luftflotte 2 mit Zustimmung des Ob.d.L. und in Übereinstimmung mit dem Prinzip, Streitkräfte an Schlüsselpunkten zu konzentrieren, alle Verbände des II. Fliegerkorps zur Unterstützung des rechten (südlichen) Flügels der HGr. Mitte im Gebiet von Mozyr-Konotop-Rosslawl-Rogatschew einzusetzen.

Diese Entscheidung mußte getroffen werden, weil es von großer Bedeutung war, der 2. Armee unter Generaloberst von Weichs zu helfen, die noch weit rückwärtsgestaffelt stand und sich im Vorwärtsgehen einer immer drohenderen Gefahr durch sowjetische Verbände ausgesetzt sah. Diese mußten vernichtet werden, wenn die 2. Armee aufschließen sollte.

Operation Taifun
- Luftwaffe kämpft um Moskau -

Nachdem die Angriffe der Luftwaffe gegen Moskau Mitte September abgeschlossen waren und es nach dem Stillstand der HGr. Mitte wieder vorwärtsgehen sollte, stieß die Panzergruppe 2 (nach dem 5. Oktober umbenannt in 2. Panzerarmee) am 30. September 1941 aus dem Raume Putiwl in Richtung Orel vor. Dieser Angriff wurde durch starke Fliegerkräfte des II. Fliegerkorps begleitet. Dafür hatte sich die Führung neu gruppiert und den Gefechtsstand nach Schatolowo verlegt.

Auf den Flugfeldern von Schatolowo-Ost und West hatten die beiden Kampfgeschwader 3 und 53 ihre Ausgangsbasen. Diese Basen wurden durch einen Jägerverband geschützt, der auf einem dritten Feld ostwärts der beiden Flugplätze eingefallen war. Dies war auch notwendig, denn die Russen griffen hier mit Bombern und Schlachtfliegern an.

Das KG 28 wurde in Bobruisk zusammengefaßt, während die 2./Fernaufklärer-Gruppe 122 vom Flugfeld Smolensk-Süd operierte. Dem Nahkampfführer wurden zwei Gruppen des Stukageschwaders 1, drei Gruppen des StG 77 und zwei Gruppen des KG 210 zur Verfügung gestellt. Letztere Gruppen wurden auch Schlachtflieger-Geschwader genannt. Es war ausgerüstet mit zweimotorigen Me 110.

Am 1. Oktober berichtete das OKL, daß die deutschen Panzertruppen aus dem Raume Gluschkow-Jampol angetreten seien und daß der Hauptteil der Bomber die Erdtruppen in erfolgreichen Angriffen gegen russische Truppenkonzentrationen und Panzerverbände im Raume Gluschkow-Briansk-Kursk entscheidend unterstützt hätten.

Am folgenden Tage notierte Generaloberst Halder in sein Tagebuch, daß die 2., 4. und 9. Armee der HGr. Mitte die Operation »Taifun« begonnen habe, daß die auf dem rechten Flügel vorstoßende 2. Panzerarmee weit vorgeprellt sei und daß auch alle übrigen Verbände zwischen 6 und 12 km tief in feindliches Gelände vorgestoßen seien.

Die Panzergruppe 2 (2. Panzerarmee) der HGr. Mitte wurde dauernd durch das II. Fliegerkorps unterstützt und erreichte am 3. Oktober bereits Orel. Der linke Flügel der HGr. Mitte stieß mit seiner 2. Armee direkt auf Briansk vor.

Die feindliche Luftaktivität war hier sehr lebhaft. Sowjetische Bomber und Schlachtflieger, meist in kleinen Einheiten fliegend, die sechs bis sieben Flugzeuge nie überstiegen, griffen ununterbrochen die deutschen Panzerkolonnen und auch die Flugfelder an.

Das II. Fliegerkorps wiederum ließ die Nahkampfverbände so dicht wie möglich hinter den angreifenden Sturmtruppen vorziehen, um durch dauernde Platzwechsel dem Gegner das Auffinden der Horste zu erschweren. Unmittelbar nach dem Fall von Orel wurden die Verbände auf die dortigen Plätze vorverlegt.

In den folgenden Tagen wurden diese Flugplätze als Basen für den Lufttransport für alle nach vorn zu schaffenden Güter benutzt, weil die Straßen beinahe unbefahrbar geworden waren. Für die 2. Panzerarmee wurden nicht weniger als 500 Tonnen Sprit für die Fahrzeuge herangeschafft um ihre Beweglichkeit voll zu erhalten.

Der Nahkampffliegerführer hatte auch seine Stuka-Einheiten auf diesen Flugplatz überführt. Diese waren lohnende Ziele für sowjetische Jäger, die versuchten, die gefährlichen Gegner am Boden zu vernichten.

Währenddessen war die Straße von Orel nach Tula derart schlecht geworden, daß die darauf vorrollende 3. P.D. die gerade Tula erreicht hatte, nur aus der Luft versorgt werden konnte. Auch dies wurde übernommen.

Die sehr harten Kämpfe bei der Luftflotte 2 mit dem II. Fliegerkorps machten es notwendig, daß Verstärkungen von der Luftflotte 4 herangeschafft wurden. Vor allem aber wurde die Rückführung des zur Luftflotte 2 gehörenden VIII. Fliegerkorps aus dem Raume Leningrad, wohin es beordert worden war, notwendig. Diese erfolgte sofort und die Geschwader dieses Korps zogen im Raum nördlich Smolensk unter.

Von nun an starteten Verbände des VIII. Fliegerkorps beinahe ununterbrochen um das Eindringen und Durchbrechen der Panzerkräfte durch die Feindstellungen zu unterstützen.

Das II. Fliegerkorps geleitete die vordringenden Verbände der 2. und 4. Armee und zeitweise auch der 2. Panzerarmee auf dem rechten Flügel der Heeresgruppe. Das VIII. Fliegerkorps wiederum schlug der 9. Armee den Weg frei und griff ganz besonders an den Spitzen der Panzergruppen 3 und 4 auf dem linken Flügel in den Kampf ein.

Die Härte dieses Kampfes im Mittelabschnitt der Ostfront während des Vorstoßes auf Moskau wird deutlich aus einem Bericht des OKL vom 4. Oktober, in dem gemeldet wurde, daß 48 Stukas und 32 Bomber erfolgreiche Unterstützungsangriffe für die Erdtruppen flogen, Eisenbahnlinien angriffen und Truppenansammlungen im Raume Lgow-Kursk auseinandersprengten. Danach haben, so die Fortsetzung dieser Meldung, 202 Stukaangriffe und 188 Bomberangriffe, einige von ihnen in die Angriffe der Panzerverbände integriert, sowjetische Widerstandslinien vernichtet, Truppenansammlungen zersprengt und Bahnziele im Raume Briansk-Spas Demensk-Suchinitschi mit Erfolg angegriffen.

Außerdem seien 152 Stukaangriffe und 259 Bomber-Einsätze in Unterstützung des Heeres im Großraum Belyj-Sytschewka-Wjasma geflogen worden. Diese Angriffe vernichteten 22 Feindpanzer, darunter vier Panzer von 52 Tonnen, 450 Motorfahrzeuge, und drei Treibstoff-Depots. Darüber hinaus wurden ein Kraftwagendepot, sechs Kanonen, ein Bunker und drei Flak-Batterien vernichtet. Feuer und Zerstörungen waren überall das Ergebnis dieser Angriffe. Besonders betroffen wurden Suchinitschi, Juchnow, Kaluga Belyj und Sudscha. Zerstörungen von verschiedenen Ausmaßen erlitten 10 Eisenbahn-Depots. Eisenbahnlinien wurden mehrfach unterbrochen und 37 Züge zerstört oder beschädigt. Die Personal- und Materialverluste der Roten Armee konnten in ihrem ganzen Ausmaß nicht beobachtet werden.

Am 8. Oktober meldete das OKL daß die sowjetische Verteidigungsfront im Mittelabschnitt an drei Stellen durchbrochen sei und daß 70 feindliche Großverbände im Raume Wjasma-Briansk eingeschlossen und vernichtet worden seien. 800 Bomberangriffe - alle verfügbaren Kampfflugzeuge waren eingesetzt - unterstützten hierbei die Bodentruppen, griffen Infanterie und Panzerverbände an. Vier Artilleriestellungen wurden zum Schweigen gebracht, die Bomber zerstörten eine Reihe Feindbunker, acht MG-Nester, 34 Geschütze, 650 Fahrzeuge verschiedener Art und 20 Panzer.

Am 10. Oktober hatten sich südlich und nordostwärts von Briansk jeweils ein sowjetischer Kessel gebildet. Ein dritter wurde westlich Wjasma geschlossen.

Am 13. Oktober wurde der nördliche Kessel durch extrem schwere Luftwaffenangriffe völlig vernichtet.

Teile der beiden südlichen Kessel, jener südlich Briansk und der zweite westlich von Wjasma, versuchten nach Osten auszubrechen. Jene Rotarmisten, denen dies gelang, wurden dauernd unter Beschuß und Bombenwurf des II. Fliegerkorps gehalten, so daß die Ausbruchs- und Durchbruchsversuche dem Gegner enorme Verluste kosteten, sowohl an Menschen, als auch an Material.

Die beiden südlichen Kessel kapitulierten am 17. und 20. Oktober.

Das Ergebnis dieser Kesselschlachten von Wjasma und Briansk wurde im Bericht des OKL vom 15. Oktober vorgestellt. Diese Meldungen besagten, daß im Kessel westlich Wjasma Teile von 10 Panzer- und 40 Infanterie-Divisionen aus vier Sowjet-Armeen steckten. Es seien über 500.000 Gefangene gemacht worden. 800 Panzer und über 3.000 Geschütze wurden vernichtet oder erbeutet.

Der Vorstoß ging weiter. Lataschino wurde erreicht, Kalinin im Häuserkampf genommen. Doch zu Ende des Monats kamen alle weiteren Bewegungen zum Erliegen, weil die Straßen durch die gewaltigen Regenfälle unpassierbar geworden waren. Der Schlamm stand bis zu 80 Zentimeter tief auf den Straßen. Im Raume Kalinin konnten die Heerestruppen nur aus der Luft versorgt werden. Auch die Operationen der Luftflotte 2 wurden durch die verheerenden Platzverhältnisse entscheidend herabgesetzt und kamen teilweise ganz zum Erliegen. Darüber berichtete General Hoffmann von Waldau bereits am 16. Oktober in seinem Tagebuch:

»Die kühnen Hoffnungen verschwanden unter Regen und Schnee. Alles stand still auf den grundlos gewordenen Straßen und während die Temperaturen fielen, folgten zehn bis 15 Zentimeter Schnee und dann wieder Regen.«

Von nun an konnte der Nachschub für die 2. Panzerarmee nur durch Abwurf von Versorgungsbomben getätigt werden. Die Luftwaffe meldete, daß die Wetterverhältnisse in der Nacht zum 21. Oktober jeden Start an der Front der HGr. Mitte verboten. Daß dennoch an diesem Tage von der 2. Luftflotte 168 Bomberangriffe, 49 Jägerstarts und zwei Aufklärungsflüge erfolgten, zeigt die hohe Kampfmoral der fliegenden Verbände.

Am 22. Oktober konnte die Luftflotte 2 481 Bomberangriffe, 123 Jägerstarts und 20 Aufklärungsflüge melden. Die Mehrzahl wurde zur Heeresunterstützung geflogen und richteten sich gegen Truppenansammlungen, Panzerbereitstellungen und feindbesetzte Ortschaften. Ein kleinerer Teil der Angriffe richtete sich wiederum gegen Bahnlinien und einige Flugfelder.

Der 23. Oktober sah 458 Bomber-, 140 Jäger- und 17 Aufklärungsflüge wieder gegen Feindansammlungen rund um Kalinin und im Raume Mzensk und Tula, aber auch im Gebiet nördlich Rshew. Am 24. Oktober wurden Feldstellungen der Russen, Artillerie-Stellungen Truppenkolonnen und russische Truppenunterkünfte von etwa der gleichen Anzahl von Einsätzen getroffen.

Als letztes Beispiel für die Schwere der täglichen Einsätze der Luftwaffe in dieser entscheidenden Phase im Angriff gegen Moskau sei der 25. Oktober genannt, an dem 455 Bomberangriffe, 173 Jägereinsätze und 23 Aufklärungsflüge stattfanden. (Dies bedeutet nicht etwa, daß 455 Bomber beteiligt waren, sondern daß eine bedeutend geringere Anzahl durch Mehrfachstarts diese Gesamtzahl erreichte.) Diese Angriffe richteten sich vor allem gegen den Feind im Raume Mzensk, Moshaisk, Kalinin und Wolokolamsk.

Zwei Tage später aber ließ das Wetter nur den Start von einem (!) Aufklärer zu.

Am 26. Oktober gelang es der Luftwaffe wieder Treibstoff für die stilliegenden Verbände heranzuschaffen und die Infanteriekräfte im südlichen Sektor des Mittelabschnittes nahmen ihre Angriffe wieder auf.

Neben der Hauptaufgabe der Luftwaffe in Gestalt der Unterstützungsangriffe für die Infanterie griffen die Verbände des II. Fliegerkorps dauernd und erfolgreich Flugfelder und Bahnlinien des Gegners an. Zehn Züge, beladen mit Panzerfahrzeugen, wurden vernichtet. Ein anderer Angriff ließ 55 Waggons zerschossen und zerbombt zurück. Und eine Episode war von besonderer Wirkung, als es gelang, eine vom Gegner gehaltene Brücke über den Snopot-Fluß in die Hand zu bekommen. Der Angriff dauerte 90 Minuten. Die Stukas der Nahkampfgruppe des II. Fliegerkorps griffen die Feindverbände an beiden Brückenseiten an. Die russischen Versuche, die Brücke in die Luft zu jagen, wurden lange genug verzögert, um deutschen Panzerkräften die Chance zu geben, die Brücke zu erreichen, sie in Besitz zu nehmen und diesen wichtigen Übergangspunkt zu sichern.

Während die 2. Panzerarmee nach Nordosten rollte um Tula zu erreichen, kam es etwa 58 km südlich davon bei Teploje zu einer Krisensituation. In dem Versuch, die stark verteidigte Stadt Tula zu umgehen, wurden die auf dem rechten Flügel vorgehenden Verbände des LIII. AK von einer starken russischen Kampfgruppe, bestehend aus zwei Kavallerie- und fünf Infanterie-Divisionen, mit einer Panzerbrigade als Stoßkeil, angegriffen. Während die deutschen Panzer Schwierigkeiten hatten, die feindlichen T 34 zu vernichten und alles ins Stocken geriet, befahl das II. Fliegerkops eine ganz ungewöhnliche Aktion. Obgleich das Wetter so schlecht war, daß die Flugzeuge Gefahr liefen mit den Bäumen auf den kleinen Hügeln zu kollidieren, starteten einige Bomber zu einem sehr niedrig geflogenen Angriff, um die feindlichen Panzer zu knacken, die die Straße von Orel nach Tula sperrten und den vorher genannten Vorstoß zum Stehen gebracht hatten.

Es gelang den Bombern eine Reihe dieser Panzer durch Direkttreffer zu vernichten. Der Rest dieser feindlichen Panzer-Kampfgruppe zog sich zurück. Von den Bombern ging nur einer verloren, aber alle waren schwer beschädigt, teilweise durch die Splitter ihrer eigenen Bomben.

Als anfangs November die Schlammperiode einsetzte, blieben alle deutschen Fahrzeuge zunächst liegen. Die Kampfstärken der Verbände waren auf einen Tiefststand gesunken. Die pausenlosen Einsätze hatten viele der Panzer ausfallen lassen. Dieser Umstand und nicht nur das widrige Klima mit Sturm, Regen, Schnee und Kälte reduzierte die Kampfkraft nicht nur der Heerestruppen, sondern vor allem auch der Luftwaffe.

Am 13. November 1941 erließ General der Flieger Loerzer, Kommandierender General des II. Fliegerkorps, einen Tagesbefehl, in dem alle Erfolge seines Korps seit dem 22. Juni aufgeführt wurden. An die Soldaten seines Korps gerichtet sagte Loerzer, daß die fünf Monate ständigen Kampfes gegen die Sowjets die feindlichen Fliegenden Verbände zerstört hätten. Das Korps habe eine besondere Rolle in den Kämpfen von Minsk, Bialystok, Gomel, Smolensk, Kiew und Wjasma-Briansk gespielt und alle seien dank des heroischen Mutes aller Soldaten und Kommandeure der teilnehmenden Verbände siegreich beendet worden.

»Zwischen 22. Juni und 12. November« berichtete General Loerzer, »haben unsere Fliegenden Verbände 40.000 Tag- und Nachtangriffe geflogen. Sie haben 3.826 sowjetische Flugzeuge im Luftkampf und am Boden zerstört, 789 Panzer, 614 Geschütze und 14.339 Wagen aller Typen vernichtet.« Wahrscheinlich vernichtet seien außerdem 281 Flugzeuge und 811 weitere beschädigt worden.

»240 MG-Nester, Feldstellungen und Artillerie-Stellungen wurden mit verheerender Wirkung angegriffen, 33 Bunker vernichtet.

Neben diesen Zielen wurden Bahnlinien 3.479 mal angegriffen und dabei 1.579 Züge und 304 Lokomotiven vernichtet und weitere 1584 Züge und 103 Lokomotiven beschädigt.

Schließlich wurden feindliche Kolonnen, Truppenkonzentrationen und Verladestellen für Fahrzeuge angegriffen.«

Die Luftflotte 2 wurde am 1. Dezember 1941 mit dem Stab und dem II. Fliegerkorps aus der Front der HGr. Mitte herausgezogen, und nach Sizilien und Nordafrika verlegt. Damit blieb nur das VIII. Fliegerkorps in der HGr. Mitte zurück. Es übernahm auch das Komman do über den II. Nahkampfführer, der früher dem II. Fliegerkorps unterstanden hatte.

In einer Meldung vom 1. Dezember 1941 werden die Verluste der Luftwaffe vom 22. Juni bis zum 30. November 1941 mit 8.453 Toten und 2.028 Vermißten angegeben.

Der OB der HGr. Mitte, GFM von Bock, meldete an diesem Tage dem OKH, daß nur noch kleinere örtliche Erfolge zu erringen seien. »Der Zeitpunkt ist sehr nahe gerückt«, meldete er, »an dem die Kraft der Truppe völlig erschöpft ist.«

Die russischen Gegenaktionen

In den ersten Dezembertagen gliederte die Rote Armee ihre Streitkräfte um. Es wurden kampfstarke Stoßgruppen gebildet, die durch über 30 Schützen-Divisionen und etwa 40 Schützen- und Panzerbrigaden verstärkt wurden, die aus dem Fernen Osten kamen, weil die dortigen Grenzen laut den Meldungen des in Tokio amtierenden russischen Spions Sorge nicht in Gefahr standen, von den Japanern angegriffen zu werden. Durch das Abschneiden der beiden deutschen Panzerkeile nordwestlich und südwestlich von Moskau und einem Durchstoß schneller Sowjetverbände in die offenen Flanken und Einschwenken hinter die Flügel der HGr. Mitte, sollte der Deutschen Wehrmacht der Garaus gemacht werden.

Dazu wurden den sowjetischen Armeen neue Luftwaffenverbände zugeführt. Die Stärkemeldungen dieser Luftwaffenverbände zeigten, daß sie dem allein vor Moskau zurückgebliebenen VIII. Fliegerkorps weit überlegen waren.

Bei der Heeresgruppe Westfront der Roten Armee waren es: Die 10. und 46. Jagdflieger-Division, die Kampfflieger-Divisionen 12, 23, 28, 31, 38, 43, 47, 77 und 146.

Bei der Heeresgruppe Südwestfront kamen zur Truppe: Die 11. und 61. Jagdflieger-Division und, direkt dem STAVKA unterstellt: die 26., 40., 42., 51., 52., 81., und 133. Fernkampfflieger-Divisionen. Am 5. Dezember 1941 brach die russische Gegenoffensive los. Hunderte sowjetischer Kampf- und Schlachtflugzeuge stürzten sich auf die deutschen Truppen, um sie mit Bomben und Bordwaffenfeuer zu vernichten.

Die deutsche Front zerbrach unter den Angriffen der sibirischen Elite-Divisionen. Die wenigen deutschen Flugzeuge warfen sich diesem übermächtigen Gegner entgegen, falls sie bei der herrschenden Kälte überhaupt starten konnten. Dennoch waren die Angriffe des VIII. Fliegerkorps und des Nahkampffliegerführers, sowie das Wetter dies zuließ, von enormer Wucht. Jeder einzelne Flieger und jeder Mann des Bodenpersonals wußte, um was es ging: um Sein oder Nichtsein des gesamten Heeres im Mittelabschnitt. In diesen kritischen und entscheidenden Tagen wurden alle Luftwaffen-Nachrichtentruppen ebenso wie die Flak und das Bodenpersonal in Luftwaffen-Kampfverbänden gegliedert und kämpften mit dem Heer unter zeitweise kritischen Bedingungen.

Hilfe kam in Gestalt des Lufttransportführers Ost, Oberst Fritz Morzik und fünf Gruppen Ju 52 aus Deutschland für das VIII. Fliegerkorps, um hier notwendige Ausfliegeaktionen für die dringendsten Dinge und auch für Verwundete durchzuführen.

Am 16. Dezember erließ Hitler den Befehl für alle Verbände der drei deutschen Heeresgruppen zum fanatischen Widerstand, ohne einen Schritt zurückzuweichen und bis zum letzten Mann zu verteidigen.

Hitler befahl auch, dem VIII. Fliegerkorps mit einer Bombergruppe aus dem Westen zu helfen, die allerdings aus dem Einsatz dort abgezogen werden mußte. Hinzu kamen drei neuaufgestellte Bomber-Gruppen, eine zweimotorige Zerstörergruppe, die aus den Nachtjagdverbänden abgezogen werden mußte, um zwei ähnliche Gruppen des VIII. Fliegerkorps damit aufzufüllen. Vier neue Lufttransportgruppen und eine weitere, die von der Luftflotte 4 abgezogen wurde, kamen hinzu.

Die vier neuen Lufttransportgruppen wurden mit den letzten Ju 52 des Ausbildungskommandos aufgestellt. Maschinen aus verschiedenen Kurierstaffeln und verschiedenen Luftwaffenstäben vervollständigten diese Gruppen.

Dieser Führerbefehl, oft genug als grundfalsch bezeichnet, war - und dies wird in neuester Zeit von allen Experten bestätigt, - d i e e i n z i g e Möglichkeit, die Heeresgruppe Mitte zu retten.

Die Bitte, den Rückzug antreten zu dürfen, war von den höchsten Stellen der HGr. Mitte mehrfach an Hitler herangetragen worden. Dieser befahl statt dessen, daß sich nur jene Verbände zurückziehen durften, die vor der drohenden Gefahr standen, eingeschlossen und vernichtet zu werden. Alle anderen Verbände hatten ihre Stellungen zu halten. Die Hauptverteidigungspunkte wurden zu festen Plätzen erklärt. An Rshew und Orel, an Briansk und Charkow, an Taganrog und Wjasma brachen sich die Sturzwellen der russischen Winteroffensive.

Hätte Hitler auf die Ratschläge seiner Berater gehört und den Befehl zum Rückzug auf die vorgeschlagene Linie bis an den Dnjepr gegeben, dann wäre eine totale Niederlage die Folge gewesen. Kein anderer als der englische Historiker Sir Basil Liddel Hart schrieb dazu:

»Es steht heute fest, daß das Verbot Hitlers, einen allgemeinen Rückzug zu genehmigen, die Zuversicht der deutschen Truppen wieder herstellte und damit sicher die völlige Vernichtung verhinderte.«

Wie aber war es mit der Tragödie der Winterbekleidung? Wie hatte es dazu kommen können, daß dem deutschen Ostheer keine Winterkleidung zur Verfügung stand, wie dies bei der Luftwaffe doch der Fall war? Wer hatte dieses Desaster zu verantworten?

Wie war es möglich, daß sich Reichspropagandaminister Dr. Goebbels im November 1941 an das deutsche Volk wenden mußte, um von ihm Wintersachen für das Ostheerr zu erbetteln? Selbst wenn das deutsche Heer - wie dies geplant war - Moskau im Oktober 1941 genommen hätte, wäre ja damit die Winterausrüstung nicht überflüssig geworden, denn auch dann hätte das Heer diese Winterbekleidung haben müssen.

Seit April 1941 wußten alle Verwaltungsstellen des Heeres, daß der Ostfeldzug im Sommer beginnen würde und daß es im Winter in Rußland schneien würde; daß es Kältegrade dort gab, die bedeutend niedriger waren, als jene in Deutschland, das war ebenfalls bekannt.

Der Chef des Wehrwirtschafts- und Rüstungsamtes aber war der General Georg Thomas, einer der Verschwörer des 20. Juli. Seine Aufgabe bestand in der Versorgung des Heeres mit Waffen, Munition, Verpflegung und Bekleidung!

Jene Stelle, die alle diese Dinge zur Front zu schaffen hatte, stand unter dem Befehl des Generals Olbricht. Dieser wiederum unterstand dem Befehlshaber des Ersatzheeres General Fromm, dessen Stabschef ein gewisser Oberstleutnant von Stauffenberg war.

Es ist nicht erwiesen, daß diese Stellen bewußt diese Dinge inszeniert haben. Eines ist aber sicher: die Luftwaffe hatte warme Wintersachen rechtzeitig bestellt und erhalten. Diese genannten Dienststellen aber hatten dies nicht oder nicht rechtzeitig getan und auf dem Transport zur Front wurden die Wintersachen zu allem Überfluß auch noch fehl- und umgeleitet; jede dieser Verzögerungen ließ Tausende und Abertausende deutscher Soldaten mit schlimmen und schlimmsten Erfrierungen zurück.

Folgen wir in den nächsten Passagen einigen Verbänden in jenen Einsatz, der vorab in einer allgemeinen Überschau dargestellt wurde.

Das Kampfgeschwader 55 im Einsatz

Dieses Kampfgeschwader, das an den Juli-August-Angriffen auf Moskau teilgenommen hatte, startete am Montag, dem 22. September 1941 zum Tiefangriff auf den Ostbahnhof von Charkow. Dabei wurde die Maschine von Oblt. Mylius abgeschossen. 40 km nordostwärts Charkow mußte sie notlanden. Die Besatzung schlug sich durch die feindlichen Linien hindurch und traf am 30. September vor den Stellungen des I.R. 518 ein, das zur 295. I.D. gehörte. Am 5. Oktober meldete sich die Besatzung bei dem Kommandierenden General des II. Fliegerkorps, General Ritter von Greim, zurück.

Anfang Oktober eröffneten die Einheiten des KG 55 ihre Angriffe auf die russischen Panzerfabriken in Kramatorskaja, zwischen Stalino und Slawjansk gelegen. Die drei als Beleuchter vorweg fliegenden Maschinen warfen, über dem Fabrikgelände angekommen, die Außenbordbomben von 500 kg und anschließend 1000 Brandbomben in Brandschüttkästen.

Als das Gros eintraf, brannte das Ziel bereits lichterloh. Die übrigen Maschinen warfen auf dieses Ziel und meldeten, zurückgekehrt, daß das Panzerwerk vernichtet sei. Als am anderen Morgen Ernst Kühl die Besatzungen alarmieren ließ hatte er ihnen folgende Meldung des Frühaufklärers vorzulegen: »Das Panzerwerk ist unbeschädigt! Es arbeitet unangefochten weiter.«

Es stellte sich heraus, daß die Bomben auf ein Ziel 20 km weiter südlich geworfen worden waren. Dabei hatte es sich um einen Industriekomplex gehandelt, der keine Panzer herstellte.

Der Angriff auf das Panzerwerk wurde nun als Tagesangriff wiederholt. Tiefhängende Wolken behinderten den Anflug. Bis auf 60 m herunterstoßend, gelang es den Maschinen dennoch, das Ziel zu finden und es anzugreifen.

Die Bomben der »Beleuchter« lagen im Ziel und nun startete die ganze Gruppe aus dem Hafen Kirowograd, um ebenfalls zu werfen. Alle Bomben wurden ins Ziel geworfen. Das Panzerwerk fiel für längere Zeit aus.

Danach wurde das KG 55 dem V. Fliegerkorps zugeführt, um von der Basis Kirowograd aus zur Eisenbahnjagd im Südabschnitt zu starten. Die beiden Einsatzgruppen mit ihren insgesamt sechs Staffeln verfügten über einen Bestand von 40 einsatzbereiten He 111. Von Kirowograd aus konnte der Großraum Charkow nach 200 km Flug erreicht werden. Dies bedeutete, daß die eingesetzten Verbände etwa 60 Minuten Anflug hatten, um danach 80 Minuten auf »Eisenbahnjagd« zu gehen und anschließend 60 Minuten den Rückflug zu machen. Es wurde im Einzel, und Rottenflug gestartet. Es standen Bomben von 50, 250 und 500 kg zur Verfügung. Jede He 111 verfügte über fünf MG und zwei nach vorn gerichtete 2-cm-Bordkanonen, eine in der Bugkanzel, die zweite in der Bodenwanne unter dem Rumpf.

Nach dem Chronisten der Geschichte des KG 55 wurde der gesamte Einsatzraum in drei Abschnitte unterteilt:

»Jagdraum 1: (Nordabschnitt) westliche Linie Charkow-Sumowskaja-Lgow, östliche Linie: Waluki-Swoboda-Bahnlinie.

Jagdraum 2: (Abschnitt Ost) Charkow-Wolokonowka-Swoboda, nach Süden: Charkow-Kupjansk-Starobelsk.

Jagdraum 3: (Abschnitt Süd) Südgrenze des Jagdraumes 2 nach Nordosten verlaufend und im Westen durch die Linie Charkow-Losowaja-Pawlograd begrenzt.«

Die größten Chancen boten Würfe mit den 250-kg-Bomben, von denen jedes Flugzeug vier mitnahm. Hinzu kamen noch vier 50-kg-Bomben. Eine der 250-kg-Bomben befand sich in der Außenbord-Aufhängung.

Von den beiden He 111-Gruppen wurden im Verlaufe dieser Operationen 222 Züge vernichtet oder schwer beschädigt. Der Verlust der Gruppen betrug 10% der eingesetzten Maschinen. Von diesen kam die Hälfte auf Konto des Feindeinsatzes. Die 14./KG 55 übernahm schließlich mit ihren »Eisenbahn-Experten« die Eisenbahnjagd.

Noch im Oktober wurde vom KG 55 auch das Flugzeugwerk von Woronesch angegriffen, das immerhin 300 km hinter der eigenen Front lag. Zwei Besatzungen wurden zu diesem Sondereinsatz ausgewählt. Es war Oblt. Köppen, der Kapitän der 7., und Lt. Scheidig von der 9. Staffel. Sie brachen bei Regen zu diesem Einsatz auf, über den der PK-Berichter E. Kirckhoff einen eindrucksvollen Bericht gemacht hat, aus dem hier zitiert werden soll:

»Beide Maschinen gingen lange vor dem Ziel zum Tiefflug über. Der Don wurde erreicht und dicht an den Sperrballonen vorbeistoßend erreichte die vorderste He 111 das weiträumige Gelände des Flugzeugwerkes von Woronesch. Die Feindflak eröffnete das Feuer. Aus zwei Hallen vor der anfliegenden He 111 schossen Flak.

Fw. Piel, der Beobachter, schoß mit seiner Bordkanone dazwischen. Der Funker warnte den Piloten: »Herr Oberleutnant, drücken, drücken! Schwere Flak hinter uns!«

Der Flugzeugführer reagierte sofort und drückte die Maschine bis auf vier Meter über die Hallendächer und zog dann hart über den hoch aufragenden Block der ersten Montagehalle hoch.

Die beiden schweren Bomben fielen, als 14 m Höhe erreicht waren, damit sie auch scharf wurden. Die Besatzung feuerte aus allen Bordwaffen.

Unmittelbar nach dem Wurf drückte der Flugzeugführer die Maschine wieder herunter. Flaksplitter zischten über das Flugzeug hinweg.

Von einem langgestreckten Gebäude peitschten die Abschußflammen der Flawaffen. Dann plötzlich unmittelbar vor der Kanzel das hohe Verwaltungsgebäude, etwa 30 m hoch.

Der Funker meldete, daß die mit Verzögerung eingestellten Bomben detoniert waren und daß die anvisierte Halle in Flammen stünde.

Der Flugzeugführer hatte den Knüppel bis an den Bauch gezogen, und überflog die Halle des Verwaltungsgebäudes knapp.Und wieder drückte er, um aus dem Feuerbereich der Flak hinauszugelangen.

Als sie hochzogen und die tiefhängenden Wolken durchstießen, wurden sie von sechs Feindjägern gesichtet. Es ging wieder in die Wolken hinein und der Rückflug konnte beginnen.

Die zweite Maschine stieß genau gegen den Schirm der Sperr-Ballone und mußte abdrehen, um ein zweitesmal anzufliegen. Lt. Scheidig wurde von heftigem Flakfeuer empfangen. Ein Flakgeschoß explodierte direkt vor der Kanzel. Der Beobachter wurde durch Splitter verwundet. Flugzeugführer Ofw. Glöde wurde am Kopf getroffen. Dennoch kamen sie zum gezielten Bombenwurf und flogen anschließend nach Hause zurück.

Die Aufklärerbilder ergaben, daß der Auftrag erfüllt war. Die Produktion des Flugzeugwerkes war unterbrochen. Am Boden waren 16 Feindjäger zerstört worden. Sieben Sperrballone, die soeben aufsteigen sollten, wurden ebenfalls durch Bordwaffenfeuer vernichtet. Eine Reihe Brennstofftanks war in Flammen aufgegangen.« (Siehe: Wolfgang Dierich: Kampfgeschwader 55 »Greif«.)

Die Kampfgruppe 100, die ebenfalls Moskau zum Ziel gehabt hatte, war im August neben diesem erklärten Ziel noch nach Gomel und Dorogobusch gestartet. Sie flog vom 23. bis 31. August bewaffnete Aufklärung im Raume Tschernigow. Zur Unterstützung der aus Gomel antretenden Heeresverbände flog sie Angriffe nach Osten gegen Feindkolonnen, Bahnanlagen und am 27. August gegen das Industrieviertel von Tschernigow, das mit Brandbomben belegt wurde.

Dieser Angriff wurde am 29. und 30. August wiederholt.

Im September griffen Maschinen dieser von Major Küster geführten Gruppe mit den Staffelkapitänen Bätcher (1.), Langer (2.) und Bethge (3.) Neshin an. In der Nacht zum 9. September war wieder einmal Moskau an der Reihe, bei diesem Angriff hatten alle 12 angreifenden He 111 je eine 1.500 kg-Bombe dabei.

Bewaffnete Aufklärung, drei Einsätze gegen Truppenansammlungen und Bereitstellungen südlich Neshin und bei Priluki folgten. Die Bahnlinie ostwärts Konotop wurde mit 250- und 500-kg-Bomben angegriffen. Oblt. Bätcher erzielte auf drei Züge Volltreffer.

Im Oktober wurden noch einmal Kriegsziele im Großraum Moskau angegriffen. Sowjetische Nachtjäger, die versuchten, an die angreifenden Bomber heranzukommen wurden mit gezieltem Bordwaffenfeuer abgewehrt.

In beinahe pausenlosem Angriff starteten die wenigen noch einsatzbereiten Flugzeuge dieser Gruppe.

Diese Einsatzflüge wurden bis in den Raum südlich der Wolga ausgedehnt. Nachschublager und Truppenunterkünfte wurden angegriffen. Auch die Gleisanlagen waren wichtige Ziele, um den für die Front der Sowjets benötigten Nachschub zu unterbinden.

In der Nacht zum 29. Oktober war noch einmal Moskau das Ziel der Kampfgruppe 100. Dann folgten im November einige strategische Angriffe gegen die sowjetische Rüstungsindustrie im Raume Gorkij und Moskau. Die Automobilfabrik in Gorkij war am 4. November Ziel eines Tagesangriffs. Die Bomben lagen deckend in den Fabrikgebäuden. Brände brachen aus. In der Nacht zum 6. November wurde dieser Angriff wiederholt. Moskau wurde am 9. November noch einmal angegriffen und am 19. November verlegte die KGr. 100 zur Auffrischung nach Deutschland zurück. Sie hatte sich bis fast zum Ausbluten geschlagen und wurde am 15. Dezember in Märkisch-Friedland in Kampfgeschwader 100 umbenannt. Aus der III./KG 26 wurde die II./KG 100, womit das Geschwader mit zwei Gruppen einsatzbereit stand.

Das Kampfgeschwader 53 bis vor Moskau

Nach den von Orscha aus geflogenen Einsätzen des September 1941 deren letzte Tagesangriffe auf fahrende Züge und Bahnknotenpunkte geflogen wurden, wobei fahrende Züge bei Kaluga am 27. September getroffen wurden, gab es auch einen Sonderauftrag für das KG 53 in Gestalt eines Agenteneinsatzes. Und zwar sollten jeweils fünf russische Agenten im Hinterland abgesetzt werden. Jeweils zwei der fünf »Russen« gehörten zu einem Fronteinsatzkommando, was den Besatzungen jedoch nicht bekannt war.

Als über dem Absetzgebiet einer der Trupps nicht springen wollte, halfen Bordmechaniker und Bordschütze kräftig nach. Nachdem der zweite draußen war, sprangen die drei übrigen rasch hinterher.

Die unendliche Weite des Raumes, in dem geflogen werden mußte, zeigte auch den Männern dieses Geschwaders, daß die wenigen Flugzeuge, die Deutschland hier aufgeboten hatte, nur punktuell eingesetzt werden konnten. Um diese Frontlinie wirksam unterstützen zu können, hätte es der zehnfachen Anzahl an Kampf- und Jagdfliegern bedurft.

Es galt im Oktober-November die Panzergruppe 2 (2. Panzerarmee) zu unterstützen. Bei einem Einsatz auf ein Ziel hart westlich Moskau wurde Hptm. Küster Chef der Stabsstaffel abgeschossen. Küster gelang es rechtzeitig mit dem Fallschirm auszusteigen. Er wurde wochenlang von einem russischen Bauern in einer Futtertruhe im Stall versteckt, ehe er sich mit Hilfe dieses Mannes zur deutschen Front durchschlagen konnte.

Am 1. Oktober erfolgte die Verlegung des Geschwaders nach Schatalowka-Ost. Von dort aus sollte der Vorstoß der 2. Panzerarmee in Richtung Moskau mit Unterstützungsflügen aller Art fortgesetzt werden. Aber Schatalowka sollte für das KG 53 der am weitesten nach Osten vorgeschobene Flugplatz sein.

Hier übergab am 15. Oktober Hptm. Wittmann seine Stabsstaffel an seinen Nachfolger Oblt. von Horn. Über 150 Feindflüge hatte Wittmann mit seiner Staffel im Osten geflogen.

Truppenansammlungen und Panzerbereitstellungen waren darunter. Bei den Angriffen gegen große sowjetische Bahnhöfe, beispielsweise Tula und Kaluga, Kirow und Narofominsk, gab es stets hohe Verluste wegen der dort aufgestellten Feindflak.

Die letzten Flüge hier im Mittelabschnitt vor Moskau waren Versorgungsunternehmen für die festliegende Infanterie nach Klin. Dort standen deutsche Panzer und Lastwagen ohne jeden Tropfen Sprit und warteten auf Hilfe.

Dicht neben den Panzern wurden die Spritvorräte abgeworfen, damit die Panzer fahrbereit gemacht werden konnten.

Das technische Personal mußte sich in der bitteren Kälte um die Maschinen kümmern. Erfrierungen traten auf, bevor die erste Winterkleidung eintraf und auch Wärmegeräte für die Motoren folgten.

Dann schwenkte der Einsatz des KG 53 um: es galt, das im Kessel von Demjansk eingeschlossene II. Armeekorps zu versorgen.

Ende November hatten bereits deutsche Fernaufklärer ostwärts von Moskau große Truppentransportzüge der Russen gemeldet.

Alle fuhren sie nach Westen zur Moskauer Front.

Die Angriffsbefehle hätten nun von der Luftflotte 2 erfolgen müssen. Doch aus Mangel an einsatzbereiten Kampfflugzeugen fanden sie nicht statt.

Jeder dieser Truppentransporte brachte frische ausgeruhte sibirische Truppen nach dem Westen. Japan hatte am 13. April 1941 in Moskau den japanisch-russischen Nichtangriffspakt geschlossen. Dies trotz der Erbfeindschaft im Fernen Osten, wo im Mai 1939 der Einfall der japanischen Armee in die Mongolische Volksrepublik stattgefunden hatte. Damals hatte die Rote Armee eingegriffen und am Chalchin war es zur Schlacht gekommen.

Die japanischen Armeen hatten Korea besetzt und waren nach Nordchina einmarschiert. In der Mandschurei hatten japanische Truppen das rechte Amurufer besetzt. Sowjetische Städte, wie Chaborowsk, Wladiwostok und Nakoda, lagen im Einzugsbereich der Japaner. Aus diesen Gründen mußte die Sowjetunion eine starke Truppe dort stehenlassen, so lange man nicht sicher war, daß Japan nicht auch hier einmarschierte.

Richard Sorge war es, der sowjetische Spion, der seinen Herren im Kreml melden konnte, daß die Japaner den Russen auf keinen Fall an der unendlich langen Ostgrenze in den Rücken fallen würden. Man schrieb den 14. August 1941, als Ozaki Hozumi, der enge Freund des japanischen Prinzen Konoje, der 1941 Ministerpräsident Japans war, Sorge die Nachricht überbrachte, daß Japan keinen Kriegsplan gegen die UdSSR ausbrüte, sondern daß man im Süden eine große Offensive plane, die auf Singapur, Hongkong und die Philippinen zielte.

Diese Vorbereitungen wurden Sorge am 27. September noch einmal, diesmal exakt, versichert.

Damit war die Kriegsgefahr an der russisch-japanischen Grenze vorüber. Erst nachdem Stalin diese Nachrichten erhalten hatte, konnte er das Gros der sibirischen Truppen aus dem fernen Osten abziehen und etwa 500.000 Mann nach und nach in den Westen transportieren lassen. Diese Truppen waren es, die Moskau retteten.

Das Resümee aus dem Mittelabschnitt der Ostfront

Die deutsche Luftwaffe verlor vom 22. Juni bis zum 6. Dezember 1941 an der Ostfront folgende Flugzeuge:

568 Jagdflugzeuge
758 Bomber
767 sonstige Flugzeuge, darunter:
170 Sturzkampfflugzeuge,
130 Fernaufklärer,
200 Nahaufklärer.

Beschädigt wurden 473 Bomber, 413 Jäger und 475 sonstige Flugzeuge. Dies bedeutete, daß mehr Flugzeuge verlorengingen, als am 22. Juni 1941 zum Ostfeldzug angetreten waren. Die Geschwader waren dezimiert, denn voller Ersatz kam nicht heran. Dies war jedoch noch nicht der Höhepunkt der deutschen Verluste denn - dies sei an dieser Stelle vorgetragen - bis zum 8. April 1942 waren weitere 268 Bomber, 194 Jäger und 397 andere Flugzeuge verloren gegangen und 253 Bomber, 184 Jäger und 199 sonstige Maschinen wurden beschädigt. Damit beliefen sich die deutschen Verluste an der Ostfront seit dem 22. Juni 1941 auf:

1.026 Bomber, 762 Jäger und 1.163 sonstige Flugzeuge wie Stukas, Aufklärer, Zerstörer und Transporter. Damit betrugen die Totalverluste 2.951 Flugzeuge, während 1.997 beschädigt wurden. Ein Aderlaß, den die Luftwaffe nicht wieder aufholen konnte, weil es einfach an Flugzeugen, vor allem aber an Piloten fehlte.

Am 13. Dezember 1941 begann der große sowjetische Gegenangriff, der die Truppen der HGr. Mitte in eine schwere Krise stürzte. Hitlers Befehl zum Halten um jeden Preis folgte am 16. Dezember nach und am 19. Dezember nahm Hitler das Demissionsgesuch von GFM Walther von Brauchitsch an und übernahm persönlich die Führung der Wehrmacht. Vorangegangen war Hitlers Beschuldigung, daß von Brauchitsch das Desaster von Moskau verschuldet habe.

Hitler war es dann, der »die suggestive Kraft hatte, dem deutschen Heer neue Impulse zu geben. Und er erfreute sich nach wie vor des ungebrochenen Vertrauens der Truppe.« (Siehe Hermann Plocher: a.a.O.).

Die Übernahme des Kommandos über die Wehrmacht durch Hitler war nach den Worten Guderians »das Ende des alten preußisch-deutschen Generalstabes.«

Damit waren alle Oberbefehlshaber im Osten: die Feldmarschälle von Rundstedt, von Leeb, List, von Weichs und von Kleist, Manstein und Generaloberst Guderian, Hoth und all die anderen, die die Siege in Rußland ermöglicht hatten, durch Hitler zu Befehlsempfängern geworden.

Noch im Oktober hatten die Berater Hitlers und die Oberbefehlshaber des Heeres, der Marine, Luftwaffe und der Wehrmacht im FHQ jene minimalen Streitkräfte erwogen, die nach dem Einstellen der Feindseligkeiten in Rußland als Besatzungstruppe notwendig sein würden. Generaloberst Halder notierte am 8. Oktober in seinem Tagebuch, daß nach Ende des Ostfeldzuges unter der Führung zweier Luftflotten folgende Luftstreitkräfte in Rußland zurückbleiben müßten:

1. Zwei Bomber- und drei Jäger-Gruppen sowie eine Aufklärungsstaffel, ferner ein Flak-Regiment in Leningrad, und drei Bomber- und vier Jäger-Gruppen, eine Aufklärungs-Staffel und zwei Flak-Regimenter in Moskau. Alle Verbände unter der Führung der Luftflotte 1.

2. Drei Bomber-, dreieinhalb Jäger- und drei Stuka-Gruppen, eine Aufklärungsstaffel und zwei Flak-Regimenter unter der Führung der

Luftflotte 4.

Aber Ende Dezember 1941 wurden alle Verbände und noch mehr, die aus dem Westen geholt werden mußten, zum Kampf gegen die auf breiter Front angelaufene russische Gegenoffensive angesetzt. Am 24. Dezember befahl ein Funkspruch des OKW im Auftrage von Hitler, alle nicht unbedingt notwendigen Bomberverbände aus dem Einsatz gegen England herauszuziehen und sich für eine kurzzeitliche Operation an der Ostfront vorzubereiten. Entweder zur Unterstützung der HGr. Nord oder Mitte, wie die Situation dies erforderlich machen würde. Die Ostfront hatte nun angesichts des Fortganges der russischen Gegenoffensive absoluten Vorrang vor allen übrigen Fronten.

Die HGr. Mitte und die dort verbliebenen Reste der Luftflotte 2 erhielten so etwas wie eine »Feuerwehr«. Unabhängige Operationen der Luftwaffe kamen nicht länger in Betracht. Die flexiblen Verbände hatten ununterbrochen damit zu tun, die beunruhigten und bedrängten Verbände des Heeres zu unterstützen. Für jede andere Operation standen weder Maschinen noch Sprit zur Verfügung. Im Kampfraum der HGr. Mitte hatte die Luftwaffe weit entfernt von jeder strategischen und taktischen Einsatzweise lediglich ein Ziel, das Heer zu unterstützen. Die Luftwaffe war hier nichts anderes mehr, als eine Art von Fernartillerie und eine Hilfswaffe für die Bodentruppen. Jene Luftwaffe, die geschaffen wurde, um im Sinne eines Generals Douhet und Generalleutnants Wever als unabhängige strategische Streitmacht zu wirken, war hier in eine Vernichtungsschlacht geschleudert worden, direkt und in selbstmörderischer Weise zur Unterstützung der Armee, was allen Intentionen und Wünschen der Luftwaffe zuwiderlief.

In einer bisher noch nie dagewesenen Art und Weise, in einer unüberbietbaren Serie von Siegen der deutschen Wehrmacht, an allen Fronten von der Luftwaffe unterstützt, war der deutsche Angriff tief in das Herz des europäischen Rußland hineingestoßen und hatte die Existenz von ganz Rußland bedroht. Während dieses Feldzuges hatten die Russen unerhörte Verluste an Menschen, Waffen und Material erlitten, a b e r die Wichtigkeit und Schwierigkeit dieser Offensive, diese gigantischen Anstrengungen erschöpften die Möglichkeiten der deutschen Luftwaffe. In diesen Blitzvorstößen der deutschen Truppen, die in einem Klima geführt werden mußten, das von extremer Hitze zu ebenso extremer Kälte reichte, erschöpfte sich alle ihre Kraft.

Infolge der unvollständigen und ungeeigneten Vorbereitungen auf diesen Feldzug - Hitler war davon überzeugt, daß der Feldzug nach Art der vorangegangenen Blitzkriege entschieden werden würde, - waren Heer und Luftwaffe jetzt erschöpft. Die unerwarteten Bedingungen eines Langzeit-Krieges in Rußland brachten alle logistischen Pläne des Heeres ebenso wie der Luftwaffe durcheinander. Sie waren unzureichend, ja existierten nicht einmal.

Am Ende des Jahres 1941 war es klar, daß Deutschland das Ziel, die Sowjetunion in einem Blitzkrieg niederzuringen, nicht erreicht hatte.

Da die Luftwaffe in dieser entscheidenden Phase der russischen Gegenoffensive nicht in der Lage war, alle Transportprobleme auch durch Transportflieger durchführen und erledigen zu lassen, mußte sie auch Bomber für Transport- und Fallschirmabwurfoperationen einsetzen. Dies mit dem Ergebnis, daß die bitter benötigten Kampfflugzeuge verlorengingen; in einer Operation, für die sie nicht geeignet waren.

Die Luftwaffe in ihrer personalmäßigen Zusammensetzung mit technischem und fliegendem Personal wurde durch die Kampfverluste bedeutend härter getroffen, als das Heer, denn dieses Personal war nur sehr schwer und teilweise überhaupt nicht in der Kürze der geforderten Zeit zu ersetzen.

Deutschland hatte nach den Worten von Generalleutnant Plocher »eine Multifront aufgebaut und darauf verzichtet eine entsprechende Reservetruppe auszubilden und bereitzuhalten. Luftwaffenkommandeure waren dauernd gezwungen, kritische Plätze der Ostfront zu unterstützen und dazu Verbände von anderen Fronten oder gar aus den Schulen heranzuziehen. Kriegerische Verwicklungen in anderen Gebieten waren deswegen Grundlage einer Erfahrung, daß »der Strohhalm des Kamels Rücken brach.«« Oberste Hauptursache zur deutschen Niederlage des Jahres 1941 war der Stillstand des deutschen Heeres vor Moskau. Die Luftwaffenbefehlshaber waren der einhelligen Meinung, daß Moskau unter bestimmten Bedingungen, die durchaus zu erfüllen gewesen wären, hätte zu Fall gebracht werden können. Diese Bedingungen waren:

1. Wenn der Balkanfeldzug nicht den Beginn des Rußland-Feldzuges um mindestens einen Monat verzögert hätte.

2. Wenn die Truppen, die für die Eroberung Moskaus vorgesehen waren, nicht nach der Kesselschlacht von Smolensk so lange ste-

hengeblieben wären.

3. Wenn die klimatischen Verhältnisse besser in Betracht gezogen worden wären. Darin eingeschlossen die Vorbereitung der Verteilung von Winterbekleidung für die Truppe, aber auch von kältebeständigen Schmiermitteln, Motorenwärm-Wagen, breitkettige Raupenfahrzeuge und andere geeignete Ausrüstung für die Front.

General V. M. Sokolowski erklärte die deutsche Niederlage vor Moskau mit folgenden Faktoren:

1. Mit dem festen Willen aller Russen zur Verteidigung ihres Heimatlandes.

2. Mit dem ungeheuren Ausstoß der Waffenfabriken an Flugzeugen und Panzern und anderen Waffen (ein Faktor der von allen deutschen Befehlshabern aber vor allem von der Abwehr unterschätzt worden war).

3. Die deutsche Schwäche im Hinterland des eroberten Gebietes (darin eingeschlossen die wenigen Funk- und Fernsprechverbindungen) und die unweise Behandlung der Zivilbevölkerung durch die Regierungs-Dienststellen, die die Partisanentätigkeit förderte.

4. Der Vertrauensverlust der deutschen Soldaten in die Unbesiegbarkeit ihrer Waffen.

Die große Frage ist: konnte die Luftwaffe mehr zur Unterstützung des Heeres tun? Bessere Ergebnisse wären möglich gewesen, wenn die Luftwaffe nicht so locker über ein so großes Gebiet verteilt gewesen wäre. Als der Feldzug fortschritt, zerstörte die sich ständig steigernde Abnutzung die knappen Reserven der Luftwaffe.

Als zu Beginn des Feldzuges die deutsche Luftwaffe ihren russischen Gegner vom Himmel fegte und fast alle russischen Flugzeuge in der Luft und am Boden zerstörte, hätte dies ein entscheidender Sieg der Luftwaffe und damit der gesamten deutschen Wehrmacht werden können. Voraussetzung aber war, daß danach alle russischen Flugzeugwerke in operativen Einsätzen vernichtet wurden, daß man alle Häfen, über die fremde Waffen und Flugzeuge ins Land kamen, schloß; so Murmansk, Archangelsk und das Schwarzmeergebiet, daß also die deutsche Luftwaffe zu systematischen strategischen Bombenangriffen überging.

Im Oktober war allen Beteiligten klar geworden, daß der »Blitzkrieg« in Rußland k e i n e Fortsetzung fand.

Ein Gesuch der Luftwaffe und des Heeres, der eine Unterbrechung der Operationen forderte, um die Vorbereitungen zu einem allumfassenden strategischen Luftkrieg treffen zu können, hätte Erfolg haben können, doch diese Maßnahmen wurden nicht ergriffen.

Während alle bedeutenden Luftkriegsoperationen über Großbritannien in der Zeit des Rußlandfeldzuges aufhörten, wurden die beiden letzten Bomber-Geschwader, das KG 4 und das KG 28 nach dem Osten geschickt. Als sie aber dort ankamen, galt es nur noch, in taktischen Einsätzen das Schlimmste für das Heer zu verhindern.

Das Prinzip der Konzentration der Waffen wurde nicht allgemein eingehalten. Konzentrationen der Luftwaffe waren nur in zwei Fällen erfolgt. Erstens im Angriff auf Leningrad und danach in der Offensive »Taifun« gegen Moskau. Alle übrigen Einsätze wurden in einer stückchenweisen Art durchgeführt, so, wie die Anforderungen der Bodentruppen dies forderten.

Unglücklicherweise befanden sich die Heerestruppen gerade dann in einer kritischen Lage, als sich auch die Luftwaffen-Reserven auf einem Niedrigstand befanden und die Kampfeinheiten nur mit letzter Kraft diese Unterstützungsflüge unternehmen konnten.

»Der Winter 1941-42 war der Beginn des Todes der deutschen Luftwaffe.« (Siehe Hermann Plocher: a.a.O.)

BEI DER HEERESGRUPPE NORD

Die Aufgaben der Luftflotte 1

Unter der Führung von Generaloberst Alfred Keller sollte die Luftflotte 1 mit HQ in Norkitten, 18 km westlich Insterburg, im Zusammenwirken mit der HGr. Nord folgende Aufgaben übernehmen:

1. Vernichtung der Luftwaffenstreitkräfte des Feindes in der gesamten Kampfzone und Erreichung der Luftüberlegenheit.
2. Schaffung von Bedingungen, die es der HGr. Nord - besonders der Panzergruppe 4 - ermöglichten, schnell auf Leningrad vorzustoßen.
3. Angriffe gegen die sowjetische Marine in der Ostsee und vor allem in ihren Hauptbasen in Kronstadt und Leningrad.

Unter dem Befehl der Luftflotte 1 standen das I. Fliegerkorps, General der Flieger Helmuth Foerster, und der Fliegerführer Ostsee, Oberst Wolfgang Wild.

Mit diesen Fliegerkräften beabsichtigte die Führung der Luftflotte 1 alle russischbesetzten Flugfelder innerhalb der Reichweite der eigenen Kampfflugzeuge anzugreifen und die russischen Fliegerverbände in der Luft und am Boden zu vernichten. Damit sollte jeder Angriff russischer Flieger auf deutsche Heeresverbände verhindert werden.

Hinzu kam die Gestellung von Jagdschutz für die vorgehenden Heerestruppen gegen feindliche Schlachtfliegerangriffe. Der sowjetische Schnellstraßen- und Bahnverkehr sollte unterbrochen werden. Angriffe gegen die Baltenflotte der Russen auf See und in den Häfen, Aufbringung von Handelsschiffen in der Ostssee und die Unterbrechung des Schiffsverkehrs im Weißmeer-Ostsee-Kanal kamen hinzu. Die letzte aber nicht unwichtigste Aufgabe war die Zerstörung der Schleusenanlage in Provenetum, den höchsten Schleusen dieses Kanals, die etwa 98 m über dem Meeresspiegel lagen. Dadurch sollte die Verlegung von etwa 45 sowjetischen U-Booten, 15 Zerstörern und einer Reihe von Minenlegern aus dem finnischen Meerbusen in den Arktischen Ozean verhindert werden.

Auch hier war eine weitere Aufgabe die direkte und indirekte Unterstützung der Heerestruppen durch Kampfflieger. Angriffe gegen die sowjetische Luftfahrtindustrie und konzentrierte Angriffe auf Leningrad vervollständigten eine Palette, die ein vielfaches an Maschinen erfordert hätte.

Alle Kampfgeschwader der Luftflotte 1 starteten am 22. Juni gegen 2.30 Uhr aus ihren ostpreußischen Horsten. Sie überflogen zwischen 3.00 und 3.30 Uhr die Grenze und griffen die erkannten russischen Flugplätze an.

Vorhergehende Luft- und Bodenaufklärung hatten ein klares Bild über die Beschaffenheit der sowjetischen Fliegenden Verbände, ihre Stärke, Zusammensetzung und ihre Gefechtsstände gewinnen lassen. Die Fernaufklärungsgruppen überprüften die eingehenden Agentenmeldungen und korrigierten sie, falls dies notwendig wurde.

Im gesamten Einsatzraum Nord wurde die russische Luftwaffe am ersten Tag von den Angriffen der Luftflotte 1 überrascht. Ein großer Teil der fliegenden Verbände der Sowjets wurden am ersten und den beiden folgenden Tagen vernichtet. Überprüfungen, die auch hier nach Eroberung des Gebietes stattfanden, spiegelten das gleiche Bild von der fürchterlichen Zerstörung wider, wie dies in den anderen Frontabschnitten gewesen war. Hunderte zerstörter Flugzeuge wurden gefunden, meistens waren es I 16 Ratas, ebenso aber auch zahlreiche »Martin-Bomber«, SB 3. Sie lagen ausgebrannt und wrackgeschlagen auf den Flugfeldern, die von deutschen Kampfflugzeugen zerbombt waren. Die Hallen, und Gebäude, größtenteils hölzerne Konstruktionen, waren ausgebrannt.

Durch diese Vernichtungsangriffe erreichte die Luftflotte 1 innerhalb der ersten Tage in ihrer Operationszone die Luftüberlegenheit. Sie zwang die Russen, ihre verbleibenden Fliegerkräfte hinter die Dwina zu verlegen. Danach verlagerten sich die Aufgaben der Luftflotte 1 auf Unterstützungsangriffe für den Vorstoß der HGr. Nord. Der Hauptanteil der Einsätze kam zunächst der Panzergruppe 4 zu Gute. Am 1. Juli erreichten deren Spitzenverbände auf breiter Front die Dwina. Die Städte Riga, Jekabpils und Daugawpils wurden erobert und Brückenköpfe jenseits des Flusses errichtet.

Das I. Fliegerkorps leistete einen besonders wertvollen Beitrag für das Heer, indem es einen von starken Panzerkräften unterstützten sowjetischen Angriff im Raume südlich und südwestlich von Siauliai zerschlug. In enger Zusammenarbeit mit der HGr. Nord vernichtete die Luftwaffe hierbei 250 Feindpanzer.

Im Gegenzug flogen am 22. Juni einzelne russische Bomber und kleine Einheiten über Ostpreußen ein. Sie wurden effektvoll von deutscher Flak und Jägern bekämpft. Nach drei oder vier Tagen fanden dann keine wesentlichen Einflüge in das Reichsgebiet durch die russische Luftwaffe mehr statt.

Berichte des OKL über diese russischen Angriffe wissen am 22. Juni von Insgesamt 70 bis 80 Flugzeugen zu berichten, die über polnisches und deutsches Territorium flogen und Bomben warfen, wobei einige Zivilisten getötet wurden.

Am folgenden Tage bombten 10 russische Flugzeuge die Gaswerke und die Kais in Königsberg. Am 25. Juni flogen etwa 28 Feindbomber Angriffe über Deutschland, dem besetzten Polen und Norwegen; acht Maschinen bombten Memel, wobei 23 Personen getötet wurden und einige Häuser ausbrannten. Sieben russische Bomber griffen Tilsit an. Sie wurden abgeschossen, bevor sie ihr Ziel erreicht hatten.

Die Überlegenheit der deutschen Jäger über die russischen Jäger und Bomber wurde besonders deutlich, als ein Verband von 20 Feindbombern, die von einem fehlgeschlagenen Angriff auf Gumbinnen zurückflogen, zwischen Goldap und Gumbinnen von einer in Trakehnen stationierten und im Alarmstart aufgestiegenen Jagdgruppe erfaßt und sämtlich abgeschossen wurden.

Wenig später wurden die ersten sowjetischen Gefangenen verhört. Ihre Aussagen wurden bereits für den nächsten Bomberangriff ausgewertet.

Ein sowjetischer Bomberverband von 43 Maschinen wurde kurze Zeit später ebenfalls durch Jäger des I. Fliegerkorps abgefangen und völlig aufgerieben.

Hier wie an allen anderen Punkten der Ostfront war das geschehen, was Oberst Wanjuschin, der Befehlshaber der 20. sowjetischen Luftarmee nach seiner Gefangennahme aussagte:

»Die deutschen Erfolge in der Zeit vom 22. bis zum 28. Juni 1941 sind durch folgende Faktoren bestimmt worden:

1. Durch die kluge Wahl des Angriffszeitpunktes.

2. Durch die Schwäche der russischen Luftwaffe, die sich gerade in ihrer großen Umrüstungsphase befand.

3. Durch die Tatsache, daß wir diese Umrüstung auf den frontnahen Flugplätzen durchführten und dadurch eine massierte russische Flugzeug-Bereitstellung zerschlagen werden konnte.

4. Überhaupt durch die sehr grenznahe Stationierung unserer Luftstreitkräfte.

5. Durch die große Zahl der von den Deutschen eingesetzten Flugzeuge.

6. Durch die allgemein schlechte Verfassung der russischen Flugplätze.

7. Durch die russische Nachlässigkeit auf vielen Gebieten.

8. Durch das Versagen der russischen Befehlsstellen.

Zwei dieser Punkte bedürfen einer Erläuterung. Erstens waren die deutschen Luftstreitkräfte zahlenmäßig den sowjetischen Fliegerverbänden hoffnungslos unterlegen. Die Stärke der deutschen Luftwaffe bezifferte sich höchstens auf ein Drittel der sowjetischen. Darüber hinaus handelte es sich bei dem Kardinalfehler der Russen um die Tatsache, daß sie dem Heer unterstellt waren und keine selbständige Kommandostruktur hatten. Dies sollte sich bald ändern.

Einheiten des Fliegerführers Ostsee flogen ständig neue Angriffe gegen russische Schiffe und verminten die Gewässer um Kronstadt. Am 29. Juni traf eine 1.000 kg-Bombe ein Schleusentor des Weißmeer-Ostsee-Kanals und unterbrach damit jeden Verkehr auf dieser Route.

Am 2. Juli trat die HGr. Nord aus ihrem Brückenkopf ostwärts der Dwina an und durchbrach die alten russischen Grenzbefestigungen. Eine Woche später erreichte dieser Vorstoß die Linie Opotschka-Ostrow-Pschkow-Tartu-Pärnuo. Dies erzwang die Vorverlegung der Fliegenden Verbände des I. Fliegerkorps. Das Korps zog in den Raum Daugwapils-Riga vor.

Am ersten Angriffstag unterstützte das I. Fliegerkorps den Angriff gegen die sowjetischen Befestigungen in diesem Sektor. Am zweiten Tag wurden die Rückzugsstraßen des Gegners zerbombt.

Als am 6. Juli 1941 russische Bomberverbände den deutschen Brückenkopf über die Welikaja in Ostrow angriffen, starteten die deutschen Jäger im Alarmstart und schossen in dramatischen Luftkämpfen 65 dieser 73 Bomber ab. Nach dieser vernichtenden Niederlage stellten die Russen Angriffe mit größeren Bomberverbänden auch hier ein.

Am 14. Juli meldete das OKL, daß zwischen dem 22. Juni und dem 13. Juli allein vom I. Fliegerkorps 487 sowjetische Flugzeuge abgeschossen worden waren. 1.211 Maschinen waren im selben Zeitraum am Boden zerstört worden. Diese Erfolge stoppten den anfänglichen Angriffsschwung in diesem Bereich der Ostfront.

Das KG 1 führte eine Reihe erfolgreicher Angriffe in Form direkter und indirekter Unterstützung der Heerestruppen durch. Ähnliche Unterstützungsflüge wurden durch die Küstenflieger-Gruppe 806 unter Major wenig später Oberstleutnant Emig geführt. (Siehe Abschnitt über die Einzeldarstellungen des Luftkampfes im Nordabschnitt).

Am 30. Juli erreichte der rechte Flügel der HGr. Nord - die 16. Armee - den Ilmensee. Im Angriffszentrum war die Panzergruppe 4 südlich Luga auf ein starkes Befestigungssystem gestoßen, in welchem sich der Feind hartnäckig verteidigte.

Die 16. Armee, der bis zum 15. August alle Vorräte und Nachschubgüter im Lufttransport zugeführt werden mußten, weil die einzige Straße zwischen Pschkow und Gdow wiederholt gesprengt oder gesperrt war, konnte so kampfkräftig erhalten werden.

Bereits am 29. Juni hatte das OKL bekanntgegeben, daß seit dem 23. Juni täglich deutsche Kampfflugzeuge die vorrückenden deutschen Heerestruppen, die Aufklärer der Armeen und die Flugfelder mit Munition, Treibstoff und Waffen bevorratet haben. Der Bericht des OKL vom 6. Juli meldete, daß am vorangegangenen Tage sowohl das Heer, als auch die vorgeschobenen Luftwaffenverbände mit Treibstoff, Flugzeugmunition, Bomben und Ersatzteilen für Kampfflugzeuge, mit Funkausrüstungen und Sanitätsmaterial, und nicht zuletzt mit Verpflegung aus der Luft versorgt worden seien.

Am 10. August griffen starke Stuka- und Kampffliegerverbände eine Vielzahl von Zielen im Gebiet Ilmensee-Mschaga-Fluß-Luga an. Bei Kingisepp wurden 10 Panzer vernichtet. Über 200 Fahrzeuge, 15 Batterien Artillerie und verschiedene Feldstellungen wurden vernichtet. Mehrere Züge, ein Treibstoff- und ein Munitionslager kamen auf der Erfolgsliste hinzu. Daneben wurden noch die Gefechtstände verschiedener russischer Verbände gebombt. Ein weiterer Angriff richtete sich gegen die Insel Saaremaa, auf der die Russen saßen. Bei diesen Angriffen wurden von den Begleitjägern, aber auch von den Bombern insgesamt 54 sowjetische Flugzeuge abgeschossen.

Am 26. August waren Einheiten der HGr. Nord bis nach Reval vorgestoßen, das zwei Tage später mit Unterstützung durch die einsatzbereiten Verbände des I. Fliegerkorps und des Fliegerführers Ostsee erobert werden konnte.

Am 28. und 29. August richteten sich die Luftangriffe gegen sowjetische Handels- und Kriegsschiffe, die Truppen und Material aus Reval evakuieren wollten. Mehrere Schiffe wurden tödlich getroffen.

Am 30. August meldete das OKW: »Deutsche Kampffliegerverbände griffen aus Reval fliehende Kriegs- und Handelsschiffe an und stießen gegen Kriegs- und Handelsschiffe im Finnischen Meerbusen vor, wobei sie bis in die Bucht von Kronstadt eindrangen.«

Ein starker russischer Angriff gegen den vorgehenden linken Flügel der HGr. Nord, der aus dem Raume Staraja Russa-Cholm zum Ilmensee verlief, erforderte den konzentrierten Einsatz aller Kampffliegerverbände der Luftflotte 1. Diese Angriffe trugen entscheidend zur Abwehr dieser Gegenangriffe bei, so daß die Abwehrschlacht bei Staraja Russa bis zum 24. August beendet werden konnte.

Neben dieser direkten Unterstützung der Bodentruppen führten die Kampfverbände des I. Fliegerkorps zahlreiche Angriffe gegen die Bahnlinien von Leningrad nach Westen, Süden und Südwesten, sowie gegen die Bahnlinien südlich und ostwärts des Ilmensees. Sowjetische Verbände, vor allem Schlachtflieger, griffen in der Hauptsache die deutsche HKL in Tiefflügen an. Die wenigen Flüge, die ins Hinterland gingen, wurden stets von wenigen Flugzeugen durchgeführt und hatten keinen Erfolg, wenn man von der nächtlichen Ruhestörung absehen will. Im Bericht des OKL vom 9. August 1941 wurde ein solcher Störangriff in der Nacht zum 9. August folgendermaßen dargestellt:

»In der Nacht vom 8. zum 9. August nutzten zwei bis drei sowjetische Flugzeuge die fast geschlossene Wolkendecke aus, um sich über Stolpmünde Berlin zu nähern. Ein Flugzeug warf Bomben im Flakbereich im Norden der Reichshauptstadt ab, ohne bis ins Wohngebiet vorzustoßen. Die beiden übrigen drehten bereits vorher ab. Schlechtes Wetter hielt die deutschen Nachtjäger davon ab, diesen Gegner abzufangen.«

Um die sich langsam wieder belebende russische Luftaktivität zu stoppen, griffen Kampf- und Jagdverbände mehrfach die sowjetischen Flugfelder an und zerbombten sie.

Vom 22. Juni bis zum 23. August 1941 vernichtete das I. Fliegerkorps 2.514 feindliche Flugzeuge. Von diesen wurden 920 im Luftkampf abgeschossen. Mindestens 433 Flugzeuge des Gegners wurden beschädigt.

Am 23. August wurde vom OKL das KG 26 des I. Fliegerkorps besonders erwähnt. Das Geschwader hatte am 19. August einen Angriff gegen die sowjetische Luftbasis in Nizino geflogen. Der erste Angriff brachte die sowjetische Luftabwehr zum Schweigen, der zweite traf 30 russische Jäger am Boden, die allesamt in Flammen aufgingen. Im Luftkampf wurden drei Feindjäger abgeschossen. Das KG 26 erhöhte damit die Zahl der vernichteten Flugzeuge auf 854, von denen 191 abgeschossen wurden.

Am 26. September begann die Belagerung von Leningrad. Um diese Großoperation zu unterstützen, wurde das Gros der Luftflotte 1 in den Raum südlich und südwestlich von Leningrad verlegt. Von hier aus sollte der Angriff der Panzergruppe 4 und der 18. Armee unterstützt werden. Darüber hinaus wurden spezielle Ziele in Leningrad und die Kriegsschiffe im Kronstädter Hafen wiederholt mit guten Ergebnissen angegriffen.

Ende September wurden die deutschen Eroberungsversuche durch starke sowjetische Gegenangriffe gestoppt, die südlich des Ladogasees stattfanden. Die sowjetischen Ausbruchstruppen aus Leningrad wurden durch die Luftflotte 1 ebenso gestoppt, wie die Angriffe aus der Leningrader Schutzfront. Darüber hinaus galt es, Angriffe gegen die Versorgungslinien der Stadt und gegen den Evakuierungsverkehr von und nach Leningrad zu fliegen.

Die Bomber- und Stuka-Einsätze gegen die sowjetische Ostseeflotte

In der zweiten Septemberhälfte wurden wiederholt sowjetische Kriegsschiffe im Kronstädter Hafen mit großem Erfolg angegriffen. Die Angriffe waren vor allem gegen die beiden Großkampfschiffe »Oktoberrevolution« und »Marat« gerichtet, die von der deutschen Luftaufklärung erfaßt worden waren.

Nach Berichten des OKL griffen Bomber und Sturzkampfflugzeuge am 22., 23. und 24. September die beiden genannten Schlachtschiffe und einen Kreuzer der Kirow-Klasse, ferner einen zweiten Kreuzer, mehrere Zerstörer und einige kleinere Einheiten an. Sie trafen den Kreuzer »Kirow«, der am 29. September ein zweites Mal schwer getroffen wurde. Auf den beiden Schlachtschiffen brach nach Treffern Feuer aus. Einige Zerstörer und eine Reihe Handelsschiffe sanken, oder wurden beschädigt, oder gerieten in Brand. Luftaufnahmen, die von den Treffern des 23. September gemacht wurden, zeigten, daß die beiden Schlachtschiffe mit dem Bug abgesackt waren.

Diese Erfolge wurden trotz des schwersten Schiffs- und Flak-Abwehrfeuers erzielt. Das Flakfeuer kam von den Landbatterien. Das Stukageschwader 2 erzielte hier einige seiner größten Erfolge. (Siehe Einzeldarstellung: STURZANGRIFFE AUF GROSSKAMPF-SCHIFFE).

Diese Kämpfe fanden ein breites Echo in der damaligen Weltpresse, während andere einzelne Einsätze ohne jedes Aufsehen zu erregen geflogen wurden.

Einsätze der Luftflotte 1 am Wolchow und bei Tichwin

Während der zweiten Oktoberhälfte konzentrierten sich die Operationen der Luftflotte 1 auf die Unterstützung des XXXIX.AK (mot.), dessen Angriff gegen die sowjetischen Verteidigungsstellungen am Wolchow und in Unterstützung des nachfolgenden deutschen Angriffs auf Tichwin durch die Lutfwaffe erfolgreich gestaltet wurden.

Für die Tichwin-Unternehmung richtete die Luftwaffe eine Dienststelle des Luftwaffenkommandos Tichwin ein, das eng mit dem XXXIX. AK zusammenarbeitete. Der Kommodore des KG 77, Oberst Raithel, wurde damit Luftwaffenführer Tichwin. Er richtete seinen Gefechtsstand im HQ des XXXIX. AK ein und zog bald darauf nach Trubnikow Bor um. Seine Einheiten bestanden aus der 4./Aufkl.Gr. 122, einer Gruppe des KG 54, dem KG 77 und einem verstärkten Flak-Bataillon, sowie einer Luftnachrichten-Einheit. Die Vorbereitungen für den Vorstoß wurden von der Luftwaffe und der HGr. Nord improvisiert.

Die Durchführung der Operation klappte. Tichwin wurde am 9. November erobert und trotz großer Gegenangriffe gehalten. Zur Unterstützung mußte das I. Fliegerkorps eine Reihe von Einsätzen fliegen, die vor allem gegen die Bahnstation ostwärts des Wochow und gegen den Ilmensee gerichtet waren.

Aufgrund der steigenden russischen Flak- und Jagdabwehr wurden die Erkundungsergebnisse des frühen Winters 1941 immer bruchstückhafter. Hinzu kam das sehr ungünstige Flugwetter. Außerdem waren die Aufklärungsgruppen und -Staffeln im Vergleich zu dem gigantischen Gebiet, das sie erkunden sollten, einfach zu wenig. Dies zeigt sich bei den vergeblichen Versuchen, die Fahrzeugkolonnen des Gegners zu entdecken, als Flüsse und Seen zugefroren waren. Die Abhängigkeit der russischen Bewegungen des Sommers und Herbstes von den Schnellstraßen war nun nicht mehr gegeben, nunmehr konnte alles dort fahren, wo es wollte. Infolge dieser größeren Aktionfreiheit schwanden auch die Chancen, eine erfolgreiche Aufklärung über diesen Weiten zu fliegen. Der Zeitaufwand wurde größer, bei sinkenden Ergebnissen. Hinzu kam, daß wegen der pausenlosen Einsätze der Verbände in anderen Teilen der Front die Aufklärung in den vordersten Gebieten durch Bomber und Jäger übernommen werden mußte.

Unmittelbar nachdem der Ladogasee zugefroren war entwickelte sich ein starker, sich ständig steigernder russischer Nachschubverkehr über das Eis dieses Sees, der sowohl nach Leningrad, als auch von Leningrad nach Nordosten verlief.

Da es für die Heerestruppen unmöglich war, diese Nachschubader des Gegners abzuschneiden, wurde der Luftflotte 1 befohlen, den Verkehr über die sogenannte Eisstraße zu unterbinden. Zwischen dem 25. November und dem 3. Dezember griffen Verbände des I. Fliegerkorps die Eisstraße, insbesondere an ihrem äußersten südlichen Ende an. Obgleich dem Feind beachtliche Verluste an Menschen und Material zugefügt wurden, unterbrachen alle Angriffe diese wichtige Verbindungslinie nicht für immer.

Es stellte sich heraus, daß der Verkehr über große zugefrorene Seen nicht durch Zertrümmern des Eises durch Bomben gestoppt werden konnte. Löcher, die hier und da durch großkalibrige Bomben gerissen wurden, froren einmal sehr bald wieder zu und konnten, zum anderen, leicht umfahren werden.

Mit der Einrichtung eines ausreichenden Brückenkopfes war der schwierigste Teil der Saaremaa-Inseloperation geschafft.

Die I. /JG 26 (mit zweimotorigen Maschinen des Typs Me 110) kehrte ebenso wie die I./KG 77 bereits am 17. September zum Fliegerkorps zurück und wurden an der Leningradfront eingesetzt. Um sie zu ersetzen, wurde die KFlGr. 506 mit 14 Ju 88 am 21. September dem Fliegerführer Ostsee nach Riga zugeführt. Über ihn später mehr.

Die Einsätze und Verluste der Luftflotte 1

In den Operationen gegen die Saaremaa-Inseln wurden von der Luftflotte 1 insgesamt 1.313 Einsätze geflogen. 488 davon waren Bombereinsätze, 318 wurden von Jägern geflogen, 118 von zweimot-Zerstörern Me 110, 30 von Aufklärern, 318 von Seeflugzeugen, 39 von Mausi-Flugzeugen und zwei von Seenotmaschinen der Luftwaffe.

In den Operationen gegen Hiiumaa wurden insgesamt 211 Einsätze geflogen, von denen 85 Bombereinsätze und 57 Jägereinsätze waren. 53 weitere wurden von Seeflugzeugen absolviert.

Die deutschen Flugzeugverluste bei diesen Unternehmungen beliefen sich auf acht Ju 88, zwei Me 110 und zwei Me 109, sowie ein Rettungsflugzeug.

In der Operation gegen die Saaremaa-Inseln beliefen sich die Erfolge gegen Bodenziele auf 26 Feind-Batterien, 25 verschiedene Geschütze, 26 Motorfahrzeuge, 16 Feldstellungen, sieben Bunker und einer Reihe kleinerer Ziele. Die Angriffe auf Schiffe des Gegners vernichteten vier MTB und einen Minensucher. Zwei MTB und zehn Handelsschiffe wurden in Brand geworfen, zwei Minensucher aufgebracht. Auf Hiiumaa wurden ebenfalls eine Reihe Artilleriestellungen, Feldstellungen und Bunkeranlagen vernichtet.

Insgesamt vernichtete die Luftwaffe bei dieser Operation mit dem Codenamen »Beowulf II« 15 Feindflugzeuge.

Vom 22. Juni bis zum 31. August flogen Einheiten des Fliegerführers Ostsee 1.775 Einsätze, an denen alle ihm unterstellten Verbände beteiligt waren. Es gelang diesen Verbänden insgesamt 66.000 BRT feindlichen Handelsschiffsraumes zu versenken. Hinzu kamen fünf Zerstörer, ein Torpedoboot, ein Patrouillenboot, zwei Motor-Torpedoboote und ein kleines Boot. Eine Anzahl weiterer Schiffe wurden beschädigt. Die genaue Auflistung lautet:

Aufklärungsgruppe 125:	737 Einsätze
Küstenfliegergruppe 806:	610 Einsätze
Ersatz-Lehrgruppe/Kampfgeschwader 54:	339 Einsätze
1. Staffel/Küstenfliegergruppe 406:	15 Einsätze
1. Staffel/Bordfliegergruppe 196:	66 Einsätze
1. Staffel/Kampfgeschwader 1:	8 Einsätze

Beschädigt wurden ein Tanker, ein U-Boot, ein Torpedoboot und ein Begleitschiff von 1.200 BRT schwer, ein Schwerer Kreuzer, ein Führer-Zerstörer, ein Hilfskreuzer, 17 Zerstörer, fünf Motor-

Torpedoboote und eine Reihe anderer Kriegs- und Handelsschiffe leicht.

46 Feindflugzeuge wurden abgeschossen und zwölf am Boden zerstört. Die eigenen Verluste beliefen sich auf 11 Ju 88, drei Arado 95, eine Arado 196 und fünf Me 109. Wie einige dieser Einsätze abliefen folgt nach der Einblendung über das Luftwaffenkommando Nordnorwegen.

Das Luftwaffenkommando Nordnorwegen

Dieses von Oberst Andreas Nielsen geführte Kommando wurde gegen Ende 1940 in Bardufoss eingerichtet. Es erhielt die Aufgabe, die Flugfelder im Hohen Norden und alle Bodenstationen ebenso wie die finnischen Flugplätze, die eventuell durch die Luftwaffe genutzt werden konnten, für den Einsatz vorzubereiten. Dieser Verband wurde unter den Befehl des Luftgaukommandos Norwegen gestellt. Da ein geeigneter Kommandeur und Lehrpersonal fehlten, wurde taktisches Personal als Luftwaffenkommando Kirkenes unter der Führung des Chefs des Generalstabes der Luftflotte 5 in Oslo eingesetzt.

Da die Planungen in Bezug auf den Angriff gegen die Sowjetunion nicht verraten werden durften, konnten die für diese Stellen befohlenen Einheiten nicht vor Angriffsbeginn dorthin verlegt werden. Lediglich das Flugfeld in Banak, am südlichen Ende des Porsanger-Fjordes und der Flugplatz Kirkenes in Nordnorwegen, konnten für die Luftwaffe in Betrieb genommen werden. Sie waren die einzigen Flugfelder, die entsprechend der Reichweite der deutschen Kampfflugzeuge nahe genug an der russischen Grenze lagen, um den Feind auf seinen Plätzen von dort aus erreichen zu können.

Diese Plätze wurden sofort vorbereitet und für die Kampfeinsätze versorgt. Kirkenes stellte ein besonderes Problem dar, da dieser Platz über See versorgt werden mußte.

Kurzer Überblick über die sowjetischen Luftverbände im Nordraum.

Ungeachtet der Tatsache, daß der Einsatz der Roten Luftwaffe im nächsten Großabschnitt abgehandelt werden wird, sei an dieser Stelle bereits eine kurze Einblendung über die im Hohen Norden stationierten sowjetischen Fliegerverbände gegeben.

Diese Fliegerverbände bestanden aus See- und Landeinheiten. Dies heißt, daß ein Teil der Marine und ein anderer Teil dem Heer unterstand. Deutsche Kommandeure waren übrigens niemals in der Lage, zu erkennen, ob diese Verbände unter einem einheitlichen Kommando standen.

Die wichtigsten russischen Luftbasen lagen im Großraum Murmansk mit dem großen Flugplatz Warlamowo und zwei Flugplätzen in Murmashi (I und II). Eine Basis für Seeflugzeuge befand sich in der Kolabucht. Die beiden Flugplätze Niwa und Shongui lagen in der Nähe von Kandalaksha. Diese waren jedoch von geringerer Bedeutung. Da nur wenige dieser Plätze angemessene Navigations- und Kommunikationsmittel zur Verfügung hatten, waren ihre Leistungen schwächer als allgemein üblich.

Zu Beginn des Rußlandfeldzuges waren etwa 200 russische Flugzeuge auf diesen Plätzen stationiert. 80 Prozent davon waren einmotorige Typen, viele von ihnen veraltet. Den Hauptteil der sowjetischen Jägerwaffe stellten hier die I 16 »Rata«, die zwar sehr manövrierfähig waren, sich aber in keiner Weise mit den Me 109 messen konnten. Was auch immer die Mängel der I 16 waren, sie wurden ausgeglichen durch das überlegene numerische Verhältnis in diesem Raum. Annähernd 100 russischen Jägern standen hier nämlich ganze 16 deutsche Jäger gegenüber.

Die sowjetischen Bomberstreitkräfte in diesem Gebiet bestanden hauptsächlich aus SB 2; diese wurden nach und nach durch die IL 2, die ein Schlachtflugzeug war, und vor allem durch Bomber britischer Bauart ersetzt.

Die Ausbildung der russischen Flieger war größtenteils schlechter als jene der deutschen Luftwaffenangehörigen. Die russische Moral litt entsprechend darunter.

Die meisten russischen Kampfeinsätze wurden zunächst nach der normalen Friedensroutine durchgeführt. Die anfänglichen schweren Verluste zwangen sie bald dazu, erfinderische Methoden der Tarnung und Täuschung anzuwenden, um ihre Flugzeuge in der Luft und am Boden zu schützen.

Sowjetische Flieger flogen am Tag nur wenige Einsätze und nur gelegentlich drangen einige Maschinen bis in das rückwärtige deutsche Gebiet vor. Da nur die Führer der russischen Fliegereinheiten das Angriffsziel wußten, versuchten die deutschen Jäger stets, das führende Flugzeug abzuschießen. Der Rest der russischen Formation kehrte dann zumeist auf dem kürzesten Wege zu seinem Einsatzhorst zurück.

Bei der Luftflotte 5

Die Stärkemeldung der Luftflotte 5 am 22. Juni 1941, die an der extrem linken Flanke des Aufmarschgebietes im Bereich des Armeeoberkommandos Nordnorwegen stand, war mit Abstand die schwächste der gesamten Ostfront. Sie verfügte am ersten Tag des Rußlandsfeldzuges über ganze 60 Flugzeuge. Diese teilten sich auf in 10 Flugzeuge einer Bomber-Gruppe, eine Stuka-Gruppe, ein Drittel einer Jagdgruppe und eine Fernaufklärer-Staffel.

Das taktische Personal der Luftflotte 5, mit HQ in Kirkenes, hatte die Aufgabe, alle Aktivitäten im Hohen Norden gegen Rußland zu koordinieren. Jede andere Kommandogewalt über diese Einheiten verblieb beim Luftwaffenkommando Nord in Stavanger, und beim Jagdfliegerführer Norwegen.

Der Chef des taktischen Personals des Luftwaffenkommandos (Fliegerführers) Kirkenes, Oberst Andreas Nielsen hatte eine völlig unabhängige Aufgabe zu erfüllen, die in der Direktive des OKW in ihren Umrissen definiert war. Genauere Angaben wurden auf der Besprechung des Chefs des Stabes der Luftwaffe 5 mit dem Chef des Stabes der Armee sowie jenen der Marine gemacht. In dieser Besprechung kristallisierten sich folgende Aufgaben heraus:

1. Die Gewinnung und Erhaltung deutscher Luftüberlegenheit über allen Kampfgebieten und Küstenabschnitten von Nordnorwegen.

2. Operationen gegen sowjetische Zufahrtsrouten, besonders über dem Eismeer-Kanal, über Murmansk, Archangelsk und Kandalaksha.

3. Operationen gegen feindliche Land- und Seestreitkräfte.

4. Schutz der deutschen Schiffe gegen Angriffe durch westliche alliierte Überwasserstreitkräfte.

Wegen des Umfanges dieser Operationen und des Mangels an verfügbaren Luftstreitkräften konnten diese Aufgaben nur »so weit wie möglich« ausgeführt werden.

Da der Chef des Luftwaffenkommandos Kirkenes ebenso wie ein taktischer Luftkommandeur zu handeln hatte, war die enge Kooperation zwischen Heer und Luftwaffe sichergestellt.

Die vorher genannten Einheiten gehörten zu folgenden Verbänden:

Aufklärungseinheiten:	1./Aufkl.Gr. 120 1./Aufkl.Gr. 32 beide in Kirkenes
Bombereinheiten:	5./KG 30 in Banak
Stukaeinheiten:	4./StG 1 in Kirkenes
Jagdfliegereinheiten:	13./JG 77 1 Staffel KG 76, beide in Kirkenes.

Die Bodenorganisationen wurden vom Luftwaffenkommando Kirkenes kontrolliert, das vom Fliegerführer Nord, Oberst Alexander Holle, geführt wurde. Die Verantwortlichkeit für den Einsatz und die Zuführung des Bodenpersonals, für die Nachschubführung für alle Flugplätze blieb beim Luftgaukommando Norwegen.

Bereits im Herbst 1940 wurde mit dem Aufbau dieser Dienste auf den Plätzen Banak und Kirkenes begonnen, obgleich noch nicht sicher war, daß diese Plätze für spätere Operationen von entscheidender Bedeutung sein würden.

Erst als der Plan für einen Feldzug gegen Sowjetrußland bekannt wurde, erfolgte die Fertigstellung der beiden Basen mit allen technischen Ausrüstungsteilen in größter Beschleunigung. Allerdings traten immer wieder Verzögerungen ein, die auf den früheren Eintritt des Winters und auf der Tatsache zurückzuführen waren, daß alles bis auf den letzten Nagel auf dem Seeweg transportiert werden mußte. Es erforderte äußerste Kraftanstrengungen, um beide Plätze zum Beginn des Unternehmens »Barbarossa« einsatzbereit zu haben.

Das finnische Flugfeld in Petsamo wurde ebenfalls mit Vorräten und Material voll ausgestattet, für den Fall, daß sich die Luftwaffe in Zukunft ebenfalls dort einrichten würde. Weitere finnische Flugfelder würden zur Verfügung stehen, falls die Notwendigkeit ihrer Einrichtung bestand. Nach dem Einrücken deutscher Streitkräfte nach Finnland stellte die finnische Luftwaffe ihre zentrale Basis von Rovaniemi und ihr taktisches Flugfeld in Kemijarvi zur Verfügung. Die Ausstattung dieser Basen nach dem deutschen Standard wurde durch Verbindungsoffiziere der Luftwaffe in Zusammenarbeit mit dem deutschen General in Finnland gewährleistet. Diese Offiziere wurden dem finnischen HQ zugeteilt.

Der OB der finnischen Luftwaffe vervollständigte diese Arbeiten durch Weisungen an die finnischen Bodendienste, so daß deutsche fliegende Verbände jederzeit die Felder einsatzbereit übernehmen konnten.

Alle Flugfelder im Hohen Norden aber, ob es nun finnische oder norwegische waren, stellten bestenfalls behelfsmäßige Basen dar. Keines von ihnen reichte an die in Friedenszeiten errichteten deutschen Flugplätze heran.

Vergessen sei auch nicht der unermüdliche Einsatz der Luftwaffen-Bau-Kompanien, die ganze Arbeit leisteten, so daß beispielsweise Kirkenes Ende Mai 1941, als die 1./JG 77 unter Oblt. Carganico hier einfiel in den bestmöglichen Zustand versetzt worden war und daß die Luftflotte 5 auch auf den anderen Plätzen entscheidene Ausgangsbasen für ihren Einsatz zur Verfügung hatte.

Der Einsatz im Hohen Norden

Gleichzeitig mit dem allgemeinen Angriff des Gebirgskorps Norwegen, das am 22. Juni in das Gebiet von Petsamo einrückte, setzten die ersten deutschen Luftangriffe ein. Ihnen wurde nur schwacher Widerstand entgegengesetzt.

Etwa 70 sowjetische Flugzeuge wurden auf dem ersten angegriffenen nördlichen Flugfeld der Russen in Warlamowo vernichtet. Die Überraschung war so groß, daß die Russen diesen Angriff beinahe tatenlos über sich ergehen ließen. Dies spiegelte das sowjetische Problem der Unflexibilität auf allen Kommandoebenen wider und beweist zugleich auch den totalen Zusammenbruch ihrer Kommunikationslinien.

Ein zweiter Angriff am 22. Juni führte dann zu einer massiven Vernichtung der Nachrichtenverbindungen und des zentralen Elektrizitätswerkes in Murmansk. Gefangenenaussagen bestätigten später die Auswirkungen der Angriffe auf Werften, Werkstätten und Fabriken. Einige weitere Einsätze wurden am Abend des 22. Juni und am 23. Juni gegen sowjetische Flugfelder angesetzt. Von taktischer Wichtigkeit war auch die Unterbrechung der Bahnlinie von Murmansk nach Rußland hinein, die während der ersten sechs Monate des Kampfes mehr als 100 mal unterbrochen wurde, ohne daß diese Unterbrechung ständig aufrechterhalten werden konnte.

Der mit der 1./JG 77 aufgestellte Jagdverband hatte sich bis zum 22. Juni auf drei Staffeln (1., 4. und 14.) erhöht. Die 1. (Z) des JG 77, die aus der 2./ZG 76 hervorgegangen war, kam noch hinzu.

Dieser Verband konnte am 22. Juni nicht starten, da der Platz Kirkenes in dichtem Nebel lag und jeder Flugbetrieb unmöglich war.

Im Gegenzug griffen russische Bomberverbände finnische Panzerschiffe und einige Befestigungen in den Schären von Turku, sowie finnische Küstenschiffe südwestlich von Porvo an.

Die Russen waren sich der Notwendigkeit, ihren Verkehr über die Bahnlinie von Murmansk aufrecht zu erhalten, voll bewußt. Sie legten Reparaturmaterialien gleich an bestimmten Punkten der Bahnlinie ab, um damit jeweils schnellstens Reparaturarbeiten durchführen zu können.

Der Luftwaffe gelang es durch ihre ständigen Angriffe eine weitreichende Konzentration sowjetischer Kräfte im äußersten Norden zu verhindern und so der Lapplandarmee entscheidend zu helfen.

Die in Banak liegende Staffel des KG 30 wurde zur Größe einer Gruppe aufgestockt, um den nötigen Nachdruck auf die Bombardierung der wichtigsten Ziele legen zu können.

Die Fernaufklärungsstaffel in Nordnorwegen, bestehend aus Do 18 und Nahaufklärer mit ihren He 60 wetteiferten mit den Fernaufklärern, die Ju 88 flogen, um die bestmögliche Erkundung des Einsatzgebietes. Die Überwachung des riesigen Küsten- und Seengebietes vor der nordnorwegischen und vor der Murmanküste konnte zwar nur locker durchgeführt werden, doch an den kritischen Punkten fand ständige Überwachung und Beobachtung statt. Die weitesten Flüge führten bis zur Insel Jan Mayen, zur Südküste von Spitzbergen und zum Hafen von Archangelsk.

Die Verstärkungen die den Fliegerverbänden in Nordnorwegen zugeführt wurden, erhöhten die Kampfstärke nach und nach bis sie im Sommer 1942 den Höchststand von 250 Maschinen erreichte. Zu den neu hinzugekommenen Verbänden gehörten die III./KG 30, die II./KG 26 mit Torpedoflugzeugen, die 1./KFlGr. 906 und Teile des KG 40.

Die sowjetische Lufwaffe entwickelte im Hohen Norden nach den ersten Tagen der Überraschung und Verwirrung eine rege Kampftätigkeit. Am 25. Juni eröffneten sie ihre Bomberangriffe auf Helsinki, Turku, Joensuu, Heinola und viele andere Städte Innerfinnlands. Hierbei kam es zu Verlusten unter der Zivilbevölkerung.

An diesem 25. Juni bezog das finnische Oberkommando in Mikkeli sein Hauptquartier. Hier hatte Feldmarschall Mannerheim bereits im Winterkrieg gegen Rußland die finnischen Verbände geführt. Das finnische Oberkommando sollte während der gesamten Dauer des Krieges hier bleiben. In dem berühmten Schulhaus von Mikkeli, nahe der Stadtkirche, arbeitete der finnische Generalstab. Der deutsche Verbindungsstab Nord unter General Erfurth bezog in Heimari sein Quartier, das 3,6 km südlich Mikkeli lag. Ab dem 1. November wurde er ebenfalls nach Mikkeli verlegt.

Am 26. Juni hielt der finnische Staatspräsident Ryti aufgrund der vorangegangenen Fliegerangriffe auf finnische Städte eine Rundfunkansprache an das finnische Volk und erklärte, daß durch diese Angriffe der Kriegszustand zwischen Finnland und der UdSSR eingetreten sei.

Am 27. Juni erfolgte dann ein sowjetischer Luftangriff auf die Funkanlage des finnischen Leuchtturms von Nurmensätti im Trifona-Fjord. Am 29. Juni erzielten drei russische Bomber Treffer auf die Verladebrücke und die Öltanks in Petsamo.

Am 30. Juni griffen 15 Feindbomber erneut den Hafen Petsamo an. Ein am Kai liegender norwegischer Dampfer sank, zahlreiche Schäden traten auf. Besonders betroffen waren die Strom- und Fernsprechanlagen der Stadt.

Im Gegenzug starteten am Nachmittag des 24. Juni Oblt. Carganico und Ofw. Dahmer zum ersten Feindflug. Sie beschossen einen russischen Leuchtturm auf der Spitze der Fischer-Halbinsel und kehrten unbeschossen zurück.

Der nächste Einsatz sah alle einsatzbereiten Maschinen der Staffel am Start. Er richtete sich gegen Ura-Guba und den dortigen Flugplatz, der im Tiefflug angegriffen wurde. Gebäude und Hangars brannten, einige Flugzeuge wurden am Boden zerstört.

Am 25. Juni traf Hptm. von Lojewski in Kirkenes ein. Er hatte den Befehl der Luftflotte 5 in der Tasche, die IV./JG 77 hier aufzustellen. Er übernahm zunächst die 14. Staffel des JG 77, die aus der alten 3./JG 77 entstanden war und die Kernzelle der neuen Gruppe sein sollte.

Am 29. Juni startete Hptm. von Lojewski mit den Staffelmaschinen zum Feindflug gegen die Kolabucht und Murmansk. Über diesem sowjetischen Haupthafen wurde der Verband von dichtem Flakfeuer empfangen. Die Bf 109 des Gruppenkommandeurs wurde mehrfach getroffen. Hptm. von Lojewski warf des Kabinendach ab und stieg mit dem Fallschirm aus. Er landete sicher, stieß nach drei Tagen auf eine Hütte russischer Fischer, die ihn an eine russische Streife verrieten, die den Hptm. gefangen nahmen.

Da die Sonne in diesen Sommermonaten im Hohen Norden nie unterging, bedeutete dies für die deutschen Flieger einen 24-Stunden-Tag. In diesen weißen Nächten des nordischen Sommers trugen die 1. und 13./JG 77 gemeinsam mit der Zerstörerstaffel (Me 110) im Tag-und Nachteinsatz die Last der Luftkämpfe gegen sowjetische Bomber und Jäger. Sie flogen Geleitschutz für die Einsätze der I./StG. 5 die von Kirkenes aus startete und gegen den Hafen Murmansk ebenso flog, wie gegen die Bahnlinie.

Nach wie vor griffen sowjetische Luftverbände Städte in Südfinnland und Zentralfinnland an. Diese Verbände kamen aus Süden von den Flugplätzen in Estland über den Finnischen Meerbusen herüber. Ihre Angriffe erfolgten überraschend, eine vorzeitige Warnung der Bevölkerung war nicht möglich; wenn es Fliegeralarm gab, waren die Russen auch schon zur Stelle.

Auch die russischen Flugplätze auf der Karelischen Landenge und ostwärts des Ladogasees waren Absprungplätze für diese Bombenangriffe gegen Finnland.

Aus diesem Grunde kam dem raschen Vorstoßen der HGr. Nord nach Nordosten große Bedeutung zu. Wenn sie erst Estland in Besitz genommen hatte, war ein besonderer Gefahrenpunkt für die finnische Bevölkerung beseitigt.

Karelien aber mußte durch eine finnische Offensive zurückgewonnen werden, dann war auch von hier aus kein sowjetischer Bombenangriff mehr möglich.

Am 28. Juni rief Feldmarschall Mannerheim die Soldaten dazu auf, »zum heiligen Krieg gegen den Feind unseres Volkes anzutreten, im Bunde mit der mächtigen Kriegsmacht Deutschland und als seine Waffengefährten.«

Die finnische Luftwaffe unternahm fieberhafte Versuche, den russischen Angriffen zu begegnen. Doch Generalleutnant Lundquist, ihr Oberbefehlshaber, hatte nicht genügend Flugzeuge zur Verfügung, um auch die russischen Feindflugplätze zu vernichten.

Der Angriff des AOK Norwegen, der am 29. Juni mit dem Antreten des Gebirgskorps Norwegen begann und aus dem Raume Petsamo gegen Murmansk gerichtet war, drang bis in den Raum Salla vor.

Am 5. Juli wurde hier das XXXVI. AK zum konzentrischen Angriff auf Salla neu gegliedert. Dieser Angriff begann am 6. Juli und wurde von allen einsatzbereiten Stukas unterstützt. Diese griffen die Befestigungen südlich Kuoloajoki an und zerstörten diese in drei aufeinanderfolgenden Angriffen.

Am Abend des 7. Juli war Salla in deutscher Hand. Der Kampf ging nach dem Gewinnen der Sallaberge am Abend des 8. Juli weiter in Richtung Kairala. Dort wurde in einer mehrtägigen Kesselschlacht, an der sich auch die Kampf- und Sturzkampfverbände der Luftwaffe beteiligten, das russische XXXVI. AK vernichtet. Die Rote Armee zog sich auf die alte finnisch-russische Grenze zurück.

Die Luftwaffeneinsätze hatten großen Anteil am Sieg. Immer wieder wurde versucht, die russischen Jäger zum Luftkampf zu stellen. Darüber hinaus wurde der russische Flugplatz Ura-Guba mehrfach angegriffen.

Daß die sowjetischen Jäger nicht so harmlos waren, wie es nach den geschilderten Ereignissen den Anschein hat, das zeigten die Flugzeuge der sowjetischen Jagdstaffel unter Oblt. Safonow, dem es am 24. Juni gelungen war, den ersten deutschen Gegner abzuschießen. Diese Staffel erzielte eine Reihe Erfolge. So gelang es ihr auch am 23. August östlich von Ura-Guba Lt. Mahlkuch abzuschießen, der bereits 16 Luftsiege errungen hatte.

Mit seinem Schwarm verlegte Ofw. Dahmer nach Kemijärvi, um von dort aus als selbständiges Kommando Stukabegleitschutz für deren Angriffe gegen die Murmanbahn zu fliegen, oder Tiefangriffe gegen sowjetische Waldstellungen durchzuführen. Dahmers Schwarm warf sich aus großer Höhe auf die anfliegenden sowjetischen Bomberformationen und schoß viele der Gegner ab. Nach seinem 25. Luftsieg erhielt Ofw. Dahmer am 1. August als erster Jäger im Eismeergebiet das Ritterkreuz. Damit wurde auch sein Schwarm der 6./JG 5 ausgezeichnet, wie Gen.Oberst Stumpff, der OB der Luftflotte 5, betonte, der eigens zur Verleihung des Ritterkreuzes nach Kemijärvi gekommen war.

Alle Luftkämpfe spielten sich fast ausschließlich ostwärts der Kola über russischem Gebiet ab. In den ersten drei Monaten ihres Einsatzes im Hohen Norden erzielte die 1./JG 77 über 100 Luftsiege. Staffelkapitän Oblt. Horst Carganico schoß am 27. September 1941 seinen 27. Gegner ab. Zwei Tage vorher war er mit dem Ritterkreuz ausgezeichnet worden.

Der Einsatz deutscher Fliegerverbände gegen sowjetische Kriegsschiffe, eine der Nebenaufgaben der deutschen Luftwaffe, begann bereits am 30. Juni, als sechs sowjetische Zerstörer gesichtet wurden, die südlich der Fischerhalbinsel sowjetische Truppenlandungen sicherten. Der Angriff traf zwei Zerstörer schwer.

Zwei weitere russische Zerstörer erhielten am 26. August ostwärts der Fischerhalbinsel Stukatreffer. Ein weiterer sowjetischer Zerstörer wurde am 22. August in Polarnoje getroffen. Sein Sinken wurde zwar gemeldet, ist aber nicht sicher.

Im Bericht des OKW vom 16. September wurde ein weiterer Erfolg gegen einen russischen Zerstörer ostwärts Kola durch Flieger gemeldet.

Am 12. September starteten von dem in die Barents-See beorderten Flugzeugträger »Argus« der Royal Navy 24 Hawker Hurricane-Jäger der 81. und 134. RAF-Squadron und landeten auf dem russischen Flugfeld von Wajenga nordostwärts von Murmansk. Von hier aus starteten sie zu einer Reihe von Sicherungsaufgaben. Später wurden diese Flugzeuge von den Russen übernommen und die englischen Piloten kehrten in ihre Heimat zurück.

Am selben 12. September kam es über der Front zum ersten Luftkampf einer dieser Hurricane gegen fünf Bf 109, die einen Henschel-Aufklärer begleiteten. Drei deutsche Flugzeuge wurden abgeschossen, eine Hurricane der 81. Squadron als Verlust gemeldet.

Im September 1941 wurden dann alle deutschen Jagdstaffeln im Hohen Norden zusammengefaßt. Aus ihnen wurde die Jagdgruppe zbV gebildet, deren Führung Major Henning Strümpell übernahm. Standort der Jagdgruppe war Kirkenes.

Ein Sonderereignis der Luftwaffe sei an dieser Stelle noch erwähnt. Am 25. September 1941 setzte eine Ju 52 zehn deutsche Meteorologen in Banso auf Spitzbergen ab. Diese Männer funkten ausgezeichnete Wetterberichte, die der Luftwaffe sehr halfen. Sie wurden erst im Juni 1942 wieder abgeholt.

Ein weiterer Versuch, eine automatische Wetterstation auf Nowaja Semlja durch Fallschirmjäger vorzubereiten, wurde durch das Eingreifen der sowjetischen Luftwaffe vereitelt. Weitere Sonderunternehmungen folgten im Jahre 1942.

Zu Ende des Jahres 1941 nahmen die dauernden Verlegungen einzelner Staffeln ihr Ende. Der Gruppenstab der Jagdgruppe zbV verlegte beispielsweise von Kirkenes nach Kemijärvi und von dort im Dezember 1941 nach Alakurtti, wo auch die 4./JG 77 lag. Die Zerstörerstaffel verlegte - ebenso wie die Stuka-Staffeln - für die dunkle Jahreszeit nach Rovaniemi. Die 14./JG 77 blieb in Petsamo und überwinterte als einziger Luftwaffen-Verband 60 km nördlich des Polarkreises.

Diese Staffel versuchte sich im Zielwerfen mit kleineren Bomben, die aus der Bf 109 abgeworfen werden konnten. Lt. Friedrich Dahn wollte mit solchen Bomben das Politruk-Gebäude in Murmansk angreifen. Bei diesem Einsatz wurde er vermißt. Er hatte bis dahin bereits 26 Abschüsse erzielt.

Erst am 25. Januar 1942 wurde dann das Jagdgeschwader 5 unter Oberstleutnant Handrick aufgestellt.

Die Einsätze des Fliegerführers Ostsee

Bereits Ende März 1941 befahl der Ob.d.L. die Bildung eines Stabes des Fliegerführers Ostsee mit dem Gefechtsstand in Swinemünde. Dies war eine der Vorbereitungen auf den Rußlandfeldzug. Sie betraf die nördliche Flanke der zukünftigen Front: die Ostsee.

Unter dem Fliegerführer Ostsee, Oberstleutnant von Wild, der bis zu diesem Zeitpunkt Kommandeur der KFlGr. 806 war, wurde dieser Stab rasch gebildet. Neuer Kommandeur der KFlGr. 806 wurde Major (später Oberstleutnant) Emig.

Oberstleutnant Wild standen folgende Kampf- und Aufklärungsverbände zur Verfügung:

Küstenfliegergruppe 806 mit Ju 88 unter Major Emig, Seeaufklärergruppe 125 mit He 114, He 60 und Ar 96.

9. Seenotstaffel mit 3 Do 23 (»Mausi«).

Diesen beiden Verbänden war die bewaffnete Aufklärung in der östlichen Ostsee und im Finnischen Meerbusen übertragen worden. Sie sollten überraschend vorgetragene sowjetische Vorstöße von Über- und Unterwasserstreitkräften rechtzeitig erkennen und bekämpfen.

Darüber hinaus - und eigentliche Hauptaufgabe - war das Minenlegen. Vor allem sollten die in der östlichen Ostsee und im Finnischen Meerbusen gelegenen sowjetischen Basen bei Kronstadt, Leningrad und auch die Newa vermint werden. Weitere Minenlegeaufgaben sollten später hinzukommen.

Dritte Aufgabe für diese Einheiten mit ihren geringen Kampfzahlen war die U-Boot-Sicherung, die U-Jagd und der Geleitschutz für deutsche Nachschubdampfer für die HGr. Nord.

Da Seenotaufgaben zu den vornehmsten Aufgaben der Seefliegerei gehörten, wurden auch die Einsätze der 9. Seenot-Staffel vorbereitet.

Ende April erfolgte die Herauslösung der KFlGr. 806 aus dem Verband des KG 54, dem sie unterstellt worden war. Die KFlGr. 806 wurde in den Einsatzhafen Prowehren, 12 km ostwärts Königsberg verlegt und der Luftflotte 1 unterstellt. Von hier aus erfolgte die Unterstellung unter den Fliegerführer Ostsee.

Anfang Mai wurden Oberstleutnant Nordenskiold, Hptm. Donandt und Hptm. Seedorf nach Helsinki kommandiert. Ihr Auftrag dort lautete: Erkundung geeigneter Flugplätze im Südraum Finnlands. Die 1./KFlGr. 806 sollte auf einen der gefundenen Flugplätze verlegen und von dort aus zum Einsatz gelangen. Die Erkundigung ergab, daß Märvi und Utti geeignet waren.

Bereits am 20. Juni 1941 starteten 25 Ju 88 um 23.00 Uhr zur Verminung der Kronstädter Bucht mit BM 1000. Dieser Einsatz wurde ohne Feindberührung verlustlos durchgeführt. Der Rückflug erfolgte mit einer Zwischenlandung und Auftanken in Märvi nach Prowehren.

In der Nacht zum 22. Juni wurde dieser Einsatz wiederholt. Diesmal gerieten die Ju 88 in schweres Flakfeuer von den Schiffen. Sechs Besatzungen gingen mit ihren Maschinen verloren. Die Verluste entstanden, weil die BM 1000-Minen aus nur 40 bis 60 m Flughöhe geworfen werden mußten.

Am 22. Juni setzte die KFlGr. 806 ihre Feindeinsätze fort. Insgesamt wurden an diesem Tage von den Seeflugzeugen und Ju 88 vor Kronstadt auf den Zwangswechseln der russischen Schiffe 27 Minen geworfen. Ein estnischer Dampfer lief gleich am ersten Tag auf eine der Minen und sank.

Die Angriffe auf die drei Hauptschleusen des Stalin-Kanals wurden gefordert um zu verhindern, daß Schiffe aus dem Finnischen Meerbusen den Kanal zum Weißen Meer passierten. Den Kanal hätten selbst Zerstörer passieren können.

Der Einsatzbericht von Hptm. Seedorf, Kapitän der 1./KFlGr. 806 zeigt die Schwierigkeiten dieses Unternehmens auf:

»Den Einsatz mit drei Ketten zu je zwei Flugzeugen gegen die erste Schleuse flog der Gruppenkommandeur, Major Emig. Der Major wurde durch eine der BM 1000, die aus niedrigster Höhe gegen die Schleuse geworfen wurde, mit seiner Maschine gegen die Schleuse geschleudert. Für die beiden anderen Ketten konnte ich noch die Abwurfhöhe auf 100 m befehlen, so daß weitere Verluste bei diesem Einsatz vermieden wurden.

Beim dritten Einsatz am 25. Juni gegen das Ziel Nr. 10 - die Powenezschleuse - wurde mein Flugzeug durch russische leichte Flak in Brand geschossen. Wir machten eine Notlandung 185 km hinter der finnisch-russischen Grenze. Wir marschierten in Richtung finnische Grenze und erreichten am 27. Juni gegen 23.00 Uhr 15 km südlich der finnischen Stadt Reppola einen finnischen Stoßtrupp, der uns verpflegte und für unsere Rückkehr nach Helsinki sorgte.

Besatzung bei diesem Flug waren: ich als Flugzeugführer, Oblt.z.S. Fuchs als Beobachter, Uffz. Fischer als Bordfunker und StFw. Mauderer als Bordmechaniker.

Beim Kommandierenden General der deutschen Wehrmacht in Finnland, General Erfurth, meldeten wir uns zurück und wurden wenig später durch Feldmarschall Mannerheim ausgezeichnet.

Als wir nach Prowehren zurückkehrten, hatte Major Linke die Führung der KFlGr. 806 übernommen; für mich führte Hptm. Siedschlag die 1. Staffel.«

Soweit der Bericht von Hptm. Seedorf.

Die Ju 88 der Gruppe vernichteten bei einer bewaffneten Aufklärung den russischen Dampfer »Luga« mit 2.329 BRT. Am 19. Juli beschädigten sie den sowjetischen Zerstörer »Serdityi«, der später von der Besatzung selbst versenkt werden mußte.

Der Zerstörer »Karl Marx« wurde am 8. August in der Loksabucht vor Reval schwer getroffen. Er wurde vier Tage später gesprengt.

Als Reval von den Sowjets geräumt werden mußte und am 28. und 29. August die Hauptkräfte der russischen Marine ausliefen, griffen alle einsatzbereiten Flugzeuge der KFlGr. 806 an. Hinzu kam die 2./KG 77, die ebenfalls Ju 88 flog. Bei diesen Angriffen sanken: der Eisbrecher »Krisjanis Valdemars«, die Transporter »Skrunda«, »Lake Lucerne« und »Atis Kronsvalds«, hinzu kam das Stabsschiff »Vironia«, das zwar nur beschädigt wurde, dann aber auf eine Mine lief und sank.

Am 29. August erfolgte in Höhe Suursaari der zweite Angriff der beiden genannten Verbände. Diesmal wurden zwei Transporter und das Schulschiff »Leningradsovet« versenkt. Drei weitere Schiffe, darunter das Werkstattschiff »Serp i Molot« wurden so schwer mit Bomben eingedeckt, daß sie auf Strand gesetzt werden mußten.

Weitere Mineneinsätze, diesmal gegen den Raum Povenez am Weißmeerkanal, folgten. Die Schleusenanlagen dieses Kanals wurden am 15. Juli, am 28. August und am 5. September bombardiert. Die Treffer setzten sie zeitweise außer Betrieb.

Dem Fliegerführer Ostsee wurden am 1. August auch die Flugzeuge der Teilstaffel der 1./Bordfliegergruppe 196 zugeführt. Am 15. September stieß die ebenfalls auf Ju 88 umgerüstete KFlGr. 506 hinzu. Dennoch wurde der Stab des Fliegerführers Ostsee am 27. Oktober 1941 vom Ob.d.L. aufgelöst. Die KFlGr. 806 wurde nach Italien verlegt und dem KG 54 als dessen III. Gruppe zugeführt. Die KFlGr. 506 wiederum verlegte nach dem Westen und wurde der Luftflotte 3 zugeführt. Die Seeaufklärergruppe 125 schließlich verlegte nach Umrüstung auf Arado 196 und BV 138 mit den Staffeln 2 und 3 ins Schwarze Meer.

Das Stukageschwader 2 gegen die Rote Flotte

Das StG 2, das unter dem Kommando von Oberstleutnant Dinort im Nordabschnitt im Einsatz stand, um die sowjetische Flotte in der Ostsee anzugreifen und ihr den Garaus zu machen, war im Mai 1941 am Himmel über Kreta erfolgreich gewesen und hatte die britische Flotte zum Rückzug aus diesem Seegebiet gezwungen. Dieses Geschwader sollte nun auch die sowjetische Flotte in Kronstadt und Leningrad angreifen und vernichten. Es galt, diese starken Seestreitkräfte zu lähmen und sie daran zu hindern, auf deutsche Erzfrachter Jagd zu machen.

Vom Fliegerhorst Tyrkowo aus starteten am 23. September 1941 die I. und III./StG 2. Es war 8.45 Uhr, als die ersten Maschinen in der Luft waren und sich versammelten. Der Flug nach Kronstadt wurde im Staffelverband angetreten. Eine Stunde später eröffnete die russische Flak aus etwa 600 Rohren das Feuer. Ein dichter Vorhang aus Stahl trennte den Himmel in zwei Teile. In etwa 5000 m Höhe flogen die Stukas an. Damit waren sie der gezielten Feuerwirkung dieser geballten Flakansammlung in etwa entzogen. Allerdings wurde auch der Sturz hinunter auf die Ziele schwieriger. Aber die Stukas kippten über den Möwenflügeln ab und jagten mit eingeschalteten Sturzflug-Sirenen auf den Hafen hinunter. Zielsicher flogen sie die feuerspeienden Schiffskolosse an. In 1200 Meter angekommen wurden die Bomben gelöst. Die Stukas fingen ab, drehten empor und gleichzeitig zur Seite weg.

Das Schlachtschiff »Marat« wurde beim ersten Anflug getroffen. Feuer breitete sich an Deck des Schiffsriesen aus. Die »Marat« war angeschlagen.

Doch dies waren keine vernichtenden Treffer. Eine der nächsten Maschinen, geflogen von Oblt. Hans Ulrich Rudel, Kapitän der 9./StG. 2, stieß in der zweiten Welle hinunter. Hier sein später geschriebener Bericht darüber, der uns einen ungefähren Eindruck von dieser Situation vermitteln hilft:

»Es ist furchtbar. Überall funkt und blitzt es neben uns auf. Die Luft scheint mit Schwefel geladen. Die Wolken leuchten gelb. Das Tosen und Krachen der explodierenden Flakgeschosse dringt selbst durch die dichte Verkleidung der Maschine.

Gruppenkommandeur Hptm. Steen hat sich genau vor mich gesetzt. Ich kann ihn deutlich erkennen.

Der Sturz in einem Winkel von 70 bis 80 Grad nimmt mir die Luft weg. Ich hänge fast an Hptm. Steens Maschine. Im Visier habe ich die »Marat«. Schnell, immer schneller scheint sie auf mich zuzukommen. Ich sehe die offenen Mündungen der Flak und die Flammen, die aus den Rohren peitschen.

Ich muß die Maschine noch steiler drücken. Für eine Zehntelsekunde sehe ich das entsetzte Gesicht von Hptm. Steens Bordschützen. Er reißt die Augen erschreckt auf, weil er fürchtet, daß ich mit meiner Luftschraube ihre Steuerung wegreiße.

Ich nehme alle Kraft zusammen. Jetzt noch mehr drücken, noch steiler! - Es müssen fast 90 Grad sein.

Ich flitze gerade noch an Steen vorbei. Die »Marat« habe ich genau im Visier. Matrosen hasten über das Deck, einige tragen Munition, andere ziehen die Köpfe ein. Ein Fla-Geschützturm dreht in meine Richtung ein, wenn d e r losballert!

Da drücke ich auf den Bomben-Auslöseknopf am Steuerknüppel. Mit aller Gewalt ziehe ich die Maschine hoch, will sie hochziehen, denn ich habe nur noch eine Höhe von 300 m. Dabei soll die 1000-kg-Bombe, die ich eben ausgelöst habe, nicht unter einer Höhe von 1000 m geworfen werden, sonst droht die Selbstvernichtung durch Splitterwirkung.

Ich reiße die Maschine mit aller Gewalt ruckartig hoch. Ein scheußliches Gefühl steckt mir in Magen und Kopf. Da höre ich die heisere Stimme meines Bordschützen Scharnowski:

»Herr Oberleutnant, das Schiff ist explodiert!«

Langsam drehe ich mich um. Da liegt die »Marat« hinter einer undurchdringlichen Decke aus Pulverdampf und Nebel.

Das Schlachtschiff »Marat« zerbrach in zwei Teile und sank. In den nächsten Tagen wurden die Angriffe fortgesetzt. Der 25., 26. und 27. September waren erfolgreich. Am 28. September sah Oberstleutnant Dinort, der fast alle Angriffe mitflog, wie die Ju 87 des Kommandeurs der III. Gruppe, Hptm. Steen, einen schweren Flaktreffer erhielt. Er sah, daß Steen seine Ju 87 nicht mehr abfangen konnte und sie direkt auf den schweren russischen Kreuzer »Kirow« warf und mit einer hellen Stichflamme an der Bordwand der »Kirow« zerschellte.

Als das VIII. Fliegerkorps, das von der Luftflotte 2 an die Luftflotte 1 ausgeliehen worden war, wieder in den alten Befehlsbereich zurückkehrte und mit ihm auch das StG. 2 in den Mittelabschnitt zurückverlegte, hatten auch das Schlachtschiff »Oktjabrskaja Revoljucija« und der schwere Kreuzer »Maksim Gorkij« schwere Treffer erhalten. Weitere Schiffe, darunter einige Zerstörer, waren ebenfalls beschädigt worden.

Ehe der erste Abschnitt der Kämpfe in Rußland abgeschlossen werden soll, um auch den Einsatz der russischen Seite von Anfang an darzustellen, sei an dieser Stelle noch in einem Kurzbericht jenes Jagdgeschwaders gedacht, das im Nordabschnitt der Ostfront vom ersten Tage an im Einsatz gestanden hatte.

Kampf und Sieg des Jagdgeschwaders 54 »Grünherz«

Das Jagdgeschwader 54, das unter der Führung von Major Trautloft seit dem ersten Tage des Rußlandfeldzuges im Nordabschnitt der Ostfront im Einsatz stand, erzielte seinen ersten großen Erfolg am 29. Juni. An diesem Tage versuchte ein großer sowjetischer Bomberverband den Vorstoß der Panzergruppe 4 zu stoppen, indem er die Dünabrücken angriff.

Im Alarmstart warfen sich die Jäger dem Gegner entgegen. Die Luftkämpfe dauerten bei immer wieder angesetzten neuen Bomberangriffen den ganzen Tag. Als der Abend niedersank, hatte die Rote Luftwaffe an dieser Stelle der Front 65 Bomber verloren. Es war keinem der Feindbomber gelungen, an die Brücken heranzukommen.

Am 1. Juli erreichte das Geschwader den Flugplatz Birzi bei Jakobstadt. Von Birzi aus wurde ein Teilkommando nach Mietau verlegt. Hier übernahm Hptm. von Selle die I./JG 54 von Hptm. von Bonin.

Nach einigen Tagen ging es weiter nach Nordosten. Am 5. Juli erreichte die I./JG 54 Alt-Schwaneburg, dessen Flugplatz noch gut erhalten war. In den Flugzeughallen kampierten russische Kriegsgefangene. Am 10. Juli erfolgte die Weiterverlegung nach Korovje Selo mit seinem primitiven Feldflugplatz. Zum Glück ging es bereits am nächsten Tag weiter nach Sarudinje. Der hier liegende Feldflugplatz war allerdings auch nicht besser. Es herrschte eine fürchterliche Hitze und bei jedem Start stiegen dicke Staubwolken empor. Die Gruppe kampierte in Zelten.

Am 18. Juli konnte das KG 54 seinen 500. Luftsieg an der Ostfront verzeichnen. Damit hatte das Geschwader seit Kriegsbeginn über 800 Luftsiege errungen.

Oberleutnant Helmut Ostermann erhielt nach 29 Luftsiegen am 4. September das Ritterkreuz.

Der Beginn der rollenden Luftangriffe gegen Leningrad am 9. September sah das gesamte Geschwader im Einsatz. Kronstadt und Oranienbaum sah die Jäger als Geleitschutz und im Luftkampf gegen einen zahlreichen Gegner. Die Abschußerfolge stiegen sprunghaft an und am 12. September wurde in Berlin ein Pressebericht herausgegeben, in dem der 1.200. Luftsieg des Geschwaders am 7. September gefeiert werden konnte und bis zum 11. September sich die Zahl der Luftsiege auf 1.238 erhöht hatte.

Diesem Erfolg standen lediglich acht eigene Verluste gegenüber. Inzwischen hatten Oblt. Philipp und Oblt. Ostermann mit 66 und 62 Luftsiegen das Eichenlaub zum Ritterkreuz erhalten.

Daß diese Kämpfe im gesamten Bereich der Ostfront bedeutend schwerere Opfer von der deutschen Luftwaffe forderten, das zeigen die Verlustmeldungen auf. So nannten die offiziellen Berichte am 18. Juli bereits 1.284 abgeschossene und verunglückte deutsche Flugzeuge. Der Bestand der Luftwaffenkräfte im Osten war Anfang Juli auf etwa 1.000 Flugzeuge abgesunken.

Der Gegner aber hatte trotz der hohen Verluste mehr und mehr Flugzeuge zur Verfügung, denn die russische Flugzeugindustrie lieferte im zweiten Halbjahr 1941 3.160 Jäger, 1.867 Bomber und 1.293 Schlachtflugzeuge an die Front aus. Zahlen, von denen man in Deutschlands Flugzeugindustrie nur träumen konnte.

Am 18. September erhielt Hptm. Franz Eckerle nach seinem 30. Luftsieg das Ritterkreuz.

Zu den Angriffen des Stukageschwaders 2 unter Oberstleutnant Dinort flogen alle Jäger des JG 54 Begleitschutz. Es gelang ihnen, die Stukas völlig von den russischen Jägern abzuschirmen. Die Verluste waren dementsprechend hoch.

Nach Hptm. Seiler am 20. Dezember wurde noch am 31. Dezember 1941 Uffz. Karl Schnörrer das Ritterkreuz verliehen. Die I./JG 54 verlebte den Jahreswechsel in Krasnogwardeisk.

Im Dezember mußten zahlreiche Luftwaffenverbände aus der Front gezogen und zur Auffrischung in die Heimat verlegt werden. Einzelne Kampfgruppen, nicht nur im Nordabschnitt, sondern in allen Abschnitten der Ostfront, verfügten nur noch über drei bis fünf einsatzbereite Flugzeuge.

Auch im Nordabschnitt der Ostfront begann ab dem 9. Dezember der Rückzug der HGr. Nord mit der Aufgabe des Frontvorsprungs im Raume Tichwin-Wolchowstroj. Am 15. Dezember begannen auch die Übersetzbewegungen über den Wolchow nach Westen.

Die deutsche Luftwaffe hatte im Ostfeldzug vom 22. Juni 1941 bis zum 31. Dezember 2.092 Flugzeuge verloren. 1.361 weitere Flugzeuge waren beschädigt worden.

Was würde das Jahr 1942 bringen?

DIE SOWJETISCHEN LUFTSTREIT-KRÄFTE

Vorbemerkungen

Über die numerische Stärke der sowjetischen Luftstreitkräfte war man sich in Deutschland in keiner Weise im klaren. Man rechnete - entgegen den Stimmen der Warner, unter ihnen auch der deutsche Luftwaffen-Attaché in Moskau - daß der neue Gegner allein an seiner Westfront über etwa 6.000 Flugzeuge verfügen müsse, das war etwa das Dreifache dessen, was man deutscherseits aufzubieten bereit war.

Da man aber aufgrund der Ergebnisse der Fernaufklärungsgruppe Ob.d.L. (F) unter Major (dann Oberstleutnant) Rowehl genau über die Belegungsstärken der sowjetischen Flugplätze orientiert war, hoffte man, mit einem überraschenden schweren Schlag möglichst das Gros der russischen Luftwaffe auszuschalten.

Hinzu kam, daß die in der UdSSR tätigen Agenten meldeten, daß die Rote Luftwaffe in der Mehrzahl über veraltete Typen verfüge. So sei die Jägerwaffe überwiegend mit Polikarpow I 15 und I 16 ausgerüstet, die bereits 1937-1938 in Spanien den deutschen Flugzeugen hoffnungslos unterlegen waren. Die neuen Flugzeugmuster, wie die Mikojan-Gurewitsch MiG 1 und 3, die Jakowlew Jak 1 und Jak 7 sowie die Jägertypen des Konstrukteurs Lawotschkin LaGG 3, stünden erst am Anfang ihrer Produktion.

Daß die sowjetische Luftwaffe zudem eine sehr mangelhafte Kampferfahrung und Ausbildung hatte, kam noch bei der Beurteilung hinzu. Darüber hinaus war die Ausstattung der sowjetischen Flugzeuge mit Funkgeräten sehr schlecht.

Alles dies Argumente, mit denen man das zahlenmäßige Mißverhältnis ausgleichen zu können glaubte.

Die Dislozierung der sowjetischen Luftstreitkräfte sah allerdings am 22. Juni 1941 nicht 6.000 sondern über 7.000 Flugzeuge im europäischen Rußland versammelt. Nach einer unbestätigten amerikanischen Meldung darüber war die russische Fliegertruppe wie folgt aufgestellt:

Südabschnitt - Armee Budjonny

Eine Gesamtstreitmacht von acht Flieger-Divisionen. Jede dieser Divisionen setzte sich aus drei bis fünf Flieger-Regimentern zusammen, von denen jedes über 80 Flugzeuge verfügen sollte.

Nordabschnitt - Armee Timoschenko

Zwei Flieger-Divisionen mit insgesamt 480 bis 800 Flugzeugen. (Die Zahl differierte um das doppelte).

Luftabwehrbereich Moskau

Sieben Flieger-Divisionen waren um die sowjetische Hauptstadt herum konzentriert. Sie sollten Moskau verteidigen.

Kaukasusgebiet

Obgleich nicht unmittelbar für die Verteidigung gegen einen Angriff aus dem Westen benötigt, waren in diesem Raum zwei Flieger-Divisionen versammelt. Sie rundeten die Zahl von 23 Flieger-Divisionen im europäischen Rußland ab.

Eine Zahl von weiteren zehn Flieger-Divisionen befanden sich an der fernöstlichen Front.

Alle sowjetischen Luftwaffenverbände waren - dies sei noch einmal festgestellt - im Jahre 1941 den Armeen zugeordnet und bildeten keine gesonderte Waffengattung mit eigener Führung nach Art des Oberkommandos der Luftwaffe in Deutschland.

Die ersten Stunden

Die Rolle des sowjetischen Führers Stalin in den frühen Stunden des 22. Juni 1941 war gekennzeichnet von Konfusion und einander widersprechenden Befehlen. Als die Meldungen der eigenen Luftstreitkräfte eingingen war es in Moskau 3.30 Uhr. Die im Verteidigungs-Kommissariat eingehenden Berichte vom deutschen Angriff auf der gesamten Frontbreite wurden wenig später durch General G.K. Shukow vom Generalstab der Roten Armee an Stalin weitergeleitet.

Stalin befahl, diese Angriffe lediglich als Übergriffe und Provokationen eines Teiles der deutschen Generale zu betrachten. Bereits drei Stunden vorher hatte Stalin während einer Besprechung eine verwirrende Direktive erlassen, die durch Marschall Timoschenko den Verteidigungs-Kommissaren des Leningrader, des Ostsee-Sonderbezirkes, des Westlichen und des Kiewer Verteidigungsbereiches und des Bereiches Odessa weitergeleitet wurden. Kernsatz dieser Direktive war eine »Warnung vor einem möglichen Angriff am 22. oder 23. Juni 1941 durch Deutschland.« Diese Direktive Timoschenkos erreichte die Truppe im Ostseebereich. Diese Direktive reduzierte die Verwundbarkeit der sowjetischen Luftwaffe in diesem Bereich ein wenig, weil sie ihr die Möglichkeit eines deutschen Angriffs vor Augen führte, ohne daß sie den Kommandeuren definitiv die grausige Möglichkeit eines überraschenden Krieges vermittelte. Im Ostseeraum beispielsweise ordneten die sowjetischen Fliegerkommandeure daraufhin an, daß ihre Verbände die Deutschen weder aufhalten noch das Feuer auf deutsche Flugzeuge eröffnen dürften, die in den sowjetischen Luftraum eingedrungen waren. Erst wenn diese deutschen Flugzeuge die Kampfhandlungen eröffneten, dürfe zurückgeschossen werden.

Auch im Westlichen und im Kiewer Militärbezirk standen die Flugzeuge auf ihren Plätzen. Lediglich im Militärbezirk von Odessa wurde prompt reagiert. Dort wurden alle Flugzeuge weit auseinandergezogen, bevor die deutschen Angreifer auftauchten.

Um 7.15 Uhr des 22. Juni erließ Marschall Timoschenko nach einer weiteren Rücksprache mit Stalin einen zweiten Befehl. Zu dieser Zeit hatte die deutsche Luftwaffe bereits den ersten vollen Schlag gegen die sowjetischen Luftstreitkräfte ausgeführt. Der Krieg tobte nun von der Ostsee bis in die Ukraine und die sowjetische Luftverteidigung war bereits desorganisiert. Während die deutschen Sturmspitzen an den verschiedenen Stellen vorstürmten, eröffnete die Luftwaffe über ihnen das Feuer und legte massierte Bombenteppiche über die in Frage kommenden Flugfelder und Batterien.

Die sowjetische Luftverteidigung war nicht mehr existent, weil auch das Netzwerk der Kommunikation zerrissen war und Moskau den Kontakt mit der im Westen kämpfenden Truppe verloren hatte.

In dieser dunklen Krise befahl Marschall Timoschenko die ersten Gegenschläge. Die sowjetische Luftwaffe wurde in gerade dem Augenblick, als sie den vollen Feuerschlag der deutschen Luftwaffe über sich ergehen lassen mußte, zum Gegenschlag befohlen. Sie sollte »mit kraftvollen Schlägen die feindlichen Luftstreitkräfte und Bodendienste auf deren Flugplätzen zerschlagen.«

Für den ersten Schlag erlaubte Moskau der » Voyenno vozdushnyje sily - der Roten Luftwaffe« mit den Luftstreitkräften 150 km tief auf deutsches Gebiet vorzudringen.

Eine andere Moskauer Weisung, die um 21.15 Uhr dieses Tages folgte, befahl den sowjetischen Streitkräften nun hart und stark in der Nordwest-, West- und Südwestfront zurückzuschlagen, in die Offensive zu gehen und den Krieg in das feindliche Territorium zu tragen. Beide Befehle waren ebenso unrealistisch wie verfehlt. Der Befehl, die Deutschen zurückzuschlagen fiel mit dem Zusammenbruch der sowjetischen Vorwärtsverteidigung zusammen. In Minsk und anderen Sektoren begann bereits die Einkreisung starker sowjetischer Streitkräfte.

Luftwaffeneinsatz im Frontgebiet

In dieser Hölle einer grimmigen Farce, die von einer Tragödie abgelöst wurde, waren es die sowjetischen Luftwaffen-Kommandeure und ihre Verbände, die mit großem Mut dem Angriff der deutschen Luftwaffe entgegenflogen. Einer ihrer Piloten, mit Namen I.I. Drozdow vom 127. Jäger-Regiment (Istrebitel'nyjaviatsionnyj polk) flog an diesem Tage vier Einsätze gegen deutsche Bomber in der Nähe von Brest. Nach sowjetischen Berichten schoß er fünf »faschistische Flugzeuge« ab.

Das 123. Jagdflieger-Regiment, ebenfalls in der Nähe von Brest stationiert, kämpfte in einem zehnstündigen Duell mit deutschen Bombern und Jagdflugzeugen. Unter ständigem deutschen Feuer und dauernden feindlichen Luftangriffen schufteten die Bodendienste, um die Flugfelder wenigstens mit einer Startbahn freizubekommen.

Major B.N. Surin focht vier Luftkämpfe mit deutschen Flugzeugen aus und schoß drei dieser Gegner ab. Beim vierten Angriff wurde er selber abgeschossen.

Bis dahin hatte die Rote Luftwaffe über dem Sektor Leningrad in den frühen Morgenstunden des 22. Juni den Kampf gegen jene deutschen Flugzeuge aufgenommen, die Minen im Finnischen Golf warfen, ohne einen Abschuß erzielen zu können. In der Nacht zum 23. Juni gab es in Leningrad den ersten Fliegeralarm.

Es kam zu keinen größeren Kampfhandlungen deutscher Flieger in diesem Einsatz. Die Leningrader, abgelegen von der deutschen Durchbruchszone, erhielten noch eine Galgenfrist.

General A. A.Nowikow, Befehlshaber der Luftwaffe im Norden, stellt in den nächsten Tagen seine Entschlossenheit in der Luftverteidigung in diesem Gebiet unter Beweis. Als sich die HGr. Nord Leningrad näherte, mobilisierte er die ihm zur Verfügung stehenden fliegenden Verbände zu einer entschiedenen Verteidigung von Nowgorod und Leningrad. In einer Atmosphäre der Verwirrung und der erhöhten deutschen Luftpräsenz stellte General Nowikow seine Luftarmee zusammen. Seine Einheiten und Verbände kamen aus dem vernichteten Ostsee-Militärbezirk, aus der Seefliegerei und von den Luftverteidigungs-Verbänden. Alle wurden im Großraum Leningrad und damit im Leningrader Militärbezirk stationiert.

Um die ständig vordringenden deutschen Truppen stoppen zu können, wurden Nowokow die langsam fliegenden SB 2-Bomber zugeführt. Aber auch diese Maßnahme war nicht dazu geeignet, den deutschen Vorstoß zu stoppen. Die Verluste waren enorm. Jagdflugzeuge waren knapp und die herankommenden Verstärkungen waren zumindest in dieser ersten Phase des Krieges minimal. Später sollte sich das ändern.

Dennoch demonstrierte General Nowikow eindrucksvoll sein Können und seinen Ehrgeiz, in der Führung der Roten Luftstreitkräfte im Norden der Ostfront. Moskau wurde auf ihn aufmerksam und beförderte ihn zum stellvertretenden Oberbefehlshaber aller Frontfliegerverbände.

Die sowjetischen Kommandeure der Frontflieger-Verbände fanden nur eine geringe Anzahl an Flugzeugtypen für den Kampf des ersten Halbjahres vor. Es waren der Pe 2-Bomber und die IL 2 »Sturmowik«.

Dennoch waren diese wenigen Maschinen eine beachtliche Streitmacht, die der sowjetischen Luftwaffenführung zur Verfügung stand. Insbesondere der neue Jäger MiG 3, die Yak 1 und LaGG 3 zählten zu jenen Waffen, die den Deutschen zu schaffen machen würden. Sie ersetzten die älteren I 15, I 16 und I 153. Die Yak 1 war der herausragende Jäger. Er wurde 1941-42 in Serienproduktion gebaut und weiterentwickelt.

Die MiG 3, ursprünglich als Abfangjäger für Operationen in großer Höhe gedacht, hatte sich in geringen Höhen als nicht kampfstark genug erwiesen. Sie wurde schließlich aus der Produktion genommen.

Die LaGG 3 charakterisiert am besten den Typ des russischen Jägers des Jahres 1941. Mit diesem Flugzeug, dessen Zelle in Holzbauweise gefertigt wurde, begann auch in Rußland eine neue Aera des Flugzeugbaues.

Obwohl kampfkräftig, waren sämtliche sowjetischen Jägertypen zu träge und zu wenig manövrierfähig. Selbst mit ihrem neuen Motor, dem 12-Zylinder M 105 mit über 1.200 PS war die LaGG 3, die als Schwergewicht unter den Jägern galt, nur wenig schneller und wendiger, als die Vorkriegs-I 16. Ihre Reichweite war zu gering und in der Handhabung war sie unberechenbar. Die russischen Piloten nannten sie den fliegenden Sarg, wegen ihrer geringen Leistung. Sie wurde wegen ihres hochpolierten Äußeren - Holz mit Plastik imprägniert - von den Piloten auch »Lakirowanny garantirowanny grob« genannt, was soviel wie »lackierter garantierter Sarg« bedeutete.

Im Einsatz erlitt die LaGG 3 hohe Verluste. Neben der Unzulänglichkeit dieses Flugzeuges wurde die Verlustrate auch durch das Umrüstungstraining und die chaotischen Kriegsbedingungen, unter denen sie stattfanden, verursacht. Sowjetische Piloten fanden die Plexiglaskabinendächer, zuerst geschlossen, so undurchsichtig, daß ihre Sicht drastisch reduziert war. In Notfällen war es äußerst schwierig, ein solches Dach zu öffnen. Um ihrer eigenen Sicherheit willen flogen die Piloten die Maschine mit offenem Kabinendach. Dies verringerte naturgemäß ihre Leistung. Einige gute Piloten meisterten diese »eingebauten Schwierigkeiten« der LaGG 3 und errangen mit diesem Flugzeug überraschend große Erfolge.

V. I. Popkow, der später an 15. Stelle in der Rangliste der errungenen Luftsiege stand, erzielte seine ersten Erfolge auf der LaGG 3. Hauptmann G. A. Grigorjew schoß mit seiner LaGG 3 sowjetischen Berichten zufolge in den ersten sechs Monaten des Kampfes 15 deutsche Flugzeuge ab. Diese Piloten waren jedoch Ausnahmeerscheinungen. Piloten auf LaGG 3-Flugzeugen tauchten ansonsten nicht in den russischen »Rekordlisten« auf.

Eines allerdings hatte die LaGG 3 allen anderen russischen Jägern voraus: sie war unverwüstlich. Die Tatsache, daß sie schwere Treffer ohne Nachteile für den Piloten wegsteckte, führte schließlich zu der Entscheidung, sie als Schlachtflugzeug neben der IL 2 einzusetzen. Konsequenterweise wurden dann auch 1941-1942 die LaGG 3 als Kampfbomber bewaffnet und mit RS 82-Raketen und Bomben bestückt.

Trotz der verschiedenen Verbesserungen, die anfänglich in die LaGG 3 investiert wurden, war sie ihrem deutschen Gegenstück, der Bf (Me) 109 nicht gewachsen. Die deutsche Maschine war ihr in allen Belangen überlegen.

Statt die LaGG 3 aufzugeben und dafür einen ganz neuen Jäger zu entwickeln, traf Moskau im Spätsommer 1942 die Entscheidung, den Flugzeugrahmen zu erhalten und in ihn einen luftgekühlten ASh 82-Motor einzubauen. Dies war eine zweckmäßige Änderung, die zur Lawotschkin La 5 führte. Damit nahm der lackierte Sarg doch noch ein gutes Ende, denn die La 5 und die daraus weiterentwickelte La 7 waren später das Gegenstück zur kampfstarken Fw 190 am Himmel über Kursk, im Sommer 1943.

Alexander I. Pokryschkin, in der Rangliste der sowjetischen Fliegerasse mit 95 (von den Sowjets gemeldeten) Luftsiegen, war zu Kriegsausbruch Seniorleutnant im 55. Kampfflugzeug-Regiment im sowjetisch besetzten Moldawa nahe der rumänischen Grenze. Wie er und seine Kameraden die ersten Kriegstage und Wochen erlebte, sei im folgenden dargelegt.

Sowjetische Fliegerkräfte im Abwehrkampf

Aus den Kriegserlebnissen von Alexander I. Pokryschkin, die in dem Werk Nebo voyny - Der Luftkrieg aus seiner Feder dargestellt wurden, ist deutlich die dramatische Lage der ersten Luftkriegseinsätze in Rußland zu erkennen. Zu erkennen ist auch die große Krise der sowjetischen Luftwaffenführung, der Voyenno vozdushnyje sily.

Zu diesen Ereignissen berichtet Pokryschkin: »Als der Krieg begann fand ich mich mit meiner MiG 3 mit meinem Regiment 55 auf der Mayaki-Startbahn. Wir hausten in Zelten, während in Beltsy, der

Basis meines Verbandes, eine feste Startbahn gebaut wurde.

Die Stille des Sonntagmorgens - es war der 22. Juni 1941 - wurde von Rufen durchbrochen: »Alarm! - Kampf! - Es gibt Krieg!«

Wir stürzten aus dem Zelt. Hoch über uns sahen wir die Silhouetten von drei Bombern, die von vier Jägern geleitet wurden. Sie passierten die Schmalseite unseres Flugfeldes und drehten dann bei klarer Sicht, gegen unsere abgestellten Flugzeuge ein. Jetzt warfen sie Bomben!

Diese Bomben trafen unsere Flugzeuge. Nach einer Serie von Explosionen drehten sie wieder ab und flogen unbeschädigt nach Westen zurück.«

Pokryschkin erfuhr sehr bald, daß vor allem Baltsy angegriffen worden war und daß sein bester Freund im Luftkampf mit den deutschen Jägern als erster seines Regimentes gefallen war.

Im Tagebuch Pokryschkins ist deutlich die ohnmächtige Wut der russischen Flieger zu erkennen, die im Mai 1941 die deutschen Fernaufklärer unter Oberstleutnant Rowehl am hellichten Tag über dem Platz von Beltsy beobachten mußten, ohne dagegen einschreiten zu können. Alle russischen Flugzeuge hatten Startverbot erhalten, sie durften diese Fernaufklärer der Deutschen nicht abfangen und abschießen. Die Fernaufklärer wurden also nicht - wie deutscherseits vermutet worden war - nicht erkannt, sondern sie durften nicht beschossen werden. Aus dem KTB dieses russischen Fliegers geht dies eindeutig hervor:

»Wir versammelten uns um unseren Kommandeur, so als ob e r diesen Befehl gegeben hätte und könnte ihn nun auch, da wir ihn bestürmten, wieder annullieren. Doch dem war nicht so. Dies war eine Anweisung von oben. »Diplomatie«, erklärte er uns. Wir suchten darauf eine Antwort, fanden sie aber nicht. Es schien uns, als ob die ungesetzlichen Überflüge unseres Landes durch deutsche Aufklärer uns Aufschluß darüber gäben, was an fürchterlichen Ereignissen auf uns zukommen sollte.«

Für Pokryschkin war dieses Ereignis, deutsche Flugzeuge frei über russischem Territorium fliegen zu sehen und zu wissen, daß sie Verteidigungseinrichtungen des Heimatlandes fotografierten, und sie dann auch noch ungeschoren davonkommen zu lassen, als ein Affront gegenüber ihm und seinen Kameraden.

Dieses Bild vermittelte den Eindruck, daß die Sowjetunion weder Stärke noch Mut genug hatte. Er verlieh seiner Bitterkeit Ausdruck, als er in seinen Memoiren an die Gefühle seines Geschwader-Kommodore, Oberst Anatolyj Sokolow, einem kampferprobten Veteran der Luftgefechte gegen die Japaner bei Khalkin-Gol im Fernen Osten, erinnerte:

»Wir müssen diese Geier verbrennen! - Verbrennt sie! Ihr werdet ihnen mit diplomatischen Noten keine Furcht einjagen! Benutzt MiG-Jäger, wenn ihr ihnen das Fürchten beibringen wollt.«

Neben seinen Kameraden startete Pokryschkin mit seiner MiG 3, um die deutschen Bomber der zweiten Welle abzufangen. Kurz nach dem Start sah er eine Gruppe Flugzeuge, die sich - aus der Sonne kommend - dem Platz von Mayaki näherten. Sie flogen in keilförmiger Formation und erinnerten ihn an deutsche Kampfflugzeuge, dennoch hatte er ein ungutes Gefühl, weil er sie nicht genau ansprechen konnte. Sie paßten einfach nicht zu der Beschreibung irgend eines deutschen Flugzeugs. Dennoch griff er an. Hier sein Bericht darüber:

Ich rückte dem nächsten Bomber schnell näher und gab ihm einen kurzen Feuerstoß. Ich sah, daß ich getroffen hatte. Der Rückstoß seines Motors fegte über mich hinweg und warf meine MiG 3 nach rechts und nach oben. Ich blickte nach unten und sah zu meinem Entsetzen rote Sterne auf den Tragflächen dieses Bombers. Es war eines u n s e r e r Flugzeuge! Ich hatte ein russisches Flugzeug angeschossen.«

Da die MiG 3-Maschinen keine Funksprechverbindung untereinander hatten, versuchte Pokryschkin die anderen Jäger darauf aufmerksam zu machen, daß dies eigene Flugzeuge waren und daß sie nicht schießen durften. Er stieß hinunter und setzte sich zwischen sie und die eigenen Flugzeuge, die sie nicht kannten.

Das beschädigte Flugzeug machte eine Bauchlandung. Aber Pokryschkins Kommandeur setzte den Angriff auf die übrigen Maschinen fort. Pokryschkin warf sich ihnen entgegen und schoß Warnschüsse ab und so gelang es ihm, diesen angesetzten Angriff in letzter Sekunde zu stoppen unter Inkaufnahme einer Beinahe-Kollision mit einem Jägerkameraden.

Die merkwürdigen Flugzeuge waren Su 2 Stukas, die auf dem nahegelegenen Flugplatz von Kotowsk stationiert waren. Keiner der Jägerpiloten hatte sie bis dahin gesehen. Porkyschkin und seine Kameraden waren erschüttert über diesen Abschuß. Sie beschwerten sich über die absurde Geheimhaltung bei ihrem Kommandeur und Pokryschkin bemerkte:

»Jeden Tag konnten die Marktfrauen auf dem Marktplatz von Kotowsk diese Su 2 am Himmel sehen, wir aber, als Teil jener Luft-Division, der auch dieser Stukaverband angehörte, hatten keinen Schimmer von ihrem Vorhandensein.« (Siehe: Aleksandr Pokryschkin: Red Air Ace).

Sowjetische Flieger-Kommandeure erfuhren rasch und drastisch,wie schlecht ihre Verbände darauf vorbereitet waren, der überlegenen Flugtechnik der Deutschen zu begegnen. Die eigenen Jäger, die größtenteils als Abfangjäger und Jäger zur Verteidigung trainiert worden waren, flogen normalerweise in Formationen von drei Flugzeugen. Gegen die bedeutend flexibleren zwei- und vier-Flugzeug-Rotten- und Schwärme der deutschen Luftwaffe erwies sich das sowjetische Verfahren als unbrauchbar, wenn nicht gar als selbstmörderisch.

Einmal angegriffen nahmen die Flugzeuge der russischen Verbände den »krug samoletow« - einen Verteidigungsring ein. Dadurch glaubten sie einander sichern zu können. Dann und wann gingen sie auch in die »Smeika-Formation« über, die sogenannte Schlange, um den Gegner in die Reichweite des eigenen Feuers zu locken. Darüber hinaus passierte es häufig, daß sich die russischen Jäger als unzuverlässig erwiesen und beim Auftauchen eines deutschen Verbandes ihre Geleitschutzaufgabe abbrachen und die Bomber allein zurückließen. Dies wurde mit radikalen Mitteln bekämpft und bald waren diese anfänglichen Fluchtversuche ausgemerzt.

General K.A. Werschinin, Kriegskommandeur der 4. sowjetischen Luftarmee, deutete an, daß die Verteidigungstaktik des Ringes das bewußte Bemühen darstellte, die hohe Manövrierfähigkeit der I 16 und I 153-Jagdflugzeuge auszunutzen. Er berichtete, daß die sowjetische Jagdfliegertaktik aggressiver wurde, sobald die neuen Yak-und Lawotschkin-Jäger in größerer Zahl zur Front traten.

Ein anderer Chronist über sowjetische Luftkriegstaktik, I.V. Timoktschowitsch, hat einige der russischen Verteidigungstaktiken als Fehler dargestellt, die das »ganze Muster an Passivität gegenüber dem Feind widerspiegelten.«

Danach waren also die sowjetischen Operationstaktiken zu vorsichtig und unflexibel und größtenteils auf Manöver im horizontalen Flugbereich ausgerichtet. Sie ließen die Koordination mit den Bodentruppen vermissen. Dieser letzte Mangel war genau dem Standpunkt der russischen Luftdoktrin entgegengesetzt, weil ja die Rote

Luftwaffe »als integrierter Bestandteil der Roten Armee« vornehmlich aus dem Grunde bestand, um in »enger Harmonie mit den Bodentruppen und zu deren Entlastung zu kämpfen.«

In der Theorie versuchte die Rote Luftwaffenführung die Luftüberlegenheit über dem Schlachtfeld zu schaffen u n d effektvoll Luftunterstützung für die Rote Armee in deren defensiven und offensiven Operationen zu geben.

Angesichts des deutschen Angriffs war die sowjetische Luftwaffenführung jedoch unfähig, ihrer ehrgeizigen Rolle gerecht zu werden, die diese sowjetische Luftdoktrin ihr vorschrieb.

Sowjetische Kommandeure und Piloten erfuhren sehr schnell, wie schlecht sie vorbereitet waren, um der ausgefeilten Technik der deutschen Luftwaffe begegnen zu können. Neue Typen von Flugzeugen, selbst wenn sie in so großer Anzahl zur Front gelangten, wie dies bei der russischen Luftwaffe der Fall war, stellten keine Antwort auf die Herausforderung der deutschen Luftwaffe dar.

Zur gleichen Zeit mußten die Führer der Bomberverbände erkennen lernen, daß ihre eigene Angriffstaktik bei der alle Vorsicht außer Acht gelassen wurde, für sie tödlich war. Gleich zu Beginn des Feldzuges wurden Bomberverbände in großer Zahl in die Schlacht geworfen, um den deutschen Vorstoß besonders an den Flußübergängen zu stoppen, oder wenigstens zu verlangsamen. Mit Ausnahme von einigen wenigen Pe 2-Bombern wurden diese Einsätze der IL 4 (DB 3F) und sogar von einigen hervorragenden TB 3-Bombern geflogen. Diese Typen aber waren alle zu langsam und in ihrer Reichweite ebenso wie in ihrer Nutzlast begrenzt und demzufolge gegenüber deutschen Abfangjägern extrem verwundbar.

Sowjetische Bomber flogen ihre Angriffe in »Keilformation«, aber auch in »Linienformation«. Die bevorzugte Art war der Keil, der von drei bis 12 Flugzeugen gebildet wurde, die in der Höhe gestaffelt waren. Eine Bomberstaffel in einer solchen Formation bestand aus durchschnittlich neun Flugzeugen. Um Verluste zu reduzieren und die eigene Defensiv-Feuerkraft zu maximieren, flogen die Bomber stets in engen Formationen. Trotz dieser taktischen Anpassungen erlitt die sowjetischen Bomberverbände während des Sommers 1941 hohe Verluste.

In der Mitte dieses opfervollen Ringens gegen die deutsche Luftwaffe flogen die russischen Bomber in der Nacht zum 8. August 1941 einen gewissermaßen symbolischen Nachtangriff auf Berlin. Es waren 13 DB 3-Bomber des Ersten Minen-Torpedo-Luftregimentes der Baltischen Luftflotte. Sie starteten von den Sooremaa-Inseln vor der estnischen Küste und überrumpelten die Berliner Luftverteidigung, die nicht auf dem Posten war, weil man mit einem solchen Angriff einfach nicht rechnete. Nach dem Abwurf, der nur einige wenige Schäden verursachte, kehrten die 13 Bomber unangefochten zu ihren Flugfeldern zurück.

Am 11. August stießen zwei Bomber-Luftregimenter der Fernbomber-Division, die IL 4 und Pe 8 flogen, zu den Marinefliegern, um den Angriff auf Berlin zu wiederholen. Dieser Luftangriff startete in Puschkino, in der Nähe von Leningrad. Die sowjetischen Bomber flogen diesmal in die vorgewarnte deutsche Luftverteidigung hinein. Von den elf Pe 8 des 332. Bomber-Luftregimentes kehrten nur fünf zurück. Eine davon wurde dann noch im Raume Kronstadt von sowjetischer Flak und Abfangjägern abgeschossen.

Von August bis September 1941 griffen sowjetische Marineflieger-Verbände Berlin insgesamt zehnmal an. (Ein Jahr vorher hatten bereits englische Bomber einen »Vergeltungsangriff« auf Berlin geflogen. Dennoch darf gesagt werden, daß Berlin im Jahre 1941 noch nahezu unbeschädigt geblieben war). Auch die genannten sowjetischen Nachtbomber-Angriffe waren nur ein moralisches Unterfangen ohne effektive Wirkung. Für die Rote Luftwaffe drückten diese Angriffe lediglich den Willen zum Widerstand in den dunkelsten Stunden aus.

Ein Vorbote auf eine bessere Zukunft war jedoch das IL 2-Sturmowik-Schlachtflugzeug. Im Gegensatz zu den russischen Bombern erzielte die IL 2 bereits im Jahre 1941 große Erfolge. Als Bodenangriffswaffe lehrte sie die deutschen Spitzenverbände das Fürchten. Diese IL 2, bald als »fliegende Panzer« bekannt, unternahmen erfolgreiche Tief- und Tiefstangriffe auf die deutsche Infanterie, auf motorisierte Kolonnen und Flugplätze. Ihre schwer gepanzerte Zelle war sicher gegen den Beschuß durch Handfeuerwaffen. Diese Sturmowik-Piloten demonstrierten eine Angriffskraft, die von der deutschen Infanterie widerwillig anerkannt wurde. Das Problem für die russischen Schlachtfliegerverbände im Jahr 1941 war ihre geringe Anzahl. Weniger als 400 IL 2 waren während der ersten Monate des Rußlandfeldzuges zur Front gelangt.

Die sowjetische Rammtechnik

In ihrem verzweifelten Ringen gegen die deutsche Luftwaffe führte die sowjetische Fliegerwaffe sehr schnell die Technik des »Taran« ein. Dies war eine Rammtechnik, die bereits im Ersten Weltkrieg von russischen Fliegern angewandt wurde. Das bewußte Rammen eines deutschen Flugzeuges begann knapp eine Stunde, nachdem die »Invasion« begonnen hatte.

Leutnant I.I. Iwanow vom 46. Jagdflieger-Regiment rammte einen deutschen Bomber, nachdem er seine Munition verschossen hatte. Dieser Rammangriff fand am Himmel über der Tscholkaregion statt. Hier, an diesem Platz, hatte im August 1914 der russischen Pilot P.N. Nesterow das Flugzeug des österreichischen Fliegers Baron von Rosenthal gerammt.

Iwanow folgte diesem historischen Beispiel und rammte mit seiner I 16 das Heck einer He 111. Der deutsche Bomber stürzte ab. Auch Iwanow überlebte dieses Ramming nicht. Er erhielt posthum den goldenen Stern eines Helden der Sowjetunion. Acht weitere russische Piloten nahmen bereits am ersten Angriffstag dieses Ramming vor, sei es als letzte Chance, oder als zusätzliches Mittel zur Vernichtung des Gegners. So Leutnant D.V. Kokorew vom 124. Jagdflieger-Regiment, das im westlichen Militärbezirk eingesetzt war. Er rammte eine Bf 110, nachdem er seine Munition verschossen hatte. Glücklicher als Iwanow überlebte er dieses Ramming und machte mit seinem schwer beschädigten Jäger noch eine Notlandung.

Im Südwesten war es A. I. Moklyak, der nach dem Abschuß von zwei deutschen Flugzeugen ein drittes rammte und zum Absturz brachte.

In den ersten beiden Kriegsjahren erzielten viele russische Piloten zahlreiche Siege durch Rammen. Ltn. Boris Kobzan vom 184. Jagdflieger-Regiment wurde der Flieger mit den höchsten Erfolgen in dieser Kampfart. Er brachte es auf vier Rammings, mit denen er alle vier angegriffenen deutschen Flugzeuge zum Absturz brachte. Alexander Khlobystow folgte mit drei Luftsiegen durch »Tarantechnik«. Siebzehn weitere russische Flieger brachten es auf jeweils zwei Rammsiege. Insgesamt wurden während des Krieges von sowjetischen Fliegern mehr als 220 erfolgreiche Rammangriffe unternommen.

Diese Technik des »Taran« unterschied sich deutlich von jener des japanischen »Kamikaze-Angriffs« gegen Ende des Zweiten Weltkrieges, er ähnelte mehr den Angriffen des deutschen Rammjäger-Verbandes unter Oberst Dahl. In allen Fällen aber stellte diese gefährliche Art des Luftkampfes Patriotismus und Verzweiflung gleicherweise dar. Für die Russen kamen praktische Erwägungen hinzu. Der »Taran« wurde angewandt, wenn es keine andere Möglichkeit des Luftsieges über den Gegner mehr gab und wenn man den Gegner dennoch vernichten wollte. A.I. Prokryschkin beschrieb den »Taran«, den auch er ausgeführt hat, als »eine extreme Maßnahme, die nur benutzt werden sollte, wenn die Munition aufgebracht ist und wenn sie das letzte Mittel ist, einen deutschen Bomber zum Absturz zu bringen.«

Die sowjetischen Flieger-Kommandeure gaben denn auch keinen speziellen Befehl zum »Taran« aus. Es stand im Ermessen jedes einzelnen Piloten, zu entscheiden, wann der »Taran» die letzte Siegchance war. Einem gut ausgebildeten und mit seinem Flugzeug verwachsenen Piloten war es möglich, den Rammangriff heil zu überleben. Viele konnten mit dem Fallschirm abspringen, nachdem sie das feindliche Flugzeug gerammt hatten. Andere unternahmen Notlandungen mit beträchlichem eigenem Risiko. Einen wertvollen deutschen Bomber mit seiner fünfköpfigen Besatzung zu vernichten, war schon den Einsatz eines Jägers wert.

Das Rammen von Feindflugzeugen wurde so zu einer zwar etablierten, aber doch unkonventionellen Luftkampftechnik, die sich sehr rasch verfeinerte. Es war - nach sowjetischen Bekundungen - »niemals nur eine selbstmörderische Attacke gegen den Gegner.« Für die Russen war der »Taran« eine Mischung aus Flugtraining und Wagemut, immer gefährlich, aber stets der Bemühung wert, wenn Not am Mann war.

Drei Ramm-Methoden wurden von sowjetischen Fliegern entwickelt. Die erste, die die größte Übung und Präzision erforderte, aber zugleich auch die beste Überlebenschance bot, ging dahin, eine Tragfläche des feindlichen Flugzeuges zu rammen. Das wurde durch Annäherung der eigenen Maschine von hinten unter Ausgleichung an die Geschwindigkeit des Gegners erreicht. Wenn dann die eigene Luftschraube mit ihren Spitzen das Seiten- oder Höhenruder des Gegners zerfetzte, mußte der Pilot rasch abdrehen, um nicht von den umherfliegenden Teilen des angegriffenen Flugzeuges getroffen zu werden.

Die Wirkung des »Taran» auf die deutsche, wie auf die eigene Maschine war nie vorherzusehen. Oft fielen beide Maschinen in einem einzigen Untergangswirbel. Wenn aber der Propellerschaden minimal war, konnte der sowjetische Pilot die Gewalt über seine Maschine zurückgewinnen und sicher landen.

Eine zweite Methode forderte mehr Mut als Artistik, indem man den eigenen Jäger bei günstiger Gelegenheit in das gegnerische Flugzeug jagte. Dieser direkte Stoß - »Taranny udar« genannt - erwies sich immer als sehr gefährlich. Da diese Methode spontaner war, wurde sie oftmals benutzt, wenn der russische Flieger ohnehin schwer getroffen war.

Die dritte Variante bediente sich auch des Einsatzes der Tragfläche des russischen Flugzeuges als Waffe. In diesem Falle rammte der Pilot eine seiner Tragflächen in das Ruder des feindlichen Flugzeuges. Eine Variation davon war die Tragfläche des eigenen Jägers gegen die Tragfläche des Gegners zu dippen, um den Feind außer Kontrolle zu bringen. Diese Technik wurde meistenteils in niedriger Höhe angewandt.

Welche Methoden auch immer zum »Taran« benutzt wurden, die Überlebenschancen waren gering.

Weniger bekannt war eine andere Methode, die von Prokryschkin erwähnt wird. Bei ihr flog man frontal und mit Vollgas auf das deutsche Flugzeug zu. Dieses nur simulierte Rammen war dazu gedacht, den Feind zu riskanten Ausweichmanövern zu zwingen und ihn dann, wenn er breitseitig flog, abzuschießen. Außerdem versprachen sich jene Piloten, die dieses System anwandten, eine große moralische Wirkung davon.

Einer der spektakulärsten Erfolge ereignete sich wenige Wochen nach Iwanows Rammversuch. Am 6. August unternahm der junge Flieger Victor Talalikhin der erste Nachtrammung in der Luftkriegsgeschichte. Talalikhin, zum 177. Jagdflieger-Regiment der Protivovoydushaya oborona - der russischen Luftverteidigung - gehörend, flog während der Nacht-Patrouille über Moskau in etwa 4500 m Höhe einen deutschen He 111-Bomber von hinten an. Der deutsche Bomber drehte ab und versuchte, sich durch einen steilen Sturzflug dem Gegner zu entziehen. Der russische Nachtjäger stürzte hinterher, bekam wieder Sichtkontakt und eröffnete das Feuer, auf das hin die He 111 keinerlei Wirkung zeigte.

In ungefähr 2.150 m Höhe angelangt, hatte Talalikhin seine Munition verschossen. Er folgte der He 111 und manövrierte dann seinen Abfangjäger des Typs I 16 bis etwa zehn Meter an den Bomber heran, um ihn zu rammen. Der deutsche Bordschütze eröffnete das Feuer, das bei diesem geringen Abstand sehr genau lag. Talalikhin Cockpit wurde rechts von ihm durchlöchert, sein rechter Arm getroffen. Dann stieß der russische Pilot mit Vollgas vor und rammte das Heck der He 111, die außer Kontrolle geriet und abstürzte.

In 690 m Höhe gelang es Talalakhin seine trudelnde Maschine unter Kontrolle zu bringen und - auf dem Rücken fliegend - abzuspringen. Er landete in einem flachen See und wurde daraus geborgen.

Talalakhin wurde nach mehreren Einsätzen über Moskau in der Abwehrschlacht des 27. Oktober 1941 über Moskau abgeschossen.

Für die sowjetische Luftwaffe bedeuteten diese Einsätze einiger weniger russischer Fliegerasse einen Lichtblick in der dunklen Periode militärischer Niederlagen der Roten Armee.

Das Phänomen des Rammens wurde bis weit in das Jahr 1943 hinein fortgesetzt. Danach hatte die Rote Luftwaffenführung auch in der Luft die Initiative ergriffen und der »Taran« wurde nur noch in den seltensten Fällen angewandt. Das Opfer eines modernen Yak 9 oder La 7-Jägers gegen einen deutschen Bomber war nicht mehr attraktiv genug.

In einem sowjetischen Kriegsflugblatt aus dem Herbst 1941 wird der »Taran« als nationale Notwendigkeit beschrieben, um den Feind zu stoppen. Der »Kampf der russischen Falken gegen die Geier der Nazis« hieß es in diesem Flugblatt »ist eine Heldentat.« Dieses Flugblatt beschrieb in allen Einzelheiten den nächtlichen Taran-Erfolg von Talalikhin und bezeichnete den Piloten der He 111 als »einen faschistischen Wehrwolf«, der sich an der »Aussicht weidet, seine diabolische Ladung auf die Hauptstadt der Sowjetunion zu werfen. Mit teuflischer Schadenfreude malt er sich aus, wie die Sterne auf den Spitzen der Kremltürme zu Boden stürzen und die Todesschreie der Frauen und Kinder für ihn wie himmlische Musik«, erklangen.

Nach diesen Flugblättern, von denen es eine Menge gab, nahm es nicht wunder, wenn immer wieder deutsche abgeschossene Besatzungen ermordet wurden.

Hinter der unorthodoxen Taktik des Rammens, die auf den ersten Blick für westliche Beobachter unerklärlich war (später aber selber gepflegt wurde, als es katastrophal wurde mit den feindlichen Bomberangriffen), stand ein profunder Patriotismus und der Wille, sein

Leben für das »Mutterland Rußland« zu geben. Auf viele sowjetische Flugzeuge war denn auch das Motto aufgemalt:

»Za Rodinu - Für das Mutterland!«

Der »Taran« repräsentierte eine Berufung für russische Piloten, für die Nation ein sinnvolles Opfer zu bringen. Da dies nicht ein Akt des Selbstmordes sein sollte, genügte einfache Tapferkeit nicht. Nur Piloten mit Flugerfahrung konnten dieses Manöver des Rammens als eine legitime Luftkampftaktik anwenden.

Russische Abwehrbemühungen

Der deutsche Rußlandfeldzug schien dem Muster der vorangegangen Feldzüge in »Blitzkriegsform« zu folgen. Dieses Unternehmen »Barbarossa« mit seinen ersten Durchbruchsschlachten und den Einkesselungen russischer Großverbände funktionierte auch hier im Osten und der Zusammenbruch der Roten Armee schien klar. Nur wenige Experten gaben der sowjetischen Führung nach den deutschen Anfangserfolgen die Chance, diesen Feuerwirbel zu überleben. Besonders nach dem Fall von Smolensk am 17. Juli schien Rußlands Schicksal besiegelt, denn nun lag der Weg nach Moskau offen für die weiteren deutschen Angriffe da.

Kampfflieger der deutschen Luftwaffe eröffneten das Bombardement auf Moskau als Vorbereitungen zum Sturmangriff auf die russische Metropole.

Im Norden wurde am 16. August Nowgorod erobert und binnen einer Woche danach Krasnogwardeisk und die Peripherie von Leningrad erreicht. Anfang September war Leningrad eingeschlossen. Die Belagerung dieser Stadt konnte beginnen. Niemand dachte auch nur im Entferntesten daran, daß sie 900 Tage dauern würde.

Im Südabschnitt war die Ukraine teilweise überwunden. Vor Kiew hielt sich Generaloberst Kirponos noch mit seinen Truppen. Am 16. September erst war der gesamte Smolensker Raum in deutscher Hand. Hier hattte das deutsche Ostheer entscheidende Wochen verloren.

STAVKA hatte Generaloberst Kirponos befohlen, Kiew um jeden Preis zu halten, aber drei Tage später war auch diese Stadt in deutscher Hand. Die deutsche HGr. Süd stieß auf Rostow und von dort auf die Krim vor.

Die sowjetische Lage war schwierig. Dennoch aber gab es bereits die ersten Zeichen einer Erneuerung und der Unverwüstlichkeit der Roten Armee. Der deutsche Blitzfeldzug hatte eine Reihe taktischer Siege errungen, nicht aber den strategischen Erfolg gebracht. Die Rote Armee bestand trotz der ungeheuerlichen Verluste weiter. Die politische Struktur blieb intakt.

Das Oberkommando der Roten Luftwaffe konnte immer noch 2.516 Flugzeuge aufbieten. Der wichtigste Faktor aber war das Überleben vieler sowjetischer Piloten, deren Maschinen am Boden zerstört worden waren, von technischem und anderem Bodenpersonal. Dies waren die Gründe, daß sich die Rote Luftwaffe für den weiteren Kampf neu formieren konnte. Bomber und Jäger kamen neu zur Front und konnten mit Fliegendem Personal besetzt werden.

Die Entscheidung des Verteidigungs-Kommitee im Juli 1941 in Moskau, die Kriegsindustrie, die noch im Westen arbeitete, ebenfalls in den Osten zu verlegen, war ausgeführt worden. Mehr als 1.500 Industrieunternehmen wurden während des Höhepunktes der deutschen Offensive hinter den Ural verbracht. Diese Leistung markierte einen nie in seiner ganzen Konsequenz herausgearbeiteten absoluten Höhepunkt der sowjetischen Kriegsleistungen. Es mußten ja nicht nur die Industrieanlagen abtransportiert und an ihrem neuen Standort wieder aufgebaut werden, sondern auch das dazu nötige Personal in diesen Raum umgesiedelt werden. Immerhin waren es zehn (!) Millionen Arbeiter, die während des großen Trecks nach Osten in der Gluthitze des Sommers 1941 und vor allem auch im Winter in Eis und Schnee, im kältesten Winter seit Generationen, durchgeführt werden. Die industrielle Produktion wurde schnell unter den primitivsten Bedingungen wieder aufgenommen.

Im Jahre 1942 fertigten alle fernöstlichen Flugzeugfabriken insgesamt 25.000 Flugzeuge. Die meisten von ihnen waren die neuen Typen der IL 2, Pe 2 und Yak 1. Die Wiedergeburt der sowjetischen Luftwaffe im Jahre 1942 rührte aus dieser einmaligen titanenhaften Leistung her.

Da es den Überresten der großen russischen Luftwaffe im September vergönnt war eine Ruhepause zu bekommen, waren sie zu der Zeit, da die Deutschen ihre Offensive auf Moskau eröffneten, wieder teilweise aufgefüllt und einsatzbereit. Für die entscheidende Schlacht über Moskau wollte die russische Luftwaffenführung alle jene Fehler wettmachen, die sie in den Wochen zuvor gemacht hatte. Das ganze Ausmaß der russischen Luftniederlage stieß bei den russischen Bürgern auf offenen Unglauben. Bei den überlebenden Kommandeuren und Besatzungen rief sie Minderwertigkeitskomplexe hervor.

Militärische Siege geben Anlaß zum feiern. Niederlagen hingegen fordern zum Nach- und Überdenken der gewesenen Situation auf. Für die sowjetische Luftwaffenführung lautete die einzige wichtige Frage: Werden wir das Steuer herumreißen können? Können unsere Piloten auch siegen? Was müssen wir tun, um die Luftwaffe zu einem schlagkräftigen Instrument zu machen, das die deutsche Luftwaffe in ihre Schranken verweist?

Die Luftschlacht über Moskau

Die Ungeheuerlichkeit der russischen Flugzeugverluste übertraf, wie sich gezeigt hatte, selbst die anfänglichen überschwänglichen deutschen Siegesmeldungen. Bis September 1941 verlor die sowjetische Luftwaffe die (nach eigenen Meldungen gegebene) Zahl von 7.500 Flugzeugen.

In Leningrad, Moskau und anderen nicht von den Deutschen überrollten und kassierten Gebieten befanden sich die Überreste der Roten Luftwaffe in einer Größenordnung von vielleicht 25 Prozent des Vorkriegsstandes. Die Ersatzflugzeuge kamen zunächst nur zögernd zur Front. Dies hing auch mit der Rückverlegung der Flugzeugwerke hinter den Ural zusammen.

In ihrer Stärke reduziert, in der Moral gedemütigt, näherte sich die rote Luftwaffenführung der großen Konfrontation mit den Deutschen im Luftraum über Moskau. Die Stimmung bei Soldaten und bei der Bevölkerung war verzweifelt. Diese großen Flugzeugverluste konnten nicht allein dem Überraschungsfaktor zugeschrieben werden, sie mußten - wenn auch widerwillig - den großen fliegerischen Führungsqualitäten und dem fliegerischen Können der deutschen Piloten, sowie der besseren Ausrüstung derselben zugeschrieben werden.

Die oberste sowjetische Führung versuchte nunmehr in der Stunde der höchsten Gefahr alle verfügbaren Luftstreitkräfte im Großraum Moskau zu versammeln, um gegen den erwarteten deutschen

Angriff gerüstet zu sein. Entschlossene Verteidigungsbereitschaft, bis hin zur dargestellten Taktik des Rammens, konnten zwar nicht die technologischen Lücken schließen oder den Mangel an Ausbildung beheben, sie würde aber die Deutschen zwingen, höchste Opfer zu bringen und für jeden Schritt den sie vorwärtstaten, teuer zu zahlen.

In der Führerweisung vom 19. Juli mit der Nr. 33 war eine Serie von Luftangriffen auf Moskau befohlen worden, ehe der Angriff des Heeres begann. Dieses Zeitgeschenk war für die STAVKA - das Hauptquartier des russischen Oberkommandos - ein Geschenk des Himmels, um alle Verteidigungsmaßnahmen treffen zu können.

Mit Beginn des Angriffes »Taifun« am 30. September 1941, den die HGr. Mitte unter GFM Fedor von Bock führen würde, sollte der große Paukenschlag geschlagen und die dramatische Beendigung des Ostfeldzuges erreicht werden.

Dieser Angriff kam zu spät. Das Wetter wurde schlecht. Die heftigen Regenfälle - die Rasputiza, die ganz Zentralrußland in ein wüstes Schlammgebiet verwandelte - hatten eingesetzt. Auf den verschlammten Straßen hatten nur Kettenfahrzeuge mit besonders breiten Raupenketten eine Chance, vorwärtszukommen.

Die Kampfkraft und Reichweite der deutschen Truppen vermochten nicht die natürlichen Vorteile Rußlands auszugleichen, als da waren: die Tiefe des Landes und die damit verbundenen logistischen Probleme eines jeden Angreifers und die Ungunst der Witterung, die sich vom Schlamm zum Schnee bis zur bittersten Kälte seit Menschengedenken in Rußland steigerte.

Nach den Weisungen Stalins organisierte STAVKA alle Kräfte gegen die HGr. Mitte an der westlichen Front, der Briansker Front ebenso wie an der Reservefront. Zusammen konnten im Augenblick die drei Fronten nur 391 Flugzeuge, überwiegend Schlachtflugzeuge und Jäger einsetzen, von denen etwa die Hälfte veraltete Modelle waren. Doch es kamen sehr rasch neue Flugzeuge nach und wurden im Zentrum des Abwehrraumes auf den Flugfeldern um Moskau stationiert.

Die sowjetischen Berechnungen über die Flugzeugstärke der Luftflotte 2 im Mittelabschnitt kamen auf 950 Flugzeuge, was völlig utopisch war, denn der Rückgang der deutschen Flugzeugzahlen war ähnlich gravierend wie jener der Roten Luftwaffe. Die monatelangen Einsätze hatten die Kampfstärken der Bomber- und Jagdverbände der Luftflotte 2 stark dezimiert. Hinzu kamen die logistischen Probleme, die primitiven Flugfelder und die Anweisung der Obersten Führung, alle Einsätze mit geballter Kraft fortzuführen. Dies ließ keinerlei Regenerierung und Auffüllung zu.

Das russische Oberkommando sah sich einer ständig geringer werdenden Zahl an deutschen Flugzeugen gegenüber, mußte aber auch seinerseits weitere Verluste hinnehmen, die vorerst nicht ersetzt werden konnten.

Daß es gelang, eine beträchtliche Anzahl russischer Kampf- und Jagdflugzeuge an die Front zu bringen, war dem Oberbefehlshaber der Roten Luftwaffe, Generaloberst Zhigarew zu verdanken, der im VI. Jagdfliegerkorps des Moskauer Luftverteidigungsbereiches seine stärksten Trümpfe hatte. Zusätzlich stand ihm der STAVKA-Reserve-Aviatsionnyy korpus reserva Glavnogo Komandovaniya - zur Verfügung. Dieses Korps setzte sich aus sechs Flieger-Divisionen zu jeweils vier bis sechs Flieger-Regimentern zusammen und war dem sowjetischen Oberkommando direkt unterstellt. Für die Dauer dieser Luftabwehrkämpfe standen Generaloberst Zhigarew und dem VI. Jagdfliegerkorps die Vorteile befestigter Flugfelder und fester Unterkünfte rund um Moskau zur Verfügung. Diese Plätze waren: Vnukogo, Fili, Tuschino, Khimki und der Moskauer Zentralflughafen. Dies war vor allem nach Einsetzen der Rasputiza und danach der grimmigen Kälte ein großer Vorteil.

Die in der westlichen Front eingesetzten Fliegerverbände spiegelten in ihrer Zusammensetzung die schwierige Lage der sowjetischen Luftwaffenführung wider. Generaloberst Konjew, der Armee-Oberbefehlshaber an der westlichen Front, nannte in seinem Bericht an das Volkskommissariat für Verteidigung vom 25. September 1941 ganz besonders die herabgesetzten Kampfstärken der Luftwaffe eine Woche vor dem Beginn der Operation »Taifun«:

»Wir verfügen«, sagte er, »über 106 Jäger und 64 Bomber. Unsere Bomberkräfte bestehen aus 25 TB 3 der Dreißigerjahre mit einer Geschwindigkeit von 240 km/h. Hinzu kommen 28 veraltete und ausrangierte SB-Typen. Wir haben nur fünf Pe 2-Bomber und vier Su 2-Schlachtflugzeuge, elf Aufklärer und acht IL 2. Ich fordere dringend ein Regiment Pe 2-Bomber und ein weiteres Regiment IL 2-Schlachtflugzeuge, sonst können unsere Luftstreitkräfte gegen die deutsche Luftwaffe nur einen pro-forma-Widerstand leisten.«

Dennoch flog die Frontluftwaffe der westlichen Front allein im September 4.101 Einsätze und warf 831 Tonnen Bomben. Die Luftwaffenführung addierte aus den einzelnen Meldungen der Verbände eine Vernichtung von 120 deutsche Flugzeuge am Boden und 89 im Luftkampf.

Die Fliegerverbände der Briansker- und der Reservefront erzielten ähnliche Ergebnisse.

Die 81. Fernbomber-Division der Roten Luftwaffe, die sich am Abwehrkampf um Moskau beteiligte, hatte am 30. September nur noch 40 Flugzeuge zur Verfügung, dennoch griff sie mit ihren alten Yer 2 und neuen Pe 8 und Pe 3 die Horste der gegen Moskau startenden deutschen Verbände an. Mehr als 80 Prozent dieser Angriffe fanden bei Nacht statt.

Mit dem Anlaufen der Operation »Taifun« richtete die sowjetische Luftwaffenführung die ersten größeren Tages- und Nachtangriffe gegen die deutschen Truppen. Es waren insbesondere die Sturmowik-Piloten, die sich mit fanatischer Entschlossenheit in den Kampf warfen.

Die Nachtangriffe wiederum wurden von Po 2-Doppeldeckern geführt. Ideale Bedingungen für ihre Angriffe waren die mondhellen und sternklaren Nächte. Russische weibliche Pilotinnen, die sogenannten »Nachthexen«, erlangten bei diesen gefährlichen Einsätzen einen besonderen Ruf. Diese Po 2-Einsätze wurden einzeln geflogen, die Maschinen flogen in Intervallen von fünf bis 15 Minuten in nur 250 bis 500 m Höhe über die deutsche Front hinweg und warfen ihre 135-Pfund-Bomben auf alle sichtbaren Ziele.

Diese Kleinkampfüberfälle der von den deutschen Soldaten »Nähmaschinen« genannten Flugzeuge, die äußerst manövrierfähig waren und oftmals mit gestopptem Motor lautlos über die Front flogen, während die Piloten oftmals sogar ihre Bomben mit der Hand abwarfen, und jedes Lagerfeuer und jedes Stabsquartier, das sich durch Lichtschein verriet angriffen, waren gefährlicher als ihr etwas spöttischer Name »Nähmaschinen« dies aussagte.

Als der Vorstoß der HGr. Mitte gegen Moskau begann, wurden auch die Plätze und Bodenorganisationen der sowjetischen Luftstreitkräfte überrollt. General F. G. Michugin, Luftwaffenbefehlshaber der westlichen Front, war ebenso wie General Y. M. Nikolajenko, der die Reserveverbände führte, der Meinung, daß dieser deutsche Vorstoß unwiderstehlich war. Vor der Briansker Front und am Himmel darüber versuchte General Polynin das Blatt zu wenden. Doch bald mußte auch er die Feststellung treffen, daß seine Verbände nicht im Stande waren, diese Sturzwoge der deutschen Luftwaffe zu stoppen. Die gesamte Frontstruktur der sowjetischen Verteidigungsstellungen in den Räumen Wjasma und Briansk wurden zerstört.

Orel fiel am 3. Oktober 1941 nach hartem Kampf. Gegen Ende der ersten Kampfwoche der Operation »Taifun« war auch Briansk in deutscher Hand, und die Spitzenverbände der 2. Panzerarmee hatten den Raum um Tula erreicht.

Am 7. Oktober wurde die Falle um Wjasma geschlossen. Die Weigerung des STAVKA, den Rückzug zu befehlen, weil damit Panik und Zerfall bei der gesamten Truppe befürchtet wurde, trug mit dazu bei, daß bei Briansk und Wjasma wieder eine große Anzahl vollständiger Verbände in deutsche Gefangenschaft gerieten.

Die deutsche Luftwaffe hatte in diesen Tagen eine Vielzahl von Zielen anzugreifen, die überwiegend ohne Flakabwehr waren. Für die sowjetische Führung war dies die Stunde der Wahrheit. Alles mußte eingesetzt werden, um die deutsche Offensive vor Moskau zum Stehen zu bringen, buchstäblich alles.

Die sowjetischen Luftstreitkräfte wurden dazu ebenfalls mit allen verfügbaren Mitteln verstärkt. Sie flog in der ersten Woche der deutschen »Taifun«-Offensive mehr als 700 Einsätze gegen die vorstoßenden deutschen Verbände. Maschinen aller Baumuster, einschließlich Zivilflugzeuge, flogen Soldaten und Waffen aus den rückwärtigen Gebieten an die Front, um damit die Kampfkraft zu erhöhen. Während dieser verzweifelten Eröffnungstage der Offensive gegen Moskau transportierte die russische Luftwaffe 5.500 Mann Elitetruppen und 13 Tonnen Hilfsmittel in die vordersten Verteidigungsstellungen.

In den verschiedenen Krisenlagen befahl General Shukow den Einsatz der Schlachtflugzeuge gegen deutsche Panzer und motorisierte Einheiten. Sowjetische Bomberverbände, bereits in den Kämpfen des Sommers dezimiert, flogen ebenfalls zahlreiche Angriffe gegen feindliche Truppenzusammenballungen und Panzerspitzen.

Ihre Angriffshöhe von 2.400 m, die in den Vorkriegsübungen eine Rolle gespielt hatte, behielten sie zunächst bei, bis sie erkennen mußten, daß dies zu gefährlich war, weil sie dann sehr rasch angegriffen werden konnten. Und erfolgte ein Angriff deutscher Jäger auf die langsamen Bomberverbände, dann endete dies stets mit einem Fiasko für die Russen. So wurden diese Bomberangriffe denn auch »in den Augen der Flieger selber bestenfalls eine rituelles Opfer von Flugzeugen und Besatzungen.« (Siehe: F. A. Vazhin: Soviet Air Force).

Um zielsicher werfen zu können, befahlen die Fliegerkommandeure die Senkung der Angriffshöhe auf 1.500 m. Diese neue Taktik verbesserte die Zielgenauigkeit, machte auf der anderen Seite die Bomber jedoch noch verwundbarer für das deutsche Flakfeuer, zumal die Untergrenze des Angriffs mit 900 m angegeben war und viele Verbände dies genau befolgten.

Im Raume Moskau gelang es der sowjetischen Luftwaffenführung mit der hier bereits verstärkt zur Front kommenden IL 2 »Sturmowik« die Feindfliegerverbände empfindlich zu verletzen.

Die »Iljuschas«, wie diese Schlachtflugzeuge von den russischen Piloten genannt wurden, griffen besonders erfolgreich deutsche Infanterie- und Panzerverbände an. Insbesondere die 2. Panzerarmee in Orel, sah sich dem massierten Einsatz solcher IL 2-Verbände und anderer Kampffliegergruppen gegenüber. Schlachtfliegerangriffe in kleinen Pulks von drei bis sechs Flugzeugen stoppten an mehreren Stellen den Vorstoß. Auch Gen.Oberst Guderian geriet am 4. Oktober mitten in einen solchen Angriff hinein, kurz nachdem sein Flugzeug auf dem Platz von Ssewsk gelandet war. Als er mit der 3. P.D. vorstieß, wurde seine Kolonne ein zweites Mal aus der Luft angegriffen, Guderian entging diesem Angriff.

Trotz aller dieser Anstrengungen, und obgleich die deutsche Luftwaffe bis zu diesem Zeitpunkt schwere Verluste hatte hinnehmen müssen, die nicht nur aus Luftkämpfen und Bombardierungen, sondern auch durch Unfälle und Ausfälle vielerlei Art entstanden waren, blieb diese in der Luft überlegen. In den ersten neun Tagen der Moskauer Offensive flogen die Deutschen mehr als 4.000 Einsätze allein gegen die russische Westfront. Zur gleichen Zeit nahmen die Deutschen ihre Angriffe gegen Moskau wieder auf und flogen zwischen dem 15. November und dem 5. Dezember etwa 41 Angriffe gegen die Hauptstadt. Im Verlauf dieser Angriffe meldete die russische Luftabwehr einen Durchschnitt von 30 bis 40 vernichteten Feindflugzeugen pro Tag. (Dies wären in den 21 Tagen der deutschen Angriffe insgesamt zwischen 630 und 840 Kampfflugzeuge gewesen, eine phantastische und schier utopische Zahl, die dennoch hier genannt werden soll, um darzulegen, daß es nicht so einfach war, genaue Abschußzahlen zu bringen).

Während mehrere andere sowjetische Quellen von sowjetischen Tapferkeitstaten mannigfacher Art zu berichten wußten und immer von einem Kampf gegen einen an Zahl überlegenen Feind sprachen, waren die deutschen Verbände bereits sehr zusammengeschmolzen und hatten besondere Schwierigkeiten in der Versorgung mit Munition, Bomben und Treibstoff.

Die historischen russischen Quellen sprechen von schwerwiegenden eigenen Fehlern in der Luftwaffe zu dieser Zeit, daß die Luftwaffenstruktur und ihre Unterstellung unter die Befehlsgewalt der Armeen unzulänglich gewesen seien und daß man darauf sann, Abhilfe zu schaffen, so schnell dies möglich war. Bereits jetzt wurde die Eigenständigkeit der sowjetischen Luftwaffe als neuer Teil der Roten Armee in Angriff genommen. Diese Neuorganisation mußte vor allem mit den Fehlern in der entscheidenden Phase der Koordination von Luft- und Bodenoperationen aufräumen.

Die Kommandeure der Flieger-Divisionen führten oftmals Luftangriffe durch, die, ohne direkten Kontakt und Führung durch Verbindungsoffiziere, nichts einbrachten.

Der russische General »Winter«

Als sich Moskau zur Abwehr der deutschen Verbände rüstete, brach mit elementarer Gewalt der russische Winter über das Land herein, der bis dahin nur als Schreckgespenst über den deutschen Verbänden geschwebt hatte. Die Operation »Taifun« blieb buchstäblich im Schneefall, Matsch und Regen und in der danach einbrechenden Kältewelle liegen. Vom 18. Oktober bis Anfang November kam das deutsche Heer nur meterweise voran und dies war die einzige Rettung für die russische Metropole, denn sie waren höchstens noch 80 km von Moskau entfernt.

Verbissener sowjetischer Widerstand und extreme Wetterbedingungen stoppten den Angriffsschwung der Deutschen entscheidend. Von Einkesselung und Vernichtung bedroht hielt die Rote Armee in Tula allen Angriffen stand. In Kaluga, Wolokolamsk und anderen Verteidigungspunkten westlich Moskau, griffen sowjetische frische Verbände in nächtlichen Gegenstößen an. Während dieser defensiven Phase flog die Rote Luftwaffe, in diesen Tagen wieder enorm verstärkt durch neue zur Front kommende Flugzeuge, 16.000 Einsätze zur Unterstützung des Heeres.

Schnee und starke Winterfröste beendeten Mitte November abrupt die Periode von Schlamm und Schneematsch und in dieser Situation ging die Operation »Taifun« in ihre Entscheidungsphase. Der gefrorene Boden erlaubte wieder Angriffsoperationen. Doch der stärkste Winter seit vielen vielen Jahren in Rußland brachte nun andere Behinderungen, die ebenso gravierend waren.

Jede weitere Bewegung erstarb. Die Temperaturen sanken bis zu 50 Grad unter Null und brachten einfach unbeschreibliche Entbehrungen für die deutschen Truppen, die für keinen russischen Winter, am wenigsten aber für einen so extremen, ausgerüstet waren.

Für die Luftwaffe ergaben sich folgende Mißverhältnisse zum Gegner. Während die sowjetischen Fliegerkräfte mit festen Unterkünften im Großraum Moskau starteten, operierte die deutsche Luftwaffe unter primitivsten Feldbedingungen und diese Situation wurde von Tag zu Tag beängstigender. Start- und Landebahnen mußten ständig vom Schnee befreit werden. Flugzeugmotoren, besonders flüssigkeitsgekühlte, bei diesen extremen Temperaturen zu starten, war fast unmöglich. Wärmewagen standen nur in sehr begrenzter Zahl und vor allem weit zurückliegend zur Verfügung. Das Bodenpersonal war trotz allen opfervollen Einsatzes nicht in der Lage, die routinemäßigen Wartungsarbeiten durchzuführen, weil ihre der Luft ausgesetzte Haut zu Metall gefror und einfach »brach«. Im Freien arbeitend, mußten sie die Werkzeuge vor dem Gebrauch erhitzen. Flugzeuge und vor allem auch die Bordwaffen widersetzten sich beinahe aller Bemühungen der versierten Techniker, sie einsatzbereit zu machen. Es gab keine Handbücher oder bekannte Verhaltensweisen, um gegenüber dieser Kälte einigermaßen gewappnet zu sein.

Im Gegensatz dazu steigerte die sowjetische Luftwaffenführung das Tempo ihrer Luftoperationen, um den Vorteil der Unbeweglichkeit ihres Gegners auszunützen. Aus den tiefhängenden Wolken auftauchend, erzielten sowjetische Fliegerverbände einige bedeutende Abwehrerfolge. Sie hatten in diesen Kaltwetter-Operationen die Initiative an sich gerissen und kontrollierten den Himmel über der Front. Während des bereits vorher genannten Zeitraumes vom 15. November bis zum 5. Dezember flog die Rote Luftwaffe nach sowjetischen Quellen 15.840 Einsätze gegenüber geschätzten 3.500 der

Deutschen. Die gleichen russischen Quellen berichteten an anderer Stelle noch einmal, daß die deutsche Luftwaffe während dieser Zeit im Moskauer Verteidigungsabschnitt 1.400 Flugzeuge verloren habe. Damit hätten sie allerdings mehr Flieger-Divisionen völlig vernichtet, als überhaupt vorhanden waren. Wenn die vorhergehenden Meldungen bereits utopisch waren, so fehlen für diese Meldung einfach die Worte, um sie zu charakterisieren.

Richtig ist allerdings, daß die deutsche Luftüberlegenheit, die im Juni-Juli 1941 erkämpft worden war, sich rasch auflöste. Die Belastungen einer 3.200-km-Front forderten von der deutschen Luftwaffe einen Tribut, der nicht ausgeglichen werden konnte. Mit ihren wechselnden Verpflichtungen im Westen und über Nordafrika hatte die Luftwaffe viel zu wenige Reserven, um ihrer bisherigen Rolle im Osten gerecht zu werden. Zu Ende 1941 befahl Hitler dann auch noch die Verlegung der Luftflotte 2 aus dem Raum des Mittelabschnittes, wo sie dringender denn je benötigt wurde, in den Mittelmeerraum.

Eine Berechnung der Experten zu dieser Zeit besagte, daß in Rußland auf jede 800 m Frontlinie ein Flugzeug kam, während dieses Verhältnis in Polen und Frankreich bei fünf bis sieben Flugzeugen gelegen hatte.

Der Kardinalfehler, die Luftflotte 2 aus dem gefährdetesten Abschnitt der Ostfront, westlich von Moskau, herauszuziehen, gerade in jeder Phase, da sich das deutsche Heer unter schwersten Verlusten zurückziehen mußte, forderte Hekatoben an Opfern.

Während die deutsche Luftwaffe nach wie vor im Kampf auf die bewährten Typen zurückgreifen mußte, zeigten sich bei der sowjetischen Luftwaffe bereits erste Anzeichen einer Neuaufrüstung- und Ausrüstung mit neuen Typen von kampfstarken Jagd- und Schlachtfliegerverbänden. Diese Entwicklung wurde noch durch die Übernahme von anglo-amerikanischen Flugzeugtypen wie der Spitfire, Hurricane, Tomahawk und Aircobra verstärkt. Die Zeit war abzusehen, da die im Sommer noch vorhandene technische Unterlegenheit der Roten Luftwaffe mit dem Fortschreiten des Krieges vorübergehen und sich ins Gegenteil verkehren würde.

In den ersten Monaten des Rußlandfeldzuges hatte die deutsche Luftwaffe im Durchschnitt 2.500 bis 3.000 Einsätze am Tage geflogen und sowjetische Flugzeuge ebenso im Luftkampf, wie am Boden vernichtet und dem Heer wertvolle Unterstützung gegeben. Dabei mußte sie herbe Verluste hinnehmen, die nicht ausgeglichen werden konnten. Gegen Ende des Sommers nahmen demzufolge die Einsatzstärken rapide ab. Während der Operation »Taifun« vom Oktober bis November, als das schlechte Wetter einsetzte, kamen fast alle deutschen Luftoperationen zum Erliegen. Die Verluste stiegen, die Einsatzzahlen der Kampfverbände schmolzen dahin. Die Zeit der russischen Gegenschläge begann.

Die sowjetischen Konterschläge

Bei der Größe der Siege der Luftwaffe im Osten wurde vom Luftwaffen-Oberkommando, an der Spitze Reichsmarschall Göring, nicht erkannt, daß die Luftwaffe mehr und mehr aufgerieben wurde und erschöpft in die letzte Phase des Kampfes dieses Feldzuges ging, dessen Ziel Moskau war. Die Frontverbände wurden von den Forderungen des Heeres ebenso wie durch den extremen Winter überfordert. Sie hatten trotz aller beispiellosen Luftsiege nur eine taktische Luftüberlegenheit errungen, die sich nach und nach ins Gegenteil verkehrte.

Die Russen stellten ihre Fähigkeit unter Beweis, selbst unter diesem extrem starken Druck zurückzuschlagen, so oft sich dazu die Gelegenheit ergab. Mit der Bedrohung des tödlichen Durchbruchs der deutschen Truppen nach Moskau im Nacken, schlug die Rote Luftwaffe sich in den entscheidenden Monaten des ersten Kriegsjahres bravourös.

Am 11. Oktober startete sie einen starken Luftangriff auf die Flugfelder der Deutschen. Der sowjetische Geheimdienst hatte erfahren, daß die deutsche Luftwaffe an diesem Tage einen Großangriff gegen Moskau plante, dessen Ziele vor allem aber auch die zentralen russischen Flugplätze um die Hauptstadt herum waren. Die Russen schätzten die Zahl der daran teilnehmenden deutschen Flugzeuge auf 1.500.

Um diesem Angriff zuvorzukommen, befahl die STAVKA dem Luftwaffenkommando einen Präventivangriff in der Nacht zum 12. Oktober. Ihm sollte dann am frühen Morgen des 12. Oktober ein weiterer Angriff folgen. Diese STAVKA-Direktive war Teil eines längeren Tagesbefehls, in dem alle sowjetischen Luftoperationen vom 11. bis 18. Oktober vorgestellt und gefordert wurden. Den Fliegerverbänden wurde befohlen, die Flugplätze der Deutschen entlang der nordwestlichen Verkehrsachsen, die nach Moskau hineinführten, zu zerschlagen.

Träger dieser Angriffe waren vor allem die Bomber- und Fernbomber-Verbände, die rings um Moskau stationiert waren.

Diese Angriffe wurden planmäßig durchgeführt. Sie erzielten nach russischen Unterlagen dramatische Erfolge. Die Flugfelder der deutschen Luftwaffe bei Witebsk, Smolensk, Orel, Orscha, Ssewersk und andere wurden zerbombt. Die Anzahl der dabei zerstörten deutschen Flugzeuge wurde mit 500 angegeben. Auch diese Zahl ist sicherlich um eine Null zu hoch ausgefallen, dennoch: die Verluste wogen schwer, es spiegelte sich in diesen sowjetischen Angriffen eine wilde, fanatische Entschlossenheit, die man dem Gegner nach den erlittenen Schlägen nicht mehr zugetraut hatte.

Die sowjetische Luftwaffe demonstrierte vor Moskau ihre beinahe unerschütterliche Kraft, und den unbeugsamen Willen, Moskau um jeden Preis zu verteidigen.

Am ersten Tag der Gegenoffensive griffen russische Schlacht-und Bombenflugzeuge deutsche Truppenkonzentrationen und Artilleriestellungen an, um ihre in der Kalininfront angreifende 31. Armee zu unterstützen. Nach dem Fall von Kalinin flogen sowjetische Flieger-Divisionen Unterstützungsmissionen, um jenen fünf Armeen beizustehen, die im Nordwestsektor im Abwehrkampf standen und sich anschickten, zwischen dem 17. und 26. Dezember zum Gegenangriff auf Rshew anzusetzen, jenem vorspringenden Front-Balkon im Nordwesten Moskaus, der eine permanente Bedrohung der Hauptstadt darstellte.

Die Frontlufteinheiten flogen 1.289 Einsätze in diesem Raum. Sie erzielten während dieser Einsätze neben Erfolgen gegen deutsche Truppen 15 Luftsiege; ein 16. kam noch hinzu.

General S. I. Rudenko (der im Januar 1942 General N. K. Trifonow als OB der Roten Luftwaffe für die Kalininfront ablöste) hatte während dieser Einsätze seine Qualitäten als Luftkriegs-Befehlshaber unter Beweis gestellt. Daß dies keine Eintagsfliege war, zeigte seine Berufung in das Oberkommando der 16. Luftarmee mit der er später in Kursk und über Berlin zum Einsatz kommen würde.

Er war in den Krisenwochen vor Moskau einer jener Fliegerführer, die neben dem Können auch noch Fortune hatten. Im südlichen Abschnitt der Front um Moskau, im Luftraum über Tula, stand die sowjetische Luftwaffe unter dem Kommando eines anderen hervorragenden Befehlshabers. Das Hauptziel der STAVKA war hier die 2. Panzerarmee unter Generaloberst Guderian, die sich bereits auf dem schrittweisen Rückzug befand. Im Kampfraum Tula konnte die STAVKA eine starke Konzentration an Bodentruppen einschieben. Diese Verbände wurden von der westlichen und südwestlichen Front abgezogen. Es handelte sich um die 10. und 50. Sowjetarmee, sowie einige Kavallerieverbände.

Während der ersten zehn Tage der sowjetischen Winteroffensive wurden die deutschen Truppen bis zu 90 km zurückgedrückt.

Sowjetische Fliegerverbände versuchten, die Verbände der Panzergruppe 2 zu vernichten. Allerdings hatten auch sie ihre volle Kampfstärke noch nicht wieder erreicht. Für die Südwestfront standen beispielsweise nur 236 einsatzfähige Flugzeuge zur Verfügung, während die Fliegerkräfte der Westfront auf fünf Luft-Divisionen mit insgesamt nur 183 Flugzeugen zusammengeschmolzen waren. Trotz dieser geringen Anzahl einsatzbereiter Flugzeuge spielte die russische Luftwaffe während des Dezember 1941 im Großraum Moskau eine wichtige Rolle. Sie flog allein an der westlichen Front 5.055 Kampfeinsätze (andere Quellen nennen 5.066) und vernichteten dabei eine beträchtliche Anzahl gepanzerter Fahrzeuge. Dieser ständige Einsatz der russischen Fliegerverbände ließ die Bewegungen der deutschen Truppen auf ihrem immer wieder stockenden Rückzug verlustreich werden.

Zur Unterstützung der Roten Armee kam es zum Einsatz russischer Luftlandetruppen. In der Nacht zum 15. Dezember wurden 415 Fallschirmjäger im Raume Teriajewa Sloboda im Nordwesten hinter den deutschen Linien abgesetzt. Durch sie sollte die deutsche Rückzugsroute westlich von Teriajewa Sloboda blockiert werden. Damit würde dann die nachstoßende 30. Sowjetarmee Gelegenheit haben, diesen Gegner einzukesseln und zu vernichten. Einige russische Quellen stellen diesen Einsatz als Erfolg dar; dennoch ist offensichtlich, daß diese sowjetische Absicht scheiterte. Es war zwar ein kühnes Manöver, doch fehlte ihm einmal die nötige Kraft, zum anderen war die Organisation nicht so, daß dieses Unternehmen hätte zum Ziele führen können. Die sowjetischen Fallschirmjäger erlitten schwerste Verluste und entgingen nur mit letztem Einsatz der völligen Vernichtung. 415 Mann waren für eine Operation, die das Zehnfache an Kräften erfordert hätte, eben nicht genug.

Im Januar 1942 fand übrigens ein zweiter sowjetischer Fallschirmjägereinsatz statt, bei dem bereits 2.000 Männer im Raume Medyn nahe Tula zum Einsatz gelangten. Solche Operationen, unter schwierigsten Wetterbedingungen durchgeführt, trugen den Stempel der Verwegenheit, ja des Heroismus, waren jedoch von ihrer Anlage her zum Scheitern verurteilt.

Für die Luftoperationen über der Westfront, die den Kampf um Moskau entscheidend zu führen hatte, und die von General Shukow mit Härte und Verbissenheit gefordert wurden, stellte die sowjetische Luftwaffenführung etwa 80 Prozent seiner Gesamtstärke zur Verfügung. Alle Verbände wurden in der Moskauer Luftverteidigungszone zusammengefaßt. Diese »Protivovoydushaya oborona« - Luftverteidigungsverbände - wurden aus den Frontlufteinheiten der 5., 33. und 43. Armee zusammengezogen. Sie sollten die Verteidigungslinien des Feindes zerschlagen, die deutsche Luftwaffe niederkämpfen und die deutschen Panzerverbände vernichten.

In diesem Sektor vor Moskau zu kämpfen war für die Rote Armee bitter und opfervoll gewesen. Doch gegen Ende Dezember 1941 war die drohende Gefahr des Verlustes der Hauptstadt beseitigt.

Am 4. Januar 1942 hatte die Rote Armee Borowsk und Malojaroslawez, zwei Schlüsselstädte südlich Moshaisk, zurückerobert. Während dieser schweren Wochen befehligte General N. F. Naumenko die sowjetischen Luftwaffenverbände. Er wurde am 7. Februar 1942 von General S. A. Khudjakow abgelöst. Naumenko, ein Veteran des finnischen Winterkrieges, übernahm nunmehr für kurze Zeit die 4. Luftarmee im Kubangebiet, um später, in der Schlacht um Kursk, die 15. Luftarmee zu führen.

Das VI. Jäger-Korps, zuerst unter dem Befehl von Oberst I. D. Klimow und ab Ende November 1941 von Oberst A. I. Mitenkow geführt, spielte eine entscheidende Rolle in der Verteidigung von Moskau ebenso, wie in der nachfolgenden sowjetischen Winteroffensive. Während dieses Korps seine Rolle als Objektschutz-Verband für Moskau selbst aufrecht erhielt, stand es außerdem noch dem Luftwaffen-Oberkommando in der vitalen Rolle der Luftunterstützung bei, indem es feindliche Truppen, Flugplätze und Bahnknotenpunkte angriff. Im November vernichtete allein dieses Korps sowjetischen Angaben zufolge 170 deutsche Flugzeuge, im Dezember weitere 80. Das VI. Jägerkorps war im Dezember zu Schlachtflieger-angriffen übergegangen, als die Bedrohung Moskaus durch deutsche Flieger nachließ. Zwischen dem 9. und 14. Dezember, in einer Periode schwerer Schneefälle und extremer Kälte, griffen diese Jagdflugzeuge immer wieder zurückgehende deutsche Truppen an und erzielten mit ihren Tiefflügen bei Klin und Soluechogorsk starke Wirkung.

Dieser flexible Einsatz von Fliegerverbänden in der sowjetischen Gegenoffensive ergänzte die früheren Leistungen dieses Korps in der Verteidigung von Moskau. Viktor Talalichin wurde - wie bereit im vorhergehenden Abschnitt dargestellt - am 27. Oktober 1941 in einem dieser Einsätze des VI. Fliegerkorps getötet.

Ein anderer russischer Pilot, Leutnant A. N. Katrich, vom 120. Jäger-Regiment, erzielte zwei Luftsiege durch Rammeinsatz. In den entscheidenden Kämpfen um die sowjetische Hauptstadt erhielten allein 23 Flieger des VI. Fliegerkorps den goldenen Stern eines Helden der Sowjetunion.

Weitere Spezial-Luftverbände nahmen an dem Kampf gegen die zurückweichenden deutschen Truppen teil. Die beiden Reserve-Luftgeschwader unter den Generalen A. A. Demodow und I. F. Petrow schlossen sich den Bomberverbänden der Langstrecken-Geschwader an und geleiteten sie während ihrer Operationen gegen die deutschen Truppenansammlungen.

Als Fazit bliebe zu sagen, daß die sowjetische Luftwaffe 1941 nicht nur überlebt, sondern daß sie offensive Schläge geführt hatte, die den Sieg sicherstellten, »zur Überraschung eines Feindes, der nun etwas weniger unbesiegbar geworden war.« (Siehe Hermann Plocher: a. a. o.).

Ab Januar 1942 hatte der Moskauer Militärbezirk ausreichende Luftverbände zur Verfügung, um eine spezielle Kampfgruppe zusammenzustellen. Diese sollte unter dem Kommando von Oberst N. A. Sbytow die Schlacht »entlang der Moshaisk-Linie zur Unterstützung der 5. Sowjetarmee« führen. Dieser Verband setzte sich aus dem 46. Bomber-Regiment, dem 65. und 243. Schlachtflieger-Regiment und einigen wenigen anderen Einheiten zusammen. Während die Bomberverbände mit Pe 2-Flugzeugen ausgerüstet waren, verfügten die Schlachtflieger-Regimenter über IL 2-Flugzeuge.

Diese »Luftgruppe Sbytow« errang einige aufsehenerregende Erfolge und half der 5. Armee, ihre Aufgabe zu lösen.

Ab Ende November waren weitere Verstärkungen von den Luftwaffenschulen und aus den Fortgeschrittenen-Kursen der Ossawia-

Die Fw 190 auf dem verschneiten Platz Krasnogwardeisk.

Winter 1941/42: Stukas über der verschneiten Landschaft.

Eine He 111 im Angriff auf Murmansk, geleitet von Bf 110.

Eine Ju 87 B des StG 2 "Immelmann".

Der fünfte Feindflug eines langen Kampftages.

Generaloberst Keller beim (S) Lehr-Geschwader 2. Von rechts: Oblt. Meyer, Oblt. Dörnbrack, Oblt. Doerffel, Major Weiß, Kdr. II.(S) LG 2.

Der Waffen- und Bombenwart: Bomben werden zum Liegeplatz geschafft.

MG-Trommeln werden nach jedem Feindflug aufgefüllt.

Ju 52 und Panzer auf einem Feldflugplatz.

Vernichtete Bf 109 nach
russischem Bombenangriff.

Bomben für die Stukas
werden entladen.

Die "schwarzen Männer"
bei der Arbeit.

Stukas des StG 77 im Einsatz.

Diese Ju 88 kommen vom Feindflug zurück.

Angriff auf Straßen- und Eisenbahnziele.

Feldflugplatz Bagorowo: zum Einsatz angetreten!

Oblt. Stüdemann nach seinem 500. Feindflug.

Bei der Morgentoilette auf dem Feldflugplatz.

Gen.Oberst Busch, OB der Heeresgruppe Nord, im Gespräch mit General v. Richthofen.

GFM Kesselring zu Besuch beim VIII. Fliegerkorps.

General der Flieger v. Richthofen mit Gen.Oberst Keller.

Die Ju 87 "Stuka".

Die Ju 88 A-5.

Die Fw 190 A-4.

Die Fw 200 "Condor".

Eine Bf 109 der 1./JG 54.

Links: Das Wappen des JG 54.

Major Trautloft beim Start.

Beim Bombenangriff auf Gatschina zerstört.

Oblt. Ruhland vom JG 54, gefallen August 1941 bei Owsitschi.

Ritterkreuzverleihung für Lt. Hannig und Lt. Beißwenger. Von links Oberstleutnant Trautloft, Lt. Beißwenger, General der Flieger Förster, Lt. Hannig, Hptm. Hrabak.

Vor dem Gefechtsstand in Siwerskaja, von links: Oberst Trautloft, Schmoller, Galland, (Unbekannt).

Die Bordwaffen müssen nachgerichtet werden.

GFM Küchler im Gespräch mit Hptm. Philipp.

Gen.Maj. Fiebig und Hptm. Thiem, Staffelkapitän 5. (S)/LG 2.

Major Philipp, gefallen nach 206 Luftsiegen am 8. Oktober 1943.

Major Gerd Homuth, gefallen nach 70 Luftsiegen im Raume Orel.

Oblt. Dieball, ein hervorragender technischer Offizier der I./JG 54.

Lt. Ulrich Wernitz, Ritterkreuz nach 101 Luftsiegen am 11. November 1943.

Major Horst Ademeit, Gr.Kdr. im JG 54, gefallen am 8. August 1944 nach 166 Luftsiegen.

Lt. Karl Schnörrer, Ritterkreuz nach 56 Abschüssen.

Oblt. Otto Kittel, Staffelkapitän 2./JG 54, gefallen am 14. Februar 1945 nach 268 Luftsiegen.

Lt. Toni Döberle, gefallen am 11. November 1943 nach 94 Luftsiegen.

chim zu den Nachtjagd-Regimentern gestoßen. Sie waren mit Po 2, R 2-Flugzeugen ausgestattet und nahmen sofort an den Abwehrkämpfen teil. Daß es trotz aller Bedrohungen gelang, insgesamt in den letzten beiden Monaten des Jahres 1941 71 (!) Luftregimenter zusammenstellen grenzt an ein Wunder.

Die erste Phase der Gegenoffensive dauerte 33 Tage. In dieser Zeit flog die Rote Luftwaffe 16.000 Kampfeinsätze; über die Hälfte zur Unterstützung der Erdtruppen. Niedrige Wolken, geringe Sicht waren zwar Herausforderungen für die russischen Flieger, aber kein unüberwindliches Hindernis. Die Piloten flogen in extrem niedrigen Höhen ihre Einsätze weiter.

In Moskau stellte die STAVKA ihre »Rumpfluftwaffe« gegen den Feind zu einer letzten gewaltigen Anstrengung auf. Die Flugzeuge wurden von jeweils zwei Besatzungen für jedes Flugzeug bei Tag und Nacht geflogen. Das wirkte auf die Gegenoffensive ein und ließ den deutschen Rückzug immer wieder liegenbleiben.

Die sowjetische Offensive von Januar bis März 1942

In den genannten drei Monaten flog die russische Luftwaffe nach ihren eigenen Angaben insgesamt 49.000 Einsätze gegen die HGr. Mitte. Selbst wenn man die russischen Übertreibungen abrechnet, spiegelt dieser hohe Einsatzstand eine außerordentliche Aktivität der Roten Luftwaffe wider.

Zwischen dem 4. und 7. Januar 1942 beispielsweise griffen russische Frontlufteinheiten die deutschen Plätze in Rshew und Welikije Luki an, als deutsche Transportflugzeuge die dort eingeschlossen deutschen Heeresverbände versorgten.

Diese Angriffe wurden vom 5. Gardeflieger-Regiment und vom 193. Jäger-Regiment geführt. Diese wurden außerdem durch Geschwader unterstützt, die von General Petrows Luftflotte abgezogen wurden. Die Russen meldeten die Vernichtung von neun Ju 52 am Boden und den Abschuß einer Do 217.

Gerade durch die vorhergehenden Kampfereignisse und durch die verheerenden Wetterbedingungen war die Gesamtzahl der verfügbaren russischen Flugzeuge drastisch verringert worden. Dies hatte zur Folge, daß der Anteil der neuen besseren Typen in den Luftverbänden bedeutend rascher wuchs, als geplant war. Ende Januar 1942 war der Flugzeugbestand an der Kalininfront zum Beispiel mit 96 Flugzeugen angegeben, von denen fünf Pe 2, 17 IL 2, sieben MiG 3, 23 LaGG 3, 14 Yak 1, acht I 15 und 22 I 16 waren, der Rest war nicht zu indentifizieren. Dies zeigte, daß nur noch etwa ein Drittel veraltete Typen I 15 und I 16 dabei waren.

Dieser Prozeß des Umrüstens auf neue bessere Typen wurde von der sowjetischen Luftwaffe im Sommer 1942 weiter beschleunigt, als die Flugzeugproduktion in den neu jenseits des Ural angesiedelten Flugzeugfabriken auf vollen Touren lief.

Im Februar-März 1942 bereits konnte die Luftkriegs-Aktivität bedeutend gesteigert werden. Im Februar wurden 67 Luftkämpfe im Raume Moskau mit insgesamt 344 daran beteiligten Flugzeugen notiert. Im März fanden bereits 258 Luftschlachten statt, in denen 656 russische Flugzeuge gegen 971 deutsche Maschinen im Kampf standen. Die Russen erklären diese steigende Zahl der Luftangriffe mit dem wachsenden Angriffsschwung, den ihre Flieger zu dieser Zeit bewiesen. Aus der kriegsgeschichtlichen Perspektive gesehen ergriff die sowjetische Luftwaffe die »Initiative gegen die HGr. Mitte, obwohl sie zahlenmäßig noch immer der »Luftwaffe« unterlegen war. Sowjetische Piloten flogen Einsätze entlang des gesamten deutschen Hinterlandes zwischen Smolensk und Moskau, indem sie feindliche Truppen, Panzer und Kommunikationszentren und vor allem feindliche Flugfelder angriff.« (Ouellen dazu: Robert Jackson: Red Falcons; A. Iwanskij; Orilinje Krylya - Flügel des Adlers).

Die hier angegebene zahlenmäßige Unterlegenheit der russischen Luftwaffe hat zu k e i n e r Zeit bestanden. Das Gegenteil davon war der Fall, wie die Ausstoßzahlen der russischen Flugzeugproduktion und die Aufstellung immer neuer Luftregimenter bewiesen. Deutsche Quellen haben dementsprechend auch immer einen anderen Standpunkt vertreten. Bezüglich der russischen Luftaktivitäten waren deutscherseits auch eine Reihe Abstriche gemacht worden. Dennoch mußte Generalleutnant Schwabedissen, nach dem Kriege als deutscher Historiker tätig, zugeben, daß die sowjetische Luftwaffe zum Jahreswechsel 1941-42 ihre schwerste Krise überwunden hatte und nun zum Angriff übergegangen war. (Siehe: Walter Schwabedissen: Mehrfronten-Luftkrieg).

Sowjetische Fliegerverbände variierten unabhängig von der Zeit und den Umständen in ihrer Einsatzbereitschaft. Die Wandlungen zu einer offensiven Luftwaffenstrategie wurden aber erst ab Sommer 1942 offenbar.

Die sowjetischen Kampfverbände gewannen neues Selbstvertrauen, als ihre Flugzeuge in der Leistung den gegenüberstehenden deutschen Typen angenähert wurden. Die sowjetischen Schlachtfliegerverbände wurden aggressiver und stärker, je weiter das Jahr 1942 voranschritt.

Nachdem endlich auch die Sowjets die Bord-Bord- und Boden-Bord-Verständigung ihrer Fliegerverbände einführten, hatten sie einen technischen Fortschritt erster Größe gemacht. Nun erst gelang es den Luftkommandeuren die Kontrolle über ihre Luftoperationen zu erhalten und damit die Führung der Verbände zu verbessern. Mit den neuen Funkeinrichtungen erhielt die Luftwaffenführung der Roten Armee ein kraftvolles Instrument, um die Luft- und Bodenoperationen zu koordinieren.

Diesen Verbesserungen schrieben die sowjetischen Historiker die Steigerung der Leistungskraft der Roten Luftwaffe zu. Deutsche Quellen berichten jedoch, daß auch danach noch das System der Nachrichtenübermittlung in der russischen Luftwaffe schlecht lief. Seit die Befehlsübermittlungen der Russen über Sprechfunk liefen, wurden sie von den deutschen Funkhorch-Stellen aufgezeichnet und ausgewertet.

Auch die rückwärtigen Dienste der Roten Luftwaffe wurden im Winter 1941-1942 neu organisiert. Sieben neue Luftwaffen-Baustützpunkte wurden aufgestellt. In diesen Luftbau-Regionen standen 30 Luftfelddienst-Bataillone, neun Flugplatz-Pionier-Bataillone und andere Unterstützungseinheiten im Einsatz. Rückwärtige sowjetische Dienste legten große Vorratsdepots entlang der Front an. In Zwischenräumen von 240 bis 400 km wurden Munition und Waffen gelagert, um daraus die vorderen Flugfelder so rasch wie möglich auffüllen zu können. Zwar traten auch hierbei Störungen auf, doch diese wurden rücksichtslos ausgemerzt.

Ein ganzes Netzwerk von Flugfeldern wurde eingerichtet. Technisches Personal und Nachschubtruppen wurden so eingesetzt, daß sie das gesamte System der Lager für Munition, Treibstoff und Ersatzteile aller Flugfelder der Frontlinie hundertprozentig in den Griff bekamen.

Das logistische Kommando diente der raschen Nachführung aller benötigter Materialien für die vorrückenden Flugplätze. Eisenbahn-Luftfahrt-Werkstätten bewiesen eine neue Flexibilität, die für offensive Operationen auch der Luftwaffe notwendig war. Alle diese Bemühungen dienten nur einem Zweck, nach dem Jahr der neuen Durststrecke 1942 für die Jahre 1943 bis 1945 die großen sowjetischen Luftoffensiven eröffnen und aufrechterhalten zu können. Dazu aber mußte vor allem eine ganz neue Luftwaffenstruktur- und Führung durchgesetzt und die Luftwaffe als selbständiger Truppenteil der Roten Armee anerkannt und umgerüstet werden.

UMORGANISATION DER ROTEN LUFTWAFFE

Fragen der Notwendigkeit

Die Notwendigkeit einer großen Umorganisation der Roten Luftwaffe war für die STAVKA und deren Luftwaffenexperten Ende Dezember 1941 bereits unabdingbar. Es war für Stalin und alle seine Mitarbeiter klar, daß Moskau noch immer bedroht war. Und zwar aus dem vorspringenden Frontbalkon von Rshew aus. Sobald von dort aus ein Angriff erfolgen würde, war man wieder in der gleichen Situation wie im Winter zuvor: Moskau war in Gefahr!

Das Hauptproblem, das bereits am 22. Juni 1941 offenbar geworden war, schien der Mangel an einem effektiven Zusammenwirken von Armee und der Luftwaffe. Zwar gab es eine Reihe von Sofortmaßnahmen, die diesen Mangel ausmerzen sollten, doch diese genügten nicht. Immer deutlicher wurde erkannt, daß die Luftwaffe mit einer eigenen Führungsgruppe ausgestattet und selbständig gemacht werden mußte, wenn sie den Armeen helfen sollte.

Nur wenn die Luftwaffe selbständig wurde, konnten alle erkannten schwerwiegenden Mängel ausgemerzt werden.

Die russische Flugzeugproduktion hatte bereits im Winter 1941 einen rasanten Aufschwung genommen und die Vorkriegsproduktion schon weit übertroffen. Dies bedeutete einen ständigen Zustrom neuer Flugzeuge zur Front während der nächsten Monate. Um mit diesen neuen Flugzeugen eine kampfstarke Waffe für alle kämpfenden Armeen der Roten Armee zu schaffen, befahl die STAVKA eine Strukturänderung mit gleichzeitiger neuer Operationsplanung und einer Revolutionierung der Taktik der Luftstreitkräfte.

Das Überleben des russischen Regimes würde 1942 von seiner Fähigkeit abhängen, eine neue schlagkräftige militärische Organisation der Luftstreitkräfte zu schaffen.

Im April 1942 löste General Nowikow den bis dahin amtierenden Oberbefehlshaber der Roten Luftwaffe, General P. F. Zhigarew ab.

Die Wahl Nowikows sollte sich als eine weise Entscheidung herausstellen. Bekannt für sein Wissen und seine Energie leitete Nowikow im Frühjahr 1942 eine Serie weitreichender Reformen der sowjetischen Luftwaffe ein.

Der Aufstieg Nowikows zur Spitze der russischen Luftwaffenführung hatte im Februar 1942 eingesetzt, als er Erster stellvertretender OB der sowjetischen Luftwaffe geworden war. In dieser Eigenschaft flog er zu den Fliegenden Verbänden aller Fronten, um Luftoperationen zu koordinieren, die als Teil der sowjetischen Großoffensive eingeleitet wurden. Als er am 20. Februar 1942 nach Moskau zurückkehrte plante er mit seinem Stab die Luftoperationen der gesamten Westfront. Im März ging er nach Norden, um die sowjetischen Luftaktivitäten im Großraum Leningrad zu planen und zu leiten.

Mit aus den Fronten abkommandierten Luftbefehlshabern und Planungsexperten der Luftfahrt, sowie des Stabes der Air-Corps Reserve der STAVKA, plante und führte Nowikow die ersten massierten Luftangriffe zur Unterstützung der Truppen an zwei Fronten. Für diese strategische Leistung erhielt er seine Ernennung zum OB der sowjetischen Luftwaffe und zum Stellvertretenden Volkskommissar für Verteidigung.

Sein Vorgänger, General Zhigarew, wurde zum Befehlshaber der Luftwaffenkräfte im Fernen Osten ernannt, womit seine Abberufung nicht - wie sonst üblich - das Ende seiner Karriere bedeutete.

General Nowikow, nunmehr OB der russischen Luftwaffe, hatte als Jugendlicher an der russischen Revolution teilgenommen. Er kam über die Partei, in die er 1920 eintrat, zur Frunse Militärakademie, auf der er 1930 seine Abschlußprüfung machte. Von hier aus wurde er zur Luftwaffe kommandiert, weil dort ein Mangel an ausgebildeten Offizieren bestand.

Als Chef des Stabes einer Luftwaffen-Brigade legte Nowikow 1933 auch seine Beobachter-Pilotenprüfung ab, wenngleich sich seine Fähigkeiten nicht als Flieger, sondern eher als Kommandeur ausdrückten. Im Jahre 1938 wurde er Chef des Luftwaffenstabes des Leningrader Militärbezirks. 1940 erfolgte seine Ernennung zum Luftwaffenkommandeur dieses Bezirkes.

General Rudenko hielt Nowikow für eine aufgeschlossene Persönlichkeit, dessen Gabe für schnelle und richtige Entscheidungen ihm während der Abwehrkämpfe im Leningrader Raum besonders aufgefallen waren. Rudenko bemerkte dazu:

»Anfangs 1942 traf Nowikow die Entscheidung und setzte neue und sich bewährende Techniken in den Luftwaffen-Operationen ein. Wie er dies für seine »verdammte Pflicht« ansah.«

Wenn auch Nowikow einen Hang zu rascher Modernisierung der eigenen Luftwaffe hatte, so eiferte er dennoch nicht der deutschen Luftwaffe nach, sondern entlehnte dieser nur die von ihm als wichtig erkannten technischen und taktischen Verbesserungen, wenn auch immer mit auf russische Fliegerweise eingestellten Variationen.

Die russische Luftwaffe unternahm - ähnlich der englischen - die Angleichung an die deutschen Formationen von Rotte, Schwarm und Staffel, weil diese sich als wirkungsvoller erwiesen hatten, als die russischen. Gemeinsam mit dem Luftwaffen-Militärrat erließ Nowikow einen Luftwaffenbefehl, in welchem Wege der Vereinfachung und der Typenbereinigung dargelegt wurden, die aus den Kriegslektionen entstanden waren, die Rußland schmerzhaft hatte lernen müssen. Diese »Kriegserfahrungsanalyse« war eine systematische Untersuchung der sowjetischen Luftwaffen-Organisation, der Taktik und der Ausrüstung. Sie forderte ein Umdenken in der sowjetischen Luftdoktrin der starken taktischen Luftwaffe in kleinen Schritten. Um dieses Ziel zu erreichen, integrierte Nowikow bewährte Luftwaffentechniken in seinen neuen Führungsstil und führte viele Neuerungen durch, mittels derer sich nach und nach jene Lücken schlossen, die in Bezug auf Ausrüstung und Technik gegenüber der deutschen Luftwaffe bestanden hatten. Auf einigen Gebieten gelang es der Roten Luftwaffe sogar, die deutsche Luftwaffe zu überflügeln. Beispielsweise in der Durchführung von Operationen bei kaltem Wetter.

Daß dies nicht von allein ging und Nowikow dies alles auch nicht im Alleingang schaffen konnte, ist klar. Er hatte sich mit Beginn seiner Amtszeit als Oberbefehlshaber der russischen Luftstreitkräfte - welche Position er bis Kriegsschluß behalten sollte - mit einer Reihe überaus fähiger Offiziere umgeben. Sein erster Stellvertreter wurde Generalmajor Grigori A. Worozhejkin. Als Operationoffizier spielte General Falalejew als Chef des Stabes bis zum Juni 1943 eine Schlüsselrolle, ehe er von General S. A. Khudjakow abgelöst wurde. Auf anderen wichtigen Positionen standen General Zharow, General Pepin, General Turkel, General Shimanow und General Nikitin. Letzterem unterstand die gesamte Luftwaffenausbildung. Chef des Stabes der Luftoperationsführung wurde General Zhurawlew. Alle diese

Männer, die den Generalstab der Luftwaffe bildeten, sicherten die Kontinuität derselben ab 1942.

Aufgrund der ständigen Unterlegenheit der zahlenmäßig stärkeren russischen Fliegerkräfte gegenüber den deutschen sahen russische Militärplaner die Organisation der Luftwaffenführung als katastrophal an. Die Erweiterung des Krieges erforderte ein besseres Oberkommando und eine intensive Kontrolle. Es galt darüber hinaus, Mittel und Wege zu finden, um die vorhandenen Reserven zu mobilisieren und die Ausbildung für die neuen Besatzungen zu verbessern.

Diesem gesamten Reformprogramm stand der Luftwaffen-Militärrat vor, der sich aus einer Gruppe ranghoher Offiziere zusammensetzte, die die militärischen und politischen Angelegenheiten der Roten Luftwaffe untersuchten. Sie untersuchte eine Reihe von Personalvorschlägen für die Verbesserung der zentralen Luftwaffenverwaltung. Als Konsequenz dazu wurden die verschiedenen Abteilungen und Leitungsgremien umgebildet. Darin eingeschlossen war auch die Schaffung der »Vereinfachungs-Abteilung« mit A. A. Wassiljew als Sektionschef.

Das Ausmaß der Reformen berührte die rückwärtigen Dienste ebenso wie die wichtigen Bereiche der Flugplatzanlagen und der technischen Hilfsdienste.

Zur gleichen Zeit überwachte General Nowikow auch die Neuorganisation des Bomberkommandos. Obwohl dieser Verband eigentlich »Fernbomber-Kommando« genannt wurde, besaß die Luftwaffenführung gegen Ende des ersten Kriegswinters in Wirklichkeit nur eine geringe Anzahl an mittelgroßen Bombern.

In den vergangenen Monaten hatte diese bescheidene Streitmacht versucht, den Luftkrieg nach Deutschland hineinzutragen, was aber mehr eine symbolische Geste, denn ein wirkungsvolles Unterfangen blieb.

Das vorherrschende Thema im Planungsstab war nunmehr die Abkehr von taktischen und die Zuwendung zu strategischen Bomberangriffen. Die Lend-Lease-Lieferungen der westlichen Verbündeten verstärkten diesen Schwenk durch die 1942 erfolgenden Lieferungen von A 20 und B 25-mittleren Bombern nach Rußland.

Die sowjetische Luftfahrtindustrie legte sich, darüber hinaus, 1942 selbst auf die Produktion der sehr hoch eingeschätzen IL 4 (DB 3F-Bomber) fest, in der Hoffnung, damit ihren Bestand an Bombern rasch vergrößern zu können.

Eine neue Struktur der Fernbomberwaffe wurde im März 1942 mit der Schaffung der Aviatsiya dal'nego deystviya geschaffen. Als Nachfolger der alten Fernbomberwaffe operierten die solcherart neuformierten strategischen Luftstreitkräfte in direkter Unterstellung unter das STAVKA-Kommando. Generalmajor A. Ye. Golowanow wurde OB dieses neuen Kommandos, mit Generalleutnant M. I. Shewelow als Chef des Stabes. Golowanow sollte, wie Nowikow auch, bis Kriegsende diese Position bekleiden.

Im strategischen Bomberkommando standen zu Anfang sieben Bomber-Divisionen, eine Lufttransport-Division und eine Reserve-Brigade. Im Mai 1943 wurde das Fernbomberkommando einer weiteren Umorganisation und Aufstockung unterzogen. Acht Bomberkorps in Stärke von jeweils zwei Divisionen (eine Division bestand in diesem Falle aus zwei Luftregimentern) wurden ihm zugeführt. Noch später, im Dezember 1944, entstand aus der Fernbomberwaffe die 18. Luftarmee mit Golowanow als OB.

Das große Problem der Bombereinsätze

Trotz aller Umstellungen und Neuformierungen waren und blieben die Bombereinsätze ein besonderes Problem für den russischen Luftwaffenstab während der Dauer des gesamten Krieges. Die laufenden Umorganisationen behinderten in vieler Hinsicht die Einsatzbereitschaft mehr, als sie sie förderten. Unter Berücksichtigung aller Fakten erlitten die Bomberverbände mit die höchsten Verluste während des Krieges, insbesondere in den ersten zwei Jahren.

Gegen Ende dieses titanenhaften Ringens hatten diese Verbände einen beachtlichen Grad an Wirksamkeit erreicht. Die Verpflichtung zum taktischen Einsatz der Bomber ließ dem russischen Oberkommando nur wenige Möglichkeiten zur Durchführung strategischer Einsätze bis 1945. Die Pe 8, ein viermotoriger Bomber, war zwar vorhanden, aber nur in geringen Stückzahlen. Trotz Moskaus wiederholter Bitte stellten die westlichen Verbündeten dem sowjetischen Luftwaffenkommando k e i n e B 17 oder B 29 zur Verfügung. Lediglich vier dieser Flugzeuge wurden von den Russen in Fernost zu Ende des Krieges widerrechtlich festgehalten, nachdem sie dort eine

Notlandung auf russischem Territorium unternommen hatten.

Nowikow und das sowjetische Luftwaffenkommando waren in den ersten Monaten des Krieges von der mühseligen und ineffektiven Luftwaffen-Organisation enttäuscht. Gegen Ende der Winteroffensive führte Nowikow dann, wie bereits erwähnt, im Leningrader Sektor die Organisation von zehn Luftkampfgruppen, jede dieser Gruppen bestand aus sechs bis acht Flieger-Regimentern von unterschiedlicher Zusammensetzung.

Diese Anstrengung einer zentralisierten Führung und Kontrolle entsprach genau den Vorstellungen der Umorganisierungskommission der STAVKA. Als Nowikow dann die Position des OB der russischen Luftwaffe übernahm, stand er vor allem der Schaffung der Organisation der Luftarmeen vor, die selbständige Verbände, **und** aus dem Großverband der sowjetischen Heeresgruppen herausgelöst wurden. Dies sicherte ihm die zentrale Kontrolle im gesamten Bereich der Luftwaffenführung. Offiziell wurde diese neue Luftarmee-Struktur im April 1942 übernommen.

Die daraus entstehenden Vozdushnaya Armiya - Luftarmeen - sicherten den festen Zusammenhalt der Luftstreitkräfte mit den Bodenverbänden.

Mit dieser Organisation, dessen waren sich Nowikow und seine Planer sicher, würde die sowjetische Luftmacht, an der Schwelle einer rasanten Ausweitung stehend, sich rasch auf die strategisch wichtigen Schauplätze des Krieges konzentrieren können und so größtmögliche Erfolge erzielen. Diese flexiblen Luftarmeen, straff geführt, sollten der »Schwertarm der sowjetischen Luftwaffe«, werden, der überall dort eingesetzt werden konnte, wo es brannte. (Siehe: Asher Lee: The Soviet Air Force).

Die 1. Luftarmee unter Führung von General T. F. Kutsewalow trat bereits im Mai 1942 in Erscheinung. In ihr waren die Kampfverbände der westlichen Front zusammengefaßt, um solcherart die Schlagkraft der Luftwaffe zu erhöhen und erfolgreiche massive Luftangriffe gegen den Feind führen zu können. In ihrer ursprünglichen Aufstellung verfügte diese 1. Luftarmee nur über zwei Luftkampf-Divisionen zu jeweils vier Regimentern; zwei gemischte Flieger-Divisionen und jeweils zwei Jagd- und Schlachtflieger-Regimenter, ein Fernaufklärungs-Geschwader ein Verbindungs-Geschwader und ein Nachtbomber-Regiment, das mit Po 2 ausgestattet war.

Obgleich die Armeefliegerei zur Unterstützung und Führung durch die Erdtruppen auslaufen sollte, fand dies nicht so rasch wie erhofft, statt. Dennoch formierten sich im Frühling und Sommer 1942 weitere Luftarmeen, wie aus der allgemeinen Aufstellung derselben im folgenden Abschnitt zu lesen sein wird.

Bis November 1942 war die dramatische Neuorganisation der russischen Luftwaffe abgeschlossen. Bis auf kleinere Lufteinheiten, wie verschiedene Aufklärungs- und Kurier-Regimenter, die in den Landarmeen blieben, wurden alle Einsatzverbände den mobilen neuen Luftarmeen zugeführt.

Diese Luftarmeen gaben der Führung der Sowjets die Möglichkeit zu einem rapiden Aufbau ihrer Luftwaffe, die den Bedürfnissen der Front angepaßt war. Dies erwies sich in den letzten drei Kriegsjahren als entscheidend, als eine große Anzahl von Sommer- und Winter-Offensiven entlang der russischen Front eine schnelle Umsetzung von Kräften notwendig machten, um den Feind aus dem Gleichgewicht zu bringen.

Das Ende der Armeiskaya aviatsya - der Heeresluftfahrt - und der älteren Frontluftkommandos bedeutete, daß die Kontrolle des Luftwaffen-Befehlszentrums in Moskau an die Luftwaffen-Befehlshaber der neuen Luftarmeen überging, die allerdings in Operationszeiten dem Oberbefehlshaber einer Russischen Front - einer Heeresgruppe also - unterstellt waren. Durch seinen Einsatz als Stellvertreter des Heeresgruppen-Befehlshabers war der Luftwaffen-Armeebefehlshaber in der Lage, seine Luftoperationen effektiver auf die Bedürfnisse der Front abzustellen und seine Truppe je nach Notwendigkeit zu defensiven oder offensiven Aktionen anzusetzen.

Nicht weniger wichtig war es für den endgültigen Erfolg der russischen Luftwaffe, daß das Fliegerkorps der STAVKA-Reserve aufgestellt und immer wieder aufgefüllt wurde. In der Einrichtung und Führung dieser kraftvollen Reserve übernahm der Militärische Luftwaffen-Rat eine führende Rolle. Er schuf damit die potente Luftwaffen-Reserve der Roten Fliegerei.

Jedes Reserve-Fliegerkorps bestand normalerweise aus zwei oder mehr Luftdivisionen mit einer Gesamtstärke von 120 bis 170 Flugzeugen modernster Bauart. Diese Luftwaffen-Reserve verfügte damit über schlagstarke Divisionen, die überallhin eingesetzt werden konnten. Sie wurde mehr und mehr aufgestockt und konnte Ende 1942 bereits über 13 Fliegerkorps verfügen. Diese Reserve umfaßte nach sowjetischen Unterlagen im Januar 1943 43 Prozent des gesamten sowjetischen Kampffliegerbestandes.

Diese strategischen Luftwaffen-Reserven dienten stets als Verbindungsglied von der Luftfahrt-Industrie zu den Luftarmeen. Sie verstärkten die gesamte Luftwaffe zu den entscheidenden Zeitpunkten des Krieges, indem sie den Luftarmeen nach den Weisungen der STAVKA immer neue Kräfte zuführten, die dann aus frischen Jahrgängen nachgefüllt wurden.

Mit so weitreichender Unterstützung der Luftarmeen durch das Reservekorps wuchsen die Armeen binnen kurzer Zeit zu immer schlagstärkeren Verbänden heran. Im Zeitraum von 1942-43, in jener Zeit also, da die sowjetische Luftwaffe die Herausforderung der deutschen angenommen hatte und zur Erringung der strategischen Initiative in der Luft angetreten war, bestanden die Luftarmeen aus jeweils 900 bis 1.000 Flugzeugen. 1944-45 erreichte der Durchschnitt 1.500 Flugzeuge und für die letzten Offensiven zum Sturmangriff nach Deutschland hinein und auf Berlin war die Größe der teilnehmenden Luftarmeen auf 2.500 bis 3.000 Flugzeuge angestiegen.

Die gigantische Flugzeugproduktion erlaubte den Luftkorps der STAVKA-Reserve, eine massierte Verstärkung der Frontflieger-Verbände, indem es beispielsweise mehr als 3.000 Flugzeuge, elf Flieger-Korps, nach vorn schickte, um die 1., 3., 4. und 16. Luftarmee während der wichtigen Belorussischen Operationen im Sommer 1944 - die Großoffensive »Bagration« - zu unterstützen.

Gleichzeitig mit der Schaffung der Luftarmeen begann das russische Oberkommando der Fliegerkräfte eine allmähliche Umorientierung zu homogenen Luftverbänden auf Divisions- und Regimentsebene. Die Luftkommandeure forderten solche Einheiten, die besonders in Kampf-Regimentern zusammengeschlossen waren, um größere Wirksamkeit erzielen und effektivere Unterstützung und Hilfe leisten zu können. Dieser Typus der Organisation erleichterte die Ausbildung und die Kontrolle der sowjetischen Luftwaffe.

Diese neue Richtung wurde auch durch die rasante Aufstockung der Schlachtflieger-Verbände im Jahre 1943 angezeigt, als die Flieger-Regimenter durchschnittlich um 22 bis 23 Flugzeuge aufgestockt wurden. 1943 tauchten dann auch in den Kampfflieger-Regimentern einmotorige Typen auf. Zum Beispiel die Yak 7b. Aus taktischen Gründen behielten Sturmowik-Flieger-Divisionen ihren zusammengesetzten Charakter bei, mit einem Jagdflieger-

Regiment, das zu Geleit- und Aufklärungsaufgaben bereitstand.

General Nowikow bemühte sich, die Luftwaffen-Geschwader, Regimenter und Divisionen umzustellen, um den Erfordernissen des Luftkrieges besser zu entsprechen.

Die Führung des sowjetischen Luftwaffen-Oberkommandos in Moskau - Voyenno vozdushnyye sily - war bei dieser Entscheidungsfindung nur nebensächlich beteiligt worden. Daß es den sowjetischen Fliegerverbänden gelang, den deutschen Blitzangriff zu überstehen und im Winter 1941-42 in die Offensive zu gehen, war nicht ihr Verdienst, wie die vorangegangenen Fakten gezeigt haben.

Die sowjetischen Luftwaffenplaner, an ihrer Spitze Nowikow, unterstützt durch Zivilisten in der Flugzeugindustrie und andere Kontroll- und Überwachungsstellen, versuchten nun als nächstes, mit Hilfe der umgesiedelten Luftfahrt-Industrie, und auch der Lend-Lease-Hilfe der westlichen Alliierten, die Organisation der Luftstreitkräfte 1942 zu ändern um den Realitäten des deutsch-russischen Krieges zu entsprechen.

Nowikow, der neue Oberbefehlshaber, drang nun auf mehr Mitspracherecht und auf dramatische Veränderungen in Organisation und Taktik. Nicht zuletzt in der Erwartung einer neuen deutschen Offensive und dem daraus sich ergebenden Zwang, ihr begegnen und sie stoppen zu müssen, wenn Rußland nicht verloren sein sollte. Unter Nowikows Führung wurden schließlich die geforderten selbständigen Luftarmeen aufgestellt. Diese drastische Änderung spiegelte 1942 den Übergang zu einer effizienteren Koordination der Frontluftwaffe mit der Roten Armee wider. Fernkampfbomber, einst das Kernstück der sowjetischen Luftrüstung, dann aber aufs Abstellgeleise geschoben, erlebten ihre Wiedergeburt und begannen auch größere Rollen in taktischen Unternehmungen zu spielen.

So wurden die ersten offensiven Operationen des Jahres 1942 laut General Werschinin »zur Geburtsstunde der russischen Luftoffensive.«

In Moskau hatte es der Luftwaffenführung an jeglicher Erfahrung in Bezug auf Operations-Wirksamkeit, taktischer Koordination von Luft- und Bodenstreitkräften gemangelt. Die Verluste waren entsprechend hoch gewesen. Da half keine noch so begeisternde Tapferkeit einzelner sowjetischer Flieger.

Die Unterlassung der ersten Phase der Lufteinsätze aber war die Tatsache, daß die sowjetischen Luftstreitkräfte es versäumt hatten, die sich von Moskau zurückziehenden deutschen Verbände des Heeres »mit aller Kraft anzugreifen.« Dies stellte sich als der größte russische taktische Fehler heraus. Ein Teil dieser offensichtlichen Zurückhaltung kann nur durch die eigentümliche Führungspraxis der russischen Luftstreitkräfte erklärt werden. Sowjetische Luftwaffenverbände waren sehr eng an die Bodentruppen gebunden und hatten ihnen vor allem Schutz zu bieten. Sie flogen aus diesem Grunde nur sehr selten weitreichende Angriffe im Rücken des Gegners.

General A. I. Jeremenko beschrieb in seinen Memoiren »The Ardous Beginning« die geringere Kampfkraft der russischen Luftstreitkräfte im Januar 1942 folgendermaßen:

»Die 4. Stoßarmee, der Nordwestlichen Front hatte lediglich 60 Flugzeuge zur Verfügung, von denen 53 kampffähig waren. Darunter waren 16 LaGG 3, 17 I 15 und zwei SB (Bomber), sowie 18 Po 2-Flugzeuge. Mit dieser winzigen Luftkampfgruppe veralteter Maschinen sollte ich vorrückende Truppen schützen, deutsche Widerstandsnester vernichtend angreifen und die sich zurückziehenden deutschen Truppen pausenlos angreifen und im Rücken abfangen.«

Wie das mit dieser Zahl an Maschinen bewerkstelligt werden sollte, war natürlich niemandem klar; auch nicht jenen, die diese Befehle gaben.

Die deutsche Wehrmacht war, das erklärten die russischen Fachleute, von der Weite dieses riesigen Landes einfach aufgesogen worden, mehr noch als sie am Platz eingefroren wurden. Die extrem niedrigen Temperaturen schonten selbstverständlich auch die russischen Soldaten und Waffen nicht, aber das russische Heer hatte Winterkleidung und trat besser auf das Kaltwetter vorbereitet zum Kampf an.

Die deutsche Luftwaffe war Ende Dezember 1941 auf die Hälfte ihrer Kampfstärke zusammengeschmolzen. Dies bedeutete, daß ihr etwa 1770 Flugzeuge zur Verfügung standen. Dies für eine Frontlänge die von Murmansk bis zum Schwarzen Meer über 3200 km reichte. Dies erlaubte der sowjetischen Luftwaffe, trotz der Dezimierungen, dennoch ihre eigenen punktuell angesetzten Luftangriffe mit relativer Operationsfreiheit zu fliegen.

Die sowjetische Luftarmeen von 1942 bis 1945

Die zu Beginn des Jahres 1942 aufgestellten russischen Luftarmeen wurden unter Nowikows Führung zu einer hochmobilen Streitmacht aufgebaut und als neuer Wehrmachtsteil in die Rote Armee gegliedert. Das sowjetische Oberkommando STAVKA schuf eine Gesamtzahl von 18 Luftarmeen. Davon zählten 17 zur Frontluftwaffe und eine - die 18. Luftarmee - stand als Fernkampfarmee im Einsatz. Mit Ausnahme einiger isolierter Spezial-Einheiten wurden diese Luftarmeen vom Luftwaffen-Oberkommando von 1942 an geführt. Durch diese zentrale Führung, die sorgfältig mit den Heeresverbänden der Fronten koordiniert war, dienten die Luftarmeen als schlagkräftige taktische Luftwaffe, sowohl in defensiven, als auch in offensiven Operationen.

Jede Front besaß ihre eigene einsatzfähige Luftarmee. Während großer Offensiven, besonders in den letzten Stadien des Krieges, schickte die STAVKA oft mehr als eine Luftarmee zu einer angreifenden Front.

Die Fliegerkorps der STAVKA-Reserve verstärkten systematisch die Luftarmeen, um diese den wechselnden Schlachterfordernissen gewachsen zu machen. Falls dies notwendig wurde, unterstellte STAVKA eine Luftarmee der anderen, um eine Konzentration von Fliegerkräften für kombinierte Waffenoperationen zu erreichen.

Durch diese Luftarmeen erreichte das sowjetische Oberkommando die notwendige Mobilität größtmöglicher Zusammenfassung aller Kräfte unter einem Kommando.

Die Kampfstärken der beiden letzten Jahre erlaubten den Luftarmeen überwältigende Streitkräfte an entscheidenden Punkten zusammenzuziehen. In diesen Armeen standen neben den Jäger-Divisionen noch Bomber-Divisionen und Schlachtflieger-Divisionen.

Hier die Aufstellungs- und Einsatzdaten aller sowjetischer Luftarmeen und der Verbände der russischen Marineflieger:

Die 1. Luftarmee

Aufgestellt zur Unterstützung der Westfront vor Moskau am 5. Mai 1942. Fünf Flieger-Divisionen bildeten ihren Kern, der in den Jahren 1943-44 auf 13 Flieger-Divisionen aufgestockt wurde: 201., 202., 234., 235. Jäger-Division, 213. und 215. Bomber-Division, 214., 224., 231., 232. und 233. Schlachtflieger-Division.

Der Kampfweg der 1. Luftarmee:

Unterstützung der sowjetischen Heereskräfte im Raume Rshew-Wjasma im Jahre 1943, Kampf um Smolensk im Winter 1943-44 und Offensive der Belorussischen Front im Sommer 1944 bis nach Ostpreußen. Dabei vor allem Angriffe gegen Witebsk sowie beim Übergang über die Beresina und über den Njemen. In diesen Kämpfen spielte die 1. Luftarmee eine entscheidende Rolle. Das Normandie-Njemen-Flieger-Regiment, ein Verband französischer freiwilliger Piloten, diente in dieser Luftarmee.

Die Oberbefehlshaber:

General T. F. Kutsewalow, von Mai bis Juni 1942,
Generalmajor S. A. Khudjakow, vom Juni 1942 bis Mai 1943,
Gneralleutnant M. M. Gromow, von Mai 1943 bis Juli 1944,
Generaloberst T. T. Khrykin vom Juli 1944 bis Kriegsende.

Die 2. Luftarmee

Aufgestellt im Mai 1942 aus Fliegerverbänden der Briansker Front. Der Bestand: acht Flieger-Divisionen:
205., 206., 207. Jäger-Division,
208. Nachtjagd-Division,
223. Nahkampf-Division (mit geringer Reichweite),
225., 226., 227. Schlachtflieger-Division und zwei selbständige Luftregimenter.

Der Kampfweg der 2. Luftarmee:

Verbände der 2. Luftarmee flogen verschiedene Kampfeinsätze von den Flugfeldern von Woronesch nach Berlin (noch bevor sie offiziell zur 2. Luftarmee stießen). Während der sowjetischen Gegenoffensive im Raume Stalingrad im November 1942, flog die 2. Luftarmee Luftunterstützung für die Südwestfront. In der letzten Phase der Schlacht um Stalingrad kämpfte sie gemeinsam mit der 8., 16. und 17. Luftarmee um die Aufrechterhaltung der Luftblockade um diese Stadt. Im Raume Kursk flog sie im Jahre 1943 mehr als 15.000 Kampfeinsätze zur Unterstützung der Woroneschfront. Weitere Luftoperationen wurden zur Unterstützung des sowjetischen Angriffs über den Dnjepr geführt. Während der Endphase des Krieges nahm die 2. Luftarmee an einer Anzahl schwieriger Unternehmen teil. So an der Operation von Korsun-Tschewtschenkowskij und Lwow-

Sandomirz im Jahre 1944 und am Feldzug in der Tschechoslowakei im Jahre 1945, sowie gegen Berlin. Der erfolgreichste Flieger dieser Luftarmee war Oberst Koschedub mit 62 anerkannten Luftsiegen.

Gesamteinsätze: 300.000

Die Oberbefehlshaber:

Generalmajor S. A. Krasowskij, vom Mai bis Juli 1942,
Generalmajor K. N. Smirnow, vom Juli 1942 bis März 1943,
Generaloberst Krasowskij, vom März 1943 bis Kriegsende.

Die 3. Luftarmee

Aufstellung im Mai 1942 aus Verbänden der Kalininfront. Sie bestand zu Anfang aus sechs Luft-Divisionen. Es waren dies:
209., 210. und 256. Jäger-Division,
212. und 264. Schlachtflieger-Division,
211. Bomber-Division.

Der Kampfweg der 3. Luftarmee:

Die 3. Luftarmee eröffnete im Juli 1942 den Kampfeinsatz im Sektor Rshew, nordwestlich von Moskau. Sie flog Angriffe im Raume Demjansk, um die hier im Kessel befindlichen deutschen Divisionen des II. AK zu zerschlagen. Im Jahre 1943 nahm sie an der Rückeroberung von Smolensk teil. Ab 1944 der 1. Baltischen Front zugeteilt, kämpfte sie in der Befreiung von Belorußland mit.

Im Jahre 1945 flog die Armee zahlreiche Angriffe zur Unterstützung der Ostpreußen-Offensive und beendete den Krieg im Rahmen der Leningrader Front in gemeinsamen Operationen mit der 15. Luftarmee. Die 3. Luftarmee flog beinahe ununterbrochen Hilfs- und Versorgungseinsätze für die Partisaneneinheiten in der Ukraine und im Baltikum.

Gesamteinsätze: 200.000

Die Oberbefehlshaber:

Generalmajor M. M. Gromow, vom Mai 1942 bis Mai 1943,
Generaloberst N. F. Papavin, vom Mai 1943 bis Kriegsende.

Die 4. Luftarmee

Aufstellung erfolgte im Mai 1942 aus Frontfliegerverbänden der südlichen Front. Die Aufstellungsstärke betrug zunächst folgende sechs Luft-Divisionen:

216., 217. und 229. Jäger-Division,
218. Nachtbomber-Division,
219. Bomber-Division,
219. und 230. Schlachtflieger-Division und sieben selbständige Luftregimenter.

Der Kampfweg:

Die 4. Luftarmee flog mit ihren Jäger-Divisionen vor allem erfolgreiche Einsätze 1942 im Kaukasus. Nach Defensivaufgaben im Nordkaukasus errang sie Erfolge in den harten Luftschlachten des Jahres 1943 über Krasnodar, Kertsch, dem Kuban und über der Krim. Nach der Säuberung der Krim von deutschen Truppen im Mai 1944 verlegte die 4. Luftarmee nordwärts, um mit der 2. Belorussischen Front im Juni-Juli 1944 in der Großoffensive »Bagration« den Zusammenbruch der deutschen HGr. Mitte herbeizuführen. Im Januar 1945 unterstützte sie den sowjetischen Angriff in Ostpreußen und daran anschließend flog sie ihre weiträumigen Luftoperationen über der Oder und im Großraum Berlin.

Die Oberbefehlshaber:

Generalmajor K. A. Werschinin, Mai bis September 1942,
Generalmajor N. F. Naumenko, von September 1942 bis Mai 1943,
Generaloberst K. A. Werschinin, von Mai 1943 bis Kriegsende.

Die 5. Luftarmee

Aufstellung im Mai 1942 aus Fliegenden Verbänden der Nordkaukasusfront. Bei ihrer Aufstellung standen fünf Flieger-Divisionen zur Verfügung:
236., 237. und 265. Jäger-Division,
132. Bomber-Division,
238. Schlachtflieger-Division. Hinzu kamen einige selbständige Luftregimenter.

Der Kampfweg:

Die 5. Luftarmee griff im Sommer 1942 in die Kämpfe ein, indem sie Luftunterstützung für die sich zurückziehenden sowjetischen Kräfte im Nordkaukasus leistete. Gemeinsam mit der 4. Luftarmee nahm sie an den entscheidenden Kuban-Luftoffensiven im Frühjahr 1943 teil. Während des deutschen Angriffs bei Kursk im Juli-August 1943 war die 5. Luftarmee ebenso wie in den anschließenden Offensiv-Operationen im Sektor Bjelgorod-Charkow beteiligt. Während des Winters 1943-44 flog sie Unterstützungsangriffe während des Dnjepr-Überganges und während der Rückeroberung von Kiew. Die anschließende Operation führte die 5. Luftarmee durch die Ukraine nach Rumänien und Ungarn, bis in die Tschechoslowakei und nach Österreich.

Gesamteinsätze: 180.000

Der Oberbefehlshaber:

Generaloberst S. K. Gorjunow, von Mai 1942 bis Kriegsende.

Die 6. Luftarmee

Ihre Aufstellung erfolgte im Juni 1942 aus den Fliegenden Verbänden der Nordwestfront, zunächst in Stärke von fünf Flieger-Divisionen:

239. und 240. Jäger-Division,

241. und 242. Bomber-Division,

243. Schlachtflieger-Division, ferner noch sieben gemischte Luftregimenter und drei Spezial-Luftregimenter.

Der Kampfweg:

In den ersten Monaten ihres Bestehens war diese Luftarmee nicht an herausragenden Lufteinsätzen beteiligt, wenngleich sie eine Reihe Unterstützungseinsätze flog, vor allem während der Luftblockade von Demjansk. Mit einer mobilen Luftgruppe nahm sie an der Unterstützung der Kalininfront teil. Im November 1943 wurde sie den Fliegerkorps der STAVKA-Reserve unterstellt und nahm - mit einigen Verbänden zur 15. Luftarmee verlegt - an deren Einsätzen teil.

Im Februar 1944 wurde sie neu zusammengestellt und zur Unterstützung der 2. Belorussischen Front eingesetzt. Im April 1944 erfolgte ihre Verlegung zur 1. Belorussischen Front, wo sie unter das Kommando der 16. Luftarmee trat.

Während des Sommers 1944 nahm die 6. Luftarmee wieder als selbständiger Verband an der Belorussischen Offensive im Mittelabschnitt teil. Die daran anschließenden Operationen richteten sich gegen Polen. Beim Übergang über die Vistula war diese Luftarmee sehr erfolgreich in der Unterstützung der Heerestruppen. In das Fliegerkorps der STAVKA-Reserve zurückbefohlen, diente das Kommando der 6. Luftarmee von September 1944 an als Basis der neuen, von den Sowjets unterstützten Polnischen Luftwaffe.

Gesamteinsätze: 120.000.

Die Oberbefehlshaber:
Generalmajor D. F. Kondratjuk, von Juni 1942 bis Januar 1943, Generaloberst F. P. Plojnin, von Januar 1943 bis Oktober 1944, danach STAVKA-Reserve.

Die 7. Luftarmee

Ihre Aufstellung erfolgte im November 1942 aus den Luftwaffenverbänden der karelischen Front in Gestalt von vier Flieger-Divisionen:
258., 259. Jäger-Division,
261. Bomber-Division,
259. Schlachtflieger-Division.

Der Kampfweg:
Die Operationen dieser Luftarmee waren überwiegend auf die Karelische Front begrenzt, ferner führten Fliegerverbände dieser Luftarmee auch mit der Marineluftwaffe der Nordflotte gemeinsame Einsätze durch. Im Sommer 1944 flog sie Luftsicherung für die sowjetischen Truppen der 14. Armee bei der Offensive im Raume Petsamo-Kirkenes. Gegen Ende 1944 trat die 7. Luftarmee zum Fliegerkorps der STAVKA-Reserve.

Gesamteinsätze: 60.000.

Der Oberbefehlshaber:
Generaloberst I. M. Sokolow.

Die 8. Luftarmee

Ihre Aufstellung erfolgte im Juni 1942 aus fliegenden Verbänden der Südwestfront in einer Ursprungsstärke von 9 Flieger-Divisionen:
206., 235., 268. und 269. Jäger-Division,
270., 271. und 272. Bomber-Division,
226. und 228. Schlachtflieger-Division.

Der Kampfweg:
Die 8. Luftarmee griff im Sommer 1942 erstmals in den Kampf ein, indem sie Luftsicherungsaufgaben in den Abwehrkämpfen um Poltawa und Stalingrad übernahm. Als die sowjetische Gegenoffensive bei Stalingrad im November 1942 ins Rollen kam, übernahm die 8. Luftarmee eine führende Rolle in der Luftblockade der eingekesselten 6. deutschen Armee.

Nach den Stalingrader Luftoperationen unterstützte sie die Sowjetischen Offensiven in Rostow, Donbas und über den Dnjepr. Während des Jahres 1944 spielte die 8. Luftarmee wiederum eine tragende Rolle im Südabschnitt der Ostfront, indem sie wechselweise die 1. und 4. Ukrainische Front in weitreichenden Luftoperationen von der Krim bis zu den Karpaten unterstützte.

An der entscheidenden Operation von Lwow-Sandomirz im Juli-August 1944 nahm sie ebenfalls teil und leistete in der Schlußoffensive 1945 im Angriff der Roten Armee durch Südpolen und die Tschecheslowakei, mit dem krönenden Schlußpunkt der Eroberung von Prag, ihren Beitrag.

Die Gesamteinsätze: 220.000.

Die Oberbefehlshaber:

Generaloberst T. T. Kryjukin, Juni 1942 bis Juli 1944,
Generalleutnant V. N. Zhadanow, von August 1944 bis Kriegsende.

Die 9. Luftarmee

Ihre Aufstellung erfolgte im August 1942 aus den Fliegenden Verbänden der 1., 25. und 35. kombinierten Waffen-Armeen der fernöstlichen Front. Sieben Flieger-Divisionen bildeten ihr Rückgrat:
32., 249., 250. Jäger-Division,
33., 34. Bomber-Division,
251. und 252. Schlachtflieger-Division.

Der Kampfweg:

Bis April 1945 sicherte die 9. Luftarmee den fernöstlichen Luftraum der UdSSR. Für den Angriff im August 1945 auf die japanische Kwantung-Armee stand sie der 1. sowjetischen Rotbannerflotte und der 5. Sowjetarmee zur Verfügung. Verstärkt durch das 19. Bomber-Korps der Fernbombertruppe griff die 9. Luftflotte die Rückfront des japanischen Feindes in Harbin und anderen Schlüsselpunkten an. Darüber hinaus half sie sowjetischen Luftlandetruppen bei der Landung in größeren Städten der Manschurei, wie beispielsweise in Changchun, Mukden und Harbin.

Gesamteinsätze: 4.400.

Die Oberbefehlshaber:

Generalmajor A. S. Senatorow, von August bis September 1944,
Generalmajor V. A. Winogradow, September 1944 bis Juni 1945,
Generaloberst I. M. Sokolow, von 2. Juni 1945 bis September 1945.

Die 10. Luftarmee

Ihre Aufstellung erfolgte im August 1942 aus Luftwaffenkräften der 25. Kombinierten Waffen-Armee der fernöstlichen Front, mit einer ersten Aufstellungsstärke von fünf Luft-Divisionen:
291. Jäger-Division,
53., 83. und 254. Bomber-Division und
253. Schlachtflieger-Division.

Der Kampfweg:

Im Krieg gegen Japan war die 10. Luftarmee der 2. Front des Fernen Ostens zugeteilt. Während dieses Feldzuges wurden die meisten Einsätze dieser Luftarmee für die sowjetische 25. Armee und die Rotbanner-Amur-Flottille geflogen.

Die Kampfeinsätze: 3.297.

Die Oberbefehlshaber:
Generalmajor V. A. Winogradow, August 1942 bis September 1944,
Oberst D. Ya. Slobozhan, September 1944 bis Mai 1945,
Generaloberst P. E. Zhigarew, von Juni bis September 1945.

Die 11. Luftarmee

Ihre Aufstellung erfolgte aus Fliegerverbänden der 2. Rotbanner-Armee des Fernen Ostens. Sie setzte sich aus drei Flieger-Divisionen zusammen:
96. Jäger-Division,
82. Bomber-Division,
206. gemischte Luft-Division.

Der Kampfweg:

Am 20. November 1944 übernahm die STAVKA die Umstellung der 11. Luftarmee in das 18. gemischte Fliegerkorps. Für den Krieg gegen Japan trat dieses Fliegerkorps zur 10. Luftarmee.

Kampfeinsätze: 2.000.

Der Oberbefehlshaber:
Generalmajor V. N. Bibikow.

Die 12. Luftarmee

Im August 1942 aufgestellt, war diese Luftarmee für die Transbaikal-Front bestimmt. Ihre Einsatzstärke betrug fünf Flieger-Divisionen:

245. und 246. Jäger-Division,
30., 247. Bomber-Division,
248. Schlachtflieger-Division.

Der Kampfweg:

Bis Anfang August 1945 war diese Luftarmee zur Grenzensicherung im Fernen Osten eingesetzt. Hier erfolgte auch das kriegsmäßige Ausbildungsprogramm der Piloten. Für den Krieg gegen Japan wurde dieser Luftarmee 13 Flieger-Divisionen zur Verfügung gestellt, deren Einzel-Zusammensetzungen nicht bekannt sind.

Der Kampfeinsatz:

Neben Luftunterstützungs-Operationen für die vorrückenden sowjetischen Truppen in der Mandschurei flog die 12. Luftarmee gemeinsam mit der Marineluftwaffe der Pazifikflotte besondere Einsätze. So landete sie beispielsweise Sturmtruppen an den entscheidenden Punkten bei Changchnu und Mukden und flog Hilfsgüter zur 6. Panzerarmee.

Gesamteinsätze: 5.000.

Die Oberbefehlshaber:

Generalleutnant T. F. Kutsewalow, von August 1942 bis Juni 1945,
General S. A. Khudjakow, von Juli bis September 1945.

Die 13. Luftarmee

Sie wurde im November 1942 aus Fliegerkräften der 1. Leningrader Front aufgestellt und bestand aus folgenden Verbänden:
275. Jäger-Division,
276. Bomber-Division und
277. Schlachtflieger-Division.

Der Kampfweg:

Die 13. Luftarmee unternahm als erste Kampfhandlung gemeinsam mit der 67. Sowjetarmee der Leningradfront im Januar 1943 mit einer Anzahl von 2000 Einsätzen den Versuch, die Belagerung Leningrads zu durchbrechen. Anschließende Operationen richteten sich gegen Krasnoborsk und Minsk. Anfang 1944 spielte sie eine aktive Rolle in der sowjetischen Offensive mit welcher die Belagerung von Leningrad aufgehoben wurde. Im weiteren Verlauf des Jahres 1944 hatten die Fliegereinheiten dieser Luftarmee Anteil an der Eroberung von Wyborg. Weiter im Süden unterstützte sie Bodentruppen bei deren Angriff auf Tallinn. Sie beendete ihre aktive Kampfrolle im

November 1944 mit der Befreiung von Estland von deutschen Truppen.

Die Gesamteinsätze: 120.000.

Der Oberbefehlshaber:
Generaloberst S. D. Rybatschenko.

Die 14. Luftarmee

Im Juni aus den Fliegerverbänden der Wolchowfront hervorgegangen, bestand sie aus vier Flieger-Divisionen:
278. und 279. Jäger-Division,
280. Bomber-Division und
281. Schlachtflieger-Division.

Der Kampfweg:

Die 14. Luftarmee nahm an der Winteroffensive 1943 im Großraum Leningrad teil. Ein Jahr später flog sie gegen deutsche Verteidigungsstellungen im Raume Leningrad-Nowgorod, als Teil jener Offensive, mit der die Belagerung von Leningrad aufgehoben wurde. Im April verlegte sie zur 3. Baltischen Front im Raume Pschkow. Im Herbst 1944 half sie in den Kämpfen um Tartu und Riga bei der Befreiung des Baltikums von feindlichen Truppen mit. Ende 1944 erfolgte die Verlegung der 14. Luftarmee zum Fliegerkorps der STAVKA-Reserve. Viele ihrer Verbände wurden von hier aus anderen Luftarmeen zugeführt.

Gesamteinsätze: 80.000.

Der Oberbefehlshaber:
Generalleutnant I. P. Zhigarew, von Juni 1942 bis Kriegsschluß.

Die 15. Luftarmee

Aufgestellt im Juli 1942 aus drei Flieger-Divisionen der Briansker Front:
286. Jäger-Division,
284. Bomber-Division,
225. Schlachtflieger-Division.

Der Kampfweg:

Defensiver Einsatz im Raume Woronesch im Herbst 1942. Während des darauf folgenden Winters Unterstützungsoperationen für die Truppen der Briansker Front.

Die 15. Luftarmee nahm an der entscheidenden Schlacht um Kursk im Sommer 1943 teil. Oktober 1943 kämpfte sie im Rahmen der 2. Baltischen Front und führte aus dem Raume Witebsk Luftoperationen gegen die deutsche HGr. Nord durch. 1944 spielte sie eine entscheidende Rolle bei dem sowjetischen Angriff nach Lettland hinein und hatte Anteil an der Rückeroberung von Riga. Die 15. Luftarmee beendete ihre Kampftätigkeit mit der Unterstützung der 2. Baltischen Front im Frühjahr 1945.

Gesamteinsätze: 160.000.

Die Oberbefehlshaber:

Generalmajor I. G. Pyatyjkin, von Juli 1942 bis Mai 1943,
Generalleutnant N. F. Naumenko, von Mai 1943 bis Kriegsende.

Die 16. Luftarmee

Ihre Aufstellung erfolgte im August 1942 und als Erstausstattung wurden ihr vier Flieger-Divisionen und zwei selbständige Luftregimenter zugeführt:
220., 283. Jäger-Division,
228., 291. Schlachtflieger-Division.

Der Kampfweg:

Die 16. Luftarmee sollte einer der bedeutendsten Großverbände der sowjetischen Luftwaffe werden. Ihr erster Einsatz im Armeeverband erfolgte am 4. September 1942 über der Stalingradfront. Diese Luftarmee nahm dann an der Gegenoffensive ebenso wie an der Luftblockade von Stalingrad teil. Im Frühjahr 1943 wurde sie zur Zentralfront kommandiert. Dort trug sie mit 56.350 Einsätzen entscheidend zum Sieg in der Kursker Schlacht bei. Im Winter 1943-44 nahm sie eine zentrale Rolle in der Befreiung der Ukraine ein und befreite mit den östlichen Teil von Belorußland.

Im Sommer 1944, längst durch eine Reihe weiterer Flieger-Divisionen verstärkt, deren genaue Nummern nicht eruiert werden konnten, trug die erfahrene Luftarmee zur Vernichtung der deutschen Heeresgruppe Mitte entscheidend bei. Besonders bei den Kämpfen im Raume Bobruisk und dann bei Minsk schlug sie mit vehementer Kraft zu.

Für die zweite Hälfte des Jahres operierte sie bereits in Ostpolen. Die STAVKA setzte diese Luftarmee 1945 zur Unterstützung der 1. Belorussischen Front ein. Die Warschau-Posen-Operationen im

Januar-Februar, Einsätze über Ostpommern im Februar-März, und der geballte Angriff auf Berlin im April-Mai, sahen sie im pausenlosen Einsatz. Nicht weniger als 3000 Flugzeuge standen ihr in dieser Endphase des Krieges zur Verfügung.

Gesamteinsätze: 280.000.

Die Oberbefehlshaber:

Generalmajor P. S. Stepanow, von August bis Oktober 1942,
Generaloberst S. I. Rudenko, von Oktober 1942 bis Kriegsende.

Die 17. Luftarmee

Ihre Aufstellung erfolgte im November 1942 aus Verbänden der Südwestfront. Die Aufstellungsstärke betrug zunächst sechs Flieger-Divisionen:

282., 288. Jäger-Division,
221., 262. (Nacht)-Bomber-Division,
208., 637. Schlachtflieger-Division.

Der Kampfweg:

Im November 1942 trat die 17. Luftarmee zum ersten Mal in den Kampf ein und unterstützte die sowjetische Gegenoffensive zur Einkesselung der 6. deutschen Armee bei Stalingrad. Auch an der folgenden Luftblockade nahm sie teil und unterstützte nach dem Sieg bei Stalingrad die Südwestfront bei ihren Unternehmungen.

Mit Beginn der sowjetischen Gegenoffensive bei Kursk verlegte die Luftarmee südwärts und konzentrierte alle Kräfte um Charkow, wo im August Erfolge erzielt wurden. Aus diesem Raum bewegte sie sich im Herbst 1943 durch die südliche Ukraine nach Westen. Während des Winters 1943-44 spielte sie eine tragende Rolle bei der Befreiung der Ukraine. Andere wichtige Einsätze folgten ab Ende 1944 bis Kriegsschluß, in Rumänien und Ungarn, in der Tschechoslowakei und Wien.

Gesamteinsätze: 200.000.

Die Oberbefehlshaber:

Generalleutnant S. A. Krasowski, November 1942 bis März 1943,
Generaloberst V. A. Sudetz, von März 1943 bis Kriegsende.

Die 18. Luftarmee

Ihre Aufstellung erfolgte erst im Dezember 1944 als Nachfolgerin der Langstrecken-Bomberverbände. Die vorhandenen fünf Bomber-Korps bildeten diesen neuen Großverband. Es waren:

1. Garde-Fliegerkorps Smolensk,
2. Garde-Fliegerkorps Briansk,
3. Garde-Fliegerkorps Stalingradskij,

19. Bomberkorps und vier selbständige Bomber-Divisionen. Diese Verbände brachten es insgesamt auf eine Kampfstärke von 22 Flieger-Divisionen. Die Administration blieb in Moskau. Das Kommando wurde gegen Ende des Krieges nach Brest Litowsk verlegt.

Der Kampfweg:

Die 18. Luftarmee nahm nach sowjetischen Angaben aktiv an den abschließenden Feldzügen teil. Zuerst während der Vistula-Oder-Offensive, anschließend im Kampf um Ostpreußen und an der Eroberung von Berlin. Ihre Bombereinsätze wurden vom Oberkommando der sowjetischen Frontfliegerkräfte koordiniert. Diese Luftarmee griff sowohl feindliche Städte als auch stark verteidigte Plätze, Nachrichtzentren und Standorte von Reserveverbänden an. Während des Angriffs auf Königsberg leitete die 18. Luftarmee am 17. April 1945 einen Tagesangriff mit 516 Bombern zur Unterstützung der 3. Belorussischen Front ein.

Ein anschließender Angriff auf die deutsche Oderverteidigung wurde von 743 Bombern geflogen. Das 19. Bomber-Korps nahm danach am Feldzug gegen die japanische Kwantung-Armee teil, der im August 1945 stattfand.

Gesamteinsätze: 19164 (davon 368 bei Nacht), vom 1. 1. 1945 bis zum 8. Mai 1945.

Der Oberbefehlshaber:
Marschall der Luftwaffe A. E. Golowanow.

Die sowjetischen Marineflieger-Verbände

Die sowjetische Marinefliegerei, Voyenno vozdushnyye sili - spielte im Großen Vaterländischen Krieg nur eine untergeordnete Rolle. Bei einigen Großeinsätzen kämpften die Marineflieger mit der Frontluftwaffe gemeinsam. Normalerweise jedoch bestanden diese beiden Luftwaffenverbände nebeneinander und leisteten wertvolle Hilfen für die Truppe in defensiven oder offensiven Einsätzen. Diese Luftoperationen der Marineflieger vervollständigten lediglich die größer angelegten Bemühungen der Luftwaffenführung zur Unterstützung der Bodentruppen.

Trotz dieser begrenzten Einsätze der Marineflieger, welche die begrenzte Rolle der sowjetischen Marine im allgemeinen widerspiegelte, betonen sowjetische Historiker ganz besonders die entscheidende Rolle der Marinefliegerwaffe als Teil der verbundenen Bemühungen aller Waffengattungen gegen die deutsche Wehrmacht. Historisch gesehen erscheint dies stark übertrieben, aber es spiegelt die sowjetische Militärdoktrin wider, die den Sieg im Großen Vaterländischen Krieg als Ergebnis der vereinten Kräfte aller Teile der Roten Armee erklärt.

Bereits im Ersten Weltkrieg gab es Marinefliegerverbände, die größtenteils mit Curtiss und Gregorowitsch-Flugzeugen kämpften. Die Bolschewisten stellten nach ihrer Machtergreifung in Rußland bereits im Jahre 1918-22 Marine-Luftbrigaden auf. Sie kamen über der Ostsee und im Schwarzmeergebiet zum Einsatz.

Zwischen den beiden Weltkriegen richteten sowjetische Luftplaner ihr besonderes Augenmerk auf die Weiterentwicklung von Seeflugzeugen. Dies begann im Jahre 1922 mit der Konstruktion der dreisitzigen Gregorowitsch M 24 und endete mit der MTB 2.

Zu Beginn des Großen Vaterländischen Krieges besaß das Oberkommando der Marinefliegerkräfte einen Bestand von Jägern I 15 und I 16, sowie I 153, an Bombern mit den Typen DB 3, DB 3F, AR 2 und TB 3 und an speziellen Seeflugzeugen der Typen MBR 2 und MTB 2. In den dreißiger Jahren wurden das sechsmotorige Flugboot Mk 1 (ANT 22) die Be 2 und Be 4 gebaut.

Der Gesamtbestand der Marinefliegerei stieg 1941 auf 2824 Flugzeuge aller Art an.

Im Jahre 1938 war die Marinefliegertruppe zu einer eigenständigen Waffengattung in der sowjetischen Marine avanciert. Sie setzte sich aus vier selbständigen Luftflotten zusammen. Es waren dies:

Die nördliche Luftflotte,
die Baltische Rotbannerflotte,
die Schwarzmeer-Luftflotte und die
Pazifik-Luftflotte.

Im Juni 1939 übernahm Generaloberst Zhaworonkow den Befehl über die Marinefliegerkräfte und blieb in dieser Position bis Kriegsende.

Am 22. Juni 1941 verfügten die drei westlichen Marineflieger-Luftflotten über 1445 Flugzeuge, von denen waren 45 Prozent Jäger, 25 Prozent Aufklärer, 14 Prozent Bomber und 10 Prozent Torpedobomber. Der Rest von 6 Prozent bestand aus anderen Typen. Mit Torpedos ausgerüstet waren nur die DM 3 und IL 4 (DB 3F). Einige PE 2 Stukas und 72 Jäger neuerer Modelle von der Yak 1 über die MiG 1 bis zur MiG 3 kamen hinzu.

Im ersten Kriegsjahr erlitt die Marinefliegerei erhebliche Verluste. Im August 1941 führten Marinefliegereinheiten der Baltischen Rotbannerflotte einen Luftangriff gegen Berlin durch. In Odessa und Sewastopol zeigten die Verbände der Schwarzmeerflotte im Herbst 1941 eindrucksvolle Einsätze in der Hilfeleistung für die sowjetischen Verteidiger der belagerten Häfen.

Im Norden flogen die Marineflieger-Verbände Begleitschutz für alliierte Konvois, dabei wurden sie unterstützt von der 151. Fighter Wing der Royal Air Force. Diese letzte Aufgabe war nicht nach dem Geschmack der westlichen Alliierten, weil diese Geleitmaschinen »nicht den richtigen Biß« hatten.

Um rückwärtige Gebiete ihres Gegners Deutschland zu treffen, dazu waren die Marineflieger-Verbände zu langsam; dies trifft auch auf den Großteil der übrigen sowjetischen Bomberverbände zu.

Zwischen 1941 und 1945 wuchs die rote Marineluftwaffe dramatisch an und erreichte den Stand von 3000 Flugzeugen, eine Zahl, von der die deutschen Marineflieger nur zu träumen wagten. Die in den Kriegsjahren zur Front kommenden Seemaschinen und die übrigen Flugzeuge der Marineluftwaffe waren überwiegend moderne Typen. Beispielsweise der Torpedobomber TU 2 und die IL 2. Pe 2 Sturzbomber und das spätere Modell der Yak und Lawotschkin-Jagdflugzeuge kamen hinzu.

Eng eingebunden in die Operationen der Roten Luftwaffe, begann eine Art von Umorientierung für die Marinefliegerei dergestalt, als mehr und mehr landgestützte Jäger und Bomber hinzukamen und der Anteil an Seeflugzeugen abnahm. Diese Änderung die schließlich das Verhältnis von vier zu eins zu Gunsten landgestützter Maschinen erreichte, erlaubte der Marineluftwaffe, an den Landkriegsoperationen teilzunehmen.

Darüber hinaus leistete sie gute Arbeit während der Operation »Bagration« und bei den angriffsweisen Landungen von Sturmtruppen im Kriegsschauplatz Schwarzes Meer.

Schließlich kam die Marineluftwaffe auf eine Gesamt-Einsatzzahl von 350.000, die laut offiziellen russischen Quellen wirklich geflogen worden sein sollen.

Die Erfolgsliste der Marineflieger-Verbände hört sich aber an wie ein Fabelbuch, um den feineren Ausdruck für derlei Übertreibungen zu benutzen. Nicht weniger als 792 Kriegsschiffe sollen auf ihr Konto gekommen sein. 700 weitere Kriegsschiffe sollen teilweise schwer, teils leicht beschädigt worden sein. Unter den Verbänden der Marineluftwaffe erreichten 25 den Garde-Status, eine Ehrenbezeichnung für besonders tapfere Einsätze. 259 Flieger der Marineluftwaffe wurden mit dem goldenen Stern eines Helden der Sowjetunion ausgezeichnet. Fünf von ihnen erhielten diese hochrangige Auszeichnung zweimal.

DAS JAHR 1942
LUFTBRÜCKEN-EINSÄTZE

Die russischen Dispositionen

Ein Bericht des deutschen Luftwaffen-Nachrichtendienstes vom 7. März 1942 zeigte auf, daß das sowjetische Oberkommando der Luftstreitkräfte trotz der Umorganisationen mit Entschiedenheit seine neuen Abwehrvorbereitungen traf. Nach diesem Papier standen der sowjetischen Fliegerwaffe folgende Luftverbände zur Verfügung:

Im Gebiet der Luftflotte 4 (Südabschnitt): 480 Jagdflugzeuge, 26 Aufklärer, 149 Bomber und 67 andere Flugzeuge. Diese Luftstreitkräfte waren auf 40 verschiedenen Flugplätzen stationiert. Die Hauptkonzentrationen wurden westlich der Straße von Kertsch mit 139 Flugzeugen auf nur vier Plätzen und ostwärts des Raumes Tamanskaja-Noworossijsk-Nowominskaja-Pawlowskaja mit 204 Flugzeugen auf zehn Flugplätzen festgestellt. Dies bedeutete, daß die deutschen Luftstreitkräfte im Südabschnitt der Ostfront sich zuerst dieser Gegner zu erwehren und sie niederzukämpfen hatten.

Im Mittelabschnitt der Ostfront, im Abschnitt des VIII. Fliegerkorps (die Luftflotte 2 war ja Ende Dezember nach dem Westen, in den Mittelmeerraum verlegt worden) dienten etwa 20 Flugplätze als Basen für insgesamt 113 Jagdflugzeuge, sechs Aufklärer, 12 Bomber und 64 andere Flugzeuge. Hier war keine klar erkennbare Konzentration von Luftstreitkräften zu beobachten. Eine klare Konzentration von Fliegerkräften wurde jedoch im Großraum Moskau angenommen; dieses Gebiet stand jedoch nicht mehr unter der deutschen Luftüberwachung, so daß die Zahlen der um Moskau stationierten Luft-Regimenter nicht in diese Berechnungen eingeflossen sind und demzufolge die gezählten Flugzeuge im Mittelabschnitt nicht dem wirklichen Bestand entsprachen.

Die Russen gaben nur im Gebiet von Ostaschkow-Cholm-Welikije Luki Luftunterstützung für ihre Heerestruppen. Allerdings wurde bekannt, daß in diesem Raum wenigstens acht sowjetische Luftregimenter und - möglicherweise - sogar ein Jäger-Regiment mit Hurricane-Jägern eingerückt waren und daß man in diesem Raum elf neue Flugplätze erbaut hatte.

Im Nordabschnitt, dem Sektor der Luftflotte 1, waren 218 Jagdflugzeuge, 12 Aufklärer, 24 Bomber und zwei weitere Flugzeuge auf 16 Plätzen erkannt worden. Ostwärts des Ilmensees konzentrierten sich diese Fliegerkräfte, denn dort waren 117 Flugzeuge auf sechs Plätzen festgestellt worden.

Nach wie vor operierten die sowjetischen Fliegerverbände nur zur Unterstützung der russischen Heerestruppen. Allerdings wurden ab Januar 1942 in steigendem Maße russische Nachtbomber-Einsätze registriert, die von U 2-Flugzeugen durchgeführt wurden, die sich als wahre Landplage für die deutschen Truppen erwiesen.

Am 7. Januar 1942 gab das Oberkommando der Roten Armee die neuen Ziele seiner Winteroffensive bekannt. Sie waren weitgesteckt und alles andere als nur zur Verteidigung des gehaltenen und im Winter erreichten Raumes gedacht.

Die Briansker Front sollte nach dem Willen der STAVKA in Richtung Orel vorstoßen.

Der Westfront wurde Juchnow als nächstes erreichbares Ziel genannt. Dann sollte sie im Zusammenwirken mit der Kalinin-Front die deutschen Truppen im Raume Moshaisk-Gshatsk-Wjasma einkesseln und vernichten. Dazu befahl Armeegeneral Schukow:

»1. Stoßarmee mit 16. Armee: Angriffsraum Ssytschewka-Rshew.

5. und 33. Armee: Angriffsraum Moshaisk-Gshatsk.

43., 49. und 50. Armee: Vorstoß auf Juchnow-Wjasma.

I. Garde-Kavallerie-Korps: Stoßrichtung Wjasma.

10. Armee: Ziel der Operationen Kirow.

Generalfeldmarschall von Kluge hatte bereits am 2. Januar 1942 die Zurücknahme der deutschen Truppen im Mittelabschnitt gefordert, nachdem die russischen Einbrüche sich zu Durchbrüchen auszuweiten drohten. Das OKH stimmte diesem Vorschlag nicht zu und befahl das Schließen der Lücken.

Als die russische Offensive am 15. Februar 1942 zum Stehen kam, befahl die STAVKA der Kalinin-Front und der Westfront, die Offensive sofort wieder aufzunehmen, um die deutschen Truppen am Laufen zu halten.

Beide Heeresgruppen erhielten dazu Verstärkungen. Darunter auch zwei Luftlande-Brigaden und vier Flieger-Regimenter.

Deutsche Veränderungen

Nachdem im Norden der Ostfront Tichwin aufgegeben worden war und der Rückzug der deutschen Truppen unter dauerndem Bombenwurf und Schlachtfliegerbeschuß stattfand, wobei Mitte Dezember 1941 der Wolchow nach Westen überschritten wurde, war Leningrad vorerst gerettet. Die Heeresgruppe Nord stand mit nunmehr 28 Divisionen auf einer 600 km langen Front.

Ihnen gegenüber befanden sich 75 Sowjet-Divisionen. Diese Verbände hatten nunmehr die Initiative ergriffen und das Gesetz des Handelns an sich gerissen. Die Rote Armee begann am 8. Januar 1942 mit ihrer Großoffensive zur Rückgewinnung des verlorengegangenen Geländes. Mit starken Kampf- und Schlachtflieger-Verbänden griff ihre Luftwaffe vor allem die deutschen Schützen-und Panzerverbände an. Eine Reihe deutscher Stützpunkte wurde in den Boden gestampft. Das II. Armeekorps wurde eingeschlossen, ebenso die Stadt Cholm, in der sich Teile der 123. und 218. Sicherungs-Division unter Generalmajor Scherer befanden. Ab dem 23. Januar 1942 konnte Cholm nur noch aus der Luft versorgt werden.

Die Einschließung des II. Armeekorps unter Generalleutnant von Brockdorff-Ahlefeldt wurde ebenfalls vollzogen. GFM Ritter von Leeb, OB der HGr. Nord, rief am 12. Januar im FHQ an und schlug den Rückzug der 16. Armee hinter den Lowat vor. Hitler lehnte auch diesen Rückzug kategorisch ab. Daraufhin flog GFM von Leeb persönlich in die Wolfsschanze nach Ostpreußen und trug Hitler die Lage vor. Wiederum lehnte Hitler jedes Absetzen ab. Der Generalfeldmarschall bat um seine Entlassung. Er wurde durch Generaloberst von Küchler ersetzt. Anstelle Küchlers wurde General der Kavallerie Lindemann OB der 18. Armee.

Das II. AK erhielt folgende Führerweisung: »Demjansk ist bis zum letzten zu verteidigen.«

Mit der Vereinigung der 34. Sowjetarmee und des I. Kavallerie-Korps am 8. Februar 1942 bei Ramuschewo am Lowat war auch der Kessel von Demjansk fest geschlossen.

Die deutsche Luftwaffe war nunmehr an dieser Stelle in besonderem Maße gefordert, denn es galt die erste Luftbrücke der Geschichte zu bilden und die Männer des eingeschlossenen II. Armeekorps zu versorgen.

Am 18. Februar 1942 wurde die Dienststelle des Lufttransportführers unter Oberst Morzik aus dem Raume Smolensk in den Bereich der Luftflotte 1 verlegt. Generaloberst Keller hatte zu dieser Zeit bereits alle Anstrengungen der Luftflotte 1 auf die Abwehr der russischen Angriffe in den Gebieten Staraja Russa, Demjansk und Cholm gelegt.

Hitler begann um diese Zeit damit, bestimmte Städte oder Frontabschnitte zu »Festen Plätzen« zu erklären. Daraus entstand die ständig steigende Abhängigkeit dieser »Festen Plätze« von der Luftwaffe, die alle diese Plätze ja zu versorgen hatte. Damit wurde vor allem im ersten Halbjahr 1942 der Luftflotte 1 eine Leistung abverlangt, die sie zusätzlich zu ihren Kampfaufgaben zu erfüllen hatte. Damit summierten sich die Aufträge dieser Luftflotte auf folgende vier Punkte:

»1. Kampfunterstützung und Lufttransporte von Nachschubgütern aller Art für den Stützpunkt Cholm.

2. Kampfunterstützung und Lufttransporte von Nachschubgütern aller Art für das Gebiet des Stützpunktes Demjansk; allgemein bekannt als »Festung Demjansk«.

3. Kampfunterstützung für die Verteidigung um den Stützpunkt Staraja Russa.

4. Kampfunterstützung für das Heer im Wolchow-Raum. (Siehe: Hermann Plocher: a.a.O.)

Die fliegenden Verbände des I. Fliegerkorps unter General der Flieger Förster griffen die verschiedenen russischen Durchbruchsgebiete pausenlos an. Dabei konzentrierten sie sich in erster Linie auf sowjetische Kolonnen, auf Ortschaften, die von feindlichen Truppen besetzt waren, auf Truppenkonzentrationen, insbesondere gepanzerte Verbände, auf Truppen-Bereitstellungen und auf Artillerie- und Flak-Stellungen.

Dies bedeutete, daß im Kampfraum der HGr. Nord die Kräfte der Luftwaffe fast ausschließlich zur direkten Unterstützung der Heerestruppen eingesetzt waren. Das Heer kämpfte zu diesem Zeitpunkt verzweifelt darum, die russischen Gegenangriffe am Wolchow und den gefährlichen Durchbruch bei Ostaschkow zu stoppen.

Im Februar 1942 lag das Haupt-Einsatzgebiet des I. Fliegerkorps hart südlich des Ilmensees, wobei einige Verbände auch an den Kämpfen um den Wolchow teilnahmen. Dort versuchten die Russen einen Durchbruch zu erzielen, um so den Weg zu einem Sturmangriff auf den deutschen Belagerungsring rund um Leningrad zu bahnen.

Die Ziele des I. Fliegerkorps lagen sämtlich in der Umgebung der Front, was das Korps in die Lage versetzte, bei verschiedenen Gelegenheiten die sowjetischen Truppen noch in der Antransportbewegung oder auf dem Wege zur Front anzugreifen und ihnen schwere Verluste zuzufügen.

Diese Hilfe der Luftwaffe brachte dem Heer daher wesentliche und sofortige Erleichterung und minderte den Druck, dem eine Reihe deutscher Divisionen ausgesetzt waren.

Die Luftversorgung von Cholm

Seit dem 21. Januar 1942 war Cholm völlig von sowjetischen Truppen eingeschlossen. Dieser »Feste Platz« wurde von etwa 3500 Soldaten der 218. Sicherungs-Division unter Generalmajor Scherer verteidigt. Dieses Kampfgebiet war so klein, daß Transportflugzeuge nicht landen konnten. Das einzige existierende Flugfeld in diesem Gebiet lag in der unmittelbaren Umgebung der Hauptwiderstandslinie und befand sich unter ständigem Beschuß durch die Russen.

Zur Versorgung waren neben Ju 52-Transportgruppen auch die He 111-Verbände des Kampfgeschwaders 53 eingesetzt. Schließlich wurden durch Ju 87 nach dem engen Einschluß von Cholm im Punktwurf Versorgungsbehälter abgeworfen.

Ende Februar wurde der Versuch unternommen, auf diesem Flugplatz zu landen. Dieser Einsatz wurde vom OB der Luftflotte 1 entgegen dem Rat des Chefs des Lufttransportwesens angeordnet und endete mit dem Verlust von fünf der sieben eingesetzten Ju 52-Transporter und einem Teil ihrer Besatzungen.

Die Luftwaffe riskierte daraufhin kein weiteres Unternehmen dieser Art mehr. Alle deutschen Kommandeure stimmten darin überein, daß alle Vorräte und Versorgungsgüter nur durch Abwürfe über Cholm zur Besatzung gelangen könnten.

Diese erste Luftbrückenoperation wurde schließlich noch durch den Einsatz von DFS 230-Lastenseglern (von denen jeder eine Ladekapazität von einer Tonne hatte) verstärkt. Diese wurden von Ju 52 geschleppt. Sie trafen während der Abenddämmerung oder im Morgengrauen über dem Zielgebiet ein.

Größere Segelflugzeuge, die Go 242, geschleppt durch He 111, des 5. Sonder-Einsatzgeschwaders, wurden ebenfalls eingesetzt. Sie sollten schwere Ausrüstung und Waffen in die Festung transportieren. Die Zuladung der Go 242 betrug 2,5 Tonnen. Im ersten Stadium der Versorgung landeten diese Segelflugzeuge, auf dem genannten Flugfeld. Sehr oft gingen dabei Segler und Fracht durch Feindbeschuß verloren und wenn sie auch sicher landeten, so waren sie doch nicht mehr in der Lage wieder zu starten.

Als das von den Deutschen hier verteidigte Gebiet immer kleiner wurde, waren schließlich nur noch die DFS 230 in der Lage, auf einer Straße im Dorf Cholm zu landen. Mehrfach war auch das nicht möglich.

Alle Flugzeuge, die an der Luftversorgung von Abwurfbehältern teilnahmen, starteten vom Flugfeld im Pschkow-Süd. Die Vorratsbehälter wurden von einer eigens dazu zusammengestellten Vorratsgruppe gepackt und durch die Staffeln des Kampfgeschwaders 4 über Cholm abgeworfen. Später kam eine spezielle Abwurfgruppe, bestehend aus Transportflugzeugen, hinzu.

Die Abwürfe erfolgten im allgemeinen aus einer Höhe von 200 bis 300 m. Der Annäherungsweg der Flüge schwenkte von Südwesten her in einen Keil ein, der von deutschen Truppen in Richtung Cholm vorwärtsgetrieben wurde. Der Rest des Fluges erfolgte über das von den Sowjets gehaltene Gebiet. Diese hatten hier eine große Anzahl an Flugabwehrwaffen konzentriert. Um sicher zu sein, daß ihre Abwurfbehälter auch in die deutschen Stellungen fielen, mußten die Transportflugzeuge extrem niedrig fliegen. Dadurch waren sie ständig auch dem Feuer sowjetischer Infanteriewaffen ausgesetzt.

Selbst dann, wenn es den anfliegenden Maschinen gelang, unbemerkt näherzukommen, mußte ihr Anflug zum Abwurf in jenen niedrigen Höhen gemacht werden, der für den Gegner zum Beschuß ideal war.

Trotz jeder Vorsichtsmaßnahme, unter Ausnutzung des Schutzes durch die Wälder westlich von Cholm, waren beträchtliche Verluste unvermeidbar. Jede Flugzeug-Notlandung in dem von Partisanen wimmelnden Gebiet um Cholm herum war gleichbedeutend mit einem Totalverlust.

Für dreieinhalb Monate (103 Tage) hielt Generalmajor Scherers Kampfgruppe gegen die zunehmend stärker werdenden russischen Angreifer stand. In dieser Zeit wurde sie unterstützt durch die Kampf- und Versorgungsflüge des verstärkten Kampfgeschwaders 4 »General Wever«.

Während dieser Winterkämpfe im Nordabschnitt der Ostfront hatte die Luftflotte 1 nur eine einzige Lufttransportgruppe, das 172. Transportgeschwader zur Verfügung, das in Pschkow stationiert war. Diese Gruppe wurde zunächst nur eingesetzt, um dringend benötigte Vorräte oder Ersatzteile in den Kessel zu fliegen. Sehr bald aber machten es die schlechten Straßen- und Eisenbahnverhältnisse notwendig, allen Nachschub über die Luftbrücke einzufliegen.

Während das Kampfgeschwader 4 zwar in der Lage war, mit der Luftbrücke und der Kampfunterstützung von Cholm fertig zu werden, konnte es schließlich nicht mehr alle Mengen an benötigten Vorräten nach Cholm und dann auch noch in das bedeutend größere Kesselgebiet von Demjansk schaffen.

Zu dieser Zeit war es einfach unmöglich, zusätzliche Bomber-Verbände von der Luftflotte 1 zu diesen Aufgaben freizustellen. Trotz dieser Tatsache, daß das Kampfgeschwader 4 kaum ausreichende Kampfstärke hatte, um effektiv die Versorgung von Cholm sicherzustellen, wurde es auch noch an allen kritischen Punkten der Front eingesetzt, um gefährliche Situationen zu entschärfen und bedrohten Verbänden zu helfen.

Dies zwang zu entscheidenden Maßnahmen im Bereich des Lufttransportwesens. Der Chef der Lufttransporte für die Luftwaffe, derzeit dem VIII. Fliegerkorps im Mittelabschnitt zugeteilt, erhielt Anfangs Februar 1942 Befehl, die 9. Lufttransportgruppe zur Luftflotte 1 zu verlegen. Nach der Einschließung des II. AK der 16. Armee im Raume Demjansk wurde ihm am 18. Februar befohlen, mit allen Verbänden in den Raum der Luftflotte 1 zu verlegen.

Lufttransportführer Oberst Morzik, der Führung der Luftflotte 1 direkt unterstellt, erhielt im HQ der Luftflotte 1 in Ostrow folgende Weisungen:

»Sie verlegen mit allen Ihren Einheiten in den Raum der Luftflotte 1 und transportieren mit Ihren Verbänden alle notwendigen Versorgungsgüter in den Kessel von Demjansk und evakuieren im Rückflug Verwundete aus dem Kessel.«

Oberst Morzik handelte unverzüglich. Am 19. Februar standen ihm bereits sieben Lufttransportgruppen zur Verfügung. Bis Monatsende wurden ihm weitere vier Gruppen zugeführt. Dazu kamen von der Luftflotte 4 Teile des 105. Sonder-Einsatz-Geschwaders. Von den Schulen für Instrumentenausbildung und den Luftfahrt-Ausbildungsschulen trafen fünf weitere Transportgruppen im frühen März 1942 im Einsatzraum ein.

Es waren folgende Verbände, die hauptsächlich in diesen kritischen Monaten die Luftversorgung von Demjansk durchführten:

Die Kampfgruppen zbV 4, 5, 6, 7, 8, 9, 105, 172, 500, 600, 700, 800 und 900.

Die Luftversorgung von Demjansk

Die erste wirkliche Luftbrücke der Geschichte war damit angelaufen. Aus Riga, Dünaburg und Seerappen starteten die Ju 52-Verbände nach Pleskau und Korowje Selo, später nach Dno und Tuleblja. Dort mußte aufgetankt werden. Dann wurde der Flug in den Kessel angetreten. Zu diesen Ju 52 kamen Ju 96, Ju 90 und He 111 hinzu.

Es ging im Tiefflug über die feindlichen Linien. Die Maschinen landeten auf dem Behelfsflugplatz in Peski bei Demjansk, oder warfen ihre Verpflegungsbomben ab.

Der Chef des Lufttransportes bestimmte einen Verbindungsoffizier zum Nachschub- und Verwaltungsoffizier der Luftflotte 1 in Riga und einen weiteren zum Nachschubs- und Verwaltungsoffizier der HGr. Nord in Pschkow. Das Luftwaffenverwaltungskommando I in Riga bestimmte ebenso einen Verbindungsoffizier, der ins HQ des Chefs des Lufttransportwesens abgestellt wurde.

Die Transportflugzeuge landeten in Demjansk und Peski, den beiden einzigen Flugplätzen innerhalb des Einschließungsgebietes. Die Bodenbedingungen ließen keine Notlandungen zu. Das Flugfeld in Demjansk, ehemals ein vorgelagertes taktisches Flugfeld der Russen, hatte eine Startbahn von 50 m Breite und 880 m Länge, ohne irgendwelche andere Einrichtungen.

Peski wiederum war ein Platz für den Notfall, mit einer Startbahn aus festgewalztem Schnee. Er wurde Anfang März 1942 in Dienst gestellt, konnte aber nur von den besten Piloten genutzt werden.

Die Operationen der Transportgruppen wurden durch ein ausgezeichnetes Kommandosystem erleichtert. Dieses allein ermöglichte die sagenhafte Leistung von bis zu 600 Flugzeuglandungen auf dem Platz von Demjansk am Tage.

Daß diese Einsätze in jener Vielzahl durchgeführt werden konnten, war den kampfgestählten Boden- und Fliegerbesatzungen der Luftwaffe zu verdanken, die ihre großen Erfahrungen im Winter 1941-42 gemacht hatten und mit allen Schwierigkeiten vertraut waren, die dieser russische Winter mit sich brachte.

Was die deutsche und sowjetische Luftsituation über dem Einsatzraum anlangte, so war der Chef der Transportflieger Oberst Morzik nur ungenügend informiert. Besonders während der Anfangszeit entwickelten sich daraus verzwickte Situationen mit großer Gefahr für die Transportflieger.

Dies führte auch dazu, daß sowjetische Luftlandetruppen im Einkesselungsgebiet landen und sich zeitlich begrenzt dort halten konnten.

Bei diesen Truppen handelte es sich vor allem um die 1. und 4. sowjetische Luftlande-Brigade, die teilweise mit Fallschirmen hinter den deutschen Linien abgesetzt, und teilweise auch gelandet wurden. Sie sickerten durch die deutschen Linien und schlossen sich den Belagerern von Demjansk an. Hinzu kamen Truppen der 2. und 204. sowjetischen Luftlande-Brigade. Insgesamt waren 6000 Mann sowjetischer Elitetruppen in diesen Einsatz verstrickt, der mit der Vernichtung der letzten Einheiten dieser Verbände am 7. April 1942 zu Ende ging.

Die ersten Informationen, die Oberst Morzik über diese bedrohliche Entwicklung erhielt, kamen von den Besatzungen seiner Transportverbände die ihm meldeten, daß sie über »feindfreiem Gebiet unter Feindbeschuß geraten« seien.

Dann erst erfolgte die Bekämpfung dieser sowjetischen Luftlandeverbände.

Zuerst flogen die deutschen Transportflugzeuge in Paaren, oder in geringer Höhe allein. Das ständig zunehmende russische Flakfeuer - der Gegner hatte hier schnell bewegliche automatische Schnellfeuerwaffen eingesetzt - zwang sie bald, in Gruppen von 20 bis 40 Flugzeugen und in Höhen von 1800 bis 2400 m zu fliegen.

Sowjetische Jäger waren nicht besonders angriffsfreudig und griffen nur selten diese Gruppen an, wenn sie in dichten Formationen flogen und sich mit allen Waffen zur Wehr setzten. Die Verluste die auf das Konto russischer Jäger gingen, waren daher gering.

Deutsche Jäger wurden lediglich zu besonderen Einsätzen über den Vorstoß- und Rückzugsrouten und über den Landegebieten eingesetzt, da es fast unmöglich war, sie als Begleitschutz für die sehr langsam fliegenden Ju 52 einzusetzen. Außerdem gab es keine Möglichkeit, auch nur einige wenige Jäger innerhalb des Kessels zu stationieren, da dies die Versorgungsflüge auf den beiden kleinen Plätzen ernsthaft behindert hätte.

Als am 1. Mai die Landbrücke in das eingeschlossene Demjansk freigekämpft wurde, gingen die Einsätze zur Versorgung von Demjansk und auch von Cholm (das inzwischen entsetzt worden war) zu Ende.

Während der gesamten Operation flogen Flugzeuge der Luftwaffe 32.427 Einsätze in denen sie Versorgungsgüter aller Art transportierten, in 659 Einsätzen wurde Ersatzpersonal in die Festen Plätze eingeflogen.

Insgesamt wurden von den Transportern aller Art 64.844 Tonnen Material und 30.500 Mann an Truppen eingeflogen. Im Gegenzuge wurden 35.400 Mann, überwiegend Verwundete, ausgeflogen.

Während des gesamten Zeitraumes vom 18. Februar 1942 bis zum letzten Flug am 19. Mai 1942 wurden je Tag durchschnittlich 302 Tonnen Versorgungsgüter über die Luftbrücke nach Demjansk geschafft. Damit wurde das vorgegebene Ziel, täglich 300 Tonnen Versorgungsgüter einzufliegen, erreicht.

Bei der Durchführung dieser Missionen verbrauchten die deutschen Transportflugzeuge 42.155 Tonnen Treibstoff und 3.242 Tonnen Schmiermittel.

Wie diese Einsätze aus der Sicht des KG 53 verliefen, sei im folgenden berichtet.

I./Kampfgeschwader 53 über Demjansk

Ab Februar 1942 flog die I./KG 53 Versorgungseinsätze für Cholm und Demjansk. Außerdem hatte sie U-Bootsbekämpfung in der Ostsee und Seezielbekämpfung im Finnischen Meerbusen zu fliegen. Als Major Wienholtz am 30. März über dem Wolchowkessel fiel, wurde Major Pockrandt mit der Führung der Gruppe beauftragt. Riga, der einzige Platz, der während der Schlammperiode benutzt werden konnte, weil er mit einer festen Start- und Landebahn versehen war, war total überfüllt. Hier waren fast sämtliche deutsche Flugzeugtypen vertreten. In Sonderheit jedoch Ju 52, He 111 und Do 17. Die Staffeln 1 bis 3 unter den Hauptleuten Rauer, Lehmann und Grözinger wechselten einander in den diversen Aufgaben ab. Mit jedem Flug in den Einsatzraum Cholm war ein gefährlicher Tiefflug verbunden, der durch feindliche Flak und durch Infanteriebeschuß Opfer forderte.

Nach der Schlammperiode erfolgte die Verlegung der Gruppe nach Korowje-Selo, südlich Pleskau.

Hier lautete die vordringliche Aufgabe: Unterstützung des Heeres beim Offenhalten der Landbrücke nach Demjansk hinein, Bekämpfung der sowjetischen Truppen auf den Flanken der Landbrücke und Bekämpfung der im sich bildenden Wolchowkessel eingeschlossenen 2. russischen Stoßarmee unter General Wlassow, bis zu deren Kapitulation. Hinzu kamen Angriffe auf Öllager am Ladogasee, die der Versorgung von Leningrad dienten. (Siehe: Heinz Kiehl: Kampfgeschwader »Legion Condor« 53)

Dieser Einsatz forderte immerwährendes Bereitsein, dauernde Flüge auch bei schwersten Belastungen durch die widrigen Wetterverhältnisse und Einsatz gegen sowjetische Verbände, die ab Januar 1942 Vorbereitungsangriffe flogen, um die 2. Stoßarmee zu entlasten.

Bei Temperaturen bis unter 40 Grad minus froren den Warten die Werkzeuge an den Händen an. Sie mußten mit Heißluft aufgetaut werden. Das Leben der Kameraden im Kessel hing von diesen Fliegern ab und sie taten alles, um ihren Kameraden vom Heer ein böses Schicksal zu ersparen.

Demjansk und Cholm wurden zu Beispielen erfolgreicher Luftbrücken- und Luftversorgungsunternehmen, dies aber um einen sehr hohen Preis. Insgesamt gingen bei diesen Operationen der Luftwaffe 265 Flugzeuge verloren; überwiegend waren es Ju 52.

Sowjetische historische Quellen schweigen sich im allgemeinen über die Rolle aus, die von den russischen Jagdflugzeugen über Demjansk gespielt wurde. Lediglich in den »Erinnerungen« des Generalmajors F. A. Kostenko wird jene »angriffslustige Rolle« beschrieben, welche »die sowjetischen Jagdflugzeuge über Demjansk im Jahre 1942 gespielt« hätten.

Generalmajor Kostenko hatte über dem Kampfraum Demjansk das 1. Jagdkorps geführt. Seine Darstellung ist für die Zeit der Luftbrückenoperationen völlig unzutreffend. Was die Zeit seines Einsatzes im Februar-März 1943 anlangt, trifft die Darstellung des Luftkrieges über diesem Kampfraum eher zu. Die 6. sowjetische Luftarmee und das 1. Jagdkorps von Generalmajor Kostenko standen während der ersten Zeit der Einkesselung von Demjansk im Januar-Februar 1942 überhaupt noch nicht dort zur Verfügung.

Ein Teil der Erfolge der deutschen Luftbrücke von Demjansk »basiert auf dem kraftlosen Zustand der sowjetischen Jägerwaffe im Winter 1941-42«. (Siehe Hermann Plocher: a.a.O.).

Weitere Einsätze der Luftflotte 1 im Nordabschnitt

Mitte März 1942 wurde die I./KG 77, die zu diesem Zeitpunkt allerdings nur noch eine Stärke von neun Ju 88-Flugzeugen aufwies, in den Raum der Luftflotte 1 verlegt. Zu dieser Zeit war die Unterstützung des Heeres nach wie vor Hauptanliegen der Luftflotte 1. Ihre vorhandenen Kampfflugzeuge wurden deshalb zu folgenden Operationen eingesetzt:

Zwischen dem 6. und 9. März 1942 wurden in insgesamt 939 Einsätzen 1024 Tonnen Bomben geworfen um die deutschen Verteidiger von Cholm zu schützen.

Vom 13. bis 19. März unterstützte die Luftflotte 1 Operationen des I. und XXXVIII. AK bei der Absperrung des sowjetischen Durchbruchsgebietes am Wolchow. Bei diesen Missionen wurden in insgesamt 1561 Einsätzen 1616 Tonnen Bomben geworfen.

Damit legte sie den Schwerpunkt ihrer Einsätze in den Abschnitt der 18. Armee und besonders auf das Wolchowgebiet, wo der Gegner durchzubrechen versuchte.

Im Gegenzug flogen die Flugzeuge der Roten Luftwaffe im Wolchowraum 2439 Einsätze, während sie im Raume Demjansk nur 746 Einsätze flogen.

45 Einsätze der deutschen Luftwaffe im Nordabschnitt waren zur Zerstörung der Bahnstrecke Wolchowstroj-Tichwin und sieben zur Unterbindung des feindlichen Nachschubverkehrs auf dem Ladogasee geflogen worden.

Die Kampfgeschwader 1 und 4 verloren dabei insgesamt acht Flugzeuge.

Das Jagdgeschwader 54 konnte allein im Januar 1942 1152 Feindflüge, davon 736 über dem Wolchowgebiet, fliegen. Hier ließ Oberstleutnant Trautloft ein besonderes Angriffsverfahren entwickeln. Und zwar kreisten die Bf 109 in den hellen Nächten im Tiefflug über das Vorfeld und fingen sowjetische Bomberverbände ab. Dies waren die ersten Nachteinsätze an der Ostfront durch Jagdflieger.

Das JG 54 schoß 99 Feindflugzeuge ab und verlor zwei Jagdflugzeuge in Luftkämpfen.

Hauptmann Philipp, Kommandeur der I./JG 54, erzielte hier seinen 100. Luftsieg und erhielt am 12. März 1942 als 8. deutscher Soldat die Schwerter zum Ritterkreuz mit Eichenlaub. (Siehe Anlage: Ehrentafel der Luftwaffe).

In dem Vierteljahr vom Februar bis April 1942 erzielte die Luftflotte 1 folgende Erfolge:

Bei insgesamt 19.534 Einsätzen der Kampfflugzeuge deren Anzahl zwischen 44 und 57 Maschinen schwankte, wurden 16.230 Tonnen Bomben und 11.051 Versorgungsbehälter für die eigene Truppe geworfen.

Bei 9.294 Einsätzen der Jagdflieger wurden 821 Abschüsse erzielt.

Insgesamt 937 Aufklärereinsätze brachten wichtige Meldungen über feindliche Truppenzusammenballungen, über Ziele für die Kampf- und Jagdflieger und andere Aufklärungsergebnisse. Die Verluste der Luftflotte 1 für diese drei Monate betrugen: 36 Kampfflugzeuge, 21 Stukas, 19 Jäger, vier Ju 88 und eine Do 17.

Dies beweist, daß die Erfolge bei verhältnismäßig geringen Verlusten erzielt wurden. Und zwar gegenüber einer ständig wachsenden Zahl sowjetischer Fliegerkräfte.

Nach den Erkundungsergebnissen und den Auflistungen der einzelnen Stellen, sowie der Erkenntnisse aus russischen Quellen betrug die Zahl der sowjetischen Kampffliegereinsätze im Februar 1942 6.438. Im März war diese Zahl auf 10.855 angestiegen, um sich im April noch einmal auf 14.021 Einsätze zu steigern.

In Bezug auf die Zusammenarbeit der HGr. Nord mit der Luftflotte 1 muß gesagt werden, daß diese ein reibungsloses Miteinander und Füreinander nicht garantierte. Dies aus folgenden Gründen:

Die Anforderungen und Wünsche der HGr. Nord mußten zuerst vom OKL genehmigt werden, bevor die Luftflotte 1 in Aktion treten durfte. Reichsmarschall Görings Befehle an das Luftflottenkommando 1 richteten sich jedoch nicht immer nach den Vorschlägen der HGr. Nord.

Auch nach dem Durchbruch der 2. sowjetischen Stoßarmee unter Generalleutnant Klykow galt es erst eine Reihe von Hindernissen beiseite zu räumen, bevor die Luftflotte 1 alle 250 Kampfflugzeuge zusammenziehen und gegen diesen Durchbruch einsetzen konnte.

Am 21. März flogen die Russen den Generalleutnant Wlassow in den Wolchowkessel ein. Dieser hatte im Winter 1941 mit seiner 20. Stoßarmee westlich von Moskau den Ansturm der deutschen Divisionen zu Stehen gebracht. Nun sollte er den Durchbruch erzwingen.

Wenden wir uns nunmehr dem äußersten Norden zu, wo die Einsätze von kleinen Verbänden und Einheiten durchgeführt werden mußten.

Der Fliegerführer Kirkenes

Bis Ende 1941 führte der Fliegerführer Kirkenes die Operationen der Luftwaffen-Verbände, die im Gebiet der karelisch-finnischen Front eingesetzt waren. Dies in Übereinstimmung mit den Befehlen der Luftflotte 5.

Anfang 1942 wurde entsprechend der Führerweisung Nr. 37 dem Fliegerführer Nord (Ost) die Verantwortung für die Führung aller Luftoperationen im finnisch-karelischen Gebiet übertragen. Damit war er für alle Angriffsoperationen gegen Murmansk, die Arktische See und die nordrussische Küste verantwortlich.

Entsprechend den Befehlen der Luftflotte 5 sollte der Fliegerführer Nord (Ost) mit seinen Einsätzen die Unterbrechung der Murman-Bahnlinie erwirken. Diese Bahnlinie war insofern von besonderer Bedeutung, als sie die einzige Eisenbahnstrecke war, die das Innere Rußlands mit dem einzigen eisfreien Hafen des Nordens, Murmansk, verband. Sie hatte bereits während des Ersten Weltkrieges eine besondere Rolle gespielt und war als Vorratsroute und Route für den Waffentransport angelegt worden.

Darüber hinaus war sie entsprechend ihrer Nähe zur parallel dazu verlaufenden sowjetischen Front von unschätzbarem Wert für rasche Truppenbewegungen.

Um diese russischen Operationen zu stören, wurden die Verbände des Fliegerführers Nord (Ost) auf den Flugplätzen entlang der Kemi-Salla-Straße- und Bahnlinie wie folgt verteilt:

1. 4./Lehrgeschwader 1 in Rovaniemi und Kestenge.
2. 1./Kampfgeschwader 30 in Kemi.
3. 2./Kampfgeschwader 5 in Alakurti und Kestenga.
4. Eine Kampfstaffel des KG 77 in Rovaniemi.
5. Hauptquartier der Transportstaffel in Kemijärvi.
6. Gefechtsstand des Fliegerführers Nord (Ost) in Rovaniemi.

Trotz des hohen Luftdrucks im Januar 1942 waren Luftoperationen in den ersten Monaten des Jahres 1942 wegen der kurzen Tagesstunden, des Schneefalles und des Nebels nur in begrenztem Umfang möglich.

Wann immer die Wetterbedingungen dies erlaubten, führten die zahlenschwachen Bomber- und Sturzkampfbomber-Einheiten ihre Unterbrechungseinsätze durch. Besonders richteten sich diese gegen den Abschnitt Belomorsk-Murmansk der feindlichen Bahnlinie.

Weitere Angriffe richteten sich gegen die abzweigenden Bahnlinien, die zu den verschiedenen Abschnitten der Front führten. Ziele, die am häufigsten angegriffen wurden, waren die Eisenbahnlager von Kandalaksha, Loukhi, Kowda, Kem, Ambarnyj und Apatitj.

Es gelang den deutschen Fliegerkräften mehrfach, die Eisenbahnlinie zu unterbrechen. Darüber hinaus wurde eine große Anzahl an rollendem Material und Bahneinrichtungen zerstört. Die wenigen Verbände waren jedoch nicht in der Lage, den Verkehr für einen längeren Zeitraum zu stoppen.

Um diese deutschen Einsätze zu unterbinden, wurde sowjetischerseits eine Reihe von Jagdverbänden entlang der Murman-Bahnlinie neu eingesetzt. Auch sowjetische Bomberverbände wurden nun verstärkt eingesetzt, um jene deutschen Flugplätze zu bombardieren, von denen Gefahr für die Murman-Verbindung ausging.

Deutsche Stuka und Aufklärer waren nunmehr gezwungen, mit Jagdschutz zu fliegen, während jeweils einige Jäger zum Schutz der Flugfelder zurückbleiben mußten, um unerwartete feindliche Bombenangriffe anzuwehren. Dies wiederum reduzierte die Verfügbarkeit deutscher Jäger für offensive Unternehmungen.

Trotz dieser ungünstigen Faktoren erzielten die Jagdflieger der Luftwaffe auch hier hohe Abschußerfolge. Von den abgeschossenen Gegnern flogen die meisten Hawker Hurricane.

Daneben wurden Angriffe gegen sowjetische Flugplätze geflogen. Einige deutsche Einheiten unterstützten auch Bodenverbände des deutschen XXXVI. AK und des finnischen III. AK, indem sie die sowjetischen Feldstellungen ebenso wie russische Truppenbewegungen angriffen. Die Maschinen des Fliegerführers Nord (Ost) dienten auch als Artillerieaufklärer für die deutschen und finnischen Streitkräfte.

Vom 25. März 1942 an konzentrierten sich die Operationen des Fliegerführers Nord (Ost) auf englisch-amerikanische Geleitzüge durch die Norwegische und die Barentsee. Die Hauptaufgabe bestand nunmehr in Angriffen auf Häfen und auf den Seeverkehr.

Entsprechend den ihm gegebenden Befehlen enthielt sich der Fliegerführer Nord (Ost) bis Mitte Mai 1942 jeglicher weiterer Angriffe auf die Bahnlinien von Murmansk, die nun zum zweitrangigen Ziel geworden waren. Erst danach wurden wieder gegen Züge, Bahneinrichtungen und gegen das Murmashi-Elektrizitätswerk mit guten Erfolgen Verbände eingesetzt.

In der zweiten Maihälfte wurden vier Einsätze mit insgesamt 54 Flugzeugen gegen die Eisenbahnbrücke südlich von Olenegorsk geflogen. Nach dem Abwurf von 25 Tonnen Bomben war die Brücke lediglich beschädigt, aber nicht vernichtet.

Da die Russen nicht nur ihre Jagd- und Bomberstreitkräfte verstärkten, sondern damit auch die überfüllten deutschen Plätze in Kirkenes, Petsamo und Banak mit steigender Regelmäßigkeit angriffen, war die Luftwaffe gezwungen, die sowjetischen Fliegerkräfte in ihren Basen zu bekämpfen, obwohl dies in direktem Gegensatz zu jenem Befehl stand, sich nicht in solchen Einsätzen zu engagieren.

Ein weiterer Grund zu Einsätzen gegen sowjetische Flugplätze war die Tatsache, daß die sowjetischen Fliegerverbände ihre Angriffe auf deutsche Konvois verstärkten. Dies insbesondere im Seeraum um Vardö herum, einem Fischerdorf auf einer kleinen Insel gelegen, um die herumdrehend die deutschen Schiffe in die Reichweite der russischen Geschütze auf der Rybachij-Halbinsel gelangten.

Im Oktober 1942 begannen deshalb die Angriffe auf jene sowjetischen Flugfelder, von denen aus die deutschen Geleitzüge angegriffen wurden. Danach ließen diese russischen Angriffe spürbar nach. Auch die russischen Luftminenoperationen in den Küstengewässern Nordnorwegens wurden weniger.

Vom 24. März bis zum 31. Oktober 1942 gelang es der deutschen Luftwaffe, in diesem Raum 648 russische Flugzeuge abzuschießen. Diese Erfolge übten einen starken Einfluß auf die Kampfmoral der russischen Fliegerkräfte aus und führte dazu, daß der Gegner seine Jagdfliegereinsätze bedeutend einschränkte. Obwohl die Russen in der Lage waren, ihre Flugzeugverluste vollständig auszugleichen - teilweise auch durch die Umlegung britischer Jäger-Staffeln, die im Non-Stop-Flug von den Shetlandinseln herüberflogen, wurden die sowjetischen Luftverbände im Norden in ihren Aktionen bedeutend vorsichtiger.

Der Fliegerführer Nord (Ost) stellte am 3. November 1942 die Forderung, den größeren Teil seiner Staffeln auch zum Einsatz in der Kampfzone Süd freizugeben. Dies hätte allerdings seine im Norden verfügbaren Kampfeinheiten auf die 1./KG 30 und die 1./KG 5 verringert, was an und für sich nicht so tragisch gewesen wäre, weil ohnehin zu dieser Zeit die feindlichen Schiffsbewegungen durch die Norwegische See in Richtung Murmansk durch die Eisbedingungen eingeschränkt waren.

Die dem Fliegerführer Nord (Ost) verbleibenden Kampfflugzeuge wurden aus diesem Grunde denn auch wieder zu Unterbrechungseinsätzen der Murmansk-Eisenbahn in den Abschnitten zwischen Belomorsk und Murmansk eingesetzt.

Diese Akzentverschiebung bei den Luftoperationen machte eine Umgruppierung dieser Verbände erforderlich. Am 1. Dezember 1942 wurden die Einheiten des Fliegerführers Nord(Ost) wie folgt verteilt:

1. 1./Kampfgeschwader 5	in Alakurti
2. 2./Kampfgeschwader 5	in Alakurti
3. 13./Kampfgeschwader 5 (zweimot.)	in Kemijärvi
4. Ersatzstaffel 1./Kampfgeschwader 5	in Rovaniemi
5. 16. Transportstaffel	in Rovaniemi
6. I./Kampfgeschwader 30 (minus 2.St.)	in Kemi
7. Teile 1./Aufklärungsgruppe 124	in Kemi

Zur Küstenverteidigung bestimmt:

1. Teile 1./Aufklärungsgruppe 124	in Kirkenes
2. I./Stukageschwader 5 (minus 1.St.)	in Kirkenes
3. 9./Kampfgeschwader 5	in Kirkenes
4. 1./Aufklärungsgruppe 32	in Petsamo
5. III./Kampfgeschwader 5 (minus 9.St.)	in Petsamo
6. 2./Kampfgeschwader 30	in Petsamo
7. 1./Küstenfliegergruppe 406	in Billefjord
8. 1./Küstenfliegergruppe 906 (falls notw.)	in Billefjord

Luftangriffe richteten sich in erster Linie auf Züge, um möglichst viel rollendes Material zu zerstören und auf die Eisenbahn-Reparaturwerkstätten in Murmansk, Kandalaksha, Loukhi, Knyashaja, Guba, Chupa, Shonguy, Keret und Polyarnyj. Andere Ziele waren: das Elektrizitätswerk in Murmashi, die Transformatorenstation in Olenegorsk und die Nickelwerke in Monchegorsk. Keiner dieser Angriffe brachte mehr als einen Teilerfolg, da die Versuche, den Bahnverkehr für einen längeren Zeitraum zu unterbrechen, oder Einrichtungen entlang der Strecke nachhaltig zu zerstören, nicht gelangen.

Aus dem vorstehenden Text ist zu ersehen, daß die meisten Fliegerkräfte der Luftflotte 5 dem Fliegerführer Nord (Ost), Oberst Alexander Holle, für Operationen gegen Sowjetrußland zugeteilt waren. Oberst Holle hatte am 25. März Befehl erhalten, seinen Gefechtsstand von Rovaniemi nach Kirkenes zu verlegen, um seine Angriffe gegen die sich nunmehr wieder einstellenden alliierten Konvois und gegen die Häfen von Murmansk und Archangelsk zu organisieren. Die ihm unterstellten Einheiten, die im Gebiet von Kemi-Alakurti verstreut lagen, wurden nun in das Küstengebiet von Petsamo-Kirkenes-Banak verlegt. Der Kampf gegen die Konvois konnte beginnen.

Konvoischlachten bis zum PQ 17

Die Verlegung der Kampffliegerkräfte nach den drei genannten Flugplätzen vollzog sich rasch. Es wurden verlegt:

II./Kampfgeschwader 5 (minus 5. und 6. Staffel),
10./Kampfgeschwader 5 (zweimot.),
I./Stukageschwader 5,
1./Aufklärungsgruppe 124,
Transportstaffel.
Nach Petsamo:
5. und 6./Kampfgeschwader 5,
III./Kampfgeschwader 26 (Torpedogruppe).
Nach Banak:
II. und III./Kampfgeschwader 30 und HQ,
1./Aufklärungsgruppe 22.
Nach Billefjord:
1./(Torpedo)Küstenfliegergruppe 125.
Unter dem Fliegerführer Lofoten, Oberst Hans Roth, war im Frühjahr 1942 ein besonderer Verband zur Konvoibekämpfung aufgestellt worden. Oberst Roth wurden die genannten Verbände nicht auf Dauer unterstellt, sondern jeweils nach Lage der Dinge zugeführt, so, wie er sie für seine Einsätze benötigte. Als 1942 die Angriffsoperationen gegen diese Nordmeer-Geleitzüge begannen, bestand dieser Verband aus der 3./Küstenfliegergruppe 906 und der 1./Küstenfliegergruppe 123, die in Tromsö stationiert waren.

Aufgabe des Kommandos des Fliegerführers Nord (West) war es, Aufklärungs- und Kampfoperationen südlich der Linie von Drontheim bis zu den Shetlandinseln und hinauf bis nach Island zu unternehmen. Folgende Einheiten waren diesem Verband zugeteilt:

1./Aufklärungsgruppe 22

I./Kampfgeschwader 40 (Focke Wulf 200)
2. und 3./Küstenfliegergruppe 406
Wetterbeobachtungsstaffel Nord (minus ein Schwarm).

Die im Nordmeer laufenden PQ- und QP-Geleitzüge der alliierten Streitkräfte waren, abgesehen von einigen U-Bootangriffen, fast ausschließlich von deutschen Überwasserstreitkräften angegriffen worden. Der Angriff gegen den PQ 13 und QP 9 wurde als kombinierter Luft-Seeangriff durchgeführt. Neben den Flugzeugen der 2./KFlGr. 406 waren Boote der 8. Zerstörer-Flottille und sechs U-Boote auf diese beiden Konvois angesetzt, von denen einer nach Murmansk lief und der andere von Murmansk kam.

Die Torpedomaschinen der 2./KFlGr. 406 versenkten dabei zwei Dampfer.

Bei dem Angriff auf den PQ 15 und QP 11, (man ließ zwei in entgegengesetzter Richtung fahrende Geleitzüge gleichzeitig auslaufen, um im Kampfgebiet mit den vorhandenen Sicherungsstreitkräften b e i d e n zur Hilfe eilen zu können), errangen Flugzeuge, Zerstörer und U-Boote Erfolge.

Auch am PQ 16, der am 21. Mai 1942 Reykjavik auf Island verließ, und am entgegenkommenden Konvoi QP 12, standen wieder deutsche U-Boote und Fliegereinheiten der Luftwaffe. Beim Angriff von Torpedoflugzeugen und Stukas wurden fünf Schiffe des Konvois getroffen. Dies war am 25. Mai. Gegen Abend dieses Tages griffen noch einmal 12 Ju 88 des KG 30 an. Abermals wurden einige Schiffe getroffen. Deutsche U-Boote versenkten die liegengebliebenen Schiffe.

Der 27. Mai sah weitere Angriffe der Luftwaffe und als der Konvoi am 31. Mai 1942 in Murmansk einlief, hatte er insgesamt sieben Schiffe mit 43.205 BRT verloren.

Dann aber sollte der große Schlag erfolgen: das Unternehmen »Rösselsprung« wie das Codewort für den Angriff auf die Geleitzüge PQ 17 und QP 13 lautete.

Die Luftstreitkräfte für diesen Angriff gegen den PQ 17 setzten sich wie folgt zusammen:

Aufklärungseinheiten:

I./Kampfgeschwader 40
1./Aufklärungsgruppe 124
1./Aufklärungsgruppe 22
2. und 3./Küstenfliegergruppe 406

3./Küstenfliegergruppe 906
1./Aufklärungsgruppe 123
Wetterbeobachtungsstaffel Nord

Die Bombereinheiten:
Kampfgeschwader 30
I./Kampfgeschwader 26 (Torpedobomber)
1./Küstenfliegergruppe 406 (Torpedobomber)
1./Küstenfliegergruppe 906 (Torpedoflieger)

Lassen wir aus der Sicht des Kampfgeschwaders 26 diesen Einsatz wiedererstehen.

Der Konvoi PQ 17 war am 27. Juni in Reykjavik ausgelaufen. Er wurde von einer Fw 200 der I./KG 40, Major Henkelmann, gesichtet und gemeldet. Eine Maschine der 3. Staffel war im Tiefflug über den Konvoi hinweggeflogen und hätte um ein Haar den Schornstein des Kreuzers »London« gerammt. Aber auch die deutschen V-Männer aus Reykjavik meldeten den Geleitzug.

60 km ostwärts von Jan Meyen gewannen die ersten deutschen U-Boote Fühlung. Am Nachmittag des folgenden Tages wurde der Konvoi von der 1./KFlGr. 406 aus Sörreisa bei Tromsö angegriffen. Es waren He 115, die diesen Angriff flogen. Diese acht Seeflugzeuge trugen Torpedos unter den Rümpfen. An der Spitze flog der Staffelkapitän, Hptm. Vater.

Als die Flugzeuge in den Feuerbereich der Schiffsflak gerieten, eröffnete diese das Abwehrfeuer. Die Maschine von Hptm. Vater wurde getroffen. Der Staffelkapitän ließ den Torpedo im Notwurf werfen und stieß auf die See hinunter, um eine Notwasserung auszuführen. Er konnte sein Flugzeug nicht mehr auf Höhe bringen.

Alle acht Maschinen wurden durch das dichte Flakfeuer abgewiesen. »Die Maschine von Oblt. Burmester drehte im Flakfeuer eine große Schleife. Burmester hatte gesehen, daß sein Staffelkapitän auf das Wasser niedergegangen war. Auch er setzte auf See auf und lief einige hundert Meter auf das Schlauchboot zu, in dem sich die Besatzung der Staffelmaschine gerettet hatte. Die drei Männer der Besatzung wurden an Bord genommen und schon startete die He 115 - diesmal mit sechs Mann Besatzung - sie gewann an Höhe und drehte aus dem Bereich des Feindfeuers hinaus«. (Siehe Franz Kurowski: Seekrieg aus der Luft).

Der zweite Angriff der Luftwaffe erfolgte durch die 1./KFlGr. 906 am 4. Juli. Unter Führung von Hptm. Peukert waren alle einsatzbereiten Flugzeuge um 5.00 Uhr gestartet. Peukert entdeckte den Konvoi durch ein aufreißendes Wolkenloch und gab den Angriffsbefehl.

Die Torpedoflugzeuge stießen auf Wurfhöhe herunter und kamen - dank der Wolkendecke - unbemerkt zum Torpedowurf. Die beiden Torpedos der Staffelmaschine trafen das US-Libertyschiff »Christopher Newport« mit 7.191 BRT. Ein Torpedo hätte genügt, um das Schiff zu stoppen. Es blieb mit starker Schlagseite zurück und erhielt am folgenden Tage durch U 457 den Fangschuß.

Am Abend des 4. Juli kamen auch die Ju 88 des KG 30, die in Banak stationiert waren, zum Angriff auf den PQ 17. Aber die Bomben gingen vorbei, keines der angegriffenen Schiffe wurde getroffen.

Es war genau 20.30 Uhr an diesem 4. Juli, als die I./KG 26 unter Führung von Hptm. Eicke mit allen einsatzbereiten He 111 den Konvoi sichtete. 25 Maschinen jagten im Tiefflug über die See auf ihr Ziel zu.

Der Befehl von Hptm. Eicke lautete: »Teilen, Schiffsverband in die Zange nehmen und Flakabwehr zersplittern!«

Die Staffeln teilten sich und griffen wenig später von vier Seiten gleichzeitig an. Diesmal hatte es geklappt und eine große Anzahl von Flugzeugen war gleichzeitig herangekommen.

»Hptm. Eicke ließ die Außenflügel seiner Gruppe nach vorn ziehen und die in der Mitte fliegenden Maschinen etwas zurückfallen. So bildete sich rasch ein nach vorn geöffneter stumpfer Winkel, was den gleichzeitigen Wurf aller Maschinen sicherstellte.« (Siehe: Werner Klümper: KG 26 im Einsatz).

Bis zu diesem Zeitpunkt waren die Maschinen nur etwa 2 m über dem Wasser geflogen. Als die Einschlagsäulen der Schiffsartillerie die See aufschäumen ließen, zogen die Flugzeuge auf 40 m hoch. Nunmehr erfolgte der Befehl zum Torpedowurf.

Die Torpedos verließen die Halterungen und schlugen ins Wasser, um nun mit ihrem Eigenantrieb auf das Ziel loszuflitzen.

Lt. Hennemann sah vor sich einen Frachter, auf den er einen Torpedo schoß. Die 4841 BRT große »Navarino« wurde schwer getroffen. Während der Beobachter den Treffer meldete, schlugen Flaksplitter und Geschosse in die He 111 hinein. Flammen stoben aus dem Flugzeug heraus und keine 400 m vor dem getroffenen Dampfer stürzte die Maschine in die See und versank.

Die von Lt. Kanmayr geflogene He 111 stieß genau auf einen Zerstörer zu. Der Leutnant wurde durch grelles Licht geblendet und sah den Zerstörer nicht, sondern konzentrierte sich auf ein weiter entfernt laufendes Schiff. Die ersten Granaten der Zerstörerflak peitschten durch die Kanzel der He 111. Der Beobachter, Lt. Schlenkermann, wurde verwundet, gleich darauf auch der Flugzeugführer. Dennoch behielt Kanmayr die Kontrolle über das Flugzeug und brachte es auf das Wasser herunter. Der Zerstörer setzte ein Boot aus und rettete die vier Besatzungsmitglieder der He 111.

Hptm. Eicke aber hatte sich beim Anflug einen großen Frachter ausgesucht. Er flog ihn genau an, ließ aus kurzer Distanz die Torpedos werfen und zog scharf über die Aufbauten des Schiffes hinweg.

Der anvisierte Dampfer, der Amerikaner »William Hopper«, 7.177 BRT, wurde schwer getroffen und blieb brennend liegen. Er wurde später von U 334 mit Fangschuß versenkt.

Der sowjetische Tanker »Adzerbaidzan« erhielt ebenfalls einen Torpedotreffer, konnte aber seine Fahrt fortsetzen.

Die I./KG 26 hatte auf ihrem ersten scharfen Einsatz als Torpedofliegergruppe zwei Schiffe versenkt und ein drittes beschädigt. (Ab Januar 1942 waren alle drei Staffeln dieser Gruppe zur Ausbildung im Lufttorpedowerfen nach Grosseto in Mittelitalien verlegt worden. Hier wurde die Gruppe im Einzelangriff und im Verbandsangriff ausgebildet. Anfang Juni 1942 stand sie mit 32 einsatzbereiten Torpedoflugzeugen bereit und wurde nach Bardufoss in Nordnorwegen verlegt. Von hier aus flog sie ihren ersten, soeben geschilderten scharfen Angriff erfolgreich).

Insgesamt verlor dieser Geleitzug durch die genannten Fliegereinheiten und deutsche U-Boote 24 Schiffe mit 143.977 BRT.

Generaloberst Stumpff, OB der Luftflotte 5 meldete dem Ob.d.L.:

Luftflotte 5 OU, den 12. Juli 1941

Herr Reichsmarschall!

Ich melde Ihnen die Vernichtung des großen Konvois PQ 17! Die Aufklärung, am 10. Juli 1942 im Weißen Meer und in den schiffbaren westlichen Gewässern, entlang der Küste der Kola-Halbinsel ausgeführt, fand keine Spuren von Handelsschiffen mehr. Die Auswertung der Aufklärerfotos von Iokanga, dem letzten Hafen, zu dem die letzten Einheiten des Konvois PQ 17 gesteuert wurden, zeigen, daß kein einziges Handelsschiff dieses Verbandes diesen Hafen erreicht hat. Als Ergebnis der Operationen der Luftflotte 5 berichte ich, daß folgende Schiffe des Gegners gesunken sind:

Ein Zerstörer, ein Kreuzer, zwei Patrouillenboote mit einer Gesamttonnage von 4000 BRT. 22 Handelsschiffe mit einer Gesamttonnage von 142.216 BRT.«

Mit der Handelsschiffs-Tonnage kam Generalboberst Stumpff den Treffererergebnissen verblüffend nahe. Kriegsschiffe wurden zwar getroffen, aber nicht versenkt.

Der Kampf am Geleitzug PQ 18

Anfangs August 1942 übernahm Hptm. Klümper, der bisherige Leiter des Torpedolehr-Geschwaders, die I./KG 26 als Kommandeur. Unmittelbar nach seinem Eintreffen in Bardofoss weihte er seine Gruppe in alle weiteren Eventualitäten eines Torpedoangriffs ein und ließ Übungsflüge unternehmen, die jedoch infolge des Brennstoff-Mangels nur zweimal in der Woche erfolgen konnten.

In Ermangelung eines Zielschiffes ließ er Angriffsübungen im Vestfjord auf den Kampfverband Nord unter Vizeadmiral Kummetz durchführen. Dabei konnte er durch Funksprechverkehr sofort auf Fehler oder falsches taktisches Verhalten hinweisen und Korrekturen erzielen.

Die Starts zu diesen Übungen wurden kriegsmäßig durchgeführt, das heißt: in schnellster Abfolge von einer Startbahn.

Mit den Seeaufklärern, die in Tromsö lagen und deren Gruppenkommandeur Hptm. Tantzen mit Klümper gut bekannt war, nahm letzterer sofort Verbindung auf. Ebenso mit der in Sörreisa stationierten Seenotstaffel. Als der Ernstfall eintrat und der nächste Großeinsatz gestartet werden sollte, war die erste Torpedofliegergruppe der Luftwaffe voll auf diesen Angriff vorbereitet.

Am 11. September wurde der PQ 18 von den Seeaufklärern in den Gewässern um Island gesichtet. Am 13. September kam er mit seinen 39 Schiffen in die Reichweite der Torpedoflieger des KG 26. Für die Nachmittagsstunden dieses Tages setzte Klümper, nunmehr bereits Major, den Angriff an.

Standort, Kurs und Fahrtstufe des Gegners waren durch die Meldungen der Fühlunghalter bekannt. Von diesen würden zweimal jeweils eine Minute Peilzeichen gegeben werden. Und zwar eine halbe Stunde vor Angriffsbeginn. (Die Peilzeichen wurden nicht gehört. Der Fühlunghalter hatte wegen einer Motorstörung seine Aufgabe vorzeitig abbrechen müssen und die Ablösung traf erst kurze Zeit nach den vereinbarten Zeiten zum Senden der Peilzeichen ein.)

Der Gegner stand zur Angriffszeit westlich der Südspitze von Spitzbergen. Beim Anflug ließ Major Klümper westlich, also hinter dem Gegner vorbeistoßen, ohne ihn dabei zu Gesicht zu bekommen.

Nicht weniger als 28 Maschinen führte der Gruppenkommandeur bei diesem Angriff. Im Tiefstflug, nur zwei Meter über dem Wasser, ließ Klümper nach Süden ausholen und dann wieder auf Ostkurs gehen. An der Sichtgrenze des Geleitzuges kamen dann zuerst die deutschen fühlunghaltenden U-Boote in Sicht.

Über Sprechfunk befahl Major Klümper: »Angriff aus etwas vorlicher als querab liegender Richtung in zwei Wellen zu je 14 Maschinen. Abstand 2000 Meter!«

Der Angriff erfolgte für den Geleitzugführer so überraschend, daß dieser seine auf dem mitlaufenden Flugzeugträger mitgeführten Jäger nicht mehr starten konnte. Dennoch war die Geleitsicherung auf der Hut. Bereits bei Insichtkommen der Torpedoflugzeuge, die zum Angriff auseinanderzogen, wurde das Feuer der mittleren Schiffsartillerie und der Flak auf die gesichteten Flugzeuge eröffnet.

»Tiefstflug aufgeben und auf 40 Meter hochziehen!« befahl der Gruppenkommandeur. (Siehe: Werner Klümper: a.a.O.)

Schlagartig zog der Verband hoch und flog nun mit starken Abwehrbewegungen auf das Ziel zu. Im Anflug beobachtete Major Klümper, wie ein fremder Verband in Staffelstärke hinter seinem eigenen Verband herflog und dann ebenfalls zum Angriff ansetzte. Es handelte sich hierbei um die 1. Staffel der III./KG 26, die inzwischen ebenfalls in Grossetto zur Torpedostaffel ausgebildet und nach Banak verlegt worden war. Sie flog nun ihren ersten Einsatz. Staffelkapitän war Hptm. Klaus Nocken. Diese Staffel unterstand nicht der Führung von Major Klümper, sondern wurde im Rahmen des KG 30, Major Blödorn, eingesetzt, das ebenfalls in Banak lag.

Da auch der Flugzeugträger durch die Aufklärer erkannt worden war, hieß es schnell handeln, ehe der Gegner seine Jäger in der Luft hatte. Deshalb befahl Klümper: »Einsatz mit allen verfügbaren Kräften gegen das Geleit. Schwerpunkt: der Flugzeugträger!«

Da jedoch vor dem Start nicht bekannt war, wo dieser Flugzeugträger im Konvoi stand, konnte - da auch während des Anfluges keine Meldung über den Träger einging - keine Schwerpunktbildung erfolgen.

In Abwurfposition gekommen, wurden von beiden Verbänden die Torpedos geworfen. Die Flugzeuge durchstießen den dichten Feuervorhang der Schiffsflak, zogen hoch und sahen in der Drehung, daß die ersten Ziele getroffen waren. Torpedodetonationen stiegen an drei oder vier Schiffen in die Höhe. Ein getroffener Munitionsdampfer explodierte in einer mehrere hundert Meter hohen Explosionssäule. Und schon waren die Maschinen aus dem Feuerbereich dieses Gegners hinausgelangt und wurden durch den Gruppenkommandeur auf Heimatkurs befohlen.

Auf dem Rückflug erhielt Major Klümper Weisung, nicht nach Bardufoss zurückzukehren, sondern auf dem Platz von Banak zu landen. Dieser Befehl wurde über FT-Verbindung an sämtliche Flugzeuge des Verbandes weitergegeben. Dennoch hatten nicht alle Flugzeuge diesen Befehl gehört. Die Änderung des Landehafens war durch starkes Schneetreiben in Bardofoss notwendig geworden.

Während nun der Großteil der Gruppe nach Banak flog, landete der geringere Rest in Bardufoss trotz des Schneetreibens sicher. Der Angriff war ohne einen Verlust zu Ende gegangen.

Durch Flaktreffer waren sechs der 28 Flugzeuge am nächsten Tage nicht einsatzbereit. Aus diesem Grunde standen Major Klümper am Mittag des 14. September nur noch 22 Torpedobomber zur Verfügung. In der Einsatzbesprechung gab er bekannt:

»Der beim Geleitzug stehende Flugzeugträger ist mit allen verfügbaren Kräften anzugreifen, Schiffe des Geleitzuges werden nur als Ausweichziele angegriffen.«

Nach Start und Versammlung des Verbandes flog dieser in Richtung Südspitze Spitzbergen. Als sich der Verband im Anflug befand, gab der Aufklärer noch einmal durch, daß der Flugzeugträger v o r dem Konvoi laufe. Deshalb flogen die Torpedobomber weit vor den mit Ostkurs laufenden Konvoi.

Major Klümper ließ seinen Verband so einschwenken, daß der Gegner, genau Gegenkurs laufend, voraus in Sicht kommen mußte. Dies war so geplant, um den vor dem Konvoi laufenden Flugzeugträger im Zangenangriff aus günstigster Position packen zu können.

Nach dem Einschwenken seines Verbandes auf Westkurs ließ Major Klümper weiter im engen Verband und Tiefstflug fliegen. Bei über 100 km weiter Sicht kam das Geleit, zunächst an den Rauchwolken zu erkennen, später mit Masten und Schornsteinen und seinen Aufbauten in Sicht. Dann wurden die Schiffe einzeln sichtbar. In der Mitte lief das größte Schiff.

»Es war für mich k e i n Zweifel« berichtete Kapitän z.S.a.D. Klümper nach dem Kriege, »daß es sich hierbei um den Flugzeugträger handeln mußte, da ja über ihn kein Standortwechsel durchgegeben wurde.

Ich ließ den Verband zum Zangenangriff auseinanderziehen. Als diese Bewegungen eben durchgeführt waren und der Abstand der einzelnen Maschinen zueinander zwischen 500 und 800 m betrug, gab eine der Besatzungen im Funkspruch, Achtung, Jäger von vorn! durch. Diese Jagdflugzeuge in Staffelstärke sind wahrscheinlich aufgrund der abgehörten Peilzeichen vom Flugzeugträger aus gestartet worden und mußten sich schon in der Luft befunden haben, bevor der angreifende Torpedoverband den Gegner überhaupt sichtete.

Dieser Zeitpunkt eines Jagdangriffes gegen uns war äußerst ungünstig, da sich die Flugzeuge meiner Gruppe praktisch den Feindjägern einzeln gegenübersahen. Ich befahl zum Schutz gegen die zu erwartenden Jagdangriffe jeweils zwei bis drei Maschinen zusammenzuschließen und so den Angriff weiter durchzuführen.

Eben hatte ich diesen Befehl durchgegeben, als ich durch das Fernglas erkannte, daß es sich bei dem vor mir laufenden und als Flugzeugträger angesprochenen Schiff nicht um diesen, sondern um einen großen Frachter oder Transporter handelte. Beinahe gleichzeitig machte ich den Flugzeugträger nördlich, ungefähr in der Mitte des Geleitzuges stehend, aus. Ich gab dieses sofort an alle Besatzungen durch und befahl:

»Zielwechsel auf den nördlich stehenden Flugzeugträger!«

Es war mir allerdings dabei klar, daß nunmehr der Angriff nicht massiert durchzuführen war, denn das Zusammenziehen eines einmal zum Zangenangriff auseinandergezogenen Verbandes ist zeitraubend und der Angriff muß ganz neu angesetzt werden. Wenn man zeitlich dazu in der Lage ist, kann man diese Taktik anwenden, bis die Jäger ihren Treibstoff verbraucht haben und zur Landung gezwungen sind.

In diesem Falle verbot es sich aber, da wir selber keine größeren Brennstoffreserven hatten.

Aufgrund dieser und anderer Überlegungen entschloß ich mich, das Beste aus dieser verfahrenen Situation herauszuholen und den Angriff, so wie er eben lief, durchzuführen.«

Soweit der direkte Bericht des Gruppenkommandeurs, der aufzeigt, welchen Schwierigkeiten und schweren Entschlüssen er sich gegenübersah. (Siehe: Werner Klümper: a.a.O.)

In dem Moment, als er den weiteren Angriff befahl, wurde die Maschine von Major Klümper in einen Luftkampf mit einem Jäger verwickelt. Es kam zu einem verbissenen Duell, dem sich ein zweiter Feindjäger anschloß. MG-Salven peitschten durch die He 111. Der Bordschütze erwiderte das Feuer und Major Klümper versuchte, das Flugzeug durch geschickte Ausweichmanöver aus dem Feuer zu bringen.

Einer der Jäger erhielt einen Treffer und ließ kurzzeitig von der He 111 ab.

In etwa 50 m Seitenabstand mußte die Führermaschine einen schießenden Zerstörer passieren, dem die Maschine nicht ausweichen konnte. Dies hatte aber den Vorteil, daß die ihn verfolgenden Jäger jäh auswichen. Auch jetzt schlugen Splitter und Geschosse durch die Maschine. Doch Klümper behielt den Kurs auf den Flugzeugträger bei. So gelang es ihm, zwar nicht sehr glücklich sondern in einer Lage von 45 Grad zum Flugzeugträger zu kommen, und aus 1.500 m den Torpedo zu schießen. Noch während die He 111 abdrehte, sah Klümper, daß der Flugzeugträger zudrehte, um aus der Laufbahn des offenbar erkannten Torpedos herauszukommen, was ihm auch gelang, denn es wurde keine Torpedodetonation gesehen.

Eine zweite He 111 hatte ebenfalls auf den Flugzeugträger geschossen, doch auch ihr Torpedo lief vorbei.

Alle anderen Flugzeuge griffen die Schiffe des Konvois an. Drei Schiffe wurden schwer getroffen, von denen zwei rasch sanken. Beim Luftkampf mit den Jägern hatten eine Reihe He 111 ihre Aale im Notwurf werfen müssen. Diese Würfe erbrachten keine Zähler.

Eine Maschine wurde im Luftkampf mit drei Jägern abgeschossen. Drei weitere wurden von Flak und Jägern derart übel zugerichtet, daß sie außerhalb der Flakreichweite der Geleitfahrzeuge notwassern mußten. Von diesen Besatzungen konnte eine von eigenen Seenotflugzeugen geborgen werden. Zwei in ihren Schlauchbooten treibende Besatzungen wurden am Abend dieses Tages von jeweils einem U-Boot geborgen. Eines der beiden U-Boote ging im Kampf am PQ 18 verloren und mit seiner Besatzung fand auch die Flugzeugbesatzung den Tod.

Damit war der Einsatz am PQ 18 noch nicht beendet. Nach einem U-Boot-Angriff am 16. September, kurz vor der Einfahrt ins Weiße Meer, war der Konvoi wieder Angriffsziel von Flugzeugen der KG 26 und 30. Der Flugzeugträger befand sich jedoch nicht mehr am Geleitzug, er hatte am Vortag den Rückmarsch angetreten.

Beide Geschwader besprachen den Angriff und vereinbarten die Angriffszeit. Während das KG 30 mit Stukas im Sturzflug den Konvoi angreifen wollte, sollten die He 111 der I./KG 26 mit Torpedos angreifen.

Major Klümper standen dazu noch acht Maschinen zur Verfügung, weil in dem Angriff des 14. September 14 Flugzeuge ausgefallen waren.

Da das Geleit bereits auf Südkurs die Spitze von Kanin Nos ansteuerte, befahl Klümper - in der richtigen Annahme, daß dann die Sicherungskräfte in seiner Anmarschrichtung also westlich des Geleitzuges stehen würden - seinem Verband, nördlich um den Konvoi herum auszuholen und aus östlicher Richtung anzugreifen.

Dieser erste kombinierte Angriff von Stukas und Torpedoflugzeugen (in gemeinsamer Operation) begann nach dem Insichtkommen des Geleitzuges mit dem Anhängen der Maschinen an der Grenze der Sichtweite bis etwa 5 km unter Land im Tiefstflug.

Wenig später befahl Klümper: »Angriff! - Angriff!«

Das Kampfgeschwader 30, das eher über dem Ziel war, hatte gerade seine letzten Bomben geworfen, als die He 111 auf ihre Ziele zuflogen. Das stark auseinandergezogene Geleit wurde genau aus der Flanke getroffen. Drei Schiffe brannten. Eine He 111 flog direkt in das Abwehrfeuer eines russischen Zerstörers hinein und stürzte auf die See nieder, um in einer Aufschlagexplosion auseinanderzubrechen.

»Sammeln und geschlossen den Rückflug antreten!« befahl der Gruppenkommandeur über die Sprechfunkverbindung. Die Maschinen flogen geschlossen zurück, um die russischen Jäger, die sich vorher gezeigt hatten, abzuwehren, doch die kamen nicht.

Trotz des dichten Schneetreibens am Platz landeten alle Flugzeuge sicher.

In drei Tagen ihres Angriffes hatten die Torpedoflieger von Major Klümper 104.000 BRT feindlichen Handelsschiffsraumes versenkt, der mit Waffen, Panzern und Flugzeugen vollgepackt war. Drei Besatzungen des KG 26 waren gefallen. Sieben Maschinen wurden total vernichtet, an allen übrigen beteiligten Flugzeugen wurden Beschußschäden festgestellt.

In den nächsten Wochen lief kein PQ-Geleitzug mehr nach Rußland.

Das Jagdgeschwader 5 an der Norwegenfront

Das Jagdgeschwader 5 wurde am 25. Januar 1942 offiziell aufgestellt, Kommodore wurde Oberstleutnant Handrick. Der Geschwaderstab lag in Petsamo. Aus der Jagdgruppe Stavanger entstand die I./JG 5, die von Major Seegert geführt wurde. Ihre Aufgabe lautete: Schutz des deutschen Schiffsverkehrs entlang der norwegischen Küste gegen die Angriffe britischer Kampfverbände. Die Einsatzhäfen waren: Drontheim, Herdla, Christiansand, Lister, Mandel und Stavanger. Von diesen Plätzen aus starteten die drei Staffeln, die inzwischen sämtlich auf Bf 109 F-4 umgerüstet hatten.

Im Januar 1942 verlegte auch die 7./JG 5 unter Hptm. von Sponeck nach Bodö. Diese III. Gruppe wurde im April 1942 von Hptm. von Wehren übernommen. Dieser wurde während eines britischen Bombenangriffs auf Stavanger verwundet.

Nachdem die Einsätze sich hier vorläufig auf Kontrollflüge beschränkten, kamen die Briten am 17. Mai 1942 zur Sache. Ein Kampfverband aus 54 Flugzeugen griff einen nach Norwegen laufenden deutschen Flottenverband mit der »Prinz Eugen« an. Das Gros dieses Verbandes bestand in 27 Bristol Beauforts und 13 Lockheed Hudson. Acht Bristol Beaufighter und sechs Bristol Blendheim kamen hinzu.

Die Staffeln des JG 5 stiegen im Alarmstart auf. Gegen 19.30 Uhr kam es zu schweren Luftkämpfen, in deren Verlauf 18 Gegner über See abgeschossen wurden. Fünf weitere gemeldete Abschüsse konnten nicht bestätigt werden, da Luftzeugen fehlten.

Am 26. Mai kam es im gleichen Seeraum zum zweiten Luftduell. Ein englischer Bomberverband griff in Höhe von Sola ein deutsches Küstengeleit an. Es wurden zwei Abschüsse erzielt. Danach kehrte in diesem Bereich Ruhe ein.

Die II. und III./JG 5 verlegten im Mai 1942 nach Petsamo. Dieser Platz wurde zu einer der wichtigsten Absprungbasen der Luftwaffe im Hohen Norden. Die am Fischerhals stationierte deutsche Luftnachrichtenstelle »Rentier« übernahm die Flugüberwachung um

Murmansk. Ihr Freyagerät funktionierte einwandfrei.

Fliegerhorstkommandant in Petsamo war Oberstleutnant von Aaken. Er wies den beiden Gruppen des JG 5 die an der Ostseite des Horstes stehenden Baracken und Finnenzelte zu. Neben Petsamo wurden auch die kleinen Behelfshorste Ivalo, Kemijärvi und Nautsi als Absprungplätze genutzt.

In diesem Raum trafen die deutschen Jägerverbände regelmäßig auf einen bis zu zehnmal stärkeren Feind. Bei einem Luftkampf der bereits am 23. April stattfand, stießen sieben Bf 109 F-4, die den Geleitschutz für einen Stukaverband zum Angriff auf Murmansk übernommen hatten, auf einen weit überlegenen Jägerfeind.

Im Luftduell gegen Hurricanes schoß Ofw. Florian Salvender seinen 25. Gegner ab, bevor er von einem russischen Piloten abgeschossen wurde. In diesem Luftkampf war Fw. Müller fünfmal erfolgreich. Rudi Müller von der 6./JG 5 erhielt am 19. Juni das Ritterkreuz (Seit dem 19. April 1942 und nach einer Notlandung bei Murmansk ist Müller verschollen).

Begleitschutz für die eigenen Stukas zu fliegen war zu dieser Zeit die Hauptaufgabe der II. und III./JG 5. Die Maschinen starteten durchweg zweimal am Tage, um die Stukas zu unterstützen, die unmittelbar in die Abwehrkämpfe der 6. Gebirgs-Division eingriffen. Die 7./JG 5 hatte die Heeresaufklärer zu sichern.

Am 9. Mai flog die 8. Staffel unter Oblt. Segatz mit einem Stukaverband zur Motowski-Bucht. Hier stießen sie auf 30 Hurricane. Lt. Lechte wurde von diesem Gegner abgeschossen. Am 17. Mai schoß Lt. Ehrler beim Stuka-Geleitschutz eine russische MiG 3 ab.

Im Sommer 1942 wurde dann noch in Drontheim-Lade die IV./JG 26 aufgestellt. Kommandeur wurde Hptm. Kriegel. Die Aufgabe für diese Gruppe lautete: »Schutz der norwegischen Küste von Drontheim bis Narvik.«

Damit lagen dann die I. und IV./JG 5 an der norwegischen Westküste, während die II. und III./JG 5 mit dem Geschwaderstab in Petsamo lag. Die dem Geschwader unterstellte 10. (Z)/JG 26 lag in Kirkenes. Sie war ein eigenständiger Verband. Damit war das Jagdgeschwader in voller Stärke aufgestellt.

Neben dem Schutz der auf den Plätzen von Kirkenes und Petsamo liegenden eigenen Kampfverbände hatte das Geschwader auch den Schutz des wichtigen Nickelhafens Kolosjoki zu übernehmen und Geleitschutz für die Kampf- und Sturzkampfverbände des Fliegerführers Nord (Ost) zu fliegen. Einsätze gegen die Murmanbahn und Murman-Hafen kamen hinzu. Wichtig waren auch die Geleitschutzaufgaben für die Versorgungsschiffe, für die Heeresaufklärer und die Sicherung des Luftraumes über dem XIX. Gebirgskorps. Als Unterstützung für dieses Korps mußten Tiefangriffe auf feindliche Stellungen und Bereitstellungen geflogen werden.

Soviel über den Einsatz des Jagdgeschwaders 5. Abschließend sei noch einmal festgehalten, daß alle genannten Großverbände der Luftflotte 5 unterstanden. Es waren dies:

Der Fliegerführer Nord (Ost),
der Fliegerführer Lofoten und
der Fliegerführer Nord (West).

Die der Luftflotte 5 direkt unterstellten Kampfgruppen der Kampfgeschwader 26 und 30 wurden jeweils einem der drei Fliegerführer unterstellt.

Die Gesamtstärke der Luftflotte 5 in Norwegen betrug im April 1942 165 Flugzeuge, davon waren 113 einsatzbereit. Ihre Zahl war Ende Mai auf 203 angestiegen, von denen 141 einsatzbereit waren.

Hier, im Hohen Norden, kam es manchmal zu harten Luftduellen mit russischen Fliegern. So am 30. Mai, als Bf 109 des JG 5 in den Kampf gegen den Konvoi PQ 16 eingriffen, da sowjetische Flugzeuge versuchten, die deutschen Kampf- und Torpedoflieger zu vernichten. Die Jäger hatten Ju 87 zu geleiten, die noch einmal angreifen sollten.

Die sowjetischen Flieger griffen auch die Horste der beteiligten beiden Kampfgeschwader an. Als die Jäger des JG 5 auf dem Plan erschienen, kam es zu einer Reihe dramatischer Luftgefechte. Die Jäger des JG 5 erzielten in turbulenten Luftkämpfen 50 Abschüsse, davon waren 43 Jagdflugzeuge. Unter den abgeschossenen Feindjägern befand sich auch der russische Oberleutnant Safonow, der bis dahin 25 deutsche Flugzeuge vernichtet hatte.

Am 29. Juni flog die 6./JG 5 Begleitschutz für das KG 30 gegen Murmansk. In diesem Einsatz wurden zwei deutsche Jäger durch russische Jäger, die von ihrem Horst in Murmaschi gestartet waren, abgeschossen.

Auch die Kämpfe im August und September 1942 forderten von den Staffeln des JG 5 schwere Opfer. In den Luftkämpfen über Murmansk erzielte Hptm. Scholz, Gruppenkommandeur der III./JG 5, seinen 30. Luftsieg.

Der Luftkampf über Murmaschi am Nachmittag des 15. September 1942 sah einen Luftkampf gegen einen mit 30 Curtiss P-40 gestarteten Gegner. Uffz. Scharf wurde abgeschossen und geriet in Gefangenschaft. Am 27. September erzielte Lt. Weißenberger über dem russischen Jägerplatz Warlamowo fünf Abschüsse. (Ritterkreuz am 13. November 1942 nach 38 Abschüssen. Eichenlaub zum Ritterkreuz am 2. August 1942).

Am 22. Oktober 1942 mußte Lt. Weißenberger nach einem Luftkampf westlich Murmansk aus der abstürzenden Bf 109 aussteigen. Nach einem achtstündigen Fußmarsch erreichte er einen Fernspähtrupp des XIX. Gebirgskorps. Eine Woche später saß er wieder hinter dem Knüppel eines neuen Jägers.

Eine Reihe weiterer Ritterkreuzverleihungen zeigten auf, daß hier im Hohen Norden ein Jagdgeschwader auf Wache stand, das sich unermüdlich im Einsatz befand. Lt. Ehrler erhielt am 21. Oktober das Ritterkreuz und wurde zum Oblt. befördert. Fw. Bartels von der 8. Staffel errang diese Auszeichnung am 19. November. Er hatte bis dahin 45 Gegner abgeschossen, dies nach nur etwa 100 Feindflügen.

In den letzten Tagen des Dezember 1942 standen wiederum Murmansk und die Murmanbahn im Fadenkreuz der Jäger dieses Geschwaders. Am 28. Dezember griffen sieben Stukas den Bahnhof von Kowda an der karelischen Weißmeerküste an. Dann erlahmte die Fliegertätigkeit in den Schneestürmen des Winters.

Die Kämpfe der Luftflotte 1 · Das Unternehmen »Eisstoß«

Die Luftflotte 1, über deren Anteil an den Kämpfen im Großraum um Leningrad und bei der Luftversorgung von Cholm und Demjansk bereits berichtet wurde, entschloß sich am 28. März 1942 das Unternehmen »Eisstoß« durchzuführen. Dazu erhielt das I. Fliegerkorps folgende Weisungen:

»Angriffe auf die sowjetischen Großkampfschiffe im Raume der Häfen Kronstadt-Leningrad und Vernichtung der sowjetischen Flakstellungen.« (Siehe: Hermann Plocher: a.a.O.).

Das I. Fliegerkorps stellte dazu folgende Kräfte zur Verfügung: 33 Kampfflugzeuge, 62 Stukas, 59 Jäger. Mehr war nicht vorhanden. Diese kleine Streitmacht erhielt folgende Aufträge:

Stukageschwader 1:

Angriff auf alle im Raume Kronstadt-Leningrad liegenden Schiffe.

Kampfgeschwader 1:

Angriffe auf das Schlachtschiff »Roter Oktober« und auf die Kreuzer »Maxim Gorki« und »Kirow«.

Kampfgeschwader 4:

Angriff auf russische Flakstellungen.

Jagdgeschwader 54:

Jagdschutzaufgaben für alle Kampfgeschwader.

General der Flieger Förster hatte die Angriffe in mehreren Ansätzen geplant. Der Angriff begann am 4. April. Die Flugzeuge durchstießen den feindlichen Flakgürtel und bombten ihre Ziele; doch die Flakabwehr hatte bei diesem ersten Angriff jeden gezielten Bombenwurf vereitelt.

In der folgenden Nacht erfolgte der Einsatz des KG 4. Insgesamt wurden in sechs Einsätzen 162 Stuka- und 434 Bombenangriffe geflogen. Bei diesen Angriffen wurden 93 Bomben mit einem Gewicht von 1.000 kg geworfen. Auf dem Schlachtschiff wurden insgesamt vier Treffer erzielt. »Maxim Gorki« erhielt sieben Treffer und Kreuzer »Kirow« (der ehemalige deutsche Kreuzer »Lützow« Minenkreuzer »Marti«, Schulschiff »Swir« und ein Zerstörer jeweils einen Treffer.

Zwar war es nicht gelungen, die sowjetische Rotbannerflotte zu vernichten, doch ihre Schweren Einheiten waren für lange Zeit ausgeschaltet; einige für immer.

Diese Angriffsoperationen konnten nicht mehr wiederholt werden, weil an der gesamten Front nach Hilfe gerufen wurde. Einsätze mußten gegen den Wolchowkessel geflogen werden und zwar entlang der Bahnlinie Kirischi-Wolchowstroj, im Pogostjekessel, bei Demjansk über der Kronstädter Bucht am Ladogasee, und gegen die Ssinjawinohöhen.

Im Sommer 1942 wurde die Dienststelle des I. Fliegerkorps aufgelöst. Im Zuge der allgemeinen Reorganisierung wurde der Stab eines Nahkampfführers gebildet. Diesem wurde die Führung sämtlicher frontnahen Fliegerverbände übertragen. Dieser Stab wurde später in 3. Flieger-Division umbenannt. Die Zahl der eingesetzten Verbände änderte sich je nach der Gesamtlage an der Nordfront. Beispielsweise verfügte das JG 54 im Mai 1942 noch über vier Gruppen. Im Herbst sank die Einsatzzahl dieses erfolgreichen Jagdverbandes auf zwei Gruppen ab. Die II./JG 54 war nach Finnland verlegt worden.

Dieses Jagdgeschwader 54, von dem später noch besonders die

Rede sein soll, meldete 11.328 Einsätze, bei denen es 2.230 Feindflugzeuge abschoß. 2.176 weitere Flugzeuge wurden durch Tiefangriffe am Boden zerstört. Die Verluste des Geschwaders: 19 Gefallene und 39 Vermißte.

Die Fernaufklärungsgruppe 1 in Luga meldete für das zweite Halbjahr 1942 folgende Ergebnisse ihrer drei Staffeln: 817.579 Quadratkilometer Gelände bei 1.983 Feindflügen photographiert.

Bei der Nacht-Aufklärungs-Staffel 3 (F)/N war nur der Verlust von einer Maschine zu beklagen. Die Luftflotte 1 jedoch verlor insgesamt allein im zweiten Halbjahr 1942 267 Flugzeuge. Das war ein herber Aderlaß, zumal immer wieder Anforderungen aus dem Hohen Norden von der finnischen Front kamen, und ebensolche von der Lapplandfront, die Flugzeuge anforderten.

Die Schlacht am Wolchow, die mit einem russischen Großangriff am 20. Juli 1942 erneut in eine Entscheidungsphase getreten war, schien sich ihrem Ende zu nähern. Russische Kampf- und Schlachtflieger griffen in die zweite Schlacht um Kirischi ein, die sechs Tage dauerte, ehe die Russen aufgaben. Die Schlacht am Wolchow sollte noch zwei Jahre weiter andauern.

An der Leningrader Front wiederum sollte am 14. September 1942 das Unternehmen »Nordlicht« beginnen: der deutsche Sturmangriff auf diese Stadt. Die Rote Armee kam den Deutschen zuvor. Sie begann am 24. August die erste Ladogeseeschlacht.

Hier griffen die Verbände der Roten Luftwaffe massiert ein. Ein mehrere Stunden dauernder russischer Luftangriff, von Bombern und Schlachtflugzeugen geführt, versuchte die deutschen Stellungen weichzuschlagen, bevor der russische Infanterie-Angriff einsetzte.

Diese Luftangriffe und deren Abwehr waren ein weiterer Höhepunkt im Nordabschnitt der Ostfront, was die Luftwaffeneinsätze beider Seiten anging.

Dieser Frontabschnitt kann jedoch nicht verlassen werden, ohne den Kampf der Luftwaffe um Welikije Luki kurz darzustellen, weil er ein Maß äußerster Einsatzbereitschaft der Luftwaffe für die tapferen Verteidiger dieses Festen Platzes dokumentiert.

Der Kampf um Welikije Luki

Das Kampfgeschwader 53, das im Sommer verhindern half, daß russische U-Boote in die Ostsee durchbrachen und das als Ausweichziel den russischen Flugplatz auf der finnischen Insel Lavaasari bombte, mußte im Spätsommer und Herbst 1942 an allen Teilen der Ostfront Heeresunterstützung fliegen. Dies ging von Leningrad über den Wolchow und den Ilmensee bis zum noch immer vorhandenen Kessel von Demjansk, der allerdings durch den »Schlauch« mit den »KaK« verbunden war, wie die »Kameraden außerhalb des Kessels« genannt wurden.

Die Winterschlacht, deren Schwerpunkt auf den Waldaihöhen lag, führte zur Einschließung von Welikije Luki durch die Rote Armee. Für die Gruppen des KG 53 kam es nun darauf an, den eingeschlossenen Heerestruppen in Welikije Luki Hilfe zu leisten. Unter Führung von Oberst Eduard Wilke, der am 1. November 1942 die Geschwaderführung übernommen hatte und der in der kritischen Phase zum »Gefechtsverbandsführer Welikije Luki« ernannt worden war, trat das Kampfgeschwader 53 zur Versorgung und Hilfeleistung dieses Festen Platzes an.

Der Bericht von Generalmajor Wilke über diese Ereignisse zeigt klar und deutlich auf, welche Leistungen seinem Geschwader abverlangt wurden, hier ist eine Kurzfassung davon:

»Die Schlacht bei und um Welikije Luki am Nordflügel der Heeresgruppe Nord dauerte vom 24. November 1942 bis zum 19. Januar 1943 an. Nicht umsonst schreiben Historiker von einem kleinen Stalingrad, das sich hier abgespielt hat.

Ich habe als Gefechtsverbandsführer diese Winterkämpfe unter Beibehaltung der Geschwaderführung auf dem Gefechtsstand am großen Iwansee, 11 km westlich Welikije Luki, miterlebt.

Die I. Gruppe (Pockrandt) und die III. Gruppe (Major Mönch) waren an fast allen Tagen entweder als Versorgungsgruppen oder als Kampfgruppen in und bei Welikije Luki eingesetzt, während die II. Gruppe unter Oberstleutnant Schulz-Müllensiepen als Versorgungsgruppe in der letzten Phase bei Stalingrad vorübergehend aus dem Geschwaderverband ausgeschieden war. Die IV. Gruppe lag im Westen.

Der Plan der Russen ging dahin, mit Einbruch des Winters unter Einsatz starker Artilleriekräfte den deutschen Stützpunkt zu beseitigen.

Nachdem sie die beiderseits Welikije Luki gelegenen deutschen Feldbefestigungen erobert hatte, griff die 3. sowjetische Stoßarmee die Stadt mit ihrer gut ausgebauten Zitadelle an, die von etwa 8.000 Soldaten gehalten wurde. Die Versorgung begann nun sehr rasch Schwierigkeiten zu bereiten. Ersatzkräfte und Munition waren dringend verlangt.

Die eigene Luftlage:

Die Führung des Abwehrkampfes lag ab dem 25. November in den Händen des Gefechtsverbandes. Das Luftwaffenkommando Ost hatte vorausschauend die Flugplätze Isotscha, Idriza und Derrum für den Winterbetrieb einrichten lassen. Außerdem stellte der große zugefrorene Iwansee einen idealen Start- und Landeplatz für unsere He 111 dar. Die Verbände, die mir unterstellt waren:

I. und III./Kampfgeschwader 53
9./Stukageschwader 77, ab dem 8. Januar 1943
I. und Teile der III./Jagdgeschwader 51 ab dem 4. Januar 1943
II./Jagdgeschwader 4 (nur zeitweise unterstellt)
III./Kampfgeschwader 4 (ebenfalls nur zeitweise unterstellt).

Von den insgesamt 55 Tagen des Gesamteinsatzes konnte an elf Tagen wegen schlechter Wetterlage nicht geflogen werden. An sieben Tagen ließ das Wetter nur bewaffnete Aufklärung zu.« Soweit der direkte Bericht von Generalmajor Wilke. (Siehe: Karl Eduard Wilke: »Die Schlacht bei Welikije Luki« in: Heinz Kiehl: Kampfgeschwader 53 »Legion Condor«)

Die Einsätze dieses Geschwaders bei Welikije Luki erfahren durch diesen Bericht eine lange verdiente Würdigung. Sie waren dramatisch und opfervoll. Die Versorgung der Zitadelle gestaltete sich als äußerst schwierig, denn es mußte für den Behälterabwurf ein Rechteck von 250 x 150 m genau getroffen werden, was in Horizontalfluglage ein Kunststück an sich war. Die dem Luftwaffenkommando unmittelbar unterstellten Lastensegler führten ihre Einsätze mit großem Schneid durch. 17 Lastensegler landeten allein auf der Jahrmarktsstraße von Welikije Luki und brachten den so dringend benötigten Nachschub und - von allen Verteidigern erwartet - die Feldpost.

Die Absicht der sowjetischen Führung, den linken Flügel der HGr. Nord zu durchstoßen, wurde durch das Halten von Welikije Luki vereitelt. In dem permanenten Luftkampf über diesem Gebiet schossen die Maschinen der Kampfgruppe Wilke insgesamt 232 Feindflugzeuge ab. Zwei Panzerzüge wurden vernichtet, neun weitere Züge schwer getroffen, neun Panzer, fünf Pak und 25 Geschütze kamen auf die Erfolgsliste dieses zusammengestellten Verbandes.

Dafür mußten hohe Opfer gebracht werden. Insgesamt fielen 81 Flugzeuge während der 55 Tage andauernden Kämpfe aus, davon waren 47 Totalausfälle, darunter auch 17 He 111 und 11 Lastensegler LS 242. Die Gesamtverluste der Luftwaffe betrugen damit 17 Offiziere und 133 Soldaten. Um ein Haar wäre auch Oberst Wilke zu den Opfern von Welikije Luki zu zählen gewesen. Als er am 2. Januar 1943 von Isotschka aus nach Korowje Selo startete um sich über die Lage zu informieren und nach 70 Minuten Flugzeit das Ziel des Fluges, Stadt und Zitadelle Welikije Luki, erreichte wurde sein Flugzeug von starkem Feindfeuer empfangen. Oberst Wilke befahl, zum Abwurf der mitgeführten Versorgungsbehälter auf 200 m herunterzugehen. Dem Befehl folgten jene neun weiteren He 111, die diesen Flug ebenfalls unternahmen. Hptm. Lehmann, Kapitän der 2. Staffel, wurde abgeschossen. Nach zwei Tagen des Marsches und 40 zurückgelegten Kilometern kehrte er mit seiner Besatzung wieder zum eigenen Verband zurück. Die He 111 des Geschwaderkommodore erhielt ebenfalls Treffer. Doch sie entkam beschädigt und kehrte zum Platz der I./KG 53 nach Korowje Selo zurück.

Welikije Luki fiel durch Ausbruch der letzten Überlebenden. Major Tribukait, Kommandeur des Jäger-Batl. 5 hatte am 16. Januar von General Wöhler, Komm.Gen. des I. AK, folgenden Befehl erhalten: »Besatzung schlägt sich nach Westen zu den eigenen Linien durch.«

Der kleine Kessel von Welikije Luki war in zwei Teile gespalten. Aus dem Westteil entkamen acht (!) deutsche Soldaten. Aus dem Ostteil waren es 180 Soldaten, die der russischen Gefangennahme entgingen, indem sie drei russische Linien durchstießen. Von den zurückgelassenen Verwundeten scharten sich etwa 30 um einen Leutnant und einen Feldwebel und brachen als dritte Gruppe aus. 18 erreichten die deutschen Linien.

(Nach dem Kriege wurden alle deutschen Gefangenen, die in Welikije Luki gekämpft hatten, aus den russischen Lagern geholt und vor Gericht gestellt, das in Welikije Luki gehalten wurde. Jeweils von jedem Dienstgrad wurde ein Mann zum Tode durch den Strang verurteilt und am 29. Januar 1946 auf dem Leninplatz von Welikije Luki gehenkt. Alle übrigen wurden zu 25 Jahren Kerker verurteilt. Elf (!) von ihnen allen kehrten bis 1955 aus russischem Gewahrsam zurück.

Das war Welikije Luki: das kleine Stalingrad an der Ostfront.

Bleibe noch nachzutragen, daß von dem Horst Korowje Selo aus von der II./KG 53 Fronteinsätze im Raume Leningrad geflogen wurden, wobei jeweils eine Zwischenlandung in Gostkino bei Luga erfolgen mußte. Bis Dezember flog diese Gruppe von Korowje Selo und dem nur einige km weiter nordwestlich gelegenen Flugplatz von Pleskau Einsätze, die bis tief in das Hinterland der HGr. Nord gegen die russischen Nachschub-Bahnhöfe geführt wurden. Tichwin im Norden, Firowo und Ostaschkow im Süden des Frontabschnitts waren häufige Ziele. Diese Angriffe mußten gegen eine sehr starke Eisenbahn-Flak durchgeführt werden. Beim letzten Angriff des Jahres 1942 auf den Bahnhof von Ostaschkow wurde dieser mit einer Reihe 1.000-kg-Bomben belegt und völlig vernichtet.

Danach verlegte die II./KG 53, die bis auf wenige Besatzungen ausgelaugt worden war, zur Wiederauffrischung nach Greifswald. In der Werft des Fliegerhorstes von Insterburg, wohin das technische Personal mit den Flugzeugen verlegte, wurde die He 111 mit neuen Bombenzielgeräten und dem ebenfalls neuentwickelten MG 131 ausgerüstet.

DIE LUFTWAFFE IM MITTELABSCHNITT DER OSTFRONT

Die allgemeine Situation

Der kälteste Winter seit Generationen in Rußland beeinträchtigte alle deutschen Luftoperationen an der gesamten Ostfront. Das Flugplatz- und Bodenpersonal war im Abschnitt der HGr. Mitte ständig mit der Schneebeseitigung und dem Glattwalzen der Flugplätze beschäftigt. Die Start- und Rollbahnen und vor allem auch die Abstellplätze mußten von Verwehungen und Löchern freigehalten werden. Alle Hindernisse die aus festen Materialien bestanden, mußten beiseite geschafft werden, um zu verhindern, daß sich um sie herum der Schnee zu wahren Gebirgen aufhäufte.

Die Flugzeugmotoren, die über Nacht nicht liefen, konnten bei der extremen Kälte nicht mehr gestartet werden. Wärmende Öfen und aller Art von Hilfsmitteln wurden herangeschafft, um dieses Problem zu lösen.

Flugzeuge die für Alarmstarts bestimmt waren, wurden oft mit ihren Nasen in »Alarmboxen« gesteckt. Dies waren geheizte Schuppen, die die Maschinen warm genug hielten, um damit kurzfristig angesetzte Alarmstarts ausführen zu können.

Wassergekühlte Motoren, das wurde nunmehr erkannt, waren für den russischen Winter ungeeignet. Luftgekühlte Motoren entsprachen eher den Anforderungen des Winters.

Von den Flugfeldern in Witebsk, Gradina, Dugino und Rshew operierten die Geschwader des VIII. Fliegerkorps, um vor allem den Kampf gegen die immer mächtiger werdenden Partisanengruppen aufzunehmen, die über Nacht aus der Luft Behälter mit Nachschub, oder ausgebildete Kämpfer erhielten. Isolierte sowjetische Kampfgruppen vereinigten sich mit diesen Partisanan. Gemeinsam griffen sie dann immer wieder an und brachten das logistische Netzwerk der Wehrmacht hinter der Front durcheinander, indem sie Brücken sprengten, Nachrichtenverbindungen unterbrachen und Kolonnen angriffen, sowie Fuhrparks in die Luft sprengten.

Die lebenswichtigen Rollbahnen Medyn-Juchnow-Rosslawl und Gshatsk-Wjasma-Orscha wurden ständig von sowjetischen Partisanen bedroht.

Die sowjetische 214. Luftlande-Brigade, bestehend aus vier Infanterie-Bataillonen, einem Artillerie-Bataillon und notwendigen Dienstleistungstruppen wurde südlich und südwestlich Wjasma von den Russen abgesetzt. Sie gehörte zum IV. Luftlande-Korps, zu dem noch die ebenfalls im Partisaneneinsatz stehende 7. und 9. Luftlande-Brigade gehörten. Die 9. Luftlande-Brigade stand im Raume Juchnow im Einsatz hinter der Front.

Gegen sie richteten sich einige Angriffe der Stukaeinheiten des VIII. Fliegerkorps, dessen Gefechtsstand in Smolensk lag.

Daneben führten die Kampfgeschwader des VIII. Fliegerkorps auch eine Reihe strategischer Unternehmungen durch. Drei Angriffe wurden im Januar gegen Moskau geflogen, allerdings mit geringen Streitkräften und dementsprechend geringem Effekt. Am 6. Februar wurde die Flugzeugindustrie in Woronesch und eine Autofabrik in Gorki angegriffen, letztere weil man vermutete, daß in ihr Panzer hergestellt wurden.

Am 2. März bombten deutsche Flugzeuge die Flugzeugfabrik von Woronesch und am 6. März wurde Moskau abermals angegriffen. Drei Tage darauf griffen zwei (!) deutsche Flugzeuge eine Flugzeugmotorenfabrik in Rybinsk an. Die Erdölraffinerie in Kalinin wurde Ende März zweimal bombardiert.

Ein weiterer Angriff gegen Moskau begann am 6. April. Diesmal lag eine Flugzeugfabrik nahe der russischen Hauptstadt im Fadenkreuz der Bombenzielgeräte. Im Mai folgte eine Autofabrik und ein Flugzeugwerk in Gorki.

In einer Reihe von Nachteinsätzen wurden am 16. Juni Flugfelder des Gegners und Bahneinrichtungen im Großraum Moskau angegriffen und teilweise vernichtet.

Dies waren in einer knappen Übersicht die »strategischen« Einsätze der Luftwaffe, die bis in den Oktober hinein im Mittelabschnitt der Ostfront immer wieder zu Unterstützungsaufgaben für das kämpfende Heer gefordert wurde, weil es beim Heer vor allem an Panzerabwehr und schwerer Artillerie fehlte. Hier lag die vordringliche Aufgabe der Luftwaffe: dem Heer die notwendige Unterstützung zu geben und damit begab sie sich in eine vollständige Abhängigkeit zu den Operationen des Heeres. Dies wiederum verbot die weitreichenden Pläne einer strategischen Luftkriegführung von selber und auch die wenigen skizzierten Ansätze können nicht darüber hinwegtäuschen, daß die Luftwaffe in Rußland ihre Bestimmung verfehlte.

Daß darüber hinaus auch der Gegner die Ziele und das Timing der Luftwaffe durch seine Angriffe bestimmte, vergrößerte noch die Schwierigkeiten und Abhängigkeiten, denn immer wieder galt es dann, diese Angriffe zurückzuschlagen, sie zumindest zu stoppen. (Siehe dazu auch Hermann Plocher: a.a.O.)

Aus diesen Gründen war die Führung der Luftoperationen in diesem Raum ständig von der örtlichen taktischen Entwicklung abhängig. Bereits im Februar 1942 kamen der Chef des Stabes des V. Fliegerkorps und Teile seines Hauptquartiers aus dem Westen nach Smolensk, um die Vorbereitungen für die Kommandoübernahme zu treffen. Das VIII. Fliegerkorps sollte in den Südabschnitt verlegen, um an der Eroberung der stärksten russischen Festung, Sewastopol, teilzunehmen.

Während nun im Abschnitt der Heeresgruppe Mitte der Kampf weitergeführt wurde und Angriffe und Gegenangriffe ohne größeren Bodengewinn stattfanden und die deutsche Luftwaffenführung in diesem Raum ihre Defensivaufgabe erfüllte, sah es im Abschnitt der HGr. Süd anders aus.

Doch bleiben wir noch bei der HGr. Mitte. Hier war aus dem V. Fliegerkorps, das die Führung inzwischen übernommen hatte, das Luftwaffenkommando Ost aufgestellt worden, dem alle Fliegerkräfte unterstanden. Hauptaugenmerk dieses Kommandos lag auf der Unterbrechung der Bahnlinien im Großraum Kalinin-Bologoje-Toropjetz, über welche die Russen ihre Versorgungsgüter zur Front brachten. In der Hauptsache zu jenen Armeen, die vor der linken Flanke der 9. deutschen Armee angriffsbereit lagen. Aber auch für solche Verbände, die das rückwärtige Gebiet der 9. Armee bedrohten.

Beginnend mit Ostern 1942 wurde der linke Flügel der HGr. Mitte wiederum durch starke russische Angriffe bedroht.

Als die Luftflotte 1 der HGr. Nord von Mitte April bis Anfang Mai durch äußerst schweres Wetter daran gehindert wurde, Vorräte nach Cholm und Demjansk zu fliegen, wurden diese Operationen durch Lastensegler-Verbände des Luftwaffenkommandos Ost durchgeführt, die ihre Ju 88-Verbände zur Sicherung dieser wichtigen Versorgungsflüge einsetzte und die russischen Artilleriestellungen und Flak-Stützpunkte angriffen, die auf der Flugroute lagen.

Diese Ju 88 waren es, die den sicheren Flug der Lastenseglergruppen zum Ziel durchsetzten.

Gegen Ende Mai und im Verlaufe des Juni mußten alle Luftstreitkräfte des Luftwaffenkommandos Ost eingesetzt werden, um das unter dem Kommando von General Below stehende Garde-Kavalleriekorps, das gefährliche Einbrüche im Rücken der 4. deutschen Armee verursachte, südostwärts von Smolensk und südlich Wjasma zu stoppen.

Von dem Flugfeld Smolensk-Nord aus operierten Nachtkampf-Verbände gegen diese Einbrüche und zerschlugen diese Angriffe.

Ende Juli wurde der russische Druck auf Rshew stärker. Die Russen wollten diesen vorspringenden »Frontbalkon« ausräumen, weil von hier aus Moskau noch immer bedroht war. Als russische Streitkräfte bis dicht vor Rshew vordrangen, wurden Luftwaffen-Erdkampfeinheiten eingesetzt, um das dortige Flugfeld zu schützen. Sturzkampfverbände der 1. Flieger-Division starteten in kurzen zeitlichen Abständen, um diese drohende Gefahr zu beseitigen. Es gelang ihnen, das bereits unter feindlichem Artilleriefeuer liegende Flugfeld zu befreien und die sowjetischen Artilleriestellungen, Panzerkonzentrationen und Vorratskolonnen in der Nähe der Front zu zerschlagen.

Das JG 51 »Mölders« unter dem Kommando des bewährten Oberstleutnants Nordmann fegte den Himmel über der 9. Armee von russischen Flugzeugen frei und verhinderte Angriffe auf die Bodentruppen entscheidend. Hier errangen eine Anzahl Flieger dieses Geschwaders große Erfolge.

In einem besonders erfolgreichen Angriff gelang es 27 Maschinen des Luftwaffenkommandos Ost ein Vorrats- und Ersatzteil-Depot der Russen ostwärts Rshew total zu vernichten.

Deutsche Bomber griffen immer wieder den sowjetischen Nachschubverkehr an und unterbanden diesen fast ganz.

Besonders angegriffen wurden die Eisenbahnlinien und Vorratszentren im Großraum Kalinin-Bologoje-Toropjetz. Sowjetische Flugplätze in Frontnähe, von denen die Aufklärung meldete, daß sie in Betrieb seien, wurden wiederholt durch Bomber- und Sturzbomberverbände angegriffen.

Im November wurde das Luftwaffenkommando Ost vor allem gegen russische Vorratsbasen angesetzt. Systematisch wurden sowjetische Quartiere und Kommandostellen zerbombt. Als in der zweiten Hälfte des Novembers die Luftoperationen wegen des schlechten Wetters behindert waren, kam es zu einem russischen Angriff von Toropjetz aus, der auf Süden in Richtung Bely und ebenfalls nach

Norden, in Richtung Welikije Luki, zielte. (Wie es im Verfolg dieses Angriffes um Welikije Luki aussah, wurde bereits aus der Sicht der HGr. Nord dargestellt). Während also der Krieg im Abschnitt der HGr. Mitte gewissermaßen auf der Stelle trat, hatte sich die Lage im Südabschnitt entscheidend entwickelt.

DIE HEERESGRUPPE SÜD

Erster Überblick · Der Sonderstab Krim im Einsatz

In der kritischen Situation zur Jahreswende 1941/42 befahl Reichsmarschall Göring den General der Flieger Robert Ritter von Greim, Kommandierender General des V. Fliegerkorps, dessen HQ Ende November 1941 aus dem Raume Rostow nach Brüssel verlegt worden war, zu sich. Im Gespräch bat er ihn, aus Angehörigen seines HQ so rasch wie möglich einen Operationsstab zu bilden und beschleunigt damit in den Bereich der Luftflotte 4 nach Poltawa zu verlegen, um die Luftflotte 4 zu unterstützen.

In Poltawa informierte der Stab der HGr. Süd den General über die schwierigen Kommunikations- und Kommandoprobleme, die das IV. Fliegerkorps unter General der Flieger Kurt Pflugbeil bedrängten. Diese Schwierigkeiten, verbunden mit der immensen Weite des gesamten Operationsgebietes machten es dem Stab des IV. Fliegerkorps unmöglich, seine Mission ohne fremde Hilfe zu erfüllen.

Während von Greim noch an der Lösung dieses Problems arbeitete, wurde er am 6. Januar 1942 nach Karinhall befohlen.

Am 7. Januar, soeben angekommen, empfing ihn Göring und gab ihm persönliche Weisungen für das V. Fliegerkorps.

Wegen der sich zuspitzenden Lage auf der Halbinsel Krim, wo russischen Landungstruppen kaum oder gar kein Widerstand entgegengesetzt werden konnte, galt es so rasch wie möglich dort aktiv zu werden.

Generaloberst Löhr, OB der Luftflotte 4, lenkte in der Zwischenzeit bereits den Gefechtsstab von Greims, der sich auf dem Wege nach Poltawa befand, nach Sarabus auf der Krim um.

Dort traf der Stab dann am 15. Januar ein und in einer Sonderbesprechung wurde er in alle Fragen und Probleme des Kampfes im Südabschnitt eingeweiht. Die Aufgaben der Luftwaffe in den kommenden Monaten wurden besprochen und festgelegt. Als hervorstechendes Ergebnis dieser Besprechung wurde von der Luftflotte 4 der Sonderstab Krim unter der Führung von General Ritter von Greim eingesetzt. Seine Aufgabe lautete:

»Unterstützung der 11. Armee bei der Eroberung von Sewastopol und bei allen anderen Einsätzen.«

Der Sonderstab Krim erhielt folgende Verbände:

HQ und 3./Kampfgeschwader 77	in Sarabus
II./Sturzkampfgeschwader 77	in Sarabus
III./Sturzkampfgeschwader 77	in Sarabus
III./Kampfgeschwader 27	in Cherson
III./Kampfgeschwader 51	in Nikolajew
I./Kampfgeschwader 100	in Saki.

Das Luftwaffenkommando Süd unter Oberst Wild war ebenfalls an den Sonderstab Krim angeschlossen und diesem unterstellt. Es verfügte über eine Torpedobomber-Staffel und Luft-See-Aufklärungseinheiten, die nach Saki verlegt wurden.

Die russischen Invasionsversuche des Dezember und Januar 1942 konnten wegen der Knappheit der hier zur Verfügung stehenden Kampfverbände der Luftwaffe nicht gestoppt werden. Die vorhandenen Bomber- und Sturzbomber-Gruppen, die normalerweise Stärken von etwa 30 Maschinen aufwiesen, verfügten hier nur über 12 bis 15 Flugzeuge, manchmal nur über sechs bis sieben.

So hatte die III./Kampfgeschwader 51 vier (!) einsatzfähige Maschinen und die 4./Aufklärungsgruppe 122 verfügte anstelle der üblichen 14 Flugzeuge über ein einziges. An einigen Tagen gab es überhaupt keine Aufklärungsmöglichkeit durch Flugzeuge.

Glücklicherweise verhalf das schlechte Wetter den Bodendiensten zu einer Zeitspanne, in der sie die dringend geforderten Reparaturen an den ausgefallenen Flugzeugen durchführen konnten.

Im Raume ostwärts und südostwärts von Charkow hatten die Streitkräfte der Roten Armee unter Marschall Timoschenko einen tiefen Durchbruch erzielt und standen am 18. Januar 1942 im Raume Isjum in einer Breite von 80 km mitten in der deutschen Front. Von diesem Standort aus erfolgten weitere Vorstöße in Richtung Dnjepropetrowsk, Krasnograd und Poltawa. Diese Entwicklungen bedrohten sowohl die deutsche 6., als auch die 17. Armee, und tangierten auch die 1. Panzerarmee.

Verbände des IV. Fliegerkorps unterstützten die HGr. Süd, insbesondere die 17. Armee, in ihrem erbitterten Kampf. Alle Flugzeuge wurden gegen diese feindlichen Streitkräfte eingesetzt, die ja bereits im Rücken der deutschen Verbände standen. Die Luftwaffe führte diese Operationen trotz der äußerst schwierigen Wetterbedingungen durch. Neben den Kampfaufträgen mußten auch Transportflüge zu den eingeschlossenen Stützpunkten unternommen werden.

In dieser Zeit waren die russischen Luftstreitkräfte im Abschnitt der HGr. Süd äußerst aktiv. Sie flogen über der Krim in den ersten Stunden des Tageslichtes. Ihre Flugzeuge operierten von den Flugfeldern in Feodosia, Bergowoy, Kertsch und Tamanskaja. Ihre Bomber von den Plätzen bei Krasnodar und Krymskaja. Sie richteten ihre Angriffe überwiegend gegen vorgeschobene deutsche Positionen. Gelegentlich flogen sie aber auch Angriffe tief ins Hinterland hinein, beispielsweise bis nach Sarabus. Während des günstigen Wetters flogen russische Flugzeuge auch noch von den Flugplätzen bei Sewastopol. Zu Luftduellen kam es nicht sehr oft, weil die russischen Jägerverbände selten den Luftkampf annahmen, sich stattdessen beim Nahen deutscher Jäger zur Flucht wandten und sich in den Feuerschutz ihrer eigenen Flak-Batterien in und um Sewastopol zurückzogen.

Der Sonderstab Krim mußte neben den genannten Aufgaben auch Einheiten freigeben, die zum Einsatz im Raume Isjum benötigt wurden, wo die Russen, wie bereits erwähnt, am 19. Januar angegriffen hatten und durchgebrochen waren.

Unter diesen Einheiten befanden sich die II./Stukageschwader 77 und die 7./Kampfgeschwader 52.

Zwei weitere Kampffliegergruppen wurden ausgewählt, um die 17. Armee im Raume Isjum-Waluyki zu unterstützen. Es waren die III./KG 27 und die III./KG 51.

Dieser Abwehrkampf komplizierte sich durch die Tatsachen, daß einmal die I./KG 100, die als Minenlege-Verband ins Schwarzmeergebiet verlegt worden war, keine Übung in der Bekämpfung von Schiffsverbänden hatte, und daß der III./KG 27 mehrfach die Bomben fehlten, oder aber jene Sprengkapseln, die für Schiffsziel-Einsätze notwendig waren.

Die zu langen Anmarschwege- und Versorgungslinien verhinderten die rechtzeitige Bevorratung des Flugfeldes in Saki für die III./KG 51, so daß diese Gruppe zu keinen Einsätzen kam. Vereiste Rollbahnen verhinderten außerdem mehrfach die Starts.

Am 11. Februar befahl Reichsmarschall Göring die Auflösung des Sonderstabes Krim und die Rückkehr der vom V. Fliegerkorps abgezogenen Kampfverbände zu ihrem Korps.

Den Rest der auf der Krim verbliebenen Fliegerkräfte übernahm am 18. Februar das Luftwaffenkommando Süd in Saki.

Da weitere feindliche Landungsoperationen erwartet wurden, mußte Oberst Wild eng mit dem Heer und der Marine zusammenarbeiten.

Als Fazit des kurzen Gastspiels des Sonderstabes Krim war erkannt worden, daß seine Operationen bedeutend verbessert worden wären, wenn man die Flugfelder auf der Krim zu Ausgangspunkten der Operationen gemacht hätte. Dies hätte einmal die Flugentfernungen zu den Zielen verringert, die Störreichweite der Bomberkräfte vergrößert und auch die Anzahl der Einsätze am Tage verbessert. Wegen der unzureichenden Bedingungen auf diesen Plätzen konnten sie jedoch nicht benutzt werden. Unter anderem war es auch ein Kommunikationsproblem, das die glatte Integration des Sonderstabes Krim in die Befehlsgebung der HGr. Süd verhinderte.

Trotz der vielen Probleme, denen sich der Sonderstab Krim gegenübersah, konnte er zum Zeitpunkt seiner Auflösung bereits auf eine Reihe stolzer Erfolge hinweisen.

Vom 19. Januar bis zum 18. Februar 1942 flogen seine Verbände 1089 Einsätze und zwar: 256 Bomber-, 579 Jagd- und 233 Sturzbombereinsätze. 21 Aufklärungsflüge kamen hinzu. Die Resultate dieser Einsätze waren:

Zerstörte russische Flugzeuge: Im Luftkampf abgeschossen: 23, am Boden zerstört 44. Dies entsprach einer Gesamtzahl von 67 vernichteten Feindflugzeugen.

Im Schwarzen Meer wurden Schiffe des Gegners mit einer Gesamt-Tonnage von 25.000 BRT versenkt oder so schwer beschädigt, daß ihr Verlust sicher schien.

Die Hafeneinrichtungen in Kertsch und Kamysch Burun wurden durch zahlreiche Treffer beschädigt.

Die Operationen der Luftflotte 4 im Frühjahr 1944

Die Luftflotte 4 war gezwungen, alle Verbände des IV. Fliegerkorps zur Unterstützung der Operationen westlich von Isjum im März und April einzusetzen. Während dieses Zeitraumes zwangen sowjetische Einfälle auf der Krim die Luftflotte 4 oftmals dazu, ihre schwachen Einheiten auch zur Unterstützung des Luftwaffenkommandos Süd in den Gebieten der Krim und des Schwarzen Meeres einzusetzen. Das Hauptaugenmerk der Kampfverbände lag auf den Häfen Sewastopol, Kertsch, Kamysch Burun, den vermuteten russischen Einsatz- und Einschiffungshäfen Anapa, Noworossijsk und Tuapse und dem Seeverkehr von diesen Plätzen zur Krim.

Daneben wurden Verbände des IV. Fliegerkorps gegen den sowjetischen Eisenbahnverkehr ostwärts des Donez eingesetzt. In den weiten Waldgebieten südlich Briansk mußten Partisaneneinsätze geflogen werden. Damit waren die schwachen Streitkräfte der Luftflotte 4 hoffnungslos überlastet, denn zusätzlich mußten im April noch Einsätze gegen Industrieziele geflogen werden. So gegen ein Sprengstoffwerk in Tambow, eine Flugmotorenfabrik in Woronesch und eine Zugmaschinenfabrik in Stalingrad.

Die Mehrzahl der Einsätze der Luftflotte 4 war jedoch zur Unterstützung des Heeres geflogen worden. Die Luftunterstützung war die grundsätzliche Voraussetzung, von welcher der Erfolg in der Abwehr der russischen Angriffe abhing.

Wie der Einsatz der I./KG 100 auf der Krim und im Schwarzen Meer aussah, das sei in einem Kurzreport anschließend geschildert.

Die I./Kampfgeschwader 100 im Schwarzen Meer

Unter dem Kommando des IV. Fliegerkorps, General der Flieger Pflugbeil, begann der Einsatz dieser Kampffliegergruppe gegen feindliche Kriegsschiffe im Schwarzen Meer und vor allem in der Straße von Kertsch am 16. Januar 1942. Die Hafenanlagen von Sewastopol wurden mit SC 1.000-Bomben angegriffen und in den Hafenanlagen der Südbucht Treffer erzielt.

Nach einem weiteren Angriff gegen Schiffsziele verlegte die I./KG 100 am 23. Januar 1942 von Foscani nach Kirowograd. Von hier aus erfolgte am 29. Januar die Verlegung nach Saki auf der Krim, mit den fliegenden Teilen.

Mit acht Maschinen landete die Gruppe am 29. Januar in Saki. Sieben Maschinen blieben mit Schäden an der Hydraulik und an den Motoren zunächst in Kirowograd zurück.

Die I./KG 100 wurde - wie vorher dargestellt - dem Sonderstab Krim unterstellt und flog ihren ersten Einsatz zur Wetterbeobachtung- und Aufklärung, verbunden mit Angriffen auf Schiffsziele im Hafen von Kertsch.

Am 6. Februar gelang Oblt. Bätcher ein Treffer mit einer 500-kg-Bombe auf einen 7.500-Tonnen-Tanker im Hafen von Kertsch. Hier wurden vor allem jedoch russische Truppenansammlungen bekämpft. Die Einsätze folgten in immer kürzeren Abständen. Ziele waren: Kertsch, Kamysch Burun, Feodosia und Kasantip, sowie Ziele auf der Halbinsel Sebanowskaja.

Die Russen eröffneten den Luftangriff auf den Horst Saki am 18. Februar und setzten diese Angriffe bis zum 1. März fort. Dabei warfen sie insgesamt 400 Bomben.

Am 22. Februar beschossen der sowjetische Keuzer »Krassnyj« und der Zerstörer »Bojkij« den Flugplatz von Saki. Bei diesen Angriffen wurden insgesamt 17 He 111 der Gruppe teilweise mehrfach getroffen und beschädigt. Vier He 111 waren Totalverluste.

Am 20. Februar flog Oblt. Bätcher Seeaufklärung und sichtete einen 2.000-Tonner, den er im Tiefflug angriff und versenkte.

Beim Nachtangriff auf den Hafen Kertsch am 6. Februar wurde ein bereits beschädigter Tanker abermals von Oblt. Bätcher getroffen und geriet auf Grund. Der Kapitän der 1. Staffel, Oblt. Bätcher, wurde am 1. März zum Hauptmann befördert. (Hans-Georg Bätcher erhielt am 21. Dezember 1942 das Ritterkreuz. Am 23. Januar 1944 wurde er als 434. deutscher Soldat mit dem Eichenlaub zum Ritterkreuz ausgezeichnet).

Im Seeeinsatz konnte auch ein russisches U-Boot getroffen werden. Das U-Boot SC 213 wurde südlich von Jalta durch Bomben versenkt.

Der am 13. März beginnende Angriff der sowjetischen Krimfront gegen die 11. Armee auf Kertsch, sah den Einsatz sämtlicher Flugzeuge der I./KG 100 gegen die russischen Truppen. Am 21. März wurde der Hafen von Sewastopol vermint. Bei einem der Mineneinsätze in den nächsten Nächten fand Oblt. Hensel mit seiner Besatzung den Tod.

Durch russische Bombenangriffe auf Saki wurden fünf weitere He 111 beschädigt.

Nach dem Einsatz des VIII. Fliegerkorps als Nahkampfkorps auf der Krim wurde die I./KG 100 diesem Korps unter von Richthofen unterstellt und kämpfte im Mai 1942 über der Straße von Kertsch ebenso wie über Sewastopol.

Beim Unternehmen »Trappenjagd« der Rückeroberung der Halbinsel Kertsch begann die I./KG 100 am 8. Mai mit ihren laufenden Einsätzen gegen Artilleriestellungen, Truppenansammlungen und Kolonnen auf der Halbinsel. Am 9. Mai wurden fünf Einsätze geflogen. Schiffszielangriffe in der Straße von Kertsch und vor Taman wurden ebenfalls geflogen. Abermals zeichnete sich Hptm. Bätcher durch die Versenkung eines 500-BRT-Küstenschoners aus. In ständig neuen Luftangriffen versuchten die Russen, den Platz Saki und die dort liegenden deutschen Fliegerverbände zu vernichten.

Es gelang den schwachen Jägerkräften, diesen Gegner abzuwehren. Während dieser Kämpfe wurde am 31. Mai 1942 die 4./KG 26 in 2./KG 100 umbenannt und in die I./KG 100 eingegliedert.

Der Kampf um Sewastopol aus der Sicht der Luftwaffe

Am 1. Juni 1942 flog Hitler nach Poltawa und breitete vor den dorthin zitierten Oberbefehlshabern der Ostfront den Kampfplan für die kommenden Monate des Sommers aus. Sewastopol sollte ab dem 7. Juni angegriffen werden. Am selben Tage sollte auch die Offensive im Raume Woltschansk losbrechen. Sobald diese Kämpfe eine günstige Wendung nahmen, in keinem Fall aber nach dem 12. Juni, sollten die restlichen Teile des Isjumgebietes, die russischbesetzt in die deutsche Frontlinie hineinragten, angegriffen werden.

Danach konnte die Operation »Blau« wie geplant am 20. Juni anlaufen.

Am Abend des 1. Juni meldete das VIII. Fliegerkorps seine Verbände angriffsbereit auf den Flugfeldern nördlich von Sewastopol. Seine Streitkräfte bestanden aus einer Fernaufklärungsstaffel, zwei Nahaufklärungsstaffeln der Armee, vier Jagdfliegergruppen, drei Sturzkampfgruppen und sieben Bombergruppen mit insgesamt etwa 600 Flugzeugen.

Die Konzentration dieser Verbände erfolgte ohne Störung durch den Gegner. Der OB der Luftwaffe unterstellte außerdem das Luftwaffenkommando Süd unter Oberst Wild dem VIII. Fliegerkorps, um die Verbände so weit wie möglich zu stärken und den Angriff so durchschlagskräftig wie möglich zu machen.

Zwischen den Stäben der 11. Armee und denen des VIII. Fliegerkorps wurden alle Einzelheiten besprochen. Die Forderungen von

Generaloberst von Manstein, OB der 11. Armee, lauteten:

1. Operationen der Luftwaffe zur Verhinderung der Unterstützung der Roten Armee durch die Rote Luftwaffe.

2. Wiederholte Tag- und Nachtangriffe gegen die Festung Sewastopol, um die Moral der Verteidiger derselben zu brechen.

3. Direkte Unterstützung des VIII. Fliegerkorps für die Sturmspitzen der 11. Armee, mit der Hauptbetonung zunächst auf dem Gebiet des LVI. AK während des Eröffnungstages. Danach Hauptunterstützung je nach Lage der Dinge beim XXX. oder VI. AK.

4. Die Neutralisierung der sowjetischen Artillerie durch Bombardierungen. Besonders solcher Artilleriekräfte, die sich innerhalb der Festung und außerhalb im Nahbereich derselben befanden. Ferner: Beobachtungsflüge für die deutsche Artillerie zur Feuerleitung derselben gegen Feindartillerie-Ziele.

5. Abschneiden der sowjetischen Truppen in der Festung von der Versorgung aus der Luft und zur See.«

Generaloberst von Richthofen hielt es für den besten Weg für die Unterstützung der eigenen Truppe, die Moral des Gegners zu brechen und so die Festung zur Übergabe reif zu machen. Dazu mußte nach seiner Meinung der Gegner ständig unter Druck gehalten werden. Während des deutschen Artilleriefeuers konnten Angriffe unterbleiben. Sobald dieses aber schwieg, mußten Flugzeuge über dem Festungsbereich stehen und Bomben werfen.

Dieser Vorschlag wurde auch von GFM von Manstein akzeptiert. Um dieses Ziel zu erreichen, befahl Generaloberst von Richthofen der Mehrzahl seiner Verbände, Angriffe gegen die Festung zu fliegen, sobald der Initialangriff des Heeres unterstützt worden war. Zu diesen Operationen wählte er aus:

Zwei Gruppen/Kampfgeschwader 51,
zwei Gruppen/Kampfgeschwader 76,
III./Kampflehr-Geschwader 1,
I., II. und III./Sturzkampfgeschwader 77,
II., III./Jagdgeschwader 77
III./Jagdgeschwader 3
3./Aufklärungsgruppe 11 und
3./Aufklärungsgruppe 13.

Das Luftwaffenkommando Süd war für verschiedene Aufgaben in den Abschnitten außerhalb des direkten Angriffsgebietes gegen Sewastopol bestimmt, um beispielsweise allenfalls erfolgende sowjetische Landungen zu verhindern und Nachschubbewegungen der Russen entlang der Küste zu unterbinden.

Um dies effektiv zu tun, mußte es die sowjetischen Marinestreitkräfte im Schwarzen Meer angreifen. Ferner mußte es die Aufklärungseinsätze durchführen und das gesamte Gebiet von Feodosia-Noworossijsk - Krasnodar - Starominskaja - Jeijsk - Grumatikowo und seewärts nach Osten bis auf 32 Grad östlicher Länge überwachen. Besondere Betonung war dabei auf die Aufklärung des Raumes um Sewastopol zu legen. Die Seeaufklärer wurden mit Bomben und Torpedos bewaffnet, um feindliche Schiffskonvois angreifen und vernichten zu können.

Der Angriff gegen Sewastopol

Der erste großangelegte Luftangriff sollte gegen russische Stellungen südlich von »Wolf George« in der nordostwärtigen und südostwärtigen Umgebung von Sewastopol geführt werden. Er richtete sich damit vor allem gegen die stark feindbesetzten Dörfer Shablikina und Bazowa. Dieser Angriff sollte von insgesamt drei Bombergruppen geflogen werden. Die Kampfgeschwader 76 und 100 stellten je eine Gruppe, während das Stukageschader 77 die dritte Gruppe stellte.

Zum Angriffsbeginn am frühen Morgen des 2. Juni 1942 eröffnete die stärkste Artilleriemassierung die jemals auf dem Ostkriegsschauplatz stattfinden sollte, den Kampf. Aus hunderten Batterien stärksten Kalibers und aus riesigen Haubitzen hämmerten die Salven auf die sowjetischen Schwerpunkte der Verteidigung ein.

Zur gleichen Zeit flogen die Verbände des VIII. Fliegerkorps ihre Einsätze. Generaloberst von Richthofen konnte diesen Einsatz seiner Flieger von einem erhöhten vorgeschobenen Gefechtsstand aus beobachten und die Angriffe dirigieren. Jeder Angriff eines Bombers oder Stukas konnte aus diesem Gefechtsstand, über das dichte Unterholz und den Wald hinwegblickend, verfolgt und die Treffergenauigkeit gut geschätzt werden. So wurden denn auch ständig neue Korrekturen und Weisungen gegeben, die auf den beobachteten Ergebnissen der Bombardierungen basierten und immer größere Treffsicherheit boten.

Immer wieder fragte Generaloberst von Richthofen nach Situationsberichten der angreifenden Gruppen und Staffeln, um eine klare Übersicht und Perspektive zu behalten.

Erst als die Sonne gesunken war, setzte eine kurze Kampfpause ein. Während der Nacht wurden alle Flugzeuge in aller Eile für die Wiederaufnahme der Operationen im ersten Tageslicht des 3. Juni vorbereitet.

In diesen Angriffen, die jeweils etwa 20 Minuten andauerten, wurden Tausende Bomben geworfen. Die Flugzeuge, die diese Angriffe flogen, hatten kaum genug Zeit, die ausreichende Flughöhe zu erklettern, bevor sie das Zielgebiet erreichten. Russische Luftabwehr wurde rasch ausgeschaltet, feindliche Jäger zeigten sich nicht.

Während des Zeitraumes vom 2. bis 6. Juni wurden von den Verbänden des VIII. Fliegerkorps folgende Einsätze geflogen: 723 am 2. Juni, 643 am 3. Juni, 585 am 4. Juni, 555 am 5. Juni, 563 am 6. Juni. (Siehe dazu Hermann Plocher a.a.O.).

Diese Flugzeuge warfen 2.264 Tonnen Bomben und 23.800 Brandbomben auf Ziele im Gebiet von Sewastopol ab. Der Kern der Festung wurde mit gutem Erfolg mit Bomben aller Kaliber belegt. In einem Falle gelang es dem StG. 77 die Wasserversorgung der Stadt abzuschneiden, indem es die Pumpeneinrichtung zerstörte. Dann wurde das Elektrizitätswerk schwer getroffen und der Strom fiel aus.

Zur gleichen Zeit wurden Zehntausende Flugblätter auf die russischen Verteidiger abgeworfen, um sie zum Überlaufen aufzufordern.

Im Kampf um Sewastopol spielte - wie überall im Ostfeldzug auch die Luftwaffenflak eine entscheidende Rolle. (Ihre Gesamteinsätze sollen in dem zweiten Band dieser Luftwaffen-Trilogie dargelegt werden, weil sonst der Rahmen des gegebenen Umfanges bei weitem gesprengt werden würde).

Insgesamt flog die deutsche Luftwaffe im Gesamtkampf um Sewastopol bis zum Fall der Festung 23.751 Einsätze, bei denen 20.528,9 Tonnen Bomben auf die Festung geworfen wurden.

Die Luftwaffe vernichtete 123 russische Flugzeuge in der Luft und 18 am Boden. Durch die massierten Luftangriffe wurden weiterhin zerstört: 611 Motorfahrzeuge, 10 Panzer, 20 Bunker, 38 Geschütze. 48 Artillerie-Batterien wurden zum Schweigen gebracht, 28 Unterkünfte und industrielle Anlagen vernichtet, 11 Munitionsdepots zur Explosion gebracht und 10 Öldepots in Brand geworfen. Beschädigt wurde eine weitere Anzahl der genannten Ziele, sowie eine Brücke und mehrere Feindfahrzeuge, darunter zwei Zerstörer und zwei Frachtschiffe, sowie zehn Küstenschiffe.

Versenkt wurden folgende Schiffseinheiten: vier Zerstörer, ein U-

Boot, drei E-Boote, sechs Küstenschiffe und vier Frachtschiffe mit insgesamt 10.800 BRT.

Die Luftschlacht über Sewastopol, die schließlich doch noch entbrannte, wurde sehr rasch zu Gunsten der Jägerverbände des VIII. Fliegerkorps entschieden. Russische Angriffe von Bombern und Schlachtfliegern richteten sich gegen die deutschen Horste in Saki, Sarabus, Eupatoria, Kitay, Simferopol, und gegen deutsche Nachschubstellen. Die meisten von ihnen wurden bei Nacht durchgeführt und richteten nur geringen Schaden an.

Die Luftüberlegenheit des VIII. Fliegerkorps entwickelte sich nach wenigen Tagen des Kampfes zu einer völligen Luftherrschaft über der Krim.

Insgesamt kann gesagt werden, daß die Deutsche Luftwaffe ihre Mission in der Schlacht um Sewastopol voll erfüllte.

Die Verluste der deutschen Luftverbände im Kampf um Sewastopol beliefen sich in der Zeit vom 2. Juni bis zum Fall der Festung am 1. Juli 1942 auf 31 Flugzeuge.

Rückblickend kann gesagt werden: Die Luftwaffenverbände des VIII. Fliegerkorps erkämpften die ersten Breschen gegen die verstärkten russischen Stellungen mit Bomben- und Sturzkampfflieger-Einsätzen. Sie bahnten den deutschen Angreifern am Boden den Weg in die Festung hinein und hielten den Gegner nieder.

Hier der Kampfbericht der I./KG 100:

Die I./KG 100 hatte am 7. Juni Artilleriestellungen und Bunker als Ziele zugewiesen erhalten. Hptm. Bätcher flog an diesem Tage seinen 200. Feindflug. Ofw. Kahle seinen 100. Dieser Angriff verlief erfolgreich. Am 9. Juni wurden das »Alte Fort«, das »Fort Stalin«, »Sibirien« und »Molotow« angegriffen und mit Bomben belegt. Der folgende Tag sah die Gruppe beim Angriff gegen Versorgungsschiffe, die Sewastopol anzulaufen versuchten. Die Besatzung von Lt. Klein versenkte den russischen Transporter »Abachzija« mit 4.727 BRT ein für das Schwarze Meer großes Schiff.

Alle Ziele, die es im Festungsgroßbereich gab, wurden von der Gruppe angegriffen. Am 17. Juni wurde das schwierigste und wertvollste Ziel angeflogen: die Feldstellungen auf den Sapuner Höhen u n d der vorgeschobene Gefechtsstand des russischen Armeeoberkommandos von Sewastopol. Es wurden für dieses wichtige Ziel eine Reihe SC 1.700-Bomben mitgenommen, die schwerste Schäden anrichteten, doch den Armeebefehlsstand der Russen nicht trafen.

Am 23. Juni wurden die russischen Öllager in der Strelezkajabucht angegriffen. Die geworfenen Bomben riefen zwei Großbrände hervor. Die 2./KG 100 flog am 26. Juni einen Angriff auf den russischen Führerzerstörer »Taschkent«. Dieser Angriff wurde am 27. Juni wiederholt. Der Führerzerstörer wurde schwer beschädigt und mußte abgeschleppt werden. Er geriet später auf Grund.

Die Angriffe aller Luftverbände auf Sewastopol und die von Festungsexperten für uneinnehmbar gehaltenen einzelnen Werke der Festung ermöglichten ihre Eroberung bis zum Abend des 1. Juli. Am 2. Juli wurde der Fall der Festung durch den Wehrmachtsbericht gemeldet und Generaloberst von Manstein zum Generalfeldmarschall ernannt.

An diesem 1. Juli flog die I./KG 100 ihren letzten Angriff auf Sewastopol und erreichte damit den 1.339. Einsatz. Im Verlauf der Kämpfe hatte diese Gruppe allein 2.000 Tonnen Bomben geworfen.

Die Halbinsel Chersones war das nächste Ziel. Hptm. Bätcher konnte hier seinen 300. Feindflug starten. Geführt von Hptm. Heise flog die Gruppe mit allen einsatzbereiten Maschinen einen Angriff gegen Noworossijsk. Das Wrack des Flottillenführers »Taschkent« wurde endgültig zerstört, der Zerstörer »Bditelnyj« versenkt und der Schulkreuzer »Komintern« beschädigt.

Als der Verband beim Rückflug Sewastopol passierte und im Tiefflug das nun verlassene Schlachtfeld sah, aus dessen Ruinen der Rauch emporwaberte, als sie die Hafenanlagen erblickten, die das reinste Trümmerfeld waren, konnten sie erst das ganze Ausmaß der Verwüstungen erkennen.

»Wir sehen die Auswirkungen unserer Bombentreffer: an den Serpentinen, den Bunkern bei Inkerman, dem Alten Fort, den Schluchten, die in den zerschlagenen russischen Bereitstellungen von der Wirkung unserer Luftminen zeugten; ebenso in den Gräben auf den Sapuner Höhen, bei Balaklawa, bei Kap Violent, auf der Halbinsel Chersones. Wir überfliegen nochmal den Hafen, das Nordufer und das Fort Maxim Gorki. Zerbrochen starren die 30 m langen Geschützrohre aus den zerborstenen Panzertürmen. Bombentrichter haben den ganzen Berg umgewühlt.« (Siehe: Ulf Balke: Kampfgeschwader 100 »Wiking«.)

In der Nacht zum 3. August, dies sei noch fortgeschrieben, griff die Gruppe in einem Sonderauftrag die Hafenanlagen von Tuapse an. Maikop wurde gebombt. Mitte August verlegte die Gruppe von Saki nach Samorsk auf der Krim, um die Häfen an der ostwärtigen

Küste und an der Nordküste des Schwarzen Meeres anzugreifen.

Auch das Kampfgeschwader 51, das im Frühjahr 1942 mit der »Seezielbekämpfung« im Gebiet um die Halbinsel Krim herum« beauftragt worden war, beteiligte sich an den vorbereitenden Einsätzen im Kampf um Sewastopol und um die Herrschaft über der Krim und über der Halbinsel Kertsch.

Am 14. März traf Hptm. Baumbach, Kommandeur der II./KG 30 beim Geschwader ein. Er sollte den Männern des KG 51 etwas von seinen Erfahrungen bei Angriffen auf Seeziele vermitteln. Immerhin trug er bereits seit dem 14. Juli 1941 als 20. deutscher Soldat das Eichenlaub zum Ritterkreuz und war in unzähligen Einsätzen gegen englische Schiffe erprobt. Er startete bereits am 18. März mit der Führungskette der III./KG 51, in der Hptm. von Bibra, der Gruppenkommandeur, Hptm. Heilmann von der 7. und Lt. Roßberg von der 8. Staffel flogen. Der Angriff richtete sich gegen Noworossijsk. Alle Maschinen hatten 1.000 kg PC-1000 Bomben mitgenommen.

Die Bomben wurden trotz des massierten Abwehrfeuers der Hafenflak geworfen, ohne daß besondere Ziele als getroffen erkannt worden wären.

Bis zum 24. März flog Hptm. Baumbach diese Angriffe mit, ehe er zu seinem Verband zurückkehrte.

Nach der Rückeroberung von Kertsch flog die III./KG 51 Angriffe im Raume Charkow. Es galt vor allem die im Walde von Ternowaja völlig eingeschlossenen Infanterieverbände zu schützen und den von allen Seiten angreifenden Feind zu vernichten. Am 20. Mai flogen die Maschinen der Gruppe zwölf Einsätze mit insgesamt 46 Ju 88, die vom ersten Büchsenlicht bis Sonnenuntergang andauerten und die vorprellenden sowjetischen Angriffsverbände zersplitterten.

Am 21. Mai wurden weitere 13 Einsätze mit insgesamt 63 Ju 88 geflogen und die starken russischen Bereitstellungen zersprengt, bevor der Gegner seinen Angriff beginnen konnte.

Nunmehr war das gesamte Geschwader beisammen und binnen 24 Stunden wurden von ihm 294 Ju 88 eingesetzt. Die Bomben wurden bis auf 50 m vor den deutschen Verteidigungsriegel geworfen. Charkow fiel, der Wald von Ternowaja war entsetzt. Nunmehr wurden die Angriffe gegen Sewastopol zur Hauptaufgabe für das KG 51.

Der Hauptangriff erfolgte am 21. Juni. Das Geschwader hatte die Nordfront von Sewastopol zum Ziel erhalten. Seine Bomben zerschmetterten im Sturzangriff das Nordfort. Vor allem die I./KG 51 stand hier in einem harten Einsatz, mit dicht bei dicht folgenden Angriffen. Am 25. Juni erlebte diese Gruppe den entscheidenden Angriff auf das berüchtigte sowjetische Flakfloß in der Sewernajabucht vor Kap Chersones. Dieses Floß war mit 164 Flakrohren bestückt. Wenn es das Feuer eröffnete, dann peitschte ein Feuervorhang den angreifenden deutschen Kampffliegern entgegen, der tödlich war. Es mußte ausgeschaltet werden.

Die ersten Angriffe waren erfolglos, weil sie nicht planmäßig dagegen geführt wurden. Erst am 25. Juni wurde ein direkter Angriff dagegen eingeleitet. Beteiligt waren Hptm. Furhop, Kommandeur der 2./KG 51 und Oblt. Hinrichs, Flugzeugführer in Furhops Staffel. Beide hatten bereits vorher drei Angriffe allgemeiner Art geflogen. Der vierte Angriff galt ausschließlich dem Flakfloß.

Beide Maschinen hatten 250-Kilo-Bomben an Bord, mit denen sie dem Floß den Garaus machen wollten.

Bei tiefstehender Sonne erfolgte der Start am Nachmittag vom Horst in Sarabus aus. Die beiden Maschinen überflogen das alte Schloß der Krimtararen in Bachtschisarai und griffen das Floß diesmal aus Osten - nicht aus der tiefstehenden Sonne heraus - entlang der Sewernajabucht fliegend im Tiefflug an.

Als die Flak auf dem Floß das Feuer eröffnete, waren die beiden Flieger bereits sehr nahe herangekommen. Während Hptm. Furhop wartend einkurvte, um bei Mißlingen des Angriffs von Oblt. Hinrichs seinen Angriff zu fliegen, stürzte der Oblt. bereits auf das Ziel herunter. Die geworfenen Bomben detonierten im ersten Anflug mitten auf dem Floß. Das Flakfloß, das schon eine Menge Opfer gekostet hatte, explodierte und wurde von der detonierenden eigenen Munition auseinandergerissen, Flammen und Rauch stoben hoch empor.

Hptm. Furhop brach den Angriff ab, als er sah, daß das Floß bereits vernichtet war.

Generaloberst von Richthofen war »Zeuge« dieses Angriffes. Aus seinem vorgeschobenen Gefechtsstand heraus, aus dem er die Angriffe auf die starke Festung beobachtete, sah er den Angriff und dessen Wirkung. Er ließ sich sofort den Namen des Flugzeugführers geben und reichte ihn persönlich zum Ritterkreuz ein. Oblt. Ernst Hinrichs erhielt diese hohe Auszeichnung am 25. Juli 1942.

Dieser erfolgreiche Angriff trug mit dazu bei, daß Sewastopol sturmreif gebombt werden konnte. Nun, da dieses feuerspeiende Hindernis beseitigt war, flogen die Kampfflieger-Verbände unentwegt weiter an; dies war auch notwendig, denn infolge des Munitionsmangels mußten alle Bomben ab 250 kg einzeln geworfen werden, um sie direkt ins Ziel zu bringen. Dies bedeutete für die Besatzungen 25 bis 30 Sturzflüge am Tage. Um dies durchzuhalten, immer wieder von 3.500 m auf etwa 800 m hinunterzustürzen, bedurfte es des Einsatzes aller körperlicher Reserven, zumal es sommerlich heiß geworden war.

Die Ju 88 dieses Geschwaders schafften es im Verein mit allen übrigen Luftwaffenverbänden, von denen nur noch das KG 55 in wenigen Sätzen Erwähnung finden soll, weil es auf der Krim nach einer Auffrischung in Frankreich zum Einsatz gelangte.

Die I./KG 55, die im Winter bereits in Konotop gelegen hatte, erreichte Ende April 1942 ihre alten Häfen in diesem Raum und verlegte dann mit einem Zwischenhalt in Kirowograd am 6. Mai 1942 auf die Krim, wo gerade der Einsatz um die Halbinsel Kertsch in sein entscheidendes Stadium getreten war.

Das berühmte Nahkampffliegerkorps unter Generaloberst von Richthofen, das VIII. Fliegerkorps, dem das KG 55 zugehörte, sollte den Heerestruppen den Weg bereiten.

Am 7. Mai erfolgte um 14.00 Uhr der erste Einsatz nach Kertsch. Sämtliche Verbände des VIII. Fliegerkorps starteten. Die sowjetischen Verteidigungslinien am Panzergraben wurden zerbombt und der Infanterie der Weg bereitet.

Am 8. Mai flogen Stukas und Schlachtflieger mit dem ersten Büchsenlicht ihre Einsätze gegen die Feindstellungen am Panzergraben. Auch hier drang die Infanterie durch die geschlagenen Breschen vor.

Der Start am 10. Mai war nur den erfahrensten Fliegern möglich, denn die Wolkenuntergrenze war bis auf 50 m heruntergegangen. Nun mußte im Tiefflug angegriffen werden.

Dieser Versuch wurde mit dem Verlust von sieben Besatzungen teuer bezahlt. (Siehe Wolfgang Dierich: Kampfgeschwader 55 »Greif«).

Am 11. Mai befahl das VIII. Fliegerkorps: »Alle Gruppen starten geschlossen um 03.30 Uhr!«

Auch diesmal war die Tücke des Wetters Grund zum Abbruch des Einsatzes. Mit den Bomben beladen mußten die Flugzeuge wieder landen, was abermals herbe Verluste kostete.

Dennoch kann gesagt werden, daß der Erfolg der 11. Armee mit Erreichen der Meerenge von Kertsch und der Errichtung starker Brückenköpfe beiderseits Kertsch den Fliegern des VIII. Fliegerkorps zu verdanken war. In den Luftkämpfen über diesem Gebiet verloren die Russen 323 Flugzeuge. In den Gewässern um Kertsch wurden durch Luftangriffe 16 Schiffe mit insgesamt 13.600 BRT, ein Minensuchboot und 21 kleinere Küstenfahrzeuge versenkt, und zehn Schiffe mittlerer Größe durch Bombentreffer beschädigt.

Mitte Mai 1942 wurde das KG 55 von der Krim heruntergenommen und in den Raum Dnjepropetrowsk verlegt, weil der Gegner bei Krasnodar durchgebrochen war.

In diesem Kampfraum kam es am 17. Mai zum entscheidenden Einsatz der Armeegruppe von Kleist. Hierbei bekämpfte das KG 55 den russischen Truppennachschub und warf auch Versorgungsbehälter in das Wäldchen von Ternowaja, wo der deutsche Verband, wie bereits im Bericht über das KG 55 dargestellt, eingeschlossen war. Flugblattaktionen forderten den Feind zur Aufgabe auf.

Die russische Jägerabwehr war in diesem Raum sehr stark. Oftmals stellten sich 25 russische Jäger einzelnen Ketten des KG 55 entgegen.

In den Nächten wurden die Bahnanlagen und Bahnhöfe von Swoboda, Waluiki, Rossosch, Woltschansk und Ssawinzy gebombt. Dadurch gelang es zeitweise den russischen Nachschub zu stoppen. Am 11. Juni meldete das KG 55 den 15.839. Feindflug und den Gesamtabwurf von Bomben im Gewicht von 2.000 Tonnen.

Beim Angriff der 1. Panzerarmee in der Kesselschlacht von Kupjansk unterstützte das IV. Fliegerkorps unter General der Flieger Pflugbeil den Durchbruch der Nordtruppen und war schwerpunktmäßig beim III. Panzerkorps eingesetzt. Das Fliegerkorps schlug den Weg nach Kupjansk hinein frei. Dem KG 55 wurden hierbei außer der Bekämpfung von Feindtruppen auch die Ausschaltung der Bahnhöfe der russischen Nachschublinien zugewiesen.

Am 22. Juni 1942 traf die Besatzung von Lt. Scheidig mit einer 1.000-kg-Bombe die Straßenbrücke in Kupjansk, die über den Oskol führt. Damit war die Versorgungslinie der Russen abgeschnitten.

Aus diesen Daten und Fakten geht hervor, daß das KG 55 zwar in den Kämpfen um die Halbinsel Kertsch, jedoch nicht mehr am Sturmangriff gegen Sewastopol beteiligt war.

Das KG 55 sollte auf dem Wege nach Stalingrad noch von sich reden machen.

Nach den Berichten der Kampfflieger sei abschließend zum Abschnitt Sewastopol noch eines Jagdgeschwaders gedacht, das auf der Krim, im Kampf um Kertsch und auch in der Schlacht um Charkow, große Erfolge erzielte. In diesem Geschwader machte ein Jagdflieger seinen Weg, der steil nach oben führte. Hier der Bericht:

Das Jagdgeschwader 52 im Südabschnitt

Bereits mit dem Erreichen des Flugplatzes von Tschaplinka am 23. Oktober 1941 hatte das JG 52 mit seiner III. Gruppe das Tor zur Halbinsel Krim bei Perekop erreicht. Hier hatten die Asse der Gruppe, Fw. Köppen, Lt. Dickfeld und Lt. Hermann Graf ihre ersten großen Erfolge errungen. Fw. Köppen hatte bereits am 18. Dezember das Ritterkreuz erhalten. Am 24. Januar 1942 war Graf damit an der Reihe und am nächsten Tag schoß er seinen 46. Gegner ab. Dickfeld folgte am 9. März nach.

Am 30. April starteten 12 Flugzeuge der III. Gruppe zum Angriff gegen einfliegende russische Bomber und Jäger. An diesem Tage schoß Hermann Graf sechs Feindflugzeuge ab und erhielt am 2. Mai von Generaloberst von Richthofen ein Anerkennungsschreiben. Er war inzwischen zum Oblt. befördert worden. Am 27. Februar erhielt Gerhard Köppen als 79. deutscher Soldat das Eichenlaub zum Ritterkreuz; nach 72 Luftsiegen wurde er damit ausgezeichnet. (Köppen fiel am 4. Mai, inzwischen zum Leutnant befördert, in einem Luftkampf über dem Asowschen Meer).

Im Mai gelang es Hermann Graf, seinen Abschußrekord an einem Tage auf sieben Feindflugzeuge zu erhöhen, die er bei sieben Einsätzen abschoß.

Im Kampf um die Halbinsel Krim flogen die Jäger des JG 52 immer wieder gegen starke Feindverbände an, die versuchten, den deutschen Vorstoß zu stoppen. Es ging gegen Schlachtflieger ebenso, wie gegen Bomber und Jäger.

Als die Schlacht um Isjum begann, traf die 9./JG 52, geführt von Oblt. Graf ein und übernahm den Platzschutz in Sarabus. Am selben Tage noch mußte die Staffel gegen angreifende Jäger und Bomber starten, wobei Graf zwei I 16 und Ofw. Leopold Steinbatz einen Jäger abschoß.

Mit seiner Staffel flog Oblt. Graf am 14. Mai einen Einsatz, in dem er seinen 100. bis 104. Abschuß erzielte. Als dieser Tag zu Ende ging, hatte er insgesamt acht Feindflugzeuge an einem Tage abgeschossen. Er erhielt von Reichsmarschall Göring einen Brief, in dem der Oberbefehlshaber der Luftwaffe ihm zu seinem Erfolg gratulierte.

Am 16. Mai schoß Graf seinen 105. Gegner ab und am folgenden Tage erhielt er das Eichenlaub zum Ritterkreuz.

Am 17. Mai, Graf lag gerade auf dem Liegeplatz seiner Staffel unter der Maschine, kam ein Oberleutnant gelaufen und sagte ihm, er möge aufstehen, der Kommandierende General sei gerade angekommen.

General der Flieger Pflugbeil, in kurzer Hose und Turnschuhen war zur Staffel gekommen und erst erkannt worden, als er seine Generalsmütze aufsetzte. Der Kommandierende General des IV. Fliegerkorps winkte alle anderen Männer heran und verkündete dann:

»Leutnant Graf, der Führer hat Ihnen als elftem Soldaten der Deutschen Wehrmacht die Schwerter zum Ritterkreuz mit Eichenlaub verliehen.«

Anschließend flog Graf mit General Pflugbeil zu dessen Stabsquartier, wo eine erste kleine Feier stieg.

Am 20. Mai verlegte Grafs 9. Staffel auf einen Feldflugplatz in unmittelbarer Frontnähe. Mit Ofw. Süß flog Graf hinter der Staffel her. Unterwegs stießen die beiden auf eine russische Bomberformation, die gerade eine deutsche Truppenbewegung bombte.

»Angriff, Süß!« rief Graf dem Kameraden zu.

Beide Jäger griffen an und um 17.37 Uhr schoß Graf eine Pe 3 ab. Am 23. Mai schickte der Gruppenkommandeur, Major Hubertus von Bonin, Hermann Graf, der inzwischen zum Oblt. befördert worden war, zum Flugplatz Rogani zurück. Dort sollte Graf für sieben junge Jagdflieger des Nachersatzes eine private Jagdschule eröffnen und leiten. Von Bonin wollte Graf damit »aus dem Verkehr ziehen«. Auf dem Flug dorthin gerieten die Jagdflieger an einen feindlichen Jägerschwarm und Graf mußte seinen 108. Gegner abschießen, der seine Schutzbefohlenen angreifen wollte.

Am Morgen des 25. Mai 1942 standen Oberleutnant Graf und Lt. Adolf Dickfeld von der 7./JG 52 in der Wolfsschanze vor Hitler. Während der Führer Dickfeld das Eichenlaub überreichte, gab es für Graf Eichenlaub und Schwerter zusammen.

Auf dem Rückweg zur Staffel las Hermann Graf die Nachricht, daß sein Freund Lt. Leopold Steinbatz gefallen war. Steinbatz wurde als erster Oberfeldwebel der Wehrmacht am 23. Juni 1942 posthum mit den Schwertern zum Ritterkreuz mit Eichenlaub ausgezeichnet. Sein Todestag war der 25. Juni 1942. Er wurde nachträglich zum Leutnant befördert.

Am 30. Juni traf Oblt. Hermann Graf wieder bei seiner Staffel ein. Als er mit seiner Maschine bei der Staffel landen wollte, bemerkte er in 4.000 m Höhe einen russischen Fernaufklärer. Graf stieg 1.000 m höher und schoß diesen Gegner aus nur 50 m Distanz ab. Beim Abendeinsatz war er bereits wieder dabei und vernichtete seinen 110. und 111. Gegner.

Der Vorstoß in Richtung Woronesch ab Anfang Juli sah die 9. Staffel nicht im Einsatz, denn sie sollte als erste des JG 52 auf die neue Me 109 G-Serie umrüsten und flog nach Charkow, wo dies vonstatten gehen sollte. Somit ging der Juli für Graf und seine Staffel kampflos zu Ende.

DIE HÖLLE AN DER WOLGA

Der Weg nach Stalingrad

In der Führerweisung Nr. 41, die den Schwerpunkt des Kampfes an der Ostfront in den Südabschnitt verlegte, hieß es in Bezug auf die Luftwaffe:

»Außer der Leistung direkter Unterstützung des Heeres ist die Mission der Luftwaffe darauf gerichtet, die Konzentration des deutschen Heeres in der Kampfzone Süd zu schützen. Insbesondere die Eisenbahnbrücken über den Dnjepr. Dazu wird sie zusätzliche Luftstreitkräfte abstellen.

Für den Fall der Konzentration russischer Truppen werden ihre Hauptrouten und die Eisenbahnverbindungen aus dem Bereitstellungsraum ins Kampfgebiet durch Luftangriffe unterbrochen. Diese deutschen Luftangriffe müssen bis weit in den russischen Rückraum reichen. In diesem Falle wird die Zerstörung der Don-Eisenbahnbrücke gefordert.

Die Luftwaffe wird ihre offensiven Aktionen durch konzentrische Angriffe beginnen, wobei eigene Luftstreitkräfte massiert gegen alle sowjetischen Luftstreitkräfte und ihre Bodenorganisationen innerhalb ihres Angriffsstreifens einzusetzen sind.

Bereitstellungen zur raschen Verlegung von Luftwaffenverbänden sichern die optimalen Kampfbedingungen in der Mitte und auf der Nordflanke der HGr. Süd. Die bestehenden Bodendienst-Einheiten, die für Vorverlegungen notwendig sind, werden in Einsatzbereitschaft gehalten.«

Damit wurden alle Vorbereitungen getroffen, die Luftwaffe stets vorn zu haben und von immer neuen vorverlegten Plätzen aus starten zu können.

Die Luftflotte 4, welcher das IV. und VIII. Fliegerkorps und das Luftwaffenkommando Süd unterstanden, war verantwortlich für die Erfüllung aller oben genannten Operationen und organisatiorischen und taktischen Maßnahmen. In dem I. Flak-Korps unter Generalmajor Otto Deßloch wurde Generaloberst Löhr, dem OB der Luftflotte 4, ein zusätzlicher starker Kampfverband unterstellt.

Neben der Unterstützung der östlichen und später der Angriffe nach Südosten der 6. Armee und der 2. Panzerarmee wurde vor allem das VIII. Fliegerkorps noch zur Unterstützung der Offensive im nördlichen Sektor der Südfront eingesetzt. Dieses Korps griff überwiegend sowjetische Bahnlinien, Bahnknotenpunkte und vor allem mit Feindflugzeugen belegte russische Fliegerhorste an.

Allein am 8. Juli schossen Jäger der Luftwaffe im Nordabschnitt der HGr. Süd 33 feindliche Flugzeuge ab und setzten 35 weitere in Brand. Am folgenden Tage griff das KG 76 Jelets und die Eisenbahnknotenpunkte Tambow und Porowino an. Am selben Tage schossen deutsche Jäger 40 russische Flugzeuge ab.

Bei einem russischen Gegenangriff von 20 Bombern und Jägern wurden 19 abgeschossen.

Das KG. 76 unter Oberstleutnant Dr. Ing. Ernst Bormann, das KG 27 unter Oberstleutnant Hanns-Henning von Beust, von Teilen des JG 51 und einer taktischen Aufklärungsgruppe unterstützt, waren im Taktischen Luftkommando Nord (der HGr. Süd) zusammengefaßt worden. Dieser Streitmacht wurden Stukaeinheiten zugeführt und zeitweise unterstellt und wenig später kamen Aufklärungs- und Jagdeinheiten der ungarischen und italienischen Luftwaffe hinzu.

Als am 24. Juni Generaloberst Löhr Oberbefehlshaber aller deutschen Streitkräfte auf dem Balkan wurde, erhielt er in Generaloberst von Richthofen einen würdigen Nachfolger. Der Chef des Stabes der Luftflotte 4, Generalmajor Günther Korten, blieb noch eine zeitlang auf seinem Posten und übernahm im Juli das I. Fliegerkorps von General der Flieger Helmut Förster. Die Position als neuer Luftflotten-Stabschef übernahm Oberst Hans-Detlef Herhudt von Rohden.

Am 2. August begann der Vorstoß der 6.Armee auf Stalingrad wegen der unzureichenden personellen und materiellen Ersatzlage zu stocken; nicht zuletzt aber auch wegen des ständig härter werdenden sowjetischen Widerstandes. In einigen Abschnitten führten die Russen sogar Gegenangriffe durch. Südlich des Don rollte die 4. Panzerarmee nun nach Nordosten. Sie traf auf nur geringen Widerstand.

Über dieser Szene konzentrierte sich das VIII. Fliegerkorps auf die Eisenbahnlinien- und Knotenpunkte der Russen und auf den Wolgaverkehr im Großraum Stalingrad, sowie auf sich zur Front befindliche russische Versorgungskolonnen.

Das IV. Fliegerkorps blieb zur Unterstützung der Streitkräfte von Kleist im südöstlichen Vorstoß dabei, die Bahnlinien nördlich des Kaukasus unter Kontrolle zu halten. Die Flak-Batterien (hier seien sie einmal besonders erwähnt, obgleich sie an vielen Stellen der Front Hervorragendes leisteten) des I. Flakkorps wurden in vorderster Linie im Erdkampf eingesetzt und hatten nach den Bekundungen von Generaloberst von Richthofen großen Anteil an den Vorstößen der deutschen Panzerspitzen.

Tag und Nacht führten die deutschen Fliegerverbände ihre mehrfach wiederholten Angriffe gegen die Baku-Armawir-Bahnlinie aus und am 10. August hatten deutsche und rumänische Streitkräfte das wichtigste Zentrum, Armawir, genommen und damit die nördlichen Ausläufer des Kaukasus unter Kontrolle.

In dieser Offensive eroberten deutsche Truppen Krasnodar, die Hauptstadt der Kubanregion, und Maikop, das Zentrum des Erdölgebietes im westlichen Kaukasus. Die Russen hatten hier alle Anlagen der Erdölindustrie zerstört.

Die Bomberkräfte, die dem IV. Fliegerkorps zur Verfügung standen, waren in den Geschwadern nur in jeweils einer bis zu drei Gruppen vorhanden. Sie griffen die Erdölgegend von Grosny an und erzielten nach den Erkundungsergebnissen der Luftaufklärung gute Erfolge. Ihre Verluste waren wegen der geringen Einsatzzahlen der russischen Jägerwaffe in diesem Gebiet, verhältnismäßig leicht. Dennoch muß gesagt werden, daß die Verbände des IV. Fliegerkorps für ihre Aufgaben zu schwach waren. Sie konnten nicht gleichzeitig die russischen Schiffsbewegungen auf dem Schwarzen und Kaspischen Meer u n d den Eisenbahnverkehr südlich des Kaukasus von Baku nach Astrachan bekämpfen. Es gelang nur, zeitlich und örtlich begrenzte Unterbrechungen der sowjetischen Nachschubbewegungen zu erreichen.

Am 26. August gab Generalleutnant Günther Korten nach den Weisungen des Oberbefehlshabers der Luftwaffe seine Position als Chef des Stabes der Luftflotte 4 auf und übernahm den Befehl über das Luftwaffenkommando Don in Charkow, mit vorgeschobenem Gefechtsstand in Starobjelsk am Don, und einem weiteren Gefechtsstand in Waluykij. Dieser Verband übernahm die Aufgaben des Taktischen Luftkommandos Nord (der HGr. Süd) unter Oberst Bülowius, das zur Unterstützung der operativen Erdkampfoperationen im nördlichsten Kampfabschnitt der Südfront eingerichtet worden war.

Das Luftwaffenkommando Don war ein unabhängiger Verband, der seine Aktivitäten im Gebiet von Woronesch ausübte. Die Bodendienste und Versorgungsdienste in diesem Raum wurden vom Luftgaukommando Charkow wahrgenommen, das nun Teil des Luftwaffenkommandos Don wurde.

Die Verbände des Luftwaffenkommandos Don bestanden am 17. August 1942 aus zwei Bombergruppen und einer Jagdfliegergruppe. Am 29. August wurden ihm noch eine Bombergruppe und eine Jägergruppe zugeführt.

Die stärksten Luftstreitkräfte wurden zu dieser Zeit dem VIII. Fliegerkorps zugeführt, das der 6. Armee auf dem Wege nach Stalingrad den Boden bereiten sollte. Als einziges Kampffliegerkorps war das VIII. Fliegerkorps, das unter Generaloberst von Richthofen zum echten Nahkampfkorps ausgebildet und eingesetzt wurde, in allen Nahkampf-Operationen, vom Polenfeldzug über den Frankreichfeldzug und in Rußland in dieser Eigenschaft bewährt.

Nach der Ernennung von Generaloberst von Richthofen zum OB der Luftflotte 4 am 24. Juni 1942 wurde das VIII. Fliegerkorps von Generalleutnant Martin Fiebig geführt, der als Kommodore des KG 4, »General Wever« bereits am 8. Mai 1940 mit dem Ritterkreuz ausgezeichnet worden war.

Beim Übergang über den Don gab das VIII. Fliegerkorps der Truppe die größtmögliche Unterstützung. Zum Schutz vor russischen Angriffen wurden auch die rumänischen Großverbände durch Flieger dieses Korps unterstützt.

Jene russischen Verbände, die versuchten, sich diesen Fliegerkräften entgegenzuwerfen, wurden auch vom Jagdgeschwader 3 »Udet« erfolgreich bekämpft, das immer an den Schwerpunkten dieses Kampfes eingesetzt war.

Im Vorgehen in Richtung Stalingrad und die Wolga wurden immer wieder von Bodendiensten und Pionieren Flugfelder und Landepisten vorbereitet und gewartet, um für weitere Operationen aufnahmebereit zu sein.

Mit der Bahn wurden Vorräte aller Art bis nach Taganrog, Mariupol, Stalino und Makejewka und gelegentlich sogar bis nach Charkow geschafft. Von dort wurde alles im Lufttransport zu den vorgelagerten Flugfeldern geflogen. Neun Ju 52-Gruppen und eine He 111-Gruppe waren allein dazu bestimmt, die Vorräte über eine Luftbrücke zu den Armeen am Don zu schaffen. Die He 111 diente zu dieser Zeit sowohl als Schleppflugzeug für Lastenseglergruppen, als

Hauptmann Walter Nowotny, abgestürzt nach 258 Luftsiegen als Major.

Walter Nowotny einmal ganz anders.

"Quax", der Katschmarek von Nowotny, mit der weißen "9" und dem Nürnberger Stadtwappen (Karl Schnörrer ist dieser "Quax").

Uffz. Alois Riebl vom Gruppenstab I./JG 54.

Lt. Hähnlein, gefallen nach 40 Luftsiegen am 3. August 1944.

Uffz. Schlueter, ein Kämpfer und Kamerad.

Lt. Hans Beißwenger, 6./JG 54, gefallen am 6. März 1943 bei Orel.

Bombentreffer auf einen Unterstellplatz des JG 54.

Ausbrennende BF 109 nach einem weiteren Bombenangriff.

Auf den Rüssel gesetzte Bf 109.

Bf 109 des Grünherz-Geschwaders einsatzbereit.

Mit schweren Treffern dennoch sicher gelandet.

Techniker in eisiger Kälte bei Krasnogwardeisk bei der Arbeit.

Eine Jak 1 des 73. Jagdflieger-Regiments, in dem nur Frauen flogen.

Gardeleutnant Lydia (Lilly) Litwak von diesem Regiment nach 66 Einsätzen und zwölf Abschußerfolgen am 1. September 1943 abgeschossen.

Jak 3 des französischen "Normandie-Njemen-Regiment". Dieses Regiment schoß in Rußland insgesamt 273 deutsche Flugzeuge ab.

Jakowlew Jak 9 D des polnischen Warszawa-Regiments.

Jak 9 D zur Parade aufgestellt.

Die Rata I 16 "Ratte".

Abgeschossener russischer Pilot.

Die berühmte IL 2 M-3 im Sturz auf das Ziel.

Russischer Schnellbomber P 2 in Sarabus 1942.

Abgeschossener russischer Flugzeugführer.

Erfolgreiche russische Fliegerinnen.

Gardeleutnant Antonia Lebedewa vom 65. Garde-Jägerregiment, 100 Feindflüge, drei Abschüsse, gefallen am 17. Juli 1943 bei Wypolsowo.

Oberst Iwan Koschedub, dreimal Held der Sowjetunion, erfolgreichster alliierter Flieger mit 62 Abschüssen.

Schlachtschiff "Roter Oktober"
schwer getroffen.

Oben: Hans-Ulrich Rudel war beim Einsatz gegen die russische Flotte in Leningrad-Kronstadt dabei.

Der "Kanonenvogel" Ju 87 G-1.

Hans-Ulrich Rudel und seine Begleitjäger.

Die italienischen Waffenbrüder flogen in Rußland die Fiat G 50.

Mitte: In Tusow 1942: rumänischer Jäger JAR 80

Die Fahne der spanischen Jagdflieger in Rußland.

Oblt. Hans-Ekkehard Bob, Staffelkapitän 9./JG 54.

General der Flieger v. Richthofen in seinem HQ.

Bf 109 F-1 im Einsatz.

Eine Fw 190 d
2./SG 2.

Vom SG 2
abgeschossene
P 2-Bomber.

Tusow:
ein russischer
Überläufer mi
seiner Jak 3.

Kampf-Lehr-Geschwader 1 unterwegs.

250 kg-Bomben werden einer Bf 110 untergehängt.

Bf 110 c auf Feindflug.

Major Otto Weiß, Kdr. II./(S) LG 2 mit "Rex".

Rechts: Drei Stukaflieger werden mit dem Ritterkreuz ausgezeichnet. Von links: Hptm. Preßler, Oblt. Stepp, Oblt. Kaiser.

Major Alfred Druschel, Ritterkreuz als Kdr. I./SG 1, gefallen als Oberst und Kommodore SG 4 am 1. Januar 1945; Träger des Ritterkreuzes mit Eichenlaub und Schwertern.

Hptm. Erwin-Peter Diekwisch, Ritterkreuz als Flugzeugführer der 9./StG 1.

auch als Kampfflugzeug. Diese Lufttransportgruppen, einschließlich der Kampfflugzeuge, schafften 42.000 Tonnen an Vorräten zur Front. 7.000 Tonnen davon waren für die Armeen dicht hinter der Front bestimmt.

Nach Angaben des Chefs des Lufttransportdienstes transportierten die deutschen Fliegertransport-Verbände insgesamt 33.397 Tonnen Vorräte der Luftwaffe. Davon waren 9.492,6 Tonnen Bomben und Flugzeugmunition, 20.173 Tonnen Flugtreibstoff und 3.787,8 Tonnen Ersatzteile und Ausrüstung.

Jene Vorräte, die für die 6. Armee über die Luftbrücke herangeschafft wurden, stiegen auf 9.233,4 Tonnen an. Darin eingeschlossen 1.790 Tonnen Munition, 4.615 Tonnen Motorbenzin und 2.380 Tonnen Ausrüstung.

Zusätzlich dazu wurden 27.044 Soldaten ins Frontgebiet transportiert und 51.018 Verwundete zurückgeschafft.

Nur durch das Heranschaffen von Vorräten über diese Luftbrücke zu den vorgestaffelt liegenden Horsten war es möglich, die taktischen Luftunterstützungsoperationen für die 4. Panzerarmee und vor allem für die 6. Armee durchzuführen.

Die aktuelle Stärke des VIII. Fliegerkorps variierte ständig, denn das Korps war mehrfach gezwungen, Luftverbände freizusetzen und sie dem IV. Fliegerkorps im Kaukasus zur Verfügung zu stellen, oder um deutsche Streitkräfte im Raume Woronesch zu unterstützen.

Normalerweise verfügte das VIII. Fliegerkorps über zwei oder drei Bombengeschwader, die in Morosowskaja und Tazinskaja stationiert waren, fünf oder sechs Stukagruppen und ein bis zwei Schlachtflieger-Gruppen, die von taktischen Flugplätzen aus operierten. Hinzu kamen drei bis vier Jagdfliegergruppen und eine zweimot.-Jagdfliegergruppe, die in der Nähe der Front an beiden Ufern des Don stationiert waren.

Luftangriffe gegen Stalingrad

Der erste schwere deutsche Luftangriff gegen Stalingrad wurde am 3. September 1942 geflogen. In einem Tag- und Nachtangriff warfen Ju 88- und He 111-Gruppen ihre Bomben auf die Stadt, während Stukaverbände im periodischen Wechsel ihre Sturzangriffe durchführten. Jagdfliegereskorten begleiteten diese Kampfverbände, obwohl es praktisch kaum einmal zu Luftduellen mit russischen Jägern kam.

Die russischen Verteidigungsstellungen, die ursprünglich schwach gewesen waren, verstärkten sich, je näher die 6. Armee an Stalingrad herangekommen war. Dort waren eine Reihe von Änderungen vorgenommen worden, die im Abschnitt über die russischen Aktivitäten dargelegt werden sollen.

Das Abwehrfeuer der leichten und mittleren Flak im Raume Stalingrad verstärkte sich von Tag zu Tag.

Bereits von Anfang Oktober 1942 an zeigten die Aufklärungsergebnisse der Nah- und vor allem der Fernaufklärer ein zunehmend klareres Bild von feindlichen Versammlungsbewegungen nördlich des Don. Die sowjetische Bahnlinie von Norden durch Frolowo nach Stalingrad war voll ausgelastet. Dort fuhren Transportzüge in ständig dichter werdender Abfolge. Deutsche Fernaufklärer sahen eine große Anzahl russischer Truppen, die an jedem geeigneten Punkt nördlich und südlich Frolowo ausstiegen, oftmals auf offener Strecke.

Diese Verbände der Roten Armee bewegten sich dann in Richtung Don, wobei sie meistenteils in den Nächten weitermarschierten und bei Tag in den Wäldern und Schluchten Unterschlupf suchten, um nicht entdeckt zu werden. Sie näherten sich zielsicher ihren Brückenköpfen auf der weit auseinandergezogenen Front.

Die deutsche Nachtaufklärung entdeckte feindliche Fahrzeugbewegungen, Panzerkolonnen darunter, die bei Nacht mit voll aufgeblendeten Scheinwerfern über das Land rollten.

Daß diese Bewegungen überhaupt entdeckt wurden, war nur einigen glücklichen Zufällen zu verdanken. Es war Generalmajor Hans-Detlef Herhudt von Rohden, der dazu bemerkte:

»Eine Ju 88 der Luftflotte 4 befand sich auf einem strategischen Aufklärungsflug über der Bahnlinie nördlich der Donbiegung, die nach Süden von Tambow aus zurückkam. Die niedrige Wolkendecke war fast dicht. In geringer Höhe fliegend durchbrach dieses Flugzeug die dichte Wolkendecke und sichtete in 50 m Tiefe den Boden. Wolkenfetzen zogen vorbei und dann bemerkte der Pilot im Feuer der russischen Flak dunkle Gruppierungen von marschierenden Soldaten und dazwischen die massiven Schatten von Panzern.

Das gleiche Bild zeigte sich dem Piloten eine ganze Weile. Das Wetter war so schlecht, wie es nur sein konnte und dennoch wurde vermutet, daß hier russische Truppen herankamen. In den Köpfen der erfahrenen Besatzungen und des Geschwader-Kommodore gab es keinen Zweifel: Heimlich und clever, unter dem Schutz des schlechten Wetters, konzentrierten sich die Russen hier zu einem gewaltigen Kampfverband; nördlich der Donkrümmung sammelte sich eine Entsatzarmee.« (Siehe Herhudt von Rohden: Die Luftwaffe ringt um Stalingrad).

DIE ROTE LUFTWAFFE BEI STALINGRAD

Die Vorbereitungsphase

Seitdem die Rote Luftwaffe mit der Reorganisation im Januar 1942 begonnen hatte, waren sechs Monate ins Land gegangen, bevor die ersten Erfolge dieser Umorganisation sichtbar und spürbar wurden. Im ersten Halbjahr 1942 war von der zahlenmäßig sehr starken, der deutschen Luftwaffe in dieser Hinsicht weit überlegenen sowjetischen Luftstreitmacht, keinerlei Gefahr für deutsche Verbände zu Lande oder in der Luft ausgegangen. Bei Stalingrad sollte dies anders werden, das wünschten sich wenigstens die sowjetischen Luftwaffen-Befehlshaber.

Sowjetische Historiker teilen den Luftkrieg über Stalingrad in zwei Phasen ein:

In eine Defensiv-Phase, deren Beginn im Juli 1942 markiert wurde. In dieser Phase bemühten sich die sowjetischen Fliegerkräfte die deutschen Luft- und Bodenoperationen zum Don und nach Stalingrad zu stoppen.

In der Gegenangriffs-Phase, die am 19. November 1942 begann und am 2. Februar 1943 endete, wurde die 6. Armee im Raume Stalingrad eingeschlossen und vernichtet.

Während der Verteidigungsphase war die Aktivität der sowjetischen Luftwaffe selbst nach Bekundungen der sowjetischen Luftwaffenführung nicht besonders groß. Ihre Luftwaffen-Einsätze waren im Vergleich zu den Verteidigungsanstrengungen der sowjetischen Bodentruppen einfach minimal und nicht der Stärke der Luftwaffe der Roten Armee entsprechend.

Erst in der zweiten Phase, beginnend am 19. November 1942, begann der volle Einsatz russischer Luftstreitkräfte mit Angriffen gegen die weit überdehnten deutschen Positionen.

Die Russen hatten während des Frühjahrs und Sommers und noch bis in den Herbst hinein ihre Luftoperationen eingeschränkt, weil sie immer noch voll mit der Umrüstung ihrer Luftwaffenführung und dem Aufbau der Luftarmeen beschäftigt waren und diese für die geplante Winteroffensive bestmöglichst reorganisieren wollten.

Die sowjetische Flugzeugindustrie hatte sich bereits reorganisiert. Ein ständiger Strom neuer Modelle, La 5, Yak 7 und IL 2-Muster kamen zu den fliegenden Verbänden nach vorn. Stalin lenkte vorsichtig den Fluß der fertiggestellten und mit frischen Besatzungen versehenen Flugzeuge in das Fliegerkorps der STAVKA-Reserve. Von hier aus würden sie dann nach einer weiteren Ausbildungszeit zur Front gelangen. Stalingrad, darüber waren sich die sowjetischen Luftfahrt- und Flugzeugexperten sicher im Klaren, würde ein realistischer Test für die reorganisierte Kommandostruktur der Luftwaffenführung werden.

Die lange erwartete deutsche Sommeroffensive der HGr. B unter GFM von Bock, die am 28. Juni begann und mit Stoßrichtung auf Woronesch geführt wurde, zeigte der Führung der Roten Armee, wessen sie sich zu gewärtigen hatte. Desgleichen rollte die HGr. A unter GFM von List durch das Donezbecken in Richtung zur Wolga. Es ging mitten durch die scheinbar unendliche südukrainische Steppe. In dichten Wolken von Staub gehüllt, durch die brütende, sengende Hitze des Sommer 1942 rollten die deutschen Panzer nach Südosten. Über ihren Köpfen brausten die Verbände der Luftwaffe in der Erfüllung ihrer Aufgabe dahin feindwärts. Sie flogen Unterstützungsangriffe und griffen immer wieder die zurückweichenden russischen Verbände an.

Nachdem die 6. Armee unter General Paulus die sowjetischen Offensivstellungen am Don überrannt hatte, war die Ausgangslage zum Sturm durch die Steppe auf Stalingrad erreicht. Nach Süden stießen Soldaten der HGr. A, GFM List, in den Kaukasus hinunter, um ihrer Aufgabe gerecht zu werden, die in der Führerweisung Nr. 41 vorgeschrieben worden war:

»Vernichtung der feindlichen Kräftegruppe südlich des Don, Gewinnung der gesamten Ostküste des Schwarzen Meeres. - - - Übergang über den Kuban und Gewinnung des Höhengeländes von Maikop und Armawir. - - -

Schnelle Verbände sperren auf den Paßhöhen die Ossetische und Grusinische Heerstraße und nehmen im Vorstoß entlang des Kaspischen Meeres den Raum um Baku in Besitz.«

Der HGr. B fiel die Aufgabe zu, neben dem Aufbau der Donverteidigung im Vorstoß gegen Stalingrad die dort im Aufbau befindliche feindliche Kräftegruppe zu zerschlagen, die Stadt selber zu besetzen und die Landbrücke zwischen Don und Wolga zu sperren. »Im Anschluß daran sind schnelle Kräfte entlang der Wolga anzusetzen, mit dem Auftrag, bis Astrachan vorzustoßen und dort gleichfalls den Hauptarm der Wolga zu sperren. »Diese Operation erhielt den Codenamen »Fischreiher««.

Moskau reagierte sofort auf diese Angriffe. Die STAVKA schickte Ergänzungstruppen in Richtung Woronesch und organisierte die Verteidigung von Stalingrad, weil befürchtet wurde, daß auch hier ein Zusammenbruch erfolgen könne.

Die russische Luftwaffe sollte hier auf einen Höchststand gebracht werden, um die deutschen Fliegerkräfte, die den Vorstoß auf Stalingrad unterstützten, »vom Himmel zu fegen«. Zu diesem Zweck wurde durch die STAVKA eine große Kampfgruppe unter General P.S. Stepanow in den Luftraum Stalingrad entsandt. Stalin gab seinen bekannten Befehl Nr. 227 am 28. Juli 1942 heraus. Er lautete auf die drei Wörter verkürzt, um die es ging:

»Ni shagu nazad - keinen Schritt zurück!«

Der Ton dieses Befehls war hart und bestimmt. Allen potentiellen Deserteuren und Panikmachern drohte eine schnelle Verurteilung. Es war der patriotische Ton in Stalins Befehl, der jeden einzelnen Rotarmisten in die Pflicht nahm, mit Stalingrad die Heimat zu retten.

Zu dieser Zeit, da der Befehl 227 erlassen wurde, befand sich die 6. Armee an der großen Wolgabiegung. Stalingrad, im Jahre 1942 ein großes Industriezentrum mit 500.000 Einwohnern, auf einer Reihe von Höhen und Rücken gelegen, wurde von dem riesigen Zarizagraben durchzogen. In der Mitte der Stadt etwa, die Wolga überragend, lag der Mamaiahügel.

In Erwartung des deutschen Angriffs wurden eine Reihe von Verteidigungsmaßnahmen getroffen. Drei Verteidigungslinien waren von der STAVKA im Westbereich der Stadt befohlen worden.

Während der deutschen Luftraids die den Angriffen auf die Stadt vorausgingen, wurden russischerseits alle Anstrengungen getroffen einen sicheren Luftschirm über der Stadt zu installieren. Die 8. sowjetische Luftarmee, der vorherigen Südwestfront zugehörig, spielte in der Luftverteidigung der Stadt an der Wolga eine besondere Rolle.

General Stepanow, der Repräsentant der STAVKA, untersuchte die Luftsituation und berichtete nach Moskau, daß das innere Netzwerk der eigenen Luftverteidigung nicht intakt sei. Er besuchte, gemeinsam mit dem Kommando der Luftverteidigung Stalingrad, die verschiedenen Flugplätze und vor allem jede im Kampfraum eingerichtete Funkstelle und alle Verbindungsstäbe zwischen Luftstreitmacht und Roter Armee.

Zufuhr an Luftverteidigungskräften

Die sowjetische 102. Jäger-Division im Verteidigungsabschnitt Stalingrad verfügte über 80 Flugzeuge, die meisten waren veraltete Typen I 15 und I 16. Die neueren Modelle der Yak und Lowatschkin standen jedoch kurz vor der Auslieferung und General Stepanow beantragte bei der STAVKA die unverzügliche Zuführung der schnelleren Yak 1-Maschinen. Dieser Antrag wurde auch von General Nowikow, dem Oberbefehlshaber der sowjetischen Luftstreitmacht, unterstützt, der um die schnelle Entsendung des Jäger-Regimentes mit Yak 1 ersuchte, das sofort bei der STAVKA-Reserve verfügbar war.

Diese Bitte verhallte nicht ungehört. General Nowikow, der sich in Moskau aufhielt, erhielt sofort Stalins »ja« und schickte das Jäger-Regiment nach Stalingrad. Seinem Vortrag vor Stalin war es auch zu verdanken, daß die STAVKA zehn frische Luftregimenter zur 8. Luftarmee auf den Weg brachten. Für die Frontkommandeure war dies eine willkommene und zugleich notwendige Verstärkung. Die Tatsache, daß etwa 75% der Flugzeuge dieser neuen Regimenter mit den Typen Yak 1 und Yak 7B, IL 2 und Pe 2 ausgerüstet waren, gab der sowjetischen Luftwaffenführung die Chance, die deutsche Luftwaffe über Stalingrad zu schlagen und die Luftherrschaft zu erringen.

General Falalejew, Chef des Generalstabes der sowjetischen Luftwaffe, führte eine Reihe Einsatz-Operationswechsel durch. In einer Sonderinstruktion gab er allen Frontkommandeuren bekannt, daß sie ihre Fliegerverbände entlang der Hauptrichtungen der sowjetischen Bodenoperationen bereitzustellen hätten. Er versuchte damit, die Luftwaffe zu einer durchschlagskräftigen Hilfe für die Rote Armee zu machen.

Die Zerstrittenheit und Zersplitterung in der sowjetischen Luftwaffe, darüber war sich auch die STAVKA im Klaren, hatte zu ihrer geringen Effizienz geführt; dies trotz der zahlenmäßig riesigen Überlegenheit. Falalejews Befehle brachten endlich die zentralisierten sowjetischen Luftoperationen in Gang, für die General Nowikow mit der Schaffung der Luftarmeen die Voraussetzungen geschaffen hatte. Nach der durch ihn durchgeführten großen Erneuerung der Luftstreitkräfte war es nunmehr möglich, auch die nächsten ins Auge gefaßten Ziele in Angriff zu nehmen.

Falalejews Bemühungen gipfelten in einer besseren operativen Planung. Dies erforderte zum einen eine optimale Lufterkundung und eine allumfassende Kommunikation. Für den HQ-Stab in Moskau waren d i e s die wichtigsten Fragen; es galt, die Notwendigkeit zur Zentralisierung sichtbar zu machen und, den Mut der Frontkommandeure zum eigenen Risiko zu stärken.

Allen Angehörigen der sowjetischen Luftwaffe, von der Staffel bis zur Luftdivision, waren die nötigen Impulse auf den Weg gegeben worden, sich gegen die deutsche Luftwaffe zu behaupten und - sie zu besiegen. Damit würde dann die Rote Luftwaffe die Initiative am Himmel über Rußland an sich reißen können. Männer wie Falalejew und Nowikow forderten eine höhere Leistung und eine größere Flexibilität bei allen Problemen.

Stalin selber trieb die Luftwaffenaktionen durch tägliche Aufträge vorwärts. Diese Befehle basierten stets auf den Ergebnissen der Hauptoperationen der vorangegangenen Tage.

Wichtig für diese Erneuerung waren jedoch einige Aktionen und Planungen, die schon im Frühjahr 1942 eingeleitet worden waren.

Stalin und die russische Flugzeugproduktion

Im März 1942 hatte Stalin in einer Besprechung mit den Organisatoren der sowjetischen Kriegsindustrie Jakowlew und A.S. Shakurin befohlen, mehr Arbeiter für jene Motorenwerke freizustellen, die den M 82-Motor bauten. In dieser Besprechung fragte Stalin die beiden Großen der Industrie und des Flugzeugbaues, warum die britische Spitfire und die amerikanische Aircobra besser seien, als die eigenen Jäger. Jakowlew fand rasch eine Antwort. Er sagte: » Wenn wir die Spitfire-Leistungen lesen, dann sind dies Ergebnisse von Testflugzeugen oder von Erkundungsflugzeugen, ohne Bewaffnung und Munition durchgeführt. Diese Flugzeuge sind also nur Aufklärer. Sie haben eine Reichweite von 1250 Meilen.«

Stalins Erwiderung lautete: »Sie erzählen Unsinn! Ich bin doch kein Kind! Ich frage nach den Jägern und ihren Leistungen und nicht nach Aufklärern. Die Spitfire-Jäger sind schneller als unsere und haben eine größere Reichweite. Das muß sich ändern. Wir dürfen *keinen einzigen* Fehler mehr machen!«

Stalin forderte von solchen Männern, wie den Flugzeugkonstrukteur Jakowlew und vor allem von General Nowikow, der die Luftwaffenplanungen *und* alle Luftwaffenoperationen neu entwarf, höchste Pflichterfüllung. Seine Forderungen und Befehle bewiesen oftmals seine besondere Halsstarrigkeit, weil sie Fehler enthielten, die hätten verhindert werden können. Nichtsdestoweniger aber schufen Stalins Befehle *den* Antrieb, der den Aufstieg der sowjetischen Luftwaffe sicherstellte.

Die Yak- und Lawotschkin-Jäger, Objekte, die aus Einsprüchen Stalins hervorgegangen waren, führten zu einem neuen Standard der Kämpfe im Großraum Stalingrad. Die schlechteren MiG 3 liefen aus und wurden durch die Yak-Serien ersetzt. Die LaGG 3, nicht weniger umstritten, war durch einen neuen Motor in die erfolgreichere La 5 umgewandelt worden. In Stalingrad wurden der sowjetischen Luftwaffenführung mit der Yak 7b und der Yak 9 Flugzeuge an die Hand gegeben, die von exzellenter Manövrierfähigkeit waren und in ihrer Reichweite weit über die vorausgegangenen Baumuster hinausgingen.

Neben diesen Fakten war es General Nowikow, der durch seine neuen Techniken und die Zusammensetzung der Luftstreitkräfte größere Effizienz erzielte. Er schickte Zweidrittel der besten Piloten der 220. Jäger-Division mit neuen Yak- und Lawotschkin-Maschinen nach Stalingrad. Nowikow sah die Notwendigkeit, neueste Übungs- und Schulungsmethoden einzuführen. Die von ihm geschaffene Abteilung »Kriegsanalyse« stellte die erbeuteten deutschen Luftwaffenbefehle auf russische Verhältnisse um. Nowikow besuchte alle Frontflugplätze und sprach mit Kommandeuren und Piloten.

Am 23. August 1942 tauchte er auch in Stalingrad auf, wo die Entscheidung nahte. Mit ihm und teilweise bereits vor ihm kamen ganze Expertengruppen in die Stadt an der Wolga, die es mit allen Mitteln zu verteidigen galt. Bereits am 12. August waren G.M. Malenkow und General Wassilewski, der Chef des Generalstabes der Roten Armee, dort eingetroffen.

Am 20. August überwachte General A.Ye. Golowanow die Überführung von fünf seiner Fernkampfbomber-Divisionen von Moskau nach Stalingrad. Zwischen dem 20. Juli und dem 17. August hatte General Nowikow bereits die 8. und 16. Luftarmee, verstärkt durch die 102. Jäger-Division, in den Luftraum Stalingrad befohlen und zugleich damit die Überführung aller Boden- und Nachschubdienste dafür in die Wege geleitet. Auch der Nachschub an frischen Luftregimentern aus der STAVKA-Reserve wurde eingeleitet.

Die Stärke der russischen Luftstreitmacht im Großraum Stalingrad

Bis zum 4. September 1942 waren die Luftstreitkräfte im Raume Stalingrad in Übereinstimmung mit General Rudenko auf 738 Flugzeuge gebracht worden. Diese Streitmacht würde zu gegebener Zeit von der Fernbomberwaffe weitere 200 Bomber erhalten. Als Befehlshaber der 16. Luftarmee hatte General Rudenko die kritische Luftlage in Stalingrad richtig gesehen und die Aufstockung seiner Verbände und der anderen Luftarmeen gefordert.

Verschiedene Luftverbände erreichten allerdings das Einsatzgebiet mit geringerer als der vorgeschriebenen Einsatzstärke. Die 228. Flieger-Division, die mit den Sturmowik ausgestattet war (IL 2-Schlachtflugzeuge) trat beispielsweise nur mit einem Drittel ihrer Sollstärke in die Schlacht. Sie wurde erst während der Kämpfe weiter aufgestockt.

Die meisten fliegenden Besatzungen der 16. Luftarmee waren noch kampfunerfahren zu den Frontorten geschafft worden. Die sowjetische Luftwaffe wollte nun alle Aufgaben, die ihr gestellt worden waren, auf einmal in Angriff nehmen. Dies rief Konfusion in bestimmten Bereichen hervor. Die Lufterkundung, Luftunterstützung für die schwer kämpfenden Erdtruppen und Angriffe gegen Feindstellungen bei nicht voll ausgebauter Logistik und Lücken in der Kommunikation, vor allem mit fehlenden direkten Nachrichtenverbindungen zum Heer, das waren Hindernisse, die nicht ignoriert werden durften.

Eines war allerdings sicher und stand felsenfest: »Der deutsche Angriff auf Stalingrad wird gestoppt. Alle in Stalingrad eingedrungenen deutschen Soldaten werden den Tod erleiden«. (Siehe General Rudenko: Kriegserinnerungen).

Eine ganze Reihe Verstärkungen verringerten trotz der genannten

Mängel die Probleme. Nachschubtruppen und Bodendienste wurden vervielfacht. Allein 17 Bodendienst-Bataillone, die Nachschub-Bataillone 23, 35 und 80 und eine Reihe von eingerichteten Depots für Ersatzteile und Flugbenzin boten ein großes Maß an Sicherheit und Durchhaltevermögen.

Noch im September 1942 war aber von der deutschen Luftüberlegenheit, trotz der geringen Stärke der Luftwaffenverbände, die der 6. Armee mit auf den Weg gegeben worden waren, nichts abzutrotzen.

Im Monat September 1942 flogen die Verbände der 16. Luftarmee nur 5.225 Einsätze. Dies bedeutete, daß die inzwischen auf etwa 1.000 Maschinen angewachsene Streitmacht nur im Schnitt fünfmal in einem ganzen Monat zum Einsatz gekommen war. Das aktivste 434. Jäger-Regiment flog 611 dieser Einsätze und nahm an 84 Luftkämpfen teil. Es meldete 82 Abschüsse, hatte aber am Ende dieses Einsatzmonats ein Drittel seines Kampfbestandes verloren.

Nach dieser dramatischen Steigerung der Verlustrate bei den Jagdfliegern befahl General Rudenko den Piloten der 16. Luftarmee, den Zweikampf mit deutschen Jägern zu meiden und nur Bomber und Aufklärer anzugreifen.

Der Tsasada oder Hinterhalt wurde nun neben dem wieder in Gebrauch kommenden Taran zu einer neuen sowjetischen Luftkriegstaktik. Dabei operierten sowjetische Piloten in ihrer normalen »para-Formation über jenen Orten, an denen deutsche Angriffsverbände erwartet wurden, vor allem natürlich entlang der Flugrouten in Richtung Stalingrad und (später) nach Stalingrad hinein. Die Erneuerung des Phänomens des Taran, jener Rammangriffe aus der Zeit der hoffnungslosen Unterlegenheit der russischen Luftstreitkräfte und der totalen deutschen Luftherrschaft, war in der Zeit der »alles verwüstenden deutschen Luftangriffe gegen Stalingrad aus der Stimmung der Verzweiflung geboren, die den Taran förderte«. (Siehe: Glukow, M.K.: Voyenno woschdusknije sily - Die Luftwaffe.).

Am 14. September 1942 legte sich der junge russische Pilot I.M. Chumbarew vom 237. Jäger-Regiment in einen Hinterhalt-Einsatz nahe seinem Platz. Während er seine Überwachungsrunde flog, sichtete er einen Fw 189-Aufklärer, der das russische Flugfeld unentdeckt erreicht hatte und - von einer dichten Wolkendecke geschützt - immer wieder durchstieß, weitere Luftaufnahmen machte, um wieder in den Wolken zu verschwinden.

Aus 1.100 m Höhe drehte Chumbarew auf diesen Aufklärer ein

und wurde dabei von den Bodenbeobachtern über Funk geleitet. Diese hatte Chumbarew verständigt und erreicht, daß sie den Gegner auffaßten.

Chumbarew flog dieses deutsche Flugzeug von hinten an, rammte es und brachte es zum Absturz. Am Kopf verwundet, verlor Chumbarew nicht die Kontrolle über seine Maschine, sondern brachte sie herunter und landete heil auf einem Felde nahe dem eigenen Platz.

Am 19. September meldete die russische Luftwaffenführung zwei weitere Rammaktionen. Eine wurde von V.N. Chenskiye vom 283. Jäger-Regiment durchgeführt, der eine Me 110 rammte und seine Maschine notlanden konnte.

Für die Russen bewiesen diese Männer jenen höchsten Grad an Tapferkeit, den sie allen Fliegern abverlangten. Dennoch flogen nach russischen Historikern im September und Oktober deutsche Verbände noch immer über Stalingrad, ohne ernsthaft gefordert zu werden. Ob dies zutrifft, wird sich spätestens bei der Auflistung der deutschen Angriffe zu dieser Zeit zeigen. Vorher aber noch der Einsatz der 8. Luftarmee.

Die 8. Luftarmee bei Stalingrad

Unter der Führung von General Kryjukin spielte die 8. Luftarmee in dieser Zeit über Stalingrad eine aktive Rolle. Während der Überwindung des Don durch die 6. Armee am 17. August 1942 eröffnete diese Luftarmee ihre Angriffe auf die deutschen Sturmspitzen, um sie zu stoppen und ihre Zusammenfassung zu verhindern. In Kampfgruppen von zehn bis 30 schnellen Pe 2-Bombern und ebenso vielen IL 2-Schlachtflugzeugen zusammengefaßt und durch jeweils etwa 15 Yak 1- oder La 5-Jäger gedeckt, bombten und beschossen sie die übergesetzten deutschen Verbände und stoppten sie zeitweise. Zwischen dem 18. August und dem 29. September flog die russische Luftwaffe mehr als 1.000 Angriffe gegen diese feindlichen Übersetzstellen. Eine Reihe von Schlachtflieger-Verbänden flog täglich mehr als drei Einsätze. Dies war für russische Verhältnisse das Optimum, während es auf deutscher Seite der vom ersten Kriegstag an geübte Brauch war.

Trotz der Intensität dieser Angriffe konnten die deutschen Heerestruppen nicht auf Dauer gestoppt werden. Die deutsche Luftwaffe griff am 23. August in einem massierten Luftangriff Stalingrad an.

Es kam zu insgesamt 400 Flugzeugen, die die Stadt erreichten und bombten. Russische Historiker berichten darüber als von »richtiggehenden Verwüstungen dieser Stadt«, doch dies sollte ja erst der Anfang gewesen sein.

In 25 Luftgefechten über Stalingrad an diesem Großeinsatztag meldete das russische Luftkommando Stalingrad den Abschuß von 90 deutschen Flugzeugen. Am selben Tage wurde das HQ der 8. Luftarmee aus Stalingrad hinaus und zurückverlegt. Bis zum späten September wurde durch den deutschen Vorstoß fast ganz Stalingrad besetzt. Die Stadt bot nunmehr den Anblick zerschossener Ruinen und Plätze.

Am 29. August hatte General Shukow, der stellvertretende sowjetische OB der Roten Armee, das Kommando über die Verteidigung Stalingrads übernommen. Und während bereits in Moskau die große Gegenoffensive gegen die 6. Armee beraten wurde, fanden in der Stadt an der Wolga erbitterte Kämpfe um die festen Stützpunkte statt. Mit Angriffen und Gegenangriffen von Infanterie, Panzern, Artillerie und Luftstreitkräften.

Im frühen September versuchte General Shukow mit geringem Erfolg die deutschen Kräfte zu spalten, die an den wichtigsten Punkten entlang dem hohen Steilufer der Wolga saßen. Die schweren Kämpfe hielten über Wochen an, während beide Seiten um den Besitz von Fabriken, Kombinaten und einzelnen Häuserkomplexen rangen; oftmals im Nahkampf, von Haus zu Haus, von Raum zu Raum.

Auf dem Mamaiahügel, der von General Tschuikows 62. Armee gehalten wurde, floß durch das ununterbrochene deutsche Artilleriefeuer viel Blut. Der Stalingrader Hauptbahnhof wechselte dreimal seinen Besitzer. Die Deutschen beschossen den russischen Nachschub auf dem Ostufer der Wolga Tag und Nacht. Die Russen erwiderten dieses Feuer durch eigenes Artilleriefeuer auf die erkannten deutschen Stellungen.

Verbände der russischen 8. Luftarmee und der Fernbomberwaffe unterstützten diese erbitterte Verteidigung von Stalingrad. Sowjetische Luftstreitkräfte bombten einen feindlichen Sektor nach dem anderen und griffen diese mit IL 2-Schlachtflieger-Konzentrationen an. Zwischen dem 27. September und dem 8. Oktober flog die 8. Luftarmee etwa 4.000 Einsätze. Auch dies war nach den Plänen der Luftwaffenführung viel zu wenig. In dieser Phase des Abwehrkampfes forderte General Nowikow die Intensivierung der Nachtangriffe durch die 8. Luftarmee und alle übrigen teilnehmenden Luftarmeen. In dem von ihm am 22. Oktober herausgegebenen Tagesbefehl forderte er jedes der Schlacht- und Jagdflieger-Regimenter auf, jeweils fünf Besatzungen in Nachtangriffen auszubilden. Die gleichen Besatzungen wurden auch dahin ausgebildet, bei jedem Wetter Einsätze zu fliegen. Während dieses defensiven Stadiums der Schlacht um Stalingrad flogen IL-Schlachtflieger genau 406 Nachteinsätze.

Das Funk-Nachrichtensystem wurde während der Defensivphase entlang der gesamten Donfront installiert. General Nowikow, der ja bereits als Fliegerführer im Großraum Leningrad dieses System eingeführt hatte, vervollkommnete es nunmehr für die gesamte Stalingradfront, in der Hoffnung, damit alle Luftstreitkräfte zusammenzufassen, sie unter Kontrolle zu bringen und zu einem einheitlichen Führungsstil zu gelangen.

Um diese hochwertige Nachrichtentechnik sicherzustellen, entsandte General Nowikow zwei hochrangige Nachrichtenoffiziere zur 16. Luftarmee. Es waren dies: General Schadanow, der stellvertretende OB der 13. Luftarmee der Leningrader Front, der diese Technik bereits kannte und General G.K. Godzkow den Nachrichtenchef des Luftwaffen-Hauptquartiers. Sie wurden von einer großen Schar Spezialisten begleitet, die der 16. Armee bei der Einrichtung dieses neuen Kommunikationssystems helfen sollten.

Gleichzeitig versuchte General Nowikow das dringend notwendige verbesserte Ausbildungsprogramm für die neuen Verbände und deren Besatzungen durchführen zu lassen. Er befahl den 25 Kommandeuren und deren Stellvertretern der zur Front gebrachten STAVKA Reserve-Luftregimenter an den angesetzten Kontroll- und Führungsoperationsübungen teilzunehmen.

Für dieses wichtige Experiment stellte das HQ der russischen Fliegerkräfte in Moskau ein neues Feldhandbuch mit der Bezeichnung »Instruktsiya dlya Voyenno-Vozdushnykh sil po upravleniya, opoveshcheniyu i nevedeniyu salmoletov po Radio - Instruktionen für die Luftwaffe zur Kontrolle, Information und Führung von Flugzeugen durch Sprechfunk« zusammen.

Die russische Luftwaffe entfaltete in diesen Wochen und Monaten ihre ganze Stärke. Im November verfügte sie über 4.544 Flugzeuge, überwiegend neuerer Baumuster, in der Front, davon allein im Raume Stalingrad über 1.400. Dreiviertel aller Kampfeinheiten bestanden aus den leistungsstärksten Typen, ein Spiegelbild der sich beinahe monatlich steigernden Ausstöße der russischen Luftfahrtindustrie.

Die Luftregimenter wurden von bisher zwei Staffeln auf drei aufgestockt, was ihre Kampfkraft entsprechend verbesserte. Die Organisation der Kommandostruktur für das sowjetische Luftwaffen-Oberkommando und die Schaffung der Luftarmeen im Jahre 1942 gaben nunmehr zu der Hoffnung Anlaß, daß die russische Luftwaffe von nun an eine größer und größer werdende Rolle im Großen Vaterländischen Krieg spielen würde.

Bevor die zweite Phase der sowjetischen Luftaktivitäten im Großraum Stalingrad dargestellt wird, sollten nunmehr jene Angriffe der deutschen Luftwaffe in Richtung zur Wolga eingebracht werden.

KÄMPFENDE VERBÄNDE AUF DEM WEG NACH STALINGRAD

Beim Kampfgeschwader 55

Nachdem die 6. Armee unter General Paulus westlich von Stalingrad den Don erreicht hatte, begann der Angriff des VIII. Fliegerkorps auf Ziele im Großraum Stalingrad. Auf den Platz Kramatorskaja verlegt, flogen die Staffeln dieses Geschwaders ab dem 10. Juli bereits Einzelstörangriffe gegen den Schiffsverkehr auf der Wolga vom Südrand Stalingrads bis hinunter nach Astrachan, und nach Norden bis in den Raum Saratow.

Als Hitler der 4. Pz.Armee den Angriff gegen Rostow befahl, starteten die einsatzbereiten Maschinen des KG 55 zu Unterstützungsflügen. Am 16. und 17. Juli gelang es ihnen, die große Brücke von Rostow-Bataisk zu vernichten und die sowjetischen Verbindungswege hinunter in den Kaukasus zu unterbrechen.

Während die I. Gruppe in Kutelnikowo in Ruhe lag, wobei einsatzbereite Teile dieser Gruppe zu den beiden übrigen Gruppen befohlen wurden, um diese zu verstärken, flogen die II. und III./KG 55 von Kramatorskaja aus ihre Angriffe. Für diese Einsätze wurden ihr die II./KG 27 und die I./KG 100 in Kutelnikowo unterstellt.

Am 1. August mit dem ersten Büchsenlicht war für alle Kampfverbände des VIII. Fliegerkorps der Angriff auf Stalingrad befohlen worden.

Da die Einsatzstärken, die diesem Korps gemeldet worden waren, so niedrig lagen, daß man es beim Korps nicht glauben konnte, befahl Generalleutnant Fiebig, der das Korps von Generaloberst von Richthofen übernommen hatte, alle Einheits- und Verbandsführer zu sich auf den Gefechtsstand nach Morosowskaja. Hier ließ er sich sämtliche Unterlagen vorlegen, aus denen der Tiefststand der einsatzbereiten Maschinen deutlich hervorging. Das KG 4 hatte in seiner III. Gruppe nur neun einsatzbereite Maschinen. Anderen Gruppen ging es ähnlich.

Am 15. August war das gesamte KG 55 auf den Einsatzhafen Morosowskaja verlegt worden. Von hier aus sollte der Kampf um Stalingrad mit allem Nachdruck geführt werden. Allerdings kamen die II. und III./KG 55 erst Ende August hierher, da sie nach den schweren Julieinsätzen erst in Samorsk auf der Krim aufgefrischt werden mußten.

Neuer Geschwaderkommodore war anstelle des inzwischen versetzten Oberstleutnant Benno Kosch Oberstleutnant Dr. Ernst Kühl geworden. Dieser Reserveoffizier sollte das Geschwader in den folgenden erbitterten Kämpfen führen.

In Ketten-, oft auch Staffelstärken erfolgten die Angriffe des KG 55 seit dem 25. August auf die verschiedensten Ziele. So wurde der Tatarengraben ebenso gebombt, wie der Rossoschkaabschnitt und die Bahnlinie Astrachan-Saratow.

Ab dem 28. August, als die eigenen Linien nicht mehr so sehr in Bewegung waren und man keine Furcht mehr haben brauchte, eigene Truppen zu treffen, wenn man dicht vor ihnen war, wurden Flächen- und auch Punktziele in Stalingrad selber angegriffen. Es waren dies die Geschützfabrik Rote Barrikade, das Hüttenwerk Roter Oktober, das Panzerwerk Dserschinski, die chemische Fabrik Lazur, der sogenannte »Tennisschläger«, und der Getreidesilo.

Die einsatzbereiten Flugzeuge starteten am Tag vier- bis fünfmal. Nun war die I. Gruppe an der Reihe, um zur Auffrischung nach Saki auf der Krim zu gehen.

Von Tag zu Tag wurde ab Ende September die Lage in Morosowskaja schlechter. Der Oktober sah Nachtangriffe gegen die Wolgaschiffahrt und gegen die Ölraffinerien von Saratow. Mehr und mehr Maschinen fielen aus. Und die Besatzungen meldeten jeden Tag neue Truppenbewegungen der Russen nördlich des großen Donbogens, bei Serafimowitsch und Kremenskaja. Dort, das wußten alle, würde der Feind bald antreten. Diese Truppenansammlungen konnten nur zu dem einen Zweck in Bewegung gesetzt worden sein: eine Gegenoffensive zu starten.

Bis Ende Oktober hatte die 6. Armee über Zweidrittel der Stadt an der Wolga in Besitz genommen. In den russischbesetzten Ruinen aber hielt sich dieser zähe Gegner.

Mitte November begann es zu schneien, Schneeregen und stürmischer Wind beutelte die in Erdbunkern hockenden Männer des KG 55. Das technische Personal mußte bereits in der Nacht mit dem Freischaufeln der eingeschneiten Flugzeuge beginnen und die Motoren warmlaufen lassen. Binnen weniger Tage sanken die Temperaturen auf minus 18 Grad und damit stand die Quecksilbersäule noch nicht, es wurde noch kälter.

Am frühen Morgen des 19. November 1942 erging folgender Befehl des VIII. Fliegerkorps an alle fliegenden Verbände:

»Lage im nördlichen Donbogen unübersichtlich. Gegner hat mit starken Panzer- und Infanteriekräften unsere Donverteidigung aus seinen Brückenköpfen Kletschkaja und südlich Serafimowitsch durchbrochen. Rollender Einsatz aller zur Verfügung stehenden Kräfte zur Bekämpfung des in nördlicher Richtung vorbrechenden Gegners, Feststellung der vordersten Teile des Feindes.«

Sechs Besatzungen der II./KG 55 starteten unter der Führung ihres Gruppenkommandeurs Major Gabriel. Die Maschinen von Major Gabriel und Oblt. Neubert kehrten von diesem Feindflug nicht mehr zurück.

Beim Kampfgeschwader z.b.V. 5

Nachdem dieses Kampfgeschwader z.b.V. im Frühjar 1942 Versorgungsflüge nach Cholm unternommen hatte, verlegte es am 27. Juli 1942 nach Charkow-Obliwskaja und Charkow-Nikolajewskaja. Von hier aus flog es mit seinen He 111 Einzeleinsätze mit Flugblätterpacken nach Stalingrad. Daneben erledigte es Fronttransportflüge nach Charkow, Tazinskaja, Millerowo, Morosowskaja, Obliwskaja, Makejewka, Nikolajewskaja und Beresna, um die hauptsächlichsten Ziele zu nennen.

Am 27. September 1942 flog die Maschine von Ofw. Niedermeyer, bei einem Flugblatteinsatz ziemlich weit ins russische Hinterland. Hier sein knapper Report darüber:

»Was ich sah, ängstigte mich sehr, ich sah nämlich nichts als riesige Staubwolken in Richtung Stalingrad ziehen. Darunter verborgen waren gewaltige Fahrzeugmengen und sicherlich auch Panzer.

Im Horst angekommen, meldete ich dies sofort. Es wurden aus meiner Meldung und aus jener meiner Kameraden,die später ähnliches erlebten, keinerlei Konsequenzen gezogen. Damals bereits brachte die Rote Armee ihre ersten Verbände heran, die dann später zur Einkesselung von Stalingrad antraten.«

Die Einsätze wurden fortgeführt und am 16. November 1942 überführte Ofw. Niedermeyer eine schwer angeschlagene, aber noch flugbereite He 111 nach Gardelegen. »Diese Maschine« berichtet uns Niedermeyer, »war schwer beschädigt worden, als die Kettenführermaschine beim Auslösen der Bomben explodierte. Für uns Besatzungen war es damals eine schwere Zeit. Die in Frankreich hergestellten Zünder der Bomben waren nämlich durch Sabotageakte verändert worden und lösten bereits aus, wenn sich die Bombe noch im Bombenschacht befand.

Als ich wieder zum Verband zurückkehrte, waren die Versorgungseinsätze in den entstandenen Kessel um Stalingrad und zwar nach Pitomink in vollem Gange.«

Über die Einsatzflüge später mehr.

Die I./Kampfgeschwader 100

Von Samorsk aus verlegte die I./KG 100 nach Kotelnikowo, um von diesem Horst Einsätze gegen die Feindstellungen im Krasowkatal zu fliegen.

Am 23. August verlegte die Gruppe nach Morosowskaja. Dies war nunmehr der endgültige Startplatz für die Einsätze nach Stalingrad.

Den ganzen September hindurch wurden Einsätze in Richtung Stalingrad geflogen. Die sowjetische Abwehr verstärkte sich an dieser Stelle der Front unmerklich. Dennoch kam es immer öfter zu Kämpfen mit russischen Jägern. Die größten deutschen Verluste aber wurden von der russischen Flak erzwungen, die in den Industrieanlagen Stalingrads aufgebaut war und verblüffend gut schoß. Hier wurden sehr bald auch einige Besatzungen der I./KG 100 vermißt.

Im Oktober 1942 befand sich diese Kampffliegergruppe im Verband des IV. Fliegerkorps, General Pflugbeil, das ebenfalls der Luftflotte 4 unter Generaloberst von Richthofen unterstand, im Einsatz über Stalingrad. Am 3. Oktober bombte sie die Geschützfabrik Rote Barrikade schwer.

Nach einem letzten schweren Angriff auf den Nordteil von Stalingrad am frühen Morgen des 6. Oktober verlegte die Gruppe wieder nach Saki auf der Krim. Von hier aus ging es am 13. Oktober nach Stalino, von wo aus in der Zeit bis zum 20. Oktober drei Angriffe gegen Stalingrad geflogen wurden.

In der ersten Novemberwoche wurden von der Gruppe Einsätze im Kaukasus geflogen, darunter auch einer gegen Ordschonikidse, denn hier bedurfte das schwer kämpfende Heer jeder Unterstützung. Dies setzte sich in den beiden folgenden Wochen fort. Ziele waren auch Tuapse und russische Schiffe im Kaspischen Meer.

Unmittelbar nach der Eröffnung der russischen Offensive zur Einschließung von Stalingrad aus den Brückenköpfen Kletschkaja und Serafimowitsch am Don gegen die 3. rum. Armee verlegte die I./KG 100 nach Morosowskaja zurück. Von hier aus begannen auch für diese Kampffliegergruppe die verlustreichen Abwehrkämpfe für Stalingrad. Und zwar zunächst gegen russische Durchbruchstruppen bei Kalatsch und Krasnoarenejez am Don.

Das Kampfgeschwader 51 gegen Stalingrad

Am 16. August verlegte das KG 51 nach Tazinskaja, einem Flugplatz mitten in der Steppe. Von hier aus wurden die ersten Einsätze gegen Stalingrad geflogen. Während die II. Gruppe die Wartungs- und Instandsetzungsarbeiten ausführte, und auch ausgeruhte Besatzungen zur I. und III. Gruppe abstellte, flogen die beiden letztgenannten Gruppen ihre Einsätze. Allerdings war Stalingrad in dieser Phase noch kein Topziel, sondern wurde gewissermaßen nur am Rande gebombt. Erst nachdem die 62. Sowjetarmee Mitte August 1942 eingeschlossen wurde, stießen die 6. Armee von Westen und die 4. Panzerarmee von Südwesten gegen Stalingrad vor.

Hitler hatte befohlen, Stalingrad zu erobern. Für die 4. Pz.Armee flogen nun die Gruppen des KG 51 Unterstützungsangriffe. Ab dem 23. August begannen diese Einsätze. Beim ersten dieser Art wurde Major Frhr. von Bibra abgeschossen. Oblt. Poppenburg von der 7. Staffel landete neben der Maschine seines Kameraden, nahm die Besatzung an Bord und startete. Sie erreichten wohlbehalten den Horst und um 16.27 Uhr startete Major von Bibra abermals. (Ernst Frhr. von Bibra erhielt am 23. Dezember 1942 das Ritterkreuz. Er fiel am 15. Februar 1943 im Donezgebiet im Luftkampf).

Bis zu fünf Mal griffen die Maschinen dieses KG täglich an. Stalingrad stand nach wenigen Tagen des Bombens vom Norden bis zum Süden hinunter in Flammen.

Ende September gab es eine kurze Ruhezeit in Sarabus auf der Krim. Hier konnten die an Darmgrippe und Ruhr erkrankten Männer gepflegt werden.

Die II./KG 51 verlegte ab dem 25. Oktober ohne ihre Bodenteile nur mit den ersten Warten, nach Armawir, um von hier aus ebenfalls Einsätze gegen Ordschonikidse zu fliegen und auch Tuapse und Naltschik anzugreifen.

Als in der Nacht des 4. November eine russische »Nähmaschine« durch einen Zufallswurf mit einer einzigen Bombe das große Benzinlager traf, kam es zu einer Katastrophe. Dieses Faßlager befand sich unmittelbar am Rande des Flugplatzes von Armawir, der vollgestellt war mit Kampfflugzeugen. Von den hier stehenden über 100 Ju 88 und He 111 wurden eine Reihe beschädigt, einige waren Totalverluste. Die II./KG 51 kam nicht so leicht davon. Sie verlor einige Maschinen; eine einzige blieb nur unversehrt. Die Gruppe verlegte sehr schnell nach Bagerowo auf der Halbinsel Kertsch. Die Suche nach neuen Flugzeugen begann und am 3. November wurde die Gruppe nach Tazinskaja verlegt. Geschwaderstab und der Kommodore, Major von Friedeburg, befanden sich noch in Sarabus auf der Krim.

Im Kampf um Stalingrad wurde das KG 51 immer wieder besonders erwähnt. Unter Major Dierich flogen die I. und Teile der ihm ebenfalls unterstellten III./KG 51 Angriffe gegen Stalingrad.

Erst am 7. Dezember 1942 lag das gesamte Geschwader wieder vereinigt in festen Unterkünften in Rostow. Nur geringe Teile befanden sich noch in Tazinskaja.

Über die Kampfgeschwader 4 und 53 wird im späteren Verlauf des Kampfes um die in Stalingrad eingeschlossene 6. Armee zu berichten sein. Lassen wir nach diesen kleinen Einblicken in den Einsatz gegen Stalingrad jene Ereignisse folgen, die zur Bildung der Luftbrücke Stalingrad führten.

Der Kampf der Heerestruppen um die Stadt an der Wolga

Der am 11. September 1942 beginnende Kampf um Stalingrad wurde zu einem erbarmungslosen Gemetzel. Bis zum 29. September waren die Verteidigungszentren der Roten Armee - Barrikady, Krasny Oktjabr und der berüchtigte »Schnellhefter« teilweise in erbitterten Häuserkämpfen erobert. Der noch nicht eroberte riesige Industriekomplex »Rote Barrikade« wurde ebenso wie die Siedlung und das Traktorenwerk Djerschinsk angegriffen.

In der Stadt kämpften nun Verbände der 71. I.D., der 29. I.D. (mot.) und der 389. I.D. Die 14. P.D. wurde am 9. Oktober der 6. Armee unterstellt und über Pitomnik und Gumrak in den Angriffsstreifen westlich Krasny Barrikady im Norden der Stadt verlegt. Mit der Kampfgruppe Sauvant (Major Bernhard Sauvant) bestehend aus dem I./I.R. 103 und der I./P.R. 36 standen deutsche Verbände auch im Norden der Stadt erstmals am Ufer der Wolga.

Jenseits dieses Flusses, in den Urwäldern, stand der Gegner. Er war nicht zu sehen, aber seine Artillerie feuerte in die Stadt hinein. Nacht für Nacht brachte er auf Hunderten von Booten Verstärkungen über den Strom in die Ruinen der Stadt.

Alles war hier in Rauch und Flammen gehüllt. Stalingrad war eine sterbende Stadt. Aber in ihr war der Widerstand noch stark. Nicht weniger als 75.000 Bewohner der Stadt waren der 62. Armee zugeteilt worden. 3.000 Mädchen und junge Frauen waren als Schwestern und Nachrichtenhelferinnen eingezogen worden. Am 12. September hatte die STAVKA General Lopatin, den OB der 62. Armee, abgesetzt. General Tschuikow, der vertretungsweise die 64. Armee führte, übernahm nun auch noch die 62. Armee und damit die gesamte Verteidigung in der Stadt.

Nördlich von Stalingrad kämpften die Armeen von Generalleutnant Malinowski, Generalmajor Moskalenko und Generalmajor Galanin. Im Süden wurden die Gegenstöße von den Armeen der Generalmajore Tolbuchin und Kolomiz geführt. Die Losung für alle lautete:

»Keinen Schritt zurück! - Hinter der Wolga gibt es für uns kein Land mehr!«

General Tschuikow erklärte nach Übernahme des Gesamtkommandos im HQ der russischen Heeresgruppe in Jamy, jenseits der Wolga:

»Die Preisgabe von Stalingrad würde die Moral unseres Volkes zerstören. Ich schwöre, die Stadt nicht zu verlassen. Wir werden Stalingrad halten oder sterben.«

Während die deutsche 24. P.D. am 4. Oktober 1942 den berüchtigten »Schnellhefter« erreichte und diesen nach harten Kämpfen am 5. Oktober in Besitz nahm, plante die Rote Armee bereits die Befreiung der Stadt und die Vernichtung der 6. Armee. Sowjetische Großkampf-Batterien schossen vom Ostufer der Wolga mit allen Kalibern in die Stadt hinein. Raketenwerfer - die berüchtigten Stalinorgeln schossen ihre fauchenden und heulenden Raketensalven in die Trümmer und setzten sie erneut in Brand. Stalingrad brannte an allen Enden und hatte sich in eine 40 km lange Ruinenlandschaft verwandelt.

Deutsche Stukaverbände röhrten tagsüber heran und stürzten sich auf die russischen Widerstandsnester.

Am 16. November versuchten es die zusammengeschmolzenen deutschen Divisionen ein letztesmal, die endgültige Entscheidung zu erzwingen. Neu dabei war die 305. I.D.

Der Sturmlauf durch die Straßen und trichterübersäten Fabrikhöfe mitten im Schneetreiben erzielte ganze 100 m Bodengewinn. Jeder Meter wurde mit zehn Toten erkauft und in der Nacht ging dieser schmale eroberte Streifen wieder verloren.

Am Morgen des 19. November 1942 aber bahnte sich 500 km von Stalingrad entfernt, nordwestlich dieser Stadt, ein Inferno an, das letztlich zur Einkesselung der 6. Armee führte.

Die sowjetische Offensive rollt

Die Stoßgruppierungen der Südwestfront unter Generalleutnant Watutin und der Donfront unter Generalleutnant Rokossowski traten am Morgen des 19. November 1942 zum entscheidenden Angriff an.

Die sowjetische Stalingradfront hatte inzwischen mit der 66. Armee an der Stalingrad-Nordfront, der 62. und 64. Armee in der Stadt selbst und der 57. Armee mit dem unterstellten XIII. mech. Korps bei Krasnoarmeisk, sowie der 51. Armee mit dem zugeführten IV. mech. Korps am Zaza- und Barmanzaksee in der Kalmückensteppe eine Höchstzahl an Kampftruppen erhalten.

Die Angriffe der sowjetischen Südwestfront überrannten die rumänischen Verbände und drangen am ersten Kampftage 40 km nach Süden vor.

Die Stoßgruppen der Stalingrader Front unter Generaloberst Jerjomenko griffen am 20. November nach einer starken Artillerie-Feuervorbereitung an. Die Truppen unter Generalmajor Tolbuchin und Generalmajor Trufanow durchbrachen die deutsche Verteidigungsfront und schufen für die schnellen Kampfgruppen der Armeen die Voraussetzung zum zügigen Vorstoß und zur Umfassung der 6. Armee.

Am 23. November vereinigten sich die Panzer-Kampfgruppe unter Generalmajor Wolski bei Sowjetski mit schnellen Truppen der Südwestfront. Teilkräfte der Stalingrader Front, die die Hauptstoßgruppe nach Süden sicherten, erreichten die Linie entlang des Don und des Aksai-Kurmojarski bei Umanzewo und bildeten hier - nach Süden gerichtet - die äußere Einschließungsfront.

Damit waren im Großraum um Stalingrad 20 deutsche und zwei rumänische Divisionen, sowie einige kleinere Verbände eingeschlossen.

Wie hatte Hitler noch am späten Abend des 8. November im Bürgerbräukeller zu München gesagt?:

»Keine Macht der Welt kriegt uns wieder aus Stalingrad weg!«

Diese prophetischen Worte sollten sich auf unendlich grausige Weise bewahrheiten.

Die Lage bei der Luftflotte 4

Seit Oktober 1942 hatte die Luftflotte 4, Generaloberst von Richthofen, die geheimen, getarnten Aufmarschbewegungen der Roten Armee an der nördlichen Donschleife gemeldet. Am 14. November berichteten deutsche Aufklärer erstmals, daß russische Pioniere im Raume Kletskaja und nordwestlich davon Brücken über den Don schlügen. Am 19. November meldeten die Aufklärer, daß die Rote Armee in Richtung auf den Tschir angetreten sei.

Das VIII. Fliegerkorps, Generalleutnant Fiebig, mit dem Gef.Stand in Obliwskaja versuchte, diesen Angriff zu stoppen. Aber es konnten bei dem schlechten Wetter nur Einzelangriffe geflogen werden. Erst als der Gegner den Raum nördlich und ostwärts des Tschirbogens erreichte, konnten mit Schlachtfliegern, Stukas und Bombern Angriffe gegen ihn geflogen werden.

Die im Raume Kalatsch liegenden deutschen Fronthorste wurden jedoch überrannt. Das Stukageschwader 2 verfügte hier nur noch über eine Gruppe. Das Schlachtgeschwader 1 unter Oberstleutnant Hitschhold und das Stukageschwader 2 unter Major Dr. Kupfer konnten am 20. November 1942 vor den auf ihre Plätze zurollenden Feindpanzer-Verbänden starten.

Als Generalleutnant Fiebig am 21. November mit dem Chef des Stabes der 6. Armee, Generalmajor Schmidt, sprach, wie man sich die Versorgung der 6. Armee denke, da ja alle Nachschubverbindungen zusammengebrochen seien, erklärte der Stabschef, daß dann die Armee eben aus der Luft versorgt werden müsse.

Fiebig fragte ungläubig: »Eine ganze Armee?«. Und als Schmidt dies bejahte, Generaloberst Paulus hörte am zweiten Hörer mit, sagte der Kommandierende General des VIII. Fliegerkorps: »Das ist völlig unmöglich! Unsere Transportflugzeuge sind in Afrika und auch an anderen Fronten stark in Anspruch genommen. Ich warne vor übertriebenen Hoffnungen.«

Am nächsten Tag, dem 22. November 1942 rief Generalleutnant Fiebig abermals bei der 6. Armee an und beschwor Gen.Maj. Schmidt:

»Ich muß noch einmal zum Ausdruck bringen: Sie rechnen zu sehr mit einer Luftversorgung. Ich komme aber immer wieder zu dem Schluß, daß eine Luftversorgung der 6. Armee nicht möglich ist. Unberechenbar sind Feind- und Wetterlage. Ich sage Ihnen dies eindringlich, damit Sie unsere Auffassung haben, wenn Sie mit Hoth sprechen.«

Die Armee erhielt nach einigem Hin und Her den Befehl in Stalingrad zu igeln. Und so meldete am 22. November Generaloberst Paulus dem OKW-FHQ:

»Armee eingeschlossen. Munitionslage gespannt, Verpflegung reicht für sechs Tage. Armee beabsichtigt, verbliebenen Raum um Stalingrad bis zum Don zu halten und hat hierzu alles eingeleitet. Voraussetzung ist, daß die Schließung der Südfront gelingt und reichlich Verpflegung eingeflogen wird.«

Generaloberst Frhr. von Weichs, der OB der HGr. B, der ja die 6. Armee angehörte, schickte noch am selben Tage ein Fernschreiben an das OKH:

»Trotz der ungewöhnlichen Schwere des zu fassenden Entschlusses, dessen Tragweite mir voll bewußt ist, muß ich melden, daß ich die Zurücknahme der 6. Armee, die von Paulus vorgeschlagen wurde, für notwendig halte.«

Er gab die Gründe an, die ihn dazu brachten und führte aus, daß die Versorgung von 20 Divisionen nicht möglich sei.

Am 24. November richtete auch der OB der Luftflotte 4, Generaloberst von Richthofen ein Fernschreiben an das FHQ: »Der Durchbruch der 6. Armee nach Südwesten ist die einzige Möglichkeit, den größten Teil der 6. Armee und ihres Materials, sowie die schweren Waffen zu retten.«

Damit hatten sich alle maßgeblichen Frontkommandeure für einen Rückzug entschlossen. Hitler antwortete umgehend:

»Die 6. Armee ist vorübergehend von russischen Kräften eingeschlossen. Ich beabsichtige, die Armee im Raume Stalingrad zusammenzufassen. Die Armee darf überzeugt sein, daß ich alles tun werde, um sie entsprechend zu versorgen und rechtzeitig zu entsetzen. Ich kenne die tapfere 6. Armee und ihren Oberbefehlshaber und weiß, daß sie ihre Pflicht tun wird.«

Nach der Einschließung von Stalingrad war Generaloberst Paulus mit seiner Führungsstaffel von Tschirskaja aus in den Kessel eingeflogen und hatte sich in alten unterirdischen Russenbunkern in Gumrak eingerichtet. In 12 tief ausgeschachteten Erdlöchern, mit einer gefrorenen Erddecke von 2 m darüber, war der Stab im Umkreis von 80 m untergezogen.

Während Generaloberst Paulus noch auf die Genehmigung zum Ausbruch - den er schließlich als einziges Mittel empfohlen hatte - wartete, wurde der Truppe befohlen, allen Ballast zu vernichten, der diesen Ausbruch behindern konnte. Selbst Bekleidung, Wäsche und Verpflegung wurden vernichtet. Wenig später mußte die Armeeführung zu ihrem Entsetzen erkennen, daß sie an Stalingrad festhalten sollte, denn Hitler befahl ihr:

»Haltet aus! Entsatz kommt von draußen!«

Was hatte Hitler dazu bewogen, diesen Todesbefehl für die 6. Armee zu geben?

Hitler hatte in einem Telefongespräch am 23. November 1942 Reichsmarschall Göring direkt gefragt, ob die Luftversorgung von Stalingrad möglich sei. Göring erwiderte: »Die Sache scheint durchführbar.«

Am Nachmittag dieses Tages hatte Göring in Anwesenheit des Generalquartiermeisters der Luftwaffe, Oberst von Seidel, von Oberst Eschenauer, General Kleinrath und General Vorwald, dem Chef des Technischen Amtes der Luftwaffe, erklärt, daß er beabsichtige, die 6. Armee durch die Luftwaffe versorgen zu lassen.

So wurde es denn auch befohlen und Generaloberst Jeschonnek, der Chef des Generalstabes der Luftwaffe, stellte sich hinter diesen Befehl, wenn er auch zu bedenken bat, daß das Gelingen der Luftversorgung von Stalingrad vom Wetter und von frontnahen Absprungplätzen abhängig sei. Dies bedeutete, daß die beiden Absprunghäfen für die Ju 52-Geschwader, Tazinskaja und Morosowskaja gegen die Rote Armee gehalten werden mußten.

Am 25. November 1942 erklärte Reichsmarschall Göring im FHQ: »Die Luftwaffe wird im Tagesdurchschnitt 500 Tonnen Nachschub für die 6. Armee überfliegen und für diesen Zweck jedes nur erdenkliche Flugzeug bereitstellen, darunter auch Ju 90 der Lufthansa. Die

Versorgung der deutschen Truppen, die im vergangenen Winter drei Monate lang in Demjansk eingekesselt waren, beweist die Möglichkeit dieser Operation.«

Die Luftflotte 4 erhielt am 25. November 1942 den Auftrag, die Luftversorgung durchzuführen. Generalleutnant Fiebig wurde zum Lufttransportführer Stalingrad ernannt. Oberst Förster, Kommodore des KG z.b.V. 1, übernahm den Befehl über alle zur Zeit bei der Luftflotte 4 befindlichen Transportverbände. Diese wurden auf dem Flugplatz Tazinskaja zusammengezogen.

Transportaufgaben nach Stalingrad

Die ersten in Tazinskaja eintreffenden Ju 52 begannen am 26. November mit den Transportaufgaben. Im KTB des OKW heißt es dazu:

»Nur 27 Ju 52 sind gestern in den Raum Stalingrad eingeflogen. Vorhanden sind 298 Ju 52, die täglich etwa 600 Tonnen Versorgungsgüter nach Stalingrad schaffen könnten; gebraucht werden vorläufig 700 Tonnen täglich, später nach Verbrauch der vorhandenen Verpflegungssätze 1.500 Tonnen.«

Daß diese hier genannten Zahlen völlig utopisch waren und von den anderen genannten Zahlen abwichen, sei am Rande vermerkt.

In Deutschland fand dann am 29. November 1942 noch ein Ereignis statt, das zu denken hätte geben müssen. Am Vortage war GFM Rommel im FHQ eingetroffen und hatte Hitler gebeten, den Rückzug in Afrika einleiten zu dürfen. Am nächsten Morgen, dem 29. November, erklärte Hitler Rommel gegenüber:

»Afrika muß gehalten werden!« Dann wandte er sich an Göring und befahl diesem: »Sie sorgen für die Luftversorgung Afrikas«.

Spätestens zu diesem Zeitpunkt hätte Reichsmarschall Göring erklären müssen, daß es unmöglich war, an zwei so weit voneinander entfernten Punkten der Erde genügend Ju 52-Transporter zur Versorgung ganzer Armeen bereitzuhalten. Göring hätte hier und zu dieser Stunde klipp und klar erklären müssen, daß es nicht möglich war, Stalingrad gleichzeitig aus der Luft zu versorgen. Dann hätte sich Hitler entscheiden müssen: Entweder mußte er dann Afrika aufgeben, und alle Flugzeuge nach Stalingrad in Marsch setzen lassen, oder aber der 6. Armee den Durchbruch freigeben müssen. Hier lag eine der Wurzeln zu jenem Desaster, das zuerst Stalingrad und dann auch »Tunisgrad« forderte.

Die Lufttransportverbände

Als sich herausstellte, daß der am 26. November gebildete Stab und der Luftversorgungsführer Stalingrad, Generalmajor Carganico nicht in der Lage waren, diese Aufgaben zu meistern, wurde am 28. November Generalleutnant Fiebig mit der Führung der Luftversorgung von Stalingrad beauftragt.

Die KG 27 und 55 seines Fliegerkorps wurden sofort für Versorgungsflüge eingeteilt. Ein Teil der Bomber mußte jedoch auch weiterhin mit Kampfaufträgen eingesetzt werden, weil die gespannte Lage dies notwendig machte.

Unter Führung von Oberst Kühl, Kommodore des KG 55, wurden alle He 111-Verbände von Morosowskaja zusammengefaßt und Kühl zum Lufttransportführer Morosowskaja ernannt.

Die in Tazinskaja befindlichen Ju 52-Transportverbände traten unter den Befehl von Oberst Förster; in Stalino übernahm Major Willers die Aufgabe als Lufttransportführer Stalino. Hier gaben sich die ersten Großraumflugzeuge ein Stelldichein. Der Oberquartiermeister der 6. Armee, der in Morosowskaja saß, forderte täglich den Nachschubbedarf der 6. Armee an. Und zwar bei der HGr. Don.

Die Probleme der Wetterbedingungen mit Schneetreiben, Vereisung der Maschinen und Nebel, sowie die bis zum Boden hinuntergehenden Wolkendecken über dem Flugplatz Pitomnik im Kessel konnten nicht immer gemeistert werden. Wenn nicht gelandet werden konnte, mußten alle Versorgungsgüter in Abwurfbehälter umgepackt werden. Die Zeitabstände der Starts wurden zwischen Morosowskaja und Tazinskaja abgesprochen, denn es mußte ja auf dem Stalingrader Flugplatz entladen werden. Das Einladen der zurückzufliegenden Verwundeten nahm auch eine gewisse Zeit in Anspruch.

Auf der gesamten Strecke ihres Fluges wurden die vollbeladenen langsamen Ju 52 von Feindjägern bekämpft. Diese und die um die Festung augefahrene Feindflak forderte ihre Opfer.

Rasch kamen verschiedenste Einheiten und Flugzeuge nach dem Osten. Die Verbände waren:

Kampfgruppe z.b.V. 9	Oberst Jäckel
Kampfgruppe z.b.V. 50	Major Baumann
Kampfgruppe z.b.V. 102	Oberstleutnant Erdmann
Kampfgruppe z.b.V. 105	Major Jakobs

Kampfgruppe z.b.V. 172	Major Zähr
Kampfgruppe z.b.V. 500	Major Beckmann
Kampfgruppe z.b.V. 900	Oberst Wübben
I./KGr. z.b.V. 1	Major Maess
II./KGr. b.b.V.1	Oberstleutnant Neundlinger (alle Verbände mit Ju 52 ausgerüstet)
Kampfgruppe z.b.V.5	Major Uhl
Kampfgruppe z.b.V. 20	Major Schmidt mit den Staffeln: Glocke, Gaede, Gratl.
III./Kampfgeschwader 4	Major Klosinski
Kampfgeschwader 27	Oberstleutnant von Beust
I./Kampfgeschwader 100	Hauptmann Bätcher (Alle Verbände mit He 111 ausgerüstet)
Kampfgruppe z.b.V.21	
Kampfgruppe z.b.V.22 (mit Ju 86 ausgerüstet)	
Kampfgeschwader 50	Major Schlosser (He 177)
Kampfgruppe z.b.V. 200	Major Willers (mit FW 200, Ju 90 und Ju 290).

Am 29. und 30. November kamen ebenfalls von 38 gestarteten Ju 52 nur 12 nach Stalingrad durch.

Von 250 gemeldeten Flugzeugen, die theoretisch 500 Tonnen Versorgungsgüter hätten nach Stalingrad einfliegen können, waren 12 mit 24 Tonnen gelandet. Dies hätte sofortige Untersuchungen zur Folge haben müssen. Um diese Zeit wäre es noch nicht zu spät gewesen, den Ausbruch zu befehlen. Und zwar zur Zeit des Entsatzvorstoßes gegen Stalingrad.

Am 1. Dezember wurden vom VIII. Fliegerkorps mit allen Kampf- und Transporteinheiten Einsätze geflogen. Die zurückkehrenden Flugzeuge mußten bei dichtem Schneefall landen. Der folgende Morgen sah alles vereist. Dennoch kamen die He 111 heraus und die Ju 52 folgten nach. Bereits jetzt fehlten Wärmegeräte. Sie hätten beschleunigt herangebracht werden müssen.

Mit dem Storch flog Generalleutnant Fiebig nach Morosowskaja, um nach dem Rechten zu sehen. Trotz aller Widrigkeiten konnten an diesem Tage 130 Tonnen Versorgungsgüter nach Stalingrad geflogen werden. Aber am folgenden Tage gab es keinen einzigen Start, denn ein Eisregen im Verein mit dichtem Schneetreiben und ebenso dichtem Nebel verhinderten jeden Start. Am 4. Tage ging zwar das Eis in Pitomnik auf, doch in Tazinskaja und Morosowskaja gab es immer noch keine Möglichkeit zum Start. Daß dennoch im Laufe des Tages 17 He 111 und etwa 50 Ju 52 den Flug schafften und 140 Tonnen Versorgungsgüter einfliegen konnten, war eine große Leistung der Fliegenden Besatzungen und des Bodenpersonals.

Die nächsten Tage sahen ebenfalls bei schlechtester Wetterlage Einsätze. Am 8. Dezember flogen 70 He 111 nach Stalingrad und brachten etwa 140 Tonnen Versorgungsgüter in die Stadt.

Die laufenden sowjetischen Luftangriffe auf Morosowskaja und Tazinkskaja forderten schwere Opfer an Toten und Verwundeten.

Am 9. Dezember herrschte wieder dichter Schneefall. Vier Ju 52 gingen bei Einzelangriffen russischer Bomber auf Tazinskaja verloren. Ein Betriebsstoff-Depot des Heeres ging in Flammen auf. Ein Munitionsstapel brannte lichterloh.

Bis zu diesem Tage waren bereits über 40 Ju 52 und 18 He 111 verlorengegangen und eine Reihe weiterer schwer beschädigt.

Seit dem 3. Dezember wußte man im FHQ, daß die Truppen der 6. Armee nur noch ein Drittel des normalen Verpflegungssatzes erhielten. Generalmajor Schmidt notierte ins KTB: »Der Russe geht vor unseren Linien spazieren, weil nicht mehr geschossen werden kann.«

Am 20. Dezember wurde dem OKW gemeldet, daß die Luftzuführungen nach Stalingrad geringer als an den Vortagen gewesen sei, niemand zog daraus seine Schlüsse.

Es war bekannt geworden, daß GFM von Manstein am 11. oder 12. Dezember zum Entsatzvorstoß für die 6. Armee antreten werde.

Der Entsatzvorstoß — 48 km vor Stalingrad

Am 12. Dezember begann der Entsatzvorstoß, der zunächst gut vorwärtskam und bis zum 15. Dezember Werchne Kumski erreichte. Hier blieb der Angriff liegen. Bis zum Kesselrand waren es noch genau 48 km, als Wassiljewka von der KGr. Hünersdorf erreicht wurde. Dann aber blieb die Operation »Wintergewitter« endgültig liegen.

Am 19. Dezember 1942 richtete das Oberkommando der HGr. Don einen dringenden Apell an die Oberste deutsche Führung, nunmehr die Operation »Donnerschlag« - den Ausfall der 6. Armee - freizugeben. Hitler mußte nun den Befehl zur Verteidigung von Stalingrad aufheben, der die 6. Armee an die Stadt an der Wolga band. Diesen Befehl gab er nicht. Es sollte nun nur ein Korridor zur 6. Armee geschlagen werden.

Die Entsatzverbände hielten am 19. Dezember noch immer Wassiljewka. Am 21. Dezember sollte der Angriff fortgesetzt werden. Die 23. P.D., die in Eilmärschen nahte, sollte den notwendigen Dampf machen. Russische Panzerverbände stellten sich dieser Division entgegen. Sie wurden nach Kampf geworfen und Krugljakoff erreicht. Hier war die 23. P.D. - wie sich sogleich herausstellen sollte - in einen russischen Panzerangriff hineingestoßen, der in die tiefe Flanke der 6. P.D. zielte, die ja bei »Wintergewitter« geführt hatte. Diese Gefahr konnte durch die 23. P.D. abgewendet werden. Aber am 18. Dezember wurde die 23. P.D. von starken Feindpanzerverbänden angegriffen. Am Abend des 18. Dezember stellte das P.R. 201 dieser Division dennoch die Verbindung mit dem P.R. 11 der 6. P.D. her. Am Tage darauf kam es zu schwersten Kämpfen. Ein Stukaangriff unterstützte die Teile der beiden Panzer-Divisionen im Abwehrkampf.

Am Abend waren sämtliche 22 neuen Panther-Panzer des P.R. 201 ausgefallen. Dennoch wurde der Angriff am 20. Dezember fortgesetzt, der sich am 21. Dezember festlief. Am 23. Dezember erhielt die Division Befehl, den Angriff nach Nordosten einzustellen. Man hatte bereits mit den Verbänden im Kessel Funkkontakt aufgenommen.

Am Abend des 22. Dezember mußte GFM von Manstein bereits entscheidende Maßnahmen ankündigen. Hunderte sowjetischer Panzer rollten auf den Flugplatz Morosowskaja zu. Die linke Flanke der Armeeabteilung Hollidt lag völlig offen. Die 6. P.D., die sich soeben anschickte den entscheidenden Sprung nach vorn zu tun, wurde herausgezogen und zur Verteidigung von Morosowskaja umdirigiert. Damit war die Operation »Wintergewitter« gestorben. Der Rückzug nach Kotelnikowo mußte angetreten werden, als der Gegner auch vor der Front des LVII. Pz.K. im Myschkowa-Abschnitt mit starken Panzerverbänden angriff.

Die 6. Armee blieb in Stalingrad - für immer.

Das VIII. Fliegerkorps im großen Ringen um die Versorgung der Festung Stalingrad

Vom 12. Dezember an mußte das VIII. Fliegerkorps neben der Versorgung der 6. Armee auch die Kampfführung im gesamten Raum übernehmen. Trotz völliger qbi-Lage wurden auch am 14. Dezember von einigen He 111 60 Tonnen Otto-Treibstoff und 20 Tonnen Verpflegung überflogen. Die in Pitomnik landenden Maschinen mußten dort über Nacht bleiben, weil ein Rückflug nicht mehr möglich war. Am nächsten Morgen wurden die Schwerverwundeten durch das Feuer zu den Flugzeugen getragen und ausgeflogen. Am 16. Dezember schmierten zwei Ju 52 wegen Vereisung ab und gerieten beim Aufschlag auf den Boden in Brand. Dennoch wurden an diesem Tage 180 Tonnen überflogen, wie das KTB des VIII. Fliegerkorps dies exakt angibt.

Am 17. Dezember mußten die Kampfflugzeuge wieder einen Einsatz zur Unterstützung des LVII. Pz.K. fliegen. Demzufolge konnten nur wenige Transportflüge nach Stalingrad durchgeführt werden. Bei dem strahlenden Winterwetter, das am 17. Dezember herrschte, befanden sich über dem weiten Festungsgebiet massenhaft sowjetische Flugzeuge und auch die Feindflak hatte gutes Schußfeld. In der Nacht wurde Pitomnik mehrfach schwer gebombt. Die eingeflogene Transportmenge war an diesem Tage sehr gering. Generalleutnant Fiebig trug in sein KTB ein:

»Es ist ein Spiel auf des Messers Schneide. Wird es gelingen? Nein, es m u ß gelingen! Anders ist es gar nicht auszudenken. Und doch kann man sich die Rettung der 6. Armee nur noch als Wunder vorstellen.« (Siehe Martin Fiebig: Kriegstagebuch des VIII. Fliegerkorps, Teil IV).

Die Vereisungsgefahr im Start- bzw. Absprungbereich hinderte am 18. Dezember die wenigen He 111 nicht daran, dennoch nach Stalingrad zu fliegen, denn über dem Kesselbereich wurde offenes Wetter gemeldet. Es kamen jedoch nur wenige He 111 (5) zum Einsatz. Die Motoren der Ju 86 sprangen nicht an, die Ju 52 konnten wegen des dichten Nebels nicht starten, man konnte auf dem Platz von Tazinskaja knapp 50 m weit sehen.

An diesem Tage funkte Generalmajor Schmidt aus dem Kessel, daß nur zehn Tonnen Versorgungsgut in die Festung geschafft worden seien. Generalleutnant Fiebig versuchte zu erklären, warum nicht mehr geflogen werden konnte, doch damit erntete er kein Verständnis.

Nach Meinung der Befehlshaber und Kommandeure kam nur noch ein Ausbruch in Frage und am 19. Dezember würde darüber die Entscheidung fallen.

In der Nacht zum 19. Dezember konnten wieder 70 Tonnen in die Festung befördert werden, und am folgenden Tage schafften 73 He 111, 50 Ju 52 und 13 Ju 86 erstmals 270 Tonnen Versorgungsmaterial in die Festung. Dies war eine überragende Leistung der Lufttransportführer und vor allem der Bodendienste.

Am 20. Dezember wurden von etwa 100 He 111, 80 Ju 52 und Ju 86 Versorgungsgüter in die Festung geflogen. In Stalingrad atmete man auf. Doch die von Hitler erwartete Entscheidung über den Ausbruch der 6. Armee blieb aus. Seinem KTB vertraute Generalleutnant Fiebig seine geheimen Gedanken an, als er dort schrieb:

»... man muß seine Gedanken anhalten. Deutsches Schicksal nimm deinen Lauf! Jeder tue seine Pflicht! - - -

Man fragt sich, ob der Führer wirklich im Bilde ist über die Lage an dieser Front, über den Zustand der Truppen und über ihre Leistungsfähigkeit. Ob man den Russen nicht erneut in seiner Leistungsfähigkeit unterschätzt hat? - - -

Man quält sich damit ab, wie das einmal zum Ende kommen soll. Die Zeit rollt weiter. Werden wir sie zwingen?« (Siehe: Generalleutnant Fiebig: a.a.O.).

In den nächsten Tagen herrschten wieder Vereisungsgefahr und dichter Nebel und als der Gegner am 23. Dezember bei Skasskijrskaja antrat war allen klar, daß die russischen Panzerverbände spätestens am 24. Dezember bei Tazinskaja stehen würden. Dort aber befanden sich etwa 180 Flugzeuge, die die Versorgung von Stalingrad sicherzustellen hatten. Wurden sie kassiert, dann brach die Versorgung Stalingrads zusammen.

Generalleutnant Fiebig bat, ausweichen zu dürfen. Generaloberst von Richthofen war einverstanden, doch das Ob.d.L. lehnte jede vorzeitige Räumung ab. »Erst wenn der Feind mit Artillerie auf den Platz schießt, darf geräumt werden!« lautete der kategorische Befehl.

72 Flugzeuge flogen an diesem 23. Dezember nach Stalingrad.

Kurz nach Mitternacht erhielt Generalleutnant Fiebig durch Generaloberst von Richthofen Nachricht, daß ihm am Vortage das Eichenlaub zum Ritterkreuz verliehen worden sei.

»Es war ein bitterer Augenblick, im Tiefpunkt einer militärischen

Lage eine solche Auszeichnung zu erhalten.« (Siehe Martin Fiebig: a.a.O.).

Am frühen Morgen des 24. Dezember herrschte auf dem Rollfeld von Tazinskaja fieberhafte Aufbruchstimmung. Eine Maschine stand dicht neben der anderen. Das letzte wichtige Gut wurde eingeladen. Um 4.15 Uhr fuhr auch Generalleutnant Fiebig zum Platz. Die Fernsprechanlage war beschossen worden und stand in Flammen. Oberst Förster und Oberstleutnant Heinemann kamen mit Major Schwarzer, dem Horstkommandanten, zum Befehlsbunker. Die Besatzungen wurden bereits zu den Liegeplätzen ihrer Maschinen geschickt.

Es war genau 5.20 Uhr, als Feindartillerie den Platz beschoß. Dann erschollen auch Panzerabschüsse. Eine erste Ju 52 erhielt einen Volltreffer und geriet in Brand. Eine zweite Ju 52 wurde ebenfalls in Brand geschossen.

Es war 5.30 Uhr, als Generalleutnant Fiebig den Befehl an Oberst Förster gab, in Richtung Nowotscherkassk - dem Ausweichplatz - zu starten.

Bei völligem qbi-Wetter - wie befürchtet - setzte der Start ein. Blind rollten die Flugzeuge durch das dichte Schneetreiben über die Startbahnen. Pausenlos starteten die Ju 52 buchstäblich ins graue Nichts. Eine getroffene Ju 52 stürzte ab und schlug jenseits des Platzes auf den Schnee auf. Ein riesiger Feuerball zeigte die Stelle ihres Unterganges an.

Bis 5.50 Uhr war der Start aller Flugzeuge erfolgt. Um 6.00 Uhr verließ Generalleutnant Fiebig den Befehlsbunker. Das Verpflegungslager brannte, Hütten und Bunker brannten, die Notunterkunft stand ebenfalls in hellen Flammen.

Eine vorletzte Maschine zog durch den wilden Feuerorkan hinaus in Richtung Nowotscherkassk. Es war die Ju 52 in die Oberst Förster mit seinem Stab und dem Chef des Generalstabes der Luftflotte 4, Oberst von Rohden, eingestiegen war. Um 06.10 Uhr gab dann auch Generalleutnant Fiebig den Befehl zum Start der letzten Ju 52 und Stabsingenieur Biedenkamp flog zur gleichen Zeit mit dem Storch von Tazinskaja ab.

Fw. Ruppert, der die Stabsmaschine Fiebigs flog hatte eine Wolkenuntergrenze von 30 m. Er schaffte den Start und mit Generalleutnant Fiebig verließen die letzten Offiziere des VIII. Fliegerkorps Tazinskaja.

Dieser Schnellstart in Tazinskaja war eine einsame Meisterleistung der Flugzeugführer, die in 20 m Abstand zueinander ins Ungewisse starten mußten.

Um 7.25 Uhr landete die Ju 52 von Generalleutnant Fiebig in Rostow-West. Um 7.45 Uhr erfolgte seine Meldung bei Generaloberst von Richthofen. Insgesamt konnten 108 Ju 52 und 16 Ju 86 aus der Hölle von Tazinskaja gerettet werden. Der Verlust von 56 Flugzeugen ging auf das Konto des Ob.d.L. Aber auch eine große Menge an nicht wiederzubeschaffendem Material, an fliegerischem und Bodengerät, blieb in Tazinskaja zurück.

Dennoch mußte die Versorgung der 6. Armee ohne Pause weitergehen. Im Luftflottengebäude von Nowotscherkassk richtete sich Generalleutnant Fiebig mit seinem Stab ein. Er war in drei Pkw dorthin gefahren. Von Ssalsk aus sollten diese Verbände aufs Neue nach Stalingrad starten.

Der Winter hatte voll durchgeschlagen. Die Temperaturen in Stalingrad sanken auf minus 24 bis 30 Grad ab. Sturm und dichter Nebel herrschten sowohl in Morosowskaja, als auch in Stalingrad, doch nicht auf beiden Plätzen gleichzeitig, was die Flüge schwierig machte. Die Vereisung forderte immer neue Opfer von den Flugzeugbesatzungen. Selbst die Luftschrauben vereisten. Dadurch schwammen die Maschinen und stürzten ab. Vom 28. Dezember bis zum 4. Januar 1943 gingen 62 Flugzeuge verloren, die Hälfte davon durch Wettereinwirkungen.

Nach dem Entladen der Ju 52 wurden jeweils etwa 20 Verwundete eingeladen und zurückgeflogen. Der Abtransport dieser Verwundeten bereitete dem Versorgungsstab auf Pitomnik die größten Sorgen. Wahllos strömten Verwundete heran und schleppten sich mit letzter Kraft durch den Schnee, um in einer der Ju 52 die Rettung zu finden. Die Maschinen wurden rasch überfüllt und oftmals mußten die Besatzungen die Verwundeten mit Gewalt zurücktreiben, weil sonst die Maschinen nicht hätten starten können. Immer wieder kam es vor, daß mitleidige Flugzeugbesatzungen mehr Verwundete mitnahmen, als vorgeschrieben war. Diese Maschinen konnten entweder nicht vom Boden abheben, oder kamen nicht rechtzeitig hoch und zerschellten am Platzende.

Die Verzweifelten klammerten sich an Flächen und den Aufhängungen der Laufwerke an. Sie mußten mit Gewalt entfernt werden. Es kam zu unbeschreiblichen Szenen.

Am 26. Dezember schickte Generaloberst Paulus den Komm.Gen. des XIV. A.K., General der Panzertruppe Hube, ins FHQ. Dort sollte er über die Lage in Stalingrad berichten.

Wohl zum erstenmal wehte den Stabsoffizieren in der Wolfsschanze das ganze Grauen Stalingrad ins Gesicht. Der Generalquartiermeister des Heeres wurde von Hitler beauftragt, der 6. Armee Kraftnahrung zuzuführen, da die Fleischvorräte Ende Januar aufgezehrt seien. Dies stimmte jedoch nicht, denn bereits am 15. Januar waren die letzten Pferde verzehrt worden. General Hube verschwieg aber die katastrophale Versorgungslage, daß beispielsweise für jeden Soldaten seit dem 26. Dezember nur noch 50 Gramm Brot ausgegeben werden konnte, und daß es zu Mittag eine dünne Suppe gab und abends etwas Büchsenverpflegung. Als Neuigkeit brachte General Hube folgende Nachricht mit in den Kessel von Stalingrad zurück, als er am 28. Dezember wieder dort eintraf:

»Entsatz kommt erst zu Beginn des Frühjahrs 1943. Bis dahin sollen wir aushalten.«

Zum Jahreswechsel rief Adolf Hitler über Funk die 6. Armee in Stalingrad:

»Felsenfest kann die 6. Armee darauf vertrauen, daß die gesamte Kraft der deutschen Wehrmacht zu Eurer Befreiung eingesetzt wird und daß Euer Aushalten zu den größten Ruhmestaten der deutschen Kriegsgeschichte gehören wird.«

Die Ausfälle der Versorgungsflugzeuge war zum Rande einer Katastrophe hingetrieben, denn allein im Dezember 1942 gingen 246 Flugzeuge verloren. Dazu kamen technische Ausfälle, die weitere Flugzeuge zeitweise am Boden hielten.

Nicht weniger als 24 Transportzüge mit konzentrierter Verpflegung, wie sie der Festung seit dem 24. November hätte zugeführt werden müssen, standen in Schleswig-Holstein einsatzbereit. Anstelle der Wassersuppen hätten sie nach Stalingrad geschafft werden müssen. Sie hätten in Blitzpfeiltransporten Stalingrad auch rechtzeitig erreicht.

Die ersten Tage des neuen Jahres 1943 verliefen trostlos. In der Nacht des 2. Januar 1943 stürzten fünf Ju 52 irgendwo in der Steppe ab. General Hube flog noch einmal ins FHQ, um Meldung zu machen. Als er in den Kessel zurückkehrte und Generaloberst Paulus Bericht erstattete, war es klar, daß die 6. Armee zum Tode verurteilt war, denn daß sie zum Frühjahr auf Entsatz rechnen dürfe, war ein Todesurteil.

Morosowskaja — Eingang zur Hölle

Oberst Kühl, Kommodore des KG 55, der seit dem 29. November 1942 als Lufttransportführer Morosowskaja fungierte, waren einige weitere Verbände unterstellt worden. So die III./KG 4 unter Major Werner Klosinski, die I./KG 100 unter Hptm. Bätcher, das KG 27 unter Oberstleutnant Hans-Henning von Beust und einige Nahaufklärer.

Morosowskaja, von den Fliegern nur kurz »Moro« genannt, lag in der Steppe, nur 200 km von Stalingrad entfernt. Von hier aus starteten die He 111 zum Versorgungsflug nach Stalingrad. Ihre Zuladung betrug bei voller Last rund 1,5 Tonnen.

Am 23. Dezember erhielt Oberst Kühl einen Kampfauftrag, da sowjetische Panzer dicht vor dem Platz standen. Es ging im Tiefflug gegen diese Panzer. Und diese Einsätze wiederholten sich bis zum Jahresende. Die Versorgung des Kessels wurde vom 26. Dezember an von Ssalsk aus geflogen, wo 40 He 111 starteten. Auch Oberst Kühl bemühte sich, einen Befehl zur rechtzeitigen Verlegung von Morosowskaja zu erreichen. Auch hier wurde befohlen, daß ein Ausweichen erst in Frage komme, wenn der Platz von Gegnern beschossen würde. Auch hier konnte es dann zu spät sein. Aus Tazinskaja hatte man höheren Ortes keine Lehre gezogen.

Am 28. Dezember wurde Tazinskaja zurückgewonnen. Im Storch flog Generalleutnant Fiebig dorthin. Es wurde beschlossen, den Platz rasch wieder zur Versorgung von Stalingrad einsatzbereit zu machen. Dann flog Generalleutnant Fiebig zu Oberst Kühl nach Morosowskaja. Oberst Kühl erfuhr, daß er von hier aus nach Nowotscherkassk am Don zurückverlegen würde.

Am 2. Januar 1943 mußte Oberst Kühl den Befehl zum Verlassen von Morosowskaja geben. Auch hier mußte bei völligem qbi-Wetter (Sicht gleich Null) gestartet werden. Nowotscherkassk lag 350 km von Stalingrad entfernt.

Einsatzschilderungen

Im Ringen um Stalingrad flog die I./KG 100 unter Hptm. Bätcher, 45 Luftversorgungseinsätze von Morosowkaja aus. Hptm. Bätcher, der allein 89 Angriffsflüge gegen Stalingrad unternommen hatte, war immer dabei. Er erlebte auch den Rückzugsflug seiner Gruppe nach Nowotscherkassk.

Am 29. Dezember fand einer der schwersten Einsätze statt, als Feindjäger in mehreren Pulks auf die zurückfliegenden He 111 herunterstießen, die voll mit Verwundeten belegt waren. Durch MG- und Kanonenbeschuß wurden viele Verwundete abermals getroffen. Einige starben. Aus allen MG schießend, und sich gegenseitig Feuerschutz gebend, kamen die Flugzeuge heil durch. Am Silvestertag unternahm Fw. Erich Jeckstat binnen 24 Stunden vier Einsatzflüge nach Stalingrad. Er führte übrigens 41 Versorgungsflüge durch und erhielt am 13. März 1943 dafür das Ritterkreuz.

Mit dem KG 55 flogen eine Reihe bekannter Kampfflieger die Versorgungseinsätze mit. So auch Oblt. Günther Roth, Staffelkapitän der 2./KG 55. Als er am 18. Januar 1943 von einem Versorgungseinsatz zurückkehrte, hatte er 27 (!) Verwundete an Bord, was einen absoluten Rekord bedeutete. Er flog seine Maschine durch das russische Flakfeuer, hängte eine Kette sowjetischer Jäger ab und landete sicher in Nowotscherkassk.

Am Abwehrkampf um Morosowskaja beteiligten sich neben der Gruppe des StG 2 unter Major Dr. Kupfer auch Teile des Schlachtgeschwaders 1 unter Oberstleutnant Hitschhold. Die I. Gruppe dieses Geschwaders führte Hptm. Alfred Druschel, einer der bekanntesten Schlachtflieger.

Das JG 3 war mit allen verfügbaren Flugzeugen unter Major Wilcke ebenso dabei, wie die KG 27 und 55, sowie die I./KG 100.

Am Morgen des 9. Januar 1943 trafen auf dem Flugplatz Pitomnik die ersten FW 200 »Condor« ein, die bis zu sechs Tonnen Material befördern konnten. Flugzeugführer der ersten Maschine war Ofw. Karl Wittmann. Sie setzte um 9.30 Uhr auf und rollte mit qualmenden Reifen aus. Diese Maschine hatte ein Eigengewicht von 19 Tonnen. Sie war mit 5 Tonnen Versorgungsgütern beladen worden. Nur die Tatsache, daß sie durch tiefen Schnee rollte, verhinderte, daß die Reifen zerfetzt wurden.

Die nächste Maschine war jene von Oblt. Franz Schulte-Vogelheim, danach landeten noch fünf weitere Flugzeugriesen.

Aber es waren insgesamt nur 18 FW 200, die aus dem KG 40 herausgelöst und nach Stalingrad geleitet werden konnten. Sie bildeten die Kampfgruppe z.b.V. 200, die von Major Hans Jürgen Willers geführt wurde. Ihr Absprungplatz war Stalino, 500 km von Pitomnik entfernt.

Auf dem Rückweg nach Stalino nahmen diese ersten sieben FW 200, die 36,5 Tonnen Versorgungsgüter gebracht hatten, 156 Verwundete mit zurück.

Am zweiten Einsatztag gab es die ersten Ausfälle. Oblt. Schulte-Vogelheim mußte wegen Motorschadens umkehren. Lt. Stoye blieb in Pitonmik liegen, Ofw. Hartig landete trotz mehrerer russischer Flaktreffer in Motor und Leitwerk sicher in Pitomnik, Ofw. Weyer erfüllte seine Transportaufgabe mit einer zerschossenen Luftschraube. Ofw. Reck kam zwar heil aus Pitomnik hinaus, blieb aber irgendwo auf dem Rückflug nach Stalino verschollen. Mit ihm und seiner Besatzung wurden 21 Verwundete vermißt.

Oberwerkmeister Glaser, der die Maschinen in Stalino wartete, mußte mit seinen Männern im eisigen Schneesturm im Freien an den Maschinen arbeiten. Wärmewagen mußten von Maschine zu Maschine fahren, um wenigstens die Mechaniker abzutauen die mit den Schraubenschlüsseln in den Fäusten buchstäblich an den Flugzeugen festklebten.

Major Willers wurden schließlich auch Großraumflugzeuge des Typs Ju 290 zugeführt. Diese konnten auf einem Flug 10 Tonnen Versorgungsgüter mitnehmen und bis zu 80 Verwundete zurückbringen. Davon 100 Maschinen und ein Jagdgeschwader als Geleitschutz und die Sache wäre ausgestanden gewesen. Doch es waren nur eine Handvoll. Die erste Maschine wurde von Flugkapitän Hänig am 10. Januar 1943 in den Kessel geflogen. Sie startete mit 78 Verwundeten zurück.

Nach dem zweiten Versorgungsflug startete Hänig um 0.45 Uhr des 13. Januar 1943 aus Pitomnik nach Stalino. Diesmal waren 80 Verwundete an Bord.

Sekunden nachdem diese Ju 290 abgehoben hatte, um mit Voll-Last aller Motoren steil in den Himmel zu ziehen, sahen die Männer der Bodendienste, wie sich das mächtige Flugzeug plötzlich steil aufrichtete und sich schließlich nach rückwärts überschlug und am äußersten Rande des Rollfeldes in tausende Einzelteile zerschellte.

Unter den Trümmern dieser Maschine, die wie durch ein Wunder nicht in Brand geriet, kroch ein Verwundeter hervor. Es war der Uffz. Alfred Lutz, der als einziger mit dem Leben davongekommen war.

Die Verwundeten, die in diesem Flugzeug gesessen hatten, waren bei der rasanten Startbeschleunigung nach rückwärts gerutscht, dadurch wurde die Ju 290 schwanzlastig und alle Verwundete stürzten nach achtern. Dadurch bäumte sich die Maschine auf, stand Sekunden beinahe senkrecht in der Luft und überschlug sich.

Die zweite Ju 290 wurde im Anflug auf Pitomnik von sowjetischen LaGG 3-Jägern angegriffen. Flugzeugführer Major Wiskrand entkam dem Gegner, seine Maschine wies aber so starke Beschußschäden auf, daß die nach Deutschland in die Werft zurück mußte.

Der Versuch, den Fernbomber He 117 für die Luftvervorgung von Stalingrad einzusetzen, schlug fehl. Von 40 in der Wintererprobung in Saporosje liegenden He 117 der I./Fernkampfgeschwader 50 waren zunächst nur sieben einsatzbereit. Major Scheede, der den Verband führte, wurde beim ersten Flug nach Stalingrad vermißt. Hptm. Heinrich Schlosser übernahm den Verband. Er flog damit nicht weniger als 13 Kampfeinsätze gegen die sowjetischen Einkesselungstruppen. Dabei stürzten ohne Feindeinwirkung sieben He 117 brennend ab. Zur Meisterung der Versorgungskrise konnte diese Gruppe nicht beitragen.

Am 10. Januar 1943 wurde die III./KG 4 nach Woroschilowgrad verlegt. Bis dahin hatte die Gruppe noch im Einsatz bei Welikije Luki gestanden. Nunmehr sollte auch sie den eingeschlossenen Stalingradkämpfern helfen. Für diesen Einsatz erhielt die Gruppe neue Flugzeuge: die He 111 H 16. Auf den Rückflügen brachten diese Flugzeuge, die etwa eine Tonne Material überfliegen konnte, 8 bis 15 Verwundete mit.

An dieser Stelle soll nicht die Platz-Schutzstaffel vergessen werden, die seit Anfang Dezember auf Pitomnik stationiert war und vom JG 3 gestellt wurde. Diesen wenigen Bf 109 Flugzeugen war es mit zu verdanken, daß die sowjetischen Schlacht- und Jagdflieger den deutschen Nachschub nicht unterbinden und auch die Bodenanlagen nicht zerstören konnten.

In dramatischen Luftkämpfen, immer wieder gegen vielfache Übermacht startend, schossen sie eine große Zahl Feindflugzeuge ab. Die von Hptm. Germeroth geführte Staffel erzielte über Stalingrad 130 Abschüsse, obgleich die ganze Zeit über nie mehr als zwei bis drei Bf 109 eingesetzt werden konnten. Erfolgreichster Jäger im Kessel war Fw. Kurt Ebener mit 33 Abschüssen gegen gepanzerte IL 2-Schlachtflugzeuge und gegen die der Me 109 (Bf 109) ebenbürtige MiG 3 und LaGG 3-Flugzeuge. (Ritterkreuz am 7. April 1943).

Am frühen Morgen des 16. Januar erhielten die sechs Bf 109 der Schutzstaffel Stalingrad den Befehl zum Alarmstart. Die Sowjets standen vor dem Platz von Pitomnik und es konnte nur noch Stunden dauern, bis er diesen Platz eroberte. Im dichten Artilleriefeuer der Russen kamen die Maschinen vom Platz ab und flogen Gumrak an, das als Landeplatz hergerichtet werden sollte. Als sie dort einfliegen, mußten sie feststellen, daß keine Landebahn zu sehen war. Die erste Maschine jagte in eine dichte Schneeverwehung hinein und überschlug sich. Der zweite Jäger raste in einen Bombentrichter. Die dritte, vierte und fünfte Maschine machten ebenfalls Bruchlandungen. Nur Oblt. Lukas der letzte Flieger der Staffel drehte rechtzeitig ab. Er flog nach Westen und landete als einziger dieser Staffel sicher außerhalb des Kessels.

Die Rote Armee erstürmte den Platz Pitomnik und nun lag das Schicksal der 6. Armee auf dem winzigen Platz Gumrak.

Hitlers Befehle für Stalingrad

An diesem 16. Januar 1943 befahl Hitler GFM Milch zum Lagevortrag zu sich. GFM Milch wurde durch einen kompetenten Mann in die Lage in Stalingrad eingewiesen: den Hauptmann Behr aus dem Stab von Generaloberst Paulus. Dieser war am 15. Januar von Taganrog ins FHQ geflogen worden und hatte Hitler Bericht erstattet. Hitler ordnete die Verlegung des Sonderstabes Milch nach Taganrog an und befahl, daß so viele Maschinen wie möglich aus dem Mittelmeerraum und von anderen Kriegsschauplätzen zum Don verlegt werden sollten.

Als sich Hptm. Behr von Hitler verabschiedete gab dieser ihm noch einen Gruß mit auf den Weg: »Grüßen Sie Paulus! Ich tue alles für ihn, was ich kann.«

Am Abend des 17. Januar 1943 kehrte Hptm. Behr nach Stalingrad zurück. Er brachte die »Abschiedsgeschenke« aus dem FHQ. Seine eigene Meinung, die er Paulus freimütig vortrug, lautete: »Das Führerhauptquartier steht dieser Lage machtlos gegenüber. Die Initiative ist auf den Feind übergegangen; er bestimmt jetzt das Gesetz des Handelns.«

Noch vor ihm war GFM Milch in Taganrog eingetroffen. Sein Stab bestand aus folgenden Offizieren:

Oberst Polte als Adjutant
Oberstarzt Prof. Dr. Kalk als medizinischer Sachverständiger
Oberstingenieur Breith als technischer Sachverständiger
Oberst i.G. Rohde als V.O. Generalquartiermeister

Oberstleutnant Petersen als Kommandeur der Erprobungsstellen
Hptm. Amelung als Ia (kommandiert vom Stab der Luftflotte 4)
Hptm. i.G. Meffert (vom Stab VIII. Fliegerkorps kommandiert).

GFM Milch hatte im FHQ erfahren, daß ihm im Raume Taganrog-Rostow 500 He 111 und 500 Ju 52 zur Verfügung stehen würden. Als er von Taganrog-West aus im Sonderzug der Luftflotte 4 nach Taganrog-Süd kam, wurde er von Generaloberst von Richthofen, dem Chef des Stabes Oberst von Rohden, Oberst Schulz als Generalquartiermeister der Luftflotte 4, und anderen empfangen.

Der einzige erste Besprechungspunkt waren die zur Versorgung der Festung eingesetzten Verbände. Hier erfuhr Milch, daß bedeutend weniger Verbände und Maschinen zur Verfügung standen, als man ihm im FHQ gesagt hatte. Ein erheblicher Teil der vorhandenen Maschinen war zudem nicht startklar.

Oberst Rohde mußte ihm auf seine Frage nach der Anzahl der verfügbaren Maschinen antworten: »Es stehen 280 Flugzeuge auf den Plätzen, von denen sind aber nur 70 einsatzklar.«

Das war die Wahrheit, nach dem Märchen von 1.000 für Stalingrad einsatzbereiten Flugzeugen, das im FHQ kolportiert wurde. Es wurde auf die täglichen Lagemeldungen an das FHQ hingewiesen, die diese Tatsachen ungeschminkt gemeldet hatten. Nun wurde offenbar, daß sie Hitler nie vorgelegt wurden.

Das Überführungsergebnis aber konnte sich dennoch sehen lassen, auch wenn es für die 6. Armee völlig unzureichend war. Vom 22. November 1942 bis zum 16. Januar 1943 waren in 3.410 Flügen 5.300 Tonnen Versorgungsgüter in die Festung eingeflogen worden. Dies entsprach einem täglichen Durchschnitt von 64 Maschinen mit 100 Tonnen. Entsprechend düster sah es im Kessel aus.

Am 16. Januar hatte auch der Flugplatz Ssalsk aufgegeben werden müssen, der von russischen Panzerverbänden überrannt wurde. Die Verbände verlegten von dort nach Swerowo zurück, wo ein Maisfeld zur Startbahn umfunktioniert wurde. Oberst Morzik übernahm die Führung dieses Verbandes und behielt sie bis zum Ende bei.

Hier verloren die deutschen Transportgruppen am 16. Januar durch einen wuchtigen russischen Bombenangriff über 50 Ju 52. 12 davon brannten völlig aus, die übrigen wurden beschädigt. Das war ein harter Schlag für die Luftversorgung des Kessels. Am Abend dieses düsteren 16. Januar 1943 ließ der Chef des Stabes der 6. Armee, Generalmajor Schmidt einen FT-Spruch absetzen:

»22.15 Uhr: Vom Chef AOK 6 an Luftflottenkommando 4 und VIII. Fliegerkorps: Von heutiger Nachtversorgung Nacht 17./18. Januar Schicksal der Armee entscheidend abhängig.« Ein zweiter Funkspruch, der folgte lautete: »Bisher nur Versorgungsabwürfe. Wenn heute nacht nicht Betriebsstoff in großer Menge gebracht wird, ist der Kampf der Armee aussichtslos. Bewegungen von Panzern und Sturmgeschützen dann nicht mehr möglich. - - - «

Die drei ersten He 111 des KG 55, die auf dem Platz Gumrak landen wollten, gingen auf der ausgewalzten Landebahn nieder. Aber es war kein Entladekommando vorhanden. Die Besatzungen mußten selber entladen. Dadurch vergingen kostbare Stunden.

Was Generalleutnant Fiebig von der Lage hielt, das legte er in acht Punkten nieder, als er befürchten mußte, daß das OKW durch GFM Milch nach Schuldigen suchen würde. Hier seine Beurteilung der Lage, die zur Tragödie von Stalingrad wurde:

»1. Es wurde im Oktober 1942 kein rechtzeitiger Entschluß gefaßt, eine Winterstellung zu beziehen.

2. Es wurden keine oder nur verspätete Maßnahmen getroffen, um die bereits seit Anfang Oktober klar erkannten Angriffsvorbereitungen der Roten Armee abzublocken.

3. Der Entschluß, an der Festung festzuhalten, ohne sofort den Kaukasus aufzugeben.

4. Kein Befehl Mitte Dezember 1942 zum Ausbrechen, als die 4. Pz.Armee am Myschowka-Abschnitt stand.

5. Falsche Beurteilung der Leistungsfähigkeit der Luftversorgung, da anscheinend Wetter und Kampflage sowie das Abgesetztsein der Plätze nicht berücksichtigt wurden.

6. Allen Unterführern, bis hinauf zu den Heeresgruppen wurde jede Entschlußfreiheit genommen.

7. Die Kraft der Russen u n d jene unserer Truppen wurde falsch beurteilt.

8. Niemand von oberster Stelle hat sich hier am Ort der Ereignisse über die wirkliche Lage unterrichtet; nicht einmal von Seiten der Luftwaffe unterrichtete man sich persönlich über die Versorgungsmöglichkeiten und Leistungen.« (Siehe: Martin Fiebig: a.a.O.).

In den nächsten Tagen und Nächten kämpften die He 111 um die Zuführung von Versorgungsgütern nach Gumrak. Aber der Platz war entgegen anderslautenden Meldungen aus der Festung nicht nachtlandeklar.

Bei Swerowo waren Oberst Morziks Transportgruppen auch am 17. Januar angegriffen worden. Zehn Ju 52 verbrannten, zwei weitere wurden durch Splitter vernichtet, 42 weitere beschädigt. Jagdfliegergruppen m u ß t e n her, um die nun mit Wucht angreifenden russischen Bomber- und Schlachtfliegerverbände zu stoppen. GFM Milch erbat die Zuführung von zwei Jagdgruppen von Generaloberst Jeschonnek; dessen Antwort lautete:

»Es können keine Jagdgruppen abgegeben werden, da wir diese bei Leningrad und Welikije Luki benötigen.«

Dies war eine der Notlage der 6. Armee hohnsprechende Antwort.

Am 18. Januar war es GFM Milch, der Generalleutnant Fiebig beruhigte, als dieser darum bat, gegen die »ehrenrührigen Vorwürfe der 6. Armee etwas zu unternehmen.« Milch hatte inzwischen erkannt, was hier vor sich ging. Er sagte:

»Diese Vorwürfe sind nicht so wichtig zu nehmen, da schwere Not die Leute in der Festung zu unverantwortlichen Aussprüchen veranlaßt. - Sprechen Sie den Besatzungen meine volle Anerkennung für ihre Leistungen aus.«

An diesem Tage startete Generalleutnant Fiebig in Begleitung von Oberst Kühl und Gen.Maj. Pickert nach Taganrog zur Meldung bei GFM Milch. Generaloberst von Richthofen beteiligte sich an diesem Gespräch. Der einhellige Beschluß lautete, daß man der 6. Armee unter allen Umständen helfen müsse, auch wenn dort in der Festung nichts getan wurde (oder nur wenig), was die Arbeit der Flieger erleichtert hätte. Doch das konnte man ja auch nicht erwarten von einer Armee, die den Tod vor Augen hatte. Selbst die Worte vom »Versagen der deutschen Luftwaffe«, die Generaloberst Paulus aussprach und die Generalmajor Schmidt bestätigte, indem er sagte: »Die Luftwaffe hat uns verraten, und dieses Verbrechen an der 6. Armee ist nie wieder gut zu machen«, wurden als das aufgefaßt, was sie waren: Hilferufe von Verzweifelten.

Durch den Kordon der über Stalingrad fliegenden Feindflugzeuge flogen die Ju 52, landeten und nahmen jeweils 20 Verwundete mit zurück.

Jetzt zeigte sich, daß die Berufung von GFM Milch auf den Posten des Chefs des Sonderstabes Stalingrad um mindestens drei Wochen zu spät erfolgt war. Wäre GFM Milch von Anfang an dabei gewesen, hätte wahrscheinlich der Ausbruch der 6. Armee aus Stalingrad im Dezember stattgefunden.

Die Versorgungsflüge des 21. Januar 1943 brachten über 100 Flugzeuge auf oder über den Platz von Gumrak, aber es waren »nur Morphiumspritzen, die damit gegeben wurden«, schrieb Generalleutnant Fiebig in sein KTB. »Ein unerbittliches Schicksal ist über die 6. Armee gekommen. Ob es schicksalbestimmend für den Krieg ist?« (Siehe Martin Fiebig: a.a.O.).

Am Abend dieses Tages mußte auch Gumrak aufgegeben werden. Die Tagesversorgung ging mit dem 22. Januar auf den Platz Stalingradskij, 3 km ostwärts des Bahnhofes Gumrak, über. Hier landeten in rascher Folge He 111 und Ju 52. Fünf He 111 und eine Ju 52 blieben als Bruch am Platzrand liegen. Nachtlandungen waren auf diesem Sturzacker, der von Granattrichtern übersät war, nicht möglich. Der Anfang vom Ende war gekommen.

Situationsberichte zum Einsatz nach Stalingrad

Fritz Krause startete mit seiner Ju 52 am 22. Januar 1943 um 9.45 Uhr nach Stalingrad. Seine Besatzung: Uffz. Frielinghaus, Uffz. Könnecke und Uffz. Wassilowski. An Bord der Maschine befand sich eine Tonne Sondermuniton. Hier der Report darüber:

»Die Wolkenuntergrenze lag zwischen 600 und 800 m, ich flog zunächst in 2.000 m Höhe blind in Richtung Stalingrad. Über sowjetischem Gebiet wurde es heller, so daß ich auf 2.500 m ging und im Sonnenlicht über einer geschlossenen Wolkendecke flog. Als wir uns in Höhe unserer alten Einsatzhäfen Tazinskaja und Morosowskaja befanden, riß die Wolkendecke auf.

Unter mir zog eine He 111 im Steigflug vorbei, die mir zeigte, daß der Flugbetrieb auch von Stalino aus durchgeführt wurde. Gleich darauf, wir hatten praktisch Stalingrad vor uns, passierte uns ein russischer Jäger, der höher flog und uns nicht sichtete.

Parallel zur Wolga fliegend, stieß ich nach unten durch und fand sofort den Landeplatz, auf dem ich bereits mehrere zu Bruch gegangene He 111 sah. Ein Landekreuz war nicht vorhanden. Als ich mich dem Platz näherte wurde es jedoch blitzschnell ausgebreitet.

Ich landete und sobald die Räder der Ju 52 im tiefen Schnee eingesunken waren, verlor die Maschine sofort an Fahrt und ich konnte nur mit Vollgas zu den winkenden Mannschaften rollen. Hier in Stalingradskij war nicht der Betrieb, wie er in Pitomnik oder Gumrak geherrscht hatte.

Die Maschine wurde entladen und ich entschloß mich dazu, in der einsetzenden Abenddämmerung zu starten. Inzwischen ging erstes Granatwerferfeuer auf den Platz nieder. Mehrere IL 2 preschten über den Platz hinweg und beschossen glücklicherweise lediglich die Bruch-He 111. Dies zeigte mir, daß ich sofort starten mußte, um nicht doch noch getroffen zu werden.

Ich ließ die Verwundeten rufen und nahm 17 Mann auf. Dann sagten mir zwei Landser, daß in einem der He 111-Brüche in der Bodenwanne ein Schwerverwundeter liege. Ich gab Frielinghaus und Könnecke den Befehl, diesen Mann noch zu holen. Sie brachten ihn heran und als er im Stroh gebettet war, startete ich.

Kreisend erreichten wir 3.000 m Höhe, als ein Feindjäger auftauchte. Sofort ging ich in einen stark gedrückten Vollgasflug über und als der Heckschütze den ersten Angriff meldete, riß ich die Ju 52 über die linke Tragfläche in einen 60-Grad-Sturzflug durch den ich einen Wolkenrand erreichte, ich tauchte darin ein. Die Yak flitzte hinter mir her und immer wieder ging es in die Wolke hinein, unten durch und wieder nach oben, bis der Gegner verschwand, weil sein Sprit zur Neige ging.

Um 15.30 Uhr erreichten wir Swerowo, wo wir landeten. Um 12.10 Uhr waren wir in Stalingradskij gestartet. Diese Landung war eine der letzten mit einer Ju 52.

Lassen wir an dieser Stelle den Bericht von Karl Niedermeyer einfließen, der bei der KGr. z.b.V. 5 unter Major Uhl vom 29. Dezember 1942 bis zum 2. Februar 1943 25 Versorgungseinsätze nach Stalingrad flog, nachdem er vorher bereits zehnmal im Kampfeinsatz über Stalingrad gestanden hatte.

»Am 25. Januar 1943 wurde von unserer Gruppe von jeder Staffel der älteste und erfahrenste Flugzeugführer ausgesucht. Wir drei Oberfeldwebel-Besatzungen starteten um 11.20 Uhr in Stalino bei blauem Himmel. Als wir Stalingrad erreichten, lösten wir auf und spiralten bis auf Abwurfhöhe 200 m herunter, wo wir unsere Versorgungsbehälter auslösten.

Außer einigen Flak- und MG-Treffern erhielten unsere He 111 keine großen Treffer. Wir sammelten wieder und gingen im engsten Verband und mit Steigflug auf Heimatkurs. Wie vorausgesehen warteten bereits sechs I 16 Ratas auf uns. Der linken Kettenmaschine wurde der linke Motor zerschossen. Sie mußte ausscheren und ging im Sturzflug Richtung Kessel weg. Nun waren wir noch zu zweit gegen die sechs Gegner. Unsere MG-Schützen feuerten, was das Zeug hielt und mein Funker schoß einen Jäger in Brand. Dies war unsere Rettung, denn nun wagte sich der Gegner nicht mehr so nahe heran. Wir erreichten mit mehreren Einschlägen unseren Absprunghafen Stalino und meldeten den Verlust der linken Kettenmaschine.

Am 10. Januar waren wir bereits am frühen Morgen in Stalino gestartet und in Pitomnik niedergegangen. Später landeten noch zwei Maschinen von anderen Verbänden und starteten kurz nach 8.00 Uhr gemeinsam zum Rückflug. Über den Wolken warteten bereits vier Ratas auf uns. Meine beiden Kettenmaschinen tauchten in den Wolken unter und bevor ich zum Wegstürzen kam krachte es gewaltig. Mein linker Motor hatte Treffer erhalten, die Hydraulik und Kurssteuerung waren zerschossen. Zum Glück hatte ich gleich anfangs die Luftschrauben auf Segelstellung gebracht. Die He 111 war mit einem Motor nicht auf Höhe zu halten und als ich 900 m erreichte, lagen die Wolken über uns. Zum Glück hatten die Jäger uns verloren und so landete ich nach zwei Flugstunden wieder in Stalino.«

Soweit der Bericht von Ofw. Niedermeyer, der während des Zweiten Weltkrieges 6.000 Flüge mit über 3.000 Flugstunden hinter sich gebracht hatte.

Der Versorgungsbetrieb kam durch die schlechte Wetterlage nach dem 24. Januar fast zum Erliegen. In der Festung herrschte eine Wolkendecke mit weniger als 50 m Untergrenze. Dennoch schafften am 24. Januar eine Fw 190, vier He 111 und drei Ju 52 den Abwurf von Versorgungsbehältern.

An diesem Tage befanden sich im Bereich der Luftflotte 4 folgende Flugzeuge.:

308 Ju 52, davon 51 (!) einsatzbereit.

355 He 111, davon 55 (!) einsatzbereit.

Fünf FW 200 standen einsatzbereit zur Verfügung, hatten aber keinen ausreichenden Landeplatz.

Als GFM Milch am 26. Januar mit Oberst Morzik sprach und befahl, daß 98 Maschinen am Abend einsatzbereit sein müßten, entgegnete ihm der Lufttransportführer:

»Zur Zeit befinden sich 66 Ju 52 auf dem Platz und von diesen sind 28 einsatzbereit.«

Dies zeigte auf, daß auch GFM Milch nicht frei war von utopischen Forderungen und Zahlen, und daß auch er Fehlinformationen erhielt.

Am Abend des 27. Januar 1943 stießen die Vorhuten der 21. Sowjetarmee unter Gen.Lt. I.M. Tschistjakow von Süden und Westen auf den Stadtkern vor. Über die Straße von Gumrak griffen sie Stalingrad an und vereinigten sich am Mamaiahügel mit den Einheiten der 13. Garde-Division unter Gen.Maj. Rodimzew. Damit hatten die an diesem Punkt der Stadt eingeschlossenen Truppen der 64. Sowjetarmee unter Armeegeneral Tschuikow zum erstenmal seit 138 Tagen Verbindung mit den eigenen von Westen kommenden Entsatztruppen erhalten.

Am Abend des 27. Januar hatten 124 Flugzeuge 103,4 Tonnen Versorgungsgüter nach Stalingrad überflogen. In der Nacht zum 28. Januar klappte die Versorgung gut. Etwa 80 Flugzeugen gelang der Abwurf der Verpflegungsbomben an den vereinbarten Plätzen. Die Abwehrfront in Stalingrad, die in zwei Hälften getrennt worden war, teilte sich am 28. Januar noch einmal, als der Südkessel abermals gespalten wurde. Nun bestanden drei unabhängige Kessel.

In der Nacht zum 29. Januar starteten 125 Flugzeuge von denen 109 zum Abwurf kamen und 108,8 Tonnen Verpflegung und Munition abwarfen.

In der Nacht zum 30. Januar starteten nach dem KTB des VIII. Fliegerkorps 151 Flugzeuge, von ihnen erfüllten 124 und warfen 130 Tonnen Verpflegung und Muniton ab.

In Stalingrad ging es rapide dem Ende entgegen. Die letzten Funksprüche wurden gewechselt. 89 Flugzeuge starteten am 30. Januar. Sie brachten 118 Tonnen Versorgungsgüter in die Festung.

Um 7.35 Uhr meldete die Stabsfunkstelle des AOK 6: Russen stehen vor der Tür. Wir bereiten die Zerstörung vor.« Zehn Minuten später nur noch zwei Wort: »Wir zerstören!«

Am frühen Morgen des 31. Januar 1943 ging ein Funkspruch in der Festung ein. Hitler hatte Generaloberst Paulus zum Generalfeldmarschall ernannt. Unmittelbar danach meldete Gen.Maj. Schmidt: »Der Russe steht vor der Tür!«

Am 31. Januar wurden noch einmal 52 Flugzeuge an den Start gebracht, weitere folgten. Der gesamte Nachteinsatz von 109 gestarteten Flugzeugen in der Nacht zum 1. Februar 1943 richtete sich auf den Nordkessel. Dort wurde noch gekämpft. 72 Tonnen Versorgungsbomben wurden geworfen.

Am Morgen des 1. Februar 1943 funkte das XI. AK aus dem Nordkessel, daß die Stellungen nur noch stützpunktartig besetzt werden könnten.

In der Nacht zum 2. Februar starteten 108 Flugzeuge, von denen

85 erfüllten und 98 Tonnen Versorgungsgüter über dem Nordkessel warfen.

Am Morgen des 2. Februar ging der letzte Funkspruch aus dem Nordkessel ein: »XI. Armeekorps hat mit seinen sechs Divisionen im schwersten Kampf bis zum letzten Mann seine Pflicht getan.

Es lebe der Führer! Es lebe Deutschland! - gez. Strecker.«

Am 3. Februar starteten noch einmal trotz des schlechten Wetters 27 He 111, von denen zehn Flugzeuge immer noch Kampftätigkeit im Nordkessel erkannten und sieben Tonnen Verpflegung abwarfen. Generalleutnant Fiebig blieb es überlassen, der kämpfenden Fliegertruppe den Einstellungsbefehl bekanntzugeben:

»Die 6. Armee hat ihren heroischen Kampf in Stalingrad ausgekämpft. - - -

Männer des VIII. Fliegerkorps und der Transportverbände! Ihr habt in den vergangenen Monaten Euer Bestes hergegeben, um den Kampf um die Festung zu unterstützen. Ich danke Euch allen! Den fliegenden Besatzungen, dem technischen Personal, der F.B.K. der Werft- und Werkstattzüge, den Fliegerhorst-Kommandanturen, den Baukompanien, den Nachrichten-Einheiten und nicht zuletzt den Stäben für ihren hingebungsvollen Einsatz. Ihr habt Eure Pflicht getan. Euch allen höchste Anerkennung!«

Das Fazit der Luftversorgungsaktionen über Stalingrad

Die Flugzeugverluste der Luftbrücke nach Stalingrad betrugen vom 24. November 1942 bis zum 31. Januar 1943: 266 Ju 52, 165 He 111, 42 Ju 86, neun FW 200, fünf He 177, eine Ju 290. Das waren insgesamt 488 Flugzeuge. Die Gesamtverluste betrugen demzufolge fünf ganze Luftgeschwader mit über 1.000 Männern des Fliegenden Personals. Stalingrad wurde auch zur Untergangsstunde der deutschen Luftwaffe.

DIE ROTE LUFTWAFFE BEI UND NACH STALINGRAD

Die Übersicht

Die Rote Luftwaffe unterteilte den Gesamtraum der Festung Stalingrad in fünf Sektoren, aus denen heraus die Luftblockade wirksam werden sollte. Die 16. und 8. Luftarmee und die 102. Luftverteidigungs-Division schickte ihre Jäger in alle Sektoren. Damit schaffte das sowjetische Luftoberkommando ein kraftvolles System, das die maximale Ausnutzung der Feuerkraft der Roten Luftwaffe sicherstellte.

In einem Ring von 28 km Durchmesser um Stalingrad errichteten sie darüber hinaus einen dichten Riegel von Flakverbänden. Vor allem entlang der deutschen Einflugschneisen.

Die in den einzelnen Sektoren liegenden Fliegerverbände waren:

Sektor 3 (mit dem Armee-HQ der 16. Luftarmee):
220. und 283. Jäger-Division,
223. und 285. Bomber-Division,
271. Nachtbomber-Division,
228. und 291. Schlachtflieger-Division.

Sektor 4:
261. Jäger-Division,
272. Nachtbomber-Division,
270. Bomber-Division,
206., 214. und 268 Schlachtflieger-Division,
287. gemischte Flieger-Division.

Sektor 5 (mit HQ. der 8. Luftarmee):
201. und 235. Jäger-Division,
214. Schlachtflieger-Division,

206., 268. und 272. Bomber-Division. Sektor 2: Teile der 283. Jäger-Division, 227. Schlachtflieger-Division, 271. Nachtbomber-Division. Sektor 1: 220. Jäger-Division und Teile 283. Jäger-Division.

Die hauptsächlichen Funkkontrollstationen lagen in den Sektoren 1 und 5. (Siehe dazu I.V. Timokhowitsch: Operativnoye . . . «).

Po 2-Flugzeuge der Russen flogen ihre Nachtangriffe auf die deutschen Flugfelder und auch auf Stalingrad. Sie starteten von Flugfeldern und Horsten, die nur etwa 65 bis 90 km von Stalingrad entfernt lagen. Die Jäger waren noch näher an die Stadt heran postiert.

Diese Verbände der sowjetischen Bomber griffen ihre Ziele in Regimentsformationen an, so daß immer zwischen 30 und 40 Flugzeuge im Einsatz standen.

Hier fehlte es an deutschen Jägern, die die verlustreichen Angriffe auf die Flughäfen der Ju 52-Transportverbände hätten vereiteln können. Aber auch sie standen nicht mehr zur Verfügung. Ein einziges Jagdgeschwader hätte hier das Gebiet über der Festung und die Anflugschneisen freischlagen können.

Nachdem Ende Dezember ein Angriff der 622. Schlachtflieger-Division auf Ssalsk fehlgeschlagen war, befahl die Rote Luftwaffenführung im frühen Januar 1943 einen Angriff von niedrig fliegenden Verbänden. Eine kleine Zahl schwerbewaffneter IL 2 sollten den Angriff gegen Ssalsk fliegen.

Am 2. Januar 1943 flog Hptm. I.P. Baktin mit sieben IL 2 und einer Staffel Jak 1 als Geleitschutz in Baumwipfelhöhe diesen Angriff. Sie entgingen der Aufmerksamkeit der Platz-Flak und schossen, über den Platz hinwegflitzend, auf alles, was sich zeigte. Als die Maschinen abdrehten, sollen nach sowjetischen Angaben 72 deutsche Flugzeuge vernichtet auf dem Platz zurückgeblieben sein. Diese Meldung war aber um eine Zehnerpotenz zu hoch.

Hptm. Baktin und drei andere Piloten dieses Einsatzes erhielten den Stern eines Helden der Sowjetunion. Andere Tagesangriffe wurden gegen Bolschawa, Rokossoschka und Gumrak geflogen.

Oberst I.D. Podgorny der 18 Jäger der 235. Jäger-Division führte, griff 16 Ju 52 auf der Route nach Pitomnik an. Während des ersten Angriffs wollen sie neun Ju 52 abgeschossen haben, fünf weitere seien in Brand geschossen worden, der Rest habe Notlandungen unternommen. Sieben Ju 52, die dann den Rückweg antraten, seien verfolgt und abgeschossen worden. Auch diese Sensationsmeldung entspricht nicht den Tatsachen. Aber so kam dann jene Zahl an Luftsiegen über Stalingrad heraus, die die Rote Luftwaffe am Ende der

Schlacht meldete.

Im Luftraum über Stalingrad patrouillierten auch die »Okothniki«, die den Luftraum über Stalingrad durchflogen und Transporter und Jäger angriffen. Diese flogen neue Jägertypen wie Jak 9 und La 5. Es waren die besten Piloten, die sich freiwillig zu diesen »Streifjagden« meldeten. Sie griffen in Zweier- oder Dreierformationen an und erzielten auch Erfolge.

Am 9. Januar lag Ssalsk abermals im Fadenkreuz sowjetischer Bomber- und Schlachtflieger-Piloten. Sie »zerstörten wieder über 70 deutsche Flugzeuge am Boden.«

Entlang dem Luftkorridor intensivierte die Rote Luftwaffe ihre Blockade und griff immer wieder jene Flugplätze an, die in Pitomnik, Bolschaja, Rokossoschka, Karpowka und Gumrak eingerichtet waren. In den Nächten flogen Po 5 über den Einflugschneisen und warfen Bomben auf die Transportflugzeuge.

Im Januar 1943 erreichte der Stand der Einsätze der 16. Luftarmee mit 610 Kampfflugzeugen einen Höchststand. Sie flogen vor allem Einsätze zur Unterstützung der 65. Sowjetarmee.

Am 10. Januar starteten die Russen ihren Endangriff. Bis zum 12. Januar erkämpften sie den Weg in die Stadt hinein. Mit dem Fall des Flugplatzes Pitomnik war der letzte deutsche noch in Betrieb befindliche Flugplatz gefallen. In der letzten Woche des Januar blieben nur Gumrak und Stalingradskij übrig, Behelfsplätze ohne jede Befeuerung und andere Voraussetzungen zum Flugbetrieb.

Für die sowjetische Luftwaffe war Stalingrad so etwas wie ein Prüfstein, auf dem Nowikows Reformen des Jahres 1942 zur Anwendung kamen und ihre Feuerprobe bestanden. Vier Luftarmeen mit einer Reihe Bomber-Divisionen und Luftverteidigungs-Divisionen waren eingesetzt worden. Für die sowjetische Luftwaffenführung brachte der Kampf um Stalingrad hohe Anerkennungen. Neun Luft-Divisionen erhielten den Ehrentitel »Garde-Division«. 17 Piloten wurden mit dem goldenen Stern eines Helden der Sowjetunion ausgezeichnet. Weitere 1.000 hohe Orden wurden für die Teilnahme am Luftkrieg über Stalingrad verliehen.

Der offizielle russische Bericht spricht von 1.200 abgeschossenen deutschen Flugzeugen, von denen 80% Transportflugzeuge gewesen seien.

Insgesamt wurden in der Schlacht um Stalingrad 35.920 Einsätze geflogen. Die erfolgreichsten Luftarmee-Befehlshaber waren General S.A. Krasowskij OB der 17. Luftarmee, General Rudenko, OB der

16. Luftarmee, General Kryjukin, OB der 8. Luftarmee, General K.N. Smirnow, OB der 2. Luftarmee und General A. Ye Golowanow, Kommandeur eines Bomberkorps. Diese Persönlichkeiten wurden auch nach Ende des Zweiten Weltkrieges mit der Führung des sowjetischen Luftwaffen-Oberkommandos betraut.

Die sowjetische Luftwaffe über dem Kubangebiet

Nach dem Ende des von beiden Seiten mit äußerster Erbitterung geführten Kampfes um Stalingrad erlahmten in den nächsten Wochen die Kämpfe an allen Frontabschnitten. Aber bereits im Februar 1943 bereitete sich die russische Luftwaffe darauf vor, ohne weiteres Zögern ihrer Rolle gerecht zu werden, die ihr nach ihrem Sieg über Stalingrad zugefallen war: nun die Initiative zu übernehmen.

Hier über dem Kuban, einem Gebiet, das in der Kriegsgeschichte im Schatten von Stalingrad und Kursk stand, sollten sowjetische Fliegerverbände weitere große Erfolge erringen.

Über den Einsatz am Kuban berichtete General Werschinin:

»Dieser Konflikt war intensiv und langandauernd. An manchen Tagen waren mehrere hundert Flugzeuge in der Luft, fanden bis zu 100 Luftkämpfe statt. Dort, wo ich beim Dorf Abinskaja meinen Gefechtsstand hatte, konnte man alle zehn Minuten ein getroffenes Flugzeug vom Himmel fallen sehen.« (Siehe: K.A. Werschinin: Der Einsatz über dem Kuban).

Der General befehligte hier zwei Luftarmeen: die 4. unter General N.F. Naumenko und die 5. unter General S.K. Goryunow. In diesen Verbänden waren berühmte Luftregimenter enthalten. So in der 4. Luftarmee das 16. Garde-Jäger-Regiment, das von Oberst Alexsandr I. Pokryschkin befehligt wurde, der mit seiner P 39 Aircobra allein über dem Kuban 20 Luftsiege errang.

Gegen diese Verbände wurden von der deutschen Luftflotte 4 die Geschwader »Udet«, »Mölders« und das JG 54 »Grünherz« eingesetzt.

In diesem Kämpfen traten die deutschen Gegner auch mit den verbesserten Ausführungen der Bf 109 G-2 und G-4 an.

Für diesen Teil der Nordkaukasusfront konnte die russische Luftwaffenführung zunächst auf 600 einsatzfähige Flugzeuge zurückgreifen. Diese Streitmacht wurde beinahe täglich verstärkt, während die deutsche Luftwaffe nicht in der Lage war, da mitzuziehen.

Während der ersten Wochen im April wurden von der STAVKA-Reserve zügig neue Luftregimenter zum Kuban geschafft. Am 20. April waren 800 einsatzbereite Flugzeuge unter dem Befehl von General Werschinin, und zwar 270 Jäger, 170 Schlachtflugzeuge und 165 Tagbomber, sowie 195 Nachtbomber. Nicht weniger als drei Fliegerkorps der STAVKA-Reserve waren nun den beiden genannten Luftarmeen beigegeben und eingegliedert worden..

Unter ihnen: das 2. Bomberkorps, das 3. Jägerkorps und das 2. Gemischte Fliegerkorps, die 282. Jäger-Division und die 50. und 52. Bomber-Division. Alle Verbände waren zu mindestens 65 Prozent mit den neuesten Flugmustern ausgerüstet.

Ende April wurde dieser Großkampfverband dann auf mehr als 1.000 Flugzeuge gebracht und schließlich hatte sich die Zahl der einsatzbereiten Maschinen auf 1.500 erhöht.

Während der Ruhezeiten wurde das Training weitergeführt. Bezeichnenderweise eiferte auch die sowjetische Luftwaffenführung dem verhaßten deutschen Gegner nach, der auch im Jahr 1943 ein sehr harter und entschlossener Gegner blieb.

Die technologische Lücke war durch die zur Front kommenden Flugzeugmuster schmaler geworden, aber in Bezug auf die Lufttaktik, vor allem im Jägereinsatz, galt es weitere Hürden zu überwinden, ehe man da gleichgezogen hatte.

Mit der Einrichtung des deutschen Kubanbrückenkopfes errichteten die Sowjets eine Reihe neuer Flugplätze. Diese Arbeit wurde durch das regnerische Frühjahrswetter behindert.

Die Flugplatzdienst-Bataillone mußten sich hier schon etwas besonderes einfallen lassen, wenn sie den Anforderungen der Luftarmeen 4 und 5 wirksam begegnen wollten, denn die Luftwaffe am Kuban war derart ausgebaut worden, daß die Baubataillone nicht genügend Plätze zur Verfügung stellen konnten.

Die ihnen hier gegenüber liegende deutsche Luftflotte 4 wurde von den Russen auf 1.000 Flugzeuge geschätzt und »repräsentierte damit etwa 50 Prozent der Kampfstärke der deutschen Luftwaffe im Osten. Am 10. März bestand die Luftflotte 4 am Kuban aus 24 Kampf- und Jagdfliegergruppen und 17 Aufklärungsstaffeln.« (Siehe Robert A. Kilmarx: A History of Soviet Air Power).

Daß diese Zahlen nicht stimmen, sei am Rande erwähnt, was wirklich zur Verfügung stand, darüber später mehr.

Auch nach Stalingrad galt es für beinahe alle Verbände der deutschen Luftwaffe Lufttransportaufgaben zu übernehmen. Dies auch im Falle des Kubanbrückenkopfes. Darüber hinaus galt es, Verwundete auszufliegen, Treibstoff und Vorräte nach vorn zu bringen. Dies in dem Maße, daß die taktischen Anforderungen des Heeres nicht immer erfüllt werden konnten. Gerade der Luftkrieg über dem Kuban demonstriert in besonders eindrucksvoller Weise den Wandel des Einsatzes der deutschen Luftwaffe.

Hier einige Beispiele darüber, die im Kubanraum stattfanden und das VIII. Fliegerkorps im Einsatz sahen.

DEUTSCHE LUFTWAFFE IM SÜDABSCHNITT DER OSTFRONT

Hauptmann Rudel im Kubanbrückenkopf

Als Kapitän der 1./StG 2 hatte Oberleutnant Rudel im Winter 1942/43 schwere Einsätze durchgestanden und am 25. November 1942 nicht weniger als 17 (!) Einsätze an einem Tage geflogen. Am 10. Februar 1943 kehrte er von seinem 1.000. Feindflug zurück.

Danach wurde er zum Sonderkommando Stepp nach Briansk versetzt. Hptm. Stepp führte dort Versuche zur Panzerbekämpfung mit Flugzeugen durch. Dazu waren Ju 87 mit 3,7 cm-Flak bestückt worden.

Als die Lage am Kuban brannte, wurde Rudel mit den einsatzbereiten Flugzeugen dieses Kommandos dorthin verlegt. Es galt, den russischen Angriff nordwestlich von Temrjuk zu stoppen. Als die Aufklärungsflüge eine große Anzahl von ungedeckten Landungsbooten in den Häfen von Jeisk und Achtarsk sichteten, wurden diese sofort von Rudels Kampfverband angegriffen.. Aber diese Ziele waren so klein und die Boote so zahlreich, daß diese Angriffe allein die Russen nicht stoppen konnten.

Diese Boote lavierten denn auch in Massen durch die Lagunen und die Kanäle, die die Seen und Wasserflächen miteinander verbanden. Sie kamen näher und näher an Temrjuk heran und befanden sich damit hinter der deutschen Kubanfront und drangen in das deutsche rückwärtige Gebiet ein. Sie waren dicht bei dicht mit Truppen besetzt, die in den dichten Schilfgebieten oder auf den Inseln Rast machten. Als sie dann in offenes Wasser kamen und sichtbar wurden waren am anderen Morgen mit dem ersten Büchsenlicht Rudels Kanonen-Jus zur Stelle.

Hans Ulrich Rudel berichtete darüber:

»Sie kamen in primitiven Booten, selten sahen wir eines, das einen Motor hatte. In den kleineren Booten saßen zwischen fünf und sieben Mann, in den größeren drängten sich bis zu 20 Männer zusammen. Hier brauchten wir nicht unsere Spezial-Panzermunition.

Normale Flakmunition tat es hier auch, die mit einem normalen Zünder versehen war.

Wir eröffneten das Feuer und alles was sich auf dem Wasser zeigte wurde versenkt. Die Bootsverluste der Russen waren sehr schwer. In einigen Tagen des Einsatzes versenkte ich allein 70 Boote mit meinem Flugzeug.«

Die sowjetische Flakverteidigung war nicht stark. Dennoch wurde Leutnant Rudolf Heinz Ruffer, ein erfolgreicher Flugzeugführer einer Hs 129, getroffen. Er landete auf einer der kleinen Inseln und mußte ein Robinsondasein führen, ehe er von einem deutschen Spähtrupp gefunden und zurückgebracht wurde. (Er fiel am 16. Juli 1944. Bereits am 9. Juni 1944 erhielt er das Ritterkreuz als Hptm. und Staffelkapitän der 10.(Pz)SG 9).

Dies zeigt uns, daß neben den Ju 87 auch Hs 129 mit der Panzerkanone ausgerüstet worden waren. Außerdem waren Ju 88 sogar mit 7,5 cm-Pak ausgerüstet. Letzteres Vorhaben wurde nach den Testflügen abgebrochen.

Durch die Ausrüstung der Ju 87 mit einer 3,7 cm-Kanone und der dazugehörenden Munition wurde die an und für sich bereits langsame Ju 87 noch lahmer und weniger manövrierfähig. Die meisten Piloten wurden nur sehr schwer mit den Tücken fertig, die diese so ausgerüstete Maschine aufwies. Aber Rudels Begeisterung für diese neue Art des Unterstützungskampfes riß sie alle mit.

Um die Panzerung der sowjetischen Panzer zu durchschlagen wurde die Hochgeschwindigkeitsmunition noch mit wolframgehärteten Kernen ausgestattet. So war diese Waffe im Stande russische Panzer zu knacken.

Nach diesem Einstand wurde Hans Ulrich Rudel am 1. April Hptm. Zwei Wochen später erhielt er das Eichenlaub zum Ritterkreuz und erreichte nun seine Rückversetzung zum alten Geschwader, dem StG 2 »Immelmann«, mit dem er im Raume Bjelgorod während des Unternehmens »Zitadelle« zum Einsatz kommen sollte.

Worum ging es denn im Großen gesehen bei diesen Kämpfen, um dem legendenumwobenen Kubanbrückenkopf, sowie um die Rückzugsbewegungen der noch immer tief im Kaukasus stehenden deutschen Truppen der 17. Armee?

Es ging um nicht mehr und nicht weniger, als den Versuch der Roten Armee, auch die 17. Armee einzukesseln und zu vernichten. Zu diesem Zweck setzte sie nicht nur unerhört kampfstarke Heeresverbände, sondern auch einen Großteil ihrer Luftstreitkräfte ein.

Am Himmel über dem Kuban sollte nach dem Willen der sowjetischen Luftwaffenführung das erste Mal in der Geschichte des Zweiten Weltkrieges die Luftherrschaft über die deutsche Luftwaffe errungen werden. Zu diesem Ziel, das General Nowikow Marschall Stalin vortrug, wurde alles eingesetzt, was an anderen Fronten freigestellt werden konnte. So auch Luftwaffenverbände aus dem Großraum Stalingrad.

Doch an dieser Stelle zunächst eine kurze Übersicht über die Lage im südlichsten Abschnitt der Heeresgruppe Süd.

Der Kampf der 17. Armee im Kaukasus und am Kuban

Der Plan der Rückführung der deutschen Truppen aus dem Kaukasus begann bereits Anfang 1943 zu reifen. Gleichzeitig mit dem Rückzug der 1. Panzerarmee von Rückzugslinie zu Rückzugslinie begann auch die 17. Armee den Rückzug einzuleiten. Ihr Drehpunkt auf der rechten Flanke war Noworossijsk. Unter der Führung von Generaloberst Ruoff zog sie sich von einer Zwischenstation zur anderen zurück, bis sie das Gebiet des unteren Kuban erreicht hatte, das als letzte Verteidigungslinie galt. Ende April hatte sie, dicht verfolgt von russischen Verbänden, diesen Punkt erreicht und befand sich in einer Linie die sich von Noworossijsk über Krimsk-Kijewskoje-Krassnij Oktjabr-Ost bis Temrjuk hinzog.

Während sich die 17. Armee langsam zu diesen Positionen zurückzog, befahl die Luftflotte 4 dem VIII. Fliegerkorps, diesen Bewegungen die bestmögliche Unterstützung angedeihen zu lassen. Das VIII. Fliegerkorps griff mit allen vorhandenen Stukaverbänden an und vernichtete russische Truppenbereitstellungen ebenso, wie feindliche Panzerspitzen, während die Bomberverbände die russischen Nachschubwege und Bahnlinien bombten.

Schwache Jägerverbände, dem VIII. Fliegerkorps zur Verfügung gestellt, griffen sowjetische Luftverbände und Bodenstellen an und schossen eine ansehnliche Anzahl feindlicher Flugzeuge ab.

In der Nacht zum 3. Februar 1943 bereits griffen Verbände der Roten Armee, unterstützt von starken Artilleriekräften und durch Schiffsgeschütze Noworossijsk an. Sie fuhren auf Sturm- und Schnellbooten über die 4,5 km breite Bucht von Noworossijsk und sicherten sich eine Reihe von Landungspunkten und Brückenköpfen.

Hier setzten die Gegenangriffe des V. Fliegerkorps ein, das zwei kleine feindliche Brückenköpfe zerbombte und die Russen über die See zurückschlug. Aber der Gegenangriff des Heeres gegen den größeren russischen Brückenkopf südlich von Noworossijsk schlug fehl. Die Angreifer erlitten schwere Verluste. Die Russen konnten diesen Brückenkopf nicht nur halten, sondern verstärkten ihn noch.

Wiederholt wurde dieser Brückenkopf vom VIII. Fliegerkorps angegriffen. Auch die Zuführungen für diesen Brückenkopf über See wurden mehrfach hart getroffen und unterbunden. Mit Ju 88 und He 111 wurden diese Angriffe geflogen und in der ersten Zeit stürzten auch die Flugzeuge der I./StG 3 auf diese Ziele herunter, um sie zu vernichten.

In immer größerer Zahl aber starteten hier auch russische Jäger moderner Baumuster und griffen die deutschbesetzten Flugfelder und Häfen, besonders im Raume Kertsch an. Diese Versuche wurden durchgeführt, um den Nachschub für die 17. Armee zu blockieren.

In der erreichten Gotenkopfstellung gaben die Verbände des VIII. Fliegerkorps der 17. Armee jede nur mögliche Unterstützung gegen die russischen Sturmgruppen und die Rote Luftwaffe, deren Aktivität sich ständig steigerte. Bomber und Sturzbomber flogen ihre Angriffe gegen die russischen Bahnlinien, Verbindungsstraßen und Brücken im Kaukasus und verhinderten so den raschen Zufluß weiterer russischer Streitkräfte in dieses Gebiet.

Dennoch führten russische Verbände ständig und täglich Angriffe gegen verschiedene Positionen der 17. Armee durch. Sie wurden gestoppt. Die russischen Fliegerkräfte versuchten die deutschen Flugfelder im Kubanbrückenkopf zu zerstören. Andere Verbände, besonders die schlagkräftigen IL 2-Sturmowik-Einheiten, versuchten den großen Hafen Taman zu vernichten.

Die deutsche Luftwaffe war an dieser Stelle zu schwach, um den Kubanbrückenkopf wirkungsvoll gegen diese russischen Luftangriffe zu schützen. Die deutschen Jäger waren durch die nassen Flugfelder in ihren Aktionen schwer behindert. In diesem Falle war es eine Hauptaufgabe für die Flak, den Gegner zu stoppen.

Hier stand die 9. Flak-Division unter Generalmajor Wolfgang Pickert im Abwehrkampf. Pickert, der den Befehl über alle Flakverbände der 17. Armee erhalten hatte, verteidigte die Häfen Kertsch, Taman, Anapa und Temrjuk gegen die feindlichen Luftangriffe. Er wurde unterstützt durch zwei schwache Jäger- und eine Stukagruppe.

Hauptverteidigungsgebiet war die Straße von Kertsch.

Weitere Flak-Einheiten wurden im Eilmarsch zugeführt. Als sie eintrafen, hatte die 9. Flak-Division eine Gefechtsstärke wie nie zuvor erreicht.

Neben der Unterstützung der Kämpfe der 17. Armee mußte das VIII. Fliegerkorps hier große Mengen an Versorgungsmaterial für diese Armee überfliegen. Täglich wurden Truppen eingeflogen und Verwundete zurückgeschafft. Munition, Waffen, Treibstoffe und Ersatz wurden eingeflogen. Ab dem 9. März wurden auch Seeflugzeuge eingesetzt, um diese Versorgungsflüge und Verwundetentransporte zu übernehmen.

Die folgenden Tage sahen beinahe ununterbrochene Feuerüberfälle der deutschen Artillerie auf den russischen Brückenkopf südlich Noworossijsk, denen Luftangriffe des VIII. Fliegerkorps folgten. Aber in den Nächten kompensierten die Russen ihre Verluste durch die Zuführung frischer Kräfte über See.

Der Einsatz des VIII. Fliegerkorps wurde in einem Tagesbefehl des OB der HGr. A, GFM von Kleist, vom 28. Februar 1943 gewürdigt, in dem es hieß, daß »das VIII. Fliegerkorps in dieser Zeit 50.000 Soldaten aus dem Brückenkopf ausgeflogen« hatte, die verwundet waren. (Siehe dazu: Einsatz der Luftflotte 4 im Kampfraum Süd der Ostfront vom 1.1.1943 bis 12.9.1943, G/VI/4d Karlsruhe Document Collection).

Seenotflieger als Transportstaffel für den Kuban-Brückenkopf

An dieser Stelle sei auch der Einsatz jener vorher genannten Seefliegereinheiten dargestellt. Diese Aufgabe wurde Major Hansing übertragen, der die Seenotstaffel 8 in Konstanz übernommen hatte. Diese war, seit Januar 1942 beginnend, mit Do 24-Flugbooten ausgerüstet worden und hatte im Sommer 1942 im Schwarzen Meer eine Reihe großartiger Seenotaufgaben wahrgenommen und auch am Schlußangriff auf Sewastopol teilgenommen. Mehrere abgeschossene He 111-Besatzungen konnten im Sommer im Schwarzen Meer gerettet werden. Im Bereich der Straße von Kertsch und beim Angriff deutscher Kampfflieger auf die Seehäfen Gelendschik, Tuapse, Sotschi, Poti und Batum waren immer auch Do 24-Seenotflugzeuge eingesetzt worden, die Jagdflieger, Kampfflieger und Stukabesatzungen und auch einen russischen Jagdflieger aus Seenot retteten. 60 Menschen konnten von dem hier wirkenden Seenot-Bereichskommando XII aus Seenot gerettet werden.

Nach dem Verlust von Stalingrad erhielt Major Hansing den Auftrag, als Transportführer (See) einen Seeflugzeug-Transportverband zusammenzustellen. Dieser erhielt den Befehl, den Kubanbrückenkopf während der Schlammperiode zu versorgen, weil Landflugzeuge nicht mehr landen und starten konnten. Dafür stellte Major Hansing einen Stab zusammen dem Oblt. Wild als Transportfachmann, Lt. Stephanie und Ofw. Gieger als Hilfsoffiziere angehörten.

Durch Abgaben aus allen Seenotbereichen wurden in Sewastopol 18 Do 24 zu zwei Seetransportstaffeln zusammengestellt.

1. Seetransportstaffel: Oblt. Stretter
2. Seetransportstaffel: Oblt. Hülsmann.

Eine weitere Seetransportgruppe, bestehend aus 25 Ju 52 die auf Schwimmer umgerüstet waren, wurde von Major Gude auf dem Ortalisee zusammengestellt.

Alle drei Transportverbände flogen täglich drei bis vier Einsätze und beförderten vom 5. März bis zum 25. März 1.910 Tonnen Versorgungsgüter in den Kubanbrückenkopf. Bei diesen Einsätzen ging nur eine Ju 52 verloren.

Ausladeplatz war der Ort Gostagajewkaja am Witjasewski-See, nördlich Anapa. Pioniere des Heeres hatten dort lange Stege mit einer Ausladerampe fertiggestellt. Die Flugzeuge machten an ausgelegten Gummibojen fest. Flöße transportierten, von Infanterie-Sturmbooten gezogen, die Versorgungsgüter an Land. Starker Flakschutz sicherte diese Ausladungen und die Maschinen.

Auf dem Rückflug nahmen alle Maschinen Verwundete mit zurück. Diese wurden in die Lazarette an der Südküste der Krim geschafft.

Es war der Kommandierende General des LI. Gebirgskorps, General der Gebirgstruppen Rudolf Konrad, der diesen opfervollen Einsatz im Hintergrund besonders würdigte. Aber auch Generalleutnant Fiebig sprach den Seenotmännern seine besondere Anerkennung aus. Er konnte beurteilen, was es mit diesem stillen Einsatzmut auf sich hatte.

Daß darüber hinaus im Frühjahr und Sommer 1943 in diesem Frontabschnitt 21 erfolgreiche Seenoteinsätze durchgeführt wurden, bei denen 69 deutsche, rumänische und russische Flieger gerettet wurden, ist den Seenotmännern hoch anzurechnen.

Dieser Einsatz wurde durch den wenig später in diesem Raum befehlsführenden Komm.Gen. des I. Fliegerkorps, Generalleutnant Mahnke besonders anerkannt.

Am 20. September - dies sei bereits vorgetragen, um die Kontinuität des Geschehens aufrecht zu erhalten - wurde der Kommandeur des SBK XII, Oberstleutnant Hansing als Qu 2 (See) in den Dienstbereich der Luftflotte 4 versetzt. Sein Nachfolger wurde sein letzter Offizier z.b.V. Major Hagner, der als Kommandeur in Eupatoria saß. Die Seenotstaffel 8 führte Hptm. Hülsmann in Sewastopol. Beim Endkampf um die Krim 1944 sollte sich dieser Verband abermals hoch auszeichnen.

Weitere Kämpfe der Luftflotte 4

Luftaufklärungen von Flugzeugen des VIII. Fliegerkorps, die im sowjetisch kontrollierten Bereich des Schwarzen Meeres aufklärten, sichteten in der Nacht des 12. März 1943 einen russischen Tanker. Sie gaben die Meldung durch, die an die Schnellboot-Flottille weitergeleitet wurde, die diesen Tanker in der Nähe des Hafens Tuapse stellte und mit Torpedos in Brand schossen.

Luftminenoperationen gegen den russischen Hafen Gelendschik, Bombardierungen anderer Häfen waren weitere Aufgaben vorwiegend des VIII. Fliegerkorps. Am 30. März wurde der letzte Transportflug in den Kubanbrückenkopf geflogen. Am nächsten Tag wechselte die Führung des Luftwaffenbefehls in diesem Großraum Kuban-Krim. Das HQ des VIII. Fliegerkorps wurde in den Nordraum der Luftflotte 4 verlegt, um dort der Armeegruppe Kempf zu helfen, die in schweren Abwehrkämpfen stand. Das I. Fliegerkorps übernahm die Einsätze im Kuban-Brückenkopf. Es wurde von Generalleutnant Günther Korten geführt, der sein HQ in Simferopol einrichtete. Ein vorgeschobener Gefechtsstand wurde in Kertsch aufgebaut.

Hauptaufgabe dieses Korps war die direkte Unterstützung des Heeres durch Angriffe gegen russische Truppenkonzentrationen. Vor allem aber galt es, russische Artilleriestellungen zu zerschlagen, die Straßen- und Bahnlinien zu unterbrechen und die sowjetischen Luftaktivitäten zu unterbinden. Russische Jäger wurden immer mehr über dem Kampfraum beobachtet und die Luftduelle nahmen entsprechend zu. Deutsche Jäger errangen hier eine Reihe großer Luftsiege.

Als russische Truppen am 14. April 1943 bei Krimsk einen Durchbruch erzielten, wurden dem I. Fliegerkorps konzentrierte Luftangriffe gegen die Feindkräfte befohlen, die in die Front eingedrungen waren. Jäger und Schlachtflieger schossen an diesem Tage 56 russische Flugzeuge ab. Acht feindliche Panzer wurden durch Panzerkampf-Flugzeuge vernichtet.

Der Angriff des 17. April mit dem Codenamen »Neptun« gegen den feindlichen Brückenkopf südlich Noworossijsk wurde mit starker Luftunterstützung geflogen. Es wurden zwei Jäger-Gruppen, zwei Stukagruppen und ein Kampfgeschwader mit zwei Gruppen eingesetzt. »Es regnete unbarmherzig Bomben auf das Brückenkopfgelände herunter und auf die Batterien entlang dem Ostufer der Bucht, aber trotz des konzentrierten Luftbombardements und des geballten Artilleriefeuers, gelang es den angreifenden deutschen Truppen nicht, tiefer in den Brückenkopf einzudringen. Das rauhe Gelände, bedeckt von vielen kleinen Gehölzen bot den russischen Verteidigern gute Deckung und Schutz und reduzierte die Effektivität der deutschen Bombenangriffe.« (Siehe Hermann Plocher: a.a.O.).

Auch der Angriff des 18. April drang nicht sehr tief in diesen Brückenkopf ein. Nunmehr erhielt das Stukageschwader unter Oberst Dr. Ernst Kupfer Befehl, den Angriff zu führen und die feindlichen Widerstandsnester durch Punktangriffe zu vernichten. Hinzu kamen Angriffe auf erkannte Truppenkonzentrationen und feindliche Überwachungspositionen. Infolge des schlechten Wetters gelang der erste Angriff nicht. Aber die Bomben saßen dennoch im Ziel und trafen eine feindliche Artillerie-Batterie und eine daneben liegende Infanterie-Stellung und eine weitere Batterie. Doch das war nicht das erwartete Ergebnis.

Russische Jäger starteten in unregelmäßigen Abständen zum Feindflug. Sie schossen drei Ju 87 an, die auf ihrem eigenen Flugfeld Bruchlandungen machten. Vier weitere Ju 87 wurden so schwer getroffen, daß sie ausfielen. Dennoch waren 494 Einsätze geflogen worden. Bliebe nachzutragen, daß auch die russische Flak im Brückenkopf vier Ju 87 beschädigten.

Am nächsten Tage wurden von den Ju 87-Einheiten insgesamt 511 Einsätze geflogen. In jeweils 25 Maschinen-Angriffen, die ihren ersten Angriff um 4.45 Uhr begannen, wurden diese rund 20 Angriffe bis 18.30 Uhr durchgeführt.

Der erste Angriff richtete sich gegen den südlichen Teil von Noworossijsk, der von russischen Verbänden gehalten wurde, während vier weitere Gruppen andere Ziele weiter südlich angriffen, einschließlich des großen Eisenbahnbogens, auf das alte Fort und andere Ziele.

Auf der Jägerhöhe und dem Russenriegel wurden schwere Treffer erzielt, die den Feind zwar erschütterten, aber nicht zur Aufgabe zwangen.

Am 19. April wurden 16 Gruppen Ju 87 in insgesamt 294 Einsätzen zur Unterstützung der 17. Armee im Kampf um den großen sowjetischen Brückenkopf eingesetzt. Der »Tafelberg« und der »Zuckerhut«, vom Feind gehaltene Höhen, wurden hart getroffen.

Der 20. April sah einen weiteren deutschen Angriff. Aber auf der »Jägerhöhe« hielten die Russen eisern. Der deutsche Angriff wurde abgewiesen, die Truppe erlitt schwere Verluste.

Während dieser Angriffe richtete die Rote Luftwaffe sehr starke Gegenangriffe aller ihrer Streitkräfte gegen die deutschen Bodentruppen und auch gegen deutsche Bomber- und Stukaverbände.

Am Nachmittag dieses 20. April starteten die I./StG 2 und die II./StG 77 zu erfolgreichen Angriffen gegen ein hohes russisches HQ im »Zielgebiet 9« (nahe dem Brückenkopf); in der Abenddämmerung flogen alle einsatzbereiten Bomberverbände ihre Angriffe gegen die Landungsseite des Brückenkopfes. Während der Nacht wiederum starteten 165 Ju 87 der I. und II. Gruppen der StG 2 und 3 und bombten die Landungspunkte am Noworossijsk-Strandgebiet.

Weil die russische Luftstreitmacht eine große Masse an Luftstreitkräften über dem Brückenkopf zusammenzog, kam es hier zu größeren Luftkämpfen. Im Verlauf dieser Kämpfe schossen Flugzeuge des I. Fliegerkorps am 20. April 91 Feindflugzeuge ab. Zur gleichen Zeit vernichteten deutsche Jäger über der rechten Flanke der 17. Armee weitere 56 Feindflugzeuge.

Wie die russische Seite diese Kämpfe sah, sei im folgenden berichtet.

Russische Luftkampfberichte

Gegen Ende April starteten die Russen einen neuen Durchbruchsversuch gegen die Truppen des deutschen XXXXIV. AK bei Krimsk. Verbände des I. Fliegerkorps traten sofort gegen diese Feindtruppen an, um den Durchbruch zu stoppen. Bomber und Schlachtflieger, Stukas und Jäger griffen feindliche Panzergruppen, Truppenkonzentrationen, Artilleriestellungen und Truppenbereitstellungen an. Deutsche Jäger fanden viele Feinde über der Front und schossen am 29. April 63 Feindflugzeuge, am 30. April 32 und am 3. Mai 35 ab. Am 4. Mai wurden noch einmal 24 Feindflugzeuge vernichtet.

Die sowjetischen Quellen beschrieben die deutschen Luftangriffe gegen den Myshakoberg, wo sich russische Truppen eingegraben hatten, als sehr schwer. Diese deutsche Operation »Neptun«, wurde sowjetischerseits mit 450 angreifenden deutschen Bombern und 200 Jägern, die 1.000 Einsätze geflogen haben sollen, überzogen dargestellt.

Um diesen Angriffen gewachsen zu sein, stellte das Oberkommando der Roten Luftwaffe etwa 500 Flugzeuge bereit, darunter 100 Bomber. Allerdings war ein Teil der russischen Flugfelder zu weit vom Ort des Geschehens entfernt angelegt worden, andere waren improvisiert und ließen keine Massenstarts zu. Um den umkämpften Luftraum zu erreichen, mußten die russischen Verbände teils über den nordwestlichen Kaukasus fliegen und manchmal kamen sie sogar aus Krasnodar. Im Gegensatz dazu erreichten die deutschen Fliegerverbände aus ihren nahegelegenen Flugfeldern Anapa und Gostagajewskaja, die bis zu 45 km weit entfernt lagen, den Kampfplatz in kurzer Zeit und konnten mindestens 30 Minuten über Myshako bleiben.

In den russischen Quellen wird jener Einsatz am Morgen des 20. April besonders gewürdigt, bei dem 60 Bomber, begleitet von 30 Jägern, die deutschen Truppenansammlungen direkt hinter dem Rand des Landekopfes angriffen. Dieser Angriff wurde 30 Minuten vor Beginn des deutschen Angriffs angesetzt, der durch das Heer gegen den Myshakoberg geführt werden sollte.

Nach kurzer Pause griff eine zweite Welle von 100 sowjetischen Flugzeugen diesen Raum an. Damit war der deutsche Angriff bereits vor Beginn schwer gestört. Die spezielle Gruppe russischer Abfangjäger versuchten die angreifenden deutschen Verbände zu stoppen. Langstreckenbomber der Fernfliegerverbände griffen deutsche Flugplätze auf der Krim an, vor allem die Hauptbasis Sarabus. Hier sollten etwa 100 deutsch Flugzeuge zerstört oder zumindest beschädigt worden sein.

Die russischen Einheiten flogen hier mindestens drei Einsätze am Tag.

Am 21. April erschien General Nowikow auf einem vorgeschobenen Gefechtsstand, um von hier aus die Luftkämpfe zu beobachten. Es kam zu einigen Kämpfen, so jenem des Piloten N.V. Rhyklin, der mit seiner IL 2 vom 805. Schlachtflieger-Regiment direkt über Nowikows Kopf von vier deutschen Jägern angegriffen wurde. Rhyklins Heckschütze Jefremenko schoß zwei deutsche Jäger ab. Dann wurde der russische Flugzeugführer verwundet und die IL 2 schwer getroffen. Es gelang dem Russen, die IL 2 zum eigenen Flugplatz zurückzubringen und zu landen. General Nowikow ließ den beiden erfolgreichen Fliegern sogenannte »Schlachtfeldbeförderungen« verleihen. Rhyklin wurde zum Ersten Leutnant, Jefremenko zum Zweiten Leutnant befördert. Später wurde beiden der goldene Stern eines Helden der Sowjetunion verliehen.

Am 21. und 22. April flogen sowjetische Luftverbände Angriffe über dem Noworossijsk-Abschnitt. Sie meldeten die Vernichtung von 45 deutschen Flugzeugen.

Als Ergebnis dieser schweren russischen Angriffe aus der Luft und des enormen Verteidigungswillens der russischen Erdtruppen wurde der Angriff gegen den Myshakoberg am 24. April eingestellt.

In den Luftduellen vom 17. bis zum 24. April reklamierten russische Flieger 182 Abschüsse im Luftkampf und die Vernichtung oder Beschädigung von 260 weiteren Flugzeugen am Boden, womit sie nahezu das gesamte I. Fliegerkorps ausgerottet hätten. Über die eigenen Verluste meldete die Rote Luftwaffenführung nur, daß sie »bedeutend geringer als die deutschen Verluste gewesen seien.«

Die russischen Angriffe gegen Krymskaja, die am Morgen des 29. April begannen, sich gegen das XXXXIV. deutsche AK richteten und von der 56. Armee geführt wurden, erhielten von der russischen Luftstreitmacht in diesem Raum volle Unterstützung. In der Nacht vor Beginn des Angriffs flogen Verbände der 4. Luftarmee Angriffe gegen die Einbruchsstelle und warfen 210 Tonnen Bomben ab.

Hier war es das 46. Nachtbomber-Regiment geführt von dem weiblichen Major Ye. D. Bershanskaja. Die weiblichen Piloten flogen Po 2-Bomber und erledigten ihre Einsätze mit äußerster Präzision.

Ein weiterer Großangriff der 4. Luftarmee erfolgte am Morgen des 29. April. Drei Stunden lang belegten 144 Bomber, 82 Schlachtflieger und 265 Jäger die deutschen Truppen mit Bomben und Bordwaffenfeuer. Durch die damit geschlagene Bresche sollten die Bodentruppen - auch jetzt weiter unterstützt - vorstoßen.

Um diese russischen Durchbruchsversuche zu stoppen, ließ das I. Fliegerkorps sofort Bomber, Schlachtflugzeuge und Jäger starten und die vorstoßenden russischen Verbände angreifen.

An diesem 29. April war der Himmel über Krymskaja voller Flugzeuge, deutscher wie russischer. In den Luftkämpfen und den Tieffliegerangriffen begann eine permanente Luftschlacht über diesem Gebiet, die bis zum 12. Mai andauerte. Es gab jeden Tag bis zu 40 Luftduelle, in die bis zu 100 Flugzeuge beider Seiten verwickelt waren.

Nach sowjetischen Angaben verlor das I. Fliegerkorps täglich im Durchschnitt 18 Jäger und 12 Bomber. Es ist kein großes Rechenkunststück zu beweisen, daß von den wenigen Jägergruppen in 14 Tagen nicht 252 Jäger abgeschossen werden konnten. Ebensowenig 168 Bomber, weil das Korps nicht annähernd über soviel Flugzeuge verfügte.

Hier die Schilderung eines russischen Luftkampfes der sich am 29. April über Krymskaja abspielte. Der bekannte russische Flieger Dimitrij Glinka, in der russischen Siegerliste mit 50 Luftsiegen an vierter Stelle stehend, war an diesem Tage mit sechs seiner Jäger gestartet, um feindliche Bomberverbände zu stellen. Als am frühen Morgen eine Gruppe Ju 88 das Dorf überflog und sich der Front näherte, griff Glinka mit seinen insgesamt sechs Jägern diesen Verband an. »Er schoß zuerst das führende Flugzeug ab und in den folgenden Kämpfen vernichtete er zwei weitere deutsche Bomber. Dieser verwegene Angriff unterbrach einen deutschen Überfall von sechzig Flugzeugen.« (Siehe: Robert A. Kilmarx: a.a.O.)

In diesem Luftraum operierte auch Georgij Golubew, ein Rottenflieger Pokryschkins vom 16. Garde-Jägerregiment. Er berichtete: »Für die einzelnen Jägerpiloten die am Tage durchschnittlich vier bis sieben Einsätze flogen und in zwei bis drei Luftkämpfe verwickelt waren, erforderten diese Einsätze großes Stehvermögen. In dem überfüllten Luftraum über Krymskaja entwickelten sich Luftkämpfe von äußerster Schnelligkeit. Wenn ein Pilot einmal in diesen Strudel geriet, sah er sich einem verwirrenden Spiel der Luftkämpfe gegenüber. Der Blitz der Leuchtspurgeschosse, das Rattern der MG, die Flakexplosionswolken und das wilde Durcheinander von Flugzeugen in unterschiedlicher Höhe zerrte an den Nerven.« (Siehe: Georgij Golubew: Kampfeinsätze über dem Kubanbrückenkopf).

In den russischen Horsten arbeiteten die Bodendienste verbissen an der Wiederherstellung der Einsatzbereitschaft der angeschlagenen Maschinen. Ihre Rolle war auch auf dieser Seite des Zaunes entscheidend.

Das 29. Jäger-Regiment schoß am 3. Mai 1943 zehn deutsche Flugzeuge ab und beschädigte zwei weitere. Jahre nach Kriegsschluß schrieb Luftmarschall Werschinin, daß der Jagdflieger Semenischin hier am Kubanbrückenkopf mit seiner I 16 hervorragendes Können und große Tapferkeit unter Beweis stellte. Wenn er auch nicht in Bezug auf die Abschußerfolge an Pokryschkin heranreichte, war er als Staffelkapitän ein As. Er wurde gleich zu Beginn verwundet, kehrte aber schnell wieder ins Kampfgebiet zurück und kam zum 298. Jäger-Regiment. Hier stellte er seine besonderen Fähigkeiten unter Beweis. Er übernahm die »para»-Formation und griff immer wieder den Gegner an und erzielte respektable Erfolge.

Am 3. Mai unternahmen 162 Bomber des 2. Bomberkorps unter Generalmajor V.A. Ushakow Angriffe gegen deutsche Artilleriestellungen. In Intervallen von 10 bis 15 Minuten griffen sie immer wieder an. Gleichzeitig damit ebneten IL 2 des 2. Gemischten Fliegerkorps unter Generalmajor I.T. Jeremenko den Weg für die russischen Panzerspitzen. Binnen vier Tagen erzielten diese Bomber und Schlachtflugzeuge in 2.243 Einsätzen große Erfolge. Die 4. Luftarmee konzentrierte alle Verbände auf einem Streifen von 30 km der 160 km langen Frontlinie, um den Bodentruppen zum Durchbruch zu verhelfen.

Die deutsche Luftwaffe sah sich trotz ihrer Abschußerfolge hier in der Minderheit und die Rote Luftwaffe erreichte hier erstmals über der Front im Osten eine Luftüberlegenheit, die sie allerdings nicht zur Luftherrschaft ausbauen konnte.

Die 4. Luftarmee flog vom 29. April bis zum 10. Mai 12.000 Einsätze. 285 Luftkämpfe waren zu bestehen, in denen die Russen 368 deutsche Flugzeuge abgeschossen haben wollten. Dennoch gelang es der 56. Sowjetarmee nicht, nach Anapa und ans Schwarze Meer durchzubrechen.

Von April bis Juni 1943 flog in diesem Luftraum auch A.L. Iwanow vom 57. Garde-Jäger-Regiment, das mit britischen Spitfire Flugzeugen ausgerüstet war. Allerdings hatte dieser Flieger keine sehr hohe Meinung von diesen englischen Jagdflugzeugen.

»Unsere englischen Vögel«, bemerkte er, »erinnern zu sehr an die deutschen Me 109 (Bf 109). Viele meiner Kameraden und auch ich wurden für Deutsche gehalten und von benachbarten eigenen Jägerverbänden beschossen.« Nach drei Monaten, während derer es zu einer Menge solcher Zwischenfälle auch mit tödlichem Ausgang gekommen war, wurden die Spitfire aus dem Kampf gezogen und anderweitig eingesetzt.

Am 4. Mai hatte die Rote Armee Krymskaja erobert. Weiter kamen sie jedoch nicht.

Trotz der angeblichen hohen Erfolge der Russen gewann die deutsche Luftwaffe in diesem Raum um den 10. Mai herum die Luftüberlegenheit zurück.

In der Nacht zum 26. Mai flogen russische Nachtbomber ihre Angriffe gegen deutsche Stellungen der »Blauen Linie«. Am nächsten Morgen begann der Angriff, zu dem das russische Fliegerkommando 338 Flugzeuge eingesetzt hatte. Davon waren 84 Bomber, 104 Schlachtflieger und 150 Jäger. Alle stürzten sich auf den schmalen Durchbruchskorridor. Der Vorstoß gepanzerter sowjetischer Bodentruppen drang zunächst durch. Aber die Panzerverbände wurden rückwärts abgekniffen und vernichtet. So gingen am ersten Tag dieses russischen Angriffs über 100 Panzer verloren.

Der deutsche Gegenangriff begann mit einem massierten Luftbombardement mit insgesamt 1.500 Einsätzen. Am Nachmittag folgten weitere 600 Einsätze des I. Fliegerkorps.

Der russische Angriff der um 6.30 Uhr begann wurde in drei Wellen geflogen. Die erste Welle bestand aus 84 Bombern, die zweite aus 38 Schlachtflugzeugen IL 2 und die dritte aus weiteren 49 Sturmowiks. 150 Jäger schützten diese Luftstreitkräfte.

Zum ersten Mal warfen die IL 2 einen Rauchschleier ab, um den Vorstoß der Panzertruppen zu sichern. Dies gelang auch zuerst. Dann aber wurde der sowjetische Vorstoß gestoppt und durch einen Gegenangriff der eingedrungene Feind eliminiert.

Die IL 2-Verbände erlitten an diesem Tag schwere Verluste, aber unbeirrt flogen diese Verbände weiter. Am 2. Juni beispielsweise führte Leutnant N.P. Dedow 36 IL 2 gegen deutsche Artilleriestellungen bei Moldawanskoje. Hierbei entwickelte er eine neue Methode indem er seine Schlachtflugzeuge, von 30 Jägern geschützt, in Gruppen zu sechs Maschinen in einer Annäherungshöhe von etwa 800 m angreifen ließ. Die angreifenden Gruppen waren etwa 400 bis 500 m voneinander entfernt. Über dem Zielgebiet formierten sie sich zu einem geschlossenen Kreis und gingen in den gezielten Sturzflug über. Eine nach der anderen griffen die IL 2 den Gegner an, warfen ihre Bomben und schossen aus allen Bordwaffen, ehe sie mit einem Turn nach links in den schützenden Kreis zurückkehrten. Die Verluste dieses Verbandes waren gering. Dedows Luftkampftaktik stellte sich als wirkungsvoll heraus. Der deutsche Gegner wurde durch das massive Feuer der Sturmowik abgehalten. Später befahl Marschall Werschinin diese Taktik für den Bodenangriff allgemein zu übernehmen.

Aleksandr I. Pokryschkin und seine Kameraden

Am Himmel über dem Kubanbrückenkopf machte sehr rasch ein Flieger von sich reden, der bereits vorher zu aufsehenerregenden Erfolgen gekommen war: Aleksandr Pokryschkin. Seine besonderen Fähigkeiten als Jäger stellte er hier wieder unter Beweis, indem er in diesem Raum 20 deutsche Flugzeuge abschoß. Dies allein machte jedoch nicht seinen legendären Ruf aus. Als Staffelkapitän arbeitete er eine Reihe von neuen Luftkampf-Jagdtaktiken aus, die auf seinen eigenen Kampferfahrungen basierten. Damit sammelte er eine Reihe Flieger um sich, die als die »Helden des Kuban« in die russische Kriegsgeschichte eingingen und die im Stande waren, den blätternden Ruhm der russischen Fliegerwaffe wieder aufzupolieren. Da waren zunächst die Brüder Dimitrij und Boris Glinka, die 21 und zehn Luftsiege errangen. G.F. Reschkalow, der später als dritter in der Rangliste der erfolgreichsten Jagdflieger verzeichnet war und 55 Luftsiege errang, schoß über dem Kuban 11 deutsche Flugzeuge ab. Er überlebte den Zweiten Weltkrieg und war zweimal mit dem goldenen Stern eines Helden der Sowjetunion ausgezeichnet worden.

Hinzu kamen solche Könner wie Vadim Fadejew mit 19 Luftsiegen am Kuban, N.E. Lawitzkij mit 15 Luftsiegen, A.L. Prokozchikow mit 20 Luftsiegen, N.K. Naumchik mit 16, P.M. Berestnew mit 12, D.I. Kowal mit 13 und V.I. Federenko mit ebenfalls 13 Luftsiegen. Jeder dieser Piloten erzielte mehr als zehn Luftsiege direkt über dem Kubangebiet.

Die Asse Pokryschkin, die Glinka-Brüder, Fadejew, Reschkalow aus dem 16. Garde-Jäger-Regiment, Kowal und Prukozchikow aus einem anderen Regiment, erzielten in jedem zweiten Luftkampf einen Luftsieg. Der jüngere der Glinka-Brüder, Boris, der oft gemeinsam mit seinem älteren Bruder Einsätze flog, erzielte mit zehn Luftsiegen in nur 15 Luftkämpfen das beste Ergebnis am Kuban.

Neben diesen spektakulären Helden des Luftkampfes, die in der

Kriegsliteratur einen großen Namen hatten und immer wieder die Publikumsaufmerksamkeit auf sich zogen, gab es noch weitere bemerkenswerte russische Flieger. Einer von ihnen war Major A.A. Doroschenkow vom 43. Jäger-Regiment, der mit einer Gruppe von sechs Yak 7b Jägern einen Angriff gegen das deutsche Flugfeld Anapa führte. Dieser Angriff erfolgte im Morgengrauen des 26. Mai. Die sechs Russen zerstörten auf dem Flugfeld neun deutsche Flugzeuge.

Die Früchte der Umorganisation und Neuausbildung der russischen Luftwaffe reiften nunmehr. Ihr Oberbefehlshaber, General Nowikow, hatte alle Verbände auf ein höheres Niveau geführt, so daß die deutschen Flieger diese Verbesserung empfindlich zu spüren bekamen.

Die sowjetischen Jagdfliegererfolge stiegen weiter an mit der Ankunft der P 39 Aircobra, die sich in Rußland wieder bewährte, obgleich sie von den alliierten Streitkräften für veraltet gehalten und teilweise schon ausrangiert worden war. Am Himmel über Rußland erwies sich dieses Flugzeug als kraftvoller, gepanzerter Jagdbomber. Er stellt einen idealen Abfangjäger dar, wenn er von intelligenten Verbandsführern an den Feind gebracht wurde. Die Einrichtung des Triebwerkes h i n t e r das Cockpit der »Kobry«, wie die Russen die Aircobra nannten, erlaubte den russischen Piloten Tieffliegerangriffe zu fliegen und mit ihrer ebenfalls 3,7 cm-Kanone große Erfolge zu erzielen.

Aleksandr Pokryschkin war ein solcher Taktiker, der seine Angriffstechnik den Erfordernissen der Front anpaßte, was für jeden Flieger nach seiner Meinung »eine lebensnotwendige Regel, ein eisernes Gesetz sein muß, wenn er überleben will.«

Pokryschkin studierte jedes Detail seines Luftkampfes und analysierte diesen genau, um sodann seinen jüngeren Kameraden dieses Wissen zu vermitteln und sie zu zwingen, diese erkannten Techniken zu übernehmen. »Im Feuer wurde dann die Effektivität der Theorien Pokryschkins getestet.«

Er betonte die Notwendigkeit der überhöhten Position, die ihm die Gelegenheit bot, im Sturzflug und damit entsprechend schneller als sein Gegner diesen anzunehmen. Dies gab den Zeitfaktor von Sekundenvorteilen, die genügten, um den Gegner zu vernichten. Er betonte darüber hinaus die Notwendigkeit, dicht an den Gegner heranzugehen und aus kurzer Distanz zu schießen. So hielten es auch die deutschen Jägerasse wie Hartmann und Graf und alle anderen.

Die Jäger der Roten Luftwaffe flogen im Jahre 1943 nur noch in der »para«-Formation, zu zweit also. Sie griffen aus überhöhten Positionen an und einer leistete dem anderen Rückendeckung.

Einer jener Jäger, die diese Technik praktizierten, war Oberst N. Platonow vom 249. Jäger-Regiment, der allerdings noch eine spezielle russische Variante hinzufügte: den Frontalangriff aus überhöhter Position. In dieser Angriffsart erzielte er nach seinen Erinnerungen aus der Nachkriegszeit drei Luftsiege. Er unternhm 155 Kriegseinsätze, absolvierte 26 Luftschlachten und erzielte insgesamt sechs Abschüsse. Er erhielt am 1. Mai 1943, über dem Kuban kämpfend, den goldenen Stern eines Helden der Sowjetunion.

Die besten Jägerpiloten, auch die Asse Pokryschkin, die Glinka-Brüder, Fadejew, Reschkalow und Semenischin nahmen an vielen Lehrgängen für taktischen Luftkrieg teil. Daneben wurden sie auch zu parteipolitischen Sitzungen eingeladen, die von General V.I. Verow, dem Stellvertreter von General Werschinin organisiert wurden.

In der russischen Taktik des Luftkrieges rangierten von nun an neben der »para«-Formation noch die aus vier Maschinen bestehende »zveno«-Formation. Die aus zwei »zveno« bestehende »gruppa«, also acht Flugzeuge, waren die größte taktische Formation. Für eine typische »gruppa«-Formation wurde eine zusätzliche »para« hinzugefügt, die etwa 350 bis 800 m über dem führenden »zveno« flog. Sie übernahm die Sicherung nach oben bei ausgedehnten Patrouillenflügen oder Sicherungsaufgaben.

Welche Verluste der gesamte Kampf über dem Kuban der russischen Luftwaffe gekostet hatte, darüber gibt es keine Aufschlüsselung. Die deutschen Quellen bezeichnen die russischen Flugzeugverluste während der gesamten Kuban-Operationen mit 2.280 Flugzeugen bis Oktober 1943, als der Kuban-Brückenkopf über die Straße von Kertsch evakuiert werden mußte.

Die russische Luftwaffenführung gab die Zahl ihrer Kuban-Einsätze mit 35.000 an und die Zahl der vernichteten deutschen Flugzeuge mit 1.100. Daß dies nicht annähernd stimmte, ist aus den Stärkemeldungen der deutschen Luftwaffe zu erkennen.

Am 7. Juni erlahmten die Luftkämpfe über dem Kuban. Der militärische Rat des Nordkaukasus erklärte zwei Wochen darauf, daß er durch die Luftwaffenführung gezwungen worden sei, den Luftkampf über dem Kubangebiet einzustellen.

Die sowjetische Luftwaffenführung verlegte im Juli alle Kräfte nach Norden, in den Raum Bjelgorod-Kursk, wo die deutsche Wehrmacht ihre große Offensive einleitete und wo alle Flugzeuge benötigt wurden.

Russische Schlachtflieger gegen den deutschen Nachschubverkehr

Der deutsche Nachschubverkehr zum Kaukasus und in den Kubanbrückenkopf konnte nicht allein von der Luftwaffe durchgeführt werden, er wurde auch durch Schiffsgeleitzüge sichergestellt, die tagsüber durch die Straße von Kertsch nach Anapa liefen, dort ausgeladen wurden und noch bei Tageslicht zur Straße von Kertsch zurückmarschierten.

In Anapa und teilweise auch unterwegs stand deutscher Jagdschutz zur Verfügung, doch leider nicht ständig.

Die ersten 40 Geleite des Unternehmens »Kleiner Bär« von Kertsch nach Anapa und zurück kamen gut durch. Am 23. April 1943 erfolgte ein Angriff auf »Kleiner Bär 41« durch russische U-Boote. Doch dieser Angriff und einige andere erzielten keinen Erfolg. Erst »Kleiner Bär 88« wurde von vier russischen Jägern und vier Bombern getroffen. Es entstanden nur Splitterschäden.

Am 19. Mai 1943 wurde »Kleiner Bär 89« von acht Bombern mit etwa 100 Bomben belegt. Die beiden Boote F 309 und F 367 (MFP) wurden von jeweils acht bis zehn Bomben getroffen. Diese beiden Marine-Fähr-Prähme sanken. Ein weiterer MFP wurde beschädigt. Im geballten Abwehrfeuer der Bordflak wurden zwei Flugzeuge abgeschossen.

Mit dem Angriff auf »Kleiner Bär 97« durch sieben IL 2 am 27. Mai 1943 wurde ein MFP beschädigt und eine IL 2 abgeschossen. Das Geleit mußte wegen schlechten Wetters umkehren.

Drei Tage später griff der Gegner mit neun Bombern und sechs Jägern »Kleiner Bär 99« an. MFP 332 sank. Drei russische Flugzeuge wurden durch die Bordflak und neun durch deutsche Jäger abgeschossen.

Ab dem 1. Juni 1943 erhielt diese Geleitzugoperation den Codenamen »Hagen«. Am 4. Juni wurde Hagen 4 angegriffen. Acht Bomber, durch sechs Jäger gesichert, griffen das Geleit ergebnislos an, weil sie vor dem massierten Abwehrfeuer abdrehten. Erst beim Angriff auf »Hagen 6« wurde ein MFP leicht beschädigt. Weitere Angriffe blieben ebenfalls ohne zählbare Erfolge für die russischen Angreifer. Erst mit »Hagen 23« wurde wieder einem Geleit ein MFP zerschossen, der aber nicht sank.

»Hagen 34« erlitt zwei Verluste durch schwere Beschädigungen, die von acht IL 2 am 6. Juli verursacht wurden. Am 10. Juli wurde »Hagen 38« von zehn IL 2 angegriffen. Abermals wurden zwei MFP getroffen, aber auch zwei russische Schlachtflugzeuge abgeschossen.

Nicht weniger als 15 IL 2 griffen am 13. Juli »Hagen 40« an. Zwei MFP erhielten leichte Beschädigungen, ein russisches Flugzeug wurde abgeschossen. Einen der schwersten Verluste mußten die russischen Schlachtflieger hinnehmen, als sie mit neun IL 2 und drei Jägern ein von Anapa zurückkehrendes Geleit angriffen. Sie versenkten zwar ein geschlepptes Landungsboot und beschädigten drei MFP, verloren aber durch die Bordflak vier Flugzeuge.

Beim Angriff weiterer neun IL 2 am Morgen des 27 Juli auf »Hagen 52« waren glücklicherweise wieder einige deutsche Jäger zur Stelle. Nachdem die Flugzeuge der Russen drei MFP beschädigt hatten, stürzten sich die deutschen Jäger auf sie und schossen mit sieben IL 2 den Großteil dieses Angriffsverbandes ab. Die nächsten Geleitzüge wurden ständig angegriffen, ohne daß auch nur ein MFP sank. Die Bordflak schoß bei jedem dieser Angriffe wenigstens einen der Gegner ab.

Mit einem Großaufgebot von 18 und 13 Bombern gegen »Hagen 90« versuchte der Gegner einen harten Schlag zu landen, konnte aber nur einen MFP beschädigen.

Das letzte Geleit mit der Bezeichnung »Hagen 91« führte noch einmal 13 Marine-Fähr-Prähme nach Anapa. An diesem 20. September 1943 begannen die Angriffe durch 5 und 2 IL 2-Schlachtflugzeuge auf dem Wege nach Anapa ohne Erfolg. In Anapa angekommen wurden die MFP von 35 Flugzeugen angegriffen wobei ein MFP beschädigt wurde. Sechs weitere IL 2 erzielten auf dem zurücklaufenden Geleitzug keinen Treffer.

Insgesamt waren bei 190 nach Anapa und zurück gefahrenen Geleitzügen nur 30 Geleite angegriffen worden. Es gingen dabei nur drei MFP und ein Landungsboot völlig verloren, einige wurden sehr schwer beschädigt (sechs) und eine Reihe leicht beschädigt.

Die Rote Luftwaffe verlor bei diesen Unternehmungen insgesamt 45 Flugzeuge, überwiegend gepanzerte IL 2-Schlachtflugzeuge.

Bei den deutschen Rückführungen im Zuge der Räumung des Kubanbrückenkopfes kam es ebenfalls zu russischen Versuchen, diesen Schiffs- und Fährverkehr zu unterbinden. Nachdem die letzten deutschen Truppen unter Nebeleinsatz am 8. Oktober 1943 gegen Mitternacht abgeholt wurden, fuhren vier deutsche Geleite, bestehend aus Räumbooten, Siebelfähren, Marine-Fähr-Prähmen, Pionierlandungsbooten-und Sturmbooten los.

Das 1. Geleit, das aus Kamysch-Burun auslief, wurde bereits nach kurzer Zeit in See von acht IL 2 im Tiefflug angegriffen.

Die Pionierfähre 229 geriet in Brand und sank. Durch das deutsche Abwehrfeuer wurde eine IL 2 abgeschossen. Um 18.00 Uhr erreichten die Fahrzeuge Sewastopol.

Das zweite Geleit wurde nicht angegriffen, während das 3. Geleit, das um 3.40 Uhr von Kertsch ausgelaufen war, ein Schiff durch U-Bootangriff verlor. Das vierte Geleit wurde ebenfalls nicht angegriffen. Es lief unangefochten in Feodosia ein. Die deutsche Luftwaffe stellte den Jagdschutz und auf ihn ist diese reibungslose Evakuierungswelle zurückzuführen, denn mit der deutschen Luftwaffe hatten die Sowjets zwei Tage zuvor sehr unangenehme Bekanntschaft gemacht.

Darüber im folgenden in Stichworten mehr.

Stukas gegen Kriegsschiffe im Schwarzen Meer

Am 5. Oktober 1943 stach eine sowjetische Zerstörergruppe unter Kpt. 2. Ranges Negoda in See, um gegen die deutschen Räumungstransporte entlang der Krimküste zu operieren. In der Nacht zum 6. Oktober beschoß der Flottillenführer »Charkow« Jalta und Alustja, während die beiden Zerstörer »Besposcadnyj« und »Sposobnyj« beim Anmarsch auf das ebenfalls zu beschießende Feodosia auf Boote der 1. Schnellboots-Flottille stießen und mit insgesamt fünf Booten dieser Flottille ins Gefecht traten.

Der Verband vereinigte sich kurz vor Morgengrauen wieder, wurde durch einen Aufklärer erfaßt, der sofort über Funk Meldung machte.

Stukas des StG 77 griffen mit dem frühen Morgenlicht diesen Flottenverband an. Bei ihrem ersten Angriff stürzten sie sich auf die »Charkow«. Mit eingeschalteten Jerichosirenen stürzten sie sich auf den feuerspeienden Gegner, die Bomben wurden gelöst und »Charkow« schwer getroffen. Der Flottillenführer verlor sofort an Fahrt und mußte von »Sposobnyj« in Schlepp genommen werden.

Der zweite Angriff sah eine »Arbeitsteilung« der Angreifer. Durch dieses Auseinanderziehen des Angriffs wurde auch die feindliche Flakabwehr zersplittert und im gezielten Sturz jagten die Stukas den drei Zielen gleichzeitig entgegen.

Alle drei Einheiten erhielten schwere Treffer. »Charkow« und »Besposcadnyj« wurden schwer getroffen und der dritte Zerstörer wurde nur leicht erwischt, so daß er im Stande war, die beiden Kameradenschiffe nacheinander zu schleppen.

Beim nächsten Angriff erhielt die gerade frei liegende »Besposcadnyj« einen so schweren Treffer, daß sie in einer wüsten Detonationswolke der explodierenden Granaten auseinanderbrach.

Wenig später wurde auch die »Charkow« so schwer getroffen, daß sie nicht mehr gehalten werden konnte. Kapitän 2. Ranges Sewtschenko gab den Befehl, das Schiff zu verlassen.

Der vierte Angriff richtete sich gegen den Zerstörer »Sposobnyj«, der dabei war, die im Wasser schwimmenden Schiffbrüchigen zu retten. Auch er wurde nach zwei Volltreffern versenkt.

Marschall Stalin verbot, nachdem er Nachricht vom Verlust dieser drei modernen Schiffe erhalten hatte, den weiteren Einsatz von Kriegsschiffen vom Zerstörer aufwärts ohne seine Genehmigung.

Der Schock dieses vernichtenden Schlages hielt die Russen davon ab, den deutschen Rückführungsverkehr weiter geballt anzugreifen und ermöglichte die beinahe ungefährdete Rückführung der Truppen aus dem Kaukasus und Kuban nach der Halbinsel Krim.

LUFTKRIEG BEI DER HEERESGRUPPE MITTE

Vor dem Unternehmen »Zitadelle«

Auf dem linken Flügel der HGr. Mitte wurden im frühen Januar 1943 schwere Abwehrschlachten gegen die Rote Armee geschlagen, vor allem im Bereich der 3. Pz.Armee und der 9. Armee in den Räumen Welikije Luki und Rshew. Die Rote Armee drückte die deutschen Verteidigungslinien in Richtung Witebsk zurück.

Während dieser Kämpfe konzentrierte das Luftwaffenkommando Ost seine Fliegerkräfte noch um den Raum Welikije Luki, um dort in Tag- und Nachtangriffen und in Zuführungsoperationen mit Lastenseglern und Abwurf von Verpflegung die Lage zu entschärfen. Nach den vorher bereits dargestellten Ereignissen und dem Ausbruch einiger Überlebender blieb es in diesem Zeitabschnitt für einige Zeit relativ ruhig.

Die erwartete feindliche Offensive, sollte nun mit Hilfe der Luftwaffe gestoppt werden und zu diesem Zweck flogen alle Verbände des Luftwaffenkommandos Ost Einsätze gegen die Nachschubstraßen und Bahnverbindungen, sowie auf die Nachschubbasen Kalinin, Toropjetz und Welikopolje.

In dieser Zeit wurde der deutsche Rückzug aus dem noch immer gehaltenen Frontkorridor bei Rshew vorbereitet. In diesem Zusammenhang wurden auch alle Luftwaffen-Depots zurückverlegt, die Flugfelder nach dem Verlassen rigoros zerstört und die Operation »Büffel« am 26. Februar 1943 eingeleitet.

In dieser Zeit schlechten Wetters war die Fernerkundung durch die Luftwaffe durch Nebel und Wolkenbildung behindert. Dennoch entdeckten Flugzeuge der Fernaufklärungsstaffel der Fernaufklärungsgruppe 14 - bekannt als die Münchhausen-Staffel - große Truppenbewegungen zwischen Kalinin und Ostaschkow und übernahm von nun an die Überwachung dieses Gebietes.

Am 10. Februar, das Wetter war sehr schlecht und die Wolkenuntergrenze lag dicht über der Erdoberfläche, wurde dennoch Aufklärung geflogen. Die sehr tief fliegenden Fernaufklärer wurden erkannt und einer abgeschossen.

Am nächsten Tage klarte das Wetter auf und die 4. Staffel sichtete dichte Reihen und Kolonnen von Infanterie- und Panzerverbänden die nordwestlich Ostaschkow rollten. Diese Formationen würden, wenn sie diese Richtung beibehielten, in einen Angriff gegen Staraja Russa und damit gegen die HGr. Nord einmünden.

Bis zum 3. März war Rshew evakuiert, ohne daß es den russischen Verbänden gelungen wäre, auch nur eine Division abzuschneiden. Bis zum 12. Februar war auch Wjasma freigegeben worden. Die letzte Rückführungsaktion war am 16. März beendet. Nunmehr waren zehn deutsche Divisionen für andere Einsätze freigeworden und die Frontlinie um 190 km verkürzt.

Immer wieder mußten bei der HGr. Mitte die Geschwader des Luftwaffenkommandos Ost ihre Unterstützungsangriffe fliegen. Am 20. Februar schossen deutsche Jäger 38 Feindflugzeuge ab. Am folgenden Tage gelang es den ersten Schlachtkampfstaffeln 61 russische Panzer zu vernichten und den russischen Angriff südlich Orel zu stoppen.

Nördlich und südlich Orel mußten die Kampfflieger die feindlichen Truppenkonzentrationen zerschlagen und am 27. Februar bekämpften sie russische Truppen, die bis an den Stadtrand von Orel herangekommen waren.

Am 18. März wurden nicht weniger als 116 russische Panzer vernichtet. Diese Erfolge der Panzervernichtung aus der Luft unterbrachen den feindlichen Angriffsplan und Ende dieses Monats mußte die Führung der Roten Armee erkennen, daß ihr Angriff gegen Orel gescheitert war. Anteil am Abwehrerfolg hatte auch das Stukageschwader 1, das in der Abwehrschlacht von Orel immer wieder unter der Führung von Oberst Walter Hagen gegen den Feind gestartet war. Oberst Hagen, der mit diesem Geschwader im Osteinsatz das Ritterkreuz erhalten hatte, trug seit dem 17. Februar 1942 das 77. Eichenlaub. In seinem Geschwader standen einige Asse der Stukafliegerei.

Am frühen Morgen des 12. März flogen Fw 190 tief in das Feindgebiet hinein, um die gemeldeten feindlichen Panzerkolonnen zu erkunden. Ihr Ziel war es, die genaue Stärke dieses Feindes festzustellen und zu versuchen, die Angriffsabsichten zu erkennen.

Als sie auf der weiten verschneiten Fläche die ersten Feindkolonnen erkannten: voraus sechs Panzer und Infanterie und Bataillonsstärke, riefen sie über Funk:

»Kampfziele für die Stukas gesichtet.«

Eine halbe Stunde später griff die dritte Gruppe des StG1 an. An der Spitze die 9. Staffel. Eine der Maschinen dieser Staffel wurde von Oblt. Diekwisch geflogen, der bereits am 15. Oktober 1942 das Ritterkreuz erhalten hatte.

Der Angriff traf diesen Feindkeil voll und vernichtete ihn. Weitere von den Fw 190 erkannten Feindziele wurden anschließend angegriffen und zusammengeworfen.

Der Feindangriff auf Orel kam ins Stocken. Infanteriekolonnen, Kraftfahrzeugansammlungen, Panzerkeile, Batteriestellungen und Ortschaften wurden nun vom gesamten zur Verfügung stehenden Geschwader angegriffen. Die Vormarschstraße endete am Abend dieses Tages in einem Trümmerfeld.

Am Nachmittag wurden noch einmal 12 Feindpanzer gemeldet, die gegen eine vorgeschobene deutsche Stellung rollten. Die Stukas griffen abermals an. Sechs Panzer wurden vernichtet, die übrigen drehten und verschwanden.

Am 13. März hieß das Ziel für die Stukas Liwny, das Nachschubzentrum der Russen für den Südabschnitt von Orel. Wieder war auch Oblt. Diekwisch dabei. Hier jener Bericht, der von dem mitfliegenden Kriegsberichter Siegfried Kappe von der Kriegsberichter-Kompanie (mot.) 5 gegeben wurde:

»Zuerst starten die Stukas, dann die Jäger und die He 111, die über dem Absprungplatz kreisten und sich den vorausfliegenden Stukas anschlossen. Die feindliche Front wurde in 3.000 m Höhe überflogen. Die Jäger sicherten den Verband und wiesen einen russischen Jägerangriff ab. Nach 15 Minuten Flugzeit lag Liwny unter uns. Zwei Staffeln wurden auf den Bahnhof, eine auf ein erkanntes Munitionslager angesetzt.

Bis auf 600 m rasten wir der Erde entgegen, dann lösten sich die schweren Bomben. Drei lange Züge auf dem Bahnhof wurden getroffen. Sie brannten, explodierten von der in den Waggons hochgehenden Munition.

Das Munitionslager flog mit Donnergetöse in die Luft. Eine dicke schwarze Rauchwolke stieg bis etwa 1.000 m empor.

Unsere Stukas zogen hoch. Als sie abdrehten fielen auch schon die Reihenwürfe der He 111 mitten in die Ortschaft hinein, die mit russischen Truppen vollgestopft war. Auch hier ging Munition hoch, brannte Kraftstoff. Liwny, die Hauptnachschubbasis der Russen ist nicht mehr.«

Diese Angriffe waren es, die den Angriffsschwung des Gegners stoppten. Doch zurück zum allgemeinen Geschehen.

Russische und deutsche Aktivitäten im Mittelabschnitt

Am 22. April 1943 griffen russische Bomberverbände den deutschen Flugplatz Orscha an, auf dem die Fernaufklärer lagen. Flugzeuge der 4. Fernaufklärungsstaffel, der 121. Fernaufklärergruppe, und der 1. Fernaufklärerstaffel der 100. Fernaufklärergruppe wurden zerstört. Die einzige verfügbare Fernaufklärerstaffel war nun die 4./Fernaufklärergruppe 14, die »Münchhausener«. Die Verluste wurden rasch wieder ausgeglichen und die Fernaufklärer des Luftwaffenkommandos Ost, das sollte an dieser Stelle einmal besonders betont werden, hatten einen beträchtlichen Anteil an den Verteidigungserfolgen der HGr. Mitte.

Als mit Ende April die Schlammperiode einsetzte, die alle Kampfhandlungen am Boden zum Erliegen brachten, flogen die Verbände des Luftwaffenkommandos Ost Angriffe gegen die russischen Einbruchslücken und zerschlugen diese. Außerdem gewannen sie einige Wochen Zeit, die fliegenden Verbände zu ergänzen und zu regenerieren und ihren vollen Kampfstatus zurückzugewinnen. Hinzu kamen jedoch immer wieder Angriffe gegen Eisenbahnreinrichtungen, Luftbasen des Gegners und einige Industrieanlagen weit hinter der Front.

Am 11. Mai wurde das Luftwaffenkommando Ost in Luftflotte 6 umbenannt. Die Luftaufklärung der Luftflotte 6 entdeckte zu dieser Zeit starke russische Truppenkonzentrationen im Raume Jeletsk-Kastornoje-Kursk. Zu beiden Flanken dieser Erdkampfverbände wurden starke Luftstreitkräfte entdeckt. Durch den Funkhorchdienst wurden die 1., 2., 3., 15. und 16. russische Luftarmee erkannt, die mit besonderem Nachdruck gegen die südliche Flanke der HGr. Mitte zielten. Diese massierten Zusammenballungen konnten nicht nur als eine Vorbereitung auf die Abwehr der erwarteten deutschen Sommeroffensive gewertet werden. Auch die Russen - dies ging aus den gewaltigen Zusammenballungen hervor - bereiteten eine Offensive gegen die HGr. Mitte vor.

Am 12. Mai bombardierte die Luftwaffe eine Reihe erkannter Truppenkonzentrationen, feindliche Eisenbahnziele und Luftbasen. Fünf Tage darauf wurden diese Angriffe wiederholt.

Am 21. Mai wurden abermals russische Truppenkonzentrationen angegriffen und Transportwege zerbombt, auf denen Nachschub zur Front rollte. Bei Tag und Nacht, wann das Wetter einen Einsatz zuließ, wurden diese Angriffe in den nächsten Tagen und Wochen wiederholt. Und zwar durchweg von einzelnen Flugzeugen oder kleinsten Gruppen.

Neben diesen Angriffen wurden in den ersten Monaten des Jahres 1943 auch Industrieziele, spezielle Rüstungswerke, angegriffen. Für diese Einsätze der Luftflotte 6 wurden dieser zeitweise auch die Bomber der Luftflotte 1 (der HGr. Nord) und der Luftflotte 4 (der HGr. Süd) zur Verfügung gestellt.

Am 2. Juni griffen Kampfverbände der Luftwaffe das Eisenbahndepot in Kursk erfolgreich an. Es folgten zwischen dem 4. und 8. Juni einige Angriffe auf das Panzerwerk in Gorki und am 10. Juni die Angriffe auf die Gummiwerke von Jaroslawl. Am 13. Juni wurden das Gaswerk von Jeletsk und am 4. Juli die Versorgungsbasen von Jeletsk angegriffen. Von seinem Angriff gegen Kursk berichtete Major Friedrich Lang, Kommandeur der III./StG 2, folgendes:

»Dieser Angriff sollte, gegen Kursk gerichtet, die Offensive mit dem Namen »Zitadelle« eröffnen. Alle Verbände des Geschwaders waren bereit. Der erste Angriff sollte von meiner Gruppe und Maschinen des Stabes geflogen werden und zwar begann er einige Minuten nach 4.00 Uhr morgens.

Unser Flug wurde nicht unterbrochen trotz der Tatsache, daß unsere Flugzeuge klar zu sehen waren. Nur als unsere Maschinen die Stadt Kursk umrundeten, erreichte uns das Abwehrfeuer der russischen Flak.

Wir erreichten die südliche Einsatzposition für unseren nach Norden gerichteten Bombenangriff entlang der Achse des Eisenbahndepots, als die russischen Jäger aus ihren Basen ostwärts von Kursk starteten. Es kam zum ersten russischen Angriff gegen unsere Führermaschine als wir gerade aus der Tiefe wieder emporzogen. Der Gruppenkommandeur schoß diesen russischen Jäger ab. Der Rest der Gruppe entging diesem Angriff, obgleich sehr rasch eine größere Zahl russischer Jäger in der Luft waren.

Unsere zweite Gruppe, die einige Minuten später angriff, erhielt schwere Verlust durch diese feindlichen Jägereinsätze.«

Dieser Angriff auf den Bahnhof zu Kursk sollte der letzte Sturzangriff werden, den die Gruppe Lang durchführte und der auf weit im Hinterland gelegene Ziele geflogen wurde. Von diesem Tage an sollten nicht nur die Stukas des StG 2 sondern alle Stukaverbände nur noch zur direkten Unterstützung des Heeres eingesetzt werden.

In den nächsten Tagen flog die Gruppe Lang täglich bis zu sechs Einsätze. Oberstleutnant Kupfer, der das Geschwader am 1. März 1943 übernommen hatte, führte diese Einsätze fast ständig persönlich an. Seit dem 8. Januar 1943 trug er das Eichenlaub zum Ritterkreuz. (Er erhielt am 11. April 1944 als 62. deutscher Soldat die Schwerter zum Ritterkreuz mit Eichenlaub. Dieselbe Auszeichnung wurde auch Major Lang am 4. Juli 1944 als 74. überreicht).

Doch zurück zu den allgemeinen Darstellungen. Die Kämpfe im Luftraum über Orel-Briansk-Kursk verdichteten sich. Das JG 51 »Mölders« schoß am 5. Juni 40 Feindflugzeuge ab. Am 8. Juni waren es 67 und am 10. Juni wurden abermals 65 russische Flieger von diesem erfolgreichen Geschwader vernichtet.

Die russischen Fliegerverbände aber wurden ständig aktiver. Die meisten ihrer Angriffe richteten sich bei Tag oder Nacht als Störflüge gegen den Frontsektor im Bereich der 2. Armee und der 3. Panzerarmee.

Nachdem die Geschwader der Luftflotte 6 ihre erfolgreichen Angriffe gegen russische Industrieziele beendet hatten, antworteten die russischen Bomberverbände mit nächtlichen Angriffen gegen die deutschen Flugfelder und Versorgungsstellen. Auch darüber hat Major Lang berichtet, der als eine der wenigen ganz großen Ausnahmeerscheinungen der Stukafliegerei gilt, der mit über 1.000 Sturzangriffen vom ersten bis zum letzten Tag des Zweiten Weltkrieges dabei war:

»Der einzige Tageslichtangriff der sowjetischen Schlachtflieger-Verbände richtete sich gegen das Eisenbahndepot von Orel. Er endete mit einem vollkommenen Abwehrerfolg deutscher Jäger. Wir lagen an diesem Tage in Ruhe und konnten die Luftangriffe- und Kämpfe von unserer Beobachtungsstelle aus gut verfolgen.

Eine starke russische Jägergruppe flog über den Wolken und erreichte die Stadt von Osten aus. Die deutschen Jäger starteten. Sie schossen nur einige Runden, als die russischen Jäger drehten und nach Osten zurückflogen.

In diesem Augenblick tauchten eine Anzahl IL 2-Schlachtflieger auf, die zwischen 200 und 300 m hoch flogen. Sie wurden sofort von den deutschen Jägern angegriffen, die durch weiterhin startende Staffeln Verstärkung erhielten. Vier IL 2 wurden sofort abgeschossen, eine Reihe weiterer folgten.

Was uns besonders berührte war der halsstarrige Weg auf welchem die Russen flogen. Mühsam flogen sie in Verteidigungskurven und am Ende dieses Angriffes hatten sie 70 IL 2 verloren. Gefangengenommene sowjetische Piloten erklärten später den Plan dieses Angriffs: »Die sowjetischen Jäger sollten die deutschen Jäger in einen Luftkampf verwickeln und sie weit nach Osten abziehen. Währenddessen würden dann die IL 2-Schlachtflieger ungestört angreifen können. Dies wurde durch den raschen Abflug der Feindjäger vereitelt.«

Diese Vorspiele zur »Zitadelle« wurden dann mit den Luftkampf-Einsätzen in der letzten Großoffensive im Osten gekrönt, ohne daß es der deutschen Wehrmacht gelungen wäre, den Sieg zu erringen und damit die mögliche Verständigung mit den Russen.

Die Luftwaffe in der Operation Zitadelle

Im Frühjahr 1943 sah sich die deutsche Wehrmacht im Osten in einer langgestreckten Frontlinie tief in Rußland in Abwehrkämpfe verstrickt. Diese Front, von Leningrad über Smolensk, Rylsk, Charkow nach Taganrog und zum Ufer des Asowschen Meeres führend, galt es zu halten. Die sowjetischen Truppen hatten schwere Verluste erlitten, aber ihre Kraft war nach wie vor ungebrochen, weil sie unendlichen Nachschub an Menschen und Material ebenso wie an Waffen aller Art, einschließlich Flugzeuge, erhielten.

Stalin konnte es sich in seinen Kriegsmethoden leisten, die kostbarsten Wege zu beschreiten, auf Menschenverluste brauchte er offenbar keine Rücksicht zu nehmen. Seine Menschenreserven waren unerschöpflich. Er hatte eine Vielzahl an Reserve-Divisionen zur Verfügung und ebenso war es mit den Fliegerverbänden.

Als amerikanische Zeitungen und Zeitschriften meldeten, daß die Russen 30 Millionen Tote (einschließlich der Hungertoten unter der Zivilbevölkerung) zu beklagen hätten und daß die Verluste der Roten Armee sich auf 12 bis 14 Millionen bezifferten, war es für Hitler klar, daß Rußland bald zusammenbrechen müsse, und daß nur noch eine große Offensive notwendig sei, um diesen Gegner endgültig zu vernichten.

Dies war jedoch ein Trugschluß, denn nach den Expertenschätzungen war es im Jahre 1943 so, daß durch die angloamerikanischen Lieferungen an Rußland die Lage sich langsam aber sicher zu Gunsten der Russen wandelte und daß es ab Sommer 1943 nicht länger möglich war, den russischen Feind vollständig niederzuringen.

Die Flugzeuglieferungen der USA an Rußland beliefen sich im Jahre 1942 auf 2.343 Flugzeuge verschiedener Typen. Vom Januar bis April 1943 wurden 1.383 weitere Flugzeuge an Rußland geliefert und der Zufluß würde auch in Zukunft ähnlich sein.

(Siehe: Office of Statistical Control USAAF, Army Air Forces, Statistical Digest »World War II«, Washington December 1945.) Zwischen 1941 und 1945 wurden nach diesen Unterlagen unter anderem 281.606 Fahrzeuge an die Rote Armee geliefert. Hinzu kamen 920 Kampffahrzeuge und 7.172 Panzer. (Siehe hier: Theodore E. Whiting, Carrol I. Todd, Anne P. Craft: The United States Army in World War II. Statistics: Land-Lease, Washington: Office of the Chief of Military History, U.S. Army, 15. Dec. 1952.)

Nachdem die deutschen Verteidigungssiege in den Winterkämpfen zwischen Donez und Dnjepr und bei Charkow die Stabilisierung der Front von Taganrog entlang dem Mius und Donez bis nach Bjelgorod gebracht hatte, hielt der Gegner einen großen Frontbogen von Bjelgorod über Sumy und Rylsk bis ins Gebiet südostwärts von Orel, den Kursker Raum. Dieses Gebiet gab den Russen die Möglichkeit zu einem Angriff gegen die nördliche Flanke der HGr. Süd und auch gegen die südliche Flanke der HGr. Mitte. Dieser große Frontbogen sollte nach dem Willen Hitlers ausgeräumt werden. Und zwar durch einen Doppelangriff von Norden und Süden hinter dem Frontbogen her. Dies würde zur Einkesselung und Vernichtung des im gesamten Raum stehenden Gegners führen.

Ziel war also, diese Einbuchtung, die 190 km breit und etwa 150 km tief war, abzuschneiden. Dazu wurde die HGr. Süd unter GFM von Manstein und die HGr. Mitte unter GFM von Kluge mit ihren Panzerverbänden bestimmt.

Hitler führte dazu aus: »Dieser Angriff ist deswegen von entscheidender Bedeutung, weil er der erste der Angriffspläne dieses Jahres ist. Er muß erfolgreich, schnell und vollständig geführt werden und uns für dieses Frühjahr und Sommer die Initiative zurückgeben. - - -

Jeder Kommandeur und jeder Mann muß von der Bedeutung dieses Angriffs erfüllt sein. Der Sieg von Kursk muß ein Fanal für die ganze Welt werden.«

Der Beginn der Offensive wurde immer wieder hinausgeschoben. Die OB der beiden Heeresgruppen beschworen Hitler, loszuschlagen, weil die Zeit für die Russen arbeite. Aber Hitler wollte zuerst die neuen Panther- und Tigerpanzer zur Verfügung haben, ehe er »Zitadelle« startete.

Diese Ansichten der Oberbefehlshaber der beiden Heeresgruppen wurden unterstützt durch Generaloberst Jeschonnek, dem Generalstabschef der Luftwaffe, der während der Führerkonferenz in München am 4. Mai 1943 erklärte, daß eine Hinausschiebung des Angriffstermines für die Luftwaffe nichts bringe und daß die Luftsituation so sei, daß der Gegner allem Anschein nach eine Großoffensive im Bereich der HGr. Süd vorbereite.

Am 1. Juli 1943 wurde auf einer Führerbesprechung in der Wolfsschanze in Rastenburg im Beisein aller Befehlshaber von den Kommandierenden Generalen der Korps von Heer und Luftwaffe aufwärts der endgültige Angriffsbeginn auf den 5. Juli festgelegt.

Im folgenden seien die Luftwaffenoperationen kurz geschildert, ohne näher auf die Operationen der beiden Heeresgruppen einzugehen, weil dies den Rahmen sprengen würde.

Reichsmarschall Göring befahl für diese Offensive, daß die Luftflotte 4 die unter dem VIII. Fliegerkorps vereinigten Geschwader zu unterstützen habe und im Südabschnitt eingesetzt werde. Die Luftflotte 6 schloß ihre Kräfte unter dem Befehl des I. Fliegerkorps zusammen. Diese sollte den Angriff bei der 9. Armee im Nordabschnitt unterstützen. Andere fliegenden Verbände wurden dem Nordabschnitt durch die Luftflotte 1 (HGr. Nord) zugeführt.

Die Luftflotte 4 unter General der Flieger Deßloch, mit dem Gef. Stand in Dnjepropetrowsk, richtete das VIII. Fliegerkorps unter Generalmajor Seidemann, mit HQ in Mikojanowka, 28 km südlich Bjelgorod, auf die Aufgabe aus.

Die Luftflotte 4 war nach dem Abgang von GFM von Richthofen als OB der Luftflotte 2 in Italien am 12. Juni 1943 von General Deßloch übernommen worden.

Die Verbände des VIII. Fliegerkorps waren:
Aufklärungsverbände:

2./(F)/Fernaufklärungsgruppe 11	in Charkow-Ost
6. Staffel (2 Bf 109, 5 Fw 189)	
und 3 Nachtjagdstaffeln	Südwestlich Mikojanowskaja

Jäger:
Jagdgeschwader 3 (3 Gruppen

Me 109)	Charkow-Ost
Jagdgeschwader 52 (3 Gruppen Me 109)	Flugfeld südwestlich Mikojanowskaja
IV./Schlachtgeschwader 9 (mit 4 Staffeln Hs 129)	Flugfeld nahe Mikojanowskaja
Jagdbomber:	
Schlachtgeschwader 1 (mit 1 Gruppe Fw 190 und 1 Gruppe Hs 129)	Auf zwei Flugfeldern südlich Bjelgorod
Stukageschwader 2 (mit 3 1/3 Gruppen Ju 87)	Charkow-Ost
Stukageschwader 77 (mit drei Gruppen Ju 87)	Flugfeld von Tolokonoje und Bebarowka südl. Bjelgorod
Bomber:	
Kampfgeschwader 3 (mit zwei Gruppen Ju 87)	Poltawa
Kampfgeschwader 27 (mit drei Gruppen He 111)	Dnjepropetrowsk und Saporoshje
Kampfgeschwader 55 (mit drei Gruppen He 111)	Charkow-Ost
Andere Luftverbände:	
Gruppe Störflugzeuge verschiedener Typen	Charkow-Nord
Mehrere Verbindungsstaffeln	Charkow-Nord
1 Ju 52 Transportstaffel	Charkow-Nord
2 Luftnachrichten-Regimenter	Charkow-Nord

Das VIII. Fliegerkorps hatte gleichzeitig die taktische Kontrolle über die ungarische Flieger-Division übernommen die in Charkow-Südost lag und sich aus folgenden Einheiten zusammensetzte:

1 Ju 88 Aufklärungsstaffel (F)
1 Fw 189 Nahaufklärerstaffel
1 Me 109 (Bf 109) Jägergruppe

1 Stukagruppe mit Ju 87
1 Kampfflieger-Staffel mit Ju 88.

Insgesamt verfügte das VIII. Fliegerkorps Ende Juni 1943 über 1.100 einsatzbereite Flugzeuge.

Die Luftflotte 4 befahl diesem starken Korps die Luftherrschaft über dem Angriffsgebiet im Süden zu sichern und die Armeegruppe Kempf sowie die 4. Panzerarmee zu unterstützen. Es galt vor allem dem II. SS-Pz.K. den Weg in die feindlichen Linien und durch sie hindurch freizubomben.

Im Nordabschnitt des Angriffs war die Luftflotte 6 unter Generaloberst Ritter von Greim eingesetzt. Sie stützte sich bei der Luftunterstützung für den nördlichen Angriff vor allem auf das I. Fliegerkorps unter Generalmajor Deichmann, dessen Gefechtsstand nahe dem Flugplatz von Orel eingerichtet war. Deichmann war direkt für die Kampfführung dieses Verbandes verantwortlich.

Ende Juni verfügte er über rund 730 Flugzeuge, von denen jeweils eine Erkundungsgruppe der 2. und 9. Armee und der 2. Panzerarmee zur Verfügung gestellt wurden. Neben diesen Aufklärern verfügte das I. Fliegerkorps über folgende Verbände:

Jagdgeschwader 51 (3 1/3 Jagdgruppen mit Fw 190,
Jagdgeschwader 54 (3 Gruppen Fw 190),
zwei bis drei Schlachtflieger-Staffeln,
Stukageschwader 1 (mit 3 Gruppen Ju 87),
I./ Kampflehrgeschwader 1 (mit 1 1/3 Gruppen mit Me 110).

An Bomberverbänden waren es:
Kampfgeschwader 1 (3. Gruppe mit Ju 88),
Kampfgeschwader 4 (2 Gruppen mit He 111),
Kampfgeschwader 51 (2 Gruppen Ju 88),
Kampfgeschwader 53 (2 Gruppen mit He 111).

Hinzu kamen eine bis zwei Staffeln Nahkampfflieger, eine Staffel Verbindungsmaschinen und zwei Luftwaffen-Nachrichten-Regimenter.

Die Luftflotte 6 befahl dem I. Fliegerkorps die überfüllten russischen Flugfelder von Kursk und der Umgebung und die russischen Artilleriemassierungen im Raume Maloarchangelsk anzugreifen und zu vernichten. Dann sollten sich die Kampfflieger über dem XXXXVII. Pz.K. nach vorn bewegen und diesem den Weg freibomben. Es sollte die Feindartillerie im Durchbruchsgebiet zum Schweigen bringen und alle russischen Verbände vor der 2. Panzerarmee angreifen. Neben diesen wichtigen Angriffen sollten Jäger-Patrouillen über dem Kampfgebiet fliegen und Feindverbände angreifen und vernichten.

Für die unmittelbar bevorstehende Operation »Zitadelle« waren der Luftflotte 6 noch einige Spezial-Verbände zur Verfügung gestellt worden. So eine Gruppe Nachtjäger, eine Fernaufklärungsgruppe bestehend aus drei Staffeln, und zwei Luftnachrichten-Regimenter.

Für die Bodendienste und den Nachschub der Luftwaffe war das XXVII. Spezial Luftwaffenkommando Moskau mit Sitz in Minsk zuständig. Deren Kommandierender, Generalleutnant Veit Fischer, baute alle Ergänzungswege für die bevorstehende Großoffensive aus. Seine Maßnahmen sicherten die Nachschublinien und die rechtzeitige Nachführung desselben während der Schlacht. An diese Aufgabe sei an dieser Stelle auch einmal erinnert, weil sie für die Fortführung aller Kämpfe entscheidend wichtig war. Von hier aus wurden alle Vorbereitungen für die reibungslose Arbeit der Bodendienste getroffen.

Eine solche Massierung von rund 1.850 Flugzeugen auf diesem verhältnismäßig kleinen Raum erforderte außerordentliche Vorbereitungen. Der Aufbau der Nachschubwege und der Sammelstellen für den Nachschub wurde vom Luftgaukommando Kiew für das VIII. Fliegerkorps und vom Luftgaukommando XXVII. Minsk für das I. Fliegerkorps geführt.

Feld-Arbeits-Bataillone, Reichsarbeitsdienst, Luftbasen-Kommandostäbe, Flugplatz-Betriebs-Kompanien und Lastwagenkolonnen wurden für die kommenden Aufgaben bereitgestellt.

Für die Lagerung von Bomben und Munition war ebenfalls gesorgt, auch wenn zunächst einige Schwierigkeiten überwunden werden mußten. Das VIII. Fliegerkorps hatte für zehn Einsätze Munition und für 15 Tage Bomben bereitliegen. Dies auf jedem Flugplatz des Korps.

Das Treibstoffproblem erwies sich als ein echter Engpaß für die Operation »Zitadelle«. Es war äußerst schwierig, genügend Flugbenzin und Sprit für Panzer und mot.-Verbände sowie für die Nachschubkolonnen heranzuschaffen.

Die Fehlmengen waren beträchtlich. So hatte die Luftflotte 6 im Juni 5.722 Tonnen B-4-Flugbenzin erhalten, obgleich ihr Bedarf 8.634 Tonnen war. Das für die Fw 190-Verbände notwendige Flugbenzin C-3 wurde nur in einer Menge von 441 Tonnen geliefert, gegenüber einem Bedarf von 1.079 Tonnen. Dies galt es noch zu verbessern.

Was die Treibstoff-Qualitäten anlangt so war das B-4 (blau) Luftwaffen-Flugbenzin mit 91 Oktan für Bomber und allgemeine Flugzeuge notwendig. Das C-3 Flugbenzin (grüne Farbe) war für spezielle Jagdfliegertypen notwendig; es hatte 97 Oktan.

Im Jahre 1943 benötigte die Luftwaffe monatlich 350.000 Tonnen Flugbenzin, aber es wurden ihr lediglich 160.000 Tonnen im Monat geliefert. Dies bedeutet, daß nur die Hälfte der geplanten Einsätze auch geflogen werden konnte. (Siehe dazu: »Die Betriebsstoff-Lage in Deutschland 1939-1944; C/I// Karlsruhe Document Collection).

In dieser Vorbereitungsphase flogen starke sowjetische Fliegerverbände wiederholt im Raume Orel und Charkow Einsätze. Die deutschen Nachtjäger konnten nur einige wenige dieser allnächtlich angreifenden Feindflugzeuge abschießen.

Am Abend des 4. Juli wurden die letzten Fliegereinheiten zum Angriff bereitgestellt. Im HQ des I. Fliegerkorps wurden an diesem Tage alle Kommodore und Kommandeure zu einer Besprechung zusammengerufen. Hier wurde ihnen erklärt, daß durch die Initialangriffe der Luftwaffe das Eindringen des Heeres in die feindlichen Linien erreicht werden müsse. Das deutsche Heer verlasse sich hundertprozentig auf die Luftwaffe.

Als die Nacht zum 5. Juli einfiel, war das VIII. Fliegerkorps zum Einsatz bereit und 1.100 Flugzeuge warteten auf den Befehl zum Start. Beim I. Fliegerkorps waren es 730 Flugzeuge, womit sich die Zahl der für »Zitadelle« eingesetzten Flugzeuge auf 1.830 Maschinen belief.

Die Luftwaffe greift wieder an!

Am 5. Juli um 3.30 Uhr eröffnete das I. Fliegerkorps den Luftwaffenangriff für »Zitadelle«, während das VIII. Fliegerkorps eine Warnung von den Luftwarnstellen und von den Freya-Radarstellen erhielt, daß sich starke sowjetische Luftstreitkräfte im Anflug auf Charkow befänden. Wenn diese starken Feindkräfte wirklich die fünf im Raume Charkow liegenden und überfüllten Flugplätze angreifen würden und diese erreichten, während die deutschen Kampfflugzeuge sich startklar machten, waren höchste Verluste nicht mehr auszuschließen.

Alle deutschen Jägerverbände in Charkow und sämtliche weiteren die auf den Flugfeldern nahe Bjelgorod lagen gingen mit Alarmstart in die Luft, nicht um ihren Bombern zu folgen und sie zu sichern, sondern um diesen erkannten Gegner aufzuhalten.

Als die russischen Flieger, darunter viele IL 2, die Nähe des ersten ihrer Ziele erreichten, wurden sie von den ersten Bf 109 gestellt und in mehreren Wellen angegriffen. Da die Russen trotz dieser Begegnung ihren Flug stur fortsetzten, wurden die meisten dieser Angreifer in einem längeren Luftduell abgeschossen. Dieser Kampf, der in großer Höhe stattfand, konnte bei dem klaren Wetter dennoch vom Boden aus beobachtet werden. Es war ein Masseneinsatz, wie ihn die an allerhand gewöhnte Ostfront nur selten gesehen hatte.

Generaloberst Jeschonnek, der auf dem vorgeschobenen Gefechtsstand des VIII. Fliegerkorps weilte, konnte ihn beobachten und war stark beeindruckt über diese deutsche Aggressivität.

Nur einige wenige russische Bomber erreichten das erste Flugfeld und warfen ihre Bomben, die keinerlei Schaden anrichteten weil sie überhastet und ohne zu zielen geworfen wurden.

Währenddessen setzten die deutschen Kampfflieger-Verbände ihre Starts und Flüge zum Feind fort.

In dieser Verteidigungs-Luftschlacht wurden 120 russische Flugzeuge abgeschossen, die deutschen Verluste waren sehr gering.

Im Bereich des Hauptangriffs der HGr. Mitte, auf dem linken Flügel der Offensive, machten die Kampfflieger ihre Angriffe in Richtung Kursk zur Unterstützung der 9. Armee. Die Bomber der I. Fliegerkorps hatten als erstes die überfüllten russischen Flugfelder um Kursk angegriffen, dann waren sie gegen die erkannten russischen Artilleriestellungen geflogen, vor allem jene im Raume Maloarchangelsk und an den vorgeschobenen Rändern der 9. Armee. Diese Feindstellungen wurden zerschmettert.

Fünf bis sechs Einsätze wurden von den Verbänden des I. Fliegerkorps geflogen. Diese Bomber hatten eine sichere Jäger-Begleitung und erlitten durch Feindflugzeuge kaum Verluste.

Erst am späten Nachmittag dieses Angriffstages tauchten stärkere russische Jägerverbände über dem Kampfraum auf und in dem folgenden wilden Duell Jäger gegen Jäger wurden 110 russische Jäger im Luftkampf abgeschossen. Die deutschen Verluste beliefen sich auf insgesamt neun Maschinen.

Die dem Heer beigegebenen Luftwaffen-Verbindungsoffiziere, die an den Hauptpunkten des Angriffsstreifens eingesetzt waren, übermittelten die Wünsche des Heeres nach Luftunterstützung für die Brennpunkte sehr schnell und die Luftwaffe griff diese sofort an. Alle Operationen liefen bei dem herrschenden Sommerwetter ohne Komplikationen ab. Diese Einsätze wurden mehrfach wiederholt und einige Verbände flogen die Rekordzahlen von bis zu acht Einsätzen.

In den nächsten Tagen griffen die Luftstreitkräfte auf beiden Flanken in gleicher Weise an. Immer neue Wellen deutscher Kampfflugzeuge griffen sowjetische Artillerie, Truppenkonzentrationen, vor allem Panzerbereitstellungen, Pakstellungen, Flakabwehr und die feindlichen Nachschubstraßen an.

Ebenso wurden die russischen Flugplätze angegriffen. Der Befehl dazu lautete: »Vernichten der russischen Luftstreitkräfte bevor sie zum Angriff starten können.«

Die Luftaktivitäten der Roten Luftstreitmacht nahmen ständig zu und russische Schlachtflieger- und Bomber-Verbände drangen bis zu 24 km tief in die deutschen Hinterlandstellungen und Versorgungsrouten ein und bombten und beschossen auch Flugfelder. So viele Flugzeuge sie auch verloren, durch das Reservekorps der STAVKA wurde ihr immer neuer Nachschub an Flugzeugen und Besatzungen zugeführt.

Unter den Bedingungen dieses pausenlosen Kampfes ohne nennenswerte Neuzuführungen begann die deutsche Einsatzstärke nachzulassen. Es war zeitweise unmöglich, die russischen Angriffe gegen deutsche Bodentruppen abzuwehren, weil die Zahl der Angreifer jene der Verteidiger weit überstieg und die deutschen Jäger nicht überall gleichzeitig sein konnten. Es war immer wieder dem gut funktionierenden deutschen Funkhorchdienst zu verdanken, daß die Startvorbereitungen der großen russischen Fliegerverbände vorzeitig erkannt wurden (beim Abstimmen der Geräte der Flugzeuge auf die Empfangsstelle der Bodenstation wurden diese Startvorbereitungen erkannt und eingepeilt).

In diesen Luftduellen erhielten die russischen Fliegerkräfte mehr und mehr Übergewicht. Sie waren quantitativ stark, zum Glück für die deutsche Seite jedoch noch nicht technisch reif genug und auch in der Entwicklung noch nicht ausgereift.

Aber sie hatten in den fürchterlichen und verlustreichen vergangenen Kriegsjahren gelernt und ihre primitive Technik weitgehend abgelegt. Insbesondere ihre Schlachtflieger-Verbände waren außerordentlich stark.

Die Russen, das wurde sehr bald klar, hatten hier ein Verteidigungssystem errichtet, das von sehr großer Tiefe war. Die russischen Fronten von Kursk, die Woronesch-Front und die Steppenfront hatten eine tiefgestaffelte Pakfront errichtet, die bis zu 90 km hinter die Front zurücksprang. Sie leisteten den größten Widerstand gegen die deutschen Panzerverbände.

Der Kursker Frontbogen war von den Russen zu einer waffenstarrenden Festung ausgebaut worden. Die 9. Armee im Norden hatte dennoch binnen 48 Stunden einen Durchbruch von 15 km Tiefe erzielt und schickte sich an auf einer Front von 12 km Breite weiter vorzustoßen.

Auf dem südlichen Flügel fuhr die Armeegruppe Kempf mit dem XI. AK unter General der Panzertruppe Raus in Richtung Korodsha vor, das nicht erreicht werden konnte.

Das Korps wurde gestoppt und sah sich in die Verteidigung gedrängt.

Am Nordflügel der Armeegruppe Kempf rollte das III. Pz.K. unter General der Panzertruppe Breith zunächst unter großen Schwierigkeiten über den Donez und wurde rund 17 km nordostwärts dieses Flusses von einer russischen Haltelinie gestoppt. Auch das XXXXVIII. Pz.K. und das II. SS-Pz.K. der 4. Panzerarmee konnte zwar in der ersten Woche gute Fortschritte erzielen, erlitten aber schwere Verluste an Menschen und Panzern und kamen nur noch sehr langsam vorwärts.

Die Russen starteten einen Gegenangriff nach dem anderen. Aus Nordost, Norden und Westen stürmten sie gegen die deutschen Spitzenverbände an. Bevor General der Waffen-SS Hauser dem bedrängten XXXXVIII. Pz.K. unter General der Panzertruppe von Knobelsdorff zu Hilfe kommen konnte, hatte die STAVKA ihre Reserveverbände der 69. Armee und der 1. Panzer-Armee aus dem Raume ostwärts Charkow in die Schlacht geworfen.

Hier in diesem Kampfraum bewährten sich wieder einmal mehr die Panzerkampf-Flugzeuge unter Hptm. Hans Ulrich Rudel. Seit dem 5. Juli war er im Einsatz. Er schreibt über den ersten Eindruck, den er von der Panzerstreitmacht des Gegners hatte: »Beim Anblick dieser Panzermassen fällt mir meine Kanonenmaschine ein, die ich von der Krim mitgenommen habe. Bei diesem Riesenangebot an Zielen wäre ein Versuch möglich. Ich lasse die erste Staffel mit Bomben hinter mir herfliegen, ich fliege die einzige Kanonenmaschine. Im ersten Einsatz explodieren vier Feindpanzer. Bis zum Abend waren es 12 geworden.«

Um alle einsatzklaren Kanonenmaschinen schnellstens hierher zu bekommen, ließ Rudel über das Geschwader alle Maschinen mit Besatzungen sofort in den Einsatzraum fliegen. Damit stand ihm eine erste Panzerstaffel zur Verfügung. Sein Report über den folgenden Einsatz:

»Wir stürzen uns mal von rückwärts, mal von der Seite auf die Stahlkolosse. Der Gleitwinkel ist nicht allzu steil, um ganz dicht an den Boden herangehen zu können und so auch beim Abfangen keine Schwierigkeiten durch das eventuelle Durchsacken der Maschine zu bekommen.

Wir müssen versuchen, die Panzer immer an ihren schwächeren Punkten zu treffen. Das sind die Flanken und die Rückseite. Auf der Rückseite befindet sich der Motor und die Kühlanlage. Hier konnte nur eine dünne Panzerplatte eingebaut werden und in die Panzerplatten sind noch Löcher eingearbeitet, um die Kühlung des Motors zu gewährleisten. D o r t lohnt es sich hinzuhalten.« (Siehe Hans Ulrich Rudel: Aus Krieg und Frieden).

Die große Zeit Rudels und seiner wenigen Panzerknacker begann hier bei »Zitadelle«.

Stukas und andere Kampfflugzeuge flogen geschlossene Unterstützungseinsätze. Dabei mußten sie mitten durch das feindliche Flakfeuer. Vor allem wurden sie auch durch die Explosionen der eigenen Waffen und Angriffe gefährdet. Die Luftwaffen-Befehlshaber erfuhren hier, eine wie starke Waffe sie in den Kanonenmaschinen gegen feindliche Panzerangriffe hatten.

Unter der Kontrolle und Führung von Hptm. Rudel begannen hier die Erfolge dieser opfervollen Einsätze der Panzerkampf-Staffel. Daß diese Unternehmungen stets gefährlich waren, wird durch Rudels Bericht zum Ausdruck gebracht:

»Ich lernte alle Details dieses Kampfes Zug um Zug. Am meisten lernten wir durch Mißerfolge. Wir verloren Flugzeuge in Gebieten mit spärlichen Bodenverteidigungsanlagen weil wir uns gerade in dem Gebiet befanden über dem deutsche und russische Artillerie ihre Duelle ausfochten, so daß wir durch Zufälle abgeschossen wurden. -

Ich fand mich selbst immer wieder durch Mauern aus Flammen fliegend und dabei denkend: »Dies ist dein Ende!««

Im Sektor der 4. Panzerarmee der HGr. Süd erreichte das II. SS-Panzerkorps am 8. Juli eine Position 35 km nördlich Bjelgorod und stand hier auf der rechten Flanke des Angriffs exponiert. Dagegen eröffneten die Russen am Nachmittag dieses Tages ihre Angriffe.

Das VIII. Fliegerkorps, das eine dauernde Überwachung des Sektors vor der Front befohlen hatte, wurde von diesen Bewegungen gepanzerter Truppen informiert, zu denen sich auch motorisierte Truppen und Infanterieverbände gesellten. Sofort wurden Stukas und Panzerbekämpfungsflugzeuge alarmiert.

Noch bevor das II. SS-Pz.K. vom Nahen dieser Feindkräfte erfuhr, waren die Verbände des VIII. Fliegerkorps bereits gestartet. Die IV. Gruppe (Panzerbekämpfung) des Stukageschwaders 9 war mit vier Staffeln zu jeweils 16 Kanonenmaschinen des Typs Hs 129 in der Luft. Sie griffen die nach Westen rollende Panzerbrigade der Russen an, die gerade den Donez überschritt und über der Rollbahn Bjelgorod-Kursk zur Front wollte.

Alle vier Staffeln griffen nacheinander an, flogen die 20 Minuten zum Einsatzhorst zurück, munitionierten und tankten auf und griffen abermals an.

Dieser ununterbrochene Luftangriff dauerte über eine Stunde an. Der russische Angriff wurde vollständig gestoppt, ohne einen einzigen Infanteristen oder Pak-Mann. Die Russen verloren eine große Anzahl an Panzern und Motorfahrzeugen. Es war die erste Schlacht, die allein durch Luftwaffenstreitkräfte gegen die Rote Armee geführt und gewonnen wurde.

Als das VIII. Fliegerkorps von der 4. Panzerarmee Befehl erhielt, gegen diesen Feindanmarsch zu operieren meldete die Korpsführung, daß der Angriff bereits erfolgreich durchgeführt sei.

Am 9. Juli war die Schlacht bei der HGr. Süd noch im Gange, aber die Offensive bei der 9. Armee im Nordsektor war zum Erliegen gekommen. Sie sah sich zahllosen frischen russischen Truppen gegenüber. Die 9. Armee mußte versuchen, sich zu regenerieren und neu zu gruppieren. Die Armeeführung erklärte, daß sie am 12. Juli die Offensive fortsetzen wollte.

Zu diesem Zeitpunkt waren die Spitzenverbände beider Gruppen nur noch 95 km weit auseinander. In dieser Situation eröffnete die Rote Armee am 11. Juli aus Osten und Nordosten ihren Angriff gegen die deutsche Front. Westlich von Nowosil wurde die 2. Pz.Armee, der linke Flügel der HGr. Mitte also, angegriffen. Ebenso ostwärts Bolchow und nördlich Ulyanowo. Der Angriff drang in die deutschen Stellungen ein. Dies war der Drehpunkt der Schlacht. Die sowjetische Führung plante einen Durchbruch nach Süden in Richtung Karatschew, mit dem Ziel, die 9. Armee und die 2. Panzerarmee im Großraum Orel einzukesseln.

Zur gleichen Zeit waren die Chancen im Südabschnitt wieder gestiegen; das II. SS-Pz.K. der 4. Pz.Armee und die Armeegruppe Kempf hatten die letzten Verteidigungsstellungen der Russen durchbrochen und waren in offenes Gelände vorgestoßen.

Die Luftflotte 6 befand sich mit allen Verbänden im ständigen Einsatz im Raume Shisdra. Sie zerschlug die sowjetischen Hauptknotenpunkte der Bahnlinie rund um Suchinitschi, bei Kozelsk und Kaluga, um die Nachschubzüge der Russen an die Front zu stoppen.

Das I. Fliegerkorps, das sich aus Jägern, Stukas und Panzerkampf-Flugzeugen zusammensetzte, griff, geführt von Generalmajor Deichmann, in zahllosen Angriffen mit Bomben und Bordwaffenfeuer die sichtbar werdenden Feindkräfte an. Sobald russische Panzerkräfte aus den Wäldern austraten um die Bahnlinie Briansk-Orel zu unterbrechen, die als Lebenslinie für den deutschen Nachschub galt, stoppten die deutschen Kampfflieger diese Vorstöße. Hunderte sowjetischer Panzer wurden durch Luftwaffenfeuer zerstört.

Die meisten russischen Panzer, die dann durchbrechen konnten, wurden durch deutsche Panzerbekämpfungsstaffeln gestoppt, noch bevor sie zu einer Bedrohung für die Bahnlinie Orel-Karatschew werden konnten. In einem Fernschreiben an das OKH und OKL meldete Generaloberst Model:

»Zum ersten Mal in der Militärgeschichte hat die Luftwaffe erfolgreich und ohne Unterstützung durch Bodentruppen eine durchgebrochene Panzerbrigade vernichtet.«

Am 13. Juli, als die Schlacht um Kursk im Norden und Süden ihren höchsten Punkt erreicht und die HGr. Süd einen erfolgreichen Abschluß ihrer Operationen hätte erreichen können, befahl Hitler von Kluge und von Manstein zu sich ins FHQ zu einer Besprechung. Hitler war über die alliierte Invasion auf Sizilien erbost, die am 10. Juli begonnen hatte; vor allem über den geringen Verteidigungswillen der Italiener auf dieser Insel. Er erklärte den beiden Feldmarschällen, daß diese Landung für den Balkan und für das italienische Festland gefährlich sein könne und daß aus diesem Grunde Streitkräfte aus dem Osten in den Mittelmeerraum verlegt werden müßten.

Obgleich GFM von Manstein erklärte, daß »die Schlacht jetzt auf dem entscheidenden Punkt angekommen sei und der Sieg in greifbarer Nähe läge und den Kampf jetzt aufgeben den Sieg verschenken hieße« blieb Hitler dabei: (Siehe Erich von Manstein: Verlorene Siege). »Zitadelle wird abgebrochen!«

Am 17. Juli eröffnete die Rote Armee ihre Offensive an der Mius-Don-Front.

Die entscheidende Rolle, die vom I. Fliegerkorps während der Operation »Zitadelle« gespielt wurde, und die sich in dem harten Kampf um Orel sowie während der gefahrvollen Evakuierung aus Orel fortsetzte, kann am besten beurteilt werden, wenn man die folgende Beurteilung erfährt, die von der 9. Armee und von der 2. Panzerarmee gegeben wurde.

»Das I. Fliegerkorps pendelte unermüdlich zwischen der 9. Armee und der 2. Panzerarmee hin und her, um an den Kämpfen dieser beiden Großverbände teilzunehmen. In vielen Stunden der hauptsächlichen Krisensituationen war es dieser Verband, der die Lage wendete.

In der Schlacht im Frontbogen bei Orel flogen die Einheiten des I. Fliegerkorps fünf bis sechs Einsätze täglich und unternahmen in der genannten Zeit insgesamt 37.421 Feindflüge. Dabei erzielten sie 1.733 Luftsiege von denen 1.671 allein durch die Jäger errungen wurden.

Darüber hinaus vernichtete dieser Luftwaffenverband mehr als 1.100 Panzer, 1.300 Motorfahrzeuge und zahllose Artillerie-Batterien. Dieses eine Korps warf mehr als 20.000 Tonnen Bomben auf sowjetische Ziele, wobei schwere Schäden und große Verluste an Eisenbahnwagen, Schienenwegen und Versorgung entstanden.«

Orel wurde am 5. August evakuiert, nachdem es der 2. Panzerarmee gelungen war, 20.000 Verwundete und 53.000 Tonnen Material zurückzuschaffen und alle militärischen Anlagen und Brücken zu vernichten.

Die Luftflotte 6 hatte mit Erfolg ihre Flugfelder weiter zurückverlegt und hinter der neuen Widerstandslinie Aufstellung genommen. Die russischen Truppen griffen mit Druck die zurückgehenden deutschen Truppen und die Hauptnachschubbasis Briansk an. Die feindlichen Luftstreitkräfte erzielten keine großen Erfolge in der Bekämpfung dieser Bewegungen. Die Maßnahme der russischen Luftwaffenführung, eine große Anstrengung gegen Briansk zu unternehmen und nicht gegen die deutsche Luftwaffe anzutreten, war eine Fehlentscheidung und ermöglichte mit den geordneten deutschen Rückzug. Damit hatten die Russen eine gute Gelegenheit verpaßt, einen entscheidenden Sieg zu erringen.

Stukas im Anflug auf Stalingrad.

Trümmerstätte Stalingrad, aus dem "Storch" fotografiert.

Start zur Bekämpfung sowjetischer Stellungen im Umklammerungsring.

Eine Ju 87 wirft.

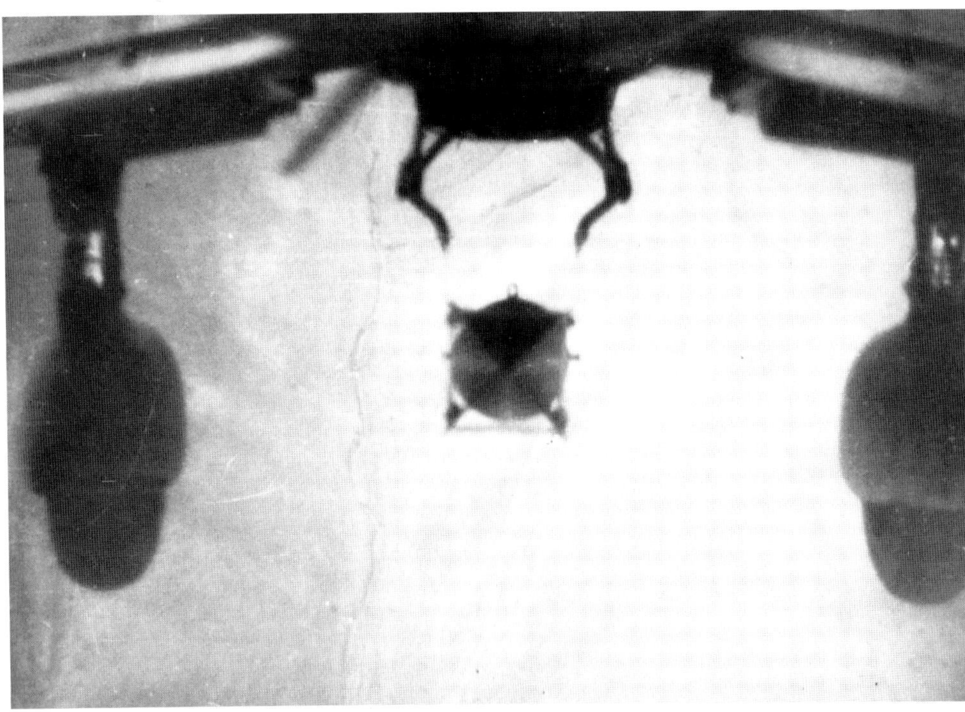

Start in Pitomnik zum Nachtangriff

Die letzten Ju 87 verlassen am 16. Januar 43 Pitomnik.

Bf 110 Fernjäger kommen noch zum Einsatz.

He 111 am Start. Sie bringt Verwundete zurück.

Stalingrad – da sind nur noch einige Plätze feindbesetzt.

Berlin am 30. Januar 1943: Reichsmarschall Görings "Leichenrede auf die Stalingradkämpfer".

Ssalsk: Versorgungskisten und Bomben werden geladen.

Verpflegungsbomben aus Stalino sollen nach Stalingrad geschafft werden.

Verwundete werden im Herbst zurückgeschafft . . .
. . . und im Winter unter Feindbeschuß ebenfalls.

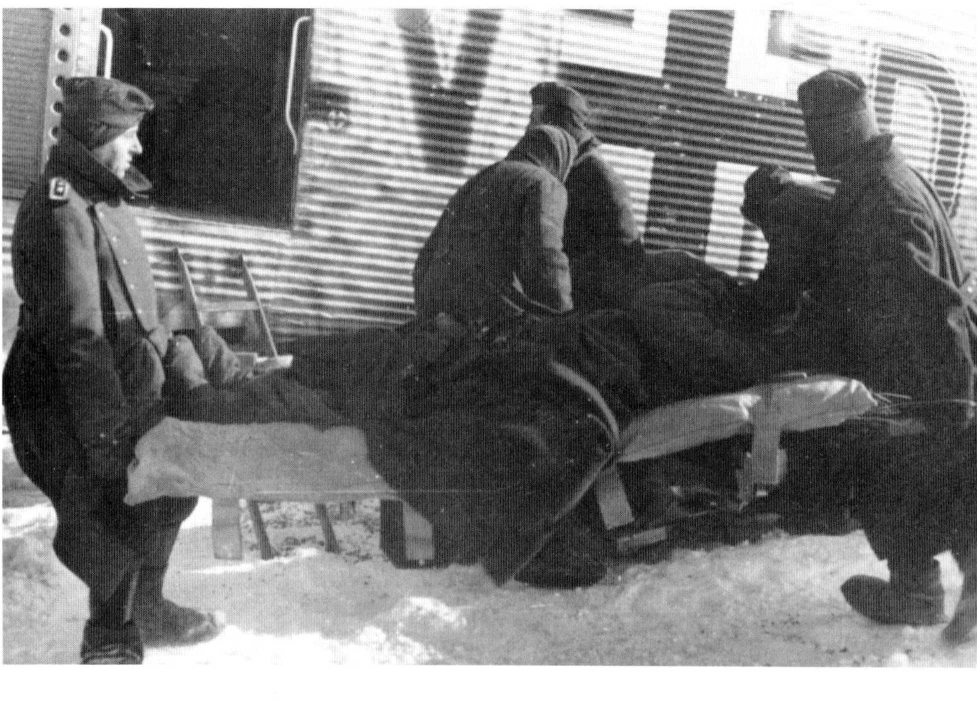

Cockpit einer Jak 9 der 9. russischen Luftdivision.

Boeing B 17 der 452. Bomber Group in Poltawa durch deutsche Bomber vernichtet.

Die Fw 190 A-5.

Die Führer der 452. Bomber Group bei der Einsatzbesprechung vor der Operation "Frantic Joe".

Die B 17 "Fliegenden Festungen" der 452. Bomber Group sind in der Luft.

Die B 17 auf dem Weg nach Ruhland. Es sind Maschinen der 1. Air Division der 8. USAAF.

An diesem 21. Juni 1944 sind die Maschinen ständig Ziele der deutschen Flak.

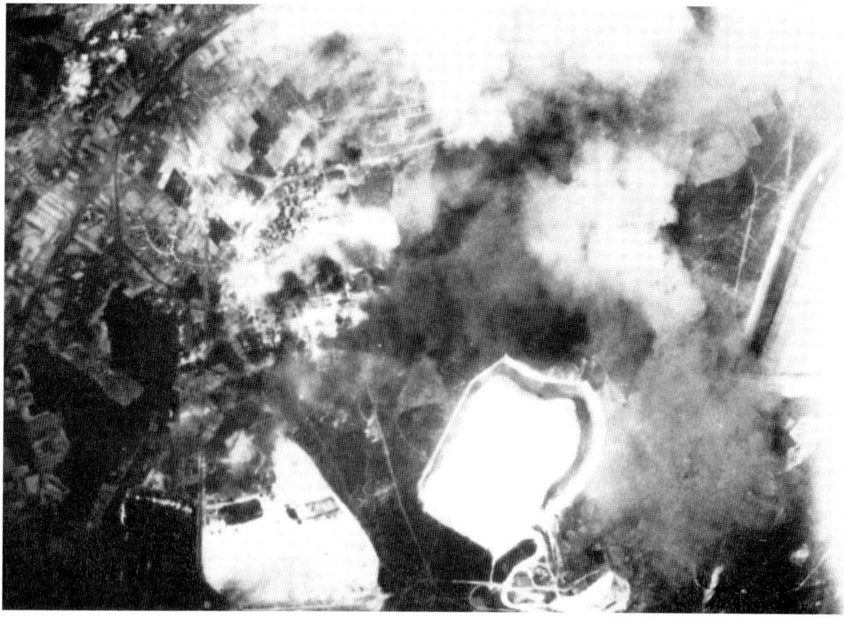

Ruhland nach der Bombardierung am 21. Juni 1944.

Von Ruhland nach Rußland (Poltawa). Die Bomber werden von P 51 B "Mustang" begleitet.

Start der P 51 D der 20. Fighter Group nach Poltawa.

Lt. Tompson Highfield in Rußland zwischen zwei russischen Fliegern. Dahinter eine P 39 "Aircobra".

Eine Do 24 – sie flogen im Seenotdienst der deutschen Luftwaffe.

Eine He 59 des Seenotdienstes.

Die Ju 52 (See), auch Pantinen-Ju genannt, bewährte sich im Rückführungseinsatz im Schwarzmeer-Kubangebiet.

Über der Ostsee im Rettungseinsatz.

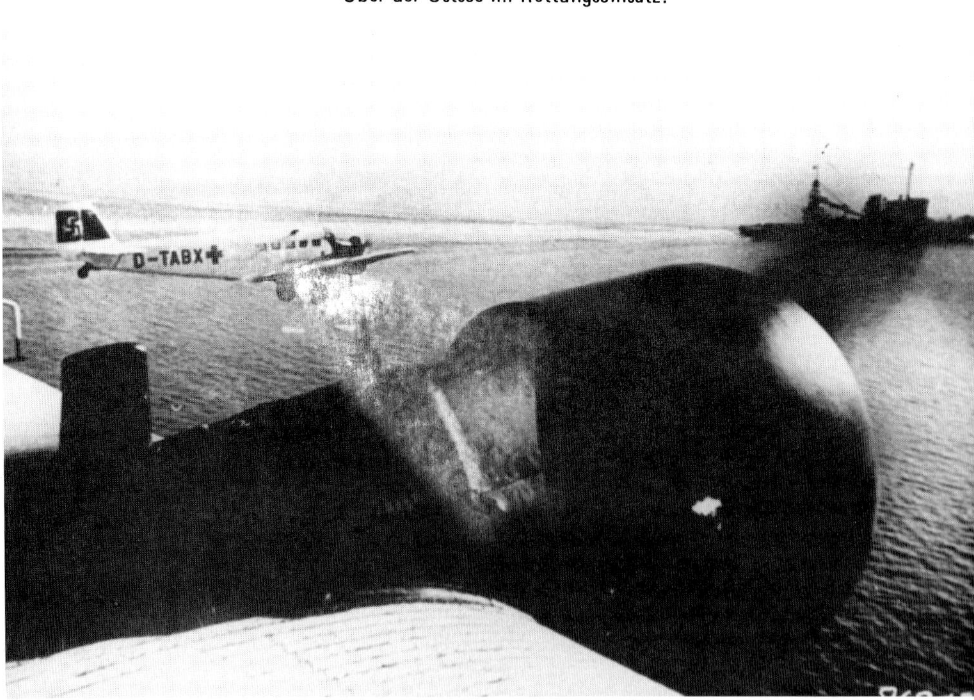

Die letzte Phase der Operation »Hagen«, wie der deutsche Rückzug genannt wurde, begann am 13. August 1943. Die beiden deutschen Armeen erreichten die letzte Position und bis zum 26. August hatten sich in der Hagen-Linie die deutschen Truppen in Erwartung des russischen Angriffs bereitgestellt.

Danach erhielten die Verbände der Luftflotte 6 eine kurze Spanne der Reorganisation und Auffrischung. Anfang September hatte sie alle Kräfte gesammelt und war auf den Flugfeldern einsatzbereit für neue Kampfeinsätze.

DIE ROTE LUFTWAFFE BEI ZITADELLE UND SPÄTER

Die ersten Angriffe

Durch verschiedene Quellen über den Beginn des deutschen Angriffs im Raume Kursk vorgewarnt, eröffnete die russische Luftwaffe am frühen Morgen des 5. Juli aus dem Raume Charkow von den dortigen fünf Flugfeldern ihren Luftangriff, mit dem sie die deutschen Fliegerkräfte beim Start erwischen wollte. Mehr als 400 Jagd- und Schlachtflieger der 2. und 17. Luftarmee nahmen an diesem Einsatz teil. Als russischerseits erkannt wurde, daß dieser Einsatz vorzeitig entdeckt war, befahlen die Luftarmeeführungen weitere Starts von Jägern.

Der russische Präventiv-Luftschlag verpuffte und forderte 120 Flugzeugopfer. Bereits damit erreichte die deutsche Luftwaffenführung in den nächsten Tagen die Luftherrschaft über dem Kampfraum. Die sowjetischen Quellen berichten darüber nichts konkretes. Deutlicher wurden sie bei der Beschreibung eines eigenen Angriffs an diesem Tag, bei dem 132 IL 2, geschützt durch 285 Jäger acht deutsche Flugfelder angriffen und (nach russischen Angaben) 50 deutsche Flugzeuge am Boden zerstörten.

Allerdings geben diese sowjetischen Quellen zu, daß die Eröffnungseinsätze der deutschen Luftwaffe nicht gestoppt werden konnten.

Während des Vorstoßes der 4. Panzerarmee nördlich Bjelgorod befanden sich 2.000 Flugzeuge beider Seiten in der Luft, im Duell um die Erringung der Luftherrschaft. Es kam vor, daß bis zu 150 Flugzeuge in einen gewaltigen Luftkampf verwickelt waren. Trotz der Vorkenntnisse über den deutschen Angriff reagierte die sowjetische Luftwaffenführung nicht flexibel genug, als der Kampf auf der Erde begann. Am ersten Tag verlor sie etwa 400 Flugzeuge, die sämtlich abgeschossen (nicht am Boden vernichtet) wurden.

Auf russischer Seite beanspruchte beispielsweise die 8. Garde-Jägerdivision unter Generalmajor A.P. Galunow allein am 5. Juli 76 Luftsiege für sich. Nach dem Report von I.V. Timokowitsch haben drei sowjetische Piloten am ersten Kampftage jeweils vier deutsche Flugzeuge abgeschossen. Es waren dies die Leutnante Belikow, Panin und Bulajew.

Die 16. Luftarmee, die gegen die deutschen Luftverbände 1.232 Kampfeinsätze flog und in 76 Gruppenluftkämpfen verwickelt war, erzielte nach eigenen Angaben 106 Luftsiege.

Es zeigte sich während dieser Luftkämpfe, daß die russischen Jäger sich oftmals von ihren besonderen Aufgaben abbringen ließen, um sich in Luftkämpfe gegen deutsche Jäger zu verwickeln. Das Kommunikationssystem brach - wieder einmal - zusammen.

Dennoch wurden ab dem zweiten Tag der Schlacht um Kursk an der Mittelfront unter General Rokossowski von der 16. Luftarmee unter General Rudenko mehrere erfolgreiche Angriffe gegen die 9. deutsche Armee geflogen. Das 6. gemischte Fliegerkorps und die 2. Garde-Schlachtflieger-Division, ferner noch die 299. Schlachtflieger-Division, griffen mit ihren insgesamt 450 Flugzeugen an und brachten deutsche Infanterie- und Panzerangriffe zum Stocken. Auch die 2. und 17. Luftarmee begannen nun planvollere Angriffe.

In diesen Kämpfen über dem Großraum Kursk ging der Stern des russischen Jägers N. Koschedub auf. Er flog in einem Regiment der 16. Luftarmee seine ersten Einsätze. Vorher hatte er als Fluglehrer- und Instrukteur gedient. Von hier aus war er im November 1942 zu einer fliegenden Einheit nach Stalingrad gekommen und wurde auf einer La 5 ausgebildet. Bei seinem ersten Kampfeinsatz nördlich von Kursk verlor er Kontakt mit seinem Führer, sichtete einige deutsche Jäger und stieß auf sie herunter. Seine Schüsse gingen vorbei und schon saßen ihm zwei Bf 109 im Nacken die ihm ein paar Treffer in die Maschine schossen. Er rettete sich durch einen steilen Sturzflug, der erst dicht über dem Boden endete.
Trotz einer abgeschossenen Flügelspitze landete Koschedub sicher. Am Dritten Tag der Operation »Zitadelle« schoß er zwei Ju 87 ab und vernichtete im Luftkampf zwei Bf 109. Er erzielte noch einige Treffer und Abschüsse, erhielt nach Ende der Schlacht um Kursk den Orden der Roten Fahne und mit einer Beförderung auch die Führung einer eigenen Jagdstaffel.

Während der folgenden Einsätze beim Übergang über den Dnjepr erzielte er elf Luftsiege in zehn Tagen, in einigen der schwersten Luftkämpfe des Zweiten Weltkrieges.

Aber erst im folgenden Jahr 1944, im Kampfraum Rumänien, konnte er zu seiner großartigen Form auflaufen. In einer Woche schoß er hier acht deutsche Flugzeuge ab.

Am 15. Januar 1945 schoß er eine Me 262 ab. Als der Krieg zu Ende ging, hatte er als bester russischer Jagdflieger 62 Luftsiege errungen.

Doch zurück zu den Ereignissen bei »Zitadelle«.

Die 15. Luftarmee flog am 8. Juli 1.070 Einsätze und als am 12. Juli die Deutschen den Angriff einstellten, hatten sie insgesamt 7.600 Einsätze geflogen.

Die 16. Luftarmee wiederum hatte am 9. Juli einen Angriff von 150 Schlachtflugzeugen und Bombern gegen die 9. P.D. bei Soborowki geführt. Am 12. Juli führte Oberst I.S. Polbin, - das russische Gegenstück zu Rudel - sein 1. Bomberkorps gegen deutsche Panzeransammlungen im Prochorowkaabschnitt. In tagelangen Einsätzen gelang es seinem Korps und der ebenfalls der 5. Gardepanzerarmee unter General Rotmistrow zur Verfügung stehenden 291. Schlachtflieger-Division, den Deutschen schwere Verluste beizubringen.

Hier bei Prochorowka kämpften Schlachtflieger gegen Schlachtflieger. und neben den russischen Panzerverbänden verloren auch die deutschen Panzerverbände etwa 300 Panzer.

Sowjetische Jäger und Schlachtflugzeuge gewannen langsam die Überhand, aber daß sie während der Offensive bei Kursk insgesamt 1.416 deutsche Flugzeuge abgeschossen hätten, wie dies gemeldet wurde, ist eine Ente. Weder die 517 Abschüsse im Norden, noch jene 899 im Süden entsprechen den Tatsachen.

Das sowjetische Eingeständnis von mehr als 500 Flugzeugverlusten zeigt auf, daß die Rote Luftwaffe in dieser Schlacht zermürbt worden war, denn ihre Verluste lagen um rund 100 Prozent höher. In seinem Werk »Komandovaniye i shtab VVS Sovetskoy Armii v Velikoy Otechestvennoy voyne 1941-45« reklamierte M.N. Koschewinkow in den ersten vier Kampftagen 854 deutsche Flugzeuge als vernichtet und abgeschossen. Doch nach der einhelligen Meinung internationaler Kenner der Sachlage waren diese Zahlen nur genannt worden, um die sowjetischen schweren Verluste weniger gravierend erscheinen zu lassen.

Dennoch: die deutsche Luftwaffe verlor im Kampfraum Kursk insgesamt 487 Flugzeuge und in den folgenden Kämpfen während der russischen Gegenoffensive bis Ende August noch einmal 785 Maschinen.

Es war nicht mehr möglich, die erstarkende und sich weiter und weiter aufstockende russische Luftwaffe wieder in den Griff zu bekommen, zumal die Zahl der Flugzeuge der deutschen Luftwaffe im Jahre 1943 geringer war, als 1941.

Dies zeigte sich auch in den nächsten Kämpfen; die aus sowjetischer Sicht gesehen werden sollten.

Die Rote Luftwaffe bei der Gegenoffensive

Mit mehr als 3.000 Flugzeugen trat die Rote Luftwaffe im Raume Orel gegen geschätzte 1.100 deutsche Flugzeuge zur Gegenoffensive an. Drei russische Luftarmeen griffen von drei Seiten gegen Orel an:

Die 1. Luftarmee von der Westfront.

Die 15. Luftarmee von der Briansker Front.

Die 16. Luftarmee von der Mittelfront.

Die STAVKA-Reserve schickte ausgewählte Verbände zu den Fronttruppen, um die sowjetische Luftüberlegenheit noch zu stärken. Zur 1. Luftarmee kamen die 2. Bomber-, 2. Schlachtflieger- und 8. Jägerkorps. Die beiden übrigen Luftarmeen erhielten vergleichbare Verstärkungen. Lediglich die Tagbomberverbände waren nicht weiter aufgestockt worden.

Die ersten Angriffe richteten sich gegen die Verbände und Plätze der Luftflotte 6 und gegen die Verteidigungsstellungen um Orel. Die Bomberverbände wurden in konzentrierten Angriffen gegen die deutschen Verteidigungslinien eingesetzt. Sie eröffneten ihren Kampf am 11. Juli, als sie mit der 15. Luftarmee die deutschen Verteidiger von Nowosil angriffen. Am 12. Juli erfolgte ein zweiter Angriff in diesem Sektor. Diese Angriffe steigerten sich Tag für Tag bis zum Fall von Orel.

Der russische Angriff über Bjelgorod begann am 3. August 1943. Auch hier wurden 370 vorbereitende Einsätze geflogen und am nächsten Tage flogen alle Verbände der 2. und 5. Luftarmee weitere Angriffe. Immer als Luftunterstützung für die Rote Armee. Die STAVKA befahl den Jägern, die nun über dem Kampffeld eine Übermacht von 3 zu 1 gewonnen hatten, die Kampfzone und den Himmel darüber zu säubern.

Zwischen dem 26. Juli und dem 30. Juli trafen sich die Stäbe der beiden russischen Luftarmeen mit jenen der Infanterie- und der Panzertruppen, um die präzisen Pläne für eine reibungslose Kooperation auszuarbeiten.

Mit den Generalen der Luftwaffe Woronscheykin und Kudjakow, die als Verbindungsoffiziere für die STAVKA dienten, führte die Rote Luftwaffe eine Luftoffensive von bisher nicht dagewesener Größe durch. Es gelang ihr, nicht nur über der Front, sondern auch im feindlichen Hinterland dauernd präsent zu sein. Die Rote Luftwaffe flog bis zu 80 Prozent ihrer Gesamteinsätze zur Unterstützung der Erdtruppen.

Während des Vorstoßes auf Charkow griffen russische Bomber und vor allem Schlachtflieger die rückwärtigen deutschen Flugfelder an um die gegnerische Luftwaffe zu schwächen. So griff am 4. August 1943 eine Gruppe von 12 IL 2, begleitet von acht Yak 1 bei Mikonajowsk ein deutsches Flugfeld an und vernichteten dort 15 deutsche Flugzeuge und Treibstoffbehälter.

Am 10. August griffen ein Verband von 24 IL 2 und 15 Yak 1 zwei weitere deutsche Plätze an und zerstörten abermals 20 Flugzeuge.

Die IL 2 ging als d a s Flugzeug des Jahres 1943 hervor. Die Russen produzierten während des gesamten Krieges nicht weniger als 36.000 Maschinen dieses Typs.

Alle Sturmowik-Verbände griffen mit großem Elan an und erlitten hohe Verluste. Die schwer gepanzerten IL 2, auch »fliegende Panzer« genannt, waren nach der Aussage Stalins »So wesentlich für die Rote Armee wie Luft und Brot.«

Russische Erfolge bei Orel und Charkow

Während ihrer großen Gegenoffensive bei Kursk hatte die Luftwaffenführung der Roten Armee die erste wirklich großangelegte Luftoffensive durchgeführt. Es war zu massiven Angriffen der Schlachtflieger gekommen und die IL 2, bereits vorher schon eines der wichtigsten Flugzeuge, erhielt nun die Rolle eines besonderen Angriffsinstrumentes. Diese Sturmowiks waren bereits während der Vorbereitungsphasen der Angriffe zum Ansatz gegen deutsche Stellungen direkt hinter der Reichweite der russischen Geschütze eingesetzt worden. Damit wurde der Feuerschlag bis weit in die rückwärtigen deutschen Linien gelegt. Dies hielt nach russischer Auffassung den Gegner davon ab, weiter rückwärts Gegenangriffe in Gang zu bringen, um damit einen russischen Durchbruch zu stoppen. Schlachtfliegerverbände stürmten mit Panzerkeilen nach vorn und halfen mit, der nachfolgenden Infanterie den Weg zu bahnen. Im Raume Kursk beteiligten sie sich erstmalig in großem Maßstab an der Panzerbekämpfung.

Hier bei Orel und Charkow setzte General Nowikow, der OB der russischen Luftstreitkräfte, seine Verbände im großen Umfang ein. Wo die russischen Truppen vorrückten, dort tauchten auch ihre Luftstreitkräfte auf und entlang den Angriffs- und Durchbruchskorridoren stießen russische Bomber und Schlachtflieger auf ihre Ziele herunter. Die russischen Jägerverbände deckten diese Bewegungen.

Diese Luftangriffe mußten teuer bezahlt werden, denn die deutsche Luftwaffe war nicht gewillt, aufzustecken. Sie griff mit den zahlenmäßig unterlegenen Jägerkräften immer wieder an und erzielte hohe Erfolge.

Nach den dramatischen Ereignissen und den eindrucksvollen Einsätzen bei Orel und Charkow setzte General Nowikow die Einsätze massierter Luftstreitkräfte fort. Drei Luftarmeen, die 2., 5. und 16. unterstützten die Offensive der drei russischen Fronten die nach vorn stürmten, um den Dnjepr zu überschreiten und nach Kiew hineinzurollen. Diese drei Luftarmeen verfügten über 1.450 einsatzbereite Flugzeuge, während auf deutscher Seite nach sowjetischen Schätzungen in diesem Abschnitt 900 Flugzeuge als Gegner vorhanden sein mußten.

Vom August bis Dezember 1943 flogen die russischen Luftverbände immer wieder neue Unterstützungsoperationen, um den Feind aus den Flanken her anzugreifen. Während dieser Zeit gelang es der Mittel-, der Woronesch- und der Steppenfront, denen diese Unterstützungsangriffe halfen, weiter und weiter vorzustoßen.

Die 16. Luftarmee unter General Rudenko im Abschnitt der Mittelfront kämpfte bei Neshin, an der Desna und am Dnjepr nördlich von Kiew. Diese Operationen weiteten sich aus, als auch die 17. und 18. Luftarmee mit Teilen in diesen Raum geworfen wurden um das Don-Becken unterhalb Kursk zu erobern.

In Taganrog waren es wieder die IL 2-Verbände, denen es gelang, eine deutsche Verteidigungsstellung nach der anderen auszuschalten. In diesem Abschnitt war die Rote Luftwaffe zu einer scharfen Waffe des Angriffs geworden.

Im Oktober 1943 überschritten russische Truppen den Dnjepr an verschiedenen Stellen. Hier setzten wieder starke deutsche Luftangriffe ein und es sah so aus, als sollte der Roten Luftwaffe die Luftherrschaft über diesem Gebiet wieder entgleiten.

In diesem Kampfraum war es, wo Leutnant K.A. Jewstignejew, Staffelkapitän im 240. Jäger-Regiment, in neun Luftkämpfen insgesamt 12 deutsche Flugzeuge abschoß und den goldenen Stern eines Helden der Sowjetunion erhielt. (Dieser Flieger erhielt noch einmal diese höchste sowjetische Auszeichnung und beendete den Kriegseinsatz mit 56 Luftsiegen, womit er an vierthöchster Stelle auf der sowjetischen Abschußliste stand.)

Im Dezember 1943 berief der Militärrat der Roten Luftwaffe alle Kommandeure der Luftdistrikte und die Repräsentanten der Luftarmeen zu einer Tagung zusammen, auf welcher die Verbesserung der Ausbildung in den Reserve-Luftregimentern auf dem Programm stand. Aus dieser großen Tagung entstand eine Serie neuer Kampfausbildungskurse für Jäger, Schlachtflieger und Bomberpiloten.

Im Dezember 1943 wurden alle Kommandeure der Divisionen, Regimenter und Staffeln der 17. Luftarmee (die dazu ausersehen war, die östliche Ukraine zu befreien) zusammengerufen.

General V.A. Sudetz, OB der 17. Luftarmee, der Frontbefehlshaber General R. Ya Malinowski, und die beiden STAVKA-Repräsentanten Marschall Wassilewski und General Falalejew waren ebenfalls zugegen, als es darum ging, den Angriffsplan für diese Operation zu erarbeiten.

Sie waren sich über die zu fliegenden Einsätze im Klaren, deren Ziel es war, zunächst die Ukraine, dann aber ganz Rußland zu be freien.

Die Herbst- und Winterkämpfe bei der Heeresgruppe Mitte

Während dieser Zeit russischer Neuorganisationen und Vorbereitungen auf den großen Sieg operierte die Luftflotte 6 ununterbrochen gegen die russischen Angreifer, die das Heer bedrängten. Im nördlichen Bereich der HGr. Mitte war Ende Juli 1943 die 4. Flieger-Division unter Generalmajor Hermann Plocher aufgestellt worden. HQ der Divisionsführung war Smolensk. Sie sollte die Verteidigungsaktionen der 4. Armee und der 3. Panzerarmee unterstützen, die im Raume ostwärts und nördlich Smolensk in schweren Abwehrkämpfen standen.

Im südlichen Bereich kämpfte die 1. Flieger-Division unter Generalmajor Deichmann, die sich im Raume Orel gut geschlagen hatte. Ihre Aufgabe lautete: »Unterstützung der 2. und 9. Armee im Raume Gomel-Bobruisk.«

Die 2. Armee, die Ende August-Anfang September gezwungen

war, hinter den Desnafluß zurückzugehen und später auch den Dnjepr und Sosh überqueren mußte und für einige Zeit einen Brückenkopf in Gomel hielt, wurde immer wieder durch befreiende Schläge der Luftflotte 6 unterstützt. Die 9. Armee hielt Briansk. Auch hier mußte die Luftwaffe eingreifen, um den Angreifer zu stoppen und die feindlichen Fliegerkräfte abzuwehren.

Die Russen erreichten den angestrebten Durchbruch nur an einem Punkt, bei Lenino, wo ein Kavalleriekorps bis in die rückwärtigen deutschen Linien durchbrach, ehe es gestoppt werden konnte.

In der ersten Oktoberhälfte konzentrierten sich die Luftwaffen-Verbände im Raume Newel. Der russische Angriff zielte in diesen Raum zwischen Witebsk und Newel. Hier waren es die He 111-Verbände, die den Gegner rechtzeitig stoppten.

Die russischen Versuche, beiderseits der Rollbahn Smolensk-Orscha durchzubrechen, scheiterten viermal.

Die deutschen Fliegerkräfte in diesem Raum bestanden nach einer Meldung der Nachrichten-Abteilung des OKL vom 10. Oktober 1943 in 960 Flugzeugen, die der 3. Panzerarmee zugeteilt waren. Von diesen waren 496 Bomber, Stukas und Schlachtflugzeuge. Zur gleichen Zeit bekämpften 218 Bomber und Nahkampfflugzeuge die russischen Partisanengruppen nördlich Borissow, nördlich Minsk und südostwärts Bialystok. An diesem 10. Oktober wurden 14 Angriffe geflogen, von denen einer das Eisenbahn-Depot von Welikije Luki schwer traf. Zwölf weitere zerstörte Bahnanlagen zwischen Welikije Luki und Newel und ein Angriff vernichtete die beiden sowjetischen Flugfelder in Smolensk und Juchnow.

Am 11. Oktober waren es 747 Flugzeuge, die effektive Zahl der vorhandenen Maschinen betrug etwa 300, so daß sie täglich mehrere Angriffe fliegen mußten, um die oben genannten Einsatzzahlen zu erreichen, die zur Unterstützung der 3. Pz.Armee Angriffe flogen. Wieder wurden eine Reihe Ziele getroffen und teilweise zerstört, darunter zum zweitenmal das Flugfeld der Roten Luftwaffe bei Smolensk.

Der 12. Oktober sah 908 Flugzeuge in Aktion; 488 davon bekämpften feindliche Ziele bei Propoijsk, Orscha und Newel. Sie vernichteten eine große Anzahl an Panzern, Artillerie und Kraftfahrzeugen. Den Raum um Baranowitschi griffen über 100 Bomber und Schlachtflieger an. Sie flogen auch die Ziele Mogilew und Okulowo an und bombten diese.

Diese Angriffe setzten sich auch am 13. Oktober fort und am 14. Oktober waren es abermals 722 Flugzeuge. Der 15. Oktober sah 752 Einsätze. Diese knappen Aufzählungen sollen darlegen, daß der deutschen Luftwaffe im Abschnitt der HGr. Mitte große Bedeutung zukam. Hier trugen die genau aufeinander abgestimmten Operationen der HGr. Mitte und der Luftflotte 6 ihre Früchte.

Diese letzten drei Monate des Kampfes im Bereich der HGr. Mitte wurden durch immer neue Angriffsversuche der 1. und 3. Weißrussischen Front zu einer ständigen Gefahr des Umgangenwerdens der gesamten HGr. Mitte. Nachdem der frontale Durchbruch mißlungen war, versuchte es die Führung der Roten Armee mit der Umgehung derselben.

In der Abwehr dieser Angriffe vernichtete die Luftwaffe am 9. Dezember 1943 33 Feindflugzeuge. Die Luftflotte 6 war in diesem Raum die rettende Kraft. Unter Generaloberst Ritter von Greim leistete sie, gemessen an ihren verfügbaren Kräften, das Maximale. Ihre größte Stärke war nicht mehr als fünf Kampfgeschwader, drei Jagdgeschwader und drei Stukageschwader. Die volle Kampfkraft wurde niemals von allen Geschwadern erreicht; ihre Gesamtstärke betrug lediglich etwas mehr als 300 einsatzfähige Flugzeuge.

Diese schädliche Unterbesetzung wurde nur wettgemacht durch den unermüdlichen Einsatz kampferprobter Besatzungen, die den feindlichen Angriffen widerstanden und oftmals in hoffnungslosen Situationen noch Rettung brachten.

Es bliebe noch viel mehr über das Jahr 1943 zu sagen, doch dies würde jeden akzeptablen Umfang sprengen. Wenden wir uns vielmehr dem Nordabschnitt der Ostfront zu und lassen wir die dortigen Einsätze der Luftwaffe in knapper Diktion Revue passieren.

LUFTWAFFE BEI DER HEERESGRUPPE NORD

Bei der Luftflotte 1

Die Luftflotte 1 unter Generaloberst Alfred Keller hatte im Jahre 1942 die 16. und 18. deutsche Armee im Nordabschnitt der Ostfront erfolgreich unterstützt.

Der Februar 1943 sah den Einsatz der 3. Flieger-Division unter Generalmajor Herbert J. Rieckhoff (der bis zum 15. März gleichzeitig noch Chef des Generalstabes der Luftflotte 1 blieb). Diese Division flog direkte Unterstützungseinsätze gegen russische Truppen südlich des Ladogasees und südlich des Ilmensees.

Bei der Räumung des Brückenkopfes Demjansk im Februar 1943 gaben die Fliegerkräfte der Luftflotte 1 dem stufenweisen Absetzen die nötige Rückendeckung.

Am 13. März gab Hitler der HGr. Nord Befehl, jene Räume zurückzuerobern, die zur erneuten Einkesselung von Leningrad führen mußten. In der Operation »Parkplatz« sollte dann Leningrad endgültig in Besitz genommen werden.

Während dieser Zeit bis April 1943 griffen die Verbände der Luftflotte 1, wann die Situation dies erlaubte, sowjetische Bahnanlagen und Truppenversammlungen an. Bei einem Angriff im März auf zwei russische Flugplätze wurden 40 Feindflugzeuge vernichtet. Die Flugmotorenfabrik in Rybinsk wurde ebenfalls schwer getroffen. Das gleiche Schicksal erlitten zwei Elektrizitätswerke in Leningrad und eine Ölraffinerie.

Eine Anzahl Bombenangriffe richteten sich auch gegen russische Schiffe in den Gewässern um Kronstadt.

Das KG 53 bombte mit großem Erfolg die Tichwin-Wolchow-Bahnlinie und Bahndepots und flog ebenfalls einen Angriff auf die Flugmotorenfabrik von Rybinsk und eine Zellulosefabrik in Sejastroje.

Anfang Juli wurden fast alle Kampfverbände der Luftflotte 1 an die HGr. Mitte »verliehen«, um bei der Operation »Zitadelle« mitzuwirken. Die einzigen Verbände, die im Nordabschnitt zurückblieben, waren eine Bomber-Staffel, eine Jagdbomber-Staffel und ein Verband Nahkampfflieger. Das Unternehmen »Parkplatz« war damit gestorben.

Am 28. Juli 1943 wurde Generaloberst Keller durch General der Flieger Korten abgelöst. General Korten blieb jedoch nur kurze Zeit OB der Luftflotte 1, da er nach dem Selbstmord von Generaloberst Jeschonnek am 19. August 1943 zum Chef des Generalstabes der Luftwaffe ernannt wurde. Der Kommandierende General des IV. Fliegerkorps, General der Flieger Pflugbeil, übernahm am 24. August die Führung der Luftflotte 1.

Die Position des Chefs des Stabes dieser Luftflotte erhielt am 15. März Oberst von Rohden, nachdem Generalmajor Rieckhoff die 3. Flieger-Division übernommen hatte.

Am 18. August unternahmen sowjetische Truppen einen Angriff gegen den Brückenkopf Staraja Russa. Dieser Angriff wurde mit Unterstützung durch alle Verbände der Luftflotte 1 zurückgewiesen.

Im September griffen die Flugzeuge russische Flugfelder, Bahnlinien ebenso, wie die russische Schiffahrt im Finnischen Meerbusen und auf dem Ladogasee an.

Bis Ende September 1943 hatten sich die 16. und 18. Armee in ihre alten Positionen zurückgezogen und verteidigten sich nunmehr in der Linie ostwärts Witebsk bis westlich Welikije Luki nach Cholm und Staraja Russa. Hier ließ es sich leichter verteidigen und so wurden 13 Divisionen der HGr. Nord in den Südabschnitt der Ostfront verlegt.

Der russische Großangriff beiderseits Newel brach am 6. Oktober 1943 los. Während der Zusammenhalt zwischen der 3. Pz.Armee an der Nordflanke der HGr. Mitte und der 16. Armee hielt, brachen die Russen ostwärts von Newel durch die schwachen deutschen Kräfte durch und standen wenig später tief im Hinterland, nur noch 110 km von Daugavpils entfernt.

In dieser Situation war wieder die Luftwaffe die letzte Rettung. Aber die meisten fliegenden Verbände waren noch immer im Abschnitt der HGr. Mitte bei der Luftflotte 6. Dennoch gelang es den wenigen Fliegerkräften, durch schnell zugeführte weitere Kampfflieger-Verbände unterstützt, diesen russischen Durchbruch zum Stehen zu bringen.

Daß die deutschen Heerestruppen bei der HGr. Nord ihre Linien halten konnten, war der Unterstützung zu verdanken, die das Heer von der Luftflotte 1 erhielt. Die Haltung dieser Flieger war ohne Tadel und zeigte ein Beispiel an Effektivität der Unterstützungsaktionen der Luftwaffe für die kämpfenden Verbände des Heeres.

LUFTWAFFE 1943 IM HOHEN NORDEN

An der finnischen Front

Die finnische Front war der nördlichste Eckpunkt des deutschen europäischen Verteidigungssystems. Sie hatte mit der Norwegenfront eine Länge von 1.340 km, was Zweidrittel jener Distanz betrug, die zwischen Leningrad und der Krim lag.

Die Hauptaufgabe dieser Front war die Sicherung der Nickelwerke von Kolosjoko nahe Petsamo, die 32 Prozent der europäischen Nickelerzeugung produzierten.

Hier verteidigte die 20. Gebirgsarmee, deren Stärke nur etwa 177.000 Mann betrug. Die Möglichkeiten der Luftwaffe waren in diesem Gebiet schlecht. Die arktischen Nächte, die Schlammperiode und die Unmöglichkeit an den günstigsten Punkten Flugplätze anzulegen, waren Schwierigkeiten, die nicht hoch genug berechnet werden konnten.

Hier führte die Luftflotte 5 mit Verbänden, die für die Länge der Front völlig unzureichend waren. Die Fernaufklärung in diesem Raum über See einschließlich der russischen Häfen Murmansk und Archangelsk und die Aufklärung über der unendlich erscheinenden Murmanskfront waren mit den geringen Maschinenzahlen nicht möglich. Die hier eingesetzten Fernaufklärer standen vor beinahe unmöglichen Aufgaben. Einer von ihnen war Hauptmann Ernst Sorge von der 1. (F)/Aufklärungsgruppe 124. Seine Einsätze seien stellvertretend für alle übrigen hier genannt, weil sie für diesen Zweig der Luftkriegsführung symptomatisch sind.

Fernaufklärung im Hohen Norden

Hauptmann Ernst Sorge stand von Mitte Juni 1941 bis Ende Juni 1944 als Fernaufklärer über Karelien im Einsatz. Er war einer der Flugzeugführer der »Kette Lappland« der 1.(F)/Aufklärergruppe 124. Seine Aufträge erstreckten sich im Norden bis Kirowski nördlich von

Kandalaksha und im Süden bis etwa 50 km südlich Bjelomorsk am Stalinkanal. Nach Osten flog seine Kette über Archangelsk, nach Norden bis zur Gorlow-Straße im Weißen Meer, einschließlich der Kolahalbinsel.

Auf insgesamt 232 Fernaufklärungsflügen als Flugzeugführer der jeweiligen Kettenführer führte er operative, taktische und Gefechtsaufklärung durch. Dies nicht nur für die Luftwaffe, sondern vor allem auch für die Armee. Versorgungsflüge für eingeschlossene Gruppen kamen hinzu.

Hptm. Sorge flog fast täglich unter schwierigsten Wetterbedingungen. Er fotografierte die Versorgungseinrichtungen des Feindes im Gebiet des Weißen Meeres und lieferte damit die Unterlagen für Luftoperationen.

Bei einer bewaffneten Aufklärung konnte er einmal einen Munitionszug, dann wieder ein russisches Flugboot vernichten. Bombenwürfe und Bordwaffenbeschuß auf marschierende Feindtruppen kamen hinzu.

Angriffe richteten sich bei Nacht auf Ziele an der Murmanbahn, auf die Stadt Kandalaksha und den Flugplatz Afrikanda II. Hptm. Sorge flog seine Maschine trotz Motorstörungen und Flaktreffer immer wieder zum Horst zurück. Seine Großflächenflüge führten zur Erstellung neuer wichtiger Kartenunterlagen.

Hptm. Sorges Kettenführer Hptm. Konrad Knabe erhielt bereits am 20. April 1943 das Ritterkreuz.

Unter seinem neuen Kettenführer flog Hptm. Sorge ab Februar 1943 mit diesem 45 weitere Einsätze über Archangelsk, Molotowsk und weiter ins Hinterland des Gegners. Bei einem dieser Aufträge wurde eine Hurricane in Brand geschossen, die abstürzte und ein Flugboot schwer getroffen, das ebenfalls in Brand geriet.

Neben seiner Tätigkeit als Flugzeugführer betätigte Hptm. Sorge in Vertretung des Kommandanten, der die angreifenden Gegner unter Feuer nahm, das Bildgerät.

Im Tiefflug gelang es Sorge bei Angriffen auf die Murmanbahn in elf Angriffen verschiedene Züge und Lokomotiven zu vernichten. Die Angriffe auf Verschiebebahnhöfe, auf denen dreizehn Mal abgestellte Loks und Züge wirksam getroffen wurden, konnten durch die mitgebrachten Aufklärerfotos direkt belegt werden.

Hptm. Sorge war es zu verdanken, daß die schwachen eigenen Fliegerkräfte ein lückenloses Bild über die im Einsatzraum vorhandenen feindlichen Flugplätze und die darauf stationierten Fliegerkräfte erhielten. (Hptm. Sorge wurde am 26. März 1944 mit dem Ritterkreuz ausgezeichnet).

Diese knappe Darstellung der Einsätze eines Fernaufklärers werden zeigen, daß sie, die stillen Kämpfer der Luftwaffe es verdient haben, einmal ausführlich genannt zu werden.

Doch zurück zur Luftflotte 5.

Die verhinderte Offensive im Hohen Norden

Nach einer Stärkemeldung des Finnischen Hauptquartiers vom 15. September 1943 war die Rote Armee gegenüber der finnischen deutschen Front 270.000 Mann stark. Finnland hatte zu dieser Zeit 350.000 Mann unter den Waffen und die 20. deutsche Gebirgsarmee verfügte etwa über 200.000 Mann. Damit war die Kräfteverteilung im Sommer 1943 in diesem Raum zwei zu eins für die deutsch-finnischen Truppen. Diese Truppen waren in bester Verfassung. Sie waren für einen letzten großen Generalangriff bereit. Ein Angriff mußte zur Gewinnung der großen russischen Häfen und damit zur Abschnürung der Lend-Lease-Lieferungen der westlichen Alliierten führen. Diese einfachen Überlegungen zeigen an, daß eine Offensive in diesem Raum im Sommer 1943, da die Russen an den beiden anderen Fronten keinerlei Truppen hätten abziehen können, erfolgversprechend war. Was waren nun die Gründe dafür, daß dieser Angriff nicht stattfand?

Bereits im März 1943 wurde die Möglichkeit einer finnisch-deutschen Offensive im finnischen HQ besprochen. Es war Feldmarschall Mannerheim, der dieses Gespräch mit den Worten beendete:

»Ich werde zur Zeit nicht angreifen lassen. Wir haben zu viele Menschen verloren.« Mannerheim hatte angesichts der deutschen Verluste im Osten und im Mittelmeer das Vertrauen in den deutschen Sieg verloren. Darüberhinaus waren finnische oppositionelle Zirkel dabei, mit den Russen Verhandlungen aufzunehmen bevor es zu spät war.

Während dieser Zeit, da sich die Finnen weigerten, bei dieser Offensive mitzumachen, versäumte es die Oberste deutsche Führung, diesen Waffengang allein anzutreten, obgleich diese Aktion ebenfalls einen Sieg versprach.

Auch Generalleutnant Andreas Nielsen, Chef des Stabes der Luftflotte 5, war der Überzeugung, daß ein solcher Angriff erfolgreich durchgeführt werden konnte.

Unter diesen Gesichtspunkten stellte sich das Jahr 1943 an der arktischen Front als Jahr der verlorenen Chancen des Krieges dar.

Im späten Sommer 1943 als klar geworden war, daß die Finnen nicht mehr länger mitmachen würden, befahl das OKW der 20. Gebirgsarmee, die Möglichkeiten eines geschlossenen Rückzuges zu erkunden.

Luftwaffeneinsätze gegen die Nordmeer-Geleitzüge

Der Fliegerführer Nord (Ost) erhielt anfangs Januar 1943 Weisung gegen den PQ 20 zu operieren, auf den auch deutsche Seestreitkräfte angesetzt waren.

Die Alliierten hatten ihr Geleitzugsystem dahingehend geändert, als sie ihre Handelsschiffe einzeln, bei schlechtem Wetter und ohne Geleitschutz losschickten. Dies sollte die deutsche Aufklärung erschweren, was es ja denn auch tat. Dazu hatte der Fliegerführer Nord (Ost) die »bewaffnete Aufklärung« befohlen, bei der jeweils zwei Maschinen, die für Reichweitenflüge geeignet waren, eingesetzt wurden. Diese klärten auf und griffen einzeln laufende Schiffe auf der Route Nordkap-Bäreninsel-Spitzbergen an.

Da aber diese Schiffe ihre Kurse ständig wechselten, wurde die Aufgabe der Erkunder bedeutend erschwert.

Der Fliegerführer Lofoten in Bardufoss konnte zwei ostwärts steuernde Konvois, den PQ 21 und PQ 22 erfolgreich angreifen, als sie gerade in die Kolabucht einliefen.

Der Fliegerführer Nord (Ost) bis Juni 1943 unter dem Befehl von Generalmajor Holle, dann zeitweise von Generalmajor Roth und schließlich von Oberst Dr. Ernst Kupfer geführt, kam zu einigen Erfolgen. Im März versenkten Flugzeuge dieses Verbandes ein 6.000-Tonnen-Schiff mit drei Treffern von 500-kg-Bomben. Ein 10.000 Tonnen Frachter wurde in Brand geworfen.

Die Luftwaffe griff hier zunächst mit He 111 und später mit Ju 88-Torpedobombern und Bombern an. Die Stärke der angreifenden Maschinen belief sich auf etwa 25.

Am 1. Oktober 1943 berichtete Winston Churchill seinem Gegenüber Marschall Stalin, daß im November-Dezember 1943 und Januar-

Februar 1944 jeweils ein großer Geleitzug in See gehen werde. Jeder von ihnen sollte etwa 35 Schiffe enthalten. Der erste würde England am 12. November verlassen und zehn Tage später den Bestimmungshafen erreichen.

Die ersten beiden Konvois erreichten die russischen Häfen ohne Verluste. Es waren insgesamt 72 Schiffe, die bis unter die Lukendeckel mit Material, Waffen und Munition beladen waren. Auch die zurücklaufenden QP-Geleitzüge kamen sicher durch.

Dies war für die wenigen Luftstreitkräfte der Deutschen eine herbe Enttäuschung, doch die Tatsache, daß allein im Jahr 1943 92 Handelsschiffe des Gegners durch die Luftwaffe vernichtet worden waren, und neben einem Schweren Kreuzer noch fünf U-Boote, 30 Küstenschiffe und 11 Geleitfahrzeuge, tröstete sie darüber hinweg.

Die russischen Aktivitäten im Hohen Norden

Zu Anfang des Jahres 1943 hatte die Rote Luftwaffe auch im Hohen Norden die Reorganisierung der Luftstreitkräfte durchgeführt. Ihre Bomberverbände und Jagdfliegerkräfte waren in der Nähe der Murmansk-Bahnlinie und auf der Halbinsel Kola stationiert. Sie waren verdoppelt und teilweise verdreifacht worden und gingen aus der Defensive zur Offensive über.

Russische Angriffe richteten sich vor allem gegen die deutschen Flugplätze in Kirkenes, Petsamo und Banak und ebenso gegen jene in Alakurti und Kemijärvi. Einige dieser Angriffe erzielten beträchtliche Verwüstungen. Besonders schwer wurde der Flugplatz Kirkenes getroffen. Eines allerdings taten die Russen nicht: sie bombten kein einziges Mal die Nickelwerke in Kolosioki, obgleich der 90 m hohe Hauptturm der Anlage ein nicht zu verfehlendes Ziel war. Ein anderes ebenso gefährdetes wie wichtiges Ziel war die Elektrokraftanlage in Jaeneskowski, ein Teil des Nickelwerk-Komplexes, das über eine Stromleitung von 48 km Länge mit dem genannten Nickelwerk verbunden war. Seine Ausschaltung hätte zugleich die Ausschaltung des Nickelwerkes bedeutet. Aber auch hierauf wurde kein Angriff geflogen.

Allerdings wurden andere Angreifer immer wieder von den Einheiten des JG 5 gestellt und dezimiert. Dieses Geschwader kämpfte überaus erfolgreich. Am 26. August 1943 beispielsweise schossen

Maschinen dieses Geschwaders 26 angreifende Russenbomber im Raume Vardö-Kirkenes und 10 über Petsamo ab. Am 13. Oktober schossen deutsche Jäger, die einen deutschen Konvoi begleiteten, aus einer russischen Bomber- und Schlachtfliegerstreitmacht von geschätzten 70 Maschinen 26 ab und am 3. November 1943 bei einer neuerlichen Geleitoperation abermals 15.

Damit sicherten sie die deutschen Geleitzüge, die vor allem die 20. Gebirgsarmee versorgten.

Die Hauptstreitkräfte des Fliegerführers Nord (OST) in Kirkenes waren die Maschinen des KG 30 in Banak und diejenigen des Jagdgeschwaders 5 in Petsamo. Eine zweimotorige Jagdbombergruppe befand sich außerdem noch in Kirkenes. Das Luftnachrichten-Regiment 56 meisterte die Nachrichtenübermittlung mit großem Erfolg.

Die deutschen Funkhorchtrupps waren durch das Abhören des russischen Abstimmungsfunks, mit dem die Flugzeugsender auf die Empfänger ihrer Bodenstationen abgestimmt wurden, über jeden größeren Start rechtzeitig informiert und so konnten auch die wenigen eigenen Kräfte rechtzeitig und gezielt eingesetzt werden.

Die Luftflotte 5 ließ auch die feindlichen Flugbasen bombardieren. Deutsche Fliegerverbände schossen im Jahr 1943 im Fernen Norden der Ostfront 1.400 russische Flugzeuge im Luftkampf ab.

Als die Zeit der arktischen Nächte einsetzte, wurden die Einheiten des JG 5 nach Süden verlegt, um im Raume der 20. Gebirgsarmee gegen russische Skibrigaden in Aktion zu treten. Dies wurde erfolgreich durchgeführt.

Die russischen Fliegerverbände im Hohen Norden im Jahre 1943 wurden von Generalleutnant Nielsen folgendermaßen charakterisiert:

»Es fehlte ihnen an Schlagkraft. Sie war eine Waffe von schwachen Fliegern, ärmlich ausgestattet, was die technische Seite anlangt, und von Männern geführt, die arm an Flexibilität und schöpferischer Kraft war. Sie waren schlecht im Bombenwurf und waren zu keiner Zeit ein gefährlicher Gegner für den Fernen Norden.« (Siehe Hermann Plocher: a.a.O.).

Ein Kommandowechsel im Hohen Norden

Anfang November 1943 übernahm General der Flieger Kammhuber die Führung der Luftflotte 5. Generaloberst Stumpff wurde mit der Führung der Luftflotte Reich betraut. Der Luftflotte 5 wurden alle Luftwaffenverbände im Finnischen Raum unterstellt.

Im Überblick über alle Einsätze im Hohen Norden erfüllte die Luftflotte 5 die ihr gestellten Aufgaben trotz der zahlenmäßig geringen Stärke ihrer Verbände.

Abschließende Übersicht über den Südabschnitt der Ostfront für 1943

Die Luftwaffe setzte ihre Unterstützungsaufgaben im Südabschnitt der Ostfront auch im Oktober 1943 fort und unterstützte die Verteidigungsmaßnahmen der HGr. Süd. Der Brückenkopf Saporoshje wurde mit über 300 Flugzeugen verteidigt, er ging dennoch am 14. Oktober unter dem erdrückenden Feinddruck verloren.

Am Dnjeprknie zwischen Melitopol und Saporoshje hielt die 6. Armee ihre Position gegen schwere Feindangriffe am 23. Oktober. An diesem Tage brachen die Russen bei Melitopol durch und erreichten den unteren Dnjepr. Ein Teil der durchgebrochenen Kräfte stürmte in Richtung Perekop, dem Eingangstor zur Krim weiter.

Um diese Zeit war die Verteilung der hier eingesetzten Luftwaffenkräfte wie folgt:

I. Fliegerkorps: ab 14. Oktober HQ in Nikolajew.

IV. Fliegerkorps: Einsatz von Kirowograd, später von Nowo-Ukrainka.

VIII. Fliegerkorps: Einsatz mit HQ in Belaja Tscherkow.

Am 10. November gelang den russischen Verbänden zwischen Dnjepropetrowsk und Krementschug auf einer Breite von 155 km mit 61 Infanterie-Divisionen, 37 Panzerbrigaden und 14 Brigaden (mot.) durchzubrechen und einen tiefen Keil zwischen der 1. Panzerarmee und der 8. Armee zu treiben und eine Frontlinie nördlich Kriwoi Rog zu erreichen.

Die Luftflotte 4 warf alle verfügbaren Luftstreitkräfte in den Kampf. Bei regnerischem Wetter waren alle Wege verschlammt und die Piloten ritten auf Pferden zu ihren Maschinen. Jene russischen Verbände, die in Richtung Melitopol vorgingen, wurden durch deutsche Bomber vernichtet.

Aber das Gros der russischen Streitkräfte ging ununterbrochen weiter vor. Alle deutschen Versuche, die von ihnen benutzte Dnjeprbrücke zu zerbomben, die zwischen Krementschug und Dnjepropetrowsk der einzige große Übergang war, schlugen fehl.

Am 3. November nahmen die russischen Truppen auch im Raume Kiew ihren Angriff wieder auf. Nachdem sie die deutsche Dnjeprverteidigung zerschlagen hatten, rollten sie durch Fastow und Radomyschl in Richtung Berditschew, Shitomir und Korosten. Am 13. November wurde Fastow genommen, rund 150 km westlich Kiew, dann

Shitomir.

Das VIII. Fliegerkorps leistete Unterstützung in einigen Gegenangriffen, so auch bei der Rückeroberung von Shitomir durch die 7. Panzer-Division und gegen die Flugfelder in diesem Raum.

Mit dem deutschen Rückzug wurde ein Flugfeld nach dem anderen rund um Beloserka verlassen und auch jene des Raumes Usin mußten aufgegeben werden.

Auch die 8. Armee weiter im Süden, bei Krementschug, erhielt Befehl zum Rückzug.

Südlich des Einsatzgebietes des VIII. Fliegerkorps war das IV. Fliegerkorps voll eingesetzt, um die russischen Angriffe entlang des Dnjepr zu stoppen. In den kritischen Kämpfen im Raume Kriwoi Rog-Nikopol-Krementschug-Kirowograd unterstützten Verbände des IV. Fliegerkorps die Verteidigungsschlachten und Gegenangriffe der 8. und 6. Armee und der 1. Panzerarmee. Die Hauptkräfte wurden im Raume der 1. Panzerarmee eingesetzt. Dank des ausgezeichneten Nachrichtensystems konnten die Verbände des IV. Fliegerkorps erfolgreich an den Abwehrkämpfen teilnehmen. Die Zusammenarbeit Luftwaffe-Heer war eng wie nie zuvor, eine Tatsache die den Erfolg sicherte. Das IV. Fliegerkorps wurde am 13. Oktober von Generalleutnant Meister übernommen. Sein früherer Kommandierender General, General der Flieger Pflugbeil, wurde OB der Luftflotte 1.

Zum Ende des Jahres 1943 hatte sich das Schicksal gegen Deutschland gedreht. Eine neue gigantische russische Offensive stand bevor, die immer größere Massen an Menschen und Material zur Front brachte. Dieser Angriff richtete sich gegen den linken Flügel der HGr. Süd im Raume Kiew.

Dieser Riesensturm brach am 24. Dezember 1943 los. Was würden er, was würde das Jahr 1944 bringen? Das Ende des Luftkrieges über Rußland?

DAS JAHR DER ENTSCHEIDUNG

Die letzte Phase des Großen Vaterländischen Krieges

Zu Anfang des Jahres 1944 war die Initiative auch aus strategischer Sicht an die Rote Luftwaffe übergegangen. Nach zweieinhalb Jahren verlustreichster Kämpfe waren die Würfel im Ostfeldzug gefallen.

Hinter dieser dramatischen Wendung stand die sowjetische Kriegsindustrie, die seit 1943 auf vollen Touren lief und von keiner Seite gestört wurde.

Die Kampfstärke der Roten Armee hatte sich im Januar 1944 auf 6.165.000 Mann erhöht. Im Einsatz befanden sich 88.900 Geschütze und Werfer, 2.167 Raketenwerfer-Batterien, 5.000 Panzer und 8.500 Flugzeuge in den Kampfgebieten.

Deutscherseits, so mutmaßten die sowjetischen Historiker, waren noch 4.906.000 Soldaten im Einsatz in allen Gebieten der Ostfront. Ihnen sollten noch 54.000 Geschütze aller Art, 5.400 Panzer und 3.000 Flugzeuge zur Verfügung stehen, Zahlen, die weit überhöht waren, zumal - was die Luftwaffe angeht - die Zahl der geschätzten Flugzeuge sich auf alle Typen bezog und nicht die kampffähigen und einsatzbereiten Maschinen umschloß.

Die deutsche Luftwaffe verfügte im Osten zu Beginn des Jahres 1944 höchstenfalls über 2.000 einsatzbereite Flugzeuge, von denen eine große Anzahl veraltet waren. Daß die deutsche Luftwaffe das Jahr 1943 überhaupt überleben konnte, war der Haltung der Roten Luftdoktrin zu verdanken, die noch immer als Teil des vereinigten Waffensystems der Roten Armee behandelt wurde.

Der Druck im Westen hatte die Luftwaffe Deutschlands gezwungen besonders Jägerkräfte für die Reichsverteidigung abzuziehen. 1944 - das sei hier vorausgeschickt - kämpfte die deutsche Luftwaffe im Osten mit der Hälfte der Kampfkraft des Kriegsjahres 1941 gegen einen Gegner, der viermal so stark war, was die zahlenmäßige Bilanz anging.

Die Luftwaffe hatte jeden Versuch, die Luftherrschaft oder wenigstens die Luftüberlegenheit zu erhalten, aufgeben müssen. In den Monaten des Jahres 1943 war jeder Verlust eines Flugzeuges gleichzeitig mit dem Verlust eines nun nicht mehr ersetzbaren Fliegers verbunden gewesen; bei Bombern der Verlust ganzer Besatzungen. Flugzeuge konnten im begrenzten Umfang noch ersetzt werden, nicht aber hochqualifizierte Flieger. Gegen Ende 1943 betrug die Einsatzstärke der deutschen Jägerwaffe im Osten 385 Flugzeuge, von denen 305 einsatzbereit waren. Damit konnten nicht die minimalsten Anforderungen erfüllt werden.

Die sowjetische Flugzeugproduktion des Jahres 1944 - dies sei vorweggenommen - betrug 40.300 (!) Flugzeuge und diese konnten auch mit Besatzungen versehen werden. Dies war die nackte Realität, der sich die deutsche Luftwaffe gegenübersah: die russische Jägerwaffe erhielt von 1943 bis 1945 allein 4.484 Yak 3-Hochleistungsjäger. Während des gesamten Krieges gelangten mehr als 33.000 Yak-Jäger zur Front. Hinzu kamen 22.000 Lowotschkin-Jäger. Gegen sie hieß es zu bestehen.

Der Oberbefehlshaber der russischen Luftstreitkräfte, General Nowikow konnte immer neue Flugzeuge zur Front schicken, mit Piloten, die in der STAVKA-Reserve ausgebildet worden waren. Die neuesten Bomber der Typen Tu 2, IL 4, Pe 2, die verbesserte IL 2, die Yak 9 und die La 5-Jäger kamen hinzu.

So konnte die russische Luftwaffe im großen Kessel bei Korsun (Tscherkassy) in dauernden Einsätzen zwischen dem 24. Januar 1944 und dem 17. Februar 1944 die deutschen eingeschlossenen Truppen pausenlos angreifen. Mit der 2. und 5. Luftarmee unterstützten sie alle russischen Angriffe. Mit 997 Flugzeugen begannen die beiden Luftarmeen diese Kämpfe und diese flogen trotz der schwierigen Wetter- und Platzbedingungen vom 29. Januar bis 3. Februar 1944 3.800 Einsätze im »Rund-um-die-Uhr-Einsatz«. Sturmowiks und Pe 2 Nachtbomber griffen ununterbrochen an.

Als die Deutschen versuchten, einen Korridor zu den eingeschlossenen deutschen Truppen freizuschlagen, wurden diese Verbände durch konzentrierte Luftangriffe der 2. Luftarmee niedergeworfen.

In diesem Kampfraum wurde nach dem Muster Stalingrad eine Viererzone gebildet, in denen die deutschen Versorgungsflugzeuge abgefangen werden sollten.

General S.A. Krasowskij, der Befehlshaber der 2. Luftarmee setzte hier das 19. Jägerkorps unter General L.G. Rybkin ein. Dessen Jäger warfen sich den deutschen Transportmaschinen entgegen und fingen sie teilweise ab. Die deutschen vorgelagerten Horste und Absprungplätze dieser Einsätze um Uman, Winnitza und Nowo-Ukrainka wurden durch Schlachtfliegerverbände angegriffen.

Die 5. Luftarmee unterstützte die russischen Bodentruppen, die den deutschen Kessel auszuräumen versuchten.

Zwischen dem 31. Januar und dem 15. Februar erzielte die Rote Luftwaffe nach ihren eigenen Bekundungen 257 Luftsiege, worin 31 abgeschossene deutsche Transportmaschinen enthalten waren. Im Gesamtzeitraum dieser Operation wollen sie 457 deutsche Flugzeuge in der Luft und auf den Flugplätzen vernichtet haben.

Diese Operationen zur Vernichtung des Kessels von Tscherkassy nehmen in der russischen Kriegshistorie einen breiten Raum ein. Als dieser Einsatz zu Ende ging, wurde General Nowikow durch das Präsidium des Obersten Sowjet der Rang eines Marschalls der Fliegerkräfte verliehen.

Während der Schlammperiode des Frühjahr 1944 flogen die 2., 5., 17. und 8. Luftarmee mehr als 66.000 Einsätze zur Unterstützung der Roten Armee allgemein. Alle Anstrengungen waren darauf abgestellt, die Ukraine zurückzugewinnen. In den ersten vier Monaten des Jahres 1944 reklamierte die Rote Luftwaffe den Abschuß von 1.400 deutschen Flugzeugen. Der nächste große Einsatz würde sich gegen die Krim richten, das stand fest.

Der Kampf beider Luftwaffen auf der Krim

Auf der Halbinsel Krim befand sich das I. Fliegerkorps unter Generalmajor Paul Deichmann. Es verfügte über einige Stukagruppen einige Jägergruppen, eine Aufklärungsstaffel und die Verbände des Fliegerführers Schwarzes Meer unter Oberstleutnant Schalke. Auch die rumänischen Fliegerkräfte unterstanden diesem Korps.

Die HQ des I. Fliegerkorps befand sich in Nikolajew. Chef des Stabes war zuerst Oberstleutnant Schult, später Oberstleutnant Krafft von Delmensingen. Das Korps hatte den Auftrag, die 6. Armee an der südlichsten Flanke der Ostfront zu unterstützen. Die Bombereinheiten waren in Nikolajew untergezogen. Das HQ der Jägergruppen befand sich ebenfalls dort, mit Oberst Dietrich Hrabak als Kommodore. Die Jägergruppe unter Major Barkhorn unterstand ebenfalls diesem Kommando.

General Deichmann befahl, die kleinen Flugfelder im Raume Sewastopol für die Jäger und das größere Flugfeld bei Chersones für die Bomber vorzubereiten.

Hier wurden Munition, Flugbenzin und Nachschubgüter für eine Verteidigung von Sewastopol gelagert.

Als das IV. Fliegerkorps aufgrund eines Befehls der Ob.d.L. im Dezember 1943 aus dem Einsatz zurückgezogen wurde, weil es zum Strategischen Kampffliegerkorps umorganisiert werden sollte, oblag die Last des Kampfes allein dem I. Fliegerkorps. Dazu wurden General Deichmann einige leichte Verbände des IV. Fliegerkorps unterstellt.

Die deutsche Luftaufklärung ergab, daß der Gegner sich zum Angriff rüstete. Auf der Krim stand - von den übrigen Truppen des Heeres völlig isoliert - die 17. deutsche Armee und mit ihr die ruhmreiche 9. Flak-Division, sowie die schwachen Kräfte des Fliegerführers Krim.

Insgesamt hatten die Russen zur Eroberung der Krim die Truppen mehrerer Armeen eingesetzt. Hinzu kamen 2.225 Flugzeuge, die durch General Falalejew vom STAVKA-HQ zusammengefaßt worden waren. Dieser arbeitete eng mit den Befehlshabern der 8. Luftarmee, General Kryjukin, und jenem der 4. Luftarmee, General Werschinin, zusammen.

Am 7. April begann der russische Großangriff von Osten. Einen Tag später folgte der Angriff aus Norden. Die 4. Ukrainische Front unter Armeegeneral Tolbuchin trat mit zwei Armeen gleichzeitig an. Das IL. Gebirgskorps der Deutschen wurde im Norden der Abwehrfront von Sewastopol von 500 Panzern angegriffen. 18 Infanterie-Divisionen folgten diesem stählernen Stoßkeil. Am 10. April geriet diese Nordfront ins Wanken. Im Osten griffen die Divisionen der sowjetischen Küstenarmee unter Armeegeneral Jeremenko an und stieß nach Westen durch.

Der Einsatz der deutschen Kampfflugzeuge begann. Eine Gruppe des KG 27 flog im Tiefflug gegen die angreifenden Panzerverbände der Roten Armee. Aus der vordersten Infanteriestellung wurde dieser Angriff durch General Deichmann geleitet. Binnen kurzer Zeit gelang es den Kampffliegern, 50 Panzer abzuschießen oder zu zerbomben.

Noch konnten die deutschen Flieger vom Frontflugplatz Sarabus starten, weil dieser von Truppen der 50. I.D. verteidigt wurde. Am 14.

April kam es auch hier zum Aus. Die deutschen Truppen hatten sich sämtlich in den Weitbereich der Festung Sewastopol zurückgezogen.

Im Festungsgebiet gab es noch immer Landungsplätze und Startbahnen für die Flugzeuge des I. Fliegerkorps. Die Kampf- und Schlachtflieger der Roten Luftwaffe griffen diese Plätze nur zögernd an, weil hier die deutsche Flakabwehr stark war und einige Jagdgruppen vorhanden waren, die gegen jeden anfliegenden Feind starteten.

Die 8. und 4. Luftarmee schlugen in ihren Aktionen nicht voll durch. Auch die deutschen Evakuierungsmaßnahmen wurden zunächst nicht oft angegriffen und wenn solche Angriffe erfolgten, dann nur in geringen Kampfstärken, die abgewehrt werden konnten.

Geben wir an dieser Stelle einem deutschen Kampfverband das Wort, der auf der Krim vom ersten bis zum letzten Tag dieser entscheidenden viereinhalb Monate des Jahres 1944 dabei war.

II. Gruppe / SG 2 Immelmann auf der Krim

Diese Schlachtfliegergruppe befand sich seit dem 23. Januar 1944 auf der Krim. Seit April, als die Kämpfe in die Entscheidungsphase eintraten, lag die Gruppe auf dem Feldflugplatz von Chersones. Mit ihnen lagen am Platz Teile des JG 52, die noch mit Me 109 ausgerüstet waren.

Den Jägern oblag die Aufgabe, den Luftraum über Sewastopol und vor allem über dem Hafen freizukämpfen, während die Schlachtflieger mit ihren Fw 190 gegen feindliche Panzerspitzen und erkannte Artilleriestellungen eingesetzt wurden. Dabei wurden die Fw 190 ebenfalls immer wieder in Luftkämpfe verwickelt. Es gab Tage, da die Erfolgsziffern der Schlachtflieger im Luftkampf größer waren, als jene der Jäger.

Am 9. Mai 1944 wurde der Einsatz eines gemeinsamen Schwarmes von zwei Me 109 und zwei Fw 190 befohlen, weil die Kräfte der einzelnen Einheiten erschöpft waren. Nach dem Stand vom 25. April verfügte die II./JG 52 noch über sieben Me 109 und die II./SG 2 über 14 Fw 190. Geben wir an dieser Stelle Oberst Hermann Buchner das Wort, der als Ofw. und Flugzeugführer in der 6./Schlachtgeschwader 2 dabei war:

»Kurz vor 11.00 Uhr rollten wir zum Start. Leider übersah mein Rottenflieger einen Bombentrichter und beendete seinen Feindflug mit einem Kopfstand. Ich kam etwas verspätet zum Startplatz. Eine Me 109 wartete dort auf mich. Leider nur eine. Offenbar hatte auch der Rottenflieger dieser Me 109 Schwierigkeiten gehabt.

Die auf mich wartende Me 109 hatte zwei schwarze Winkel an der Rumpfseite. Der Pilot zeigte mir an, daß er die Rotte führen werde.

Wir starteten nach Westen und nach kurzer Zeit konnte ich im Steigflug feststellen, daß meine Fw 190 nicht schlechter war als die Me 109.

Über dem Schwarzen Meer waren wir etwa 1.000 m hoch, als wir von der Bodenstelle »Christian« (Maxim Gorki II) die erste Information bekamen:

'Indianer im Raum Hafen SEWA, Höhe 3.000 bis 4.000 m.'

Mein Schwarmführer stieg stetig weiter, während ich mich in Gefechtsposition begab und nach Indianern suchte. Bald hatten wir 4.000 m erreicht. Von Westen kommend flogen wir nach Sewastopol und jetzt erkannten wir, etwas tiefer, Feindjäger.

Über FT gab mein Schwarmführer 'Pauke - Pauke!' durch.

Er setzte zum ersten Angriff an, stieß in den Haufen feindlicher Jäger hinein und brachte sie durcheinander. Es waren Yak und wir kurbelten mit ihnen etwa zehn Minuten herum, ohne einen Abschuß zu erzielen. Der Gegner drehte ab.

Nunmehr gab Christian durch: 'Fliegen Sie in den Raum Balklawa, IL 2 und Indianer in größerer Zahl.'

Die Me 109 verringerte ihre Geschwindigkeit und ihr Führer winkte mir, und sagte dann über FT, daß ich die Rotte führen solle.

Nun war ich mit der Fw 190 vorn und die Me 109 in Gefechtslinie. Nach kurzer Zeit waren wir im befohlenen Raum und konnten die Sprengwolken der eigenen Flak erkennen. Eine wilde Kurbelei mit Yak 9 begann; ich konnte eine abschießen. Brennend stürzte sie zur Erde. Die Indianer setzten sich nach Osten ab und wir lösten uns aus der Kurbelei.

Tief unter uns waren die IL 2 dabei die eigenen Stellungen im Raume nördlich Balaklawa anzugreifen. Wir gaben die Höhe auf und stürzten uns von hinten auf die Schlachtflieger des Gegners. Nach einigen Feuerstößen gelang es mir, eine IL 2 abzuschießen. Sie brannte zuerst am linken Flächenansatz verlor schnell an Höhe und schlug auf dem Boden auf.

Es war 11.20 Uhr geworden und wir zogen hoch. Nach etwa 45 Minuten Gesamtflugzeit übernahm mein Schwarmführer die Rotte und wir flogen nach Chersones zurück. Wir landeten glatt und 15 Minuten später tauchte ein Hauptmann auf einem Krad auf und fragte nach mir, ich meldete mich und der Hautmann gratulierte zu den beiden Abschüssen.«

Jäger und Schlachtflieger flogen bis zum 9. Mai ihre gemeinsamen Angriffe gegen die Übermacht der russischen Flugzeuge. Am 9. Mai verlegten am Nachmittag die Reste des JG 52 und gegen Abend die II./SG 2 aus Chersones nach Mamaia in Rumänien. Der Kampf auf der Krim ging seinem Ende entgegen. Er sollte für viele deutsche Soldaten ein Ende mit Schrecken werden.

Russische Angriffe auf den Evakuierungsverkehr

Am 5. Mai 1944 befanden sich noch 70.000 Mann deutscher und rumänischer Truppen auf der Krim in der Festung Sewastopol. Vier Tage später ging der Räumungsbefehl, um Wochen zu spät, ein. Gleichzeitig damit tauchten die ersten größeren Transporter für die Rückführungen auf. In diesen letzten Tagen beherrschte die sowjetische Luftwaffe den Luftraum über der Festung, weil - wie vorher geschildert - die letzten deutschen Einheiten die Halbinsel Krim verlassen hatten.

Am 10. Mai herrschte schlechtes Wetter und die Schiffe, die die zu evakuierenden Soldaten aufnehmen sollten und die vor Chersones lagen, wurden mit Verkehrsbooten und MFP angelaufen, die die Verwundeten herankarrten.

Zwei große Dampfer auf denen 9.000 Soldaten Platz fanden, trafen in der Nacht des 10. Mai hier ein. Sie liefen nach der Übernahme von 3.000 Soldaten ohne Befehl nach Konstanza zurück.

Etwa zur gleichen Zeit trafen einige größere Schiffe auf der Reede von Chersones ein und übernahm von 2.30 Uhr bis 5.30 Uhr Soldaten. Dabei wurden sie von russischer Artillerie beschossen und mit dem ersten Büchsenlicht durch russische Flieger angegriffen. Das Transportschiff »Totila« wurde um 5.45 Uhr durch Bomben beschädigt und blieb brennend vor Kap Chersones liegen. R 209 lief zur Hilfeleistung herbei. Es geriet in den nächsten Bombenangriff, erhielt einen Treffer ins Vorschiff und mußte mit zusehen, wie »Totila« versenkt wurde.

Das Schiff »Teja« lief - von zwei Räumbooten geleitet - nach Südwesten ab. Die ständigen Luftangriffe führten zu dauerndem Flakschießen, bis gegen 10.00 Uhr die Munition aufgebraucht war. Bis 12.00 Uhr erhielt das Schiff sechs schwere Bombentreffer. Es hatte mit seiner Flak sieben Feindflugzeuge abgeschossen und machte immer noch 5 kn/h Fahrt. Um 12.30 Uhr gelang es Boston-Bombern im Tiefangriff zwei schwere Treffer zu erzielen. »Teja« sank gegen 14.00 Uhr.

Insgesamt wurden auf diese beiden Schiffe und die anderen noch vor Chersones liegenden binnen eines halben Tages 25 Luftangriffe geflogen. Es waren russische Sturzkampfbomber, Schlachtflieger, Torpedoflugzeuge und Jäger, die sich in Gruppen bis zu 40 Maschinen an diesem Massaker beteiligten.

Als am Abend des 11. Mai R 164 und R 35 mit dem rumänischen Dampfer »Durostor« aus Konstanza ausliefen, um weitere Truppen zu retten, wurden sie am Morgen des 12. Mai von vier Bombern und vier Aircobras angegriffen. Ein Flugzeug wurde abgeschossen. Um 16.00 Uhr erfolgte der Angriff von 16 Pe 2-Stukas. Der letzte dieser Stukas erzielte auf der »Durostor« einen Volltreffer, das Schiff sank.

Ein Geleitzug mit dem deutschen Tanker »Dresden« und drei U-Jägern traf am 11. Mai vor Chersones ein und wurde um 11.50 Uhr von russischen IL 2 angegriffen. Der Angriff wurde abgewehrt. Beim nächsten Angriff von fünf Bombern geriet UJ 310 in Brand und mußte 300 m vor der Küste versenkt werden.

Trotz weiterer Angriffe und der Beschädigung von UJ 310 konnte das Geleit Sulina an der Westküste des Schwarzen Meeres erreichen.

Das letzte Geleit von 65 kleinen Fahrzeugen bis hinunter zu Fischkuttern lief am 12. Mai von Chersones aus. In der folgenden Nacht gelang es noch deutschen Schnellbooten 60 Mann aus den Klippen von Chersones abzuholen, die sich dort versteckt hatten.

Trotz der intensiven russischen Luftangriffe konnten während der letzten drei Tage der Räumungsoperation noch 34.800 Soldaten gerettet werden.

Ploesti - Das Grab amerikanischer Bomberverbände

Am 5. Mai 1944 wurde die II./SG 2 erstmals zur Bekämpfung jener 4-mot-Verbände eingesetzt, die das rumänische Erdölzentrum Ploesti/Mizil angriffen.

In dieser Nacht griffen US-Bomberverbände das erste Mal mit geballter Kraft an, ohne jedoch einen Pendelangriff zu fliegen, die erst mit dem Angriff des 2. Juni einsetzten.

25.000 Tonnen Treibstoff wurden bei diesem Angriff vernichtet. Die Fw 190 der II./SG 2 schossen einige Feindbomber ab.

Einen Tag vorher war Hptm. Bleckwenn, der Kdr. dieser Gruppe, zwischen Jassy und Bezau auf dem Rückflug, nur fünf Minuten vor Erreichen des Platzes abgestürzt. Sein Rottenflieger hatte eine Selbstentzündung der 13 mm-Munition zwischen Brandschott und Führerraum erkannt und den Kommandeur zum Aussteigen aufgefordert. Hptm. Bleckwenn wollte jedoch noch den Platz erreichen.

Nach einem explosionsartigen Blitz zeigte die Kommandeursmaschine eine lange Rauchfahne. Die Fw 190 legte sich auf den Rücken und stürzte ab. Bleckwenn konnte nur tot geborgen werden. Er erhielt am 9. Juni das Ritterkreuz und wurde nachträglich zum Major befördert.

Am 2. Juni wurde dann die Operation »Frantic Joe« begonnen. Dabei handelte es sich um Pendelangriffe, bei denen in diesem Falle 130 B 17-Bomber und 70 Begleitjäger des Typs P 51 Debrecen in Ungarn angriffen und von dort aus nach Poltawa weiterflogen, wo die Russen einen großen Platz freigemacht hatten. Die Begleitjäger fielen auf den Plätzen Pirjatin und Mirgorod ein.

Von diesen Positionen aus erfolgte dann nach dem Auftanken und Aufmunitionieren am 6. Juni der Angriff auf den deutschen Flugplatz Galatz. Am 11. Juni flogen diese Maschinen von Poltawa nach Italien zurück. Ihre Verluste waren mit zwei B 17 und zwei P 51 sehr niedrig.

Der nächste Angriff richtete sich am 11. Juni gegen die deutschen Öllager bei Giurgiu und Konstanza. Auch sie erzielten Erfolge. Dann kam es zu dem Massaker von Poltawa. Dieses begann mit dem Angriff von 2.500 Bombern und Jägern der 8. USAAF gegen Flugzeugwerke und Bahnlinien im Großraum Berlin und gegen das Regierungsviertel. Nicht weniger als 2.000 Tonnen Bomben wurden geworfen. Die Flak und Jagdverbände schossen insgesamt 44 Feindflugzeuge ab.

Nach diesen Bombenwürfen trennten sich 114 B 17 und 70 P 51 vom Hauptverband, drehten ein und griffen das Hydrierwerk Ruhland in Niederschlesien an.

Von dort aus flogen diese Maschinen, geleitet von den P 51 nach Poltawa weiter. Am Abend fielen dort 73 B 17 ein, während 41 B 17 Mirogorod erreichten. Die Jäger landeten in Pirjatin.

Eine Ju 88, die diesem Verband folgte, war für den Kommandeur der Geleitjägerverbände, Brigadegeneral Benjamin Kelsey, ein Dorn im Auge. Er wollte diese Maschine jagen und abschießen. Als er in Poltawa gelandet war, bat er den russischen Kommandeur, einige schnelle Jäger hinterherzuschicken und diesen »schrägen Vogel abzuschießen.«

Der Kommandeur der sowjetischen Jägergruppe lehnte dies rund heraus ab, was sich als grundlegender Fehler herausstellen sollte.

Bei Sonnenuntergang flog dann - durch die Ju 88 verständigt - eine He 177 bis nach Poltawa und fotografierte die US-Bomber, die nun in Reih und Glied auf dem Flugfeld abgestellt waren.

Nach seiner Rückkehr nach Minsk übergab er die Meldung mit den Fotos seinem Kommodore, Oberstleutnant Antrup, der das KG 55 führte, zu dem diese He 177 gehörte.

Oberstleutnant Antrup ließ sofort sein Geschwader einsatzbereit machen und erbat vom IV. Fliegerkorps, Generalleutnant Meister, weitere Bomber. Binnen kürzester Zeit waren 80 Ju 88 und He 111 startbereit. Sie starteten, sammelten in der Luft und erreichten um Mitternacht das Flugfeld Poltawa.

Der Bombenangriff begann, nachdem die »Christbäume« gefallen waren. Die Kampfflieger warfen ihre Bomben mitten in die dichten Reihen der US-Flugzeuge hinein. Dann schwenkten sie gegen Mirgorod. Unten auf den Feldern brach die Hölle los. Flugzeuge standen in Flammen und erleuchteten alles taghell. Dann wurden auch die Treibstofftanks getroffen. Flammen stießen in den Nachthimmel empor.

Als die amerikanischen Kommandeure die Russen baten, doch so schnell wie möglich ihre Jäger zu starten und diesem grausigen Spiel ein Ende zu bereiten, wurde dies kategorisch abgelehnt. Die wenigen Flak-Batterien wurden rasch ausgeschaltet. So konnten die deutschen Kampfflieger des KG 55 und der ebenfalls mit herangezogenen KG 3, 4 und 53 einen durchschlagenden Erfolg erzielen.

47 B 17-Bomber wurden vernichtet, eine große Zahl beschädigt, so daß sie nicht mehr starten konnten. Der Verlust an Material war überhaupt nicht abzuschätzen. Zudem waren 200.000 Gallonen hochoktanigem Treibstoff (das sind 910.000 Liter) verbrannt.

Als die Bombercrews aus Poltawa zurückkehrten, wurden sie von ihren Kameraden begeistert empfangen, die schon über Funk von den Ergebnissen unterrichtet worden waren.

»Nicht mehr seit Barbarossa haben wir uns so gut geschlagen«, berichteten die Besatzungen begeistert. »Diese Nacht erinnert uns an alte Tage.« (Siehe Hermann Plocher: a.a.O.).

Diese Nacht von Poltawa trug mit dazu bei, die unmerklich gewachsenen Spannungen zwischen Amerikanern und Russen auf einen Höhepunkt schnellen zu lassen. Zwar wurden die Pendelflüge noch einige Male fortgesetzt, doch die amerikanischen Bomberpiloten sprachen offen aus, was sie von den russischen Nachtjägern hielten, die diese Chance nicht wahrgenommen hatten. Übrigens gab es eine einzige Erklärung der Russen für diese Untätigkeit. Es war der sowjetische Kommandeur der Fliegerkräfte von Poltawa, der im Auftrage seiner Luftarmeeführung sagte, daß die oberste Führung den Jägern befohlen habe, die feindlichen Flugplätze anzugreifen, auf die die deutschen Bomber zurückfliegen würden. Dies war umso grotesker, als ja einmal die deutschen Bomber hier über dem Platz wie riesige Zielscheiben aufgetaucht waren und zwei Stunden hätten bekämpft werden können, o h n e erst für viele Stunden hinterherzufliegen und dann irgendwo von deutschen Jägern abgefangen zu werden. Übrigens wurde auch der angegebene Verfolgungsangriff n i c h t geflogen.

Die sowjetische Luftkriegsgeschichte behandelt den Poltawa-Angriff der deutschen Bomberkräfte so, als sei dies ein Nichts gewesen; was es für die russischen Flieger ja auch war. Die Amerikaner sprachen anders über dieses »Disaster«. eine Quelle verstieg sich sogar zu der Behauptung, »daß die Vernichtung von 47 B 17 und 15 russischen (!) Flugzeugen trotz des erbitterten Abwehrfeuers der Flak und der Aktionen der Nachtjäger, die diese Flugfelder schützten, erfolgt« sei.

Aus anderen Quellen ist zu entnehmen, daß der russische Kommandeur am Platze, Generalmajor M.Perminow, den Amerikanern gesagt habe, sie möchten ihre Flugzeuge weiter auf dem Platz verteilen. »Allein diese Maßnahmen halfen mit, die völlige Vernichtung der amerikanischen Bomber zu verhindern.«

Daß es sich um einen Racheakt handeln könne, wird von jenen Historikern vertreten, die darauf verweisen können, daß die Russen berechtigte Hoffnungen gehabt hätten, daß die nach Poltawa geflogenen B 17-Bomber in die strategischen Planungen der Russen eingegliedert werden könnten. Als dies nicht erfolgte, sei es zu diesem Desaster gekommen.

Die Pendelangriffe wurden fortgesetzt. Amerikanische Bomber griffen am 28. Juni Bukarest und Ploesti an und flogen in der folgenden Nacht einen Angriff gegen Giurgiu. Alles von Poltawa aus. Am 15. Juli erfolgte der nächste Angriff gegen Ploesti und die dortigen Ölraffinerien. Am 18. August erfolgte ein weiterer Angriff und am 24. August wurde Bukarest von deutschen Bombern angegriffen, weil am Vortage nach dem Sturz von Marschall Antonescu durch König Michael I. von Rumänien der »Frontwechsel« proklamiert worden war.

Der letzte dieser amerikanischen Angriffe fand im September 1944 statt.

Die Befreiung der Ukraine und die russischen Luftarmeen

Die Belorussische Offensive mit der Codebezeichnung »Bagration« wurde von der Luftwaffe mit allen Kräften vorbereitet. Nach den Unterlagen von General Rudenko sollte sich hier die Stärke der Roten Luftwaffe besonders manifestieren. Nicht weniger als 5.683 Flugzeuge von fünf Luftarmeen, durch 1.000 Bomber von acht Bomberkorps anderer Verbände unterstützt, sollten die Offensive nicht nur ins Rollen bringen, sondern auch in Gang halten.

2.000 Schlachtflugzeuge wurden zur direkten Unterstützung der Roten Armee eingesetzt.

Die Luftflotte 6, die sich diesen gigantischen Luftstreitkräften gegenübersah, verfügte am 22. Juni über 40 (!) einsatzbereite Jäger und litt zudem unter chronischem Treibstoffmangel.

Diese russische Luftstreitmacht konnte nur aufgestellt werden, weil die russische Flugzeugindustrie in den ersten vier Monaten des Jahres 1944 6.000 Schlachtflugzeuge ausstieß, die in der STAVKA-Reserve bemannt und ausgebildet wurden.

Am 1. Juni 1944 verfügte die Rote Luftwaffe nach deren Quellen (die eher zu niedrig, als zu hoch sind) über 13.428 Flugzeuge. Die Gesamtproduktion der ersten Jahreshälfte 1944 belief sich auf 16.000 Flugzeuge, die es der Luftwaffenführung unter Luftmarschall Nowikow erlaubten, alle Verbände hundertprozentig aufzufüllen.

Die sowjetischen Stellen gingen davon aus, daß die Luftflotte 6 noch über 1.342 Flugzeuge verfüge, die auf den Flugfeldern Minsk, Baranowitschi und Bobruisk eingesetzt waren.

Selbst wenn dies zugetroffen hätte, wären die Verhältnisse immer noch sechs bis sieben zu eins gewesen. Bei den Schlacht- und Jagdflugzeugen betrug das Verhältnis zehn zu eins.

Als die russischen Luftverstärkungen auf den frontnahen Flugplätzen eintrafen, flog Marschall Nowikow gemeinsam mit einigen STAVKA-Fliegerverbindungsoffizieren, unter ihnen auch General Falalejew, zu den Hauptquartieren der verschiedenen Armee-Befehlshaber, um mit ihnen die geplanten Luftoperationen zu koordinieren.

Marschall Nowikow kontrollierte anschließend den Bau und den Stand der 70 neuangelegten Flugfelder, die notwendig waren, um diese Menge an Flugzeugen überhaupt aufnehmen zu können. Nicht weniger als zehn Fliegerkorps und acht Flieger-Divisionen wurden im Juni von der STAVKA zur Belorussischen Front in Marsch gesetzt.

General Shukow, Repräsentant der STAVKA, kam am 5. Juni zur Front. Gemeinsam mit Marschall Nowikow und anderen Befehlshabern der Roten Luftstreitmacht, so auch die Generale Golowanow, Rudenko und Werschinin, führte er die Planungsarbeiten für die Luftwaffe durch.

Während der letzten zehn Tage vor Beginn der Offensive griffen Bomberverbände der Roten Luftwaffe die Flugfelder der Luftflotte 6 nicht weniger als 1.472 mal an.

Das 46. Garde-Nachtbomberregiment unter Führung der weiblichen Majorin Ye. D. Bershanskaja zeigte die russische Variante des Einsatzes der Frauen auch in diesem schwierigen Falle. Nachtangriffe erforderten große navigatorische Fähigkeiten und schlossen Flüge durch das feindliche Flakfeuer ein. Die Pilotinnen dieses Luftregimentes schafften es ebenso, wie beispielsweise das 31. Garde-Bomberregiment, das von Oberst V.S. Grizodubowa, Heldin der Sowjetunion, geführt wurde. Auch Major Marina Raskowa, die im Einsatz fiel und später an der Kremlmauer als verehrte Kriegsheldin bestattet wurde, gehörten dazu. Es gab auch eine weibliche Jagdfliegerin, Lilya Litwiak, die im Verband des 7. Jäger-Regimentes flog, und bis zu ihrem eigenen Abschuß 12 Luftsiege erzielte.

Daß darüber hinaus in bedeutend größerem Umfang russische

Frauen im Krankendienst tätig waren, ist allgemein bekannt. Nicht jedoch, daß die Zahl russischer Ärztinnen im Armeedienst 43% aller Ärzte der Roten Armee ausmachten.

In der Moskauer Luftverteidigung waren 30,5 Prozent Frauen eingereiht. Frauen dienten vor allem auch als Verbindungspiloten zu den Partisaneneinheiten; in Stalingrad wurden sie als Scharfschützen erlebt.

Insgesamt erhielten 86 russische Frauen den goldenen Stern eines Helden der Sowjetunion.

Doch zurück zur Operation »Bagration«. Sie brach am 22. Juni 1944 los. 185 Sowjet-Divisionen mit 2,5 Millionen Soldaten traten gegen die deutsche HGr. Mitte an, in der rund 500.000 Soldaten zusammengefaßt waren, von denen 400.000 in der etwa 1.000 km langen Front standen.

45.000 russische Geschütze eröffneten den Todesreigen und ein Keil von etwa 6.000 Panzern und Sturmgeschützen wälzte sich anschließend nach Westen.

Über ihnen flogen an diesem Tage 4.500 Flugzeuge der Roten Luftwaffe.

Für die deutschen Verteidiger wurde es ein Schrecken ohne Ende. Die russische Offensive endete 600 km weiter westlich an der ostpreußischen Grenze. 28 deutsche Divisionen wurden von dieser Lawine hinweggefegt, etwa 350.000 Soldaten blieben für immer zurück, gefallen, vermißt, gefangen.

Dort, wo diese Lawine zum Stehen kam, war die Rote Luftwaffe zur Stelle. Sie schlug die Breschen, durch die die russischen Verbände durchrollten.

Vom 29. Juni bis zum 3. Juli setzten die 4. und 16. Luftarmee ihre Operationen fort und verlangsamten durch diese Einsätze den Rückzug der deutschen Truppen, mit dem Ziel, sie durch eigene Truppen überflügeln und einkesseln zu lassen. Minsk war das Ziel und von beiden Flanken stürmten russische Großverbände in weitem Bogen darauf zu.

Marschall Nowikow setzte die 16. Luftarmee mit 2.096 Flugzeugen unter General Rudenko ein, um den Angriff von Rokossowskis Verbänden zu unterstützen. Die 6. Luftarmee unterstützte unter der Führung von General F.P. Polynin Rudenkos Streitmacht mit 178 Flugzeugen. Dieser Angriff Rokossowskis erfolgte erst am 24. Juni, damit die Luftwaffenverbände seiner Front auch am Initialschlag teilnehmen konnten.

Über 300 Bomber nahmen an den vorbereitenden Nachtangriffen teil und nachdem das Artilleriefeuer am Morgen des 24. Juni verstummte, wurden zwei massierte Angriffe der Bomber und Schlachtflieger geflogen. Mehr als 3.200 Einsätze zeigten, daß die Flugzeuge dieser Gruppierung »wie Heuschreckenschwärme am Himmel standen.« (Siehe Rudenko: a.a.O.).

Der sowjetische Kriegsberichter V.S. Grossmann berichtete in einer Reportage: »Der Himmel war im Aufruhr, als die 16. Luftarmee die feindbesetzten Positionen anflog. Die Sturzkampfbomber heulten auf sie herunter, die Jakowlew-Jäger folgten und die Schlachtflugzeuge schossen aus allen Bordwaffen. Felder und Wiesen waren von den Silhouetten der niederstoßenden Flugzeuge übersät.«

Die Fliegerkräfte von General Golowanow, die später in die 18. Luftarmee aufgingen, flogen Tag- und Nachtangriffe auf erkannte deutsche Ziele.

»Dies war eine Angelegenheit der vollen Rehabilitierung unserer Jagdwaffe«, sagte Oberst G. Lobow, Held der Sowjetunion. Er hatte 1941 als Kommandeur eines Jäger-Regimentes eine schwere Niederlage erlitten. Nun kehrten seine Männer in modernen La 5-Jägern auf das Schlachtfeld zurück. Über Witebsk und Orscha flogen sie ihre Geleitflüge für die Bomberkräfte und unternahmen eigene Angriffe gegen Bodentruppen und sporadisch auftauchende deutsche Jäger.

Über Boguschewsk begleiteten die Jäger des Kommandeurs Lobow ihre Bomber und wehrten angreifende deutsche Jäger ab. Bei der freien Jagd hinter den Linien im Raume Orscha stieß der Oberst, der wenig später zum Generalmajor befördert wurde, auf vier Fw 190. Lobow schoß zwei dieser deutschen Flugzeuge ab; einer seiner Begleiter wurde von den Deutschen abgeschossen.

Die Belorussische Offensive dauerte bis Ende August 1944 an. Sie hatte den völligen Zusammenbruch der HGr. Mitte zur Folge. Die russischen Streitkräfte waren viel weiter vorgestoßen, als es sich ihre Führung in den kühnsten Träumen vorgestellt hätte.

Die Zeit war abzusehen, da der Himmel über Rußland von deutschen Flugzeugen frei sein würde. Die deutschen Flugzeuge flogen nicht mehr länger über den Spitzen des Heeres zu Angriffen, sondern wurden von Platz zu Platz zurückverlegt und von Einsatzort zu Einsatzort geworfen. Außerdem mußten mit Beginn der Alliierten Invasion in der Normandie weitere Kräfte in den Westen verlegt werden, so daß die Hauptstreitmacht der Luftwaffe nunmehr im Westen im Einsatz stand.

Während die deutsche Luftwaffe in diesen schwersten Abwehrschlachten stand, verlor sie durch die Bombenexplosion in der Wolfsschanze, beim Attentat auf Hitler, den Chef des Generalstabes der Luftwaffe, Generaloberst Günther Korten.

Der August wurde auch für den Südabschnitt der Ostfront zu einem Monat der Niederlagen und Gefahren. An dieser Stelle sei es erlaubt, den Einsatz der rumänischen Luftwaffengefährten zu würdigen, die in einem beispiellosen Einsatz an der Seite der deutschen Luftwaffe gestanden haben.

Rumänische Jagdflieger im Abwehrkampf

Bereits in der Operation »Tidal Wave - Flutwelle«, die am 1. August 1943 vom IX. Bomber Command der 9. USAAF in Bengasi-Nordafrika gestartet wurde, zeichneten sich rumänische Flieger aus.

Dieser genannte Angriff von 178 B 24 »Liberator richtete sich gegen die Erdölfelder und Raffinerien von Ploesti. Dort wurde gut ein Drittel des Flugbenzins erzeugt, das die deutsche Luftwaffe benötigte.

Ploesti wurde im Tiefflug angegriffen. Der Verband wurde von Jägern der I./JG 4 und von rumänischen Einheiten angegriffen, die mit Me 109 ausgerüstet waren. Diese Fliegereinheiten wurden von Oberstleutnant Vizanty geführt.

Es kam zu turbulenten Luftduellen, bei denen 53 B 24 abgeschossen wurden. Von den entkommenen Flugzeugen landeten 17 auf Zypern, von ihnen waren nur noch drei einsatzfähig. 88 B 24 erreichten ihren Startplatz Bengasi, 55 davon waren ebenfalls beschädigt. Von den insgesamt 178 B 24 waren am nächsten Tage nur noch 33 einsatzbereit. Anteil an diesem überragenden Abwehrerfolg hatte auch die leichte Flak und die IV./JG 27 die von Araxos aus gestartet war und die auf dem Rückflug begriffenen Bomber stellte und fünf abschoß. Die deutschen und rumänischen Verluste in diesem Luftduell betrugen zehn Maschinen, die Amerikaner gaben den Abschuß von 51 deutschen Jägern bekannt.

In der Folgezeit wurde die Gruppe Vizanty immer wieder zum Einsatz gebracht. Dieser Verband war im Raume Bukarest-Ploesti stationiert.

Als Nachfolger von Oberst Bernhard Woldenga als Jagdfliegerführer Rumänien hatte Oberst Eduard Neumann im Jahre 1944 diesen Frontbereich übernommen. Er erklärte, daß die rumänischen Flieger in der Tagjagd selbständig operierten und daß der nachfolgende Einsatz und Erfolg ihnen allein zukomme.

Diese Gruppe flog neben einigen Me 109 auch und vor allem die rumänische IAR 80, einen schnellen rumänischen Jäger.

Der Gruppe Vizanty - Jagdgruppe 63 im offiziellen Sprachgebrauch - gelang es beim Angriff vom 4. April gegen Bukarest 31 Fliegende Festungen abzuschießen. Am 5. April folgten weitere 32 Abschüsse, als die Amerikaner Ploesti bombardierten.

Am Morgen des 10. Juni griffen amerikanische Jäger-Aufklärer »Lightnings« den rumänischen Jägerplatz an, um diesen Feind auszuschalten. Der Luftwaffengefechtsstand »Tiger«, in Ottopeni gelegen und von Oberst Neumann befehligt, meldete um 8.00 Uhr Alarm. Hier der Bericht von Oberstleutnant Vizanty dazu:

»An jenem Morgen war ich mit meinen drei Staffelkapitänen, den Hauptleuten Petre Constantinescu, Mircea Dumitrescu und Gheorge Posteuca, in unserem HQ. Wir hatten an diesem Tage nur 24 Maschinen startklar.

Erstaunt über diesen Alarm greife ich nach meiner Alarmpistole und schieße Grün, für meinen Verband der Befehl zum Alarmstart. Ich fahre zum Abstellplatz meiner Maschine und der meines Rottenfliegers, Lt. Lupescu. Nach knapp zwei Minuten startet der erste Schwarm. Nach dem letzten Schwarm starteten mein Rottenflieger und ich. Wir flogen zum Sektor SN, 100 km nördlich Bukarest. Dort angekommen hätten wir 10.000 m Höhe erreicht.

Aber heute befand ich mich erst in 1.500 m Höhe, als ich die Meldung vom Flugplatz Popesti/Leordni erhielt:

'Achtung, Paris: Puten über dem Nest.'

Dies bedeutete, daß sich amerikanische Jäger im Anflug auf unseren Platz befanden.

Ich befehle sofort über Funk: 'Paris an Paris 1, 2, 3: wir greifen an! Alle mir nach!'

Die Überraschung des Gegners war unwahrscheinlich. Wie ein Gewitter trieben wir sie vor uns her. Im ersten Augenblick des Kampfes schossen wir den Kommandeur des Gegnerverbandes ab. Er sollte der einzige Überlebende dieses Angriffs bleiben.

Die Schwierigkeit unseres Kampfes lag in der niedrigen Flughöhe, denn alles spielte sich zwischen 200 m und dem Boden ab.

Unsere Zuschauer - Arbeiter der Textilfabrik Apretura - starrten nach oben. Sie sahen die Explosionsblitze und die weißen Rauchspiralen der abgeschossenen brennenden Flugzeuge. Es wurde ein Luftkampf von schrecklichen 12 Minuten.«

Insgesamt wurden 24 abgeschossene Lightnings gezählt. Drei rumänische Piloten bezahlten diesen furiosen Angriff mit dem Leben.

Letzte Übersicht

Der große russische Angriff, der am 20. August 1944 im Raume nordwestlich von Jassy begann und von der 2. und 3. Ukrainischen Front geführt wurde, sah die 5. und 17. Luftarmee der Russen im Einsatz. Der Angriff schlug durch und wurde der Anfang von der einschließung der 6. Armee, die bald darauf das zweite Mal ein böses Schicksal erlitt.

Auch der russische Angriff der 1., 2. und 3. Baltischen Front und der Leningrader Front im Nordabschnitt der Ostfront wurde von starken Fliegerkräften der 3., 13., 14. und 15. Luftarmee unterstützt. Dieser Angriff zwang die 16. und 18. Armee dazu, sich schrittweise aus Estland und Lettland zurückzuziehen und die Riga-Schutzstellung zu erreichen.

In den Abwehrkämpfen an der Eismeerfront schoß am 27. Juni 1944 Hptm. Franz Dörr, Kdr. der III./JG 5, an einem Tage 12 sowjetische Flugzeuge ab; die gleiche Zahl an Abschüssen erzielte an diesem Tage auch Lt. Jakob Norz von der 6./JG 5. Ofw. Schuck von der 7./JG 5 kam auf 11 Abschüsse. Diese Zahlen zeigen an, daß der Gegner im Hohen Norden immer noch trotz seiner zahlenmäßigen Überlegenheit gefährlich lebte.

Im Kampf gegen russische Jagd- und Schlachtfliegerverbände und im Einsatz gegen Torpedobomber kam es in diesem Kampfraum zu letzten großen Erfolgen. Am 28. August erreichte Lt. Walter Schuck seinen 150. Luftsieg und erhielt am 30. September das 616. Eichenlaub.

Die erbitterten Luftkämpfe am Eismeer hielten auch im September 1944 an.

Der russische Bomberangriff gegen Kirkenes am 16. September sah zwei Schwärme der 11. Staffel des JG 5 mit den Assen Schuck, Norz und Glöckner im Abwehrkampf. Hier schoß Schuck zwei IL 2 ab. Ofw. Jakob Norz erhielt einen Motortreffer und stürzte bei dem Versuch nach Kirkenes zurückzukommen, tödlich ab. Er trug seit dem 26. März das Ritterkreuz. Er hatte im Eismeergeschwader 117 Luftsiege errungen.

Russische Angriffe auf Vardö und andere Häfen wurden mit letzter Kraft abgewehrt.

Als das Jahr 1944 zu Ende ging, hatte die Luftwaffe sich in den vielen Abwehrkämpfen im Osten aufgebraucht. Ein Teil ihrer Verbände war nach dem Westen verlegt worden. Der Rest versuchte auf der unendlichen Breite der Front zu retten, was zu retten war. Der Himmel über Rußland war wieder frei von deutschen Flugzeugen. Die Rote Armee und in ihr die Rote Luftwaffe rüsteten sich zum Sturmangriff nach Deutschland hinein und zum Siegeslauf nach Berlin.

DIE ROTE LUFTWAFFE IN DEUTSCHLAND

Eine Übersicht

Anfang 1945 stand die deutsche Luftwaffe im Osten mit noch 1.875 Flugzeugen aller Typen im Einsatz. Von ihnen waren 360 Jäger. Mit diesen Maschinen sollten sie die gesamte Front vom Baltikum bis zur Tschechoslowakei abdecken.

Die Luftflotte 6 stand mit ihren Flugzeugen den 1.060 russischen Maschinen im Baltikum gegenüber. Das Treibstoffproblem war nach dem Verlust von Ploesti und dem anglo-amerikanischen Bombardement der deutschen Raffinerien und Erzeugungsstätten synthetischer Treibstoffe besonders akut. Was immer die deutsche Luftwaffe im Jahre 1945 noch aufzubieten vermochte, waren Einzelschläge gegen einen schmalen Frontabschnitt und zur Unterstützung hart ringender Brückenköpfe.

Im Gegensatz dazu verfügte die Rote Luftwaffe eingangs Januar 1945 über 15.815 Flugzeuge. Sie hatte die Initiative, ja die absolute Luftherrschaft an sich gerissen und konnte ebenso wie der Westgegner in »Parteitaggeschwadern« über der Front fliegen, ohne mehr als Nadelstiche befürchten zu müssen. Zehn sowjetische Luftarmeen waren im Einsatz gegen den restlichen Teil des von deutschen Truppen beherrschten Territoriums. Insgesamt konnte die russische Flugzeugproduktion im Jahre 1944 14.500 Schlachtflugzeuge fertigstellen.

Bereits am 6. Dezember 1944 war die 18. Luftarmee aufgestellt worden, mit dem Ziel, in ihr alle Langstreckenbomber zu einer Strategischen Luftflotte zusammenzufassen.

Mit diesen Kräften wurden Berlin, Königsberg und Budapest, Wien und Dresden bombardiert.

Dies darf jedoch nicht über die Tatsache hinwegtäuschen, daß die Rote Luftwaffe während des gesamten Krieges fast ausschließlich zu taktischen Operationen eingesetzt wurde. Die Zahl der russischen Jäger und Schlachtflieger hatte sich vom 1. Januar 1944 bis zum 1. Januar 1945 erheblich gesteigert. Sie beliefen sich bei den Jägern von 2.478 auf 5.184 und bei den Schlachtflugzeugen von 1.858 auf 3.845 Maschinen.

Der Angriff der russischen Streitkräfte aus den Weichselbrückenköpfen in Richtung zur Oder, der am 12. Januar 1945 begann und der Angriff aus dem Raume südlich Memel nach Ostpreußen hinein, sah letzte große deutsche Anstrengungen, diesen Gegner zu halten. Es gelang den deutschen Verbänden, von der Luftwaffe unermüdlich unterstützt, diesen Angriff an der unteren Oder zu stoppen und die Übersetzpunkte Stettin, Küstrin, Frankfurt/Oder und Guben zu halten.

Die Verlustrate der deutschen Luftwaffe war extrem hoch. Nur einige wenige Flugzeuge kehrten zu ihren Basen zurück. Die sowjetischen Jäger waren in zehnfacher und größerer Überzahl am Himmel und die Rote Luftwaffe flog in diesen Wochen täglich bis zu 10.000 Einsätze gegen die schwergetroffenen ausgelaugten deutschen Verbände.

Als die ersten russischen Truppen auf das Westufer der Oder gelangten und hier Brückenköpfe errichteten, plante STAVKA bereits den Schlußangriff gegen Berlin. General Shukow als OB der 1. Belorussischen Front und die 1. Ukrainische Front wurden mit insgesamt 163 Divisionen, 6.460 Panzern und zwei Luftarmeen ausgestattet. Es war die 16. Luftarmee unter General Rudenko und die 2. Luftarmee unter General Krasowskij. In der 16. Luftarmee standen 2.200 Jagd- und Schlachtflugzeuge und eine größere Anzahl Pe 2-Nachtbomber. Sie sollten den Hauptangriff gegen Berlin unterstützen. Insgesamt nahmen an der letzten großen Offensive 4.700 bis 5.000 Flugzeuge teil. Hinzu kam die 4. Luftarmee unter Werschinin, die die 2. Belorussische Front unterstützte und die 1. Luftarmee unter General Kryjukin die Tschernjakowskijs 3. Belorussische Front in Ostpreußen zur Verfügung stand. Damit verfügte das sowjetische Oberkommando über 8.000 Flugzeuge im letzten Einsatz über Deutschland.

Am 12. Januar begannen die Einsätze. Das schlechte Wetter gestattete nur den Start des 6. Schlachtfliegerkorps das die 2. Garde-Panzerarmee unterstützte. Es flog nur 272 Einsätze. Die 2. und 11. Garde-Schlachtflieger-Divisionen konnten die 1. Garde-Panzerarmee mit ebenfalls nur 345 Einsätzen zur Hilfe kommen.

Erst am 16. Januar besserte sich das Wetter und die 16. Luftarmee nahm voll an den Kämpfen teil. 3.431 Lufteinsätze wurden an diesem

Tage geflogen.

In den Luftkämpfen gegen die wenigen deutschen Jäger-Staffeln kam auch das 176. Garde-Jägerregiment unter Oberst Koschedub zum Einsatz, der einige weitere Abschüsse erzielte.

Oberst Pokryschkin, Kommodore der 9. Garde-Jägerdivision, landete als erster auf einer deutschen Autobahn, weil kein Flugplatz zur Verfügung stand.

Während dieser Angriff lief, griffen die Streitkräfte der russischen Ostpreußenfront in Richtung Königsberg an, das unter ständigem Bombardement der 1. und 4. russischen Luftarmee lag, die über Ostpreußen etwa 3.000 Flugzeuge einsetzten.

Die deutsche Luftwaffe warf sich mit dem Mute der Verzweiflung diesen Armaden entgegen. Ihre geschätzten 775 Flugzeuge bei der Luftflotte 6 wurden in viele Gefechte verwickelt. Sie erzielten stolze Erfolge, aber jede der deutschen Maschinen, die abgeschossen wurde, verringerte ihre Zahl, denn Nachschub gab es nicht mehr.

Zwischen dem 19. Januar und 9. Februar 1945 flog die 4. Luftarmee 8.130 Einsätze, während die 1. Luftarmee auf 9.740 Einsätze kam. Diese Luftunterstützung brachte Schwung in den russischen Angriff und half mit, die schwer befestigten und bis zum letzten verteidigten deutschen Stellungen zu erstürmen.

Königsberg wurde in den nächsten Wochen von drei Seiten umschlossen. Die Wichtigkeit, die Ostpreußen in den Augen der russischen Führung besaß, dokumentierte sich durch einen Besuch Marschall Nowikows am 23. Februar im HQ der 3. Belorussischen Front. Er wollte persönlich die Luftarmeen über Ostpreußen einsetzen und den Angriff auf Königsberg aus der Luft bestmöglich unterstützen.

Mit 1.124 Bombern - die Hälfte aller gegen diese deutsche Stadt eingesetzten Flugzeuge bestanden aus Bombern - versuchte die Rote Luftwaffe den Seeverkehr nach und von Königsberg zu unterbinden. Daran nahmen zum erstenmal in der Geschichte des »Großen vaterländischen Krieges« die sowjetischen Marineflieger der Baltischen Rotbannerflotte unter General M. I. Samokshin teil.

Diese sowjetischen Bomber über Königsberg stießen auf entschlossenen deutschen Widerstand. Die wenigen deutschen Jäger kämpften bis zum eigenen Untergang. Hier gingen noch einmal die großen Asse der Jagdflieger an den Start. Hier erfocht Oberleutnant Kittel (in Kurland) die letzten seiner 267 Luftsiege, ehe er am 14. Februar 1945 im Luftkampf mit IL 2-Schlachtfliegern abgeschossen und getötet wurde.

Hier waren es vor allem die Piloten des JG 54, unter ihnen Oberleutnant Gerhard Thyben, der seinen 147-150. Luftsieg am 23. Februar erzielte, aber auch das JG 51 war immer noch dabei und seine Piloten kämpften verbissen. Genannt sei hier Hauptmann Joachim Brendel, der Kommandeur der III. Gruppe dieses Geschwaders, der seinen 175. Luftsieg am 23. Februar erzielte. Über den Einsatz dieser Geschwader später mehr.

Im HQ der 1. Luftarmee wurden dann die Pläne zum abschließenden großen Bombardement der Königsberg-Front ausgearbeitet. Am 1. April begann dieser Angriff, der insgesamt 5.316 Einsätze brachte, in denen 2.620 Tonnen Bomben auf die Verteidigungsstellungen rund um die Stadt und auf die deutschen Horste geworfen wurden.

Der erste Tag dieser Operationen sah 539 Flugzeuge, überwiegend Bomber, sowie einige Jagdbomber, im Einsatz. Danach starteten die IL 2-Schlachtflieger. Zur Sicherung dieser Verbände wurde der Königsberg-Angriffstruppe ein dichter Jägerschirm zugeordnet. Dieser bestand aus den Jäger-Divisionen 129, 240 und 330 und unterstellten Verbänden des 11. Jägerkorps. Diese flogen am ersten Tag ebenfalls 4.000 Einsätze.

In den folgenden Tagen waren es die IL 2, die ihre Tiefangriffe gegen deutsche Verteidigungsstellungen flogen.

Zu den IL 2-Schlachtfliegern kam das 130. Jäger-Regiment unter Oberst Shinkarenko, die mit den modernsten Yak 9 Jagdbombern ausgerüstet war, die 800-Pfund-Bomben trugen.

Drei Tage nach Aufnahme dieser Offensive zeigten Luftaufklärerfotos daß alle in Frage kommenden Ziele vor der Festung und im Nahbereich derselben vernichtet waren. Nun erfolgten vom 7. bis 8. April neue Bombenangriffe. Über 500 Bomber, die von 108 Jägern geschützt wurden, griffen nun die Forts von Königsberg an. Sie unterstanden der 18. Luftarmee, die binnen vier Tagen vom 4. April an 4.440 Tonnen Bomben warf.

Königsberg fiel endgültig am 9. April. Vier Armeen waren notwendig gewesen, um diese Stadt zu Fall zu bringen, von den genannten Luftstreitkräften nicht erst zu reden.

Nur wenige Tage später begann der russische Endangriff auf Berlin. Auch hierbei wurde wieder der Roten Luftstreitmacht eine Hauptaufgabe zugewiesen. Marschall Stalin hatte entschieden, daß Shukows Armeen diesen Angriff führen sollten und daß die kampferfahrene 16. Luftarmee unter Rudenko, durch viele Zuführungen aus dem Reservekorps der STAVKA verstärkt, den Armeen den Weg freibomben sollte. Dazu stand dieser Luftarmee die einmalige Streitmacht von 3.188 Flugzeugen zur Verfügung. Mit den hinzutretenden Kräften der 4. Luftarmee (der 2. Belorussischen Front), der 2. Luftarmee (der 1. Ukrainischen Front) und der seit wenigen Wochen mit eingesetzten polnischen Luftstreitmacht erreichte die Rote Luftwaffe zum Endangriff ins Herz Deutschlands hinein eine Zahl von 7.500 Flugzeugen.

Luftmarschall Nowikow befand sich an der Front und fuhr oder flog von Verband zu Verband, um mit den Kommandeuren die zu treffenden Befehle durchzusprechen. Die Hauptstreitmacht an Flugzeugen wurde dazu bestimmt, die Panzerarmeen vorwärtszubringen.

Um die unerhörte Zahl von 209 Luftregimentern in 19 Fliegerkorps und 65 Flieger-Divisionen überhaupt einsetzen zu können, mußten 23 Luftbasen-Regionen gebildet werden. 163 Versorgungs-Bataillone hatten diese Plätze mit entsprechenden Vorräten an Verpflegung, Munition und Treibstoff zu versorgen.

Die russische Führung ging davon aus, daß in dieser Endphase des Krieges die deutsche Luftwaffe überwiegend nach Osten kämpfen würde, was auch zutraf, und daß sie über 3.300 Flugzeuge verfügen würde, darunter 123 Me 262-Düsenjäger. Westliche Quellen schätzen - zutreffender - die Stärke der deutschen Luftwaffe im Osten auf 2.200 Maschinen ein. Angesichts der zusammen laufenden und auf Mitteldeutschland zielenden Offensiven der westlichen und östlichen Alliierten zerfiel die Kraft der Luftwaffe zwischen diesen beiden gigantischen Blöcken sehr schnell. Der Verlust vieler Flugfelder im Osten wie im Westen, der akute Treibstoffmangel und sogar Munitionsmangel reduzierte die Schlagkraft der deutschen Luftwaffe auf ein Minimum.

Der Sturmangriff auf Berlin

Am frühen Morgen des 16. April 1945 begann die letzte russische Großoffensive, deren Ziel Berlin war. 150 Nachtbomber der 4. und 16. Luftarmee starteten mit dem Artillerie-Feuerüberfall gleichzeitig. Die Hauptstreitmacht der 16. Luftarmee konnte wegen des am Morgen herrschenden Nebels nicht starten. Erst ab 15.00 Uhr starteten 647 Flugzeuge und wenig später warfen sich die letzten deutschen Jäger diesem mächtigen Gegner entgegen. Die Luftschlachten über dem Kampfgebiet waren von einer nie vorher erlebten Wildheit. Eine Reihe sowjetischer Flugzeuge wurde abgeschossen. Dennoch: die 5.300 Kampfeinsätze gegen deutsche Verteidigungsstellungen, Panzer und Flak forderten von den Deutschen hohe Opfer.

Russische Fliegerstellen gaben ihre Erfolge mit 151 abgeschossene deutsche Flugzeuge an und berichteten über eigene Verluste in einer Größenordnung von 87 Flugzeugen.

Der Vorstoßweg der 1. Ukrainischen Front unter General Konjew wurde von der 2. Luftarmee unter General Krasowskij abgeschirmt und unterstützt. Dieser Großverband überquerte die Neiße und drang tief in die deutschen Verteidigungsstellungen ein. Dabei flogen die Verbände der 2. Luftarmee 3.546 Einsätze, davon 2.380 zur direkten Unterstützung der Hauptangriffstruppe.

Bis zum 19. April hatten Konjews Truppen den Raum südlich Berlin erreicht.

Shukows Angriffe wurden auf den Seelower Höhen gestoppt. Am 20. April befahl die STAVKA der 2. Belorussischen Front, zum Angriff mit Stoßrichtung nördlich an Berlin vorbei vorzugehen. Am 21. April hatte auch Shukows 1. Belorussische Front den Raum um Berlin erreicht. Am 25. April war die Reichshauptstadt eingekesselt und die deutsche Luftwaffe hatte den Großteil ihrer Flugplätze im Raume Berlin verloren. Am 28. April fiel auch der Tempelhofer Flugplatz in die Hände der Russen.

Bereits am 25. April.hatte die 16. Luftarmee mit 1.490 Flugzeugen zwei Angriffe auf Berlin durchgeführt. In der Nacht des 26. April griffen 563 Bomber der 18. Luftarmee, von ihren Plätzen in Westpolen startend, Berlin abermals an und danach konzentrierten sich die Fliegerverbände der 2., 16. und 18. Luftarmee auf die Zerschlagung aller deutscher Widerstandsnester. Insgesamt wurden von den genannten Luftarmeen in der Angriffsoperation gegen Berlin 91.000 (!) Einsätze geflogen, um ihre drei Fronten zu unterstützen.

Noch in diesen letzten Tagen gab das sowjetische Luftoberkommando den Verlust von 527 Flugzeugen zu, die in Luftkämpfen und durch deutsche Flak abgeschossen wurden. Sie meldeten in der gleichen Zeit die Vernichtung (in der Luft und am Boden) von 1.132 deutschen Flugzeugen.

Am 1. Mai 1945 warfen Jäger der 2. sowjetischen Luftarmee an Fallschirmen rote Fahnen über Berlin ab.

Der Luftkrieg über Deutschland war zu Ende, wenn auch noch im

Ostseeraum, und vor allem im Kurland die letzten deutschen Kampfverbände und Jagdgruppen den Widerstand bis zum letzten Tag des Krieges aufrechterhielten und Seenotflugzeuge in der Ostsee große Rettungsaktionen unternahmen. Von ihnen sei abschließend gesprochen.

BEDINGUNGSLOSE KAPITULATION

Das Jagdgeschwader 54 in Kurland

Das JG 54 hatte bereits im Herbst 1944 in Kurland große Erfolge erzielt. Am 15. August meldete es seinen 8.000. Abschuß. Die 2. Staffel unter Führung von Oblt. Kittel hatte allein 1.000 Gegner vom Himmel heruntergeholt.

Bei dem abgehörten russischen Angriff vom 14. September 1944 startete das JG 54 mit allen einsatzbereiten Flugzeugen. Die Schilderung von Hauptmann Eisenach, der den am 8. August 1944 vermißten Major Ademeit (166 bestätigte Abschüsse) ersetzt hatte, berichtete darüber, daß er mit 26 Maschinen der I./JG 54 gestartet war. Dieser deutsche Verband stieß auf 60 Pe 2-Bomber der Russen. Davon deutlich abgesetzt flogen 70 bis 80 Begleitjäger mit. Die deutschen Jäger griffen die russischen Bomber an und schossen zahlreiche Pe 2 ab. Hptm. Eisenach schoß vier Gegner ab. Am selben Tage mußten die Jäger noch einmal starten und am späten Nachmittag ein drittes Mal. In diesen drei Einsätzen schoß Hauptmann Eisenach 9 Feindflugzeuge ab. Seine I. Gruppe erzielte 35 Luftsiege, bei einem eigenen Abschuß.

Diese Einsätze setzten sich in den folgenden Monaten fort. Nach dem Fall von Riga am 12. Oktober ging es immer wieder in kurzen Sprüngen zurück. Auch hier wurde bei sinkenden Einsatzzahlen der gesamten Luftflotte 1 der Gegner zum Herrscher des Luftraumes. Russische Bomberverbände stürzten sich auf alles, was des Bombens wert schien.

Einer der jungen Piloten des JG 54 war Hans Joachim Kroschinski. Er sollte kurz vor Kriegsende ganz in der Nähe seiner Heimatstadt Gumbinnen eingesetzt werden. Er gehörte von Anfang bis zum Schluß seiner Jägerlaufbahn zum JG 54 und erzielte bis Weihnachten 1942 fünf Abschüsse. Das Jahr 1943 sah ihn in vielen Luftgefechten erfolgreich. Er flog sowohl mit der Me 109 G4, als auch mit der Fw 190 A2. Als sein Verband für kurze Zeit aus dem Nordabschnitt in den Südabschnitt der Ostfront verlegte, hatte er bereits 25 Abschüsse erzielt. Anfang Juli 1943 wurde er nach einem Alarmstart im Raume Orel von einer La 5 abgeschossen. Er mußte mit Gesichtsverbrennungen aus seiner brennenden Maschine aussteigen.

Im Januar 1944 verlegte seine Gruppe des JG 54 wieder in den Nordabschnitt der Ostfront zurück. Hans Joachim Kroschinski hatte nun 46 Abschüsse auf seiner Erfolgsliste.

Nach einem Zwischenaufenthalt als Fluglehrer in Liegnitz kehrte er im September 1944 zur 3./JG 54 zurück. Von seinem Flugplatz Insterburg waren es nur 28 km zu seiner Heimatstadt. Von hier aus sollte er nach Kurland fliegen. Mit einer neuen Fw 190 stellte er bei einem Alarmstart eine Jak 9 über Gumbinnen.

Wenige Tage später flog er über Libau nach Scrunda zur I./JG 54. Die weiteren Plätze des Geschwaders waren Cirava, Libau und Windau. Hier sein Kurzbericht über die entscheidende Zeit im Kurlandkessel:

»Wir waren nur noch zwei Jagdgruppen im ganzen Kurlandkessel: unsere I. und II./KG 54. Uns gegenüber eine Riesenzahl von Gegnern.

Als die Halbinsel Sworbe geräumt wurde, flogen wir von Windau aus Begleitschutz für unsere Marineeinheiten, darunter auch die 'Prinz Eugen.'

Im Dezember verlegten wir nach Frauenburg. Ich hatte in der Zwischenzeit den 71. Abschuß erzielt, bis es mich am 21. Dezember 1944 selber erwischte.

In der Frühe hatte die 2. Kurlandschlacht begonnen. Gegen 8.30 Uhr Alarmstart gegen anfliegende Pe 2-Verbände. Ich startete im Schwarm. Etwa 5.500 m hoch sah ich den Gegner. Er flog in drei Wellen zu je neun Maschinen. Den Rechtsaußen der letzten Welle griff ich an und schoß ihn ab. Dann folgten die nächsten vier kurz hintereinander. Als der fünfte 'runterfiel', kam ich für kurze Zeit in seinen Luftschraubenstrahl, an meiner Maschine riß die Strömung ab. Dabei zeigte ich dem zunächst fliegenden Gegner die Breitseite.

Dieser kurze Augenblick genügte. Der russische Heckschütze feuerte und traf. Es krachte bei mir und die Fw 190 brannte Sekunden später lichterloh.

Als ich aussteigen wollte, ließ sich meine Kabine nicht absprengen, sie muß durch den Beschuß verklemmt worden sein. Endlich aber bekam ich sie weg und stieg aus.

Lange ließ ich mich fallen, bevor ich den Schirm zog. Als er auf war, bemerkte ich, daß mein rechter Pelzstiefel fehlte und das Blut in hohem Bogen aus dem Sprunggelenk schoß. Ein Sprenggeschoß hatte mein Sprunggelenk zertrümmert.

Ich landete auf einem Baum und kugelte mir die rechte Schulter aus. - - -

Zum Glück kamen bald deutsche Landser und brachten mich in einen Sanitätsbunker.«

Am 17. April 1945 erhielt Hans-Joachim Kroschinski für 76 Abschüsse das Ritterkreuz. Dieser kurze Bericht möge darlegen, wie das Los der meisten Jagdflieger aussah.

Am 14. Dezember begann ein russischer Angriff von 60 Bombern auf Stadt und Hafen Libau. Ein zweiter folgte. Sieben deutsche Schiffe wurden versenkt, vier weitere beschädigt. Dies war ein schwerer Schlag für die Rückführungsoperationen über See.

Die deutschen Fw 190 schossen an diesem Tag 44 russische Bomber und Jäger ab.

Am 15. Dezember wurde der russische Angriff mit 200 Maschinen wiederholt.

Diesmal startete das gesamte Geschwader 54 unter Führung von Oberst Hrabak. 54 Feindflugzeuge wurden abgeschossen, elf eigene Flugzeuge gingen auf den Plätzen durch Bombenwürfe verloren. Oberst Hrabak, Eichenlaubträger und einer der erfolgreichsten Jäger des Geschwaders 52, hatte das JG 54 erst am 1. Oktober 1944 übernommen.

Im Kurlandkessel geisterte ein Name von Mund zu Mund durch die ganze Armee: Otto Kittel. Seine Siegesserie war phänomenal. Am 29. Oktober 1943 erhielt er das Ritterkreuz, am 11. April 1944 das Eichenlaub und am 25. November 1944 als 113. deutscher Soldat die Schwerter zum Ritterkreuz mit Eichenlaub.

Ab Januar 1945 war das JG 54 in Kurland zur Feuerwehr ernannt. Die HGr. Nord wurde am 25. Januar 1945 in HGr. »Kurland« umbenannt.

Am 24. Januar 1945 begann die 4. Kurlandschlacht. Russische Fliegergeschwader überschwemmten den Himmel. Die deutsche Flak schoß binnen weniger Tage über 100 Feindflugzeuge ab und in den ersten Februartagen gelang es den Jägern des JG 54 19 und 28 Feindflugzeuge abzuschießen. Bei dem russischen Großangriff auf Libau wurden im Februar wieder 40 russische Bomber durch die Flak abgeschossen. Die Fw 190 der I./JG 54 unter Major Eisenach schossen am selben Tage 60 Flugzeuge der Roten Luftwaffe ab. Otto Kittel fiel am 14. Februar im Luftduell mit einer IL 2 nach 267 Luftsiegen.

In der 6. Kurlandschlacht, die am 18. März 1945 begann, setzte sich die Erfolgsserie des JG 54 und zugleich der Untergang dieses Geschwaders fort.

Es hatte vor allem Begleitschutzaufträge zu erfüllen, um die eigenen Schlachtflugzeuge - Fw 190 mit Raketen bestückt - bei ihrem Einsatz gegen feindliche Panzer zu sichern. Dann wurde freie Jagd geflogen, Angriffe auf einfliegende Bomberverbände zählten dabei zum beinahe täglichen Brot.

Der Kampf in Kurland ging seinem Ende entgegen. Am 8. Mai 1945 schwebten noch einmal 35 Ju 52 auf den Landeplätzen in Grobin ein. Sie kamen aus Norwegen und nahmen, hier angekommen, Verwundete und kinderreiche Familienväter an Bord, um sie ins Reich heimzufliegen.

Diese Ju 52 kamen nicht sehr weit. Uber der Ostsee wurden sie von starken sowjetischen Jäger- und Schlachtfliegerschwärmen gestellt. 32 dieser Ju 52 wurden in Brand geschossen und stürzten über der Ostsee ab. Von ihren Insassen konnte keiner gerettet werden.

Aus den letzten turbulenten Tagen dieses Geschehens gibt es zwei Berichte, die an dieser Stelle abschließend zitiert werden sollen. Einer davon ist von Oberleutnant Gerd Thyben, Staffelkapitän der 7./JG 54. Thyben hatte bereits am 6. Dezember 1944 das Ritterkreuz erhalten. Er war einer jener zugleich besonnenen und draufgängerischen Jäger dieses Geschwaders, die Luftsieg nach Luftsieg errangen. Hier sein Report:

»Es war in den Märztagen 1945, Kurland war eingeschlossen. Sprit für die HGr. Kurland einschließlich unserer Jäger kam - wenn überhaupt - nur tropfenweise auf dem Seewege. Unser Papi Pflugbeil ließ uns kaum noch an die Front, geschweige denn zur freien Jagd. Nur manchmal durften wir starten und dann hieß die Devise: 'An die Bomber!'

Sechs russische Pe 2 blieben auf der Strecke, als wir gegen einen nach dem Bombenwurf abdrehenden Verband flogen. Nachher bei der Befragung der mit Fallschirmen abgesprungenen Besatzungen fragte ich nach der weißen Beschriftung, die ich beim Abschuß meines Gegners gesehen hatte. Zwei Russen drückten mir nach der Übersetzung meiner Frage spontan die Hand. Sie antworteten:

»Das heißt: 'Vorwärts - Alles für das Vaterland!' Nachdenklich verließen wir die Gefangenenbaracke des Fliegerhorstes Libau-Grobin.«

Durch ein in der DDR erschienenes Buch mit dem Titel »Jagdflieger« von Oberst S.G. Kursenkow erfuhr Gerhard Thyben nach dem Kriege, daß er am Morgen des 8. Mai, mit seinem letzten Abschuß einen Pe 2-Aufklärer abgeschossen hatte, in dem die beiden Helden der Sowjetunion Major Gratschew als Beobachter und Major Grigori Dawidenko als Pilot einen Erkundungsauftrag ausführten.

Gerhard Thybens Flug in die Kapitulation wurde von ihm folgendermaßen beschrieben:

»Die Nachrichten und Gerüchte überschlugen sich in den Abendstunden des 7. Mai 1945. Nach Eintreffen der Geschwaderbefehle rief Hauptmann Findeisen, letzter Kommandeur der II./JG 54, in Libau die Staffelchefs zusammen und gab den Waffenstillstand und die daraus sich ergebenden Konsequenzen bekannt. Alle Flugzeuge sollten flugklar gemacht werden. - - -

Ich war nicht wenig erstaunt, in den ersten Morgenstunden bereits die Klarmeldungen aller Maschinen meiner Staffel zu erhalten.

In der Frühe des 8. Mai rief uns Hauptmann Findeisen zu sich und gab den Verlegungsbefehl bekannt. Flensburg hieß das Reiseziel. Der Start zum Abflug aus der Festung Kurland wurde zu 7.30 Uhr befohlen. Er sollte rotten- oder schwarmweise erfolgen.

Wir starteten. Links neben mir, auf gleicher Höhe lag Fritze Hangebrauck, mein sonst dicht klebender Katschmarek im gemütlichen Seitenabstand.

Plötzlich entdecke ich auf großer Entfernung links von uns, auf Nordkurs fliegend, etwa 500 m tiefer ein einzelnes zweimotoriges Flugzeug, das wenig später genau unter uns durchkreuzte. Es war eine Pe 2. - - -

Ich stellte die 'Frau Focke' auf den Kopf und eröffnete das Feuer aus weiter Distanz. Anstatt auf Tauchstation zu gehen, versuchte der Russe emporzuziehen, damit kam er rasch näher und einige meiner Treffer verirrten sich in seinen rechten Motor. Danach stieß der Gegner hinunter und flitzte in nur zwei Meter Höhe über die See, wobei seine beiden Schützen das Feuer eröffneten. Ein letzter Angriff mit Vollgas, ein weiterer Feuerstoß und der Gegner stürzte in Wasser.«

Es ging weiter nach Westen, nach 90 Minuten Flugzeit kreuzte eine Douglas Boston den Kurs der Fw 190 von Thyben. Er kurvte darauf ein drehte dann aber doch ab und das war gut so, denn die rote Warnlampe flackerte bei Großenbrode auf. Er landete mit seinem Katschmareck in Kiel-Holtenau, wo sie bereits von einem englischen Offizier in Empfang genommen wurden.

Die letzte Schilderung aus diesem Kampfraum sei Major Eisenach vorbehalten:

»Am Nachmittag des 7. Mai erreichte mich der Verlegungsbefehl nach Cirava für die I.Gruppe. Von dort aus starteten wir am Vormittag des 8. Mai nach Flensburg, wo sich bereits ein Teil des Bodenrückhaltkommandos aufhielt, das sich Mitte Januar von Neuhausen bei Königsberg befehlsgemäß abgesetzt hatte.«

Bis zum 8. Mai 1945 hatte das Jagdgeschwader 54 9.600 Luftsiege errungen. Allein seine I. Gruppe stellte 28 Ritterkreuzträger.

Das Ende beim Stukageschwader 77

Unter der Führung von Hauptmann Gerhard Stüdemann lag die III. Gruppe des Schlachtgeschwaders 77 - wie das Sturzkampfgeschwader 77 seit geraumer Zeit hieß - kurz vor Kriegsschluß auf dem Einsatzhafen von Kamenz bei Dresden.

Gerhard Stüdemann, der als Oberleutnant und Kapitän der 9./StG 77 am 26. März 1943 das Ritterkreuz erhalten hatte, war ein alterfahrener Stukaflieger mit 996 Einsätzen an den Brennpunkten der Front. Mit seiner Staffel kämpfte er am Donez in täglich bis zu sieben Einsätzen gegen russische Panzeransammlungen, kämpfte den großen russischen Brückenkopf in der Donezschleife in mehreren Angriffen nieder und half durch seinen und seiner Staffel Einsatz mit, den Brückenkopf Lissitschansk zu halten.

Am 24. Mai 1943 flog er den Angriff gegen den Bahnhof von Bataisk mit, um an den Feindjägern vorbei abzukippen und den Bahnhof vernichtend zu treffen. Me 109 schützten die Stukas vor diesen Angreifern.

Wo das Stukageschwader 77 in der Folgezeit eingesetzt war, dort stürzte Gerhard Stüdemann sich auf Feindziele und zerschmetterte sie.

In der letzten Phase des Krieges wurde er Gruppenkommandeur

der III./SG 77. Die Staffeln seiner Gruppe führten: 7. Staffel - Oblt. Ludigkeit (Ritterkreuz am 26. März 1944). 8. Staffel - Oberleutnant Lambert (Ritterkreuz am 14. Mai 1944). Die 9. Staffel führte er in Personalunion selber.

Der Einsatz des 17. April 1945 sah eine verstärkte Staffel der Gruppe im Kampf mit einer hoch überlegenen Zahl russischer Flugzeuge. In dem dramatischen Luftgefecht wurde eine größere Anzahl feindlicher Flugzeuge abgeschossen. Doch die gesamte 8. Staffel wurde praktisch aufgerieben. Staffelkapitän Oberleutnant Lambert fiel ebenso im Luftkampf wie der Staffeloffizier Leutnant Gerhard Bauer, der ebenfalls seit dem 29. Februar 1944 das Ritterkreuz trug.

Wie dieses Desaster begann und zu Ende ging, das schilderte Hauptmann Gerhard Stüdemann:

»Am 17. April, ich führte inzwischen die III. Gruppe des Schlachtgeschwaders 77, starteten die 8. und Teile der 7. Staffel gegen 11.00 Uhr zu einem Bombeneinsatz Richtung Osten.

Plötzlich wurde Fliegeralarm gegeben. Die verstärkte Staffel war gerade aus dem Platz 'raus, als es losging. Es waren 40 Mustangs, die den Platz angriffen und beschossen. In diese Angreifer geriet Oblt. Lambert hinein.

Alle Flugzeugführer waren in Kämpfe mit überlegenen Feindgruppierungen verwickelt. Sieben von ihnen wurden durch diese Übermacht abgeschossen, zwei weitere zur Notlandung gezwungen. Während die Besatzungen dieser letzten beiden Maschinen in Deckung gelangten, wurden ihre notgelandeten Maschinen zerschossen. Zwei oder drei Maschinen landeten von dem gestarteten Verband wieder auf unserem Platz.

Alle gefallenen Flieger wurden am nächsten Tag unter militärischen Ehren auf dem Hutberg bei Kamenz bestattet.«

Soweit der Bericht von Hptm. Stüdemann, der am 28. März 1945 als 813. Soldat der Deutschen Wehrmacht das Eichenlaub zum Ritterkreuz erhalten hatte.

Geben wir ihm an dieser Stelle das Schlußwort:

»In der Nacht zum 20. April 1945 erhielt ich Meldung, daß russische Kavallerieverbände nur noch 10 km von unserem Platz entfernt stünden. Von drei ausgeschickten Spähtrupps kamen zwei zurück. Den dritten hatten die Russen gefangen genommen.

In der Nacht wurden die Bodenteile und der Horst zurückverlegt. Dichter Bodennebel verhinderte den Start der Maschinen zum E-

Hafen. Ab 3.00 Uhr erhielten wir Granatwerferbeschuß auf den Platz. Zwischen uns und den Russen befand sich nur noch ein schmaler Streifen Sumpf- und Waldgelände.

Als sich gegen 6.00 Uhr der Nebel etwas hob, konnten die ersten Maschinen raus und die andere Seite mit den letzten noch vorhandenen - leider nur 50-kg-Bomben bekämpfen.

Der Stabsschwarm kam gegen 9.00 Uhr raus. Werft und Hallen brannten bereits, der Platz lag unter ständigem Granatwerferbeschuß.

Unser nächster Einsatzplatz war Pardubitz. Er blieb dies auch bis zum 8. Mai 1945.«

So weit der Bericht von Gerhard Stüdemann, der bis zum letzten Tag im Einsatz stand.

Letzte Einsätze in Norwegen und in der Ostsee

Nach der Verlegung der I. und II./KG 26 im November 1944 nach Norwegen bestand im Hohen Norden wieder ein Kampffliegerverband, dem im Januar 1945 noch die III./KG 26 zugeführt wurde.

Mit diesem Torpedoflieger-Geschwader sollte noch einmal der Geleitzugkampf im Nordmeer und im Eismeer aufgenommen werden. Unter Führung von Oberstleutnant Stemmler flogen die Staffeln des Geschwaders am 7. Februar 1945 einen Angriff gegen den Konvoi JW 64, der mit 26 Schiffen nach Murmansk unterwegs war. Das Geschwader verfehlte den Konvoi, wurde dann von Jägern der Geleitträger »Campania« und »Nairana« angegriffen. In den folgenden schweren Luftkämpfen wurden sieben Ju 88 abgeschossen.

Dennoch wurde am 10. Februar ein weiterer Angriff gestartet. 30 einsatzbereite Ju 88 flogen den Konvoi an, hatten aber gegen die dichte Flakabwehr und die sofort einsetzende Jagdabwehr keine Chance zum Torpedowurf. Die Staffeln mußten abdrehen und den Rückflug antreten.

Am 16. Februar wurde dann der Ra 64 angegriffen, aber die Torpedoflieger erzielten keinen Erfolg. Am 20. Februar wurde der Konvoi noch einmal durch die Luftaufklärung entdeckt. Oberstleutnant Stemmler griff ihn mit 40 Ju 88 an. Trägerflugzeuge starteten zur Abwehr, schossen sechs Ju 88 ab und verloren vier Maschinen. Die geworfenen Torpedos erreichten ihre Ziele nicht.

Erst am 23. Februar konnte eine kleine Gruppe den zurückhängenden Dampfer »Henry Bacon« versenken. Dies war übrigens das letzte Schiff, das im Zweiten Weltkrieg von einem deutschen Flugzeug versenkt wurde.

Noch im März flogen die im Norwegenraum verbliebenen Torpedoflieger einen Einsatz, der sich aber gegen die englische Ostküste richtete.

Einsatzgebiet der wenigen überlebenden Seefliegerverbände war zu Ende des Jahres 1944 die Ostsee. Und zwar wurde eingangs Januar 1945 im Verband der Luftflotte 6 der Fliegerführer 6 aufgestellt. Ihm unterstanden folgende Seeflieger-Einheiten:

Stab der Seeaufklärungsgruppe 126 in Pillau mit:
2./126 in Pillau,
1./126 in Bug auf Rügen
3./126 in Bug auf Rügen.
Bordfliegergruppe 196 in Bug auf Rügen und die Seenotgruppe 60.

Die Flugzeuge waren in der Regel Ar 196 (für die Bordfliegergruppe) und BV 138 für die übrigen Einheiten.

Es galt vor allem, die mit immer mehr Booten in die Ostsee vorstoßenden sowjetischen U-Boote unter Wasser zu drücken, die einige große deutsche Flüchtlingsdampfer versenkt hatten. Es wurden eine Reihe von Einsätzen geflogen, darunter auch zwei Seenoteinsätze.

Als es in letzter Stunde darauf ankam, Verwundete, Zivilisten und Kinder zu retten, wuchsen die in der Ostsee operierenden Seeflieger-Besatzungen noch einmal über sich hinaus. Die großen Flugboote Do 24 flogen Einsätze, die unvergessen blieben. So holten sie aus einem Kinderheim am Nester See bei Köslin 2.000 Berliner Kinder und flogen sie über die Einkesselungsverbände hinweg nach Bug auf Rügen. Dabei wurden bis zu 100 Kinder in einer Do 24 untergebracht.

Als in der Nacht des 31. Januar 1945 die »Wilhelm Gustloff« nach Torpedotreffern eines russischen U-Bootes sank, starteten fünf Do 24 von Bug aus, ohne eingreifen zu können, da an der Unglücksstelle 24 Fahrzeuge standen und alles versperrten. Beim Einsatz anläßlich der Versenkung des Lazarettschiffes »Steuben« führten Do 24 Fahrzeuge der Marine an die Unglückstelle heran und setzten einen Arzt ab.

In einer Reihe weiterer Einsätze waren die Schiffe u n d Boote des Seenot-Rettungsdienstes in der Ostsee zur Stelle und erfüllten hier wie vorher im Mittelmeer und im Schwarzen Meer ihre Pflicht.

Wie die Seenotflieger und die Torpedoflieger haben alle übrigen Verbände der Deutschen Luftwaffe bis zum letzten Tage ihre Pflicht erfüllt. Stellvertretend für alle sei hier abschließend ein Flieger genannt, der als einziger die höchste deutsche Tapferkeitsauszeichnung erhielt: Das goldene Eichenlaub zum Ritterkreuz mit Schwertern des Eisernen Kreuzes, Hans-Ulrich Rudel.

Rudel kämpfte an allen Fronten, er errang als einziger Ausländer die höchste ungarische Tapferkeitsauszeichnung und einige der höchsten rumänischen Orden.

Als er am 9. Februar 1945 an einem Tag seinen 13. Panzer vernichtet, wurde seine Maschine von der russischen Flak getroffen. Splitter zerschmetterten ihm den rechten Unterschenkel. Er konnte noch eine Bruchlandung machen. Soldaten des Heeres und sein Bordschütze Dr. Ernst Gadermann holten ihn aus dem brennenden Flugzeug heraus.

Nach notdürftiger Heilung im Lazarett startete er wieder und schoß weitere 13 Feindpanzer ab. Am 19. April weilte er in Berlin im Führerbunker. Von hier aus ging er zu seiner Truppe zurück, um bis zum letzten Tag in der Tschechoslowakei Einsätze mit dem Rest seines Geschwaders zu fliegen.

Am 8. Mai, als der Waffenstillstand verkündet war, flog er mit seinen letzten Getreuen nach Kitzingen, wo er seine Maschine durch eine Bruchlandung unbrauchbar machte und sich den Amerikanern ergab.

Der Zweite Weltkrieg war zu Ende, zu Ende war der Luftkrieg über Rußland und jener letzte verheerende Kampf der Reste der deutschen Luftwaffe mit einem übermächtigen Gegner. Die deutsche Luftwaffe hatte sich bis zur Selbstaufopferung geschlagen. Sie war einem Gegner erlegen, der die »größeren Bataillone« hatte und der seine schier unerschöpflichen Reserven immer aufs Neue in die Waagschale werfen konnte.

Daß die deutsche Jägerwaffe rund 70.000 feindliche Flugzeuge vernichtete, darunter allein 45.000 russische Maschinen, hatte nicht genügt, um diesen Gegner für immer auszuschalten.

Daß bei diesen Kämpfen 22.500 Tag- und 4.800 Nachtjäger verlorengingen und 11.000 Piloten mit in den Tod nahmen, ist die Gegenseite der Medaille. 3.600 Flugzeugführer blieben für immer vermißt oder gerieten in Gefangenschaft, 10.800 von ihnen wurden verwundet.

Daß auch die Kampfflieger ähnlich hohe, wenn nicht höhere Verluste erlitten, soll hier nicht verschwiegen werden.

Allein das KG 51 verlor im Zweiten Weltkrieg über 1.500 Soldaten durch den Tod. Beim KG 53 waren es 1.493 Soldaten. Bei allen übrigen Geschwadern war es ähnlich.

Hier die genauen Verluste der Flugzeuge der Luftwaffe, von denen der größte Teil im Luftkrieg über Rußland geblieben ist:

38.977 Jagdflugzeuge aller Art
9.827 Nachtjagd- und Zerstörermaschinen
21.807 Kampfflugzeuge aller Art
7.825 Schlachtflugzeuge
5.926 Transportflugzeuge
3.301 Nahaufklärer
3.059 Fernaufklärer
2.797 Verbindungs- und Kuriermaschinen
916 Seeflugzeuge

Die Gesamtzahl lautet: 94.435 Flugzeuge aller Art gingen auf deutscher Seite im Zweiten Weltkrieg verloren.

DEUTSCHE UND RUSSISCHE FLUGZEUGE IN KURZDATEN

Bf 109 (Me 109) E-3

Besatzung:	1 Mann
Bewaffnung:	4 MG 17 und 1 MG FF
Höchstgeschwindigkeit:	580 km/h
Reichweite:	660 km

Bf 110 (Me 110) G-4

Besatzung:	3 Mann
Bewaffnung:	2 x MG 151 im Rumpfbug
	2x MG FF/M als Schrägwaffen
Höchstgeschwindigkeit:	525 km/h (mit Rüstsatz 485 km/h)
Reichweite:	2.000 km
Gipfelhöhe:	7.900 m

Fw 190

Besatzung:	1 Mann
Bewaffnung:	2 x MG 17
	2 x MG 151/20
(als Schlachtflieger)	2 Kanonen 3 cm MK 103
Höchstgeschwindigkeit:	676 km in 6.400 m Höhe
Reichweite:	800 km
Gipfelhöhe:	10.600 m

Ju 87 D-1

Besatzung:	2 Mann
Bewaffnung:	Zwillings MG 81 Z
	2 MG 17 in den Tragflächen
Bombenzuladung:	1.400 kg
Höchstgeschwindigkeit:	410 km in 4.000 m Höhe
Gipfelhöhe:	7.400 m
Reichweite:	350 km

Ju 88

Besatzung:	4 Mann
Bewaffnung:	1 x 7,9 mm MG 81
	1 x 13 mm MG 131
	2 x 7,9 mm MG 81
	1 x MG 81 Z (Zwilling)
Bombenzuladung:	maximal 3.600 kg
Höchstgeschwindigkeit:	472 km/h in 5.300 m Höhe
	560 km/h im Sturz
Reichweite:	2.730 km (1.400 km mit max. Bombenlast)
Gipfelhöhe:	8.500 (ohne) 6.000 m (mit) Bomben

He 111 H-6

Besatzung:	5 Mann
Bewaffnung:	1 x 20 mm MG FF
	1 x 7,9 mm MG 15
	2 x 7,9 mm MG 15
	2 x 7,9 mm MG 15
	1 x 7,9 mm MG 15
Bombenzuladung:	8 x 250 kg Innenlast
	2 Außenträger für 1 x 1.000 kg und
	1 x 500 kg
Höchstgeschwindigkeit:	415 km/h in 5.200 m Höhe
Reichweite	2.800 km
Gipfelhöhe	7.800 m

DB 3-F (IL 4) (Dalni bombardirowstschik-Fernbomber)

Besatzung:	5 Mann
Bewaffnung:	MG-Stand im Bug
	MG-Turm auf dem Rumpf
	MG-Stand im Rumpfboden
Bombenzuladung:	2.500 kg
Höchstgeschwindigkeit:	445 km/h
Reichweite:	3.800 km
Gipfelhöhe:	9.700 m

Jakowlew Jak 1

Besatzung:	1 Mann
Bewaffnung:	1 x 20 mm MK
	2 x 7,62 mm MG
Höchstgeschwindigkeit:	540 km/h in 5.000 m Höhe
Reichweite:	1.100 km
Gipfelhöhe:	10.500 m

Jak 9

Besatzung:	1 Mann
Bewaffnung:	1 x 20 mm MK
	2 x 12,7 mm MG
Bombenzuladung:	2 x 100 kg
Höchstgeschwindigkeit:	668 km/h in 4.570 m Höhe
Reichweite:	925 km
Gipfelhöhe:	9.000 m

Lawotschkin LaGG 3 (Lawotschkin-Gorbunow-Gudkow)

Besatzung:	1 Mann
Bewaffnung:	1 x 20 mm MK
	1 x 12,7 mm MG
	2 x 12,7 mm MG
	6 Gleitschienen für 25 kg-Raketenbomben
Höchstgeschwindigkeit:	559 km in 5.000 m Höhe
Reichweite:	640 km
Gipfelhöhe:	9.000 m

Mig 3

Besatzung:	1 Mann
Bewaffnung:	1 x 12,7 mm MG
	1 x 7,62 mm MG
Höchstgeschwindigkeit:	580 km/h
Reichweite:	820 km
Gipfelhöhe:	12.000 m

IL 2 M-3

Besatzung:	1 Mann
	2 Mann (ab 1942)
Bewaffnung:	2 MG 7,7 mm
	2 Kanonen 20 bzw. 23 mm
später:	2 x 3,7 cm Kanonen 11P-37
Höchstgeschwindigkeit:	410 km/h
Reichweite:	800 km
Gipfelhöhe:	bis 5.600 m
Speziell:	Bombenzuladung 600 kg.

I 16 »Rata«

Besatzung:	1 Mann
Bewaffnung:	2 x 7,62 mm MG
(bei Type 24)	2 x 20 mm MK
Höchstgeschwindigkeit:	489 km/h
Reichweite:	600 km
Gipfelhöhe:	9.460 m

La 5 FN

Besatzung:	1 Mann
Bewaffnung:	2 x 20 mm MK
Höchstgeschwindigkeit:	648 km/h
Reichweite:	765 km
Gipfelhöhe:	9.500 m

Pe 2

Besatzung:	4 Mann (3 Mann)
Bewaffnung:	3 x 12,7 mm MG
	2 x 7,62 mm MG
Bombenladung:	600 kg
Höchstgeschwindigkeit:	540 km/h
Reichweite:	1.200 km
Gipfelhöhe:	8.800 m

SB 2

Besatzung:	4 Mann
Bewaffnung:	3 x 7,62 mm MG
Bombenzuladung:	600 kg
Höchstgeschwindigkeit:	450 km/h
Reichweite:	1.200 km
Gipfelhöhe:	10.000 m

(Die Angaben über Bewaffnung, Geschwindigkeit und andere technische Daten differieren in den verschiedenen Unterlagen. Diese Differenzen beruhen meistenteils auf Veränderungen, Modifizierungen einzelner Typen. Die Höchstgeschwindigkeiten wurden in verschiedenen Höhen - und demzufolge auch differierend - angegeben. Es gibt zwei Werke sowjetischer Wissenschaftler über diese Daten: B.V. Shawrow und A.S. Jakowlew, die darüber in ihren Werken berichten und ebenfalls voneinander abweichende Daten nannten).

DIE TRÄGER DES RITTERKREUZES MIT EICHENLAUB UND SCHWERTERN

(In der Reihenfolge der Verleihung)

ADOLF GALLAND, geb. am 19. März 1912 in Westerholt. Ritterkreuz am 29. Juli 1940; 3. Eichenlaub am 25. September 1940; 1. Schwerter am 21. Juni 1941; 2. Brillanten am 28. Januar 1942. Letzter Dienstgrad: Generalleutnant.

WERNER MÖLDERS, geb. am 18. März 1913 in Gelsenkirchen. Ritterkreuz am 29. Mai 1940; 2. Eichenlaub am 21. September 1940; 2. Schwerter am 22. Juni 1941; 1. Brillanten am 16. Juli 1941; gefallen am 22. November 1941; letzter Dienstgrad: Oberst.

WALTER OESAU, geb. am 28. Juni 1913 in Fernewinkel/Holstein. Ritterkreuz am 20. August 1940; 9. Eichenlaub am 6. Februar 1941; 3. Schwerter am 16. Juli 1941; letzter Dienstgrad: Oberst.

GÜNTHER LÜTZOW, geb. am 4. September 1912 in Kiel. Ritterkreuz am 18. September 1940; 27. Eichenlaub am 20. Juli 1941; 4. Schwerter am 11. Oktober 1941; gefallen am 24. April 1945. Letzter Dienstgrad: Oberst.

HEINRICH BÄR, geb. am 25. März 1913 in Sommerfeld bei Leipzig. Ritterkreuz am 2. Juli 1941; 31. Eichenlaub am 14. August 1941; 7. Schwerter am 16. Februar 1942; verunglückt am 28. April 1957 (Flugzeugabsturz). Letzter Dienstgrad: Oberstleutnant.

HANS PHILIPP, geboren am 17. März 1917 in Meißen/Sachsen. Ritterkreuz am 22. Oktober 1940; 33. Eichenlaub am 24. August 1941; 8. Schwerter am 12. März 1942; letzter Dienstgrad: Oberstleutnant.

HERBERT IHLEFELDT, geboren am 1. Juni 1914 in Pinnow/Pommern. Ritterkreuz am 13. September 1940; 16. Eichenlaub am 27. Juni 1941, 9. Schwerter am 24. April 1942; letzter Dienstgrad: Oberst.

MAX-HELLMUTH OSTERMANN, geb. am 11. Dezember 1917 in Hamburg. Ritterkreuz am 4. September 1941; 81. Eichenlaub am 12. März 1942; 10. Schwerter am 17. Mai 1942; gefallen am 9. August 1942. Letzter Dienstgrad: Oberstleutnant.

HERMANN GRAF, geb. am 24. Oktober 1912 in Engen. Ritterkreuz am 24. Januar 1942; 93. Eichenlaub am 17. Mai 1942; 11. Schwerter am 18. Mai 1942; 5. Brillanten am 16. September 1942; letzter Dienstgrad: Oberst.

HANS-JOACHIM MARSEILLE, geb. am 13. Dezember 1919 in Berlin. Ritterkreuz am 22. Februar 1942; 97. Eichenlaub am 6. Juni 1942; 12. Schwerter am 18. Juni 1942; 4. Brillanten am 3. September 1942. Gefallen am 30. September 1942. Letzter Dienstgrad: Hauptmann.

GORDON M. GOLLOB, geb. am 16. Juni 1912 in Wien. Ritterkreuz am 18. September 1941; 38. Eichenlaub am 25. Oktober 1941; 13. Schwerter am 23. Juni 1942; 3. Brillanten am 30. August 1942; letzter Dienstgrad: Oberst.

LEOPOLD STEINBATZ, geb. am 25. Oktober 1918 in Wien. Ritterkreuz am 14. Februar 1942; 96. Eichenlaub am 2. Juni 1942; 14. Schwerter am 23. Juni 1942. Gefallen am 15. Juni 1942. Letzter Dienstgrad: Leutnant.

ALBERT KESSELRING, geb. am 13. November 1885 in Markstedt. Ritterkreuz am 30. September 1939; 78. Eichenlaub am 25. Februar 1942; 15. Schwerter am 18. Juli 1942; 14. Brillanten am 19. Juli 1944. Gestorben am 15. Juli 1960. Letzter Dienstgrad: Generalfeldmarschall.

WERBER BAUMBACH, geb. am 27. Dezember 1916 in Cloppenburg. Ritterkreuz am 8. Mai 1940; 20. Eichenlaub am 14. Juli 1941; 16. Schwerter am 16. August 1942. Letzter Dienstgrad: Oberstleutnant.

JOACHIM MÜNCHEBERG, geb. am 31. Dezember 1918 in Friedrichshof/Pommern. Ritterkreuz am 14. September 1940; 12. Eichenlaub am 7. Mai 1941; 19. Schwerter am 9. September 1942; gefallen am 23. März 1943. Letzter Dienstgrad: Major.

JOACHIM HELBIG, geb. am 10. September 1915 in Börln, Krs. Leipzig. Ritterkreuz am 24. November 1940; 64. Eichenlaub am 16. Januar 1942; 20. Schwerter am 26. September 1942; letzter Dienstgrad: Oberst.

WOLF-DIETRICH WILCKE, geb. am 11. März 1913 in Schrimm/Posen. Ritterkreuz am 6. August 1941; 122. Eichenlaub am 9. September 1942; 23. Schwerter am 23. Dezember 1942; gefallen am 23. März 1944. Letzter Dienstgrad: Oberst.

ALFRED DRUSCHEL, geb. am 4. Februar 1917. Ritterkreuz am 21. August 1941; 118. Eichenlaub am 3. September 1942; 24. Schwerter am 19. Februar 1943; vermißt am 1. Januar 1945. Letzter Dienstgrad: Oberst.

FRIEDRICH PELTZ, geb. am 9. Juni 1914 in Gera. Ritterkreuz am 14. Oktober 1940; 46. Eichenlaub am 31. Dezember 1941; 31 Schwerter am 23. Juli 1943. Letzter Dienstgrad: Generalmajor.

Helmut LENT, geb. am 13. Juni 1918 in Pyrehne/Neumark. Ritterkreuz am 30. August 1941; 98. Eichenlaub am 6. Juni 1942; 32. Schwerter am 2. August 1943; 15. Brillanten am 31. Juli 1944. Abgestürzt am 5. Oktober 1944. Letzter Dienstgrad: Oberst.

GÜNTER RALL, geb. am 10. März 1918 in Gaggenau/Baden. Ritterkreuz am 14. September 1942; 134. Eichenlaub am 26. Oktober 1942; 34. Schwerter am 12. September 1943. Letzter Dienstgrad: Major.

WALTER NOWOTNY, geb. am 7. Dezember 1920 in Gmünd/Österreich. Ritterkreuz am 4. September 1942; 293. Eichenlaub am 4. September 1943; 37. Schwerter am 22. September 1943; 8. Brillanten am 19. Oktober 1943; Gefallen am 8. November 1944. Letzter Dienstgrad: Major.

HANS-ULRICH RUDEL, geb. am 2. Juli 1916 in Konradswaldau. Ritterkreuz am 6. Januar 1942; 229. Eichenlaub am 14. April 1943; 42. Schwerter am 25. November 1943; 10. Brillanten am 29. März 1944; 1. Goldenes Eichenlaub am 1. Januar 1945. Letzter Dienstgrad: Oberst.

HAJO HERRMANN, geb. am 1. August 1913 in Kiel. Ritterkreuz am 13. Oktober 1940; 269. Eichenlaub am 2. August 1943; 43. Schwerter am 23. Januar 1944. Letzter Dienstgrad: Oberst.

HEINRICH PRINZ ZU SAYN-WITTGENSTEIN, geb. am 14. August 1916 in Kopenhagen/Dänemark. Ritterkreuz am 7. Oktober 1942; 290. Eichenlaub am 31. August 1943; 44. Schwerter am 23. Januar 1944. Gefallen am 21. Januar 1944. Letzter Dienstgrad: Major.

EGON MAYER, geb. am 19. August 1917 in Konstanz/Bodensee. Ritterkreuz am 1. August 1941; 232. Eichenlaub am 16. April 1943; 51. Schwerter am 2. März 1944. Gefallen am 2. März 1944. Letzter Dienstgrad: Oberstleutnant.

GERHARD BARKHORN, geb. am 20. März 1919 in Königsberg/Ostpreußen. Ritterkreuz am 23. August 1942; 175. Eichenlaub am 11. Januar 1943; 52. Schwerter am 2. März 1944. Letzter Dienstgrad: Major.

WERNER STREIB, geb. am 13. Juni 1911 in Pforzheim/Baden. Ritterkreuz am 6. Oktober 1940; 197. Eichenlaub am 26. Februar 1943; 54. Schwerter am 11. März 1944. Letzter Dienstgrad: Oberst.

ALWIN BÖRST, geb. am 20. Oktober 1910 in Wittstock. Ritterkreuz am 5. Oktober 1941; 149. Eichenlaub am 28. November 1942; 61. Schwerter am 6. April 1944. Gefallen am 6. Juni 1944. Letzter Dienstgrad: Major.

DR. ERNST KUPFER, geb. am 2. Juli 1907 in Coburg. Ritterkreuz am 23. November 1941; 173. Eichenlaub am 8. Januar 1943; 62. Schwerter am 11. April 1944. Gestorben am 6. November 1943 in Semer Kajasen/Griechenland. Letzter Dienstgrad: Oberst.

JOSEF PRILLER, geb. am 27. Juni 1915 in Ingolstadt. Ritterkreuz am 19. Oktober 1940; 28. Eichenlaub am 20. Juli 1942; 73. Schwerter am 2. Juli 1944. Gestorben am 20. Mai 1961 in Böbing/Oberbayern. Letzter Dienstgrad: Oberst.

FRIEDRICH LANG, geb. am 12. Januar 1915. Ritterkreuz am 23. November 1941; 148. Eichenlaub am 28. November 1942; 74. Schwerter am 2. Juli 1944. Letzter Dienstgrad: Major.

ERICH HARTMANN, geb. am 19. April 1922 in Weissach/Württemberg. Ritterkreuz am 29. Oktober 1943; 420. Eichenlaub am 2. März 1944; 75. Schwerter am 2. Juli 1944; 18. Brillanten am 25. August 1944; Letzter Dienstgrad: Hauptmann.

ANTON HACKL, geb. am 25. März 1915 in Regensburg. Ritterkreuz am 25. Mai 1942; 109. Eichenlaub am 7. August 1942; 78. Schwerter am 12. Juli 1944. Letzter Dienstgrad: Major.

JOHANNES STEINHOFF, geb. am 15. September 1913 in Bottendorf/ Sachsen. Ritterkreuz am 30. August 1941; 115. Eichenlaub am 2. September 1942; 82. Schwerter am 28. Juli 1944. Letzter Dienstgrad: Oberst.

HEINZ WOLFGANG SCHNAUFER, geb. am 16. Februar 1922, in Calw. Ritterkreuz am 31. Dezember 1943; 507. Eichenlaub am 24. Juni 1944; 84. Schwerter am 3. August 1944; 21. Brillanten am 16. Oktober 1944. Gestorben am 15. September 1950. Letzter Dienstgrad: Major.

KURT BÜHLINGEN, geb. am 13. Dezember 1917 in Granschütz/Thüringen. Ritterkreuz am 4. September 1941; 413. Eichenlaub am 2. März 1944; 88. Schwerter am 14. August 1944, Letzter Dienstgrad: Oberstleutnant.

ROBERT RITTER VON GREIM, geb. am 22. Juni 1892 in Bayreuth. Ritterkreuz am 25. Juni 1940; 216. Eichenlaub am 2. April 1943; 92. Schwerter am 27. August 1944. Freitod in der Gefangenschaft am 24. Mai 1945. Letzter Dienstgrad: Generalfeldmarschall.

THEODOR NORDMANN, geb. am 18. Dezember 1918 in Dorsten/Westfalen. Ritterkreuz am 17. September 1941; 214. Eichenlaub am 16. März 1943; 98. Schwerter am 17. September 1944. Gefallen am 19. Januar 1945. Letzter Dienstgrad: Major.

JOSEF WURMHELLER, geb. am 4. Mai 1917 in Hausham/Oberbayern. Ritterkreuz am 4. September 1941; 146. Eichenlaub am 14. November 1942; 108. Schwerter am 24. Oktober 1944. Gefallen am 22. Juni 1944. Letzter Dienstgrad: Major.

OTTO KITTEL, geb. am 21. Februar 1917 in Kronsdorf/Sudeten. Ritterkreuz am 26. Oktober 1943; 449. Eichenlaub am 11. April 1944; 113. Schwerter am 25. November 1944. Gefallen am 14. Februar 1945. Letzter Dienstgrad: Oberleutnant.

HERMANN HOGEBACK, geb. am 25. August 1914 in Oberstein, Kreis Birkenfeld. Ritterkreuz am 8. September 1941; 192. Eichenlaub am 19. Februar 1943; 125. Schwerter am 26. Januar 1945. Letzter Dienstgrad: Oberstleutnant.

ERICH RUDORFFER, geb. am 1. November 1917 in Zwochau/Sachsen. Ritterkreuz am 1. Mai 1941; 447. Eichenlaub am 11. April 1944; 126. Schwerter am 26. Januar 1945. Letzter Dienstgrad: Major.

ERNST-WILHELM REINERT, geb. am 2. Februar 1919 in Köln-Lindenthal. Ritterkreuz am 1. Juli 1942; 131. Eichenlaub am 5. Oktober 1942; 130. Schwerter am 1. Februar 1945. Letzter Dienstgrad: Oberleutnant.

WERNER SCHROER, geb. am 12. Dezember 1918 in Mülheim/Ruhr. Ritterkreuz am 21. Oktober 1942; 268. Eichenlaub am 2. August 1943; 144. Schwerter am 16. April 1945. Letzter Dienstgrad: Major.

WILHELM BATZ, geb. am 21. Mai 1916 in Bamberg. Ritterkreuz am 26. März 1944; 526. Eichenlaub am 20. Juli 1944; 145. Schwerter am 21. April 1945. Letzter Dienstgrad: Major.

DIE 50 ERFOLGREICHSTEN JAGDFLIEGER DER DEUTSCHEN LUFTWAFFE

	Luftsiege
Major Erich Hartmann	352
Major Gerhard Barkhorn	301
Major Günther Rall	275
Oberleutnant Otto Kittel	267
Major Walter Nowotny	258
Major Wilhelm Batz	237
Major Erich Rudorffer	222
Oberstleutnant Heinrich Bär	220
Oberst Hermann Graf	212
Major Theodor Weißenberger	208
Oberstleutnant Hans Philipp	206
Oberleutnant Walter Schuck	206
Major Heinrich Ehrler	205
Oberleutnant Anton Hafner	204
Hauptmann Helmut Lipfert	203
Major Walter Krupinski	197
Major Anton Hackl	192
Hauptmann Joachim Brendel	189
Hauptmann Max Stotz	189
Hauptmann Joachim Kirschner	188
Major Kurt Brändle	180
Leutnant Günther Josten	178
Oberst Johannes Steinhoff	176
Oberleutnant Ernst-W. Reinert	174
Hauptmann Günther Schack	174
Hauptmann Heinz Schmidt	173
Hauptmann Emil Lang	173
Major Horst Ademeit	166

	Luftsiege
Oberst Wolf-Dietrich Wilcke	162
Hauptmann Hans-J. Marseille	158
Hauptmann Heinrich Sturm	157
Oberleutnant Gerhard Thyben	157
Leutnant Peter Düttmann	152
Oberleutnant Hans Beißwenger	152
Oberst Gordon Gollob	150
Leutnant Fritz Tegtmeier	146
Oberleutnant Albin Wolf	144
Leutnant Kurt Tanzer	143
Oberstleutnant Fr.-Karl Müller	140
Oberleutnant Karl Gratz	138
Major Heinrich Setz	138
Hauptmann Rudolf Trenkel	138
Hauptmann Franz Schall	137
Leutnant Walter Wolfrum	137
Oberst Adolf Dickfeld	136
Hauptmann Horst-G. v. Fassong	136
Oberleutnant Otto Fönnekold	136
Hauptmann Karl-Heinz Weber	136
Major Joachim Müncheberg	135
Oberleutnant Hans Waldmann	134

(Es folgen noch weitere 56 deutsche Jagdflieger, die jeweils 133 bis 101 Abschüsse haben. Unter ihnen so bekannte Namen wie Alfred Grislawski, Herbert Ihlefeld, Dietrich Hrabak, Heinz-Wolfgang Schnaufer mit 121 Nachtjagdsiegen, Helmut Lent mit 102 Nachtjagdsiegen, Mölders, Galland, Ostermann und Wurmheller).

DIE 50 ERFOLGREICHSTEN RUSSISCHEN JAGDFLIEGER

	Luftsiege
Iwan. N. Koschedub	62
Alexander I. Pokryschkin	59
Grigorij A Retschkalow	58
Nikolajew D. Gulajew	57
Kyrill Jewstignejew	52
Dimitri B. Glinka	50
Alexander F. Klubow	50
Iwan M. Pilipenko	48
Arsenej W. Woroscheikin	46
Wassilij N. Kubarew	46
Nikolai M. Skamorochow	46
Georgii D. Kostilew	43
Sergej Morgunow	42
Witalij I. Popkow	41
Alexej W. Aleliuchin	40
Viktor F. Golubew	39
Wassilij F. Golubew	38
Sergej D. Luganskij	37
Michail J. Piwowarow	37
Grigorii K. Gulitiajew	36
Anatoli Dolgich	36
Nikolai F. Kusnezow	36
Alexander I. Koldunow	36
Iwan I. Babak	35
Pawel M. Kamosin	35
Wladimir D. Lawrinekow	35
Piotr A. Gnido	34
Alexander W. Kotschekow	34
Sergej I. Lukianow	34
Iwan N. Sytow	34
Alexander M. Tschislow	34
Fedor M. Tschubkow	34
Andreji J. Borowich	32
Michail M. Selenkin	32
Michail S. Komelkow	32
Nikolai F. Krasnow	32
Alexej K. Riaznow	32
Iwan N. Stepanenko	32
Pawel J. Golowatschew	31
Viktor W. Kiriljuk	31
Sultan Achmed-Khan	30
Fedor F. Archipenko	30
Wladimir I. Bobrow	30
Boris B. Glinka	30
Iwan D. Lichobabiji	30
Pjotr. J. Licholetow	30
Walentin N. Macharow	30
Pjotr A. Pokryschew	30
Alexey S. Chlobystow	30

DANKSAGUNG

Für die vielfältige Hilfeleistung von ehemaligen Soldaten der Luftwaffe und von den verschiedenen Institutionen und ihren Vertretern dankt der Autor von Herzen. Nur durch diese selbstlose Unterstützung aus dem In- und Auslande (und hier möchte ich vor allem all jene Persönlichkeiten erwähnen, die nicht mit Namen und Wohnort aufgeführt werden können, aus welchen Gründen auch immer) ist es möglich gewesen, den Band in der vorliegenden Form zu erstellen.
Besonders genannt seien:
Die Bibliothek der Waffenschule 50 der Bundesluftwaffe in Fürstenfeldbruck,
Das Bundesarchiv/Militärarchiv in Freiburg i.Brg.,
Das Bundesarchiv-Zentralnachweisstelle in Kornelimünster,
Die Gemeinschaft der Jagdflieger - Jägerblatt,
Die Ordensgemeinschaft der Ritterkreuzträger,
Die Stadt- und Landesbibliothek Dortmund,
Die Stiftung Luftwaffenehrenmal Fürstenfeldbruck,
Die Zentralbibliothek der Bundeswehr, Düsseldorf.

Folgende Einzelpersönlichkeiten haben - teilweise mit Fotos - dieses Vorhaben unterstützt:
Herr Günther Bierbrauer, Stuttgart,
Herr Oberst a.D. Hermann Buchner, Hörsching, Österreich,
Herr Hauptmann a.D. Erwin-Peter Diekwisch, Asberg,
Herr Willi Dipberger, Heidelberg,
Herr Oberstleutnant a.D. Friedl Fath, Lohr,
Herr Hauptmann a.D. Will Fey, Freiburg i.Brg.,
Herr Martin Fink, Pfullingen,
Herr Hauptmann a.D. Max Fleckenstein,
Herr A. Gärtner,
Herr Major a.D. Anton Hackl,
Herr Oberst a.D. Gordon Gollob,
Herr Helmut Hennig, Dieburg,
Herr Oberstleutnant a.D. Carl Heß,
Herr Leutnant a.D. Hans-Joachim Kroschinski,
Herr Rolf Ole Lehmann,
Herr Kapitän z.S. a.D. Hermann Lessing, Kronshagen,

Herr Oberstleutnant a.D. Friedrich-Heinrich Musculus, Hildesheim,
Herr Karl Niedermeyer, Ortenburg,
Herr Alois Riebl, Nürnberg,
Herr Generalmajor a.D. Franz Reuss, Ottobrunn,
Herr Major a.D. Rudi Schmidt, Esslingen,
Herr Oberst a.D. Heinrich Schlosser, Kaufering
Herr Oberleutnant a.D. Hans Sehringer, Baden-Badenweiler,
Herr Hauptmann a.D. Ernst Sorge,
Herr Hans-Heiri Stapfer, Horgen-Schweiz,
Herr Hauptmann a.D. Gerhard Stüdemann, Trier,
Herr Josef Strohmayer, Eisenstadt-Österreich,
Herr Oberleutnant a.D. Gerhard Thyben, Cali-Kolumbien.

Dortmund, im Juli 1984 Franz Kurowski

Die Fotos stellten zur Verfügung:
Die Herren Günther Bierbrauer, Hermann Buchner, Erwin-Peter Diekwisch, Martin Fink, Anton Hackl, Helmut Hennig, Carl Heß, Hans-Joachim Kroschinski, Karl Niedermayer, Alois Riebl, Rudi Schmidt, Heinrich Schlosser, Ernst Sorge, Hans-Heiri Stapfer, Gerhard Stüdemann, Gerhard Thyben. Das Bundesarchiv in Koblenz stellte für den Komplex Stalingrad Fotos zur Verfügung. Alle übrigen Fotos: Archiv des Verfassers.

Oberbefehlshaber der sowjetischen Luftwaffe 1941 bis 1945

1921 bis 1922	A.V. Sergejew
1922 bis 1923	A.A. Znamenskij
1923 bis 1924	A.P. Rozengoltz
1924 bis 1931	I.I. Baranow
1931 bis 1937	Ya.I. Alksnis
1937 bis 1939	A.D. Laktinow
1939 bis 1940	Ya. V. Smushkewitsch
1940 bis 1941	R.V. Rychagow
1941 bis 1942	F.F. Zhingarew
1942 bis 1945	A.A. Nowikow

Generaloberst Nowikow wurde im März 1943 zum Marschall der Flieger ernannt. Im Februar 1944 erfolgte seine Ernennung zum Hauptmarschall der Luftwaffe.

Das Oberkommando der sowjetischen Luftstreitkräfte 1942 bis 1945

Oberbefehlshaber:	
Generalleutnant Zhingarew	vom Juni 1941 bis April 1942
Generaloberst Nowikow	vom 11. April 1945 bis Kriegsende
Stellvertretender Oberbefehlshaber:	
General P.S. Stepanow	von Juni 1941 bis August 1942
Politoffizier:	
General N.S. Shimanow	von März 1943 bis Kriegsende
Chefs des Generalstabes:	
Generalmajor P.S. Volodin	von Juni bis Juli 1941
Generalmajor G.A. Woroschejkin	von August 1941 bis April 1942
Generalmajor S.A. Khudajakow	von April bis Juli 1942
Generaloberst F.Ya. Falalejew	von Juli 1942 bis Mai 1943
Generaloberst S.A. Khudajakow	von Mai 1943 bis Kriegsende

Führer der Fernbomberverbände:
Generalleutnant A.Ye. Golowanow von März 1942 bis Dezember 1944. (Danach Oberbefehlshaber der 18. Luftarmee. Hauptmarschall der Luftwaffe ab August 1944).

Aufmarsch der sowjetischen Frontluftwaffe am 1. Januar 1945

Leningrader Front:	13. Luftarmee mit 1 Fliegerkorps, 2 Flieger-Divisionen und zwei Luftregimentern.
Bestand an Maschinen:	357 Jagdflugzeuge
	57 Schlachtflugzeuge
	12 Bomber
	55 andere Kampfflugzeuge
Gesamtzahl der Maschinen:	481
2. Baltische Front:	15. Luftarmee mit 4 Fliegerkorps, 3 Flieger-Divisionen, 2 Regimentern.
Bestand an Maschinen:	139 Jagdflugzeuge
	166 Schlachtflugzeuge
	73 Bomber
	37 andere Kampfflugzeuge
Gesamtzahl der Maschinen:	415
1. Baltische Front:	3. Luftarmee mit 4 Fliegerkorps, 17 Flieger-Divisionen, 4 Regimentern.
Bestand an Maschinen:	495 Jagdflugzeuge
	338 Schlachtflugzeuge
	298 Bomber
	41 andere Kampfflugzeuge
Gesamtzahl der Maschinen:	1.171
3. Belorussische Front:	1. Luftarmee mit 12 Flieger-Divisionen und 5 Regimentern.
Bestand an Maschinen:	500 Jagdflugzeuge
	456 Schlachtflugzeuge
	220 Bomber
	110 andere Kampfflugzeuge
Gesamtzahl der Maschinen:	1.286
2. Belorussische Front:	4. Luftarmee mit 3 Fliegerkorps, 14 Flieger-Divisionen und 3 Regimentern.

Bestand an Maschinen:	640	Jagdflugzeuge
	543	Schlachtflugzeuge
	199	Bomber
	99	andere Kampfflugzeuge
Gesamtzahl der Maschinen:	1.481	
1. Belorussische Front:	16.	Luftarmee mit 6 Fliegerkorps,
	21	Flieger-Divisionen und
	4	Regimentern.
Bestand an Maschinen:	1.172	Jagdflugzeuge
	750	Schlachtflugzeuge
	388	Bomber
	86	andere Kampfflugzeuge
Gesamtzahl der Maschinen:	2.396	
1. Ukrainische Front:	2.	Luftarmee mit 8 Fliegerkorps,
	21	Flieger-Divisionen und 3 Flieger-Regimentern.
Bestand an Maschinen:	990	Jagdflugzeuge
	771	Schlachtflugzeuge
	419	Bomber
	93	sonstige Kampfflugzeuge
Gesamtzahl der Maschinen:	2.273	
4. Ukrainische Front:	8.	Luftarmee mit 2 Fliegerkorps,
	5	Flieger-Divisionen,
	2	Luftregimentern.
Bestand an Maschinen:	194	Jagdflugzeuge
	184	Schlachtflugzeuge
	80	Bomber
	41	sonstige Kampfflugzeuge
Gesamtzahl der Maschinen:	499	
2. Ukrainische Front:	5.	Luftarmee mit 3 Fliegerkorps,
	11	Flieger-Divisionen und 2 Flieger-Regimentern.
Bestand an Maschinen:	316	Jagdflugzeuge
	227	Schlachtflugzeuge
	66	Bomber
	36	sonstige Kampfflugzeuge

Gesamtzahl der Maschinen:	645
3. Ukrainische Front:	17. Luftarmee mit 1 Fliegerkorps, 10 Flieger-Divisionen und 2 Luftregimentern.
Bestand an Maschinen:	381 Jagdflugzeuge
	353 Schlachtflugzeuge
	102 Bomber
	46 sonstige Kampfflugzeuge
Gesamtzahl der Maschinen:	882

Gesamtzahl aller in den genannten Sowjetfronten eingesetzten Flugzeuge: 11.530

(Aus: Voyenno-istoricheskij zhurnal no 7, Juli 1975.)

Sowjetische Flugzeugproduktion 1940 bis 1945

Bis zum 22. Juni 1941:	2.829 Flugzeuge neuer Typen.
Bis zum 31. Dez. 1941:	9.777 Flugzeuge neuer Typen.
Im Jahr 1942:	25.436 Flugzeuge aller Typen.
Im Jahr 1943:	34.884 Flugzeuge aller Typen.
Im Jahr 1944:	40.241 Flugzeuge aller Typen.
Bis Mai 1945:	15.317 Flugzeuge aller Typen.
Gesamtzahl:	125.655 Flugzeuge. Darin enthalten:

54.000 Jagdflugzeuge
35.000 Schlachtflugzeuge
16.000 Bomber verschiedener Typen.
(Siehe: Sovetskaya voyennaya entsiklopediya Vol I S. 28-29)

Quellenangabe und Literaturverzeichnis

Abramow, A.:	Ne rady slavy, Swerdlowsk 1969
Air Ministry:	The Rise and Fall of the German Air Force 1933 to 1945, London 1948
Alabin, N. I.:	Sovetskije Voyenno-voschdushnije sily, Moskau 1968
Alexander, J.P.:	Russian Aircraft since 1940, London 1975
Alman, Karl:	Mit Eichenlaub und Schwertern, Rastatt 1971
Anderson, Orvil A.:	Dive bombing between the Wars in: The Air Power Historian XII, July 1965, Maxwell, USA
Astaschenko, P.T.:	Iljuschin und seine Flugzeuge, Berlin Ost 1976
Balke, Ulf:	Kampfgeschwader 100 »Wiking«, Stuttgart 1981
Baumbach, Werner:	Zu spät? - Kampf und Untergang der deutschen Luftwaffe, München 1949
Blasig, Arnulf:	Zusammenarbeit zwischen der russischen und englischen Luftwaffe, KDC G/VI/3c
ders.:	Einsatzerfahrungen einer Stuka-Gruppe im Kampfraum Hoher Norden, (Anlage 77 aus »Der Feldzug im Osten«) KDC.
Bowman, Gerald:	War in the Air, London 1956
Brütting, Georg:	Das waren die deutschen Stuka-Asse, 1939-1945, Stuttgart 1976
ders.:	Das waren die deutschen Kampfflieger-Asse, 1939-1945, Stuttgart 1975
Bondarenko, N.A.:	Letim na razwedku, Moskau 1976
Chain, C.W. and Voaden D.J.:	Military Aircraft of the USSR, London 1952
Chechelnitzkije, G.A.:	Moskowskij gwardejskij sturmowoy, Moskau 1960
Churchill, Sir Winston:	The Grand Alliance aus: The Second World War Vol. III, Boston 1950

Constable Trevor and Toliver, Raymond, F.:	Das waren die deutschen Jagdfliegerasse, Stuttgart 1975
dies.:	Holt Hartmann vom Himmel, Stuttgart 1983
Craft, Anne P.:	The United States Army in World War II, Statistics: Lend-Lease, Washington 1952
Craven, Wesley F. and Cate, James Lea:	The second World War, Chicago 1950-1958
Craven, Ken:	The Story of Soviet Aviation, London 1945
Damskij, Ya.:	Dewuschka iz legendy, Kasan 1966
Deichmann, Paul:	Kurzbericht über den Einsatz des I. Fliegerkorps im Süden der Ostfront von Dezember 1943 bis Kriegsende, KDC Nr. 6/VI/6a
Deichmann, Hans Wilhelm:	Einsatz des VIII. Fliegerkorps im Kampfraum Mitte 28.9.41-10.12.41, KDC (Anhang 53 Buch 2)
Denisow, I. und Karpowitsch, M.:	Trizhdy Heroy Sovetskoyo Soyuza I.N. Koschedub - Dreifacher Held der Sowjetunion I. N. Koschedub, Moskau 1948
Dessloch, Otto:	Aufsatz über die Winterschlachten im Mittelabschnitt der Ostfront 1941-42 (2. Juni 1947 KDC).
Dierich, Wolfgang:	Kampfgeschwader 51 »Edelweiß«, Stuttgart 1974
ders.:	Kampfgeschwader 55 »Greif«, Stuttgart 1975
Dorokow, A.P.:	Geroi chernomoskoje neba, Moskau 1972
Douhet, Giulio:	Luftherrschaft, Berlin 1935
Drum, Karl:	Airpower and russian partisan warfare, New York 1968
Eichelbaum, A.:	Die Luftmächte der Welt, Berlin 1945
Eremenko, Andrej, I.:	Tage der Bewährung, Berlin-Ost 1961

Fiebig, Martin:	KTB des Generalleutnants Fiebig, Befehlshaber des VIII. Fliegerkorps, KDC Nr. G/VI/4d
Fliegerführer Ostsee:	Abendmeldung des Fliegerführers Ostsee vom 18. 9. 1941, KDC G/VI/3b
Fliegerführer Süd:	Einsatzmeldung des Fliegerführers Süd während des Kampfes um Sewastopol 1.6. - 4.7. 1942, KDC
I. Fliegerkorps:	Das I. Fliegerkorps im Kuban-Brückenkopf und auf der Krim bei der Unterstützung der HGr. A bei den Verteidigungsoperationen vom 24. Juni bis zum 15. November 1943. (geschrieben von Gen.Lt. Karl Angerstein 1946)
Galland, Adolf:	Die Ersten und die Letzten, Darmstadt 1953
ders.:	Die Luftverteidigung des Reiches, KDC 1946
Generalkommando VIII. Fliegerkorps:	Tagesnotiz vom 11.7.1941, KDC
dass.:	Tagesbefehl des GFM Kesselring an das VIII. Fliegerkorps vom 3. August 1941, KDC
dass.:	Befehl über Fehlwürfe beim Bombereinsatz vom 16. Februar 1942, KDC G/VI/4b
Geust, Carl-Frederik:	Red Stars in the Sky, Vol I-II Tietoeos, Finnland, 1979
Glukow, M.K.:	Voyenno woschdushnije sily, Moskau 1959
Göring, Hermann:	Rede des Reichsmarschalls Göring vor Gauleitern in München am 8. November 1943 über Fragen des Luftkrieges, KDC D/I/2
Görlitz, Walter:	Der Zweite Weltkrieg 1939-1945, Stuttgart 1951 (Teil I)
Girbig, Werner:	Jagdgeschwader 5, »Eismeerjäger«, Stuttgart 1976

Golikow, S.:	Die Sowjetarmee im Großen Vaterländischen Krieg, Berlin-Ost 1954
Gubanow, N.:	Letchik general Ostryakow, Simferopol 1959
Guderian, Heinz:	Erinnerungen eines Soldaten, Heidelberg 1951
Green, William and Swanborough, Gordon:	Soviet Fighter of World War II, Parts I-II, London 1977
Gundelach, Karl:	Kampfgeschwader 4 »General Wever«, Stuttgart 1978
Halder, Franz:	The private War-Journal of Generaloberst Franz Halder, Chef des Generalstabes des OKH vom 14. 8. 1939 bis 24. 9. 1942, Vol VII, KDC
Hagen, Hans-Peter:	Husaren des Himmels, Rastatt 1964
Hardesty, von:	Red Phoenix. The Rise of Soviet air power 1941-1945, London 1982
Haupt, Werner:	Heeresgruppe Nord, Bad Nauheim 1966
ders.:	Heeresgruppe Mitte, Dorheim 1968
Heintze Frhr. von und Wiedemann Ludwig, Hrgb.:	Wir kämpften gegen die Sowjets, Sommer 1941 und Winter 1941 bis 1942, (VIII. Fliegerkorps), Dresden 1942
Held, Werner:	Messerschmitt Bf 110 - Zerstörer an allen Fronten, Stuttgart 1978
Hillgruber, Andreas und Hümmelchen, Gerhard:	Chronik des Zweiten Weltkrieges, Frankfurt 1966
Hoffmann von Waldau:	Kriegstagebuch, Teil I, H/I/1 KDC
Griffith, H.F.:	Royal Air Force in Russia, London 1942
Infield, G.B.:	The Poltawa Affair, New York 1973
Iwanskij, A.:	Orlinyye krylyka, Moskau 1973
Jackson, Robert:	Red Falcons, the Soviet Air Force in Action 1919-1969, New York 1970
Jakowlew, A.S.:	Sovetskiye Samolety, Moskau 1979
Kalinischenko, A.F.:	V nebe Baltiki, Moskau 1973
Kalinow, Kyrill:	Sowjetmarschälle haben das Wort, Hamburg 1950
Kazarinowa, M.A.:	V nebe frontovom, Moskau 1971
Kampfgeschwader 4:	Geschichte des KG 4 »General Wever«, III./KG 4 im Osten 1943, KDC

Karlsruhe Document Center: Karslruhe Documents Collection: Einsatz der Luftflotte 4 im Kampfraum Süd der Ostfront G/VI/4d

dass.: Die Betriebsstofflage in Deutschland 1939-1944 C/I/5 KDC

dass.: Planungen für die Panzerbekämpfung an der Ostfront im Winter 1943-1944, F/V/1c KDC

Kens, Karlheinz und Nowarra Heinz J.: Die deutschen Flugzeuge 1939 - 1945 München 1964

Kesselring, Albert: Soldat bis zum letzten Tag, Bonn 1953

ders.: Aussagen zum Problem der Luftversorgung von Stalingrad, 30. Januar 1956, KDC G/VI/4d

ders.: Kurzbericht über den Einsatz der Luftwaffe im Osten vom 22. 2. 1955, KDC

Kiehl, Heinz: Kampfgeschwader 55 »Greif«, Stuttgart 1983

Klümper, Werner: Einsatz des KG 26 als Torpedoträger gegen Geleitzüge im Nordmeer 1942 G/VI/4c KDC

Kodratjew, P.V.: Polet skwoz gody, Moskau 1970

Koschedub, I.N.: Komandovaniye i sthab VVS Sovetskoy Armii v Velikoy Otechestvennoy voyna 1941 - 1945, Moskau 1977

Kühn, Volkmar: Der Seenotdienst der deutschen Luftwaffe, Stuttgart 1978

ders.: Torpedoboote und Zerstörer im Einsatz Stuttgart 1977

Kupfer, Dr. Ernst: Vortrag des Generals der Schlachtflieger Dr. Ernst Kupfer am 10. 9. 1943 über Schlachtflieger, Panzerbekämpfungsflieger. KDC G/VI/4d

Kurin, O.: V nebe nad Rowno, L'vov 1959

Kurowski, Franz: Zu Lande, zu Wasser, in der Luft, Bochum 1969

ders.:	Der Luftkrieg über Deutschland, Düsseldorf 1977
ders.:	Seekrieg aus der Luft, Herford 1979
ders.:	Der Panzerkrieg, Rastatt 1981
ders.:	Die Schlacht um Deutschland, München 1981
ders.:	Kampffeld Mittelmeer, Herford 1984
ders.:	Kreuzerkrieg auf den sieben Meeren i.Ms.
ders.:	Luftbrücke Stalingrad, Leoni 1983
Kusnetzow, N.F.:	Front nadzemley, Moskau 1970
Kilmarx, Robert, A.:	A History of Soviet air power, New York 1962
Lang, Friedrich:	Der Einsatz der III./StG 1 (SG 1) in der Zeit vom 1.4.43 bis 1.5.44, KDC G/VI/5b
Lee, Asher:	The German Air Force, New York 1946
ders.:	The Soviet Air Force, London 1952
Loerzer, Bruno:	Generalkommando II. Fliegerkorps: Tagesbefehl vom 13. 11. 1941, KDC
Luftflottenkommando 1:	Lagebericht des I. Fliegerkorps im Kampfraum Nord der Ostfront, Januar - April 1942 KDC
Luftflottenkommando 4:	Kriegstagebuch und persönliche Aufzeichnungen des OB der Luftflotte 4, KDC
dass.:	Einsatz der Luftflotte 4 im Kampfraum Süd der Ostfront KDC G/VI/5a
dass.:	Operationen vom 14. bis 20. März 1943, Einsatz der Luftflotte 4 gegen die sowjetischen Eisenbahnen im Kampfraum Süd, KDC
Lukas, Richard:	Eagles East, The Army Air Force and the Soviet Union 1941-1945, Tallahassee 1970
Maculenko, Victor, A.:	Die Zerschlagung der Heeresgruppe Südukraine August - September 1944, Berlin-Ost 1959
Markin, Ilja I.:	Die Kursker Schlacht, Berlin-Ost 1960
Meiller-Hafner:	Flieger, Feinde, Kameraden, Rastatt 1962

Meister, Rudolf und Greiff, Kurt, von: Erfahrungen einer Panzerjäger-Staffel Auszug aus dem Bericht des Generals der Jagdflieger Nr. 673/3 geh. vom 5.3.1943 KDC

Morzik, Fritz: Luftbrücken-Unternehmen Demjansk 8. 1. 1942 bis 19. 5. 1952, KDC G/VI/4b

Nauroth, Holger: Die deutsche Luftwaffe vom Nordkap bis Tobruk 1939-1945, Friedberg 1981

Nowarra, Heinz Joachim: Luftwaffeneinsatz Barbarossa, Friedberg 1982

Nowoikow, Aleksandr A.: V nebe Leningradka, Moskau 1970

Obermaier, Ernst: Die Ritterkreuzträger der Luftwaffe, Bd I, Jagdflieger, Mainz 1966

Oberkommando der Luftwaffe: OKL-Führungsstab Ic gKdos: Lageberichte Nr. 652-660 Juni 1941, KDC

dass.: Chef des GenSt.d.LW., kriegswissenschaftliche Abt. 1944: Die deutsche Luftwaffe in Rußland, I. Halbjahr 1942, KDC G/VI/4a

dass.: Chef des GenSt.d.LW., kriegswissenschaftliche Abt.: Die Luftwaffe im Feldzug gegen Rußland 1941, 1944 KDC Nr. G/VI/3a

dass.: Chef des GenSt.d.LW., kriegswissenschaftliche Abt.: Zusammenstellung der Feindnachrichten über die Fliegertruppe der UdSSR 1942. KDC Nr. G/VI/2bb

dass.: Chef des GenSt.d.LW., kriegswissenschaftliche Abt.: Erfolge der Geleitzugbekämpfung 1942 im Nordmeer, KDC G/VI/4c

dass.: Führungsstab Ia V. Fliegerkorps: Das V. Fliegerkorps im Osten; 22. Juni bis 30. November 1941, KDC G/VI/3c

dass.: Deutsche Luftwaffen-Mission Rumänien: Ia gKdos, Nr. 17/42 Ia op 3 (LS) vom 7.1. 1942: Kurzbericht über den

Einsatz der deutschen Luftschutzkräfte in Rumänien. KDC

dass.: Gliederung der Luftflotte 2 (Fliegende Verbände) Stand: 15. 9. 1941; Kesselschlacht von Kiew. (Anhang 46, Buch 2 »Der Feldzug im Osten«) KDC

dass.: Chef des GenSt.gKdos, Chefsache vom 17. 4. 1942: Notiz über die Besprechung beim Führer am 17.4. bezüglich Einsatz der Luftflotte 4, KDC G/VI/4b

dass.: Chef des GenSt.d.LW., 8. kriegsgeschichtliche Abt.: Erfahrungen aus dem Einsatz der Luftwaffe gegen Festungen. Bericht des Generaloberst Löhr an GFM von Reichenau vom 5.1.1942 KDC G/VI/4b

dass.: Abschlußmeldung an den OB des Luftwaffenführungsstabes la »Kurfürst« über den Einsatz der Luftwaffe im Kampf um Sewastopol vom 2.6. bis einschließlich 3.7.1942, 21.30 Uhr deutscher Sommerzeit. KDC Nr. G/VI/41

dass.: Chef des GenSt.d.LW., 8. kriegswissenschaftliche Abt.: Einsatz der Luftflotte 4 vom 20. 8. 1942 bis 2. 2. 1943. Vormarsch auf Stalingrad und in den Kaukasus, KDC

dass.: Luftwaffenführungsstab la op. Nr. 8865/43 gKdos, Chefs. vom 9.11. 1943: Kurze Studie über den Kampf gegen die russische Rüstungsindustrie, KDC G/VI/5b

Overy, R.J.: The Air War 1939-1945, New York 1980

Pabst, Herbert: Kriegstagebuch Stukageschwader 2, KDC, Nr. H/I/4

ders.: Berichte aus Rußland 1942, KDC G/VI/4a

Pickert, Wolfgang: Vom Kuban-Brückenkopf bis Sewastopol, Heidelberg 1955

Plocher, Hermann:	Zusammenstellung über den Gesamteinsatz des V. Fliegerkorps im Ostfeldzug, Anhang 51, Buch 2 »Der Feldzug im Osten 1941-1945, KDC
ders.:	Luftwaffenvorbereitungen für »Barbarossa«, KDC Nr. G/VI/i
ders.:	The German Air Force versus Russia, 1941, New York 1968
ders.:	The German Air Force versus Russia, 1942, New York 1968
ders.:	The German Air Force versus Russia, 1943, New York 1968
Renz, Otto, von:	Flakeinsatz an den einzelnen Fronten 1939-1945 KDC F/VI/1
Rieckhoff, H.J.:	Trumpf oder Bluff?, Genf 1945
Richthofen, Wolfram v.:	Der Einsatz des VIII. Fliegerkorps vom 1.1.1942 bis 9.4.1942 im Mittelabschnitt der Ostfront KDC
ders.:	Kriegstagebuch des GFM Wolfram Frhr. von Richthofen (in Privatbesitz)
Rohden, Hans-Detlef, Herhudt von:	Die Luftwaffe ringt um Stalingrad, Wiesbaden 1950
Rudel, Hans-Ulrich:	Trotzdem, Waiblingen 1950
ders.:	Aus Krieg und Frieden, Göttingen 1954
Roth, Ernst-August:	Einsatz der Luftflotte 5 an der Ostfront 1943, KDC Nr. G/VI/5b
Samsonow, Aleksandr M.:	Die große Schlacht vor Moskau, Berlin-Ost 1959
Schwabedissen, Walter:	Mehrfrontenluftkrieg, Probleme der deutschen Luftwaffe während des Zweiten Weltkrieges, KDC
ders.:	The Russian Air Force in the eyes of German commanders, New York 1968
Shawrow, B.V.:	Istoryia Konstruktsiy samoletow v. SSSR, Vol I-II Moskau 1969
Shores, Christopher:	Ground Attack Aircraft of World War II, London 1978
Seidel, Gen. von:	Auszug aus den Quartiermeistermeldungen der Luftwaffe, KDC G/VI/4b

Stockwell, Richard:	Soviet Air Force, London 1952
Suchenwirt, Richard:	Historical Turning points in the German Air Force War Effort. USAAF historical Studies Nr. 189, Juni 1959, Maxwell
Talenskij, N.:	Zwei mächtige Schläge: Die Zerschmetterung der deutschen Armeen bei Moskau und Stalingrad, Moskau 1943 (in deutscher Sprache vom Verlag für fremdsprachige Literatur)
Telpuchowskij, Boris S.:	Die sowjetische Geschichte des Großen Vaterländischen Krieges 1941-1945, Frankfurt Main 1960
Thomas, Georg:	Grundlagen für eine Geschichte der deutschen Wehr- und Rüstungswirtschaft. (National Archives Microcopy Nr. T-77, Serial 635, Roll 635)
Tschuikow, Wassilij I.:	Stalingrad - Anfang des Weges, Berlin-Ost 1961
Uebe, Klaus:	Russian reactions to German airpower in World War II, New York 1968
USAAF:	Army Air Forces Statistical Digest. »World War II«, Washington 1945
US Department of the Army:	The Soviet Second Front behind the German Lines, Washington July 1951
dass.:	Terrain Factors in the russian Campaign, Washington July 1951
dass.:	Small Unit Actions during the German Campaign in Russia, Washington July 1953
dass.:	The German Northern Theater of Operations 1940-1945. Washington 1959
Vazhin, F.A.:	Soviet Air Force, Moskau 1975
Wagner, Ray:	The Soviet Air Forces in World War II, Garden City, 1974
Weber, Gustav:	Aufstellung und erster Einsatz von deutschen Störkampfstaffeln (Bericht über die Nachtschlachtgruppe 2) KDC,

	Karlsruhe Document Collections Nr. F/V/1c
Whiting, Kenneth:	The Development of the Soviet Armed Forces, 1917-1966, Maxwell 1966
ders.:	Soviet Air Power 1919-1976, Maxwell 1976
Whiting Theodore E.:	The United States Army in World War II, Washington 1952
Zawjalow, Aleksandr S. u. Kaljadin, Tichon E.:	Die Schlacht um den Kaukasus, 1942-1943, Berlin-Ost 1959
Ziemke, Earl F.:	The German Northern Theater of Operations 1940-1945, Pamphlet Nr. 20-271 Washington Office of the Chief of Military History, 15. Dec. 1959
Zuerl, Hubert:	Stalins Luftwaffe, München 1950

Zum Komplex Stalingrad wurde ferner noch ausgewertet:
Bundesarchiv/Militärarchiv:

	RL 30/1 Kriegstagebuch Sonderstab Milch vom 15.1. bis 3.2.1943
dass.:	RL 30/2 Anlageband 2 - Befehle, Weisungen
dass.:	RL 30/6 Anlageband 4 - Besprechungen-Vorträge usw.
dass.:	RL 8/56 Tagebuch-Fortsetzung Teil IV Generalleutnant Fiebig, Kommandierender General VIII. Fliegerkorps.

***